Le présent volume a été publié en collaboration avec le Réseau évangélique de missiologues pour la francophonie (REMIF). Ce réseau a été créé en 2016 pour rassembler des réseaux de missiologues francophones locaux ou régionaux. Le REMIF est une plate-forme de rencontres et d'échanges pour stimuler la réflexion et l'action des missiologues évangéliques dans le monde francophone. Son champ de réflexion et d'action est la « mission » dans le monde (évangélisation, implantation et affermissement des jeunes Églises, témoignage dans le monde, communication transculturelle, multiculturalité, etc.). Parmi ses moyens d'action, il encourage les publications, la promotion d'outils missiologiques, les colloques, les travaux universitaires de recherche en missiologie dans un cadre évangélique. www.missiologie.net.

I0342903

L'œuvre d'évangélisation des Peuls a connu des erreurs et de la négligence. Des méthodes et des approches inadaptées ont accompagné les efforts des missions occidentales pendant des décennies. Cela a compromis l'émergence d'un mouvement dynamique et fécond de disciples et d'implantation d'Églises parmi les Peuls installés ou circulant en Afrique occidentale et centrale. Alors que des initiatives missionnaires interafricaines – nettement contextuelles – commençaient à se faire voir, les entreprises réformistes et djihadistes se multiplient et s'étendent du Sahel au Golfe de Guinée et compliquent la situation missionnaire.

La publication de la thèse de Fara Daniel Tolno offre ce qui manquait aux étudiants en théologie et en missiologie en ce qui concerne la vie et le travail missionnaires parmi les Peuls en particulier, et au contact des musulmans en général en Afrique. L'ouvrage que vous avez en main corrige les erreurs et la négligence du passé et présente une véritable alternative en termes d'approches et de stratégies. Il instruit à sortir du repli identitaire dû à la violence faite au nom de l'islam et à laquelle certains ont excessivement attaché l'histoire et la sociologie des Peuls. Ce livre servira autant la communauté théologique africaine que les dirigeants ecclésiaux et les ouvriers de la Bonne Nouvelle parmi les musulmans d'Afrique et de la diaspora.

Étienne Mersia HALIROU
Directeur pour l'Afrique occidentale, Africans Reaching Africa
Doctorant en théologie et enseignant de théologie biblique et de mission,
Institut de théologie évangélique du Sénégal (ITES)

C'est un honneur et un plaisir pour moi de recommander la publication de la thèse de Fara Daniel Tolno. Le problème majeur est la résistance des Peuls au salut en Jésus-Christ. Ainsi, on doit les compter parmi les peuples non atteints. De nombreuses publications de grande qualité sur l'évangélisation des Peuls ont été faites. Mais il est encore difficile pour les Peuls de croire en Jésus, de le suivre et de grandir dans la foi. Cette ressource de Fara Daniel Tolno vise à relever ce défi. Le lecteur y trouvera des approches d'évangélisation et d'implantation d'Églises novatrices qui s'articulent autour de la vision peule du monde et de la culture relationnelle. Je recommande chaleureusement ce livre à ceux qui sont préoccupés par l'annonce de la Bonne Nouvelle aux Peuls. Profitez de ces nouvelles méthodes éprouvées d'un fidèle serviteur de Dieu.

DJIMALNGAR Madjibaye
Secrétaire général, Entente des Églises et Missions évangéliques au Tchad (EEMET)
Professeur de missiologie, FATEB Yaoundé (Cameroun) et FATES N'Djamena (Tchad)

Bonne Nouvelle pour les Peuls

Une étude au Fouta-Djallon en République de Guinée

Fara Daniel Tolno

MONOGRAPHS

© Réseau de missiologie évangélique pour l'Europe francophone (REMEEF), 2023

Publié en 2023 par Langham Monographs,
Une marque de Langham Publishing
www.langhampublishing.org

Les éditions Langham Publishing sont un ministère de Langham Partnership.

Langham Partnership
PO Box 296, Carlisle, Cumbria, CA3 9WZ, UK
www.langham.org

ISBN :
978-1-83973-756-5 Format papier
978-1-83973-823-4 Format ePub
978-1-83973-825-8 Format PDF

Ce travail est à l'origine une thèse de doctorat écrite par Fara Daniel Tolno dans le cadre de ses études doctorales à la Faculté Jean Calvin d'Aix-en-Provence (France).

Conformément au « Copyright, Designs and Patents Act, 1988 », le Réseau de missiologie évangélique pour l'Europe francophone (REMEEF) déclare qu'il est en droit d'être reconnu comme étant l'auteur de cet ouvrage.

Tous droits réservés. La reproduction, la transmission ou la saisie informatique du présent ouvrage, en totalité ou en partie, sous quelque forme ou par quelque procédé que ce soit, électronique, mécanique, photographique, est interdite sans l'autorisation préalable de l'éditeur ou de la Copyright Licensing Agency. Pour toute demande d'autorisation de réutilisation du contenu publié par Langham Publishing, veuillez écrire à publishing@langham.org.

Sauf indication contraire, les citations bibliques sont tirées de la nouvelle version de la Bible Segond révisée dite « La Colombe ». Copyright 1978, Société Biblique Française.

Les citations coraniques sont tirées, sauf indication contraire, de *Le Coran*, traduit de l'arabe, accompagné de notes, précédé d'un abrégé de la vie de Mahomet, tiré des écrivains orientaux les plus estimés, par M. SAVARY, 2 vol., Paris, G. Dufour, 1821.

British Library Cataloguing in Publication Data
A catalogue record for this book is available from the British Library

ISBN : 978-1-83973-756-5

Mise en page et couverture : projectluz.com

Langham Partnership soutient activement le dialogue théologique et le droit pour un auteur de publier. Toutefois, elle ne partage pas nécessairement les opinions et avis avancés ni les travaux référencés dans cette publication et ne garantit pas son exactitude grammaticale et technique. Langham Partnership se dégage de toute responsabilité envers les personnes ou biens en ce qui concerne la lecture, l'utilisation ou l'interprétation du contenu publié.

À mon épouse Seny Léontine dont le soutien et le dévouement ont permis la réalisation de cet ouvrage.

À nos chers enfants : Damaris, Rachel, Pierre, Elisa et Samuel.

Sommaire

Avant-propos xi
Abréviations xiii
    Livres de la Bible xiii
    Abréviations générales xiii
    Abréviations des Églises et Missions xiv
Introduction 1
    I. Intérêt du sujet 1
    II. Problématique du sujet 4
    III. Délimitation du sujet 5
    IV. Définitions 5
    V. Plan de l'ouvrage 6
Chapitre 1 9
    Présentation du peuple peul du Fouta-Djallon
    I. Contexte géographique des Peuls 9
    II. Contexte historique 13
    III. Vision du monde et identité 20
    IV. Contexte socioculturel 48
    V. Contexte religieux : l'islam peul 74
    VI. Synthèse du chapitre 1 110
Chapitre 2 113
    Histoire de l'évangélisation des Peuls
    I. Introduction 113
    II. Premier effort missionnaire (1797-1887) 115
    III. Deuxième effort missionnaire (1923-1967) 117
    IV. Intervalle sans évangélisation des Peuls du Fouta-Djallon
        (1968-1984) 135
    V. Troisième effort missionnaire (1984 à 2020) 154
    VI. Synthèse du chapitre 2 191
Chapitre 3 193
    Éléments favorables et défavorables à l'implantation d'Églises au Fouta-Djallon
    I. Introduction 193
    II. Éléments favorables à l'implantation d'Églises 195
    III. Éléments défavorables à l'implantation d'Églises 222
    IV. Synthèse du chapitre 3 279

Chapitre 4 281
Stratégies pour l'implantation d'Églises parmi les Peuls du Fouta-Djallon
    I. Concepts bibliques clés pour la contextualisation critique de
       l'Évangile 282
    II. Concepts-clé de la culture peule à la lumière de la Bible 319
    III. Stratégies d'implantation d'Églises parmi les Peuls
       musulmans 338
    IV. Synthèse du chapitre 4..375

Conclusion 377
    I. Synthèse de la pensée..377
    II. Apport de cette étude 379
    III. Recherche ultérieure 381

Annexe 1 383
    Carte de la République de Guinée

Annexe 2 385
    Questionnaire

Annexe 3 387
    Liste des interviews

Bibliographie..389

Index des noms de personnes...417

Index des Églises et Missions 421

Index thématique...423

Liste des tableaux 431

Avant-propos

Les problèmes abordés dans cette étude nous ont préoccupé depuis notre formation à l'Institut de théologie évangélique de Conakry (ITEC). Notre choix d'étudier ensuite à la Faculté de théologie évangélique de l'Alliance chrétienne (FATEAC) d'Abidjan s'explique en partie par le souci de mener une recherche pour comprendre le défi de l'évangélisation des Peuls du Fouta-Djallon.

Nos interrogations à ce sujet se sont ensuite précisées et synthétisées pendant notre ministère pastoral à l'Église Protestante Évangélique de Forécariah en République de Guinée et notre formation à la Faculté Jean Calvin d'Aix-en-Provence. C'est là que nous avons compris que la rencontre de l'Évangile avec la vision peule du monde fait manifestement apparaître des similitudes et des différences, ce qui constitue un des défis majeurs de l'implantation d'Églises parmi les Peuls du Fouta-Djallon. Dans cette étude, nous cherchons à comprendre les défis et les enjeux de cette rencontre.

Sur le plan méthodologique, on pourrait nous reprocher d'avoir choisi une approche centrée uniquement sur les Peuls du Fouta-Djallon plutôt qu'une démarche globale qui tiendrait compte de tous les Peuls de l'Afrique subsaharienne. Cette restriction a deux raisons : la limitation de nos moyens et la situation présente au Fouta-Djallon marquée par une opposition farouche des Peuls musulmans à l'Évangile.

Dans cette étude, nous cherchons encore à répondre à un autre besoin tout aussi primordial pour la contextualisation critique de l'Évangile au Fouta-Djallon. Il s'agit de comprendre d'une part la vision peule du monde qui est à la base de l'identité peule, et d'autre part la conscience relationnelle peule qui, elle, décrit le mieux l'identité peule.

Notre travail est structuré en quatre chapitres. Le premier discute essentiellement de la vision peule du monde qui est au le cœur de la culture peule. Le deuxième retrace l'histoire de l'évangélisation des Peuls musulmans du Fouta-Djallon. Le troisième aborde les éléments favorables et défavorables à l'annonce de la Bonne Nouvelle parmi les Peuls du Fouta-Djallon. Au chapitre 4 nous avons présenté des stratégies d'évangélisation qui correspondent à la vision peule du monde.

Nous saisissons cette occasion pour remercier la Faculté Jean Calvin pour son accueil et les outils de travail scientifique qu'elle a mis à notre disposition. Tout particulièrement nous exprimons notre reconnaissance aux professeurs Yannick Imbert et Hannes Wiher qui ont accompagné toutes les étapes de ce travail. Nous tenons également à remercier Langham Partnership pour son soutien financier pendant la rédaction de notre thèse. Nos remerciements vont aussi aux relecteurs Bernard Huck, Pierre-André Joset et Rose-Marie Moiret pour leur travail ardu, au Réseau évangélique de missiologues pour la francophonie pour l'intégration de cet ouvrage dans la collection REMIF, et aux éditions Langham Publishing pour la publication. Que tous ceux qui nous ont soutenu par leur amitié trouvent dans cette adresse notre profonde gratitude.

Fara Daniel Tolno

Abréviations

Livres de la Bible

Ancien Testament

Gn, Ex, Lv, Nb, Dt, Jos, Jg, Rt, 1-2 S, 1-2 R, 1-2 Ch, Esd, Né, Est, Jb, Ps, Pr, Ec, Ct, Es, Jr, Lm, Ez, Dn, Os, Jl, Am, Ab, Jon, Mi, Na, Ha, So, Ag, Za, Ml

Nouveau Testament

Mt, Mc, Lc, Jn, Ac, Rm, 1-2 Co, Ga, Ep, Ph, Col, 1-2 Th, 1-2 Tm, Tt, Phm, Hé, Jc, 1-2 P, 1-2-3 Jn, Jude, Ap

Abréviations générales

A.T.	Ancien Testament
anc.	ancien(ne)
apr.	après
art.	article(s)
av.	avant
cf.	voir
ch.	chapitre
cp.	comparer
infra	ci-dessous
J.-C.	Jésus-Christ
km	kilomètre(s)

litt.	littéralement
l.	ligne(s)
LXX	Septante
m	mètre(s)
n.	note(s)
n°	numéro
N.T.	Nouveau Testament
p.	page(s)
p. ex.	par exemple
s(s)	et suivant(s)
supra	ci-dessus
v.	verset(s)

Abréviations des Églises et Missions

Alliance chrétienne et missionnaire (CMA)
Alliance évangélique missionnaire (AEM-WEC)
Audio Vie (AV)
Baptistes œuvre et mission internationale (BOM)
Calvary Ministries (CAPRO)
Campus pour Christ (CC)
Centre international d'évangélisation (CIE)
Christ de maison à maison (CMM)
Communauté missionnaire chrétienne internationale (CMCI)
Église chrétienne des rachetés de Dieu (CRC)
Église de Dieu en Christ : Ministère de la vie nouvelle (EDC)
Église évangélique Amour de Dieu (AD)
Église évangélique Shékina (ES)
Église Pentecôte Nouvelle Jérusalem (EPNJ)
Église Protestante Évangélique de Guinée (EPEG)
Groupes bibliques des élèves et étudiants de Guinée (GBEEG)
Jeunesse en mission (JEM)
Mission Alpha (MA)
Mission Baptiste du Sud (MBS)
Mission baptiste nationale (National Baptist Convention, NBC)

Mission des nouvelles tribus (NTM)
Mission évangélique réformée néerlandaise (MERN)
Mission Kalimatou'llah (MK)
Mission pentecôtiste du Canada (MPC)
Mission Philafricaine (MPA)
Mission protestante réformée (MPR)
Société internationale missionnaire (SIM)
Traducteurs pionniers de la Bible (PBT)

Introduction

I. Intérêt du sujet

Sur le plan sociogéographique, les études menées sur les peuples d'Afrique s'accordent sur le fait que les Peuls[1] sont présents dans la plupart des pays de l'Afrique occidentale et centrale[2]. Ils y jouent un rôle économique et politique important[3]. Notons que cette distribution géographique leur a permis d'entrer en contact avec d'autres peuples qui leur sont étrangers par la langue, les traditions, l'histoire et l'économie. Sur le plan religieux, les Peuls sont presque tous musulmans. Une partie des Peuls d'Afrique de l'Ouest ont été parmi les propagateurs de l'islam sunnite. Conquérants, Les Peuls pratiquent le *djihad*, créent des écoles coraniques et multiplient les confréries soufies. D'un point de vue de missiologique, ils constituent donc l'un des « peuples clés[4] » en Afrique occidentale et centrale, un pont d'accès pour l'évangé-

---

1. Normalement, les noms propres n'ont pas de pluriel, mais chez les Peuls nous pouvons faire une exception comme c'est le cas en français pour les noms de peuples.
2. Bénin, Burkina Faso, Côte d'Ivoire, Cameroun, Gambie, Ghana, Guinée équatoriale, Mali, Mauritanie, Niger, Nigéria, République de Guinée, République centrafricaine, Sénégal, Sierra Leone, Soudan, Togo, Tchad.
3. Sidi Muhammad Mahibou, *Croyance du monde. Abdullahi Dan Fodio et la théorie du gouvernement islamique*, Paris, l'Harmattan, 2010, p. 22.
4. Patrick Johnstone et le Projet Josué identifient des « groupes de peuples » (*people clusters*) ou « blocs d'affinité » (*affinity blocs*) qui s'affilient sur la base de leur identité linguistique, leur culture et religion communes. Selon eux, un « peuple clé » (*gateway people*) représente l'un des peuples dans un « groupe de peuples » (*people cluster*) qui est, d'un point de vue stratégique, un pont d'accès pour l'évangélisation des autres peuples du groupe. À titre d'exemple, le groupe de peuples arabes se constitue de vingt-neuf peuples ; les Arabes d'Arabie sont un peuple clé pour l'évangélisation des autres peuples arabes. De la même façon les Peuls sont un peuple clé pour le groupe des peuples de l'Afrique occidentale. Pour la définition des « groupes de peuples » (*people clusters*) ou

lisation des autres peuples de ces deux régions. Ce contact avec les autres peuples a favorisé en leur sein l'éclosion de sous-cultures peules, dépendantes de l'histoire locale et souvent distinctes les unes des autres. C'est pourquoi l'ethnologue Marguerite Dupire répartit les Peuls en quatre blocs culturels, à savoir, le bloc occidental (Sénégal et Gambie), le bloc Fouta-Djallon (Guinée Conakry), le bloc central (Mali, Burkina Faso) et le bloc oriental (Nigéria, Niger, Nord-Cameroun, Tchad)[5]. Les recherches récentes ont montré qu'en Afrique la population peule est d'environ 40 millions[6].

Cette importance démographique et géographique des Peuls est bien connue par les Africains qui considèrent les Peuls comme l'un des peuples majoritaires de l'Afrique. Les sages d'Afrique disent que « les Peuls savent où ils sont nés, mais ne savent pas où ils seront enterrés[7] ». Cependant, malgré leur grande dispersion géographique et la diversité des peuples qui les entourent, ils conservent une culture assez homogène, des institutions communes, en particulier tout ce qui touche à l'organisation familiale et à la religion.

En Afrique l'islam est la religion principale des Peuls. Ils sont considérés comme les propagateurs et défenseurs de la religion musulmane. Pour s'en convaincre, il suffit d'évoquer les guerres saintes (*djihad*) menées par les Peuls à Macina et au Fouta-Djallon au XVIIe siècle, et au Nigéria (Sokoto) et au Cameroun (Adamaoua) au XVIIIe siècle[8]. Il faut aussi signaler qu'en Afrique

---

« blocs d'affinité » (*affinity blocs*), cf. Patrick JOHNSTONE, *L'Église mondiale, quel avenir ? Histoire, tendances, possibilités*, Charols, Excelsis, 2019, p. 169, pour le groupe de peuples arabes p. 180-183, pour les Peuls comme peuple clé p. 176s. Cf. aussi Patrick JOHNSTONE, « Prayer Profiles on 127 of the Gateway People Clusters from AD2000's Joshua Project List », cité par David ROBINSON, « Joshua Project 2000. Research, Profiles, Prayer and Church Planting for Unreached Peoples », *International Journal of Frontier Missions* 13, 2, April-June 1996, p. 89.

5. Marguerite DUPIRE, *Organisation sociale des Peuls. Étude ethnographique comparée*, Paris, Plon, 1970, p. 176.
6. Il est difficile d'estimer la population exacte des Peuls en Afrique. Les études menées sur ce sujet ont situé la « limite inférieure entre 25 et 35 millions et celle supérieure entre 40 et 50 millions. Mais les sources qui indiquent 40 millions sont relativement nombreuses. C'est pourquoi dans ce travail nous avons retenu ce chiffre moyen ». Harouna SY, *L'esthétique sociale des pulaars. Socioanalyse d'un groupe ethnolinguistique*, Paris, l'Harmattan, 2016, p. 21.
7. Boubacar Hama BEIDI, *Les Peuls du Dallo Bosso. Coutume et mode de vie*, Michigan, Université de Michigan, 1993, p. 9.
8. El Hadj Therno Mamadou BAH, *Histoire du Fouta-Djallon. La pénétration européenne et l'occupation française*, t. II, Paris, l'Harmattan, 2008, p. 61.

l'islam a connu de grands réformateurs peuls qui ont participé à l'émergence de la foi musulmane sur le continent. Parmi eux, citons Ousmane Dan Fodio qui, au début du XIXᵉ siècle, a fondé par le *djihad* l'empire du Sokoto. Nous pouvons aussi mentionner Almani Alfa Yaya Diallo (1850-1912) qui a joué un rôle décisif dans l'islamisation du Fouta-Djallon en déclarant le *djihad* aux peuples qu'il y a trouvés[9]. Tout cela contribue à montrer que les Peuls sont un peuple clé de l'Afrique.

En République de Guinée[10], les Peuls représentent plus de 40 % de la population. Traditionnellement nomades, les Peuls de la Guinée sont en grande partie sédentarisés au Fouta-Djallon, région limitée au nord par les Républiques du Sénégal et du Mali, à l'est par la Haute Guinée, au sud par la Sierra Leone, à l'ouest par la Guinée maritime et au nord-ouest par la Guinée-Bissau. Le Fouta-Djallon couvre une superficie de 80000 km² avec une densité de 31 habitants au km². Il compte onze préfectures[11]. Hébergeant la source de nombreux fleuves qui arrosent les autres pays de la région[12], il est considéré comme le château d'eau de l'Afrique occidentale[13].

Les Peuls du Fouta-Djallon sont les artisans de l'islamisation du Fouta-Djallon et de toutes les régions de la Guinée. Cela est confirmé par les recherches récentes d'Alpha Muhammad Sow qui considère que le Fouta-Djallon est aujourd'hui la région la plus islamisée de l'Afrique occidentale[14]. Notons que 99,9 % des Peuls du Fouta-Djallon sont des musulmans zélés et convaincus de la doctrine coranique[15]. Dans leurs villes se trouvent les plus belles mosquées du pays. Si nous avons associé les Peuls à l'islam conquérant,

---

9. *Ibid.* Ce sont les Diallonké, Bassari, Tanda et Koniagui du Bajar, les Mandingue du Ngaabu, les Nalu et Landuman de la côte atlantique.
10. Dorénavant le plus souvent abrégé « Guinée ».
11. Labé, Pita, Dalaba, Mamou, Kindia, Télémélé, Gaoual, Mali, Tougué, Lélouma, Koubia et Koundara.
12. Il s'agit notamment de la Guinée Bissau où coulent la Toniné et le Rio Corubal ; la Sierra Léone qui puise les eaux de la Kolenté ; la Gambie et le Sénégal alimentés par le fleuve Gambie ; le Sénégal et la Mauritanie qui bénéficient des eaux du Baafing et du Falémé ; enfin le Niger et le Nigéria traversés par le fleuve Niger.
13. Muriel DEVEY MALU MALU, *La Guinée*, Paris, Karthala, 2009, p. 9..
14. Alpha-Muhammad Loppé Sow, *Ethnies et société islamique en Afrique, un paradoxe ? Le cas du Fuuta Dyalöö guinéen du XVIe au XXe siècle*, Paris, l'Harmattan, 2007, p. 98.
15. Ce chiffre a été avancé par l'Association des Églises et Missions Évangéliques de Guinée (AEMEG) pendant la consultation sur l'évangélisation des peuples non atteints en Guinée. « Procès-verbal et Rapport du Comité de l'AEMEG (1997-2000) », Conakry, AEMEG, 2000.

il nous faut aussi souligner que, depuis le début du xxᵉ siècle jusqu'à nos jours, l'Évangile leur a été annoncé. Malgré cet effort, très peu de Peuls se sont donnés à Christ.

II. Problématique du sujet

La problématique de notre recherche est la résistance des Peuls à l'annonce du salut en Jésus-Christ qui constitue le cœur de l'Évangile. Soulignons que la doctrine du salut en Jésus-Christ est le sujet qui rencontre le plus d'opposition parmi les Peuls du Fouta-Djallon, une opposition quasi permanente et récurrente. Et si, en Guinée, les Peuls ont toujours manifesté de l'opposition à l'Évangile, celle-ci est encore plus tenace aujourd'hui. C'est ainsi que la plupart des communautés chrétiennes peules qui ont été fondées à Labé, Mamou, Pita, Kankan, Labé et Timbi Madina ont disparu. Cependant, celles de Télimélé, de Dalaba et de Conakry subsistent, mais connaissent une forte persécution qui freine leur croissance. La disparition de ces communautés chrétiennes a paralysé l'évangélisation des Peuls et plusieurs Églises et Missions de la Guinée ont renoncé à les évangéliser. Cette résistance à la Bonne Nouvelle les range parmi les peuples non atteints par l'Évangile. Quatre raisons justifient donc le choix de notre sujet :

- L'importance démographique des Peuls en Afrique (40 millions), particulièrement en Guinée (plus de 40 % de la population) ;
- L'importance culturelle et stratégique des Peuls en Afrique occidentale et centrale qui en fait un peuple clé ;
- Le rejet de l'Évangile par les Peuls ;
- La disparition de certaines communautés chrétiennes peules.

Ces constats obligent à se pencher sur la question de l'identité ethnique peule et induisent la nécessité de voir dans quelle mesure un projet d'évangélisation peut être possible dans une culture où la notion de salut en Jésus est controversée. Ces constats du rejet de l'Évangile par les Peuls de la Guinée et de la disparition des communautés chrétiennes peules nous convainquent qu'il est urgent d'approfondir la réflexion sur la question d'identité du peuple peul en vue de mieux cerner le rapport qui existe entre l'Évangile et la culture peule.

III. Délimitation du sujet

En considérant sa distribution géographique, on peut aisément comprendre qu'il est difficile d'étudier le peuple peul dans sa globalité. Conscient de cette difficulté et de la diversité culturelle des Peuls dans les différents pays de leur implantation, nous avons jugé utile de limiter notre travail aux Peuls de la République de Guinée, et plus particulièrement aux Peuls du Fouta-Djallon. Concernant la délimitation dans le temps, nos recherches seront essentiellement axées sur la période allant du XIVe au XXIe siècle.

IV. Définitions

Étant donné que, dans notre démarche missiologique, nous nous basons sur les notions de vision du monde et d'identité, il nous semble nécessaire de définir ces concepts au début de notre étude.

A. Vision du monde

Selon le philosophe reformé David K. Naugle, « la vision du monde est un système sémiotique de signes narratifs qui établit un cadre puissant dans lequel les hommes pensent (raison), interprètent (herméneutique) et connaissent (épistémologie)[16] ». Soulignons que le concept de vision du monde est considéré comme très flou et est abandonné par plusieurs chercheurs. En tenant compte de ce problème, nous avons choisi de suivre Hannes Wiher qui rend opérationnel ce concept par ces quatre modèles : le modèle stratigraphique de l'ordre créationnel, le modèle des cinq concepts sotériologiques de base, l'orientation de la conscience et la notion de temps[17]. Nous les présenterons en détail dans le chapitre 1.

B. Identité

Le sujet de l'identité a été discuté par les sciences humaines de manières très diverses au point de nous amener à dire que l'identité est un concept flou, difficile à définir. Pour pallier cette difficulté, Hannes Wiher rend

---

16. David K. Naugle, *Worldview. The History of a Concept*, Grand Rapids, Eerdmans, 2001, p. xix.
17. Hannes Wiher, « Toucher les êtres humains en profondeur (deuxième partie) », *Théologie évangélique* vol. 12, n° 2, 2013, p. 69-85.

opérationnelle également la notion d'identité dans les perspectives biblique et psychologique. Pour lui, la base biblique de l'identité humaine est Dieu parce que Dieu a créé l'être humain à son image (Gn 1.26-27). « Du point de vue sotériologique, tous ceux qui ont accepté le Christ et croient en lui sont enfants de Dieu (Jn 1.12 ; Rm 8.14-15). D'un point de vue missiologique, nous sommes envoyés par Jésus, tout comme Jésus, le Fils, a été envoyé par le Père (Jn 20.21 ; cf. 17,18)[18] ». Sur le plan psychologique, Wiher considère que « l'identité se développe dans une tension dialogique entre le moi et l'altérité[19] ». Dans ce processus, poursuit-il, « le développement de l'identité est étroitement lié à l'émergence de la honte et de la culpabilité qui se développent dans la même tension dialogique[20] ». Cela fait que le point de contact « entre la vision du monde et l'identité est assuré par la conscience qui, de par son orientation, attribue la priorité à certaines valeurs[21] ». Nous nous limiterons à utiliser en priorité les modèles pour la vision du monde, car les deux concepts, la vision du monde et l'identité, ont leurs racines, selon Wiher, dans la tension dialogique entre le moi et l'altérité.

Ces deux notions seront expliquées davantage dans le chapitre 1 et utilisées tout au long de cet ouvrage.

V. Plan de l'ouvrage

La démarche de cet ouvrage est organisée selon le modèle de contextualisation critique introduit par Paul Hiebert en 1984. Elle est pertinente pour notre démarche, parce qu'elle est une approche missiologique qui veut qu'on se garde de rejeter ou d'accepter d'anciennes croyances et coutumes sans les examiner à la lumière de la Bible[22]. Mais pour réussir cette démarche, il convient d'abord d'étudier ces traditions quant au sens et à la place qu'elles ont à l'intérieur de leur cadre culturel, puis de les évaluer à la lumière des normes

---

18. Wiher, « Toucher les êtres humains en profondeur (deuxième partie) », p. 74.
19. Hannes Wiher, « L'identité humaine et les religions », in *L'identité humaine*, sous dir. Micaël Razzano, Charols, Excelsis, 2019, p. 144.
20. *Ibid.*
21. *Ibid.*
22. Paul G. Hiebert, « Critical Contextualization », *Missiology* 12, 1984, p. 297 ; idem, « Une contextualisation critique », in *Mission et culture*, St-Légier, Emmaüs, 1998, p. 191-215, résumé p. 209.

bibliques[23]. Ce modèle de contextualisation, développé par Paul Hiebert, s'articule en quatre étapes : 1) une analyse culturelle, 2) une analyse biblique, 3) une évaluation de la culture à la lumière de la Bible et 4) une théorie et une pratique fidèles à la Bible et pertinentes dans cette culture[24].

Le modèle choisi nous a donc logiquement conduit à opter pour une organisation thématique articulée en quatre chapitres. Le premier offrira une présentation générale des Peuls du Fouta-Djallon, un aperçu géographique et historique ainsi qu'un aperçu de leur vision du monde, de leur culture et de leur religion.

Le deuxième chapitre sera consacré à l'histoire de l'évangélisation des Peuls au Fouta-Djallon. L'analyse de l'œuvre missionnaire nous permettra d'établir un lien entre les Peuls de la Guinée et les stratégies mises en œuvre par les chrétiens pour l'implantation d'Églises au Fouta-Djallon.

Au troisième chapitre, il s'agira d'étudier les facteurs favorables et défavorables à l'implantation d'Églises parmi les Peuls de la Guinée.

Le quatrième chapitre sera le point d'aboutissement de notre étude. Notre compréhension du peuple peul de la Guinée et de l'histoire de l'implantation d'Églises parmi eux nous permettra d'envisager des stratégies d'évangélisation des Peuls en République de Guinée.

---

23. HIEBERT, « Une contextualisation critique », p. 209.
24. *Ibid.*

CHAPITRE 1

Présentation du peuple peul du Fouta-Djallon

Jusqu'ici, de nombreux travaux ont été consacrés à l'étude des Peuls du Fouta-Djallon. Beaucoup d'entre eux se sont attachés à la description d'événements historiques et de phénomènes culturels superficiels. D'autres ont élaboré des synthèses plus ou moins documentées. À la lecture de ces travaux, nous avons constaté que certains chercheurs ont étudié les Peuls du Fouta-Djallon sans expliquer leur contexte dont la connaissance nous paraît capitale, surtout pour celui qui désire vivre avec les Peuls du Fouta-Djallon. C'est pourquoi dans ce chapitre nous avons jugé nécessaire de présenter successivement les contextes géographique, historique, culturel et religieux des Peuls du Fouta-Djallon, avec un accent particulier sur la vision du monde et l'identité peules. Cela nous permettra de mieux connaître qui sont les Peuls du Fouta-Djallon. Enfin, l'analyse de la culture et de la religion peules nous aidera à connaître l'identité des Peuls musulmans du Fouta-Djallon.

I. Contexte géographique des Peuls

A. République de Guinée

Le massif du Fouta-Djallon est l'une des régions naturelles de la République de Guinée. L'étude de la Guinée dans son ensemble nous permettra de souligner la spécificité du Fouta-Djallon par rapport aux autres régions du pays.

La République de Guinée est située en Afrique occidentale entre les 9ᵉ et 12ᵉ degrés de latitude nord, et le 10ᵉ et le 17ᵉ degré de longitude ouest[1]. À l'ouest, elle est délimitée par l'océan Atlantique, la Guinée-Bissau et la Sierra Leone ; au nord par le Sénégal ; au nord-est par le Mali et la Côte d'Ivoire; au sud par le Libéria. Elle couvre une superficie de 245 857 km² et compte quarante-et-une ethnies dans quatre régions naturelles : la Basse Côte, la Moyenne Guinée, la Haute Guinée et la Guinée Forestière.

La région de la Basse Côte, qui s'ouvre sur l'océan atlantique, est peuplée de Soussou, Baga, Landouma, Madenyi, Nalou et Mikiforé. La Moyenne Guinée, aussi appelée le Fouta-Djallon, est essentiellement occupée par les Peuls. À côté des Peuls se trouvent des minorités comme les Diallonké, Badiaranké, Coniagui, Bassari et Tyapi. La Haute Guinée est habitée par les Malinké, les Diallonké, les Ouassoulounké et les Kouranko. C'est en Guinée Forestière que l'on rencontre plusieurs petits groupes ethniques. Il s'agit des Kissi, Toma, Guerzé, Konianké, Konon, Manon, Lélé et Kouranko[2].

En Guinée, 85 % de la population est musulmane. Aujourd'hui la plupart des musulmans guinéens adhèrent au courant sunnite dont ils n'ont d'ailleurs qu'une vague connaissance[3]. Le manque de connaissance en islam a favorisé en Guinée un islam populaire qui est un mélange entre l'islam officiel et les pratiques des religions traditionnelles africaines. Cette dimension populaire permet à l'islam de pénétrer dans toutes les régions de la Guinée et les peuples de la Guinée lui réservent un accueil chaleureux. Il est important de souligner que le Fouta-Djallon est la région la plus islamisée de la Guinée. Cela lui a

---

1. Amadou Oury DIALLO, *Épopée du Fouta-Djallon. La chute de Gâbou*, Paris, l'Harmattan, 2009, p. 15.
2. DEVEY MALU MALU, *La Guinée*, p. 30.
3. Le sunnisme (de *sunna* « tradition ») est considéré comme le courant orthodoxe et le plus répandu dans le monde (aujourd'hui presque 90 % des musulmans sont sunnites). Notons que le sunnisme est organisé en différentes écoles juridiques. Il y en a aujourd'hui quatre, mais il y en a eu d'autres dans le passé. Ces écoles s'acceptent les unes les autres, organisant ainsi un pluralisme relatif en matière de normes juridiques, mais en gardant une foi commune en Allah. Ce sont, dans l'ordre de leur apparition : le hanafisme de Abu Hanifa (700-767), le malékisme de Mâlik Ibn Anas (712-796), le chaféisme de Al-Châfi'î (768-820) et le hanbalisme de Ibn Hanbal (781-856). Les sunnites se font appeler *ahlu s-sunnah* « communauté des gens de la sunna ». Ils considèrent les autres groupes musulmans comme des égarés. Marie MIRAN, *Islam, histoire et modernité en Côte d'Ivoire*, Paris, Karthala, 2006, p. 248 ; Jacques JOMIER, *Pour connaître l'islam*, Paris, Cerf, 2001, p. 29 ; Muhammad ibn Abd al-Karim SHARASTANI, *Livre des religions et des sectes*, t. 1, Paris, Librairie Orientale, 1986, p. 61.

valu le nom de Fouta islamique. De là, la religion du Prophète Muhammad s'est répandue non seulement dans les autres régions de la Guinée[4], mais aussi dans d'autres pays de l'Afrique occidentale.

B. Fouta-Djallon

Après avoir décrit globalement la Guinée dans la section précédente, nous présenterons dans cette section la région du Fouta-Djallon à laquelle s'intéresse directement cette étude.

1. Climat

Le climat du Fouta-Djallon est d'une douceur remarquable. Certains explorateurs qui ont traversé le Fouta-Djallon témoignent de la beauté climatique du pays. Dans son carnet de voyage, Olivier de Sanderval le considère comme un lieu de prédilection pour les Européens vivant en Afrique occidentale[5]. Pour sa part, Bayol présente le Fouta-Djallon « comme la Suisse de cette partie de l'Afrique[6] ». Arrivé au Fouta-Djallon, Ernest Noirot a eu l'impression d'être sur un site vosgien dépourvu de sapins[7]. La douceur de ce climat s'explique par sa latitude et son ouverture sur l'océan atlantique. Au Fouta-Djallon les températures varient entre 5 à 6°C les jours les plus froids et 33 à 40°C les jours les plus chauds, pour une moyenne annuelle de 22 à 23°C. Cette variation de température permet, au point de vue climatique, de noter la présence d'hivers, de printemps et d'automnes. Ce changement fait du Fouta-Djallon un passage obligé pour les missionnaires occidentaux en République de Guinée[8].

---

4. Alpha-Mohammed Loppé Sow, *Ethnie et société islamique en Afrique, un paradoxe ? Le cas du Fuuta Dyalöö guinéen du XVIe au XXe siècle*, Paris, l'Harmattan, 2007, p. 24.
5. Le rapport de la mission d'Olivier de Sanderval au Fouta-Djallon explique avec application le caractère du climat foutanien en relevant que « ses hauts plateaux fertiles, bien arrosées et où la température est celle de la France, moins les froids de l'hiver, sont habitables comme un paradis terrestre... Là est le climat favorable où les Européens peuvent vivre et créer un centre d'influence permanent et fort ». Olivier DE SANDERVAL, *De l'Atlantique au Niger par le Fouta-Djallon. Carnet de Voyage*, Paris, P. Ducroco, 1883, p. ii.
6. *Ibid.*
7. Fernand ROUGET, *La Guinée. Notices publiées par le gouvernement général à l'occasion de l'exposition coloniale de Marseille*, Paris, CRETE, 1906, p. 55.
8. En République de Guinée la plupart des missionnaires occidentaux passent leur congé au Fouta-Djallon à cause de la douceur de son climat.

2. Relief

Le relief du Fouta-Djallon est caractérisé par des montagnes (*felo*), des plateaux (*donghol*) et des vallées profondes (*aïndé*). La présence de ces montagnes, plateaux et vallées fait de la région de la Moyenne Guinée un relief à la fois accidenté et inhospitalier. Alpha Muhammad Loppé Sow considère que c'est pour souligner cette réalité géographique que les Peuls appellent leur région *leydi kaayhè, kööyhè è koldhè* « la terre des pierres, de la famine et de la nudité[9] ». Un tel relief produit nécessairement des effets non seulement sur la mentalité de ses habitants, mais aussi sur quiconque désire séjourner au Fouta-Djallon. Dans son livre, *L'Afrique occidentale en 1818 vue par un explorateur*, Gaspard Mollien présente cette réalité comme suit :

> Arrivés sur le territoire du Fouta-Djallon, nous commençâmes à gravir de hautes montagnes composées de diabases granitoïdes et de pierres ferrugineuses. Quelles tristes réflexions vinrent affliger mon esprit lorsque, du sommet de ces hauteurs, je découvris une étendue considérable de pays entièrement hérissée de montagnes rocailleuses, dont la crête se perdait dans les nuages et que séparaient des précipices affreux ! Partout l'image de la désolation : quelques prairies situées au pied de ces monts escarpés rompaient çà et là cette uniformité. Le pays plat où nous descendîmes ensuite, presque toujours inondé par des torrents qui coulent des montagnes, paraît fertile, car il est couvert d'une belle verdure. Elle repose agréablement les yeux, fatigués à la vue continuelle de montagnes arides[10].

Le rapport des missions de Levasseur et de Plat décrit également ce caractère inhospitalier du relief du Fouta-Djallon en relevant que « le sous-lieutenant Levasseur, détaché de la colonne dirigée par le capitaine Fortier, contre Mahmadou Lamini, atteignit Labé, où son chef arriva exténué et ne put s'arrêter[11] ». Par ce qui précède, on peut considérer que le relief du Fouta-Djallon est

---

9. Sow, *Ethnie et société islamique en Afrique*, p. 48.
10. Gaspard Théodore MOLIEN, *L'Afrique occidentale en 1818, vue par un explorateur français*, Paris, Calmann-Lévy, 1907, p. 201.
11. La conquête du Fouta-Djallon par la France est le résultat de plusieurs missions d'exploration et d'administrateurs qui ont su présenter le pays des Peuls de la Guinée, le Fouta-Djallon. Ainsi « le général Galliéni, après avoir traité avec les chefs de Niocolo et de Dinguiraye (15 février 1887) et engagé les pourparlers avec celui du Dentilia, envoya

tellement accidenté qu'il n'est pas aisé de s'y déplacer. Le choix des sommets de montagnes (*fello*) comme lieux d'habitation des Peuls fait de tout déplacement une épreuve pénible. On peut remarquer qu'un tel contexte prédispose ses habitants à la coopération, à l'entraide, à la résignation et au courage. Il est donc important de noter que le contexte géographique a modelé le caractère du Peul berger. Pour mieux comprendre le peuple peul, il faut maintenant expliquer la manière dont les Peuls sont arrivés au Fouta-Djallon.

II. Contexte historique

A. Premiers occupants du Fouta-Djallon

Les Peuls ne sont pas les premiers occupants du Fouta-Djallon. Déjà à la fin du XIe siècle, on y signale la présence des Baga, Timné, Landuma, Nalu et des Tyapi au Fouta-Djallon. Ces peuples y vivaient paisiblement, pratiquaient l'agriculture et avaient une croyance animiste.

Le début du XIIe siècle est marqué par l'arrivée des Djallonké sur le massif. Ce peuple, venu sans doute de la région comprise entre Koulikoro et Ségou au Mali, était plus nombreux et politiquement plus organisé que les premiers occupants[12]. Grâce à leur supériorité numérique et politique, les Djallonké

---

donc au Fouta-Djallon deux missions, avec ordre précis de rapporter une convention de protectorat ». La première était conduite par Levasseur dont nous avons parlé ci-dessus. « Mais la seconde, d'abord conduite par le capitaine Oberdorf, qui mourut à Tombé de la fièvre le 9 janvier 1889, et partie de Kayes, parvint à Timbo par le Dinguiraye, sous les ordres du lieutenant Plat, assisté du Dr Fras : Ils signèrent avec l'Almamy le traité du 30 mars 1889. » ROUGET, *La Guinée*, p. 55 ; Joseph Simon GALIÉNI, *Voyage au Soudan français. Haut-Niger et pays de Segou 1879-1881*, Paris, Hachette, 1885, p. 102.

12. Originaires du Mandé, les Djallonké sont arrivés à Labé Télidjé sous la direction d'un certain Gourou Kanté, pour ensuite s'éparpiller sur toute la contrée nord. Plus tard, ils furent intégrés dans le vaste État dirigé par Koli Tenguella, qui étendit son pouvoir à la fin du XVe siècle sur tout le Fouta-Djallon en Guinée et le Fouta Toro au Sénégal. Pendant leur migration au Fouta-Djallon, les Djallonké étaient organisés tout d'abord par familles étendues ou clan, et ensuite par hameaux, qui étaient liés les uns aux autres par des intérêts socio-politiques. Ceci se justifie par le fait qu'aujourd'hui, au Fouta-Djallon, plusieurs villages et villes portent les noms des leaders djallonkés qui ont conduit l'invasion de ce pays. À titre d'exemple Labé vient de *Manga Labé* « le chef de Labé ». De Manga Sanga est sorti le nom de *Sangalan* « pays de Sanga ». À ceux-ci s'ajoutent les autres noms de personnes comme Sita, Maleya, Toolu, Malipan et Sannun, qui sont devenus les noms de lieux au Fouta-Djallon. Al-Hadji Thierno Mouhammadou BALDÉ, Bernard SALVAING, *Une vie au Fouta-Djallon*, Brinon-sur-Sauldre, Grandvaux, 2008, p. 21. Cf. El-Hadj Maladho DIALLO, *Histoire du Fouta-Djallon*, Paris/Budapest/Torino, l'Harmattan, 2001, p. 15 ; Thierno DIALLO, *Les institutions politiques du Fouta Djallon au XIe siècle*, Dakar, IFAH, 1972, p. 30.

ont réussi à s'installer au Fouta-Djallon où ils ont d'abord cohabité avec les peuples Baga, Timné, Landouma, Nalou et Tyapi. Après plusieurs années de cohabitation, les Djallonké ont réussi à expulser ces groupes ethniques de leur pays. Ceux qui ont décidé de rester avec les Djallonké ont vite été assimilés, au point de perdre leur identité ethnique. À cette époque les Djallonké étaient animistes et consommaient du vin de palme et de l'alcool. Les cérémonies cultuelles étaient accompagnées de danses et de chants au rythme des *doundouns* (tam-tam). Ils avaient pour activité principale l'agriculture et la chasse. L'élevage, s'ils le connaissaient, était pratiqué à moindre échelle. Ils n'élevaient que quelques chèvres, moutons et volailles. C'est dans ce contexte qu'allaient arriver ceux qui avaient la vocation et l'expérience de l'élevage : les Peuls bergers.

B. Arrivée des Peuls

1. Origine des Peuls

C'est à la fin du XIVe et au début du XVe siècle[13] que l'infiltration du premier groupe d'immigrants, appelé Pulis[14], est signalée au Fouta-Djallon. Ces Pulis étaient essentiellement éleveurs. Derrière leurs troupeaux ils allaient de lieu en lieu en quête de nouveaux pâturages. Ce besoin de trouver de la verdure pour leurs troupeaux les a conduits au Fouta-Djallon.

Là ils ont vite réalisé que le Fouta-Djallon, avec ses immenses *boowe* (plateaux latéritiques) couverts de verdure, avait la capacité de nourrir leurs troupeaux. ils ont donc choisi de s'y installer. Grâce à l'hospitalité des autochtones, c'est-à-dire les Djallonké, les Pulis se sont installés au Fouta-Djallon sans difficulté. Sachant que les Pulis étaient des éleveurs, les Djallonké leur ont cédé les *boowe* appropriés à l'élevage. Ils ont gardé pour eux-mêmes les vallées plus fertiles pour l'agriculture qui était leur activité principale. Depuis lors, cultivateurs (Djallonké) et éleveurs (Pulis) ont vécu ensemble dans l'harmonie et dans la paix.

---

13. D. T. NIANE, « Recherche sur l'Empire du Mali au Moyen Âge », *Recherches Africaines. Études guinéennes* n°1, janvier-mars 1960, p. 33. Famagan-Oulé KONQTE, N'Guessan NGOTTA, Samuel NDEMBOU, *Population et mobilité géographiques en Afrique*, Paris, Karthala, 2010, p. 145.
14. Normalement, les noms propres n'ont pas de pluriel (p. ex. Djallonké), mais chez les Peuls et les Pulis nous faisons une exception comme c'est le cas en français pour les noms de peuples.

Grâce à cette cohabitation, ces deux peuples ont réussi à bâtir de solides relations basées sur au moins quatre éléments culturels : l'échange entre les produits d'élevage offerts par les Pulis et les produits agricoles fournis par les Djallonké, la simplicité de leur commune croyance animiste, l'amour de la musique et de la danse, et la volonté de vivre dans l'égalité, la paix et la complémentarité[15]. Il a fallu attendre la fin du XVIIe siècle pour voir venir au Fouta-Djallon le deuxième groupe, les Peuls musulmans, qui ont réussi à imposer au Fouta-Djallon une culture qui a persisté jusqu'à nos jours.

2. Les Peuls musulmans

Cette seconde vague des Peuls au Fouta-Djallon était essentiellement composée de musulmans zélés. Contrairement aux Pulis qui s'étaient installés au Fouta-Djallon pour ses potentialités pastorales, les Peuls musulmans sont arrivés au Fouta-Djallon avec la mission de convertir à l'islam les peuples déjà installés. Dès leur arrivée au Fouta-Djallon, ils ont commencé à pratiquer leur religion discrètement. De manière pacifique, ils essayaient de convertir les Pulis et les autochtones. Ils y ont réussi sans difficulté majeure[16]. Dans son livre, *Beyond Jihad*, Lamin Sanneh explique cette réalité historique en notant que l'islam s'est introduit en Afrique de l'Ouest de manière pacifique. Il conteste la thèse selon laquelle l'islam aurait été introduit en Afrique subsaharienne au XIe siècle par le *djihad*. Pour soutenir son idée, il avance l'argument que les principaux agents de diffusion de l'islam en Afrique de l'Ouest étaient des religieux locaux qui utilisaient des moyens pacifiques d'accommodation et d'adaptation. Il insiste sur le fait que les religieux locaux mettaient l'accent

---

15. Ils échangeaient entre eux des produits laitiers et de la viande contre des grains et des fruits vivriers. Djallonké et Pulis adhéraient aux religions traditionnelles africaines. Au centre du culte djallonké se trouvait l'adoration des arbres, des bois, des bosquets, des pierres, des sources de rivières et des terres. Cependant, les Pulis adoraient les vaches, le feu, le soleil et les astres. Apparemment ces deux cultes étaient agraires et sidéraux. Leurs cérémonies cultuelles étaient accompagnées de musique (*gimi*), de danse (*gami*) et de consommation de vin de palme (*sangara*). El-Hadj Thierno BAH, *Histoire du Fouta-Djallon. Des origines à la pénétration coloniale*, tome I, Paris, l'Harmattan, 2008, p. 16 ; Thierno Mamadou BAH, *Djibril Tamsir Niane*, Conakry, SAEC, 1998, p. 19 ; Ibrahima Baba KAKE, Phillippe TOUZARD, *Journal de l'Afrique : Chronique de l'Afrique. De la préhistoire à 1884*, Paris, Ami, 1989, p. 116.
16. À l'instar des Pulis, les Peuls musulmans s'installèrent dans les montagnes du Fouta-Djallon sans difficultés.

sur l'apprentissage et l'enseignement des fidèles[17]. Selon la thèse de Sanneh, la pratique du *djihad* était une approche secondaire à l'enseignement par les leaders islamiques en Afrique occidentale. Par exemple, au Fouta-Djallon la conversion des Pulis à l'islam a permis non seulement aux Peuls musulmans de confesser publiquement leur foi, mais aussi de la proposer ouvertement aux Djallonké.

Attachés à leur culture, les Djallonké se sont opposés à la propagation de la religion du prophète Muhammad au Fouta-Djallon. Face à cette opposition, les Peuls musulmans ont déclenché une guerre contre les Djallonké. Il s'agit bien du *djihad* dont ils sont sortis vainqueurs dès le début du XVIIIe siècle[18]. Après cette victoire, les Djallonké, vaincus, ont été obligés de pratiquer la religion musulmane et ont été soumis à l'esclavage. Les récalcitrants ont été chassés du Fouta-Djallon vers la région de la Basse-Côte. Cette victoire a également permis la création d'un nouveau système politique : le Royaume théocratique du Fouta-Djallon. Il était fondé sur les principes islamiques et doté d'une organisation politique centralisée : le Grand Conseil, le Conseil permanent de Timbo, le Conseil de la Province et les Assemblées populaires[19].

---

17. Lamin SANNEH, *Beyond Jihad. The Pacifist Tradition in West African Islam*, Oxford, Oxford University Press, 2016, p. 47 ; John AZUMAH, « Beyond Jihad : The Pacifist Tradition in West African Islam », *International Bulletin of Mission Research* 41, 4, 2017, p. 363.

18. Archives nationales de la Guinée, « Histoire de la region du Fouta-Djallon », Conakry, 1936, p. 1, feuillet 2 ; Ismaël BARRY, *Le Fouta-Jaloo face à la colonisation. Conquête et mise en place de l'administration en Guinée, 1880-1920*, t. I, Paris, l'Harmattan, 1998, p. 12 ; Moustapha DIOP, *Réforme foncière et gestion des ressources naturelles en Guinée. Enjeux de patrimonialité et de propriété dans le Timbi au Fouta-Djallon*, Paris, Karthala, 2007, p. 148 ; MALU MALU, *La Guinée*, p. 91 ; Maladho DIALLO, *Histoire du Fouta-Djallon*, Paris, Harmattan, 2007, p. 30 ; Bano Nadhel DIALLO, « Peuplement et organisation de l'espace du Fouta », in *Population et mobilité géographique en Afrique*, Paris, Karthala, 2010, p. 147.

19. Le Grand Conseil (*Mbatu Mawngu*) ou le Conseil des Anciens (*Teekun Mawdo*) qui se trouvait à Fougoumbâ était la plus haute institution politique du Royaume théocratique. Considérée comme gardienne de la foi et de l'orthodoxie musulmane, cette institution avait pour rôle la défense du Royaume et de la foi musulmane, et la propagation de l'islam parmi les peuples animistes. Elle était l'unique institution habilitée à autoriser le Royaume théocratique d'entrer en guerre contre des communautés non musulmanes. Le Grand Conseil comprenait treize délégués. Il s'agissait notamment des neuf *diwé* (Fodé, Hadji, Bouriya, Fougoumbâ, Kêbali, Timbo, Kollade, Labé et Koyin) et des quatre groupes familiaux (*teenkunji nayi*) de Timbo. C'était une véritable Assemblée fédérale qui se tenait une ou deux fois par an, ou tous les deux ans, pour examiner la situation générale du Fouta-Djallon sur le plan religieux, social et culturel. De sa part, le Conseil permanent de Timbo (*Mbatu Mawbe Fouta Jaloo*), deuxième organe politique, détenait un pouvoir étendu qui lui permettait de prendre la décision d'entreprendre le *djihad* contre des peuples non musulmans, et de choisir un lieu pour la construction d'une mosquée. Ce conseil coordonnait toutes les activités qui permettaient l'expansion de

Ce système a fonctionné au Fouta-Djallon de 1726 à 1896[20]. À cette époque, la société peule était fortement hiérarchisée et divisée en trois classes sociales : les hommes libres (*rimbe*), les artisans (*riénioubhe*), et les esclaves (*matchoubhe*).

3. Les hommes libres (rimbe)

Sont appelés *rimbe* tous les Peuls musulmans qui ont tiré profit du *djihad* en devenant propriétaires terriens et membres influents du pouvoir théocratique au Fouta-Djallon. Sortis victorieux de la guerre sainte, ils ont acquis le statut d'hommes libres et de nobles. Les *rimbe* se sont subdivisés en quatre groupes : l'Almami et sa famille ; les *lambe* qui sont les chefs des provinces (*diwe*), des villages (*misside*) et des différentes familles ; les *horeebe* (ministres) qui jouaient le rôle de conseillers auprès de l'Almami et de tous les chefs ; les *mawbe* (sages) qui représentaient le cercle des notables, des marabouts et des intellectuels du pays. On pouvait aussi compter parmi les *rimbe* les « Peuls de brousse » (*buruurè*), les anciens Pulis convertis à l'islam, les affranchis (Sarakolé, Djakanké et Malinké) convertis à l'islam.

4. Les artisans (niénioubhe)

Les *niénioubhés* constituent le groupe des artisans ou les gens de caste. Parmi eux se trouvaient les *lawbés* (artisans du bois), les *layloubhé* (artisans du fer), les *garankébhés* (cordonniers), les *niamakalabhés* (griots), et les *san'gnobhés* (tisserands). Par leur génie artistique, les *niénioubhés* jouaient un rôle important dans la cité. Ils avaient la maîtrise de la science et de la technologie. Ils fournissaient à la population les outils de travail champêtre, les vêtements, meubles, armes de guerre et autres articles nécessaires à la vie.

---

l'islam au Fouta-Djallon et au-delà. Le Conseil de la Province (*Mbatu Mawbe Diiwe*) intervenait dans les domaines politique, économique, social et culturel. Il était une sorte de cour de justice. Les Assemblées populaires (*Jamaa Julbe*) ou « Umma du Fouta-Djallon » déterminaient l'appartenance de l'individu à la communauté religieuse. Dépourvues de pouvoir de décision, les Assemblées populaires veillaient à l'harmonie et à la cohésion sociale en permettant à toutes les ethnies de vivre dans la paix. Thierno DIALLO, *Alfa Yaya. Roi de Labé*, coll. Les grandes figures africaines, Paris/Dakar/Abidjan, ABC/NEA, 1976, p. 22 ; DIALLO, *Les institutions politiques du Fouta-Djallon*, p. 221 ; DIALLO, *Épopée du Foûta-Djallon*, p. 30.

20. Ceci a été possible seulement après la prise de l'almamy Bokar Biro le 14 novembre 1896 à Porédaka par l'armée française. « Dès ce jour, le Fouta-Djallon a perdu son indépendance, et le 6 février 1897 M. Claudié concluait à Timbo un traité par lequel le Fouta-Djallon était définitivement placé sous la dépendance de la France. » ROUGET, *La Guinée*, p. 61.

Maîtrisant la science et la technologie, les *niénioubhés* représentaient le poumon de l'économie du Fouta-Djallon. Ils étaient à la fois craints et méprisés par leurs chefs, les *rimbe*. Oswald Durand remarque : « Les artisans qu'ils occupaient étaient toujours d'origine serve, mais en raison des services qu'ils rendaient, ils prirent progressivement une place importante dans la société[21]. »

Il convient de remarquer que les forgerons, pourtant en majorité esclaves, avaient un statut privilégié par rapport aux artisans du bois ou du coton. Car, même esclaves, ils étaient dispensés de travailler dans les champs de leurs maîtres. Mais chaque année, ils devaient leur fournir en compensation les outils de travail champêtre tels que la houe, la daba et la hache. Les griots avaient aussi un statut particulier parce qu'ils étaient les détenteurs absolus de la parole et de l'histoire du peuple. Considérés comme tels, ils étaient des bibliothèques vivantes au service de la société[22]. Ils étaient les vrais animateurs des cérémonies culturelles de la communauté : mariages, baptêmes, circoncisions et intronisations. Au demeurant, ils jouaient le rôle de conseillers auprès de la population.

5. *Les esclaves* (matchoubhé)

Les *matchoubhé* (esclaves) étaient des sujets vaincus pendant la guerre sainte ou achetés par les Peuls musulmans dans les régions environnantes. Ces derniers représentaient au Fouta-Djallon une véritable force de production sur laquelle reposait toute l'économie du pays. Ils travaillaient dans les champs et dans les maisons de leurs maîtres. C'est ainsi qu'on pouvait distinguer deux groupes, les captifs de maison et ceux des champs.

Les *ndiimabe* (captifs de maison) comme leur nom l'indique, travaillaient dans les maisons de leurs maîtres. À cause de leur implication dans les travaux domestiques, ils étaient bien traités par leurs maîtres. Ils pouvaient être considérés à peu près comme des membres de la famille. De ce fait, ils ne pouvaient être ni achetés ni vendus, et leurs enfants, à quelques exceptions près, bénéficiaient des mêmes avantages éducatifs que ceux de leurs maîtres.

---

21. Oswald DURAND, « Les industries locales au Fouta-Djallon », *Bulletin du comité d'études historiques et scientifique en A.O.F.*, XV, 1932, p. 44 ; DIALLO, *Les institutions politiques du Fouta-Djallon*, p. 138.
22. Pierre CANTRELLE et Marguerite DUPIRE, « L'endogamie des Peuls du Fouta-Djallon », *Population* 19, 2, 1964, p. 532.

Ils pouvaient travailler dans leurs propres champs et accumuler un certain nombre de biens matériels en vue d'obtenir leur rachat et de devenir libres[23].

Les captifs de champs étaient une catégorie d'esclaves achetés (*soodaabe*) ou capturés (*nangaabe*) pendant la guerre sainte menée par les Peuls musulmans. Contrairement aux *ndiimabe*, qui habitaient avec leurs maîtres, ils n'avaient pas le droit de vivre avec les hommes libres. Ils étaient séparés d'eux et se trouvaient essentiellement dans les hameaux de culture (*runde*), dirigés par un *manga*. Là, ils menaient une vie très difficile. En plus des travaux durs qui leur étaient réservés, les *soodaabe* et *nangaabe* pouvaient être vendus, échangés ou cédés à un tiers[24]. De ce fait, ils étaient une sorte de marchandise que chaque homme libre cherchait à posséder pour réaliser des économies ou pour les offrir au roi et aux hôtes de marque.

Nous constatons que la société peule est fortement hiérarchisée. Au sommet se trouvent les *rimbe*, hommes libres représentant la noblesse aristocratique. Les *niénioubhé* (artisans) sont considérés comme une classe sociale intermédiaire et un maillon de l'économie du pays. En bas de l'échelle se trouvent les captifs (*soodaabe* et *nangaabe*), à la solde du pouvoir aristocratique[25]. Aujourd'hui, l'État théocratique n'existe plus au Fouta-Djallon, mais il a réussi à former une culture peule dont l'influence se fait sentir jusqu'à nos jours.

---

23. Bano Nadhel Diallo, « Peuplement et organisation de l'espace du Fouta », in *Population et mobilité géographique en Afrique*, Paris, Karthala, 2010, p. 150 ; Moustapha Barry, *L'implantation des Peuls du Fouta-Djallon dans le Fouladou (1867-1958)*, Dakar, Université Cheikh Anta Diop, 2000, p. 31 ; Djibril Samb, *Saint-Louis et l'esclavage*, Actes du Symposium international sur la traite négrière à Saint-Louis du Sénégal dans l'arrière-pays, Saint-Louis 18, 19 et 20 décembre 1998, Dakar, Université Cheikh Anta Diop, 2000, p. 102.
24. Antonio de Almeida Mende, « Les Portugais noirs de la Guinée. Destins mêlés (XVe – XVIIe siècle) », in *Couleur de l'esclavage sur les deux rives de la Méditerranée (Moyen âge – XX siècle)*, Paris, Karthala, 2012, p. 194 ; Djibril Tamsir Niane, « La guerre des Mulâtres (1860-1880). Un cas de résistance à la traite négrière au Rio Pongo », in *Esclavage et abolition. Mémoire et système des représentations*, Paris, Karthala, 2000, p. 74.
25. Pascal Moity-Maïzi, « Méthode et mécanismes participatifs dans un programme d'écodéveloppement. L'altérité à l'épreuve des faits », in *Les enquêtes participatives en débat. Attention, pratique et enjeux*, Paris, Karthala/ICRA/GRET, 2000, p. 99.

III. Vision du monde et identité

Après la présentation de la géographie du Fouta-Djallon et l'historique de l'arrivée des Peuls musulmans, et avant de nous pencher sur les contextes socioculturel et religieux des Peuls, nous voulons réfléchir à ce que nous considérons, à la suite de Hannes Wiher, comme la base de la culture et de la religion peules : leur vision du monde et leur identité. Dans cette section, nous commencerons donc par présenter les notions de vision du monde et d'identité, puis leur opérationnalisation[26] par quatre modèles que nous appliquerons dans un premier temps aux cultures animistes et islamiques en général. Ensuite nous centrerons notre réflexion sur l'orientation de la conscience peule et le *pulaaku* qui décrivent le mieux la vision du monde et l'identité peules. Enfin, nous ferons une étude des concepts sotériologiques peuls et de la notion peule du temps.

A. La notion de vision du monde

Aujourd'hui la notion de vision du monde est employée à tout propos aussi bien dans le domaine scientifique que religieux. On pourrait même dire qu'elle est devenue un concept passe-partout, car on parle de visions du monde primitive, moderne, postmoderne, politique, animiste, musulmane et chrétienne. Cette pléthore de visions du monde rend la tâche difficile quand il faut en donner une définition. Ayant constaté la difficulté à forger une telle définition, Hannes Wiher propose une opérationnalisation de la vision du monde par une démarche moins exigeante[27]. Nous suivrons cette deuxième proposition, car l'approche de la vision du monde de Hannes Wiher permettra de s'intéresser aux valeurs profondes des humains et de comprendre la culture et la religion peules en relation avec la vision du monde peule. Cela offrira une simplification considérable de la démarche missiologique. Cette approche permettra également de prendre en compte l'animisme, l'islam et leur mélange chez les Peuls musulmans du Fouta-Djallon. Elle permettra ensuite d'aborder la notion d'identité qui appartient au même espace psychologique que la vision du monde dont elle partage la tension dialogique entre le

---

26. Opérationnaliser signifie « rendre opérationnel » ou « rendre pratique ».
27. Hannes Wiher, « Toucher les êtres humains en profondeur (première partie) », *Théologie évangélique* vol. 12, n°1, 2013, p. 69-85, « Toucher les êtres humains en profondeur (deuxième partie) », *Théologie évangélique* vol. 12, n°2, 2013, p. 69-85.

moi et l'altérité. De ce fait, elle peut convenir à l'analyse de la culture peule et de l'annonce de la Bonne Nouvelle aux Peuls musulmans du Fouta-Djallon.

Après avoir passé en revue les définitions des philosophes Edgar Bauer et David Naugle, et des anthropologues Clifford Geertz, Charles Kraft et Paul Hiebert, Hannes Wiher situe la vision du monde au centre de la personnalité, de la culture et de la religion. Comme le BIOS détermine le fonctionnement du disque dur de l'ordinateur, pour lui, la vision du monde « formate le comportement des gens, leur personnalité. Elle ressemble à "des lunettes" à travers lesquelles les hommes d'une culture regardent la réalité[28] ». Dans la même veine, Nick Pollard dit que la vision du monde est la façon dont les gens voient le monde, « les lunettes à travers lesquelles ils regardent la vie, la grille sur laquelle ils organisent leur réalité[29] ». Ainsi, la vision du monde devient le noyau de la culture et de la religion, et elle détermine la raison d'être d'un individu ou d'un peuple donné. Elle permet donc d'apporter des réponses aux questions fondamentales de la vie d'un être humain. Parmi ces questions, nous pouvons mentionner entre autres : Qui suis-je ? D'où est-ce que je viens ? Où suis-je ? Qu'est-ce qui a tourné mal ? Où vais-je ? Dans cette optique, la vision du monde peut être comprise comme une façon de concevoir soi-même et le monde qui propose des réponses aux questions fondamentales de la vie.

La vision du monde comme façon de concevoir le monde nous permet de mieux connaître notre interlocuteur. Elle décrit le mieux le comportement et le caractère d'un individu, d'un groupe de personnes ou même d'une culture. Il est donc difficile de cerner la culture d'un peuple sans avoir une bonne connaissance de sa vision du monde. Étudier un peuple en ignorant sa vision du monde ressemble à boire de l'eau sans en connaître sa source. La vie d'un marigot dépend de sa source. Si la source d'eau tarit, le marigot tarira. Il en est de même de la relation entre la culture et la vision du monde. La culture et la religion d'un peuple donné se construisent autour de sa vision du monde. Elle est donc le creuset de tous les éléments culturels : famille, société, éthique, gestion des conflits, temps, développement et religion. Mais

---

28. Paul G. Hiebert, *Transforming Worldviews. An Anthropological Understanding of How People Change*, Grand Rapids, Baker Academic, 2009, p. 46, cité par Wiher, « Toucher les êtres humains en profondeur (première partie) », p. 78.

29. Nick Pollard, *L'évangélisation légèrement moins difficile. Présenter Christ aux terriens du XXIe siècle*, Marne-la-Vallée, Farel, 1998, p. 28.

avant de présenter l'influence de la vision du monde sur ces éléments de la culture peule au Fouta-Djallon, nous étudierons les opérationnalisations de la notion de vision du monde et d'identité proposées par Wiher.

B. Opérationnalisation des notions de vision du monde et d'identité

Rappelons que la vision du monde est un concept qui est difficile à comprendre parce qu'elle est floue et subjective. Pour pallier cette difficulté, il nous semble nécessaire de nous référer à l'opérationnalisation de la notion de vision du monde de Hannes Wiher par quatre modèles qu'il présente dans son article « Toucher les êtres humains en profondeur ». Nous présenterons l'orientation de la conscience et le modèle stratigraphique de l'ordre créationnel ci-après ainsi que le modèle des cinq concepts sotériologiques de base et la notion de temps dans une section ci-dessous[30].

L'orientation de la conscience est, en tant que modèle théo-psycho-anthropologique, un modèle particulièrement fructueux pour l'analyse culturelle et religieuse et la démarche missiologique qui la suit. La conscience est également un modèle utile parce qu'elle est une notion importante à la fois dans la Bible, la psychologie et l'anthropologie culturelle. Il est rare qu'une notion soit en même temps importante dans plusieurs disciplines. Ce modèle définit la conscience à l'aide des concepts de honte et de culpabilité. Comme ces deux sentiments découlent du péché, l'orientation de la conscience est un modèle sotériologique. Intervenant aux niveaux affectif et évaluatif, l'orientation de la conscience offre la plus grande profondeur d'analyse parmi ces trois modèles[31]. Les deux autres se situant au niveau cognitif.

La conscience doit être appréhendée dans la perspective de son développement au cours de l'enfance. Si un enfant est éduqué par peu d'éducateurs, par exemple son père et sa mère dans le cadre d'une famille nucléaire, il intégrera dans sa conscience non seulement les normes mais aussi ses éducateurs. Il

---

30. Pour un traitement succinct de ces quatre modèles, cf. Hannes Wiher, « Toucher les êtres humains en profondeur (deuxième partie) », p. 61-73. Pour une discussion plus détaillée du modèle de l'orientation de la conscience, cf. Hannes Wiher, *L'Évangile et la culture de la honte en Afrique occidentale*, Bonn, Culture and Science Publications, 2003, p. 17-25 ; idem, *Shame and Guilt. A Key to Cross-Cultural Ministry*, Bonn, VKW, 2003, p. 175s, 211-214.
31. Hiebert, *Transforming Worldviews*, p. 33.

fonctionnera avec un ensemble fixe de normes et développera une personnalité axée sur les règles. Si un enfant est éduqué par beaucoup d'éducateurs, par exemple dans une famille élargie, il intégrera les normes, mais ne pourra pas intégrer les éducateurs dans sa conscience. Il restera dépendant de la présence de ses personnes de référence pour que sa conscience soit opérationnelle. Quand sa mère est présente, les normes de sa mère seront prévalentes ; en présence de sa grand-mère, ce sont celles de sa grand-mère qui prévaudront. Ces enfants ont tendance à développer une personnalité relationnelle avec une identité de groupe. En adaptant le modèle des valeurs de base de Sherwood Lingenfelter et Marvin Mayers[32], on peut développer une typologie de la personnalité sur la base de l'orientation de la conscience[33] :

Tableau 1 : Typologie de la personnalité selon l'orientation de la conscience

Conscience axée sur les règles	Conscience relationnelle
Individu	Communauté
Orientation vers le temps	Orientation vers l'événement
Orientation vers la tâche	Orientation vers la personne
Recherche de l'accomplissement	Recherche du statut
Pensée analytique	Pensée holistique
Courage de perdre la face	Peur de perdre la face

Le lien entre l'orientation de la conscience et l'identité se crée par le fait que les deux notions émergent dans la tension dialogique entre le moi et l'altérité[34] : la conscience vacille entre la culpabilité et l'innocence ou entre la honte et l'honneur et l'harmonie. Les deux sentiments dépendent de l'auto-évaluation d'une personne par rapport à son entourage et à ses normes. C'est dans cette même tension entre les perceptions internes et externes que l'identité se construit. Cela fait que le point de contact « entre la vision du monde et l'identité est assuré par la conscience qui, de par son orientation, attribue la priorité à certaines valeurs[35] ».

---

32. Sherwood G. LINGENFELTER et Marvin K. MAYERS, *Missionnaire en culture étrangère. Le défi de l'intégration*, Charols, Excelsis, 2009.
33. WIHER, *Shame and Guilt*, p. 282-294, 428-434.
34. WIHER, « L'identité humaine et les religions », p. 144. Cf. aussi la définition de la notion d'identité dans l'Introduction et son développement dans WIHER, « Toucher les êtres humains en profondeur (deuxième partie) », p. 74-76.
35. WIHER, « L'identité humaine et les religions », p. 144.

Par le modèle stratigraphique de l'ordre créationnel, Wiher classifie les visions du monde de notre planète par rapport aux strates de l'ordre créationnel. Il y présente quatre types : les visions du monde holistique, hébraïque, dichotomique et séculière. Elles sont visualisées dans le tableau suivant en rapport avec les religions qu'elles sous-tendent.

Tableau 2 : Typologie des visions du monde selon le modèle stratigraphique

Vision holistique du monde	Vision hébraïque du monde	Vision dichotomique du monde	Vision séculière du monde
	Dieu		
Être suprême		Esprit	Aspect invisible exclu
Esprits Ancêtres	Anges Esprits	« Sphère moyenne exclue »	
Humains Animaux	**Humains** Animaux	**Humains** Animaux	**Humains** Animaux
Plantes Matière	Plantes Matière	Plantes Matière	Plantes Matière
Animisme Hindouisme Shintoïsme Taoïsme Bouddhismes chinois et tibétain Religions populaires	Judaïsme Christianisme	Platon	Aristote Lumières Confucianisme Bouddhisme sri-lankais

À partir de ce schéma, on comprend aisément que la vision du monde des religions traditionnelles[36] et des religions orientales est holistique. Les peuples qui ont une vision holistique du monde adoptent en général une orientation relationnelle de la conscience. En conséquence, les religions populaires, issues d'une religion officielle et d'une composante animiste, sont également basées sur une vision holistique et sur une conscience relationnelle. Dans ce cas, la vision du monde de la religion officielle est dominée par des

---

36. En anthropologie culturelle, les religions traditionnelles sont classées sous le terme technique de l'animisme.

éléments animistes. On peut l'observer dans l'islam populaire qui se pratique au Fouta-Djallon. Le judaïsme et le christianisme sont basés, selon Wiher, sur une vision hébraïque du monde. Les deux philosophes grecs qui ont le plus influencé l'Europe, Platon et Aristote, sont à la base des visions dichotomique et séculière du monde. Dans la vision dichotomique, la « sphère moyenne » des esprits est exclue[37]. Dans la vision séculière, l'aspect invisible de la réalité et la notion de Dieu sont absents.

C. Application des modèles à l'animisme et à l'islam

Ces modèles de visions du monde sont mieux compris lorsqu'on établit un lien entre eux et l'identité. Pour établir ce lien, il est important de commencer par l'animisme que Wiher considère comme « le système culturel de base à partir duquel les religions se sont développées[38] ». Chez les animistes, la notion de double spirituel occupe une place de choix[39]. Ils croient fermement que les objets de la nature et les hommes sont animés par un double spirituel. Ce double est en principe immortel et indestructible, même si l'être matériel est blessé ou détruit. Généralement ce double spirituel a accès aux êtres et aux objets matériels à travers des ouvertures. En les pénétrant, le double spirituel garde une emprise sur eux en leur apportant le bonheur (succès, protection) ou le malheur (maladies, accidents, décès). Cela fait que les notions animistes d'âme et d'au-delà sont opposées à celles de l'Occident christianisé[40].

Les animistes ont une conception de « famille élargie » et portent un intérêt capital au monde invisible, c'est-à-dire aux doubles spirituels. En témoigne l'importance de la relation qu'ils entretiennent avec les ancêtres, les esprits et l'Être suprême. Les animistes vivent dans la dépendance de leurs ancêtres. Leurs choix socioculturels et religieux sont déterminés par les ancêtres. La relation entre les animistes et le monde invisible est caractérisée

---

37. La notion de « sphère moyenne exclue » a été initiée par Paul G. HIEBERT, « The Flaw of the Excluded Middle », *Missiology. An International Review* 10, 1, 1982, p. 35-47 ; cf. aussi Paul G. HIEBERT, Daniel R. SHAW et Tite TIÉNOU, « Split-Level Christianity », in *Understanding Folk Religion. A Christian Response to Popular Beliefs and Practices*, Grand Rapids, Baker, 1999, p. 89-91.
38. WIHER, « L'identité humaine et les religions », p. 151.
39. Dans la suite nous nous basons sur Lothar KÄSER, *Animisme. Introduction à la conception du monde et de l'homme dans les sociétés axées sur la tradition (orale), à l'usage des agents de coopération et des envoyés d'Église outre-mer*, Charols, Excelsis, 2010, p. 101-116, 185-222.
40. *Ibid.*, p. 41.

par une succession de rites accompagnés de sacrifices. Contrairement à la vision chrétienne, qui est théocentrique, la vision animiste du monde est anthropocentrique[41].

Les animistes considèrent que le mal s'est introduit dans le monde par des êtres spirituels malveillants. « La faute d'une personne est prise en compte uniquement quand une violation des normes est découverte par la communauté. Si une infraction aux normes de la communauté n'est pas ou ne peut pas être découverte, elle ne trouble pas la conscience[42]. » Dans un tel système religieux, le salut est perçu comme « le bien-être de la personne et du groupe, l'harmonie avec l'environnement, l'honneur devant autrui, la santé et la prospérité. L'attention se porte sur le présent, tout comme dans l'Ancien Testament[43] ». Cette notion relationnelle de salut peut conduire à un « évangile de la prospérité » parmi les chrétiens d'arrière-plan animiste.

Au regard de ce qui précède, nous pouvons conclure que la vision animiste du monde est holistique et relationnelle. Elle prône une identité collective parce que l'animiste « se voit en étroite relation avec les membres de sa famille, son clan, son ethnie, sa nation, le monde des esprits et la nature animée[44] ».

Contrairement à l'animisme, l'islam et le christianisme ont une vision théocentrique. Les musulmans connaissent Dieu sous les noms d'Allah, Al-Qâdir (le Tout-Puissant), Al-Alim (l'Omniscient), Al-Rahim (le Très-Miséricordieux), Al-Quadim (l'Éternel), Al-Kaliq (le Créateur)[45]. Ils l'appellent aussi le Souverain et l'Unique[46]. Dans les pays musulmans, l'islam joue un rôle social, économique et politique déterminant. Il est important de noter qu'à l'opposé du christianisme l'islam ne sépare pas le domaine politique du religieux. Par ses rites et sa doctrine, l'islam est une religion qui met l'accent sur l'harmonie sociale. Sa vision du monde est holistique.

La notion de volonté absolue de Dieu occupe une place de choix dans sa théologie parce qu'elle conduit à croire que tout ce qui existe est dû à la volonté

---

41. *Ibid.*, p. 60.
42. WIHER, « L'identité humaine et les religions », p. 151.
43. *Ibid.*
44. *Ibid.*
45. AL-GHAZALI, *On Divine Predicates and their Property*, trad. Al-Iqtisad Fil-I'tiqad, Lahore, Ashraf Printing Press, 1990, p. 8.
46. Pour une étude détaillée de la doctrine de l'unité d'Allah, voir AL-GHAZALI, *Ihya, quatrième quart, Kitâb at-tawhîd wa-ttawakkul, Le livre de l'unicité divine et de la remise confiante en Dieu*, Beyrouth/Paris, Albouraq, 2002, p. 142.

de Dieu qui a éternellement tout prédéterminé, la création en général et les êtres humains en particulier (sourates 2.26 ; 8.17, 30 ; 21.23 ; 27.57 ; 28.68 ; 57.22 ; 63.11 ; 81.29)[47]. Allah prédétermine l'homme à la foi et à l'incrédulité (sourates 6.125 ; 7.178-179 ; 10.99-100 ; 74.31, 54-56). Mais certains versets coraniques prônent la responsabilité de l'homme vis-à-vis de ses actes (sourates 2.286 ; 4.13-14 ; 18.29, 57). Cela crée en milieu musulman une tension théologique qui est dissoute en grande partie dans un fatalisme qui s'exprime par exemple dans l'exclamation fréquente *inch' allah* « s'il plaît à Allah ».

Les musulmans se reconnaissent être membres de la « communauté musulmane » (*umma*). Ils perçoivent l'homme comme le représentant d'Allah (*khalifa*, sourates 57.7 ; 2.30). Ils croient que l'homme est créé bon, mais faible (sourate 4.28). Quand il pèche, il le fait au fond contre lui-même et non contre Allah (sourates 4.110-111 ; 7.23 ; 17.7). Allah est très élevé. Ainsi le péché ne sépare pas l'homme d'Allah. Une telle conception de l'homme conduit les musulmans à considérer trois types de péchés : le péché majeur (l'incrédulité), les grands péchés (le meurtre, l'adultère), et les petits péchés (le vol, le mensonge). Aux yeux des musulmans, ces deux derniers types de péchés sont expiables par des œuvres méritoires.

Les musulmans croient au jugement et à la résurrection. Au moment du jugement, tous les hommes entendront une trompette et seront ressuscités pour être jugés avec les esprits (*djinn*), excepté les prophètes et les martyrs (sourates 69.13 ; 74.30, 48 ; 99). Ils croient aussi que le jugement se fera en fonction des bonnes et des mauvaises œuvres qui seront pesées sur une balance. Si les mauvaises œuvres d'un individu pèsent plus, il va en enfer. Il est admis au paradis si les bonnes œuvres font pencher la balance. Cela nous amène à dire que l'eschatologie du Coran est essentiellement axée sur l'éthique.

Les musulmans accordent une grande importance à la pratique des cinq piliers (*arkan al-islam*) de l'islam, à savoir la confession de foi (*shahada*), la prière (*salat*), l'aumône (*zaka*), le jeûne et le pèlerinage (*hadj*) à la Mecque. En pratiquant les cinq piliers de l'islam, les musulmans cherchent à recevoir d'Allah sa faveur ou le pardon des péchés. C'est pourquoi cette pratique est une obligation qui s'impose à tous les musulmans. Son refus est considéré

---

47. Pour ces développements sur l'islam nous nous sommes basés sur Christine SCHIRRMACHER, *L'islam : histoire, doctrines, islam et christianisme*, Charols, Excelsis, 2016 ; WIHER, « L'identité humaine et les religions », p. 151-154.

comme un péché et un reniement de l'identité musulmane. Selon Wiher, la signification de la pratique des cinq piliers de l'islam est différente dans l'islam officiel et l'islam populaire. L'adhésion de la majorité des musulmans à la croyance populaire nous aide à comprendre l'identité des musulmans. Wiher présente cette réalité de manière synthétique dans le tableau 3.

Tableau 3 : Les cinq piliers dans l'islam officiel et l'islam populaire

Cinq piliers	Signification dans l'islam officiel	Signification dans l'islam populaire
Confession	Preuve que l'on est musulman	Protection contre le mal
Prière	Adoration d'Allah	Purification rituelle
Aumône	Devoir envers les musulmans	Protection contre le mal
Jeûne	Identité collective	Obtenir la *baraka*
Pèlerinage	Identité collective	Obtenir la *baraka*

Ce tableau montre bien que l'identité musulmane se révèle particulièrement dans l'importance que les musulmans attachent à la pratique des cinq piliers de l'islam. L'apport d'éléments animistes à l'islam officiel y a développé une vision holistique et relationnelle. On peut le constater par exemple dans l'importance qu'il accorde au voyage nocturne de Muhammad à Jérusalem et au pouvoir de « la nuit de destin ». Pendant le pèlerinage à la Mecque, les pèlerins tournent sept fois autour de la Ka'ba et de la pierre noire. Quand ils arrivent auprès d'elle, ils récitent une formule d'allégeance[48] comme les animistes le font sur les tombes de leurs ancêtres. Notons que « cette vision holistique du monde est combinée avec une orientation équilibrée de la conscience, axée sur la relation (*umma*) et les règles de la loi islamique (*charia*), et donc une identité collective imprégnée par la *charia*[49] ». À l'opposé de l'islam officiel, l'islam populaire affiche « une conscience relationnelle presque exclusive avec une identité dans l'*umma* et une interprétation des cinq piliers au travers d'une grille animiste, relationnelle et holistique[50] ».

---

48. Wiher, « L'identité humaine et les religions », p. 154.
49. *Ibid.*
50. *Ibid.*

La place qu'occupe la *baraka*[51] dans l'islam populaire équivaut à celle du *mana*[52] dans l'animisme. Dans ces deux systèmes culturels et religieux « des personnes, objets, lieux, procédures et périodes peuvent avoir du *mana* ou de la *baraka*[53] ». Or, la présence de *mana* ou de *baraka* dans un individu ou dans l'un de ces éléments cités conduit à leur adoration ou à leur vénération. Cela explique la raison d'être du culte des morts dans l'islam et l'animisme ainsi que l'existence des mausolées.

D. La conscience relationnelle peule

1. La conscience peule et la famille

Rappelons que les Peuls du Fouta-Djallon ont un arrière-plan animiste. Ils conservent une organisation sociale lignagère et un système de famille étendue favorisant le développement d'une culture relationnelle. Dans une telle culture l'individu affiche un attachement viscéral à la famille. Il ne peut rien décider sans son avis. Les décisions importantes pour sa vie sont prises par la famille, c'est-à-dire le père de famille, qui est le garant des valeurs de la cellule familiale. Chez les Peuls du Fouta-Djallon, les liens familiaux sont tellement forts qu'ils remontent à des générations d'ancêtres. De ce fait, la conscience relationnelle détermine l'identité peule. Donc, pour les Peuls musulmans, devenir chrétien, signifie se séparer de la famille et vivre dans l'isolement. Dans un tel système familial, le droit d'aînesse est très important. On ne prononce pas le nom de l'aîné de la famille. Ce serait aux yeux des Peuls de l'impolitesse. Pour manifester leur respect, les jeunes frères et sœurs appellent l'aîné *götö* ce qui signifie « grand frère ».

Il est important de noter que les gens qui ont une conscience relationnelle ont un sens élevé des notions de communauté, d'harmonie, de prestige, de puissance, de prospérité et de bien-être[54]. La pression sociale est donc forte. Les individus dépendent entièrement de la communauté et affichent une

---

51. La *baraka* est une « force bénéfique ». Elle s'acquiert par le contact, le toucher ou un rituel. En touchant des objets sacrés on acquiert de la *baraka*. Käser, *Animisme*, p. 82 ; Wiher, « L'identité humaine et les religions », p. 153.
52. Le *mana* désigne « un effet surprenant ». Il est une force ou un pouvoir hors du commun qui caractérise ou qui se manifeste de manière extraordinaire dans des objets, des endroits, des moments ou des êtres. Käser, *Animisme*, p. 69.
53. Käser, *Animisme*, p. 69.
54. Wiher, « Toucher les êtres humains en profondeur (deuxième partie) » ; cf. idem, *L'Évangile et la culture de honte en Afrique Occidentale*, p. 21.

attitude inclusive dans leur vie pratique et religieuse. Ils prennent les décisions d'un commun accord avec la communauté. L'initiative individuelle est ainsi découragée et des relations harmonieuses avec les membres de la communauté deviennent la priorité de la vie sociétale[55]. Les obligations vis-à-vis de la communauté prévalent sur l'initiative privée. Ainsi l'accueil, le partage, la générosité et l'hospitalité sont considérés comme des vertus de la société. Parce qu'ils sont prisonniers de la honte, en cas de conflit ils ont besoin d'une tierce personne, d'un médiateur, pour la réconciliation[56].

Par conséquent, chez les Peuls, tout acte qui trouble l'harmonie sociale ou qui déshonore son auteur est considéré comme mauvais. Cela induit une appréciation particulière du péché. On parlera de péché si et seulement si son auteur est découvert ou pris en flagrant délit. Si personne ne le sait, le fautif est considéré comme innocent et ne subit aucune conséquence[57]. Mais il manque de paix intérieure parce qu'il a peur de la punition qui lui serait infligée si l'acte mauvais était découvert un jour. Dans ce cas de figure, la honte d'un individu devient la conséquence directe de la pression sociale ou de la punition qu'il pourrait encourir après la découverte du mal. Il en résulte que la confession du mal commis n'est plus un acte volontaire, mais un acte obligé par les forces externes, à savoir la famille ou la communauté musulmane, qui sont les piliers de la société peule.

2. La conscience peule et le destin

Pendant nos multiples séjours au Fouta-Djallon, nous avons compris que, dans la société peule du Fouta-Djallon, c'est l'islam qui façonne la conscience. Elle est fondamentalement marquée par le thème coranique du destin, défini comme une force aveugle à laquelle aucune personne ne peut résister. Dans la conscience peule, cette force irrésistible émane de la puissance d'Allah, qui est au-dessus des génies et de toute autre chose. La conscience peule est donc marquée par un fatalisme[58] ou un déterminisme qui ne disent pas leur nom,

---

55. WIHER, « Toucher les êtres humains en profondeur (deuxième partie) ».
56. *Ibid.*
57. *Ibid.*
58. Il s'agit du fatalisme gazalien qui considère que Dieu n'a créé aucune chose, aucun individu dans la position qu'elle occupe sans qu'il soit déterminé. La volonté de Dieu chez Ghazali est absolue, car Son Décret et Son Arrêt son inéluctables et irrésistibles. AL-GHAZALI, *Al-maqsad Al-Asma, Ninety-Nine Names of God in Islam*, Ibadan, Daystar Press, 1970, p. 52.

car les Peuls musulmans croient que les actes humains ne peuvent exister que par la volonté d'Allah. C'est pourquoi, disent-ils, l'homme ne peut rien faire sans le secours d'Allah. Le Peul musulman est donc appelé à se soumettre à son destin. Cette doctrine est tellement ancrée dans la conscience peule qu'elle est ressentie comme une contrainte familiale et communautaire. Les descendants d'une famille peule croient fermement que n'importe quel membre de la famille, dans n'importe quelle génération, doit suivre la foi des ancêtres. S'en écarter est considéré comme une atteinte aux prescriptions coraniques. Ils considèrent aussi qu'Allah a donné à certains d'entre eux un esprit d'entrepreneur que personne ne peut leur retirer. La réussite de leurs entreprises dépend de Dieu.

Les Peuls du Fouta-Djallon disent que tout ce qui arrive à l'homme a pour origine le destin, car Allah a créé les causes du châtiment et les causes du bonheur. Cela signifie que la faute dans la culture peule est à la fois nécessaire et punissable parce que la punition elle-même est un mal voulu par le destin. Ainsi, on peut considérer que chez eux le destin est un mot-clé et que la communauté peule est donc une communauté de destin, c'est-à-dire une entité sociale ayant une expérience commune du même sort dans un échange constant et dans une foi commune[59].

Cela revient à dire que les actes des hommes ne sont pas volontaires parce qu'assujettis et soumis au destin. Les Peuls qui sont pauvres et qui manquent d'un esprit entrepreneur pensent que c'est Allah qui les maintient dans cet état. Ils seront riches quand Allah le voudra.

Alors comment les Peuls ont-ils pu réconcilier l'esprit entrepreneur et le fatalisme ? L'esprit entrepreneur peul a ses origines dans les valeurs du *pulaaku* sur lequel l'islam s'est appuyé pour marquer la conscience peule. Parmi ses valeurs nous pouvons citer le souci d'accroître ses biens (*kissi*), le courage dans le travail (*hernd*), l'intelligence (*hakkilo*) et la honte (*yage*). Dans ce cas le *pulaaku* joue un rôle économique chez les Peuls. La notion de *pulaaku* sera discutée plus en détail dans la prochaine section.

---

59. Danielle JUTEAU, *L'ethnicité et ses frontières*, Montréal, Les presses de l'Université de Montréal, 1998, p. 41 ; Elke WINTER, *Max Weber et les relations éthiques. Du refus du biologisme racial à l'État multinational*, Québec, Presses Universitaires de Laval, 2004, p. 105 ; Alpha Ousmane BARRY, *L'épopée du Fuuta-Jaloo. De l'éloge à l'amplification rhétorique*, Paris, Karthala, 2011, p. 214 ; Oumar Abderrahmane DIALLO, *Le destin de Leldo Tara. Prince peul du Fouta Danga*, Paris, l'Harmattan, 2007, p. 57.

E. Le *pulaaku*, une vision et une identité peules

Pour mieux saisir la vision peule du monde et l'identité peule, il est nécessaire d'étudier au préalable la notion de *pulaaku* parce qu'elle éclaire bien la vision peule du monde. Ainsi, en dehors du *pulaaku*, il est difficile, voire impossible, de comprendre la vision peule du monde et l'identité peule.

1. La notion de pulaaku

La notion de *pulaaku* n'en finit pas de faire couler beaucoup d'encre, car il s'agit d'un des mots-clés de l'identité peule. Elle est apparue dans le jargon scientifique dès les premiers travaux anthropologiques. Parmi les ténors, nous pouvons citer Gilbert Pierre Vieillard et les Anglo-saxons L. N. Reed et Derrick Stenning[60]. En partant d'une analyse globale de la culture peule, ces auteurs ont décrit cette ethnie comme un tout homogène, c'est-à-dire un peuple ayant le même mode de vie pastorale, le même système de parenté et les mêmes institutions politiques. Ils ont considéré le *pulaaku* comme le noyau de la culture peule, teinté de valeurs morales et sociales que chaque Peul acquiert dès sa naissance pour former son identité[61]. Plus tard, les travaux de l'ethnologue française Marguerite Dupire, de Roger Labatut, de Paul Riesman et d'Henri Bocquené ont conféré au terme *pulaaku* une dimension relationnelle[62]. Selon Stenning, le *pulaaku* est la norme qui régit les relations sociales en milieu peul[63]. Et après avoir étudié les Peuls du Nigéria, Reed a défini le *pulaaku* comme un ensemble de règles comportementales régissant les

---

60. Gilbert Pierre VIEILLARD, *Notes sur les coutumes des Peuls au Fouta-Djallon*, Paris, Larose, 1939 ; L. N. REED, « Notes on Some Fulani Tribes and Customs », *Africa* 5, 1932, p. 422-455 ; Derrick J. STENNING, *Savannah Nomads. A Study of the Wodaabe Pastoral Fulani of Western Bornu Province, Northern Region, Nigeria*, Londres, Oxford University Press, 1959.
61. REED, « Notes on Some Fulani Tribes and Customs » ; Dorothée GUILHEM, « L'anthropologie esthétique du corps féminin et l'identité chez les Peuls du Mali », thèse de doctorat à l'Université d'Aix-en Provence, p. 102.
62. Marguerite DUPIRE, *Peuls nomades. Étude descriptive des wadaabe du sahel nigérien*, Paris, Karthala, 1996 ; idem, *Organisation sociale des Peuls* ; idem, *Freedom in Fulani Social Life. An Introspective Ethnography*, Chicago, University of Chicago Press, 1977 ; Roger LABATUT, *Sagesse des Peuls nomades*, Yaoundé, Clé, 1974 ; Paul RIESMAN, *Société et liberté chez les Peuls djelgôbé de Haute-Volta. Essai d'anthropologie introspective*, Paris, Mouton, 1970 ; Henri BOCQUENÉ, « Notes sur le pulaaku d'après le récit autobiographique d'un Mbororo du Cameroun », in *Itinérances en pays peul et ailleurs. Mélanges à la mémoire de Pierre-Francis Lacroix, vol. 2 : Littératures et cultures*, sous dir. Pierre-Francis LACROIX, Paris, Société des africanistes, 1981.
63. STENNING, *Savannah Nomads*, p. 201.

rapports sociaux entre Peuls[64]. Après avoir défini le *pulaaku* comme un « code socio-moral », Marguerite Dupire ajoute dans la foulée que « le *pulaaku* est tout l'énoncé des actes et des situations à éviter et qui sont générateurs d'un sentiment de honte[65] ». Par cette définition nous comprenons que le *pulaaku* occupe une place de choix dans la culture peule. Sans le *pulaaku*, la culture peule serait comme une coquille vide. Il serait alors difficile de décrire avec exactitude l'identité peule. C'est pourquoi le *pulaaku* n'est pas seulement un ensemble de règles ou un code socio-moral comme Reed, Derrick, Dupire et tant d'autres chercheurs le pensent. Pour nous le *pulaaku* est la sève nourrissante de la culture peule, sa vision du monde et son identité. En tant que sève de la culture peule, le *pulaaku* coule dans tous les vaisseaux de la société peule du Fouta-Djallon et lui procure force, vigueur et vitalité. Le *pulaaku* joue le rôle de régulateur des institutions de la société peule. Le *pulaaku* sous-tend aussi une éthique religieuse qui s'applique à tous les domaines de la vie des Peuls musulmans du Fouta-Djallon. Nous y reviendrons dans la prochaine section.

De plus, Marguerite Dupire a relevé que, dans la communauté peule, le *pulaaku* a des fonctions à la fois juridiques, sociales et émotionnelles. Dans *Réflexions sur l'ethnicité peule* (1981)[66], Dupire a complété sa conception du *pulaaku* en y ajoutant des éléments nouveaux. Le concept peut représenter la résignation (*munyal*), l'intelligence (*hakkiilo*), le courage (*cuusal*), l'attitude d'évitement (*woda*) et de honte (*yage*)[67]. Ces valeurs du *pulaaku* correspondent au modèle de la vision holistique du monde avec une conscience « fortement axée sur le prestige et la honte. C'est donc le rétablissement de prestige et de l'harmonie qui prime[68] ». C'est pourquoi Dupire a insisté sur le fait que cette attitude d'évitement caractérise les relations sociales à l'intérieur de la parenté. La honte caractérise les relations humaines en fonction des « intérêts et des droits réciproques et particulièrement entre parents agnatiques

---

64. Reed, « Notes on Some Fulani Tribes and Customs ».
65. Dupire, *Peuls nomades*, p. 310.
66. Marguerite Dupire, « Réflexion sur l'ethnicité peule », in Lacroix, *Itinérances en pays peul et ailleurs*, vol. 2, p. 173.
67. *Ibid.*, p. 81.
68. Wiher, *L'Évangile et la culture de honte en Afrique occidentale*, p. 21.

et certains alliés[69] ». Elle a vu le *pulaaku* comme une attitude morale indispensable à l'expression de l'identité peule ou « *foulanité*[70] ».

Dans ses études menées parmi les Peuls du Cameroun, Roger Labatut s'appuie sur le fulfulde pour dégager les grands axes de la conception peule du *pulaaku*. Il conclut que la langue fulfulde intègre l'identité peule au même titre que les valeurs du *pulaaku*, à savoir les règles de la politesse et les qualités morales que l'on retrouve dans les travaux de Dupire. L'originalité de Labatut réside dans sa découverte géniale dans le *pulaaku* des qualités morales spécifiques aux trois couches de la société peule. Selon l'auteur, les hommes mariés possèdent le *ngorgaaku* « virilité », *hernd* « courage au travail » et le *kissi* « souci d'accroître ses biens », mais les femmes mariées détiennent *ngalkaare* « éloquence » et *herngel* « courage au travail ». Quant aux jeunes gens, Labatut a reconnu en eux le *njamu* « la beauté du corps plein de santé, de vigueur et d'harmonie » et le *ngalkaare* « goût de la parure, vêtement, maquillage, parfums, bijoux »[71]. À ces qualités s'ajoutent le *ngorkaaku* « virilité » pour les jeunes garçons et le *herngel* « courage au travail » pour les jeunes filles. Aux yeux de Labatut le *pulaaku* est chargé de précieuses valeurs morales peules : le jugement, la patience, le souci du prochain, la réserve, la politesse, et quelques règles alimentaires comme le refus de consommer ou de manger dans les lieux publics[72].

Pour sa part, Paul Riesman, en étudiant les Peuls *jelgoobe* du Burkina Faso, a défini le *pulaaku* en termes de code moral et social. S'inspirant des travaux de Dupire, il emploie le mot *semtennde* pour parler de la retenue ou de la réserve peule au point de vue verbal et corporel. Il parle également de la patience (*munyal*), de l'intelligence (*hakkila*) et du respect (*teddeengal*) qui caractérisent les Peuls du Burkina Faso[73]. Pour être membre de la société peule, il faut absolument vivre selon le code moral du *pulaaku* qui maintient l'harmonie et la paix dans cette société. La violation de l'un de ses principes

---

69. Dupire, « Réflexion sur l'ethnicité peule », p. 168.
70. Dupire, « Identité ethnique », p. 275.
71. Roger Labatut, *Chant de vie et de beauté peuls*, Paris, Publications Orientalistes de France, 1974, p. 176.
72. Roger Labatut, « Contribution à l'étude du comportement religieux des Wodaabe Dageeja du Nord-Cameroun », *Journal des africanistes*, t. 48, fasc. 2, 1978, p. 63-92, ici p. 81. Voir aussi son ouvrage, *Sagesse des Peuls nomades*, p. 98.
73. Riesman, *Société et liberté chez les Peuls djelgôbé de Haute-Volta*, p. 159.

expose le fautif à la honte[74]. Pour l'éviter, le Peul fera tout pour maîtriser le *pulaaku*. Les valeurs du *pulaaku* occupent donc une dimension relationnelle dans la société peule qui fonde la dignité et la légitimité de la personne.

Derrick Stenning, Marguerite Dupire, Roger Labatut et Paul Riesman ont été les premiers à faire une étude sérieuse du *pulaaku*. Selon Angelo Bonfiglioli, ils le considèrent comme un code moral et social et concluent que « les valeurs du *pulaaku* constituent un facteur d'intégration ou d'exclusion de l'individu dans la société peule. Elles développent les relations interpersonnelles au sein de la parenté[75] ». Bonfiglioli insiste sur le fait que *semteende* « pudeur » est la perle des vertus cardinales des Peuls[76]. Face aux événements de la vie, les Peuls gardent une position de neutralité. Grâce à leur *semteende*, ils n'affichent aucune émotion parce qu'ils estiment que céder aux émotions est une faiblesse, une honte. La patience caractérise la vie des Peuls. Elle doit être vécue en toute circonstance, car sans elle la vie devient difficile pour la communauté[77]. En se servant de la notion de *pulaaku*, les auteurs cités présentent l'identité peule comme un fait qui démarque les Peuls sociologiquement des autres peuples de l'Afrique. Il est important de noter que tous les chercheurs contemporains se réfèrent à leurs prédécesseurs lorsqu'il s'agit de définir le concept du *pulaaku*.

En République de Guinée, les recherches anthropologiques et sociologiques menées sur les Peuls du Fouta-Djallon par nombre de chercheurs ont abouti, à quelques nuances près, à la même définition du *pulaaku*. Dans son ouvrage, *Veuvage féminin et sacrifice d'animaux dans le Fouta-Djallon* (2012)[78], Yassine Kervella-Mansaré a repris entièrement la définition de

---

74. Paul Riesman, « On the Irrelevance of Child Rearing Practices for the Formation of Personality. An Analysis of Childhood, Personality and Values in Two African Communities », *Culture, Medicine and Psychiatry*, n°7, 1974, p. 103-129, ici p. 121 ; idem, « The Formation of Personality in Fulani Ethnopsychology », in *Personhood, Personality and Agency. The Experience of Self and Other in African Cultures*, sous dir. M. Jackson et I. Karp, Studies in Cultural Anthropology, Washington/Uppsala, University Press, 1990, p. 223.
75. Anneke Breedveld, « L'image des Fulbe. Analyse critique de la construction du concept de pulaaku », *Cahier d'études africaines*, vol. 36, n°144, 1996, p. 796.
76. Angelo Maliki Bonfiglioli, *Dudal. Histoire de famille et histoire de troupeau chez un groupe de Wadaabe du Niger*, Paris, Maison des sciences de l'homme, 1988, p. 63.
77. Angelo Maliki Bonfiglioli, *Bonheur et souffrance chez les Peuls nomades*, Paris, Édicef, 1984, p. 192.
78. Yassine Kervella-Mansaré, *Veuvage féminin et sacrifices d'animaux dans le Fouta-Djallon, Guinée*, Paris, l'Harmattan, 2012, p. 168.

Dupire : « Le code sociomoral (*pulaaku*, manière de se comporter en peul) est avant tout l'énoncé des actes et des situations à éviter (*grace*) et qui sont générateurs d'un sentiment de honte (*semteende kersa*). Un Peul qui n'a pas honte est un individu mal éduqué, marginal à la société dans laquelle il est né[79]. » Chez les Peuls du Fouta-Djallon, a remarqué Yassine Kervella-Mansaré, « la honte vient quand l'honneur est en jeu. C'est-à-dire qu'une femme ne doit pas faire honte à son mari, et au-delà, à l'ensemble de la famille. Une veuve le sait mieux que quiconque[80] ». Alors le *pulaaku* devient un ensemble de conventions morales nécessaires à l'estime de soi et à l'affirmation de l'identité peule par rapport aux non-Peuls, d'où la position revendicative de *pulaaku* par tous les Peuls du monde.

En étudiant les Peuls de la Guinée, Anne Leroy et Alpha Oumar Kona Baldé ont observé que *hakiilo* (discernement), *munyal* (maîtrise de soi), *semteende* (réserve) ou *surritagol* caractérisent le *pulaaku* et forment une « sorte de code moral qui dicte l'attitude du Peul en toute circonstance, qui fait partie de ses traditions et de son héritage[81] ». Dans *Le petit futé. Guinée 2012-13*, Dominique Auzias et Jean-Paul Aboudette renchérissent que le « *pulaaku* est un ensemble de règles très subtiles, autant morales que sociales, un code de comportement jugé spécifiquement peul, voire l'idéal projeté dans la manière d'être peule. Le *pulaaku*, poursuivent-ils, se manifeste par une retenue qui peut passer pour de la froideur, une maîtrise de soi accompagnée de qualités de sobriété, de courage et d'intelligence[82] ».

---

79. Dupire, *L'organisation sociale*, p. 189, cité par Kervella-Mansaré, *Veuvage féminin et sacrifices d'animaux dans le Fouta-Djallon*, p. 178.
80. *Ibid.*
81. Anne Leroy, Alpha Oumar Kona Balde, *Parlons poulard : Peul du Fouta-Djallon*, Paris, l'Harmattan, 2002, p. 10. Cette conception est aussi présente chez d'autres auteurs : Roger Botte, « Préface », in *Figures peules*, sous dir. R. Botte, J. Boutrais et J. Schmitz, Paris, Karthala, 1999, p. 81 ; Bocquené, « Notes sur le pulaaku », p. 241 ; Elisabeth Boesen, « Pulaaku. Sur la foulanité », in *Figures peules*, sous dir. Roger Botte *et al.*, Paris, Karthala, 1999, p. 83-97 ; idem, « Identité culturelle et espace culturel. Les Fulbe entre brousse et village », in *Regards sur le Borgou. Pouvoir et altérité dans une région ouest-africaine*, sous dir. E. Boesen, C. Hardung et R. Kuba, Paris, l'Harmattan, 1998, p. 221-224.
82. Dominique Auzias, Jean-Paul Aboudette, *Le petit futé. Guinée 2012-2013*, Paris, Corlet, 2013, p.18. Cf. aussi Riesman, « The Formation of Personality in Fulani Ethnopsychology », p. 67 ; M. Diallo, H. Sidibe et C. Barry, « Pulaaku et crise d'identité : le cas des Fulbe Wodeebe de la région lacustre de l'Issa-Ber au Mali », in *Peuls et Mandingues. Dialectique des constructions identitaires*, sous dir. M. de Bruijn et H. van Dijk, Paris, Karthala, 1997, p. 223-241, ici p. 232.

Dans un article du journal *Jeune Afrique* intitulé, « Les Peuls : enquête sur une identité remarquable » (2013), El-Hadj Muhammad Badrou Bah, un Peul du Fouta-Djallon, introduit de nouveaux éléments en définissant le *pulaaku* comme « un ensemble de comportements auxquels tous les Peuls doivent se plier. C'est aimer l'islam, aimer l'étranger, c'est partager et faire preuve de patience. Donner une grande importance à l'éducation et au travail[83] ». Les nouveaux éléments de cette définition sont : aimer l'islam, aimer l'étranger, partager, donner une grande importance à l'éducation et au travail. Les Peuls du Fouta-Djalon aiment l'islam au point de donner l'impression qu'on ne peut pas être Peul sans être musulman. Les Peuls qui refusent d'être musulmans sont appelés des *kafr* « des égarés, maudits de Dieu ». Ils sont des exclus de la communauté peule, même s'ils portent les noms de Diallo, Bah, Sow et Barry. Cela revient à dire qu'au Fouta-Djallon l'islam est l'un des fondements de l'identité peule. Il valide l'acquisition et la pratique des valeurs du *pulaaku*.

Aimer l'étranger est une autre valeur du *pulaaku*. Il faut être au Fouta-Djallon ou dans une famille peule pour voir et vivre l'accueil chaleureux que les Peuls réservent à l'étranger. Après un court séjour en Guinée, Anthony Lewin a rapporté qu'il avait été profondément touché par l'accueil que la famille de Moussa Sow lui avait réservé à Conakry. Cet accueil lui avait permis d'intégrer la famille des Sow et de faire une relecture de l'idée qu'il avait de l'islam avant de venir en Guinée[84]. Pendant nos multiples voyages au Fouta-Djallon, nous avons vécu cette réalité par l'accueil que les imams et les villageois nous ont réservé. Dans certains villages, nous avons été logés et nourris sans tenir compte de notre appartenance religieuse et ethnique. Nous en avons conclu que le Fouta-Djallon est une région où l'hospitalité est vécue telle que le *pulaaku* l'exige. Cependant, cet accueil se fait sans oublier la religion, car les Peuls qui occupent cette région-là aiment l'islam. Ils s'attendent à le proposer à tout étranger non croyant qu'ils accueillent. Beaucoup de personnes sont ainsi devenues musulmanes au Fouta-Djallon.

Le partage, qui selon El-Hadj Muhammad Badrou Bah, est le troisième élément du *pulaaku* au Fouta-Djallon, se pratique avant tout comme une sorte

---

83. Rémi CARAYOL, « Planète peule : Les Peuls. Enquête sur une identité remarquable », *Jeune Afrique* n° 2721 du 3 au 9 mars 2013, p. 26. Voir aussi Christian SEYDOU, *L'épopée peule de Boûbou Ardo-Galo. Héros et rebelles*, Paris, Karthala, 2000, p. 12.
84. Antony LEVIN interviewé à Aix-en-Provence le 14 mai 2016.

d'aumône que l'islam recommande à tout croyant. Les bénéficiaires en sont souvent les pauvres, les étrangers, les handicapés, les orphelins, *grosso modo* tous ceux qui ont un certain besoin matériel. Au Fouta-Djallon les cérémonies des rites de passage (baptême, initiation, mariage, décès) s'accompagnent d'un partage de cola, de viande et de pain blanc. Ce partage rituel transcende les considérations d'ordre ethnique, social, économique et religieux et garde le caractère relationnel du *pulaaku*.

Le quatrième élément du *pulaaku*, selon El-Hadj Muhammad Badrou Bah, est l'importance donnée à l'éducation et au travail. Quand un Peul parle d'éducation, il s'agit d'abord de l'éducation religieuse. Nous l'avons déjà souligné : l'enfant peul apprend les principes de base de l'islam dès son jeune âge. Le souhait des parents est de voir leurs enfants devenir des érudits dans les sciences islamiques. Nos enquêtes sur le terrain nous ont permis de comprendre que l'essentiel de l'éducation peule est religieux. L'islam est donc le fondement de toutes les formes d'éducation que les Peuls reçoivent dans la vie. Un individu est dit bien éduqué lorsqu'il est censé maîtriser les principes islamiques qui caractérisent le *pulaaku*.

Les auteurs comme Yassine Kervella-Mansaré et Andriana Piga disent que pour intégrer la communauté peule, de quelque manière que ce soit, l'individu doit remplir au moins quatre conditions fondamentales : connaissance approfondie de la langue *fulfulde*, conversion à l'islam, expression d'un fort consensus pour les idéaux du *pulaaku*, cadre éthique peul[85]. Les auteurs comme Aboubacry Moussa Lam et Fary Silate Kâ sont d'accord avec leurs prédécesseurs pour dire que le *pulaaku* est un art de vivre, une manière d'être peule tissée de codes subtils que l'on retrouve sous toutes les latitudes : la

---

85. Tous ceux qui parlent le *fulfulde* ou le *pular* n'intègrent pas forcément la communauté peule. Ceux qui l'intègrent sont ceux qui maîtrisent le *fulfulde* ou le *pular*, qui sont convertis à l'islam et qui acceptent le *pulaaku* comme la norme de conduite peule. Adriana PIGA, *Les voies du soufisme au Sud du Sahara. Parcours historiques et anthropologique*, Paris, Karthala, 2003, p. 101, 109 ; Christian SEYDOU, *L'épopée peul de Boûbou Ardo-Galo. Héros et rebelles*, Paris, Karthala, 2000, p. 12 ; Amadou OUMAROU, *Dynamique du pulaaku dans les sociétés peules du Dallol Bosso Niger*, Paris, l'Harmatan, 2012, p. 14 ; Yaa P. A. OPPONG, *Moving through and Passing on. Fulani Mobility, Survival, and Identité in Ghana*, Londres, New Brunswick, 2002, p. 37 ; G. L. TAGUEM FAH, « Pouvoir et savoir, renouveau islamique et luttes politiques au Cameroun », in *Islam politique au sud du Sahara, identité, discours et enjeux*, Paris, Karthala, 2005, p. 559.

maîtrise de soi, une certaine réserve, le courage, le sens de l'honneur et du partage[86].

Que faut-il conclure de ces tentatives de définir le *pulaaku* ? À en juger par le nombre important d'auteurs qui l'ont étudié, nous pouvons admettre qu'il n'en existe pas de définition standard parce que chaque communauté peule vit dans un contexte géographique, historique, socioculturel et politique différent. Les conditions de vie sont tellement variées entre les communautés peules qu'il est difficile aux chercheurs et aux Peuls eux-mêmes d'épuiser le contenu du *pulaaku*. Tant que les communautés peules seront en mouvement, la notion de *pulaaku* s'enrichira de nouveaux éléments de définition. Comme on peut le constater, la notion de *pulaaku*, comme celles de culture, de religion ou d'*identité*, est une notion très subjective donc diversement définie.

Dans ce travail, nous n'avons donc pas la prétention de dresser une liste exhaustive des définitions de la notion du *pulaaku*, car cela dépasserait le cadre que nous nous sommes fixé. Mais après avoir interrogé les sources orales et écrites sur le sujet, nous avons conclu que le *pulaaku* détermine la vision peule du monde. Il la détermine et permet de démarquer les Peuls des autres peuples. Le *pulaaku* représente la vision peule du monde, une vision relationnelle et holistique qui aide à comprendre l'identité peule. Il n'est pas exagéré d'affirmer que les valeurs du *pulaaku* sont au cœur de l'islam peul. En conséquence, les valeurs culturelles du *pulaaku* déterminent l'éthique des Peuls musulmans.

2. *L'éthique du* pulaaku *et la prudence*

L'éthique comme branche de la théologie et de la philosophie s'intéresse aux systèmes de valeurs culturelles qui constituent un des éléments de la vision du monde et qui fondent l'existence des êtres humains. En étudiant les valeurs du *pulaaku*, on constate que la prudence est une vertu cardinale dans la conduite des Peuls du Fouta-Djallon. Par manque d'information, certains auteurs ont hâtivement conclu que les Peuls sont rusés et trompeurs. Dans

---

86. Aboubacry Moussa LAM, Fary Silate KÂ, *Les dix piliers de la pulanité*, in *Planète peule*, p. 10 ; Y. DIALLO, M. GUICHARD et G. SCHLEE, « Quelques aspects comparatifs », in *L'ethnicité peule dans des contextes nouveaux*, sous dir. Y. DIALLO et G. SCHLEE, Paris, Karthala, 2000, p. 225-255, ici p. 234 ; B. DIENG, « L'identité éclatée du héros peul dans les épopées pastorales du Jolof (XVII-XIXe s.) », in *Paroles nomades. Écrits d'ethnolinguistique africaine*, sous dir. U. BAUMGARDT et J. DERIVE, Paris, Karthala, 2005, p. 353-370, ici p. 332.

la même optique, certains Guinéens disent que les Peuls se trahissent entre eux et aiment trahir les autres[87].

Pour mieux connaître le comportement des Peuls, il faut se distancier de ces clichés et l'évaluer avec un regard critique à partir de leur vision du monde. Une conception juste demande d'analyser en profondeur l'éthique du *pulaaku*.

En observant les Peuls, nous avons réalisé que ce ne sont pas la ruse et la tromperie qui décrivent le mieux leur comportement au Fouta-Djallon, mais les notions de prudence et de zèle. Les Peuls de la Guinée sont connus pour leur prudence. Les peuples qui les entourent témoignent de cette réalité. Mais qu'est-ce que la prudence ? Et en quoi constitue-t-elle un des éléments principaux de l'éthique peule ? Pour mieux comprendre ce qu'est la prudence des Peuls, nous voulons remonter à Aristote et Hobbes. Aristote définit la prudence comme « une disposition, accompagnée de règles vraies, capable d'agir dans la sphère de ce qui est bon ou mauvais pour un être humain[88] ». Il insiste sur le fait qu'il est impossible d'être un homme de bien sans être prudent ni d'être prudent sans vertu morale qui aux yeux d'Aristote, « fixe la fin suprême ; la prudence, elle, nous fait employer les moyens susceptibles d'atteindre cette fin[89] ». Après avoir établi ce rapport, Aristote définit la prudence comme « la disposition à agir dans son intérêt propre comme dans l'intérêt général[90] ». Pour Hobbes, « la prudence est la sauvegarde de soi et de ses biens. Dès que l'intérêt individuel de la survie ou du gain diminue, l'intérêt personnel ou le gain de la survie diminue[91] ». Ces définitions nous aideront à circonscrire la prudence peule.

---

87. Pendant mes différentes conférences sur les Peuls, les participants ont toujours noté dans leur réflexion-débat que les Peuls aiment la tromperie et qu'ils sont rusés.
88. ARISTOTE, *Éthique à Nicomaque*, introduction, traduction, notes et index par Jules TRICOT, Paris, Vrin, 2007, p. 306 ; Marie-Christine GRANJON, « La prudence d'Aristote : histoire et pérégrination d'un concept », *Revue française de science politique* vol. 49, n°1, 1999, p. 138 ; Jean-Yves CHÂTEAU, *Aristote. La vérité pratique, Livre VI : Éthique à Nicomaque*, Paris, Vrin, 1997, p. 313 ; Gil DELANNOI, « La prudence en politique : Concept et vertu », *Revue française de science politique* vol. 37, n°5, 1987, p. 599.
89. GRANJON, « La prudence d'Aristote », p. 138 ; Jacques RICOT, *Leçon sur l'éthique à Nicomaque d'Aristote. Livre sur l'amitié*, Paris, PUF, 2001, p. 106.
90. GRANJON, « La prudence d'Aristote », p. 106.
91. Gil DELANNOI, « La prudence dans l'histoire de la pensée », *Mots. Discours sur la bioéthique* vol. 44, n°1, 1995, p. 101-105.

Si nous parlons de la prudence des Peuls du Fouta-Djallon, il s'agit bien de *rentaare* comme valeur du *pulaaku* qui gouverne l'éthique. Elle s'applique d'abord au niveau de la parole. Quand un Peul parle, il s'exprime avec prudence. L'éthique du *pulaaku* implique donc la maîtrise de la parole (*kongol* ou *lafzu*). C'est dans cette optique qu'Adriana Piga définit la prudence peule comme étant « la capacité de maîtriser sa propre langue[92] ». J. Haafkens fait l'observation suivante :

> Contrairement à ce que pensent certains chercheurs comme Adriana Piga, Anne Leroy, Alpha Oumar Kona Baldé et Boubacar Hama Beïdi, la signification de la maîtrise de la langue va au-delà de parler correctement le poulard. Elle signifie réfléchir mille fois avant de parler, c'est-à-dire contrôler sa langue pour ne pas avoir honte après avoir parlé. De ce fait, maîtriser sa langue invite le Peul musulman à éviter les propos inutiles. Un vrai Peul ne doit pas parler, sauf si une nécessité le pousse à parler[93].

Ainsi, pour être prudents les Peuls peuvent garder le silence, car ils estiment que le silence ne blesse pas, ne tue pas, mais procure la sécurité à celui qui l'observe. À ce sujet, les Peuls du Cameroun disent : « On ne condamne pas quelqu'un pour son silence, mais on le condamnera pour ses paroles[94]. » Interrogé sur ce comportement, Raphadjou Sow, Peul de 35 ans, nous confie que les Peuls observent la prudence en toute chose parce qu'ils ont constaté que dans le monde beaucoup de personnes ont des regrets après avoir parlé, mais très peu après s'être tues[95]. Pour sa part, Roger Labatut constate que dans n'importe quelle société les personnes dont le malheur est le plus durable et le plus humiliant sont celles qui ne peuvent pas dominer leur langue. Elles sont pressées de prendre la parole et oublient que trop de paroles blessent[96]. C'est pourquoi les Peuls préfèrent garder le silence dans de nombreuses situations.

---

92. Piga, *Les voies du soufisme au Sud du Sahara*, p. 102.
93. J. Haafkens, *Chants musulmans en peul. Textes de l'héritage religieux de la Communauté musulmane de Maroua, Cameroun*, Leyde, Brill, 1983, p. 6.
94. Piga, *Les voies du soufisme au Sud du Sahara*, p. 102.
95. Raphadjou Sow interviewé à Pita le 23 septembre 2014.
96. Roger Labatut, « La parole à travers quelques proverbes peuls de Fouladou (Sénégal) », *Journal des africanistes*, 1988, p. 70.

Mais la prudence peule va au-delà de la parole. Elle inclut le ventre, le sexe, le cœur, la peur, la réaction face à la douleur et tous les autres désirs. Par souci de protéger leur honneur, les Peuls du Fouta-Djallon ne mangent pas à l'extérieur de leur maison ou dans des lieux publics. Ils aiment manger à la maison ou dans un lieu discret. Ils ne supportent pas le *virtere* (déshonneur, humiliation, honte). Ils préfèrent mourir plutôt que d'avoir publiquement honte. Les Peuls du Fouta-Djallon disent que la honte tue et qu'il vaut mieux l'éviter. La meilleure façon d'éviter *virtere*, c'est de rester prudent. C'est pourquoi la prudence (*rentaare*) est *de facto* le fondement principal de l'éthique peule. Toutes les valeurs du *pulaaku* comme *teddungal* (honneur), *peewal* (droiture), *munal* (patience), *dammbe* (prestige), *bawde* (pouvoir), *laamu* (autorité), *himmirgol* (zèle), sont vécues dans un esprit de prudence. Il est important de souligner que tous les éléments cités correspondent à l'orientation relationnelle de la conscience.

La prudence peule s'observe en matière de gestion matérielle et financière. Dans ce domaine, les Peuls sont prudents au point de faire croire qu'ils ne dépensent qu'en fonction d'objectifs prioritaires fixés. Si un Peul détient un centime de franc guinéen à investir dans sa boutique, il ne l'utilisera que pour ce besoin. Il s'agit là d'un comportement axé sur des règles que les Peuls ont puisées dans la loi islamique (*charia*).

L'histoire qui illustre bien ce comportement est celle d'un Peul affamé que Jacob, âgé de 70 ans, nous a racontée[97] : « en Moyenne Guinée, plus précisément dans un village de la préfecture de Mamou, vivait un Peul d'un nom inconnu. Un jour, il sortit de sa maison pour trouver de quoi manger parce qu'il avait très faim. Il avait mis dans sa poche 100 000 francs guinéens qu'il avait certainement affectés à un besoin précis. Il se dirigea vers des vendeurs qui avaient étalé des mangues mûres sous un manguier. À l'époque ce fruit était vendu à 500 francs guinéens. Or ce manguier portait aussi quelques fruits mûrs et le Peul affamé, par prudence, ne voulut pas dépenser 500 francs et préféra grimper dans le haut manguier pour se nourrir. Faisant preuve de bravoure et de prudence, il réussit à monter jusqu'au sommet où une mangue mûre pendait au bout d'une branche. Mais il fallait marcher sur la branche. Le jeune homme avançait prudemment, sûr de lui. Il arrivait au bout de la branche où il allait attraper le fruit quand soudain la branche se cassa. Il fit une

---

97. Jacob TOLNO interviewé à Conakry le 21 juillet 2014.

chute de près de douze mètres sur la tête et décéda quelques minutes plus tard. Très rapidement, les villageois en furent informés. Tous les sages du village, les jeunes et les femmes arrivèrent sous le manguier en pleurant. Les sages du village désignèrent trois jeunes pour porter le corps à son domicile. Au moment de le soulever, on vit les 100 000 francs guinéens sortir de sa chemise déchirée par la chute. Tous se demandaient avec étonnement pourquoi il avait pris le risque de grimper, alors qu'il avait 100 000 francs guinéens en poche. Ne pouvait-il pas dépenser au moins 500 francs pour s'acheter une mangue ? Depuis ce jour-là, on a commencé à dire que les Peuls sont prudents et rusés.

Le Peul guinéen souffre de ces clichés qui ne lui ressemblent pas. C'est un être doux, hospitalier, courageux, inventif, habile, sobre et religieux. Toutes ces qualités sont manifestées par le Peul avec prudence. Cela revient à dire que le comportement peul est fondamentalement marqué par la prudence. Toutefois, le Peul ne devra pas oublier que *anngal rentaare addy tempere* « la prudence peut conduire au malheur ».

3. De l'éthique du pulaaku à l'éthique de l'islam peul

Nous avons déjà souligné qu'au Fouta-Djallon la rencontre entre l'islam officiel et la culture peule a donné naissance à l'islam peul, syncrétisme issu de la fusion des valeurs du *pulaaku* et de l'islam. Par conséquent, ce qui est admis par le *pulaaku* comme valeur devient *de facto* une valeur de l'islam peul[98]. Cela a été un facteur déterminant pour l'enracinement de la religion du prophète Muhammad au Fouta-Djallon. Parmi les valeurs du Coran, on peut citer la maîtrise de soi (sourates 4.136 ; 7.202 ; 18.29 ; 38.27), la persévérance (13.23 ; 41.31-33), le courage (2.178 ; 3.173-175 ; 9.40 ; 20.73), le bon traitement des parents (4.37 ; 17.24-25), le respect (2.178 ; 5.2 ; 16.92). L'éthique de l'islam peul recommande aux hommes de pratiquer le bien et d'éviter le mal (3.111 ; 2.149)[99]. Les prêches des imams lors de la prière du vendredi sont essentiellement fondés sur l'éthique de l'islam peul.

Il est important de noter que l'éthique peule s'inspire avant tout de la vie de Muhammad. Les Peuls musulmans veulent ressembler à Muhammad. Ils aiment la vie du prophète Muhammad. À titre d'exemple, en ce qui concerne le soutien aux orphelins, les Peuls musulmans disent que le prophète

---

98. Sanneh, *Beyond Jihad*, p. 165.
99. Haafkens, *Chants musulmans en peul*, p. 121.

Muhammad, en tant que représentant d'Allah, a soutenu les orphelins (sourates 2.83, 177, 215 ; 4.36 ; 8.41 ; 76.8 ; 90.15). En conséquence, tous les musulmans peuls doivent soutenir les orphelins. Puisque leur prophète a attribué un cinquième des dons et aumônes à Allah et un cinquième aux immigrants musulmans venant de la Mecque (24.22 ; 59.5, 8-10), les Peuls musulmans font la même chose. Le soutien aux défavorisés, c'est-à-dire aux boiteux, aux aveugles et aux chômeurs, se fait avec l'idée d'imiter Muhammad. Les Peuls disent que Muhammad est leur seul espoir (2.5, 83, 177, 215 ; 4.36 ; 8.41 ; 9.60). Les musulmans peuls croient fermement que Muhammad se tenait auprès des mendiants et des marginalisés de la société, des pauvres, des hommes libérés de la prison et de ceux qui étaient dépourvus de terre, de logement ou de chameaux pour la bataille (2.17, 177, 273 ; 9.60 ; 30.38 ; 51.19). L'imam Muhammad Bah, âgé de 56 ans, interrogé sur cette question, nous a confié que tout bon musulman doit obéir à la tradition de Muhammad. Il a ajouté que les Peuls musulmans pratiquent les bonnes actions parce que Muhammad, qui les a pratiquées le premier, les recommande[100].

Concernant la libération des esclaves, les Peuls musulmans se réfèrent aussi au prophète Muhammad qui a dit que le rachat d'un esclave musulman est une pratique louable parce qu'elle permet d'expier les péchés du donateur devant Allah (2.177 ; 9.60 ; 24.33 ; 76.8). Il est à noter que cette pratique influence toujours les Peuls musulmans au Fouta-Djallon. Les anciens esclaves paient le rachat d'esclaves. Le maître et l'asservi croient à cette vérité. D'où l'intérêt des classes sociales au Fouta-Djallon.

En analysant de près le discours religieux, on constate que l'éthique de l'islam peul condamne sévèrement le mensonge (22.31 ; 25.73), l'extravagance (7.32 ; 17.27-28), les boissons alcooliques (2.220 ; 5.91-92), l'adultère (17.33), l'orgueil (17.38 ; 23.47 ; 31.19). Il exhorte les fidèles à pratiquer la pureté (2.223 ; 4.44 ; 5.7 ; 9.103, 108 ; 24.22), le pardon (2.110 ; 3.135, 160 ; 4.150 ; 5.14), la justice (5.9 ; 6.153 ; 16.91 ; 49.10), l'humilité (6.64 ; 7.14, 56 ; 16.24 ; 17.38), et à aimer le savoir, c'est-à-dire la Révélation de Dieu et la Loi islamique[101]. Le vrai Peul musulman se veut soumis à ces valeurs sociétales.

---

100. Muhammad Bah interviewé à Conakry le 21 mars 2015.
101. Haafkens, *Chants musulmans en peul*, p. 121.

Contrairement au christianisme, l'islam peul a intégré les éléments et les pratiques des religions traditionnelles africaines[102]. Nous pouvons même dire qu'il n'a rejeté aucun élément des religions traditionnelles africaines. Il se les est appropriés pour devenir une religion qui attire nombre d'Africains.

F. Les concepts sotériologiques dans l'islam peul

Après avoir tenté de cerner la notion de *pulaaku*, qui est le fondement de la vision peule du monde, vision relationnelle et holistique, et qui illustre bien les deux premiers modèles de vision du monde, nous présentons dans cette section le troisième modèle permettant d'opérationnaliser la vision du monde : les cinq concepts sotériologiques de base. Ce modèle relève du domaine cognitif. En conséquence, les concepts sotériologiques peuls sont appris par l'enfant pendant sa socialisation.

La Bible fait appel aux concepts sotériologiques suivants : Dieu, l'homme, le mal, le péché et le salut. Cette conception permet « d'enseigner la Bible de façon chronologique[103] ». Mais dans l'islam peul, la sotériologie est fondée sur les concepts suivants : Allah, Satan et les démons, l'homme, le péché, le salut et le paradis. Il n'y a pas de doute, les Peuls croient à Allah. Ils le nomment par 99 noms révélés. Le centième nom, le plus glorieux, leur est inconnu. Parmi tous les noms révélés, le nom d'Allah est le plus connu et le plus sacré parce que c'est par ce nom que Dieu s'est révélé au prophète Muhammad. On ne peut donc pas l'attribuer à un individu. Allah est éternel et tout-puissant. Le bien et le mal trouvent leur origine en lui.

Comme les adeptes des religions traditionnelles africaines, les Peuls musulmans croient aussi qu'Allah, à un certain moment de l'histoire, s'est retiré du monde et est allé établir son royaume dans le ciel. Il est donc loin des hommes. C'est pourquoi il faut passer par des intermédiaires ou des sacrifices pour lui parler.

Les Peuls sont à la recherche d'une protection contre Satan (*cheytane*) et les mauvais esprits (*djinna*) à qui ils reconnaissent une grande puissance de destruction. L'œuvre de Satan et de ses démons est vue par les Peuls comme

---
102. Lamin SANNEH, « Christianity, Islam and African Traditional Religions », *Journal of Religion in Africa*, vol. XI, n°1, 1980, p. 228 ; réimpr. in *West African Christianity. The Religious Impact*, Maryknoll, Orbis, 1983, p. 210-241.
103. WIHER, « Toucher les êtres humains en profondeur (deuxième partie) », p. 65.

la manifestation de la colère d'Allah contre les hommes. Les Peuls ont tellement peur de la colère d'Allah qu'ils recherchent la protection d'esprits « bienveillants » qui sont manipulés à l'envi par les marabouts.

Au Fouta-Djallon, chaque individu a un ou plusieurs marabouts qui lui délivrent les secrets de protection. Interrogés sur ce sujet, Alimatou Diallo (jeune dame de 32 ans) et Alimou Barry (jeune homme de 33 ans), s'accordent sur le fait qu'au Fouta-Djallon beaucoup de familles détiennent des objets protecteurs (gris-gris, fétiches, amulettes) et des objets porte-bonheur (talismans)[104]. En revanche, Ibrahim Sow, un Peul de Labé précise qu'il est possible de rencontrer au Fouta-Djallon des familles peules qui pratiquent l'islam orthodoxe. Elles ne possèdent ni gris-gris, ni talismans, ni fétiches[105].

Les Peuls conçoivent l'être humain comme une créature totalement soumise à la volonté d'Allah. Pourtant il ne peut jamais prétendre être enfant de Dieu. En effet, Allah n'engendre pas, mais il crée et soumet sa créature à sa volonté absolue.

En étudiant les concepts sotériologiques dans l'ordre que la Bible adopte (Dieu, homme, mal, péché, salut), nous comprenons que la notion d'homme nous conduit à celle de Dieu. Donc la notion de péché est étroitement liée à celle de mal et d'homme[106]. Contrairement au Coran qui dit que « l'homme est créé bon, mais faible, et qu'il est donc normal pour lui de pécher (sourates 2.36 ; 4.20)[107] », la Bible dit : « Car il n'y a pas de distinction : tous ont péché et sont privés de la gloire de Dieu ; et ils sont gratuitement justifiés par sa grâce, par le moyen de la rédemption qui est dans le Christ-Jésus » (Rm 3.23). Cela souligne la gravité du péché et la responsabilité de tous les êtres humains qui sont exposés au mal et au péché. Or dans la pensée peule, le mal et le péché trouvent leur explication dans la volonté absolue de Dieu, ce qui affaiblit la notion de péché. Le mal et le péché sont considérés comme des offenses qui ne sont pas tellement orientées vers l'homme, mais vers Allah. De cette conception découle la notion de registres de péchés. Dans le registre des grands péchés figurent le *shirk* « avoir un dieu hors d'Allah » et

---

104. Alimatou Diallo, Alimou Barry, interviewés à Labé le 7 mars 2014.
105. Ibrahim Sow (pseudonyme) à Conakry interviewé le 18 mars 2015.
106. Wiher, « Toucher les êtres humains en profondeur (deuxième partie) », p. 64.
107. *Ibid.*

le *kufr* « manquer du respect pour Muhammad ». Par contre, dans le registre des péchés mineurs se trouvent l'adultère, le vol, le mensonge et le meurtre.

Dès leur enfance, les Peuls apprennent qu'Allah ne pardonne pas les grands péchés, mais seulement les petits péchés[108], et cela à qui il veut bien les pardonner. Dans ce cas, le pardon est accordé sans la repentance. Ils considèrent aussi que les péchés mineurs peuvent être effacés par une bonne action qui les suivra. Cela témoigne de l'influence de la théologie d'Al-Ghazali (1058-1111) qui disait : « Faites suivre la mauvaise action par une bonne et elle s'effacera[109]. » C'est pourquoi toute la vie des Peuls est marquée par la pratique d'œuvres méritoires telles que la confession de foi (*shahâda*), la prière (*salât*), l'aumône (*zakat, sadaqa*), le jeûne (*sawm*) et le pèlerinage (*umra* ou *hajj*).

Dans la communauté religieuse peule, la notion de salut prend la connotation particulière de bénédiction (*baraka*). Elle est signe de bonheur et de protection divine. C'est pourquoi elle est recherchée à tout moment auprès du prophète Muhammad, du Coran, de la *ka'ba*, des saints, de la Fatiha et de la nuit du destin. Et les enfants la recherchent auprès de leur père et leur mère, auxquels ils doivent soumission et respect.

Cette conception du salut comme bénédiction matérielle, morale et corporelle est vivace, tout comme la conception peule du paradis. Les Peuls conçoivent le paradis comme une grande cité où les élus pourront jouir pleinement du fruit des bénédictions accumulées pendant leur vie sur terre. Selon Paul Marty, les Peuls du Fouta-Djallon disent que le paradis est un lieu où on ne travaille pas : « même pour manger, porter les mets à sa bouche : ils viennent s'y placer d'eux-mêmes. Quatre grandes rivières de lait, de miel, de vin et d'eau pure coulent dans le paradis et sont à la disposition des élus[110]. » En plus de ces bénédictions matérielles, les élus s'attendent à des plaisirs sensuels. Car ici, poursuit-il, « les femmes abondent. Chaque fidèle gagne des milliers de femmes toujours vierges ; on ne se fatigue jamais à les connaître,

---

108. Ils fondent leur croyance sur le Coran qui dit expressément : « Si vous évitez les plus grands péchés qui vous sont interdits, nous effacerons vos mauvaises actions et nous vous introduirons avec bonheur au paradis » (4.31). Dans une autre sourate il est dit : « Ton Seigneur accorde largement le pardon à ceux qui évitent les grands péchés et les turpitudes à ceux qui ne commettent que des fautes légères » (53.32).
109. AL-GAZALI, *Kitab At-Tawba* (*Le livre du Repentir*), Paris, La Ruche, 1997, p. 45.
110. Paul MARTY, *L'islam en Guinée : Fouta-Djallon*, Paris, Ernest Leroux, 1921, p. 291.

et leur contact n'apporte jamais de maladie. On croîtra sans cesse en force et en vigueur au Paradis[111] ».

Après avoir étudié le troisième modèle pour opérationnaliser la vision peule du monde, nous nous pencherons sur le quatrième modèle, c'est-à-dire la notion de temps.

G. La notion peule du temps

Les Peuls ont une conception du temps tripartite : « Un temps pour la prière, le travail et le repos[112]. » Le plus précieux est le temps consacré à la prière journalière et à celle du vendredi. La prière, comme acte rituel et formel, exige dix-sept *raka* par jour réparties entre les prières de l'aurore (*dioulde soubaka*), de midi (*dioulde sallifana*), de la mi-soirée (*adioube alansare*), du crépuscule (*dioulde foutoura*) et du soir (*dioulde cuehie*).

En régime peul, la prière précède le travail et le repos et rythme la vie quotidienne. Quoiqu'il arrive, les Peuls croient avoir un pouvoir sur le temps, car au Fouta-Djallon le temps dépend de l'agir des hommes. C'est donc l'individu ou la communauté qui font le temps. Plus on possède de temps, plus on se donne du temps pour tout. On le remarque dans les grandes cérémonies religieuses et culturelles. On ne sait jamais à l'avance quand elles commencent et quand elles prendront fin. Par exemple, nous étions invités à prendre part à une cérémonie de baptême à huit heures et demie, mais la cérémonie a commencé à dix heures et demie. Elle a pris fin après notre retour à la maison. Si les Occidentaux considèrent qu'il s'agit d'un retard, c'est, aux yeux du Peul du Fouta-Djallon, qu'ils ont une mauvaise conception du temps. Car on le possède et on le gère en fonction de la cérémonie ou de l'événement. On parlera donc de « temps événementiel ». L'événement est plus important que le temps. Par rapport à la vision du monde, nous concluons, dans la perspective de l'orientation de la conscience, que les Peuls sont orientés vers la relation et vers l'événement.

À la fin de notre réflexion sur la vision du monde et l'identité peules, nous avons observé une vision relationnelle et holistique qui s'exprime dans le

---

111. *Ibid.*
112. Oumar Kané, *La première hégémonie peule. Le Fuuta Toro de Koli Tenella à Almaami Abdul*, Paris, Karthala, 2004, p. 232.

pulaaku et sous-tend l'islam peul. Cet ensemble représente la base de l'identité peule. Et la connaissance de l'identité peule représente un but de cette étude.

IV. Contexte socioculturel

Dans cette section, nous avons choisi d'aborder la découverte de l'identité peule au travers des notions d'organisation sociale, d'éducation des enfants et de rites de passage. Toutefois, la connaissance de ces éléments culturels n'est pas suffisante pour appréhender l'identité du Peul. C'est pourquoi nous aurons recours aux concepts propres aux religions traditionnelles et à l'islam peul.

A. Organisation sociale

1. Stratification et hiérarchisation sociale

La société peule a connu des mutations considérables par rapport à ce qu'elle était à l'époque du Fouta théocratique. La disparition de l'État théocratique et l'abolition de l'esclavage ont en effet apporté au Fouta-Djallon des mutations sociales significatives. Bien que la conception originelle de l'esclavage ait disparu, le peuple peul conserve une stratification sociale très prononcée mise en lumière par deux critères fondamentaux : le nom et le statut d'ancien esclave[113].

Ainsi les noms des Peuls du Fouta-Djallon renvoient à des catégories sociales. En lisant les travaux d'éminents historiens et ethnologues, quatre noms claniques sautent aux yeux du lecteur : Diallo, Bah, Barry et Sow. Les Peuls qui portent ces noms se considèrent comme nobles et se réclament des premiers Peuls musulmans ayant conquis le Fouta-Djallon. En revanche, les Peuls qui portent les noms de Camara, Kanté, Keita et Cissé sont considérés comme les descendants d'anciens esclaves du Fouta théocratique. Même après l'abolition de l'esclavage, ces noms ne sont jamais donnés aux Peuls nobles ;

---

113. VIEILLARD, *Notes sur les coutumes des Peuls au Fouta-Djallon*, p. 56 ; Saïd EL-BOUZIDI, « L'affranchissement des dépendants en islam. L'institutionnalisation du Fahrir kakaba », in *La fin du statut servile ? Affranchissement, libération, abolition*, vol. 1, Paris, Presses Universitaires de Franche-Comté, 2008, p. 157 ; DIOP, *Réforme foncière et gestion des ressources naturelles en Guinée. Enjeux de patrimonialité et de propriété dans le Timbi au Fouta-Djallon*, Paris, Karthala, 2007, p. 77.

seuls les anciens esclaves les portent et ils ne peuvent s'appeler Diallo, Bah, Barry ou Sow qu'après avoir payé le prix de rachat[114].

Le village d'origine d'une personne est aussi un des critères de stratification sociale. Au temps du Fouta théocratique, les esclaves vivaient dans les agglomérations qui leur étaient réservées. Alors que les Peuls nobles avaient leurs villages sur les montagnes, les captifs avaient leurs hameaux (*runde*) dans les vallées propices à l'agriculture. Aujourd'hui, ces hameaux des captifs existent encore au Fouta-Djallon. Leur infrastructure se développe grâce aux efforts de la diaspora, des intellectuels et des commerçants peuls, issus de descendants esclaves. Il convient aussi de signaler l'effort de l'État guinéen qui s'efforce de construire dans ces villages des écoles, des centres de santé et des puits durables. Mais ce changement, si louable soit-il, n'arrive pas à bannir le clivage résidentiel qui subsiste parmi les Peuls du Fouta-Djallon. Aujourd'hui encore, au Fouta-Djallon, le seul nom de son village révèle qui on est.

La stratification de la société se voit également au niveau de la pratique des métiers artisanaux. Rappelons qu'à l'époque du Fouta théocratique la plupart des métiers artisanaux étaient pratiqués par les gens des castes. Par conséquent, il était interdit aux Peuls nobles de les pratiquer. De nos jours, il est encore difficile, pour ne pas dire impossible, de trouver des Peuls nobles exerçant des activités artisanales qu'ils considèrent comme exclusivement réservées aux gens des castes. Pour eux, bien qu'utiles à la collectivité, ces métiers sont considérés comme subalternes, destinés à des gens de second rang dans la société peule.

La conséquence directe de cette stratification sociale est la persistance de rapports d'inégalité au Fouta-Djallon. Dans le contexte foutanien actuel, les *rimbe,* qui représentent la société des hommes libres, sont encore fiers de leur ancienne gloire héroïque. Ils se considèrent comme plus importants que les artisans. Dans son ouvrage, *Mutations sociales en Guinée* (1971), Claude Rivière dénonce ce comportement en disant qu'en Guinée les Peuls « se distinguent politiquement, économiquement et culturellement des gens de condition servile (*dijaabe*, sing. *djaado*) aussi bien que des artisans castés

---

114. Normalement les anciens esclaves au Fouta-Dajllon portent les noms de Keita, Sidibé, Camara et Kanté s'ils n'ont pas adopté le nom de leur maître. Claude MEILLASSOUX, *L'escalvage en Afrique précoloniale*, Paris, Maspero, 1975, p. 218 ; Boubacar DIALLO, *Réalité et romans guinéens. De 1953 à 2003*, Paris, l'Harmattan, 2008, p. 38.

(*eenube* sing. *neeno*), en état de marginalisation politique, mais supérieurs aux esclaves[115] ».

Au Fouta-Djallon, les rapports d'inégalité existent non seulement entre les groupes sociaux, mais aussi à l'intérieur de chaque groupe social. C'est ainsi qu'on peut distinguer, parmi les hommes libres, les Peuls *bourouré* (éleveurs qui vivent en brousse) et les Peuls de la noblesse aristocratique (détenteurs du pouvoir politique). Ces derniers sont organisés en lignages maximaux (*dambude*), et minimaux (*cuudi*). Dans cette catégorie sociale, la place de chaque individu est définie en fonction de son « appartenance au lignage maximal (*dambugal*) ou minimal (*suudu*)[116] ». Il est important de relever que, dans cette organisation sociale, les rapports qui régissent les différents lignages s'établissent sur une base d'inégalité. Selon Ismaël Barry, cela s'explique par le fait que « les individus qui composent ces différents lignages sont liés par des rapports de séniorité ou d'adoption ; des rapports qui engendrent des obligations réciproques, des échanges asymétriques de services »[117]. Dans une telle communauté, chaque « membre de lignage se trouve en position de séniorité par rapport à ses frères et sœurs cadets, à ses cousins parallèles et croisés, plus jeunes que lui »[118]. On attendra donc des jeunes gens le respect du droit d'aînesse.

Chez les artisans, les clivages et les hiérarchies dépendent de l'importance démographique du groupe professionnel auquel on appartient. Plus le groupe est nombreux, plus il acquiert d'importance dans la société. C'est pourquoi les potiers, qui sont une minorité, sont moins considérés que les tisserands. Les clivages entre les castes dépendent aussi de la valeur des produits fabriqués. Plus l'utilité sociale des produits artisanaux est grande, plus la caste qui les

---

115. Claude RIVIÈRE, *Mutations sociales en Guinée*, Paris, Rivière, 1971, p. 312 ; idem, « Dynamique de la stratification sociale chez les Peuls de Guinée », *Anthropos* n°69, 1974, p. 363 ; Alpha Ousmane BARRY, « Mode d'expression poétique et stratification sociale dans l'Etat théocratique du Fouta-Djallon », *Revue de sémio-linguistique des textes et discours* n°18, 2004.

116. Les expressions *suudu* « case » et *danbugal* « porte » sont régulièrement employées au Fouta-Djallon. L'ensemble des personnes ayant le même ancêtre pendant un à deux siècles est appelé *suudu*. Cependant, les descendants d'un même ancêtre qui s'étendent depuis moins d'une génération forment le *danbugal*. BARRY, *Le Fouta-Jaloo face à la colonisation*, p. 60 ; NDEMBOU, *Population et mobilité géographiques en Afrique*, p. 156 ; CANTRELLE et DUPIRE, « L'endogamie des Peuls du Fouta-Djallon », p. 340.

117. BARRY, *Le Fouta-Jaloo face à la colonisation*, p. 12 ; DIALLO, *Institutions politiques du Fouta-Djallon au XIXe siècle*, p. 55.

118. BARRY, *Le Fouta-Jaloo face à la colonisation*, p. 60.

fabrique acquiert de la valeur dans la société. On comprendra donc pourquoi au Fouta-Djallon les bijoutiers sont plus respectés que les forgerons. La distinction entre les castes se fait aussi sur le critère des revenus générés par les produits artisanaux. En s'appuyant sur ce critère, on comprend aisément qu'au Fouta-Djallon les bijoutiers sont mieux considérés que les vanniers[119].

Concernant les gens de condition servile, nous avons déjà souligné qu'à l'époque du Fouta théocratique il y avait une ligne de démarcation entre les esclaves de maison et ceux de champ ou de conquête, et que les esclaves de maison bénéficiaient de plus de respect que les esclaves de conquête. Aujourd'hui cette distinction n'existe plus dans le langage courant parce que la pratique de l'esclavage a disparu du Fouta-Djallon. Cependant, elle a laissé dans les mentalités des traces qui apparaissent dans des rapports de domination-subordination lors de prises de parole en public. Les descendants des esclaves de conquête ne prennent ainsi pas la parole en public. Ils gardent le silence pour laisser parler ceux qui en ont le droit. Cela nous amène à affirmer qu'au Fouta-Djallon l'identité d'un individu est étroitement liée à son appartenance sociale.

2. Ménage polygame

Au Fouta-Djallon il est difficile de bien cerner les éléments de la culture peule sans étudier la notion de famille. En effet, les Peuls ont une conception élargie de la famille à tel point que l'individu ne peut rien faire sans son consentement. Même dans les domaines économique, sociopolitique et religieux, les Peuls agissent dans un esprit de famille. Cette identité de groupe témoigne d'une conscience fortement relationnelle.

Mais qu'est-ce que la famille peule ? Selon Philippe Laburthe et ses collaborateurs, la famille au sens large est un ensemble « d'individus liés par le sang, le mariage, la langue, l'adoption, et ayant pour vocation la survie économique, l'identification individuelle et collective, l'éducation de la progéniture, et la pérennité de la lignée[120] ». Cette définition s'accorde bien avec l'idée que les Peuls se font de la famille. Mais en observant la culture peule, on comprend que l'organisation de la société est essentiellement fondée sur le modèle de

---

119. Rivière, *Dynamique de la stratification sociale en Guinée*, p. 610.
120. Philippe Laburthe, Jean Tolra, Pierre Warnier, *Ethnologie, anthropologie*, Paris, l'Harmattan, 1994, p. 81.

la famille polygame. il est donc intéressant de savoir pourquoi la polygamie prévaut dans la société peule.

La polygamie est un système matrimonial qui permet à l'homme d'épouser plusieurs femmes. Elle s'est beaucoup développée chez les Peuls du Fouta-Djallon, au point de donner l'impression qu'il est humiliant pour un homme d'épouser une seule femme. Cette pratique est renforcée par le fait qu'au Fouta-Djallon les Peuls musulmans, selon la doctrine coranique, ont la liberté d'épouser quatre femmes[121]. Cependant, certains Peuls au statut social élevé, à savoir les chefs, les riches et les anciens combattants de l'armée française, sont dispensés de cette norme. À l'image du prophète Muhammad, ils peuvent épouser plus de quatre femmes.

Dans la coutume peule, chaque femme possède le statut d'épouse légitime. Cela lui permet d'avoir une habitation dans laquelle elle vit avec ses enfants. Pour maintenir la cohésion familiale, l'islam exige du mari qu'il accorde à toutes ses femmes les mêmes privilèges et le même traitement. Mais ce principe de cohésion familiale est souvent violé par le mari, par exemple lorsqu'il choisit parmi ses femmes une épouse favorite (*baataajo*)[122]. Celle-ci jouit alors d'un statut plus élevé. C'est pourquoi lors de certaines décisions concernant la famille, surtout quand il s'agit de la gestion des épouses et des enfants, elle est consultée et ses avis sont souvent pris en compte par son mari. De ce fait, elle bénéficie d'un maximum de privilèges au détriment de ses coépouses, ce qui génère des tensions entre elle et ses coépouses d'une part, et entre le mari et ses femmes mal aimées d'autre part. Ce climat de tension au sein de la famille polygame pousse souvent le mari à user de tromperie pour résoudre les conflits de jalousie entre ses épouses, et les conflits de rivalité entre les frères et les sœurs de mères différentes. Dans ses *Notes sur les coutumes des Peuls au Fouta-Djallon* (1939), Gilbert Vieillard souligne avec pertinence cet état de fait social : « Ce qui caractérise la vie conjugale au Fouta, c'est l'absence de la cohésion, d'union véritable entre conjoints[123]. » Si tel est le cas, pourquoi maintenir un tel système dans la société ?

---

121. Sur cette question le Coran dit : « Et si vous craignez de ne pouvoir faire pleine justice dans les questions concernant les orphelins (laissés sans protection par la guerre), alors épousez les femmes de votre choix, deux ou trois ou quatre » (sourate 4.4).
122. DIALLO, *Réalité et romans guinéens*, p. 22.
123. VIEILLARD, *Notes sur les coutumes des Peuls au Fouta-Djalon*, p. 30.

Pendant nos multiples voyages au Fouta-Djallon, nous avons noté avec intérêt les raisons pour lesquelles le mariage polygame est pratiqué par les Peuls du Fouta-Djallon. Parmi plusieurs raisons avancées, nous avons premièrement retenu la question religieuse fondée sur le Coran et les hadiths. Comme nous l'avons déjà souligné, l'organisation de la famille est régie par le Coran, mais son interprétation est influencée par la culture[124]. Les Peuls défendent la pratique du mariage polygame en citant comme exemple les noms des épouses et concubines du prophète Muhammad[125]. Cependant, dans ce domaine, certains Peuls préfèrent appliquer les hadiths qui s'articulent mieux avec la culture peule.

L'argument religieux qui considère la polygamie comme la norme du mariage musulman renforce la pratique culturelle qui s'appuie sur le besoin de prestige. Car pour les hommes peuls, le mariage polygame est garant d'honneurs et de statut social supérieur. Plus un homme a de femmes, plus il est honoré par la société. Posséder plusieurs femmes est un signe de prestige aux yeux des Peuls. Relevons que le prestige recherché par les Peuls est lié à la conscience relationnelle qui valorise l'attachement de l'individu à la communauté, son orientation vers l'événement et la personne, sa recherche du statut, sa conception holistique du monde et sa peur de perdre la face[126].

Le concept de l'immortalité, qui occupe une place de choix dans la culture peule, favorise aussi la polygamie. En effet, chez les Peuls du Fouta-Djallon, le fait d'avoir beaucoup d'enfants est un gage d'immortalité de la famille. À l'inverse, le manque d'enfants annonce la disparition de la lignée. C'est donc une honte intolérable que le mariage polygame doit permettre d'éviter. Hannes Wiher le souligne bien dans son ouvrage, *L'Évangile et la culture de*

---

124. Ici le Coran dit : « Vous n'arriverez pas à garder un équilibre parfait entre épouses, malgré vos meilleures intentions. Aussi, ne penchez pas entièrement vers l'une, afin que l'autre ne soit pas laissée suspendue, négligée et délaissée » (4.130). « Et si vous craignez de ne pouvoir agir équitablement, alors n'en épousez qu'une » (4.4b).

125. Sur cette question, Abou Lfeda dit que « le prophète a eu quinze femmes, mais il n'a consommé son mariage qu'avec treize d'entre elles et n'en a jamais eu plus de onze à la fois. On dit aussi que le mariage ne fut consommé avec onze et qu'il en a quatre dont il ne s'approcha jamais. Quand il mourut, il n'en avait que neuf, sans compter la copte Maria qui n'était que sa concubine. Ces neuf dernières étaient Aïcha, fille d'Abou Bakr ; Hafça, fille d'Omar ; Souda, fille de Zama ; Zaînab, fille de Djahsch ; Maïmouna, Safiya, Djawaïria, Omm Habita, et Omm Salama ». Abou Lfeda, *Vie de Mohammed*, Paris, L'Imprimerie royale, 1837, p. 96.

126. Wiher, « Toucher les êtres humains en profondeur (deuxième partie) », p. 69.

honte en Afrique occidentale : « Un homme qui a de nombreuses femmes et par conséquent de nombreux descendants possède la meilleure garantie de son immortalité... Plus un homme a des enfants, plus la force de l'immortalité est grande dans sa famille[127]. »

À cela s'ajoute l'argument socio-économique. Les Peuls considèrent la polygamie comme un signe de pouvoir économique. Ils pensent que plus un homme a de femmes, plus il doit être riche[128]. Au Fouta-Djallon, comme dans plusieurs autres communautés africaines, la sécurité sociale sur le modèle des pays occidentaux n'existe pas. Dans ce cas, selon Hannes Wiher, la polygamie est vue comme une sorte de sécurité sociale correspondant bien à la culture peule. Par exemple, quand une des épouses dans une famille polygame accouche ou est malade, ses coépouses se mobilisent autour d'elle pour la soigner, s'occuper de ses enfants et compenser son absence dans les relations conjugales avec le mari[129]. Cela nous amène à examiner le rôle des membres du foyer polygame.

3. Rôle des membres de la famille

Même si elle n'est pas appréciée par la majorité des femmes peules, la polygamie a la préférence des hommes peuls du Fouta-Djallon, parce qu'elle leur permet d'assurer sa domination sur ses épouses et sur ses enfants.

---

127. WIHER, *L'Évangile et la culture de honte en Afrique occidentale*, p. 97 ; Maurice GAUDEFROY-DEMOMBYNES, *Mahomet*, Paris, Albin Michel, 1969, p. 96.
128. Dans une telle culture les enfants et les femmes sont considérés comme un facteur économique irremplaçable. Dans les campagnes, ils représentent l'importante main-d'œuvre qu'exigent les travaux agricoles et l'élevage. En milieu urbain les enfants peuls participent activement au soutien financier de la famille. Ils ont de petits commerces et ils sont beaucoup engagés dans l'informel : cireur de chaussure, coiffeur, vendeur d'eau glacée ou chargeur de taxis. La dot qui provient de la part des beaux fils est également un facteur économique qui attise le besoin d'avoir beaucoup d'enfants.
129. Au Fouta-Djallon la polygamie permet d'espacer les naissances. Quand une femme accouche, elle ne peut pas avoir de relations sexuelles avec son époux pendant deux ou trois ans. Pendant ces années, ses coépouses la remplacent. Dans ce cas, la polygamie est perçue comme l'une des méthodes de « planification familiale » admise et appréciée par les Peuls. WIHER, *L'Évangile et la culture de honte en Afrique occidentale*, p. 97 ; cf. idem, « Exemple de contextualisation critique à partir de la culture : la polygamie », in *L'Église mondiale et les théologiques contextuelles*, sous dir. Matthew COOK et al., Charols, Excelsis, 2015, p. 291-294.

a. Le mari

Dans la famille peule, le mari est un véritable chef. Il détient l'autorité familiale. Il est l'unique responsable de la famille à qui tous les membres sont soumis. L'exercice de ses fonctions s'applique dans les domaines religieux, économique, juridique, politique et social. Mais le rôle du mari est avant tout religieux. Ainsi, en sa qualité de chef, le mari dirige la prière, veille à la lecture du Coran et à la pratique de toute cérémonie religieuse en famille. Par conséquent, il est le gardien de la religion musulmane dans son foyer et représente les membres de sa famille devant le conseil de la mosquée du village ou du quartier. Pour réussir cette tâche, le Peul fera tout pour épouser des femmes musulmanes et inculquer à ses enfants la doctrine coranique dès leur jeune âge.

La fonction économique du mari s'exprime par un ensemble de prérogatives qui renforcent sa position dans la famille. Ayant l'autorité économique, il contrôle les actes relatifs aux biens mobiliers et immobiliers de la famille et apporte à chaque épouse divers soutiens : les vêtements, la nourriture, le logement, les soins sanitaires et du lait, pour ne citer que ceux-ci. Mais le respect de ces obligations dépend généralement des moyens du mari.

Le chef de famille exerce également une fonction juridique. En sa qualité de mari, il arbitre les conflits internes. Il a le droit de juger et corriger ses épouses et ses enfants[130]. Toutefois, il est de règle que ces corrections évitent de faire couler le sang de la fautive, de lui casser un membre ou une dent. Les injures adressées aux parents de sa femme sont aussi interdites parce qu'ils méritent tout le respect de leur beau-fils. Traditionnellement ils doivent recevoir de lui et de ses parents honneur et considération.

Ce cumul de pouvoirs religieux, économique et juridique octroie au mari le statut de décideur et lui confère une autorité qui l'habilite à convoquer et à diriger tous les membres de sa famille. Cette présence effective du mari dans les domaines sensibles de la vie familiale découle de la conception qu'ont les Peuls de la famille (*bheyngure*), terme qui signifie « ensemble des personnes (épouses et enfants) que l'homme a acquises de lui-même, qui s'ajoutent à lui, qui dépendent de lui, qui lui appartiennent et qui lui obéissent entièrement[131] ». Ainsi, la famille polygame, telle qu'elle est perçue au Fouta-Djallon,

---

130. Vieillard, *Notes sur les coutumes des Peuls au Fouta Diallon*, p. 32.
131. *Ibid.*

est une sorte de mini-État dans lequel le mari a le contrôle absolu sur ses épouses et ses enfants. Quelle est alors la place des femmes dans un foyer polygame ?

b. Les épouses

Avant de présenter le rôle des épouses, il nous semble judicieux de souligner encore une fois qu'au Fouta-Djallon les femmes n'apprécient pas la polygamie parce qu'elle les expose à la jalousie, aux rivalités, aux querelles, à la tristesse et à la pauvreté[132]. Mais la plus grande douleur d'une femme peule est de se voir obligée de partager l'amour de son mari avec d'autres épouses. Pour atténuer cette souffrance, elle s'en remet à Allah et à son destin.

Malgré sa condition douloureuse et sa croyance absolue en son destin, la femme ne joue pas un rôle moins important que celui de son mari. Elle prépare la nourriture, prend soin des enfants et entretient la maison. Si le temps le lui permet, la femme peule file le coton ou cultive un jardin potager. Elle s'occupe aussi des vaches dont la vente de lait et de beurre lui procure des revenus importants. En dehors des activités agricoles qui relèvent de la famille, la femme peule peut avoir son propre champ de manioc, de patates ou d'arachides, et utiliser les récoltes pour répondre à ses besoins et à ceux de sa famille.

Mais la pratique de toutes ces activités ne suffit pas à acquérir le statut de bonne épouse, car au Fouta-Djallon la qualité d'une épouse se mesure par le degré de sa soumission à son mari. La femme qui obéit à son mari est celle qui agit conformément à ce que son mari permet ou défend, et la violation de ce principe donne le droit au mari d'infliger à son épouse des sanctions d'ordre moral ou physique. De ce fait, la femme doit se soumettre à son mari, bon gré mal gré. Et elle doit être prête à accomplir ses devoirs conjugaux chaque fois que son mari le lui demande.

---

132. Cette triste réalité est illustrée par un proverbe peul qui dit : « Entre les épouses d'un même homme sévit l'inimitié ; entre les épouses de deux frères sévit la mort ; entre les coépouses, si bien qu'elles s'entendent, il y a une bonne haine noire de sept teintures successives. » VIEILLARD, *Notes sur les coutumes des Peuls au Fouta Diallon*, p. 144. Cf. aussi Bernard SALVAING, Amadou KORKA BAH, Boubakar BAH, *Contes et récits peuls du Fouta-Djallon*, Paris, Édicef, 1985, p. 43 ; Ursula BAUMGARDT, *Une conteuse peule et son répertoire. Goggo Addi de Garoua, Cameroun*, Paris, Karthala, 2000, p. 151 ; DUPIRE, *Peuls nomades*, p. 266 ; Jean-François HAEN, *Figure de la parenté. Une histoire critique de la raison structurale*, Paris, PUF, 2009, p. 244.

On peut constater que la relation entre époux et épouse est faite de domination absolue et de méfiance. Néné Gallé Barry, femme de 45 ans, institutrice de profession, nous a rapporté que « la femme dans une famille peule n'est pas libre. Elle n'est pas autorisée à prendre une décision, même quand il s'agit de son bien-être. Elle ignore toutes les affaires de son mari[133] ». Des faits semblables nous ont été rapportés par plusieurs autres femmes peules. Par exemple, Aïchata Barry, femme de 33 ans et troisième épouse de son mari, nous confie que dans la culture peule il n'est pas permis à la femme de se mêler des affaires de son mari. La femme doit se contenter de ce que son mari veut bien lui partager[134]. Une autre femme peule, Adama Sow, âgée de 55 ans, nous a dit que dans la famille peule, c'est l'homme qui est le chef. Il n'est pas obligé de révéler à ses épouses toutes ses affaires[135]. Aïfiatou Sow, une autre femme peule, reconnaît que la femme appartient entièrement à son mari. Elle doit lui être soumise sans murmurer. Elle n'a pas le droit de fouiller le sac de son mari[136].

Malgré ce statut, la femme occupe une place non moins importante que celle du mari. En effet, dans la vision peule du monde, elle est considérée comme la source principale de bénédiction des enfants. Les Peuls du Fouta-Djallon croient que le bonheur ou le malheur des enfants peuls découlent obligatoirement de leur mère. C'est la mère qui détermine le destin de son enfant. Telli Diallo, Peul guinéen connu pour sa probité intellectuelle, décrit cette réalité en soulignant qu'au Fouta-Djallon la chance et le destin de l'enfant peul dépendent pour une très large part, et durant toute sa vie, de la conduite de sa mère à l'égard de son père, de la joie qu'elle procure à son époux, des souffrances qu'elle supporte « et de son esprit de résignation et de soumission à la volonté de son mari[137] ». Les Peuls du Fouta-Djallon croient absolument qu'une femme qui obéit à son mari garantit le bonheur de ses enfants. Mais une femme qui déshonore son mari attire la malédiction sur ses enfants.

Faisant l'éloge de la femme peule, Amadou Hampâté Bâ montre que dans la société traditionnelle la vie de l'enfant se définit par rapport à sa mère. C'est

---

133. Néné Gallé Barry interviewée à Labé le 25 septembre 2014.
134. Aïchata Barry interviewée à Labé le 25 septembre 2014.
135. Adama Sow interviewée à Dalaba le 27 septembre 2014.
136. Aïfiatou Sow interviewée à Dalaba le 27 septembre 2014.
137. Rivière, *Mutations sociales en Guinée*, p. 125 ; Beïdi, *Les Peuls*, p. 53.

pourquoi elle est perçue comme un être cher qui mérite respect et soumission. Les Peuls disent que le respect dû à la mère est un principe divinement établi. C'est pourquoi Amadou Hampâté Bâ affirme qu'« un Peul peut désobéir à son père, jamais à sa mère. La règle est absolue[138] ».

Cette organisation familiale n'empêche pas que les membres de la famille se côtoient et jouent le rôle qui est le leur. Dans les lignes qui suivent, nous examinerons la place des enfants dans un ménage polygame.

c. Les enfants

Dans une famille peule, il n'est pas étonnant de trouver 10 à 25 enfants issus du même père. À ceux-ci s'ajoutent les enfants dont le père de famille assure la protection par procuration d'un tiers. Au vu de la pauvreté dont souffrent les Guinéens en général et les Peuls du Fouta-Djallon en particulier, on peut aisément comprendre qu'il est difficile à un père de famille de subvenir aux besoins de tous les enfants qui se trouvent sous son toit[139]. Connaissant cette réalité, les enfants peuls travaillent souvent durement pour se procurer quelques revenus. Très tôt ils apprennent à cirer les chaussures, charger les voitures ou vendre au marché.

Du point de vue relationnel, les enfants peuls ont de meilleurs rapports avec leur mère qu'avec leur père parce qu'ils reçoivent d'elle l'amour qu'ils ne peuvent jamais avoir de leur père. En général les enfants peuls ont peur de leur père. Ils s'adressent rarement à lui et souvent avec tremblement parce qu'ils font partie des sujets qui lui sont soumis. Aussi longtemps que l'enfant est dans la famille, il est sous l'autorité absolue de son père. Au Fouta Djallon, le droit de corriger son enfant revient d'abord au père, puis aux autres membres de la famille. Pour corriger l'enfant, il recourt souvent aux menaces verbales (intimidation, réprimande, injure) avant de lui infliger une punition corporelle, c'est-à-dire le fouetter ou le priver de nourriture.

---

138. Amadou Hampâté BÂ, *Amkoullel. L'enfant peul*, Arles, Actes Sud, 2012, p. 13.
139. Pour critiquer cette pratique, Bambadi Condé, un des griots du Fouta-Djallon, chante : *bengoure si dundi no wai wa gnuunnji nder nowru* « une famille nombreuse est comme une fourmi dans l'oreille ». Ce chant nous invite à comprendre qu'une famille polygame prédispose à des conditions de vie difficiles. Avoir trop d'enfants, c'est risquer de ne pouvoir les nourrir comme il convient. De sa part, M. Djallo relève : *mbembal maranyngal bui juutataa balde* « il faut un nombre limité d'humains pour que le lait des vaches s'alimente convenablement ». KERVELLA-MANSARÉ, *Veuvage féminin et sacrifices d'animaux dans le Fouta-Djallon*, p. 167.

Pour les fautes d'ordre religieux, par exemple la conversion à une religion autre que l'islam, le père peut infliger la sanction morale la plus sévère. Dans ce cas, l'enfant est chassé de la famille et maudit par son père. Or au Fouta-Djallon la malédiction (*kuddi*) est considérée comme une peine sévère et redoutable. C'est pourquoi l'enfant peul cherche à chaque instant la bénédiction (*barki*) de son père et ses prières (*duha*), qui sont pour lui la condition essentielle à la réussite de sa vie. Un enfant maudit par son père ne prospérera jamais.

Un regard critique sur ce qui précède permet de constater que la famille peule est à la fois patriarcale et hiérarchisée. Au sommet se trouve le mari. Il est suivi de ses épouses et de ses enfants. Une telle organisation sociale traduit une forte conscience relationnelle.

B. Éducation des enfants

1. École coranique

Chez les Peuls, l'éducation des enfants est essentiellement fondée sur les principes coraniques. Chaque père de famille a le droit et le devoir d'inculquer à son enfant l'enseignement coranique dès son plus jeune âge. Cette instruction s'effectue généralement par l'intermédiaire des écoles coraniques qu'on trouve partout au FoutaDjallon : dans les hameaux, les villages et les villes. La formation coranique est comme un passage obligé pour tous les enfants peuls. Il est impossible de connaître le nombre d'écoles coraniques au Fouta-Djallon parce qu'elles se multiplient chaque jour à cause de leur simplicité institutionnelle et de l'importance que les parents accordent à la formation. Pour fonctionner, elles n'exigent pas un édifice impressionnant. Elles ont besoin d'un maître (*karamoko*) compétent, et d'un plein air capable d'accueillir un certain nombre d'enfants. Généralement ces écoles se trouvent dans la concession ou devant la boutique du *karamoko*. La valeur d'une école coranique dépend du niveau de formation et de la réputation du *karamoko* qui la dirige.

À l'école coranique, les enfants reçoivent les enseignements élémentaires de l'islam, guidés par leur *karamoko*[140]. Il leur enseigne à réciter certaines

---

[140]. Ibrahim Diallo, *Les services urbains et de communication. Deux éléments essentiels de la structuration et de la polarisation de l'espace au Fouta-Djallon*, Paris, l'Harmattan, 2007, p. 50 ; Baldé, Salvaing, *Une vie au Fouta-Djallon*, p. 57.

sourates et les initie aux rites préliminaires de la prière : les ablutions, l'évocation d'Allah (*dirk*), la Fatiha et l'égrainage du chapelet. Aussi longtemps que les enfants passent du temps dans les études coraniques, ils apprennent « l'exégèse des textes sacrés et l'interprétation du droit musulman[141] ».

Paul Marty présente le cursus de l'enseignement coranique en quatre niveaux : le *diangougol* (la lecture), le *winedougol* (l'écriture), le *ferougol* (l'explication et la pratique exégétique), et le *fennou* (étude supérieure)[142]. Au terme du premier cycle (*diangougol*), l'enfant doit être capable de lire en arabe. Au deuxième (*winedougol*), ses capacités de lecture cursive du Coran sont renforcées. Il s'applique à écrire l'arabe et à apprendre par cœur quelques sourates coraniques. Avant de commencer le troisième cycle (*ferougol*), l'enfant est censé avoir une certaine connaissance de la doctrine de *kalam* (théologie)[143]. Il reçoit un enseignement sur les livres révélés par Dieu, à savoir la *Tawrat*, (le Pentateuque), le *Zabur* (les Psaumes), l'*Injil* (les évangiles) et le Coran[144].

Les études au troisième niveau (*ferougol*) permettent à l'élève d'avoir accès aux ouvrages locaux afin d'approfondir ses connaissances coraniques par des pratiques mystiques. Parmi ces documents on peut citer le *rimah* (livre de commencement), le *soyouf* (livre des sabres) le *safinal al-sadal* (livre des profondeurs) et le *djouahie al-maani* (livre de la signification et de l'étonnement)[145]. Il est important de remarquer que les enfants arrivant à ce niveau d'éducation coranique portent le titre de *thierno*, qui signifie « maître, enseignant ». Mais au Fouta-Djallon, plusieurs enfants, et surtout les filles, arrêtent leurs études coraniques avant d'atteindre le *ferougol* considéré comme un passage obligé pour recevoir les cours du dernier niveau de la formation (*fennou*) qui n'est autre que l'interprétation du droit (*fiq*)[146].

L'objectif des deux premiers cycles de formation est de permettre à l'enfant d'assimiler les textes élémentaires du Coran et fixer dans son cœur la

---

141. MARTY, *L'islam en Guinée : Fouta-Djallon*, Paris, Ernest Leroux, 1921, p. 349 ; André ARCIN, *La Guinée française. Race, religions, coutumes, production, commerce*, Paris, Librairie maritime et coloniale, 1907, p. 271.
142. MARTY, *L'islam en Guinée*, p. 349 ; ARCIN, *La Guinée française*, p. 273.
143. Ce terme signifie discussion, discours dialectique. C'est un exposé systématique d'une croyance religieuse ou l'argumentation rationnelle qui s'appuie sur cette croyance. Jean-René MILO, *L'islam et les musulmans*, Québec, Fides, 1993, p. 5.
144. MARTY, *L'islam en Guinée*, p. 352.
145. *Ibid.*, p. 354.
146. *Ibid.*

doctrine de l'unicité de Dieu. Cette première étape de formation coranique s'impose à tous les enfants peuls. Le niveau supérieur, qui vise à enseigner à l'enfant les techniques d'exégèse et d'interprétation du droit (*fiq*), n'est donné qu'à celui qui le désire et qui prouve sa capacité intellectuelle[147]. Sinon, tous seraient des *thierno* au Fouta-Djallon. Quoique tous n'aient pas le même niveau de formation, le but de l'école coranique au Fouta-Djallon est celui-ci : inculquer aux enfants peuls la doctrine islamique en vue de les préparer à être des véritables défenseurs de l'islam non seulement en Guinée, mais aussi dans d'autres pays de l'Afrique.

2. École classique

Au Fouta-Djallon les écoles coraniques ne sont pas le seul moyen d'éducation des enfants peuls. Les parents inscrivent leurs enfants aussi à l'école classique basée sur le modèle français. À l'époque coloniale, ces écoles se trouvaient seulement dans certains centres urbains. Mais aujourd'hui, grâce aux efforts des gouvernements qui se sont succédé depuis l'indépendance de la Guinée, les écoles classiques se trouvent non seulement dans les villes, mais aussi dans certains villages du Fouta-Djallon.

Les enfants peuls étudient aussi dans les écoles classiques en vue d'acquérir des diplômes et de pouvoir ainsi exercer une fonction administrative publique. Au Fouta-Djallon les Peuls pensent qu'un enfant instruit dans ces écoles pourra occuper de hautes fonctions publiques et avoir un statut social et économique élevé. S'il n'obtient pas une fonction publique, il pourra facilement apprendre un métier pour vivre honorablement à la sueur de son front. Cela incite beaucoup de Peuls à inscrire leurs enfants dans ces écoles classiques[148]. Malheureusement, tous les enfants peuls ne peuvent pas étudier à cause de la pauvreté qui constitue d'ailleurs l'obstacle majeur à l'éducation en Guinée.

---

147. *Ibid.*
148. En ce qui concerne l'hygiène dans les écoles, beaucoup d'efforts restent encore à déployer malgré le progrès réalisé ces derniers temps. Pendant notre séjour au Fouta-Djallon, nous avons trouvé certaines écoles dépourvues de latrines et de forages. Ceci a pour conséquence directe l'infection des aliments et boissons vendus aux enfants. Or, quand son enfant est malade, le Peul pense d'abord à la volonté absolue d'Allah, et donc aux mauvais esprits et aux sorciers qui agissent sous la dictée d'Allah.

C. Rites de passage

Après nous être penché sur l'organisation sociale au Fouta-Djallon et sur l'éducation des enfants, nous nous proposons d'étudier dans cette section les rites de passage en rapport avec la vision peule du monde. Ces rites occupent une place de choix dans la société africaine parce qu'ils marquent le changement de statut social de la personne. En Afrique, il existe plusieurs rites sociétaux. Toutefois nous ne parlerons dans cette section que des principaux rites de passage qui corroborent la vision peule du monde. Il s'agit de l'accouchement, du baptême, de la circoncision, de l'excision, du mariage et des funérailles.

1. Accouchement

Dans la culture peule, c'est seulement au moment des douleurs qu'on réalise que le temps de l'accouchement est arrivé. À ce moment-là, les proches de la femme cherchent une matrone ou accoucheuse qui s'occupera d'elle. En milieu rural l'accoucheuse la plus sollicitée n'est jamais une jeune femme[149], encore moins une femme stérile. L'accoucheuse est toujours une femme ménopausée ayant des connaissances et de l'expérience dans le domaine de l'accompagnement des femmes en travail. Généralement, les femmes peules exigent que l'accoucheuse ait elle-même expérimenté les douleurs de l'enfantement, estimant qu'une telle femme a plus d'empathie que celle qui est restée toute sa vie stérile ou n'a pas encore enfanté[150]. En régime peul, l'accoucheuse est toujours respectée à cause du service qu'elle rend à la société. Il est à noter que beaucoup de villages peuls n'ont pas un lieu fixe où les femmes accouchent. Dans ce cas, l'accouchement peut se faire dans une case (*galle*), dans la maison familiale ou chez l'accoucheuse.

Après la naissance, le bébé n'est pas tout de suite présenté en public. Il doit d'abord être délivré du placenta. Selon Yassine Kervella Mansaré, dans

---

149. Une jeune femme n'est pas autorisée à délivrer une femme en travail à cause de la relation de respect qui existe entre les personnes d'âges différents. Si une jeune femme exerçait la fonction de matrone, elle pourrait un jour avoir sa maman au travail. Or, dans culture peule il n'est pas admis qu'une fille hausse le ton sur sa mère, encore moins participe à la délivrance de sa mère ou d'une femme plus âgée qu'elle. Pour éviter ce choc culturel les jeunes dames feront tout pour ne pas être des sages-femmes.
150. Chez les Peuls une femme stérile n'est pas bien indiquée pour être matrone. Ils pensent qu'elle n'est pas capable de mesurer la profondeur de la douleur qu'une femme ressent à l'accouchement. Dans certains milieux la femme stérile est traitée de sorcière.

la tradition peule le placenta de l'enfant fait l'objet d'une inhumation dans le *galle* « maisonnée » de la mère pour signifier symboliquement un enracinement, dans la *tapade* « zone d'habitation, espace de culture et d'élevage de cas » ou dans la *misside* « lieu réservé pour la prière » de son père[151].

Une fois délivrés du placenta, le nouveau-né et sa maman reçoivent pendant sept jours leurs premiers bains rituels exécutés par une vieille femme. La mère et l'enfant sont tenus de rester à la maison pendant ce temps à cause de l'état de faiblesse de la mère et du fait que l'enfant peul, qui n'est pas encore coiffé ou nommé, ne doit pas être exposé au soleil. Ce temps passé dans la case est important pour la suite de la vie de l'enfant, Car c'est le moment où il est soigneusement lavé avec de l'eau tiède : la tête, les membres, le ventre et les parties intimes qui pourraient dégager une mauvaise odeur. Durant cette période, la mère mange ce qu'elle veut, mais son enfant devra encore se contenter du seul lait maternel. Les beaux-parents sont informés de la naissance de leur petit-enfant par l'envoi de quelques noix de cola et une somme d'argent qui témoignent du respect qu'on a pour eux. Le huitième jour offre l'occasion d'un repas convivial. C'est le jour du baptême de l'enfant.

2. Baptême

Une semaine après la naissance de l'enfant, son père prépare la cérémonie de baptême (*fembugal* ou *innugol*). Les parents, voisins, amis, griots, notables et imams sont invités au baptême. Généralement la cérémonie de baptême se tient dans la concession du père. Les femmes préparent alors les plats de riz, du maïs mélangé avec du lait, du mil et du fonio pour que chacun puisse manger à son goût[152].

Dans la culture peule, le baptême a une importance sociale considérable, car c'est à cette occasion que la filiation du bébé, son nom et sa religion sont publiquement annoncés à la communauté peule. La valeur de cette cérémonie réside aussi dans le sacrifice rituel qui la caractérise. À l'occasion d'une naissance, la tradition peule voudrait que le père de l'enfant offre un animal en sacrifice (*sadaka*). Mais c'est au *karamoko* que revient le droit d'égorger le

---

151. KERVELLA-MANSARÉ, *Veuvage féminin et sacrifices d'animaux dans le Fouta-Djallon*, p. 37.
152. VIEILLARD, *Notes sur les coutumes des Peuls du Fouta-Djallon*, p. 65.

bœuf, le mouton ou la chèvre à sacrifier[153]. Et c'est au moment de l'immolation de la victime que le *karamoko* prononce le nom de l'enfant en murmurant *ismuhu boobo on wiaama kaariijo* (ainsi s'appelle le bébé)[154]. La viande de la bête sacrifiée est partagée avec les notables du village ou du quartier, les imams, les *karamoko* et la belle-famille.

Après ce préalable, une femme âgée rase la tête de l'enfant pour signifier son entrée dans la religion musulmane et il reçoit son nom. Yaya Barry complète ce témoignage en rapportant qu'en milieu peul, c'est le père seul qui est habilité à donner le nom à son enfant. Cependant, le choix du prénom doit obéir au critère de la tradition peule. Les prénoms doivent être d'origine musulmane : Muhammad est le prénom le plus souvent donné par les Peuls du Fouta-Djallon. Puis suivent les prénoms tels qu'Ahmed, Aboubakr, Ibrahim, Omar et Abdallah. Si l'enfant est une fille, le père choisira le prénom d'une des épouses du prophète Muhammad. C'est ainsi qu'on rencontre au Fouta-Djallon des Khadidja, Aïcha, Zaynab, Maymouna ou Mariam[155].

Pour resserrer les liens familiaux et garder en mémoire la généalogie de la famille, le père de l'enfant peut choisir le prénom d'un ascendant de la lignée paternelle ou maternelle. Généralement ce choix se fait parmi les ancêtres, les oncles, les tantes, les grands-pères et grand-mères du côté paternel ou maternel. Le choix peut aussi se porter sur le prénom d'un ami qui a positivement marqué la famille par son comportement. Mais dans tous les cas, le principe du choix d'un prénom musulman demeure[156]. Or avant l'islamisation du Fouta-Djallon, ce choix se faisait en fonction de son rang de naissance. Par exemple le premier garçon s'appelait Sara, le second Samba, le troisième Yéro, le quatrième Pathé. La première fille était appelée Sira, la deuxième Penda, la troisième Goulo, la quatrième Djiba. Mais aujourd'hui cette pratique a presque disparu au Fouta-Djallon parce que les parents choisissent surtout des prénoms musulmans.

---

153. Au temps du Fouta théocratique on offrait un mouton en sacrifice pour un enfant noble et une chèvre pour les enfants nés d'une famille de condition servile. Aujourd'hui cette distinction a disparu et le sacrifice est offert selon les moyens économiques de celui qui l'offre.
154. Leroy, Baldé, *Parlons poulard*, p. 131.
155. Yaya Barry interviewé à Conakry le 27 mai 2014.
156. Dupire, *Organisation sociale de Peuls*, p. 158 ; Vieillard, *Notes sur les coutumes des Peuls au Fouta-Diallon*, p 132 ; Mustahoul Barry, *Les cérémonies traditionnelles au Fouta-Djallon*, Conakry, Gandal, 2008, p. 11.

Après avoir choisi le nom, le père le communique au griot (*wlube*) qu'il charge de présenter l'enfant aux invités. La lecture du Coran précède la présentation. Le baptême de l'enfant permet à la mère de quitter sa case pour rendre visite à ses amies et à ses parents. Quelques années plus tard, l'enfant devra être circoncis[157].

3. Circoncision

La circoncision est l'une des vieilles pratiques culturelles des peuples du Fouta-Djallon. Aujourd'hui comme hier, la quasi-totalité des garçons peuls sont circoncis parce que la circoncision est aux yeux des Peuls l'un des rites sociaux qui permettent à l'enfant de passer de l'état d'incirconcis à l'état de circoncis. Dans la culture peule, ces deux étapes de la vie d'un enfant sont nettement distinctes et marquent une très importante différence de statut dans la société. Chez les Peuls du Fouta-Djallon, un incirconcis (*birakoro*) est une personne souillée et indigne qui n'a ni valeur ni droit dans la société.

Ayant constaté la portée sociale de ce rite, Paul Marty témoigne que traiter au Fouta-Djallon quelqu'un de *birakoro* « incirconcis » ou encore fils d'incirconcis est une injure insupportable. Une telle insulte ne s'oublie pas facilement ; elle peut être source de conflits permanents et mortels[158]. Pour vivre en harmonie avec les Peuls, il est donc indispensable d'éviter une telle insulte.

À quelques exceptions près, cette pratique existe aussi chez les Peuls du Mali. Amadou Hampâté Bâ, circoncis à l'âge adulte, raconte le traitement réservé à un incirconcis :

> Incirconcis, je n'avais aucune valeur dans la société. J'étais classé parmi les gamins aux mains sales. N'importe quel garçon circoncis, fût-il âgé de huit ans seulement, avait le droit de m'envoyer faire des commissions pour lui, de m'insulter, voire de me frapper, sans qu'il me soit permis de broncher[159].

---

157. BARRY, *Les cérémonies traditionnelles au Fouta-Djallon*, p. 20 ; VIEILLARD, *Notes sur les coutumes des Peuls de la Guinée*, p. 199 ; Jean CHAUTARD, « Étude sur la géographie physique et la géologie du Fouta-Djallon et de ses abords orientaux et occidentaux (Guinée et Soudan français) », thèse de doctorat, Paris, 1905, p. 173.
158. MARTY, *L'islam en Guinée*, p. 507.
159. BÂ, *Amkoullel*, p. 365.

Ce témoignage illustre le mépris qu'un *birakoro* peut endurer dans la société peule. À cause de ces comportements discriminatoires, la quasi-totalité des garçons peuls sont circoncis au Fouta-Djallon et au Mali.

Traditionnellement, la circoncision des garçons se fait lors de leur jeune âge. Plusieurs enfants du même âge sont regroupés à un endroit idéal où ils reçoivent la visite des amis et des parents. L'opérateur n'est pas forcément un agent de santé. Il peut être un ami ou une personne dont on reconnaît l'expérience dans ce domaine. Inutile de préciser que la circoncision, qu'elle soit pratiquée par un agent de santé ou non, est douloureuse pour l'enfant. Il faut en avoir fait l'expérience pour mesurer la douleur qu'on éprouve dans sa chair. Un proverbe peul dit : *Tagaadho no waawi yedjoutoudhé ko woniwoo, si hinaa gnalaadhé thioulé makko dhen e baridjeliidjo makko on* « On peut tout oublier dans sa vie, mais pas le jour de sa circoncision ni celui qui t'a circoncis[160] ». Le rite de la circoncision prend fin par un lavage rituel, signe de la pureté et de la masculinité de l'enfant.

4. Excision

La pratique de l'excision, qui consiste en l'ablation d'une partie des organes génitaux externes de la jeune fille, est une coutume répandue au Fouta-Djallon[161]. Ce qui nous a été rapporté pendant nos recherches montre que les Peuls légitiment l'excision en invoquant le « mythe du clitoris » qui détermine chez la jeune fille le pur et l'impur, le bon et le mauvais, le social et l'asocial. Les Peuls considèrent que le clitoris est une membrane impure parce qu'il dégage chez la jeune fille une odeur puante. Selon Aminata Diallo, Peule de Labé âgée de 47 ans, « le clitoris est mauvais en ce sens qu'il rend difficile l'accouchement de la femme. C'est un poison mortel pour le bébé qui le touche en naissant[162] ». De plus, les hommes peuls disent que le clitoris provoque

---

160. Pour enlever le prépuce, l'opérateur traditionnel n'utilise jamais d'anesthésie. Ceci augmente la douleur chez l'enfant. Aujourd'hui certains parents circoncisent leurs enfants quand ils sont bébés. Dans ce cas, c'est un agent technique de santé qui fait l'opération. Mais l'opération faite par un agent de santé n'annule pas la douleur, et l'anesthésie la retarde jusqu'à ce qu'il finisse son travail.
161. Au Fouta-Djallon, la totalité des femmes peules sont excisées. Les exciseuses traditionnelles utilisent souvent deux formes d'excision. La première méthode consiste en l'ablation du clitoris, la deuxième y ajoute l'ablation d'une partie des petites lèvres.
162. Aminata Diallo, interviewée à Mamou le 29 septembre 2014. L'excision du clitoris et des petites lèvres est une pratique répandue dans la plupart des peuples de la Guinée : les Peuls, les Malinké, les Soussou, les Kissi, les Toma, les Baga les Guerzé pour ne citer que

la faiblesse sexuelle chez l'homme. Cela explique clairement pourquoi il est difficile à une femme non excisée d'être acceptée dans la société.

Au Fouta-Djallon l'excision est souvent pratiquée par des exciseuses traditionnelles. Dans l'ensemble elles excisent les jeunes filles avec des moyens archaïques (couteaux, lames) dans des conditions d'hygiène extrêmement inappropriées. Cette opération provoque chez les excisées des infections, des hémorragies, des douleurs atroces et un traumatisme psychologique durable. Pour réussir l'intervention, l'exciseuse fait coucher la jeune fille sur une natte et demande aux femmes de la tenir de force[163]. Malgré les cruelles douleurs, l'exciseuse interdit à l'enfant de crier ou de pleurer de peur qu'elle n'attire la honte sur sa famille.

Après l'opération, les filles sont conduites par leur tutrice (*sema*) à leur camp de convalescence où elles reçoivent des soins médicaux et des enseignements d'ordre familial et moral. Pour les soigner, la *sema* a recours aux produits de la médecine traditionnelle : racines, feuilles, écorces, graisse, peaux, poils. Pendant ce temps de convalescence, les excisées ont des jambes tendues et bien écartées afin de faciliter la guérison attendue. Jusqu'à la cicatrisation de la plaie, on leur interdit de se coucher sur le côté. Elles doivent rester sur le dos.

En milieu peul, cette cérémonie rituelle s'achève par une grande fête pendant laquelle les griots chantent la bravoure des excisées et la gloire des

---

ceux-ci. Elle est aussi pratiquée parmi les peuples de certains pays de l'Afrique occidentale, par exemple les Dioula, les Haoussa, les Malinké, les Tallensi. L'excision est aussi pratiquée au Nigéria et dans les ethnies de l'Afrique centrale, chez les Sara et les Banda. Françoise COUCHARD, *L'excision*, coll. Que sais-je ? Paris, PUF, 2003.

163. Mariama Barry, une fille peule sénégalaise d'origine guinéenne, raconte ses souvenirs de l'excision : « Dans le groupe, il y avait la propre fille de la gardienne des traditions. Nous, les autres, nous étions dans une tranche d'âge de 6 à 7 ans. On commença par elle. Dans le fond de la cour, nous entendîmes un cri sourd et bref. Je réalisai dès lors ce qui m'attendait. Je me redressai et pris mes jambes à mon cou. J'aurais voulu rentrer chez moi. Mais je fus rattrapée. Une, deux assistantes m'empoignèrent, je me débattis comme un diable. Je fus jetée sur la natte. La grosse dame s'était assise sur ma poitrine d'enfant et tenait mes jambes bien écartées. J'avais beau lui mordre les fesses, je ne pouvais plus crier. J'étais complètement asphyxiée par son poids. Je perçus entre ses jambes le contact glacial de quelque chose de tranchant. Elle me porta tout de suite après dans une chambre où une natte m'attendait ainsi que les cris de douleur de sa propre fille. Elle nous rappelait surtout à l'ordre. Surtout on ne pleure pas. Si on pleure on pleurera toute la vie. J'avais les jambes ankylosées, et au bout de quelques minutes, surgit une effarante douleur, une douleur folle que je ne saurai jamais décrire. » Mariama BARRY, *La petite Peule*, Paris, Fayard, 2000, p. 19.

familles qui ont marqué l'histoire du Fouta-Djallon. L'excision et la circoncision sont considérées comme des rites de passage de l'état d'enfance à celui de jeune adulte. Dans la société peule, on ne peut pas espérer pouvoir se marier sans être circoncis ou excisé.

5. Mariage

Le mariage occupe une place de choix dans la société peule parce qu'il permet à un individu d'avoir accès à tous les droits sociaux, religieux, économiques et politiques. Par son caractère religieux, le mariage officialise les relations entre l'homme et sa ou ses femmes, et donne une légitimité aux enfants qui vont naître. De ce fait, celui qui se marie acquiert l'honneur et la confiance des uns et des autres. C'est pourquoi le mariage est aux yeux des Peuls un rite de passage qui parachève l'intégration du garçon et de la jeune fille dans le monde des adultes.

Dans une telle culture, le célibataire n'a aucune importance dans la société. Il est marginalisé et ne peut assumer aucune responsabilité collective. Il ne peut être ni chef ni notable du village. Il est souvent objet de moquerie et de honte. Il est classé parmi les incirconcis. Il n'a pas le droit de diriger des cérémonies religieuses, encore moins la prière à la mosquée, Car ces fonctions ne sont accessibles qu'à celui qui est marié. Le mariage peul peut comporter trois étapes majeures : les préliminaires, le mariage proprement dit et parfois la dissolution du mariage.

a. Préliminaires

Au Fouta-Djallon les fiançailles occupent une place importante. Elles commencent généralement par la désignation d'une fille qu'un homme veut épouser. Dans un passé lointain, ce droit de désignation relevait exclusivement du père. Mais aujourd'hui le jeune garçon peut librement désigner sa future femme et proposer son choix à son père pour obtenir l'approbation de sa famille. Mais cette approbation n'est pas moins importante que le choix du fils. En tenant compte de certains critères culturels, la famille peut confirmer ou infirmer ce choix. Dans la plus part des cas, la famille donne un avis favorable.

L'approbation de la famille autorise alors le père du jeune homme à engager les pourparlers avec la famille de la jeune fille. Les premières démarches sont faites à l'initiative du père par la mère du garçon qui organise une visite de courtoisie à la mère de la jeune fille. Pendant cette visite, la mère du garçon lui parlera, en secret et dans le respect, du choix de la famille concernant sa fille. À la sortie de cette visite elle rend compte à son mari à qui revient la charge de chercher un intermédiaire pour rencontrer officiellement la famille de la jeune fille. L'intermédiaire apporte à la future belle-famille un pagne en bande de coton et quelques noix de cola qui accompagnent la demande en mariage[164]. Ce cadeau symbolique porte le nom de *ndaarirdhun dhatal* ou *yheewude laawol* « ouvrir le chemin ». À cette étape, on ne peut pas parler de fiançailles. Il faudra attendre la décision du conseil de la future belle-famille qui se tient souvent deux semaines après le passage de l'intermédiaire. Le refus du cadeau par ledit conseil entraîne la rupture de la procédure du mariage. Par contre, l'acceptation du cadeau ouvre implicitement la période des fiançailles.

Une semaine plus tard, l'intermédiaire revient dans la famille de la jeune fille pour recevoir la réponse. À son arrivée, le père de la jeune fille lui souhaite la bienvenue par la voix de son porte-parole et lui fait part de l'accord du conseil de la famille. L'intermédiaire accueille alors cette nouvelle à bras ouverts et remercie les parents de la jeune fille avant de rebrousser chemin.

Après quelques jours, il retourne chez le père du jeune homme pour lui rendre compte de ses démarches. Ainsi informé, le père est heureux de transmettre la nouvelle à tous les membres de la famille. C'est alors le moment de l'annonce des fiançailles. Selon Alpha Oumar Baldé, par le passé la durée des fiançailles était longue, car la future épouse était choisie très jeune et il fallait attendre sa puberté pour que le mariage ait lieu[165]. De plus, les fiançailles n'étaient pas pour les futurs mariés l'occasion de se connaître, mais c'était une période de méfiance absolue pendant laquelle ils ne pouvaient ni se fréquenter ni manger ensemble. Si le jeune homme voulait parler à sa fiancée, il passait soit par un intermédiaire, soit par les amies de la jeune fille.

Ce manque de contact faisait que les jeunes se mariaient sans se connaître réellement. Mais aujourd'hui cette manière de vivre les fiançailles a changé vu l'évolution de la société. Les fiancés se fréquentent et peuvent avoir des rapports intimes avant le jour du mariage. Ils partagent leurs idées sur l'organisation de la fête de mariage. Ils peuvent même contester les idées de leurs

---

164. BALDÉ, SALVAING, *Une vie au Fouta-Djallon*, p. 203.
165. Aujourd'hui les enfants se marient entre 20 et 21 ans. LEROY, BALDÉ, *Parlons poular*, p. 153.

parents pour faire valoir les leurs sur certains points : jour de la célébration du mariage, port du boubou, choix de l'imam officiant, robe de la jeune fille.

C'est le temps de la contestation des parents. Les rapports entre les beaux-parents et le beau-fils ont changé. Thierno Mamadou Sow, âgé de 59 ans, nous a confirmé qu'il n'y a plus de honte pour le jeune homme à s'adresser à ses beaux-parents. Il peut leur rendre visite et discuter avec eux des sujets d'ordre social, économique et religieux. Quand ses moyens le lui permettent, il donne des cadeaux à certains membres de la belle-famille. Si auparavant la durée des fiançailles était très longue, de nos jours elle est devenue relativement courte parce que la plupart se marient tard à cause des contraintes de la vie. Certains veulent avoir un métier ou finir leurs études avant de se marier[166].

b. Mariage proprement dit

Chez les Peuls du Fouta-Djallon, ce sont les parents du jeune homme qui versent la dot à la famille de la fiancée. La dot (*tenth*) est une condition *sine qua non* du mariage, car elle a pour fonction de sceller et de valider le mariage. C'est donc un acte légal qui rend possible le mariage. La dot a donc des implications juridiques et sociales pour le foyer : elle octroie à la femme le statut d'épouse légitime et la possibilité d'avoir des enfants pour pérenniser la lignée.

Contrairement à ce qui se passe parmi les Peuls du Burkina Faso, la dot est remise à la femme à la mosquée, en présence de plusieurs témoins : ses parents, les invités et les imams. La dot remise, l'imam donne des conseils d'ordre religieux et prononce des bénédictions en faveur des nouveaux mariés. La dot devient alors un bien inaliénable qui appartient exclusivement à la femme.

Autrefois, la dot se composait de bétail et de serviteurs, mais aujourd'hui elle consiste uniquement en têtes de bétail et en objets de valeur : or, argent, parcelle de terrain, plantation d'orangers ou de bananiers. Dans le passé s'y ajoutaient des valises pleines d'objets luxueux et prestigieux (bassin, wax hollandais ou anglais), ou encore des mallettes remplies de bijoux somptueux et d'articles de toilette destinés à la future épouse. Cette exigence économique a contribué à reculer l'âge du mariage chez les jeunes gens au Fouta-Djallon. En outre, le jeune garçon devra payer une compensation à la famille.

---

166. Les Peuls bergers se marient tard à cause de leur travail. DUPIRE, *Peuls nomades*, p. 82.

S'ajoutant à la dot, la compensation familiale (*toraare*) est l'ensemble des biens que le jeune homme offre à la future belle-famille avant et après la dot. Ces dons, constitués de vêtements, de moutons et d'argent, ont une valeur compensatoire puisqu'ils dédommagent la belle-famille de l'absence de leur fille et de l'éducation qu'ils lui ont donnée.

En règle générale, c'est le père du jeune homme qui est habilité à payer la dot et les frais liés à la compensation familiale. C'est un droit qui confirme la légitimité de l'enfant. Mais à l'heure actuelle, à cause de la crise économique et des coûts parfois très élevés de la cérémonie du mariage, la majeure partie de la dot et de la compensation familiale est prise en charge par le jeune homme lui-même. De plus, la famille du jeune homme doit organiser la cérémonie du mariage qui regroupe de nombreuses personnes.

La cérémonie du mariage est l'occasion d'une grande fête et de réjouissances pour les futurs mariés, les parents, les amis, les voisins et les invités. Elle commence la veille de la célébration du mariage parce qu'il faut que la remise de la dot à la femme soit précédée par une veillée nuptiale (*hirde dyomba*) qui dure jusqu'au matin. C'est l'occasion pour les parents et les amis de se rencontrer, pour manifester et resserrer les liens familiaux. Ils s'appellent entre eux parents, dansent au son de la musique et félicitent les futurs mariés.

Très tôt le matin les parents du jeune homme apportent à la jeune fille les vêtements de noces (*seleli*) avant que les futurs mariés, suivis de leurs invités, se rendent à la mosquée pour accomplir leurs devoirs civils et religieux. Pendant que les imams scellent le mariage, les femmes préparent les repas copieux destinés aux invités. Après la cérémonie à la mosquée, la jeune fille, vêtue de blanc, est conduite dans la famille de son mari.

Selon la coutume peule, la nouvelle mariée retourne dans sa famille après quelques heures. Une semaine plus tard, ses parents l'accompagnent chez son mari avec tous les dons qu'elle a reçus d'eux pour constituer son foyer. Elle reçoit aussi des conseils de sa mère et de ses tantes. C'est alors la fin de la cérémonie de mariage.

c. Dissolution du mariage

Dans la société traditionnelle peule, la dissolution des liens matrimoniaux était difficile pour ne pas dire impossible. Cela était dû non seulement au rôle prééminent des parents avant et après le mariage de leurs enfants, mais aussi à la religion musulmane qui condamne le divorce. Aujourd'hui le divorce est courant et facile à cause des mutations culturelles que la société peule a connues au cours de son évolution. Les Peuls connaissent trois méthodes de divorce : la répudiation, l'abandon du domicile conjugal par la femme et la loi du pays[167].

La coutume peule permet à l'homme de répudier sa femme lorsque son comportement met en jeu l'honneur du mari ou de la belle-famille. Il peut aussi le faire si elle est paresseuse, manque d'habileté dans les travaux domestiques, ou encore si elle est inhospitalière ou refuse de suivre la religion de son époux, l'islam. Dans ce cas, la femme rejoint sa famille avec tous les biens qui lui appartiennent. Elle attend de son mari une compensation matérielle pour les services qu'elle lui a rendus pendant leur vie conjugale. Cependant, la femme répudiée pour cause d'abandon de la religion de son mari perd ses biens matériels et ne reçoit aucune compensation matérielle pour les services rendus. Pis encore, elle finit par être rejetée par sa propre famille.

Le divorce est aussi consommé lorsque la femme abandonne son foyer et refuse d'y revenir. Pendant nos séjours au Fouta-Djallon nous avons constaté que la femme peule peut quitter son mari lorsque celui-ci insulte ou ne respecte pas ses parents ou quand il a commis des fautes inavouées. Dans ces deux cas, le mari peut essayer de négocier le retour de sa femme. Si la réconciliation est impossible, le mari consomme le divorce par la remise à la femme des biens qui lui appartiennent. Pour sa part, la femme approuve le divorce par l'acceptation de ses biens et l'abandon entre les mains de son mari de la dot qui témoignait de la validité de leur mariage. Dans ce cas, le mari ne réclame pas les cadeaux offerts aux beaux-parents pendant le mariage. Si traditionnellement la répudiation ou l'abandon du foyer par la femme marquaient le divorce, aujourd'hui le divorce judiciaire est toutefois pratiqué par une minorité de Peuls intellectuels qui vivent dans les villes, mais la majorité des Peuls du Fouta-Djallon considèrent le divorce judiciaire comme coûteux et humiliant. Pour préserver l'honneur et le prestige qui leur sont précieux, ils n'aiment pas confier la résolution de leurs conflits à des gens extérieurs à la communauté peule. Ils préfèrent arbitrer entre eux, et ce dans un esprit de respect et de cohésion sociale.

---

167. Telli DIALLO, « Le divorce chez les Peuls du Fuuta-Jalon », *Revue juridique et politique de l'Union française* 2, avr.-juin 1957, p. 333-355, réimpr. in *Présence africaine* n° 22, oct.-nov. 1958.

6. Funérailles

Dans la culture peule, les funérailles sont profondément influencées par la doctrine coranique. Quand une personne est à l'agonie, les imams organisent une lecture du Coran à son chevet. Ils invoquent la grâce divine sur elle pour lui faciliter le passage au séjour des morts. Une fois la personne décédée, ils s'en remettent à la volonté d'Allah et enterrent le cadavre dans les vingt-quatre heures.

Avant l'enterrement, on commence toujours par laver le corps avec de l'eau très chaude. La famille apporte alors un tissu blanc et une natte dans lesquels le cadavre est enroulé. Entre-temps les jeunes gens creusent la tombe à une profondeur qui varie entre un mètre et un mètre cinquante. La dimension de la tombe correspond à la taille du cadavre. L'enterrement est toujours précédé d'une prière d'invocation de la grâce divine. Il nous semble important de noter qu'au Fouta-Djallon le devoir d'enterrer un cadavre est exclusivement réservé aux hommes. Les femmes ne doivent jamais y prendre part[168]. Même si c'est une des leurs qui doit être enterrée, elles ne s'approcheront jamais. Elles doivent se contenter des pleurs et de la cuisson du repas funéraire. Très souvent elles assistent à la prière d'invocation qui précède l'enterrement, mais à une distance de quinze à vingt-cinq mètres.

Après l'inhumation, les membres de la famille et tous ceux qui ont eu l'occasion de toucher le cadavre se lavent soigneusement les mains et les pieds. Mais ce n'est pas la fin des funérailles, car l'enterrement exige des parents et amis des sacrifices successifs qui s'étendent sur plusieurs jours : les 1er, 3e, 7e, 40e et 130e jours après sa mort[169].

Entre le premier et le dernier sacrifice, la femme peule porte le deuil de son mari. Pendant cette période, elle s'habille de blanc, se décoiffe et se dépouille de tous ses bijoux. Au terme de la période du deuil, donc après le 130e jour de sacrifice, elle peut être proposée au frère du défunt pour se remarier.

---

168. Marty, *L'islam en Guinée*, p. 259.
169. Le premier sacrifice a lieu dès après l'enterrement du cadavre. Ce sacrifice est fait avec des plats de riz, de pain blanc et de cola. Il prend fin par la lecture du Coran en vue de bénir le cadavre. Les Peuls font les autres sacrifices en ayant en idée que « c'est le troisième jour que les yeux du mort crèveraient, le septième jour ce serait le tour du ventre, le quarantième jour la tête se séparerait du corps par la rupture du cou, et le centième jour marquerait la séparation des vertèbres et des autres articulations ». Leroy, Baldé, *Parlons poular*, p. 146.

Mais si une femme meurt, le mari doit mener un deuil de trois jours avant de se remarier.

V. Contexte religieux : l'islam peul

Après avoir présenté trois éléments du contexte socioculturel des Peuls, nous étudierons dans cette section le contexte religieux du Fouta-Djallon. Il s'agira de présenter les religions traditionnelles africaines qui ont existé au Fouta-Djallon avant l'arrivée de l'islam, puis de parler de l'islam peul en vue d'identifier son lien avec les religions traditionnelles qui l'ont précédé au Fouta-Djallon. Le troisième point abordera la tradition orale et écrite au Fouta-Djallon, puis cette section se terminera par une réflexion sur les Peuls du Fouta-Djallon comme gardiens et propagateurs de l'islam.

A. Religions traditionnelles au Fouta-Djallon

Il est important de rappeler que les premiers maîtres du Fouta-Djallon n'étaient pas musulmans, mais pratiquaient les religions traditionnelles[170]. Comme la plupart des peuples d'Afrique, ils croyaient à l'existence d'un Être suprême. *Kanu* ou *Atshol*, littéralement « médicament, celui qui guérit », tels étaient les noms que les Baga donnaient à l'Être suprême, créateur de toutes choses. Les Baga ne lui offraient aucun culte, mais adoraient les divinités locales telles que *Ninkinanka* (dieu de guérison et de fertilité), et le *Nimba* (dieu de la fertilité et de la fécondité)[171]. En plus de toutes ces divinités, ils pratiquaient un culte ancestral[172].

---

170. Les religions traditionnelles africaines (RTA) sont un ensemble de systèmes de croyances, d'éléments juridiques et économiques et de vision du monde qui établissent un rapport entre les êtres humains et la spiritualité. Dans cette conception religieuse, les notions d'Être suprême, de culte des ancêtres, d'éthique ou de morale, et de secrets initiatiques constituent les principaux éléments. Fara Daniel Tolno, « Les déviations doctrinales vues à la lumière de religions traditionnelles africaines », in *Les Églises d'initiative africaine. Un laboratoire de contextualisation*, coll. REMIF, sous dir. Hannes Wiher, Carlisle, UK, Langham, 2019, p. 161s.

171. Ramon Sarro Maluquer, « Baga Identity. Religious Movements and Political Transformation in the Republic of Guinea », Ph.D. thesis, University of London, 1999, p. 190 ; Bruce L. Mouser, « Who and Where Were the Baga ? European Perceptions from 1793 to 1821 », in *History in Africa* n° 29, 2002, p. 340.

172. Rivière, *Mutations sociales en Guinée*, p. 241.

Les Landouma, les Soussou et les Nalou adoraient les *Simons* (du mot *Simo*), considérés comme des divinités qui « habitaient des grands arbres et qui faisaient des apparitions mystérieuses à leurs adeptes privilégiés. Dans le culte des *Simons* les prêtres se livraient à des sortilèges et manipulaient les esprits[173] ». À en juger par ce que nous avons observé au Fouta-Djallon, nous pouvons aisément affirmer que les religions traditionnelles africaines ont disparu du Fouta-Djallon. Cependant, elles y ont laissé des traces dans la pratique de l'islam, au point de faire apparaître l'islam peul comme un mélange d'islam et de religions traditionnelles africaines.

B. Islam peul

Nous venons de voir qu'avant l'arrivée de l'islam au Fouta-Djallon les peuples qui y vivaient adhéraient à cet ensemble de croyances appelées religions traditionnelles africaines. La religion du prophète Muhammad s'est servie de ces religions et de la culture locale pour se fixer dans le massif du Fouta-Djallon. Pour comprendre cette réalité historique, nous parlerons successivement des religions traditionnelles africaines, du rôle des saints dans l'islam peul, du sacrifice d'animaux, des confréries soufies au Fouta-Djallon, de l'islam, du *pulaaku* et des interdits.

1. Les religions traditionnelles africaines dans l'islam peul

Avant l'arrivée de l'islam, les Fouta-Djallonké étaient animistes. Comme tous les peuples d'Afrique, ils vénéraient plusieurs divinités et croyaient à l'existence d'un Être Suprême créateur, tout-puissant et éternel[174]. Ils croyaient à un double, force vitale, animant les êtres vivants, les objets, mais aussi les pierres, les sources d'eau et les collines. Ils croyaient aussi aux génies protecteurs ayant autorité sur eux. Ils avaient une conscience religieuse développée

---

173. Lucien Auguste Aspé-Fleurimont, *La Guinée française. Coankry et les rivières du sud. Études économique et sociale suivie de notes sur la Guinée portugaise*, Paris, Challamel, 1900, p. 95.
174. Bénézet Bujo, *Théologie africaine au XXe siècle. Quelques figures*, vol. III, Fribourg (Suisse), Saint-Paul, 2005, p. 30 ; CERA, *Religions traditionnelles africaines et projet de société*, Actes du cinquième colloque international, Kinshasa du 24 au 30 novembre 1996, Kinshasa, Faculté catholique de théologie, 1997, p. 190 ; Barnabé Assohoto, *Le salut en Jésus-Christ dans la théologie africaine, t. 2 : Réalités africaines et salut en Jésus-Christ*, Cotonou, CART, 2002, p. 12.

qui leur permettait de distinguer le bien du mal. C'est dans ce contexte que la religion du prophète Muhammad est arrivée au Fouta-Djallon.

Quelques années après son arrivée, l'islam s'est implanté de façon durable, en partie parce qu'il a su s'accommoder aux religions des peuples qui l'ont accueilli. Dans son ouvrage *West African Christianity*, Lamin Sanneh évoque l'idée d'assimilation indigène de la nouvelle religion par la culture hôte :

> L'Afrique a imposé son caractère aux deux religions [christianisme et islam], en les soumettant à sa propre expérience historique et en les immergeant dans ses traditions culturelles et religieuses… En dissolvant dans ses propres pratiques religieuses beaucoup d'éléments apportés de l'extérieur, l'Afrique a renforcé les éléments préexistants de sa vie religieuse. C'est pourquoi la question la plus fondamentale à laquelle les deux religions missionnaires ont dû faire face en Afrique est si et comment elles pouvaient entrer en réciprocité avec les religions africaines dans un idiome mutuellement reconnaissable[175].

En commentant cette pensée avec les lunettes de l'histoire des religions, Wiher considère que la rencontre entre deux religions aboutit nécessairement à un échange d'éléments culturels, et donc à un syncrétisme. Il poursuit son commentaire en ajoutant que « l'islam, qui était le premier arrivé en Afrique subsaharienne, s'est rendu utile et acceptable par la production d'amulettes et de fétiches protège-malheur, et de talismans et fétiches porte-bonheur[176] ». À ce sujet, Lamin Sanneh remarque que « cette adaptation a été faite par les marabouts malgré les réticences et les interdictions des représentants du mouvement de réforme islamique, préoccupés par l'acceptation dans l'islam africain d'éléments culturels interdits (*haram*)[177] ». Cela se vérifie dans l'islam peul qui n'est qu'un animisme recouvert d'un verni de doctrine coranique. Un coup d'œil sur l'histoire religieuse permet de comprendre « comment le Fouta-Djallon théocratique s'est réapproprié les éléments issus d'un fond

---

175. SANNEH, *West African Christianity*, p. 249.
176. Hannes WIHER, « Le rapport entre les religions traditionnelles africaines, l'islam, le christianisme et le sécularisme », in *Les Églises d'initiative africaine. Un laboratoire de contextualisation*, sous dir. Hannes WIHER avec la collaboration de DJIMALNGAR Madjibaye, Carlisle, UK, Langham Partnership, 2019, p. 256.
177. SANNEH, *West African Christianity*, p. 234.

culturel ancien et en a fait une synthèse en les réordonnant par rapport à la société islamique qu'il édifiait[178] ». En effet, dans l'islam peul, les survivances des religions traditionnelles africaines sont nombreuses et visibles. En faisant une étude comparative, on peut aisément remarquer que l'islam n'a pas supplanté les religions traditionnelles africaines. Au contraire, il s'y est adapté en adoptant certaines de leurs pratiques et croyances ancestrales[179]. C'est ainsi que le culte des morts pratiqué par les adeptes des religions traditionnelles africaines a pris, dans l'islam peul, la forme de culte des saints (*wali*). C'est pourquoi les tombes des saints (*wali*) sont des lieux de recueillement et de concentration de *baraka*[180]. Ayant fait le même constat, Bill Musk affirme que le saint (*wali*) « joue un rôle important dans la vision du monde [animiste][181] ».

La notion de sacrifice chez les Peuls du Fouta-Djallon est aussi un argument éloquent qui décrit bien l'articulation des religions traditionnelles africaines avec l'islam. L'un des exemples les plus frappants concerne les sacrifices liés au deuil. En effet, quand une personne meurt au Fouta-Djallon, la tradition peule veut que les parents du défunt fassent des sacrifices successifs. Il est important de noter que l'origine n'en est pas coranique, mais culturelle, Car ces sacrifices, comme ceux offerts aux divinités par les adeptes des religions traditionnelles africaines, ne sont pas offerts pour adorer Dieu. Ils sont censés établir un lien entre le défunt et les vivants. Or il n'y a pas de doute que les Peuls du Fouta-Djallon ont une certaine connaissance des prescriptions coraniques sur les sacrifices. Ils lisent et connaissent la sixième sourate qui condamne les sacrifices offerts aux divinités, notamment la sourate 6 136 qui interdit aux musulmans d'offrir des sacrifices à la fois à Allah et aux divinités.

> Ils offrent donc à Allah une part de ce qu'Il a Lui-même créé, en fait de récoltes et de bestiaux, et ils disent : « Ceci est à Allah – selon leur prétention ! – et cela à nos divinités. » Mais ce qui est pour leurs divinités ne parvient pas à Allah, tandis que ce qui

---

178. Koumanthio Zeinab DIALLO, *Daado l'orpheline et d'autres contes du Fouta Djallon en Guineé*, Paris, l'Harmattan, 2004, p. 8.
179. Edwin SHIRIN, *L'islam mis en relation. Le roman francophone de l'Afrique de l'Ouest*, Paris, Kimé, 2009, p. 86.
180. La *baraka* s'acquiert généralement par le contact avec les morts et en touchant les objets ou les êtres investis de *baraka*. Bill MUSK, *The Unseen Face of Islam*, éd. rév., Mill Hill/Grand Rapids, Monarch, 2003, p. 51 (1re éd. : Eastbourne, MARC, 1988) ; KÄSER, *Animisme*, p. 73.
181. MUSK, *The Unseen Face of Islam*, p. 50.

est pour Allah parvient à leurs divinités. Comme leur jugement est mauvais ! (sourate 6.136)[182].

Selon le Coran, les sacrifices doivent être présentés à Allah et à lui seul. Ceci s'accorde bien avec la doctrine de l'unicité d'Allah admise par les musulmans. L'islam au Fouta-Djallon n'ignore pas ces prescriptions coraniques. Mais dans la pratique des sacrifices successifs du deuil, les Peuls font des emprunts aux religions traditionnelles africaines. Ces sacrifices sont offerts à Allah pour permettre au défunt d'intégrer sans difficulté la communauté des ancêtres.

Aux guérisseurs, féticheurs ou prêtres d'initiation propres aux religions traditionnelles africaines correspondent, dans l'islam populaire, des intermédiaires tels le marabout ou le *karamoko*. Dans les religions traditionnelles africaines, le prêtre d'initiation occupe une place de choix. Il est chef initiateur, féticheur et guérisseur. C'est pourquoi il est craint et respecté dans la société traditionnelle africaine. De même, dans l'islam peul, le marabout jouit d'un grand respect dans la société musulmane à cause de ses services[183]. En tant que détenteur des fétiches, il joue le rôle de médecin et de pharmacien. Son approche médicinale et pharmaceutique est essentiellement morale. Guidé par ses génies et son expérience, il prescrit ou fournit des médicaments aux patients contre de l'argent ou des biens matériels. Généralement, le médicament qu'il donne aux patients est un talisman[184] désiré. Paul Marty souligne qu'au Fouta-Djallon « la plus grande partie des *karamoko* se livrent à l'industrie et au commerce des amulettes et gris-gris traditionnels : certaines gens y trouvent des ressources appréciables[185] ».

Chez les Peuls, la protection contre le mauvais œil et la réalisation de ses désirs sont vivement recherchées. Ainsi porter des fétiches ou des amulettes vise à se protéger contre tout mal qui pourrait compromettre ses désirs :

---

182. Dans cette thèse nous utilisons la version suivante du Coran : *Le Coran*, traduit de l'arabe, accompagné de notes, et précédé d'un abrégé de la vie de Mahomet, tiré des écrivains orientaux les plus estimés, par M. SAVARY, 2 vol., Paris, G. Dufour, 1821.
183. Madi Fily CAMARA, « L'univers traditionnel dans l'étrange destin de Wagrin », in *Amadou Hambaté Bâ homme de science et de sagesse. Mélange pour le centième anniversaire de sa naissance*, sous dir. Amadou TOURÉ et Idriss MARIKO, Paris, Karthala, 2005, p. 121 ; Boubacar Hama BEIDI, *Le Peuls du Bosso*, p. 153 ; BALDÉ, SALVAING, *Une vie au Fouta-Djallon*, p. 39.
184. Les talismans attirent le bonheur sur celui qui les porte. KÄSER, *Animisme*, p. 76.
185. MARTY, *L'islam en Guinée*, p. 488.

réussir dans les affaires, se marier, avoir des enfants, être heureux en famille, voyager, acquérir et garder un poste de responsabilité, briller dans les études et être en bonne santé. En situation de guerre, ces moyens de protection (amulettes et gris-gris) servent aussi à contrecarrer l'ennemi et à assurer la victoire de celui qui les possède. La crainte d'être atteint par le mal et la satisfaction de désirs terrestres sont le motif principal qui pousse les Peuls à se confier aux marabouts.

Dans les religions traditionnelles africaines, les prêtres-féticheurs manipulent à souhait les esprits malveillants et bienveillants[186]. Quand ils veulent faire du bien à quelqu'un, par exemple guérir un malade ou protéger les habitants du village d'un mal éventuel, ils font appel aux esprits bienveillants[187]. Mais ils se servent des esprits malveillants pour nuire à la vie d'un individu. Tout comme les prêtres des religions traditionnelles africaines, les *karamoko* et les marabouts travaillent donc avec les esprits, ce qui leur vaut d'être vénérés et craints. On leur attribue toutes sortes de dons maraboutiques : miracle, prodige, voyance, interprétation de rêves, pouvoir de guérir ou de lancer un mauvais sort à quelqu'un.

Du point de vue doctrinal, on remarque que la notion d'Être suprême, chère aux adeptes des religions traditionnelles africaines, est remplacée dans l'islam populaire par la doctrine d'unicité d'Allah. Cela a été possible grâce aux points de convergence qui existent entre l'Être suprême des religions traditionnelles africaines et Allah. En faisant une étude comparative d'Allah et de l'Être suprême, on comprend que tous deux sont appelés Unique, Transcendant, Infini et Invisible, Tout-Puissant, Créateur et Bienveillant.

L'islam populaire maraboutique étudié dans ce travail s'est développé au Fouta-Djallon à la faveur d'un véritable transfert d'éléments provenant des religions traditionnelles africaines. Cet islam, qui fait la renommée et le prestige des Peuls, a une influence et un rôle importants au Fouta-Djallon.

---

186. Les esprits bienveillants sont « en principe bien disposés envers les êtres humains ». Par contre, les esprits malveillants adoptent une attitude agressive envers l'homme et attirent sur lui le malheur. Käser, *Animisme*, p. 89.
187. *Ibid.*

2. Rôle des saints dans l'islam peul

La référence faite aux *wali* « saints »[188] est si fréquente au Fouta-Djallon qu'ils sont devenus les piliers de l'islam peul. En considérant leur rôle dans le maintien et la propagation de l'islam en Guinée, on peut admettre que s'il n'y avait pas de saints au Fouta-Djallon, l'islam n'aurait pas l'impact qu'il a aujourd'hui dans le pays. Mais au fait, qui sont ces saints au Fouta-Djallon ? Quel est leur rôle dans la prééminence de l'islam au Fouta-Djallon ? La réponse à ces questions nous permettra de cerner en quoi les saints sont considérés comme les piliers de l'islam peul.

Les Peuls du Fouta-Djallon emploient le mot saint (*wali*) pour désigner celui qui est le plus proche de Dieu, c'est-à-dire l'ami de Dieu. Investi du pouvoir divin, il est l'intermédiaire entre Dieu et les hommes. C'est pourquoi, dans son ouvrage *Hagiographie et saints du Fouta-Djallon* (1997), Bernard Salvaing perçoit le *wali* comme « un personnage hors du commun, à qui sa proximité à Dieu confère des pouvoirs étonnants, qui sont des signes de sa sainteté[189] ». Pour sa part, Gustave Alby, dans son *Rapport de Mission au Fouta-Djallon* (1988), considère le *wali* comme « un homme simple, affable, accueillant et pacifique[190] ». Entouré de ses disciples (*talibé*)[191], qui le vénèrent nuit et jour, le *wali*, selon Tauxier, « ne s'occupe que de Dieu et d'agriculture[192] ». Vitray-Meyrovich abonde dans le même sens en disant que le « saint est par définition, celui qui jouit de la proximité avec Allah, le saint est par

---

188. Le mot *wali* rendu en français par « saint » signifie « l'homme qu'Allah a pris en charge (*lawalla*) ou celui qui prend en charge l'adoration d'Allah de façon permanente, sans que vienne interrompre une désobéissance ». Louis GARDET, *Dieu et la destinée de l'homme*, Études musulmanes, n°IX, Paris, Vrin, 1967, p. 203 ; MUSK, *The Unseen Face of Islam*, p. 50.

189. Bernard SALVAING, « Hagiographie et saints au Fouta-Djallon », Communication faite au colloque : Saints, biographies et histoire en Afrique, Mayence 23, 24, 25 octobre 1997, in *Saints, Biography and History in Africa. Saints, biographies et histoire en Afrique. Heilige, Biographien und Geschichte in Afrika*, sous dir. Bertrand HIRSCH et Manfred KROPP, Berne/Francfort, Peter Lang, 2003, p. 307.

190. Boubakar BARRY, *La Sénégambie du XVe et XIXe siècle. Traite négrière, islam et conquête colonial*, Paris l'Harmattan, 1988, p. 88.

191. En République de Guinée, les talibés sont des garçons confiés par leurs parents à un *karamoko* ou un marabout pour leur donner une éducation religieuse. L'âge des enfants talibés inscrits dans les écoles coraniques (*dude*, au singulier *dudal*) varie entre 5 à 17 ans.

192. Louis TAUXIER, *Histoire des Peuls du Fouta-Djallon*, Paris, Payot, 1937, p. 34.

antonomase *majdhub* "celui qui est aimé de Dieu", celui qui a été choisi pour en recevoir des dons divins[193] ».

Dans la communauté musulmane au Fouta-Djallon, le *wali* se distingue par ses grandes qualités spirituelles. Il a une connaissance du Coran qui dépasse celle de ses coreligionnaires parce que toute sa vie est consacrée à la lecture et à l'étude du Coran. Il le connaît par cœur et, sur cette base, il rédige des commentaires et des livres qui sont indispensables à la formation religieuse au Fouta-Djallon. Le *wali* est donc le concepteur et le gardien de l'instruction islamique au Fouta-Djallon. Son comportement religieux fait d'ascétisme rigoureux et de renoncement matériel en fait un modèle de piété. Par sa proximité avec Allah il détient de lui un pouvoir surnaturel (*baraka*) qui lui permet de prédire l'avenir, accomplir des prodiges et des miracles. Il guérit des malades, empêche la pluie de tomber ou fait pleuvoir. Il protège les gens contre les mauvais esprits, mais peut aussi leur jeter un mauvais sort. Il fait donc du bien ou du mal et est donc craint, redouté et respecté dans la société peule.

Le pouvoir surnaturel du *wali* est tellement recherché par les Peuls qu'ils le vénèrent, même après sa mort. Lorsqu'un saint meurt, les Peuls font de sa tombe un lieu saint qu'ils visitent pour se recueillir et recevoir de lui des bénédictions (*baraka*). Le culte des saints est ainsi devenu l'un des éléments de dévotion au Fouta-Djallon. Les érudits peuls disent que ce recueillement ne contredit pas le prophète Muhammad qui « interdit aux musulmans de se recueillir sur les tombeaux[194] ». Dans un autre hadith, disent-ils, il revient sur sa décision, autorisant les fidèles à aller se recueillir sur les tombeaux

---

193. Éva DE VITRAY-MEYEROVICH, *Anthologie du soufisme*, Paris, Sindbad, 1978, p. 318. Une « antonomase », du latin et grec *antonomasia*, est une « figure de style ».
194. En parlant sur la vie des juifs et des chrétiens, le hadith Â'Îsâ rapporte que « quand un homme pieux des leurs meurt, ces gens édifient un oratoire sur sa tombe où ils mettent ces représentations figurées. Ceux-là sont les pires de toutes les créatures de Dieu au jour de la résurrection ». Plus loin ce hadith ajoute que « Dieu maudit les Juifs et les chrétiens qui ont fait des tombes de leurs prophètes des oratoires ». Yahya Ben Sâraf AL-NAWAWI, *Le sohîht de Muslim. Recueil des hadiths authentiques du prophète avec commentaire d'Al-Nawawi*, Beyrout, Dav Al-kolob Al-Ilmiyah, 2011, p. 184. Cf. aussi SALVAING, « Lieux de mémoire religieuse au Fouta-Djalon », communication au colloque CNRS/GDR 118 de Paris, 1-2 février 1996, parue dans l'ouvrage *Histoire d'Afrique : les enjeux de mémoire*, sous dir. J.-P. Chrétien et J. L. Triaud, Paris, Karthala, 1999, p. 76.

des saints[195]. Cette pratique a pris de l'ampleur au Fouta-Djallon au point de donner l'impression que le culte des saints est partie intégrante de l'islam.

Pour que leurs disciples et adeptes puissent se recueillir sur leurs tombes, les saints du Fouta-Djallon sont enterrés dans des lieux sacrés, par exemple dans l'enceinte d'une mosquée historique. L'ampleur de cette pratique est attestée par le grand nombre de mausolées : Thierno Aliyou Bouba Ndian, Karamoko Alpha de Labé, Karamoko Alfa Mo, al-Hadj Mamadou Wouri Lariya, Alpha Yaya Djallo, tous de Labé, et ceux de l'almamy Sori Mawdo Ibrahîm de Timbo et Al-Hadj Mouhamadou Baldé de Compaya. Cette dévotion constitue un puissant appui à l'islam au Fouta-Djallon[196].

3. Sacrifice d'animaux

Il n'y a pas de doute, les Peuls musulmans croient que les sacrifices enlèvent le péché et écartent le malheur de l'homme (*malal/tanaa*). De ce fait, il est perçu comme l'un des moyens de s'assurer la grâce divine (*ballal Allah*) sur la terre et dans l'au-delà. Au Fouta-Djallon on ne peut être musulman et refuser d'offrir des sacrifices. Cependant, il faut respecter un certain nombre de critères. Les Peuls ne sacrifient pas n'importe quel animal. Il est interdit de sacrifier les animaux impurs : chien, chat, cochon, loup, ours, lion, tigre, panthère, léopard, panda, guépard, puma, écureuil, belette, putois, gorille, chimpanzé, hyène, éléphant, castor, chacal et renard.

Les règles sacrificielles exigent d'offrir un animal vigoureux du troupeau. Il est interdit de sacrifier un animal infirme ou malade. Les animaux les plus offerts en sacrifice sont la chèvre, le mouton, la vache et le bœuf. S'ils en ont les moyens, les Peuls préfèrent offrir en sacrifice une vache ou un bœuf, et non un bélier comme le recommande la tradition musulmane. Alfâ Ibrâhîm Sow et plusieurs autres personnes consultées justifient ce choix en indiquant que « la vache est la vraie richesse des Peuls. Il n'y a rien qui soit plus important que la vache ou le bœuf[197] ». Offrir une vache en sacrifice, c'est donner à Dieu quelque chose qui a une grande valeur.

Sada-Mamadou Bâ explique la raison du choix de la vache comme victime sacrificielle en partant du concept bambara de « *fula* » qui est l'équivalent de

---

195. AL-NAWAWI, *Le sohîht de Muslim*, p. 226.
196. SALVAING, « Lieux de mémoire religieuse au Fouta-Djallon ».
197. Alfâ Ibrâhîm Sow, *La Femme, la Vache, la Foi*, Paris, Julliard, 1966, p. 176.

pullo. Selon l'auteur, ce concept « devient, par contraction phonétique *flâ*, qui en termes d'énumération signifie deux ou la paire, le double, et par extension, les jumeaux (ou le jumeau) *flani*. Ce qui exprime que le Peul et le bovin sont frères jumeaux, chacun étant le double de l'autre[198] ». En lisant attentivement Bâ, on comprend qu'il n'exprime pas une relation biologique entre le Peul et la vache, mais une sorte de symbiose entre les deux. L'expression *hakkunde pullo e nagge ko banndiraagal kossan*, rendue en français par entre le Peul et la vache *existe* une parenté de lait, traduit bien la pensée de l'auteur. Cet attachement au lait de la vache amène le Peul à croire que sacrifier une vache, c'est sacrifier ce qui lui est le plus proche, son double, son frère jumeau[199]. Il est important de connaître cet arrière-plan pour comprendre le choix de la vache comme victime du sacrifice peul.

Il convient de souligner que chez les Peuls le sacrifice offert dans un contexte de deuil n'est pas seulement destiné à honorer Dieu. À l'instar de plusieurs peuples africains, comme le souligne Louis-Vincent Thomas, les Peuls offrent des victuailles au défunt pour « lui permettre de survivre au cours du voyage transitoire qui l'amène dans le monde des ancêtres[200] ». Amadou Hampaté Bâ renchérit en relevant que « les Peuls ont l'idée de survivance ; la nuit, ils laissent un repas à l'extérieur pour les morts ; on dit que les morts sortent de leurs tombes lorsque le soleil se couche et jusqu'à la fin de la nuit[201] ». Cela est aussi une preuve éloquente que l'islam peul a adopté des éléments des religions traditionnelles qui l'ont fait glisser de l'islam orthodoxe vers l'islam populaire, comme nous allons le voir dans la prochaine section.

4. Les confréries soufies au Fouta-Djallon

Rappelons que le Fouta-Djallon est l'une des régions de l'Afrique occidentale les plus islamisées. De son islamisation à nos jours, trois confréries

---

198. Sada-Mamadou Bâ, « Le lait des Peuls. Entre les pasteurs peuls et leur vaches : Une parenté de lait », Centre d'Étude des Mondes Africains, UMR 8171 du CNRS (Ivry), www.lemangeur-ocha.com (consulté le 2 novembre 2014).
199. *Ibid.*
200. Louis-Vincent Thomas, *Les chaires de la mort. Les Empêcheurs de penser en rond*, Paris, 2000, p. 151. Voir aussi Kervella-Mansaré, *Veuvage féminin et sacrifices d'animaux dans le Fouta-Djallon*, p. 97.
201. Amadou Hampaté Ba, *Animisme en savane africaine*, Paris, Seuil, 1965, p. 54.

principales se sont succédées au Fouta-Djallon. Il s'agit de la Qadiriyya, de la Shadhiliyya et de la Tidjaniyya[202].

La Qadiriyya, ou confrérie de Qadir, a été introduite en Guinée dès le début de l'expansion de l'islam. Déjà au cours du XVIIIe siècle tout le Fouta-Djallon était islamisé. À cette époque, la pratique de la foi musulmane était essentiellement influencée par la confrérie de Qadir à laquelle l'État théocratique est resté fidèle jusqu'au début du XIXe siècle. Parmi les premiers grands *wali* (saints) qui ont œuvré pour l'expansion de la Qadiriyya au Fouta-Djallon on peut citer Karamoko Ba Gassama. Il fut l'un des membres influents de l'ethnie Djakanké (Jakanké en anglophonie). Son influence théologique a permis aux Djakanké d'être des adeptes fervents de la Qadiriyya. Il a été le fondateur de Touba Bakoni dans le Wôra à Mali en Guinée. Il mourut à l'âge de 89 ans. Après sa mort, son fils Mamadou Taslimi hérita de sa science et se consacra à la promotion de la Qadiriyya. Pétri de connaissances, il réussit à persuader tous les élèves de son école d'embrasser la confrérie de Qadir. Durant sa vie, la confrérie de Qadir fut aussi florissante qu'à l'époque de son père Karomoko Ba Gassama.

À sa mort, son fils Karamoko Goutoubou poursuivit son œuvre. Lui aussi était un érudit hors classe. Grâce à son autorité intellectuelle et religieuse, il élargit les horizons de la confrérie de Qadir et agrandit son *wird* « liturgie »[203] dans le Fouta-Djallon. Il réussit à convaincre tous les étudiants et les Dioula colporteurs venant de tous les horizons de devenir de fervents fidèles de la confrérie de Qadir. C'est à son époque que Touba est devenue la ville sainte de la région. À sa mort en 1905, Karamoko Sankoun, le plus brillant de ses fils, prit en main la destinée de la confrérie en ayant sur elle la même influence qu'avait eue son père. Par son charisme il attirait autour de lui une grande foule. Il distribuait son *wird* à toutes les personnes qui venaient se confier à lui et réussit à répandre la Qadiriyya dans tout le Touba, la Casamance, la

---

202. Bernard SALVAING, Alfa Mamadou DIALLO LELOUMA, « Sources orales au Fouta-Djallon. Mémoire, écrits et discours », in *L'écriture de l'histoire en Afrique. L'oralité toujours en question*, sous dir. Nicomé Ladjou CAYIBOR, Dominique JUHE-BEAULATON, Moustapha GOMGNIMBOU, Paris, Karthala, 2013, p. 43.

203. Le *wird* se réfère à la récitation régulière du nom d'Allah à travers le Coran. C'est une sorte de récitation de textes coraniques, d'invocations diverses formulées par le *wali* pour préparer les fidèles au *dirk* proprement dit. G. C. ANAWATI et Louis GARNET, *Mystique musulmane. Aspects et tendances, expériences et techniques*, Étude musulmane, n° VIII, Paris, Vrin, 1986, p. 186.

Gambie et la Guinée -Bissau[204]. Contrairement à celle de ses prédécesseurs, l'hégémonie religieuse de Karamoko Sankoun fut brève à cause de son implication dans l'affaire du *wali* Gomba en 1910[205]. Il fut arrêté le 30 mars 1911 et exilé en Mauritanie par l'armée française. Après son arrestation la Qadiriyya perdit du terrain et marqua un mouvement de recul.

À la fin du XVIIIe siècle, la Shadhiliyya fut introduite au Fouta-Djallon par Thierno Soufi de Kansa Gawol (ou Cerno Aliyu Suufi Kansa Gawol comme il est appelé par les Peuls). La Shadhiliyya fut pratiquée par la majorité des Peuls avant d'être supplantée à son tour par la confrérie Tidjaniyya au début du XIXe siècle[206]. Cependant, la Shadhiliyya, à laquelle plusieurs Peuls s'étaient convertis, avait gardé certaines pratiques de la confrérie de Qadiriyya. Nous pouvons citer le jeûne surérogatoire, l'isolement vis-à-vis de quiconque n'appartient pas à leur ordre et le *jaaroore*[207]. Mais dans la pratique de l'ésotérisme islamique, les adeptes de la Shadhiliyya allaient plus en profondeur. Chaque vendredi

---

204. BAH, *Histoire du Fouta-Djallon*, p. 85.
205. La pénétration française au Fouta-Djallon n'était pas facile à cause de la résistance des Peuls musulmans qui voulaient à tout prix maintenir le système théocratique dans le massif du Fouta-Djallon. L'histoire ne tarit pas d'exemples pour dire que l'installation française au Fouta-Djallon a fait couler beaucoup de sang non seulement chez les Peuls mais aussi chez les Français. L'affaire de Wali de Gomba illustre bien cette triste réalité. Elle s'est déclenchée le 9 mars 1909. Ce jour, Bastié, l'administrateur du cercle de Pita, fut attaqué et assassiné par Thierno Amadou Tidiani. Il était un marabout fondamentaliste et appartenait à la confrérie de Gomba. Pour lui, les Français sont comptés parmi les infidèles, c'est-à-dire les gens qui ne croient pas à Allah. Alors tuer un infidèle était à ses yeux une recommandation d'Allah. Après avoir assassiné Bastié, Thierno Amadou Tidiani et ses talibés (disciples) ont cherché à se réfugier chez Wali de Gamba. Ce dernier, au lieu de les dénoncer, les a cachés au point qu'il était devenu difficile à l'administration française de trouver les auteurs de l'assassinat de Bastié. Sachant que Thierno Amadou Tidiani était un disciple fervent de la confrérie de Wili de Gomba, l'administration française a fait pression sur Wali Thierno Aliou qui ne cessait de prouver son innocence face à ce crime crapuleux. Mais sans se décourager l'administration française continua à faire des investigations autour de lui. Finalement Wali Thierno Aliou, finit par dénoncer et indiquer le lieu où il avait caché les assassins de Bastié. Arrêtés par l'administration française, ils furent jugés et exécutés à Conakry. Dans sa déposition devant les autorités judiciaires, Thierno Amadou Tidiani cherchait à défendre Wali Thierno Aliou. Il disait qu'il n'était impliqué ni de loin ni de près dans cet assassinat. Tous ces événements ont contribué à créer un climat de tension entre l'administration française et le Wali de Gomba. Sachant que les soupçons pesaient sur lui, Wali Thierno Aliou de Gomba fuit en Sierra Léone. Très vite, à la demande de l'administration française, il fut arrêté et extradé à Conakry où il fut jugé et condamné à la mort le 23 septembre 1911. Pour une étude complète sur cette affaire, voir BAH, *Histoire du Fouta-Djallon*, p. 84.
206. BARRY, *Les cérémonies traditionnelles au Fouta-Djallon*, p. 70.
207. Les *jaaroore* sont des chants d'adoration et de louange au Prophète, qui étaient dits à haute voix et sans arrêt et duraient naturellement jusqu'à l'aube. *Ibid.*

ils passaient toute la nuit dans les mosquées à pratiquer des *jaaroore*. Pour laisser une forte empreinte de leur spiritualité, ils établirent au Fouta-Djallon les centres de la Shadhiliyya (Zawiya, Koula, Maoudé), et répandirent une littérature dont l'autorité religieuse se fait sentir aujourd'hui encore. À ceux-ci s'ajoutent la récitation obligatoire et quotidienne d'un certain nombre de litanies et la distribution de cadeaux aux pauvres. La Shadhiliyya a façonné la conscience peule durant la première moitié du XIXe siècle.

Dans la deuxième moitié du XIXe siècle et au XXe siècle, la Tidjaniyya, introduite au Fouta-Djallon par El Hadj Oumar Tall, a connu une expansion vertigineuse au point de supplanter la Shadhiliyya. Sa simplicité a favorisé la conversion massive des Peuls. Comparée aux deux précédentes, la Tidjaniyya est perçue comme une confrérie tolérante, libérale, facilement accessible à toutes les couches sociales : hommes et femmes, riches et pauvres. Pour appartenir à la Tidjaniyya, selon Thierno Mamadou Bah, il suffisait de « ne pas avoir été initié dans une voie ou d'abandonner cette voie pour ne plus y revenir ; à partir de cette initiation, aimer sincèrement et éternellement Cheick Ahmadou Tidjani[208] ». Les principes qui accompagnent cette initiation sont aussi faciles à observer. Par exemple renoncer à la pratique de *jaaroore* et de l'isolement au profit du jeûne obligatoire et du culte des saints en vue d'attirer sur le croyant la *baraka* et la grâce divine.

Toutefois, il convient de souligner que la Qadiriyya, la Shadhiliyya et la Tidjaniyya sont des confréries appartenant à l'islam populaire. Ces courants sont liés au culte animiste foutanien. Ils accordent une grande importance au culte des saints, aux esprits et aux amulettes de protection. Ils sensibilisent les adeptes à l'animisme en général et aux sacrifices d'animaux en particulier dans le but d'apaiser les esprits malveillants et la colère d'Allah. Par rapport à l'islam orthodoxe de l'Égypte et de l'Arabie Saoudite, l'islam peul a abondamment utilisé des emprunts locaux afin de s'imposer au Fouta-Djallon.

5. *Islam et* pulaaku

Nous avons déjà vu qu'on ne peut pas prétendre étudier les Peuls et ignorer la notion de *pulaaku* qui permet de comprendre leur mentalité, leur manière d'être et de vivre leur religion[209]. Dans cette section portant sur l'interaction

---

208. Bah, *Histoire du Fouta-Djallon*, p. 85.
209. Pour une discussion plus détaillée du *pulaaku*, voir la section III.E. dans ce chapitre.

entre l'islam et le *pulaaku*, il semble approprié de commencer par la question suivante : quel rapport y a-t-il entre l'islam et le *pulaaku* ?

a. Interaction des valeurs du *pulaaku* et de l'islam

L'une des forces de l'islam peul réside dans sa capacité à faire corps avec le milieu ambiant. Au cours de nos recherches au Sénégal, en Gambie, au Mali, au Burkina Faso, au Bénin et en République de Guinée, nous avons remarqué que l'islam promu par les Peuls dans ces pays a si fortement absorbé les valeurs du *pulaaku* qu'il est difficile de distinguer le statut de *musulman* de celui de Peul. Cela permet de mieux comprendre pourquoi l'islam est la religion des Peuls.

Pour maintenir cette réputation religieuse, les Peuls s'efforcent d'intégrer, d'accommoder et d'harmoniser l'islam aux valeurs du *pulaaku*. Déjà en 1893, ayant séjourné au Fouta-Djallon, Ernest Noirot mentionne un fort attachement des Peuls à l'islam et une volonté manifeste d'adapter l'islam aux valeurs du *pulaaku*. Il insiste sur le fait qu'à cette époque, bien que le Coran fût la norme de conduite des Peuls, ils ne le suivaient pas aveuglément, et qu'ils restaient attachés à leurs valeurs morales et sociales. Par conséquent, ils s'efforçaient de l'interpréter à la lumière de la culture, de la tradition et des valeurs du *pulaaku*. Pour expliquer cette réalité, Noirot témoigne que l'Almamy Ibrahima Sory s'entourait de griots, de forgerons, de tisserands et de son cordonnier. Selon Noirot, ce dernier était un vieillard d'une grande probité morale et intellectuelle. De ce fait il faisait « partie de tous les conseils et assistait à la correction du Coran[210] ».

En matière d'interprétation du Coran au Fouta-Djallon, il n'existe pas de question à laquelle les érudits peuls ne trouvent pas de réponse. Quelle que soit la nature du débat, ils arrivent à trouver un consensus religieux qui tienne compte de leur contexte culturel et social. Comme ils l'ont toujours fait, les Peuls continuent d'apporter au Coran les modifications qui le rendent compatible avec les valeurs du *pulaaku*. Cette volonté de soumettre la traduction Coran aux valeurs du *pulaaku* a été l'objet de critiques acerbes de la part de leurs coreligionnaires. On se souvient encore de la querelle

---

210. Ernest NOIROT, *À travers le Fouta-Djallon et le Banbouc (Soudan Occidental). Souvenir de voyage*, Paris, 1885, p. 212.

qui a éclaté entre El Hadj Oumar Tall[211] et Thierno Muhammadu Samba de Mombeya[212] au sujet du livre *Oogirde Malal*, que le second avait rédigé en pular sur le droit musulman. El Hadj Oumar Tall ayant fait ce constat, lui demande de cesser de « traduire les écrits arabes en *pular*, autrement tu feras disparaître la langue arabe du Fouta[213] ». Ce reproche provoque la colère de Thierno Samba. Il répond à El Hadj Oumar Tall qu'à Mombeya les trois bases de l'islam étaient bien connues par les croyants : *ghâl'al'lâhu* « Dieu a dit », *ghâl'ar'rasûlu* « le Messager a dit », *ghâl'as'shaykhu* « le maître a dit »[214]. Par cette réponse, Thierno Samba voulait clairement dire à son coreligionnaire qu'il n'avait rien à apprendre aux Peuls du Fouta-Djallon sur le Coran et les hadiths. Il voulait également lui faire comprendre que les textes sacrés traduits en pular par les érudits peuls étaient dignes de foi parce qu'ils respectaient le code moral et social des Peuls du Fouta-Djallon.

Cela souligne le sentiment de fierté et de supériorité des Peuls par rapport aux autres peuples musulmans et aux peuples qui ont connu l'islam sous leur domination. Au Fouta-Djallon comme à Mopti, ils se glorifient d'avoir apporté l'islam aux autres peuples. Ils disent être les gens de la foi (*dina*) qui

---

211. EL Hadj Oumar Tall est né dans le Fouta Toro. Il était un musulman engagé et un guerrier. Par son zèle religieux il a joué un rôle important dans l'expansion de l'islam en Afrique de l'Ouest en général et au Fouta-Djallon en particulier. En 1771, il conquit la dynastie des Peuls païens (ou des Déniankè). À l'âge de 23 ans il reçut sa formation coranique respectivement en Mauritanie et au Fouta-Djallon. Il fut à la Mecque et passa plusieurs mois en Orient où il s'abreuva de la doctrine asharite. En Orient il fut admis à la confrérie tidjaniyya. Après avoir passé quelques mois en Orient, il entra au Soudan avec le titre d'El Hadj. À cette époque il y avait peu de musulmans qui étaient qualifiés d'El Hadj ou celui de Khalife qui signifie chef suprême des musulmans pour l'Afrique noire. El Hadj Oumar Tall était sunnite et pendant 13 ans il propagea au Fouta-Djallon et au-delà de ses frontières la doctrine asharite, le droit malikite et la spiritualité *tidjaniyya*. Il est le fondateur de l'Empire toucouleur. Émile DUCOUDRAY, *EL Hadj Oumar. Le prophète armé*, Dakar, Nouvelles Éditions Africaines, 1984 p. 7.
212. Thierno Muhammadu Samba de Mombeya est un érudit incontournable de la communauté des Peuls musulmans du Fouta-Djallon. Il appartient à la lignée des Seeleyaaɓe, c'est-à-dire au clan des Diallo. Son ouvrage *Ma'dinus-Sa'aadati*, encore appelé *Oogirde Malal* ou *Filon du Bonheur éternel*, demeure dans la littérature peule l'une des plus célèbres œuvres poétiques écrites en langue pular du Fouuta-Djallon. Alfâ Ibrâhîm Sow, *Le Filon de bonheur*, p. 1.
213. BAH, *Histoire de Fouta-Djallon*, p. 90.
214. La méthode herméneutique du Coran de la communauté musulmane peule est fondée sur ces trois principes : Dieu a dit, le prophète a dit, le maître a dit. Ces trois principes s'articulent avec les quatre sources de révélation que les Peuls considèrent : le Coran, la Sunna, l'*igma* (consensus de la communauté) et l'*ijtihad* (l'effort personnel d'interprétation fondé sur le raisonnement analogique). BAH, *Histoire de Fouta-Djallon*, p. 90.

drainent les acquis de l'islam en Afrique. Partout où ils séjournent, les Peuls fondent de nouvelles communautés musulmanes sur lesquelles ils affirment leur autorité.

Pour expliquer cette réalité, la pensée de M. Last, reprise par Philip Burnham, est très éclairante. Ces auteurs remarquent qu'à l'époque djihadiste, les réformateurs musulmans comme Ousmane dan Fodio et son fils Muhammad Bello « ont tenté de supprimer le discours peul en faveur d'arguments selon lesquels tous les bons musulmans forment un ensemble social homogène du point de vue ethnique[215] ». Pourtant, poursuivent-ils, « comme le montre l'histoire des Fulbé, le discours hiérarchique du *pulaaku* est resté important, en dépit des arguments des réformateurs, et le demeure encore aujourd'hui[216] ». Bien que l'islam ait prôné l'unicité des croyants en la foi en un Dieu unique, les Peuls cherchent à tracer une ligne de démarcation entre eux et les autres musulmans.

Dans les régions où les Peuls ont réussi à convertir les autochtones à l'islam, ils emploient des termes qui établissent au sein de la société un système de relations de subordination. Pour se démarquer des non-Peuls, ils emploient les termes *rimbe* « hommes libres, réservés à eux-mêmes », *nenenube* « artisans ou gens de caste », *haabe* « captifs ». Ils parlent donc également de *marga* « village d'hommes libres » et *rund* « hameau d'esclaves ». Après avoir mené ses recherches parmi les Peuls vivant au nord du Cameroun, Philip Burnham fait la même remarque : « Les Peuls sont dédaigneux à l'égard des autres peuples ; ils utilisent les termes offensants comme païen (*haabe*), esclave (*maccube*) et noir (*baleebe*) pour désigner les non-Peuls[217]. »

Notre étude nous semble démontrer que l'islam promu par les Peuls est teinté des valeurs du *pulaaku* au point de donner l'impression que les termes

---

215. M. Last, « Reform in West Africa. The Jihad Movements of the Nineteenth Century », in *History of West Africa*, t. 2, sous dir. J. Ajayi et M. Growder, 2ᵉ éd., Londres, Longman, 1987, p. 32 ; Philip Burnham, « L'ethnie, la religion et l'État. Le rôle des Peuls dans la vie politique et sociale du Nord-Cameroun », *Journal des africanistes* n°61, 1991, p. 77.
216. M. Last, *The Sokoto Caliphate*, Londres, Longman, 1967, p. 59. Cf. Burnham, « L'ethnie, la religion et l'État », p. 97.
217. Burnham, « L'ethnie, la religion et l'État », p. 80 ; Solange Ngo Yegba, « Contexte du pluralisme médical au Cameroun », in *Le pluralisme médical en Afrique*, sous dir. Ludovic Lado, Paris, Karthala, 2011, p. 263 ; Maurice Bazemo, « Le contexte de l'affranchissement chez les Peuls de la région sahélienne du Burkina Faso. La réalité », in *La fin du statut servile ? Affranchissement, libération, abolition*, Paris, Presses universitaires de Franche-Comté, 2008, p. 153.

d'islam et de *pulaaku* sont interchangeables. Toutes les expéditions qu'ils ont menées au nom d'Allah ont eu pour but de répandre un islam qui corresponde à leurs conceptions. Dans son ouvrage *La poésie peule de l'Adamawa* (1965)[218], Pierre Francis Lacroix relève cette façon de vivre leur religion. Il montre que les Peuls de l'Adamaoua ne font pas de différence entre être musulman et être Peul. En effet, l'islam justifie et explique le système social et politique qu'ils ont mis en place pour cautionner leurs aspirations. Il renforce leur sentiment d'être plus importants que les ethnies qui les entourent ou qu'ils dominent. C'est comme « une sorte de confiscation de l'islam à leur profit qui explique pour une part leur peu d'inclination à faire du prosélytisme[219] ». Burnham renchérit : « Pour la plupart des Peuls, la logique du *pulaaku* est parvenue à inclure et même à refondre la logique sociale de l'islam, donnant ainsi à l'islam peul son aspect particulier[220]. » L'islam peul et le *pulaaku* deviennent alors les facteurs déterminants de l'identité peule.

L'articulation des valeurs du *pulaaku* et de l'islam paraît aussi évidente dans le domaine du sport. L'islam peul ne voit en effet pas d'un bon œil la pratique du sport par les femmes. Intéressé par ce sujet, Yaya Koné considère l'islam peul comme un obstacle au développement du sport féminin. Pour être pertinent dans ses propos, il limite son champ d'études à certains villages du Mali et du Burkina Faso. Il constate que dans ces villages l'islam a si bien su intégrer les valeurs du *pulaaku* qu'il est devenu la norme de vie des populations[221]. Dans ces villages, les arts et les folklores connaissent une recrudescence grâce à l'influence de l'islam. Pour expliquer cet état de fait, il mentionne une exégèse défavorable de quelques versets coraniques sur la course des femmes. Il se réfère notamment à un commentaire de l'imam Ali Daniogo à propos de la sourate 24.30-31 qui dit :

---

218. Pierre Francis Lacroix, *Poésie peule de l'Adamawa*, vol. 1 à 2, Michigan, L'université de Michigan, 1965, p. 234.
219. Pierre Francis Lacroix, « L'islam peul de l'Amadawa », p. 178.
220. Burnham, *L'ethnie, la religion et l'État*, p. 79. Sur cette question il est aussi important de lire les ouvrages suivants : Georg Stauth, Thomas Bierschenk, *Islam in Africa*, Londres, Münster, 2003, p. 170 ; Zacharia Lingane, « Les Silmmicose du Burkina Faso », *Anthropologia* vol. XLIII, n° 2, 2001, p. 250 ; Botte, *Figures peules*, p. 85 ; Adriana Piga, « Idéologie islamique et idéologie ethnique dans le pulaaku », in Piga, *Les voies du soufisme au sud du Sahara*, p. 99.
221. Yaya Koné, *L'anthropologie de l'athlétisme en Afrique de l'Ouest. Condition de l'athlète*, Paris, l'Harmattan, 2011, p. 220.

> Dis aux croyants de baisser leurs regards et de garder leur chasteté. C'est plus pur pour eux. Allah est, certes, Parfaitement Connaisseur de ce qu'ils font. Et dis aux croyantes de baisser leurs regards, de garder leur chasteté, et de ne montrer de leurs atours que ce qui en paraît et qu'elles rabattent leur voile sur leurs poitrines ; et qu'elles ne montrent leurs atours qu'à leurs maris, ou à leurs pères, ou aux pères de leurs maris, ou à leurs fils, ou aux fils de leurs maris, ou à leurs frères, ou aux fils de leurs frères, ou aux fils de leurs sœurs, ou aux femmes musulmanes, ou aux esclaves qu'elles possèdent, ou aux domestiques mâles impuissants, ou aux garçons impubères qui ignorent tout des parties cachées des femmes. Et qu'elles ne frappent pas avec leurs pieds de façon que l'on sache ce qu'elles cachent de leurs parures. Et repentez-vous tous devant Allah, ô croyants, afin que vous récoltiez le succès (sourate 24.30-31).

Ayant étudié ce texte, Yaya Koné aboutit à la conclusion suivante :

> Pour les musulmans le corps humain sculpté par les mains d'Allah est un véritable sanctuaire. D'où le devoir de garder la sexualité, de la préserver comme si le corps était le sanctuaire bâti et habité par Allah. La femme ne doit pas se montrer dans une position désavantageuse ou découverte devant les hommes, et les hommes ne doivent pas soutenir le regard d'une femme qui violerait ces principes[222].

Au regard de cette interprétation, on comprend que la course soit plus fermement interdite pour les femmes que pour les hommes. De manière explicite l'imam Ali Daniogo interdit donc aux femmes de pratiquer la course. S'appuyant sur ces commentaires coraniques les Peuls de ces régions considèrent la course comme un acte immoral et donc un véritable crime de vertu qui expose les femmes à la honte (*yaage*).

Mariam Pula Barry, 17 ans, vendeuse de pagnes à Bamako, interrogée sur la question, répond : « On fait trop de commentaires sur la course. C'est un jeu de garçons. Les hommes doivent pratiquer le sport, mais jamais les

---

222. *Ibid.*

femmes[223]. » Pour sa part, Muhammad Diakité, 24 ans, athlète de Mopti, nous confie : « Si un mari aime sa femme, il ne peut songer une seule fois à la laisser courir. C'est honteux pour elle et sa famille. Car les gens diront de sa femme qu'elle est légère et qu'il est incapable de la contrôler[224]. »

Ces témoignages suffisent à comprendre que dans certains milieux l'islam interdit aux femmes de courir. Or, le Prophète Muhammad, qu'ils vénèrent, pratiquait la course avec sa femme Aïcha[225]. Si tel était le cas, pourquoi les Peuls sont-ils allergiques à la course des femmes ? La réponse à cette interrogation se trouve dans l'articulation de l'islam avec les valeurs du *pulaaku*, Car l'interprétation des textes coraniques qui empêche les femmes de participer à la course est guidée par le *pulaaku* qui s'est immiscé dans l'islam peul. Djibril Tamsir Niane relève dans son ouvrage *République de Guinée* (1998)[226] cet amalgame entre *pulaaku* et islam : « Ce code de vie est antérieur à l'islam, mais se confond avec lui. Car le Peul a moulé sa religion sur le *pulaaku*. Ce qui est essentiel, c'est le bon sens (*hakil*), la maîtrise de soi (*munyal*), la réserve (*sentende*)[227]. »

En Gambie, Larry Vanderaa a remarqué que certains éléments de l'islam ont été intégrés aux valeurs du *pulaaku* ; ainsi le jeûne pendant le mois de Ramadan et les cinq prières quotidiennes favorisent la discipline peule. Cela renvoie à la conscience axée sur les règles qui fait, à un moindre degré, également partie du *pulaaku*. Ces deux pratiques religieuses s'accordent donc bien avec le *pulaaku*[228]. Pour sa part, Catherine Ver Eecke, qui a mené ses recherches parmi les Peuls du Nigéria, considère que l'islam a graduellement intégré le *pulaaku*. Elle explique le processus d'intégration en raison de leurs similitudes : la religion (*dina*) de l'islam et le *pulaaku* se complètent

---

223. Mariam Pula BARRY interviewée à Bamako le 22 avril 2015.
224. Mohammad DIAKITÉ interviewé à Mopti le 25 avril 2015. Certains auteurs ont souligné ce comportement dans leurs travaux : Babienne SAMSON, *Les marabouts de l'islam politique. Le Dihiratoul Moustarchidina Wal Moustarchidaty. Un mouvement néo-confrérique sénégalais*, Paris, Karthala, 2005, p. 223 ; Jean-François WERNER, *Médias visuels et femme en Afrique de l'Ouest*, Paris, l'Harmattan, 2006, p. 87.
225. Youssef AL-QUARADHAWI, *Le licite et l'illicite en Islam*, Paris, Al-Qalam, 2000, p. 364.
226. Djibril TAMSIR NIANE, *La République de Guinée*, p. 78.
227. *Ibid.*, p. 139 ; Christian SEYDOU, « Épopée et identité : exemples africains », *Journal des africanistes* vol. 58, n°58-1, 1988, p. 17.
228. « *The Ramadan fast and five daily prayers appeal to the self-disciplined nature of the Fulbe. These activities are consistent with pulaaku* ». Larry VANDERAA, « Presentation at the WEC International Fulbe Conference », Gambie, 22-27 septembre 1997, p. 8 (notre traduction).

mutuellement[229]. Philip Burnham adopte le même point de vue en relevant que « la logique sociale du *pulaaku* est parvenue à inclure et même à renforcer la logique sociale de l'islam[230] ».

Selon ces auteurs, il n'est pas exagéré de parler de la fusion du *pulaaku* et de l'islam. La conséquence qui en découle est l'apparition d'un islam peul teinté des valeurs du *pulaaku*. De *facto* l'islam et le *pulaaku* deviennent des critères identitaires des Peuls. Ainsi les vrais Peuls sont ceux qui considèrent les valeurs du *pulaaku* comme partie intégrante de l'islam. C'est pourquoi l'abandon de l'islam est considéré par les Peuls comme une perte d'identité. Se déclarer publiquement chrétien au Fouta-Djallon alors qu'on est Peul est jugé « interdit » (*haram*). C'est un acte qualifié de *gacce,* c'est-à-dire un acte de violation des normes sociales et du comportement peul. Un tel acte nuit à la réputation de l'individu, compromet ses relations sociales, et l'expose inévitablement à la honte (*yaage*). Or les Peuls ne supportent pas la honte. Ils préfèrent mourir plutôt que d'avoir honte en public. Catherine VerEecke a fait la même observation et rapporte qu'au Cameroun les Peuls de l'Adamawa disent ouvertement : *kô ma yougol n'bouranilan n'dèmi hersentè tawdè jâma* « il est préférable pour un Peul de mourir que d'avoir honte en public[231] ». C'est pourquoi ils feront tout pour éviter de commettre des actes qui compromettent leurs liens sociaux et qui les exposent à la honte (*yaage*). Parmi les actes qualifiés de *yaage*, citons entre autres le refus de prier, d'aller à la mosquée chaque vendredi et de fêter le Ramadan, ou encore l'impolitesse,

---

229. « *Because of their similarities, the code of diina and pulaaku are said to complement each other.* » Catherine VerEecke, « Pulaaku. Adamawa Fulbe Identity and its Transformations », Ph.D. Thesis, University of Pennsylvania, 1988, p. 235.

230. Burnham, *L'ethnie, la religion, l'État*, p. 80.

231. Dans l'histoire de l'occupation du Fouta-Djallon par la France, Thierno Monénembo raconte : « Un certain Mamadou Hammat avait mis à mort un traitant français du nom de Malivoine, mandaté par le comptoir de Saint-Louis. Les Français se sont alors saisis d'une multitude d'otages qu'ils menaçaient d'exécuter si on ne leur livrait pas le meurtrier, ce que refusait obstinément l'almami Mamadou Wann de Boumba. Certains proposaient de livrer Hammat pour éviter les représailles. D'autres soutenaient l'almami et, rappelant les vertus du *pulaaku*, affirmaient que mieux valait la mort que la honte. » Le sentiment de *yaage* garantit l'ordre social du fait d'éviter de violer les principes du *pulaaku* à cause de la peur d'être humilié publiquement par ses pairs. Mirjam De Bruijn et Han Van Dijk interprètent le terme *yaagaade* par « sentir la honte après qu'une personne ait rompu la relation ». Thierno Monénembo, *Peuls*, Paris, Seuil, 2004, p. 398 ; Mirjam De Bruijn et Han Van Dijk, *Arid Ways. Cultural Understanding of Insecurity in Fulbe Society, Central Mali*, Amsterdam, Thela, 1995, p. 208.

l'adultère, le mensonge, la gourmandise et la vantardise[232]. Cela montre que les valeurs sociales du *pulaaku* sont l'objet d'un apprentissage dès l'enfance. Ainsi « être Peul » signifie adopter un comportement normé par la religion qui valide l'intégration de l'individu dans la société peule.

Pour éviter toute confusion langagière sur ce débat, la remarque d'Elisabeth Boesen mérite d'être citée. Selon elle, « le non-respect de ces règles [du *pulaaku*] ne suscite pas un sentiment de culpabilité, de faute envers l'autre, mais il est la preuve d'une faiblesse, d'un échec vis-à-vis de soi-même, et il fait naître un sentiment de honte[233] ». Dans cette perspective, ce qui est conforme aux normes sociales est qualifié de bien et tout ce qui leur est contraire est jugé comme mal. C'est pourquoi nous soutenons avec Boesen qu'« il n'est pas possible de séparer le *pulaaku*, c'est-à-dire l'idée du Peul idéal, de la notion de bien et de mal… On ne peut rigoureusement distinguer ce que le *pulaaku* exige et ce qu'Allah exige[234] ». Nous y reviendrons après avoir rappelé l'attitude des Peuls vis-à-vis des autres peuples.

b. Estime de soi peul et regard sur les autres

Les valeurs de l'islam représentent le mieux l'identité peule parce qu'elles sont profondément ancrées dans la culture de ce peuple, au point que dans son imaginaire l'islam est lié à la vie et au destin. Selon Thierno Monénembo, l'islam étant un élément important de l'existence, « les Peuls estiment qu'ils sont les musulmans originels. C'est la raison pour laquelle ils sont hostiles à tout ce qui est étranger[235] ». Ils ont la conviction d'être les meilleurs interprètes du Coran. Ils radicalisent cette idée en pensant « qu'ils sont les seuls à pouvoir interpréter le Coran de façon à garder intacte la pureté du savoir

---

232. Ceci n'est pas seulement observé parmi les Peuls du Fouta-Djallon. Dans son article consacré aux Peuls du Nord Cameroun, Roger Labatut remarque en 1999 que les Peuls sédentarisés et convertis à l'islam jugeaient avec beaucoup de rigueur ceux qui étaient restés nomades : « Ils ne prient pas, disent-ils, ni ne font le ramadan, surtout les jeunes ; ils ne vont jamais à la mosquée le vendredi ; ils pratiquent la sorcellerie et ils sont sales. » Labatut, « Contribution du comportement religieux des *Wodaabe Dageeja* du Nord-Cameroun », p. 65. Cf. aussi Yassine Kervella-Mansaré, *Pulaaku. Le code d'honneur des Peuls*, Paris, l'Harmattan, 2014, p. 30.
233. Boesen, « Pulaakou. Sur la foulanité », p. 72.
234. *Ibid.*
235. Bernard De Meyer, Papa Samba Diop, *Thierno Monénembo et le roman. Histoire, exile, écriture*, Berlin, LIT, 2014, p. 188.

qui y est contenu[236] ». La fécondité de la littérature orale et écrite axée sur la religion musulmane prouve à leurs yeux qu'ils sont des musulmans authentiques. Monénembo relève avec raison « la prolifération des marabouts et des hommes saints, bien que les Peuls soient tellement versés dans la religion musulmane qu'ils se considèrent comme les seuls interlocuteurs valables entre Dieu et les hommes[237] ». Fiers de ce statut, les Peuls se vantent d'être les vrais propagateurs de l'islam en Afrique. Hier comme aujourd'hui, la raison d'être des Peuls s'explique par la religion musulmane. La fierté peule réside dans le fait d'être musulman authentique. Ils manifestent ce sentiment de supériorité dans les rapports avec les peuples non musulmans qu'ils cherchent à convertir à l'islam. Dans le bonheur comme dans la douleur, leur comportement laisse croire qu'ils sont les vrais musulmans.

Chez les Peuls Mbororo du Cameroun, Henri Bocquené constate que si l'on demande à quelqu'un des nouvelles d'un malade, le vrai Peul répondra toujours « ça va mieux », même si le malade en question se trouve à l'agonie. Répondre que l'état du malade est critique serait une offense, une façon de se plaindre ou de perdre la confiance en Dieu qui a tout créé. Croire que Dieu est le Créateur de tout ce qui existe (la bonne santé, la maladie, la mort) implique de se soumettre à la volonté absolue de Dieu, en acceptant tout ce qui arrive. Même mourant, un vrai Peul, sous-entendu « un vrai croyant », ne peut que dire : « Ça va mieux. » Il peut même ajouter : « Dieu merci. » Une telle attitude étonne forcément les observateurs non avertis et même ceux qui ont une certaine connaissance des Mbororo. Mais ceux qui vivent avec eux et connaissent leur culture en profondeur confirment que ce comportement est un signe de la fierté peule qui n'a rien de commun avec l'islam[238]. C'est ce que Gaden appelle le *pulâgal* « la manière des Peuls de se comporter à l'égard de ceux qui ne sont pas Peuls[239] ».

---

236. L'auteur décrit bien cette fierté religieuse : « Dieu vous a donné le savoir, ô Peuls du Fouta-Djallon ! Il vous a façonné dans la foi, vous a baignés dans la sagesse et dans les bonnes manières. Votre islam est le plus sûr de tous les pays des trois fleuves. Vos muezzins sont dévoués et vos prières bien sincères. » Monénembo, *Peuls*, p. 295.
237. De Meyer, Diop, *Thierno Monénembo et le roman*, p. 188.
238. Les Peuls ont un sens élevé de l'honneur. Pour eux « l'honneur est, de tout ce qui a été créé sur terre, ce qu'il y a de plus noble ». Dominique Noye, *Contes peuls du Nord Cameroun. Le menuisier et le cobra*, Paris, Karthala, 1999, p. 165 ; Thierno Monénembo, *Peuls*, p. 97.
239. Henri Gaden, *Le Poular : dialecte peul du Fouta Sénégalais*, vol. 2 : *Lexique Poular-Français*, Paris, Leroux, 1914, p. 30.

Plusieurs anthropologues et sociologues soutiennent que le comportement des Peuls musulmans par rapport aux autres peuples est dominé par un sentiment de supériorité qui est non seulement lié au *pulaaku*, mais aussi en rapport avec la force politique qui caractérise la rencontre entre Peuls et non-Peuls. Nous avons déjà noté comment les Peuls musulmans ont conquis par l'épée plusieurs territoires en Afrique. Ils en ont gardé un sentiment de supériorité vis-à-vis des peuples dominés qu'ils méprisent, même après leur conversion à l'islam. Il est important de relever qu'aucun texte coranique ne peut être cité à l'appui d'un tel mépris, ce qui n'empêche pas les Peuls musulmans de continuer à faire croire que les peuples qu'ils ont dominés ne sont toujours pas dignes de diriger la prière en leur présence.

Dans un passé récent, l'islam peul enseignait au Fouta-Djallon que le salut éternel des gens de condition servile dépendait de leur maître. Par conséquent, ils devaient travailler pour lui et lui être absolument obéissants. Mais depuis l'abolition de l'esclavage, cette vision des choses a été abandonnée, car la relation entre les Peuls nobles et leurs anciens esclaves a connu des mutations importantes. Il n'y a plus d'obligation servile pour ces derniers d'aller travailler chez leurs anciens maîtres. Nobles et esclaves se marient entre eux. Ils se considèrent comme un seul peuple et agissent ensemble pour une cause commune, c'est-à-dire l'épanouissement de l'islam en Afrique et au-delà.

Ayant constaté ce dynamisme à l'intérieur de la communauté peule, le sociologue Amadou Bano Barry, un Peul du Fouta-Djallon, ne croit plus au sentiment de supériorité qu'on attribuerait à tort aux Peuls. Mais il admet que la société peule est très « individualiste », car, dit-il, chez les Peuls du Fouta-Djallon chacun vit sa vie librement. Passé un certain âge, on n'est plus sous l'autorité parentale. « Et comme la réussite est très valorisée, la compétition est féroce. Ce n'est que face à l'adversité que les Peuls se retrouvent[240]. » Dans cet article, Barry présente une société peule en pleine mutation sociale. Si au lendemain du *djihâd* la relation entre vainqueurs et vaincus était caractérisée par un sentiment de supériorité, ça ne serait plus le cas aujourd'hui. Elle est un mal à dénoncer. À ce sujet, Thierno Mouhammadou Baldé, alors qu'il était l'imam de Campaya, disait qu'il n'était pas permis à un musulman de faire de discrimination entre les hommes, car il est écrit dans le livre : « Si tu fais du mal à quelqu'un qui n'a pas ta religion, tu crois que ce n'est pas un péché.

---

240. Relaté par Carayol, « Planète peule », p. 33.

Alors qu'au jour du jugement, c'est le prophète lui-même qui plaidera pour celui à qui tu as fait du mal[241]. » Cependant, la discrimination sociale existe au Fouta-Djallon parce que les différentes classes sociales, nobles et anciens esclaves, conservent leur ancien statut. Cette discrimination se manifeste non seulement dans la pratique des rites religieux, mais aussi dans la manière de vivre. Cela a favorisé l'émergence d'une nouvelle société de Peuls individualistes, indépendants, enclins à la compétitivité et orientés vers la réussite. Cette attirance pour la compétitivité proviendrait d'une conscience axée sur les règles, et correspondrait donc bien aux valeurs du *pulaaku*.

Il faut toutefois souligner que l'individualisme des Peuls du Fouta-Djallon n'a rien de commun avec l'égoïsme, et encore moins avec l'individualisme occidental. Ce n'est pas non plus une volonté de ne vivre que pour soi. C'est un sentiment d'honneur et de prestige qui privilégie les droits, les intérêts et la valeur de l'individu par rapport à ceux du groupe, et qui prône son autonomie face aux diverses institutions sociales et politiques, c'est-à-dire la famille, le clan, la caste ou même la communauté religieuse qui exercent de multiples pressions sur lui. Cela fait des Peuls des êtres indépendants relativement ouverts aux changements socioculturels. Contrairement aux peuples qui les entourent, les Peuls peuvent quitter leur famille dès leur jeune âge pour exercer une activité lucrative et entrer dans une vie de compétition par laquelle ils pensent trouver le bonheur souhaité[242].

Aujourd'hui comme hier, les Peuls sont à la recherche du bonheur. Ceux du Fouta-Djallon croient fermement qu'il s'obtient en faisant du bien. Dans le conte de Djènaba et Madou, Oumar Abdourahmane Diallo raconte que celui qui cherche le bonheur ne vole pas et ne ment pas, quelles que soient les circonstances. Il doit être patient, respectueux, généreux, courageux. Il est un homme qui a du cœur, c'est-à-dire qui garde sa dignité[243]. Aux yeux des Peuls du Fouta-Djallon, ces qualités morales et sociales ne sont cependant pas suffisantes pour accéder au bonheur[244]. Il faut y ajouter la bénédiction du père, de la mère et du *karamoko*. Notons que les Peuls accordent une importance particulière à la bénédiction. Ils aiment qu'on prononce sur eux

---

241. Baldé et Salvaing, *Une vie au Fouta-Djallon*, p. 202.
242. Relaté par Carayol, « Planète peule », p. 11.
243. Oumar Abdourahmane Diallo, *Barowal. Le cheval sacré*, Paris, l'Harmatan, 2011, p. 19.
244. Koumanthio Zeinab Diallo, *Le fils du roi de Guémé et autres contes du Fouta-Djallon de Guinée*, Paris, l'Harmattan, 2004, p. 32.

les paroles de bénédiction parce qu'ils y voient moyen de recevoir la *baraka* « puissance bénéfique » d'Allah. Elles leur permettent également d'attirer sur eux la faveur de *Guéno* (ou *Koumen*), le puissant génie des Peuls.

6. Mal et interdits

À partir de ces faits, il devient important d'expliquer les notions de bien et de mal dans l'islam peul, le mal étant étroitement lié à la notion d'interdits.

a. Mal

En considérant l'arrière-plan culturel peul, Yassine Kervella-Mansaré constate avec raison que chez les Peuls sédentaires, comme dans beaucoup de cultures en Afrique, les métaphores associées au mal « sont celles du dehors du village, de l'extérieur qui court jusqu'à l'horizon, de la forêt ténébreuse, de la férocité des bêtes sauvages, du monde souterrain, des tourbillons qui descendent du ciel, des éléments naturels qui se déchaînent[245] ». Amadou Hampâté Bâ décrit le mal de la même façon à partir des contes de l'origine. Il désigne Njeddo Dewal comme la « mère de toutes les calamités », suscitées par Dieu lui-même pour punir les Peuls de leurs péchés. Hampâté Bâ développe les idées de ce conte en précisant que, pour libérer les Peuls du mal, le même Dieu qui les a livrés à Njeddo Dewal suscite parmi eux un libérateur, Bâgoumâwel, qui parvient à plusieurs reprises à vaincre la « mère de la calamité ».

L'ensemble de ce récit présente les victoires de Bâgoumâwel comme circonstancielles et temporaires parce qu'après chaque victoire le mal revient dans la communauté peule et reprend le dessus. Ainsi, pour protéger durablement et définitivement la communauté peule contre la méchanceté de Njeddo Dewal, le héros de la légende, Bâgoumâwel, ne doit pas craindre la mort. S'il veut combattre définitivement le mal, il doit s'armer de courage et lutter avec Njeddo Dewal même au prix de sa vie. Le conteur fait comprendre que Bâgoumâwel, le libérateur, doit se livrer sans réserve, c'est-à-dire sans espoir de sauver sa vie, conscient de s'engager dans un combat à mort. C'est seulement armé d'un tel courage que Bâgoumâwel peut vaincre Njeddo Dewal, la « mère de la calamité ». Il s'en sort victorieux et devient le héros de la légende.

---

245. Kervella-Mansaré, *Veuvage féminin et sacrifices d'animaux dans le Fouta-Djallon*, p. 175.

Retenons que dans ce conte Amadou Hampâté Bâ illustre la lutte éternelle entre le bien et le mal. il présente Bâgoumâwel comme l'incarnation du bien, qui seul peut finalement triompher de la formidable puissance maléfique de Njeddo Dewal. Voici comment se présente le déroulement de ce terrible affrontement :

> Affolée, courant de tous côtés [Njeddo Dewal] butait contre les obstacles, tombait, se relevait et reprenait sa course désordonnée. Pour finir, trébuchante, elle alla s'affaler sur la pointe aiguë d'une souche de bois aussi dure que du métal trempé et s'y empala. Son ventre fut déchiré et tout l'intérieur de son corps – intestin, foie, pancréas, poumons, cœur – se répandit sur le sol. Ainsi périt l'incarnation du mal, Njeddo Dewal, Mère de la calamité[246].

Dans ce récit, Amadou Hampâté Bâ montre comment « le vrai Peul » garde jalousement sa dignité. Dans des situations difficiles, il peut se contenir et maîtriser ses nerfs, il ne recule jamais et n'accepte pas l'humiliation, même devant le pire des dangers. Il n'est pas superflu d'ajouter qu'en toutes circonstances le vrai Peul sait garder l'espoir et croit fermement que la faiblesse d'un homme commence toujours par le découragement. Pour surmonter les problèmes de la vie, le Peul se sert de courage, de patience et de persévérance. C'est sa façon de vivre. Cependant, il n'évalue jamais le bonheur ou le malheur par rapport à son comportement courageux. Il attribue toujours ses échecs et ses réussites à la puissance infinie de Dieu. Face au mal qui peut l'atteindre, le vrai Peul croit fermement que les voies de Dieu sont insondables et que nul ne peut connaître et gérer son destin. C'est pourquoi, face au mal (une maladie, un accident, la mort), il dira toujours : *inch' Allah* « c'est la volonté de Dieu »[247]. La composante religieuse a ainsi imprégné les habitudes du Peul, lui valant le nom de « Peul musulman ».

b. Interdits

Les Peuls musulmans ont une conscience aiguisée de l'existence du bien et du mal, d'où la place importante qu'ils accordent aux interdits (*haram*).

---

246. Amadou Hampâté Bâ, *Contes initiatiques peuls*, coll. Pocket, Paris, Stock, 1994, p. 95.
247. C'est le fatalisme absolu qui amène la personne à croire que la volonté et l'intelligence humaines sont considérées comme impuissantes à diriger le cours des événements. Alors elle peut aussi penser que la destinée de chacun est fixée d'avance quoi qu'il fasse. André LALADE, *Vocabulaire technique et critique de la philosophie*, Paris, PUF, 1976.

En étudiant l'islam peul, on se rend compte que les interdits façonnent la conscience morale et religieuse des Peuls au point de donner l'impression que le mal réside dans l'interdit. C'est pourquoi il n'est pas étonnant de les entendre affirmer qu'un vrai Peul ne fait pas ceci, ne dit pas cela ou ne croit pas à cela. On peut donc dire que, dans l'islam peul, les interdits sont présents dans tous les domaines de la vie sociale, économique et politique. Par exemple, il est interdit (*haram*)[248] de consommer des boissons alcoolisées, de manger de la viande de porc, de singe, d'antilope, de lézard, ou une bête morte. La chair d'un animal sauvage est un aliment interdit à moins qu'il ait été immolé rituellement.

L'islam peul interdit de donner le nom à un bébé avant ou après sept jours suivant sa naissance, de sevrer un enfant de moins de trois ans. Il condamne également l'irrespect à l'égard de certaines catégories de la société : les parents, les personnes âgées, les aînés, les handicapés, les orphelins, les veuves pour ne citer que ceux-ci. Il interdit également les actions mauvaises comme le vol, l'adultère, le mensonge, l'arrogance, l'avarice, l'envie, l'extravagance et la vanité.

Au Fouta-Djallon la prière est obligatoire. On ne peut pas être Peul et s'abstenir de prier. Les vrais Peuls sont ceux qui prient et qui ont une connaissance de l'islam[249]. Mais cette prière s'accompagne d'un certain nombre de principes cultuels. Il est interdit de prier en état d'impureté ou d'excitation. C'est pourquoi les ablutions précèdent la prière proprement dite. Il est important de préciser que les ablutions ne peuvent pas purifier les femmes en état menstruel. Pendant cette période il leur est interdit non seulement de toucher le Coran, mais aussi d'aller à la mosquée pour prier. Il est interdit

---

248. Le mot arabe *halal* est rendu en français par « permis, licite ». C'est un antonyme de *haram* « interdit ». En principe les musulmans ne doivent pas consommer la viande des animaux égorgés par les non-musulmans. C'est une viande interdite aux musulmans (*haram*). Par conséquent, ils doivent consommer la viande *halal*, c'est-à-dire la viande des animaux égorgés selon les techniques et pratiques islamiques. Mais au Fouta-Djallon l'application de ce principe est nuancée en ce sens qu'il n'y a pas une interdiction ferme de ne pas consommer la viande des animaux égorgés par les non-musulmans. Les Peuls musulmans peuvent en manger parce que ceci est prévu dans le Coran.

249. Chez les Peuls du Fouta-Djallon, « prier » signifie être musulman. Ceux qui ne prient pas sont considérés comme païens. Au Bénin le mot *juulbe* désigne les Peuls musulmans ou ceux qui prient. On utilise le mot *haabe* pour parler des non-Peuls ou des infidèles. José Van Santen, « Garder du bétail c'est aussi un travail », in *L'ethnicité peule dans le contexte nouveau. Dynamique des frontières*, sous dir. Youssouf Diallo et Günther Schlee, Paris, Karthala, 2000, p. 139.

aux musulmans peuls de négliger la prière. En effet, Allah condamne celui qui ne prie pas et pourvoit aux besoins de ceux qui sont constants dans la prière. C'est la raison principale qui pousse les Peuls musulmans à prier. Ils ne le font pas pour le salut, encore moins pour la vie éternelle, mais essentiellement pour leur bien-être social, considéré comme une sorte de « paradis terrestre ». Il convient enfin de souligner que l'idolâtrie et l'incroyance sont interdites à tous les Peuls musulmans. On pourrait même dire que ces deux interdits sont à la base la morale de l'islam peul au Fouta-Djallon. Il suffit d'écouter les messages des imams dans les mosquées et la littérature orale ou écrite pour se rendre compte que l'idolâtrie et l'incroyance sont considérées comme des péchés majeurs qu'un musulman peul ne doit pas commettre.

En règle générale, ces interdits doivent être strictement respectés. Violer un des principes, c'est pécher et attirer sur soi-même ou sur la communauté (la famille, le clan) un malheur, et par conséquent un châtiment divin. Or les Peuls ont peur du châtiment d'Allah. Ils pensent que le respect des interdits est indissociable d'une vie heureuse, car Dieu ne protège que ceux qui s'abstiennent de ces interdits. Dans une telle communauté, la violation d'un interdit provoque une grande peur et une vive réaction contre le coupable. Pour cette raison, le fautif ressent une pression sociale qui se manifeste sous plusieurs formes, à savoir un reproche verbal virulent, une menace d'exclusion de la famille ou de la communauté peule, ou un châtiment corporel (gifle, menace de mort). La pression sociale peut aller au-delà de la correction verbale et corporelle jusqu'à l'exigence de la confession du mal commis devant la famille ou la communauté des croyants. Celle-ci est suivie d'une demande de pardon, de réconciliation, de bénédiction et d'un sacrifice. Ici l'accent est mis sur une morale établie par Allah. Ainsi la tâche principale de la communauté musulmane peule est de veiller à la pratique du bien et d'interdire le mal. Cela établit une relation de cause à effet entre l'interdit et la honte. Ainsi enfreindre l'un des interdits met le coupable en situation de malheur et de honte. D'où le rapport entre les interdits et la honte.

c. Interdits et honte

En faisant une analyse sociologique parmi les Peuls Mbororo du Cameroun, Henri Bocquené a remarqué que le Peul, plus que quiconque, est sensible à la honte, comme nous l'avons déjà noté pour le *pulaaku* du Fouta-Djallon de Guinée. Il n'y a rien de plus grave pour lui que de s'entendre dire :

aala dimankhâkou pulaaku. Hinô hersinanimâ « Tu as manqué à l'honneur peul. Tu devrais avoir honte[250] ». Dans ce cas, la honte est perçue comme le souverain mal qu'un Peul ne saurait supporter. Quand il agit mal, quand il manque à l'une de ses obligations ou transgresse un interdit, il a honte non seulement devant ses parents, mais aussi devant la communauté dans laquelle il vit. Dans ce cas, le mal entraîne le déshonneur envers soi-même, sa famille et sa communauté religieuse. Le Peul éprouve toujours un sentiment de honte lorsqu'il réalise avoir déçu des attentes, ou encore lorsqu'il échoue dans ses projets.

Considérant la honte comme le souverain mal, le Peul se préserve de commettre des actions honteuses. Au Fouta-Djallon on exprime ce sentiment de honte en disant qu'un vrai Peul ne fait pas telle ou telle chose. On reproche à un individu sans honte d'avoir un comportement de captif, vulgaire et qui ne cadre pas avec les valeurs cardinales de la noblesse.

Il existe beaucoup de choses dont un Peul peut avoir honte. Par exemple perdre tout son bétail de quelque manière que ce soit (mévente, maladie, fauves). Face à un tel malheur, le Peul s'enfuit définitivement, conscient qu'il a failli à ses obligations, puisqu'il n'a pas été à la hauteur de la profession de berger qui doit veiller sur ses bêtes. Il finit par dire que Dieu l'a voulu ainsi (*inch' Allah*).

Chez les Peuls du Fouta-Djallon, il est interdit d'avoir des enfants hors mariage[251]. La femme qui a un enfant illégitime s'expose à une humiliation cruelle, car il n'y a pas de cérémonie de baptême pour les enfants nés hors mariage. Ils sont porteurs du mal dans la société peule. Enfin, la majorité des Peuls de Guinée que nous avons rencontrés en France nous ont aussi confié avoir eu des difficultés à trouver du travail à leur arrivée. Ils rêvent donc de retourner au pays, mais ils ont honte de rentrer chez eux les mains vides[252]. Le mal est dans ce cas défini par le manque de moyens nécessaires pour vivre et pour subvenir aux besoins des parents.

---

250. Oumarou NDOUDI, *Moi, un Mbororo. Autobiographie de Oumarou Ndoudi, Peul nomade du Cameroun*, recueillie et trad. Henri BOCQUENÉ, Paris, Karthala, 1986, p. 315.
251. DUPIRE, *Organisation sociale des Peuls*, p. 153.
252. À Aix-en Provence, et même à Paris, nous avons rencontré plusieurs Peuls qui ont la nostalgie de leur pays. Mais ils ne peuvent pas y aller les mains vides. Car retourner au pays les mains vides, c'est y rapporter du malheur.

Une telle conception de la vie amène le Peul à croire que ne pas commettre d'actions honteuses aux yeux des autres, c'est persévérer dans le bien, c'est assurer son salut. Dans son ouvrage, *L'Évangile et la culture de honte en Afrique occidentale*, Hannes Wiher fait état de cette réalité en relevant que « dans la société guinéenne, société traditionnelle axée sur la honte, une faute sera considérée comme péché, si elle est découverte par la communauté[253] ». Dans ce cas, la notion de péché, pour reprendre les termes de Lothar Käser, apparaît dans sa dépendance de la communauté du coupable. Le péché fait donc l'objet d'une définition sociale[254]. Ainsi le péché c'est la honte qu'un individu éprouve après qu'il est découvert par un tiers. En revanche, aussi longtemps que le mal n'est pas découvert par un tiers, le présumé coupable est innocent devant ses pairs. Il justifie cette innocence en croyant en un Dieu souverain qui décide de son destin. Voilà pourquoi au Fouta-Djallon on entend souvent les Peuls dire : *si Allah hodiri* « c'est le destin », ou *ko kodorié Allah* « c'est Dieu qui l'a voulu », ou encore *si Allah jâbbi* « s'il plaît à Dieu »[255].

Les Peuls pensent que le péché inavoué est effacé par une bonne action qui le suivra. Cela s'accorde bien à la parole du Prophète Muhammad qui dit : « Faites suivre la mauvaise action par une bonne et elle s'effacera[256]. » Parmi les bonnes actions les plus pratiquées par les Peuls, on peut citer l'observation des cinq prières quotidiennes à partir de celle du vendredi jusqu'au vendredi suivant, la pratique de l'aumône, du jeûne pendant le mois du Carême, de la veillée pendant la nuit du destin, de la fête de Tabaski, de la lecture du Coran et du pèlerinage à la Mecque. Tout cela est couronné par le sacrifice qui, aux yeux du Peul, ôte le péché.

C. Tradition orale et écrite

1. Rôle des écrivains

Le rôle déterminant des écrivains peuls dans l'émergence de l'islam au Fouta-Djallon n'est pas un phénomène récent. Ses origines remontent à la

---

253. Wiher, *L'Évangile et la culture de honte en Afrique occidentale*, p. 18.
254. Lothar Käser, *Voyage en culture étrangère. Guide d'ethnologie appliquée*, Charols, Excelsis, 2008, p. 153.
255. Pour exprimer ce sentiment fort religieux, les Peuls musulmans emploient le mot arabe *inch'allah*.
256. Al-Ghazali, *Kitab At-Tawba* (*Le livre de Repentir*), Paris, La Ruche, 1997, p. 45, cité par Tolno, « La Souveraineté de Dieu chez Al-Ghazali », mémoire de Master présenté à la Faculté Jean Calvin d'Aix-en-Provence, 2013, p. 41.

période de l'État théocratique, Car dès le début le pouvoir aristocratique a cherché de façon progressive et inlassable à acquérir les rudiments de la langue arabe et de la culture islamique. L'acquisition de ces éléments culturels a favorisé au XIIᵉ siècle la naissance d'une élite de musulmans peuls dont le niveau culturel était très apprécié. Déjà à cette époque ils écrivaient et lisaient avec facilité l'arabe classique, traduisaient et commentaient en pular les textes coraniques ainsi que les auteurs arabes les plus difficiles.

Versés dans la connaissance de l'arabe et de la culture musulmane, ils produisaient des ouvrages dans plusieurs domaines de la vie : poésie, littérature, politique et théologie, pour ne citer que ceux-ci. Dans la société peule on reconnaît ces érudits par les titres qu'ils portent. Parmi les principaux nous mentionnons : *cheikh, almâmy, wâlî, alfa, karamoko* et *thierno*[257]. Ils avaient pour rôle de consigner dans le livre les acquis de l'islam et de la culture peule. Leur rôle était tellement important pour le pouvoir aristocratique qu'il a créé les cités de culture où la grammaire, la poésie arabe, le droit musulman, la théologie et l'exégèse étaient enseignés[258].

Au XVIIIᵉ siècle le rôle des écrivains peuls dans le maintien de l'islam au Fouta-Djallon a atteint la phase de la transmission de la foi. À partir de cette époque, l'annonce verbale de la foi musulmane est devenue une des préoccupations majeures des écrivains peuls. Alfâ Ibrâhîm Sow raconte cette réalité historique en notant que les écrivains peuls, après avoir écrit quelques principes et dogmes de la religion musulmane, se sont engagés à les diffuser parmi les incroyants. Ils s'encourageaient mutuellement et se disaient les uns aux autres : « Il faut effrayer et séduire, il faut convaincre une population ignorante, l'arracher à son paganisme ancestral et l'amener

---

257. Marty, *L'islam en Guinée*, p. 354 ; Salvaing, « Lieux de mémoire religieuse au Fouta-Djallon », p. 68.
258. Il semble que les premiers érudits du Fouta-Djallon étaient formés au Fouta-Toro. Après leur formation ils ont rejoint le Fouta-Djallon où ils furent soumis à l'enseignement dans les cités de formation dont la célébrité était reconnue dans la sous-région. Parmi ces écoles citons entre autres celles du Fouta central et de ses dépendances (*Dow Pelle e Limodal*) les cités de Dalaba, Fougoumba, Kébali, Dinguiraye et Gomba ; du Bas Fouta (*Ley Pelle*) Foudouyé-Hadji, Laminiya, et Timbo ; du Haut-Fouta et dépendances (*Dow Pelle e Limodal*) les cités de Koyin-Micidé Kollâde, Dallen, Mombéya, Kankanlabé, Dara-Labé, Labé Deppéré, Koula, Zâwia, Touba, Ndâma, Diari, Sagalé, Maci et Bantignel. Pour une étude approfondie sur le sujet, voir Racine Oumar N'Diaye, « Le rôle du Fouta-Tooro dans l'enseignement. L'essor de la civilisation et de la pensée islamique : le Foyer de Hiologne dans la longue durée », *Cahiers des Sources de l'Histoire de la Mauritanie* n° 4, 2004, p. 39 ; Sow, *La femme, la vache, la foi*, p. 13 ; Sanneh, *Beyond Jihad*, p. 157.

à penser, agir et réagir selon les commandements de l'islam[259]. » Quand les Peuls parlent de livres, ils pensent avant tout au Coran, pour lequel ils ont un grand respect et une grande admiration[260]. Mais ils considèrent aussi les *manuscrits* comme des moyens de préserver la foi musulmane au Fouta-Djallon. Bernard Salvaing abonde dans ce sens : « Les livres, en général, sont l'objet d'un grand respect, et en particulier ceux datant des époques reculées (les plus anciens manuscrits venus du Fouta Toro par exemple) ou ceux écrits de la main des Saints[261]. » Parmi ces livres, André Arcin cite le *Louairalmani* de Cheik Ahmed Tidiani, le *Dalal-el-Khaïral* de Cheikou Souleymane, le *Kitabou rémaé* d'El Hadj Omar, l'*Arripalat* de Cheik Abou Muhammadou Saliou, le *Zaoual* et le *Sani* de Khalil, le *Toufou* d'Assimou, *Al Maram* de Cheik Arirgou et le *Samyoulesrari* de Cheik Yérokoï[262]. Paul Marty y ajoute les écrits locaux complétant les études religieuses par les éléments des sciences mystiques : « le Rimah, le Soyouf, le Safinal as-saada, et le Djouahi al-maani[263]. » Pour sa part, Bernard Salvaing indique les textes d'éloges funèbres dédiés aux grands saints du Fouta-Djallon :

> Texte 1 : sur les bénédictions que l'on va rechercher auprès de Alfa Umar Rafi'u » ; auteur Cerno Muhammadu Wûri (fils de Alfa Umar Rafi'u. Langue peule, 6 pages, sans date. Lieu Dara Labé. Texte 2 : sur le décès de Ceernôjjo Baba Diyan, auteur Muhammadu Jawô. Langue peule, 4 pages, daté du 22e jour du Ramadan, un samedi, vers 20 heures. Lieu ? Texte 3 : écrit par un originaire de Timbo, résidant à Dâma, Muhammad, talibé, et faisant l'éloge de Shaykh, Abdu Al-Rahîm de Koula. Langue peule, 5 pages, Lieu Koula Mawndé. Texte 4 : sur le décès de Cerno Saa'du Dalen ; auteur Alfa U'mar Rafi'u. Langue arabe, deux pages. Lieu Dara Labe. Texte 5 : sur le décès de Muhammad

---

259. Sow, *La femme, la vache, la foi*, p. 13.
260. Au Fouta-Djallon les versions très anciennes du Coran sont soigneusement gardées parce qu'elles témoignent de l'histoire de l'islamisation du Fouta-Djallon. Leur possession est une preuve éloquente qui fait passer leurs détenteurs pour des gardiens de l'islam en Guinée
261. Salvaing, « Lieux de mémoire religieuse au Fouta-Djallon », p. 71.
262. Arcin, *La Guinée Française*, p. 496.
263. Ces livres sont précieux pour la formation coranique. Les trois premiers sont de la main d'El-Hadj Oumar. Le dernier est l'œuvre du fondateur du courant tidianiste. Marty, *L'islam en Guinée*, p. 354.

Cerno Sa'du, auteur Shaykh Dalaba Ibn Cerno Saa'du. Langue peule, Lieu Dalaba. Textes 6 et 7 : sur le décès de Cerno Aliyyu Bûba Dian. Langue peule, année citée 1345 (1ère partie écrite par un élève, Umar, ce petit ignorant. 2ᵉ partie : ajouté par Shaykh Ahmad Ibn Saykh Muhammad Sirâjo. Texte 8 : sur la mort du grand Chérif de Sagalé (copié par Cerno Nuhu Ibn Cerno Sâlihu)[264].

Notons encore le *majmu'at al-fawa'id ad-diniyati fi-l thaqafat al-islamiya* « rassemblement capital des choses religieuses dans la culture islamique » d'Al-Hadji Thierno Mouhammadou Baldé[265] et, le *Yheewirde Fout* « Survol du Fouta », le *Banaatul-Afkaarii*, « Les fruits de mes pensées » et le *Magaalida sa'adaati* « Hommage au prophète » d'El-Hadj Thierno Abdourahmane Bah qui font de lui l'une des figures emblématiques de l'islam en Guinée[266]. Cet héritage religieux est jalousement gardé dans les bibliothèques familiales[267] ou villageoises dont l'accès est limité à un public restreint. Par exemple à Séfouré (village de la préfecture de Dabala) se trouve une bibliothèque de renom à laquelle les érudits peuls se réfèrent pour consolider l'islam au Fouta-Djallon.

Un regard critique sur la littérature foutanienne nous permet de comprendre que la majorité de ces écrits répondent essentiellement à des préoccupations religieuses. Ils ont pour sujets principaux Allah, les Anges, les

---

264. SALVAING, « Hagiographie et Saints au Fouta-Djalon ».
265. Ce livre est composé de 19 tomes et est un exposé systématique de la doctrine islamique. BALDÉ, SALVAING, *Une vie au Fouta-Djallon*, p. 347.
266. El-Hadj Abdourahmane Bah est l'une des figures de proue de l'islam en Guinée. Très tôt il apprit auprès de son cousin la grammaire (*mahaw*), le droit (*fiqh*), la théologie (*tawhid*), ainsi que d'autres spécialités (*Fannu, Bayan, tarsif, maani*). Son *Tafsir* (traduction commentée du Coran), qui marqua la fin de ses études coraniques lui a valu le titre de Thierno. BALDÉ, SALVAING, *Une vie au Fouta-Djalon*.
267. Au Fouta-Djallon chaque *karamoko* ou imam possède une bibliothèque chez lui. Parmi plusieurs imams que nous avons côtoyés pendant nos voyages de recherche, nous pouvons citer la bibliothèque d'El-Hadj Abdourahmane Bah, imam de la grande mosquée de Labé. Dans sa bibliothèque il nous a présenté les livres écrits de sa main, mais aussi ceux écrits par son père et d'autres auteurs arabes et peuls. Ceci nous amène à dire qu'au Fouta-Djallon les manuscrits sont conservés dans les grandes familles considérées comme piliers de la propagation de l'islam en Guinée. Cet héritage religieux est transmis de génération en génération. Ibrahim Sow renforce cette idée en disant que « même si les descendants ne continuent pas le travail d'un lointain ancêtre écrivain, ils conservent avec respect les ouvrages, manuscrits et correspondances trouvés dans sa bibliothèque personnelle et n'acceptent jamais de se départir de ce qu'ils considèrent comme le secret des biens familiaux ». Sow, *La femme, la vache, la foi*, p. 17.

Prophètes, le Coran, le paradis et l'enfer, la prière, le jeûne, le pèlerinage, le djihad, ou encore les fêtes religieuses. Pour marquer la mentalité des lecteurs, les auteurs de ces écrits exigent des hommes qu'ils croient en Allah et en son prophète Muhammad. Ils font l'éloge de la famille et des compagnons du prophète Muhammad, les guerriers qui ont réussi à fonder des empires musulmans et invitent les croyants à être leurs imitateurs. Ayant pour but de créer une société de musulmans, ces écrits condamnent et rejettent toutes les religions et demandent au croyant de suivre la religion du prophète Muhammad, l'islam. Pour toucher les gens en profondeur, ces écrivains vulgarisent leurs écrits en langue peule et s'adressent à celles et ceux qui n'ont pas une grande culture en arabe. La Mecque, Médine et Fez y sont présentés comme des villes de prédilection, de foi et de sciences islamiques que chaque musulman peul est censé connaître. Le paradis est aussi décrit de manière à amener les lecteurs ou les auditeurs à embrasser l'islam avec l'espérance d'y être admis un jour. En effet ce paradis a, selon Sow, « ses palais merveilleux, ses jardins verdoyants et toujours en fleurs, ses eaux claires et fraîches, ses belles jeunes filles (*huurul-ayni*) aux longs cheveux et aux seins altiers, sa paix, son abondance et son bonheur éternel[268] ». Pour maintenir l'islam en Guinée, les Peuls se servent aussi de la tradition orale qui, aux yeux des Peuls, a une valeur inestimable.

2. Tradition orale

En écoutant les griots, les chroniqueurs et les conteurs, il est facile de comprendre que la tradition orale dévoile l'identité du peuple tout comme la littérature écrite. C'est ainsi que John Mbiti remarque que la culture de l'oralité dépeint la société africaine. Elle est le portrait de la vie des peuples parce qu'elle englobe tous les aspects de la vie humaine. « Depuis Dieu, source et soutien de la vie, jusqu'aux objets inanimés, tout est pris dans le rythme d'existence, tout entre dans le tableau, et quand les objets n'ont pas de vie, les Africains leur donnent la vie[269]. » Mario I. Corcuera va dans le même sens en affirmant que la tradition orale est l'ensemble des témoignages transmis

---

268. *Ibid.*
269. John Mbiti, « La littérature orale africaine », in *Colloque sur l'Art nègre. Rapports*, t. I, cité par Oscar Bimwenyi-Kweshi, *Discours théologique négro-africain. Problème de fondements*, Paris, Présence Africaine, 1981, p. 449.

de bouche à oreille d'une génération à l'autre. Elle traite de tous les éléments fondamentaux de la culture africaine, à savoir « la conception religieuse, la sagesse, la connaissance du monde et de la vie, les structures économiques et sociales et les sentiments[270] ». De ce fait, elle est à la fois le réservoir et le canal de la tradition africaine. Remarquons que la préférence pour la communication orale fait partie de la conscience relationnelle[271].

Chez les Peuls du Fouta-Djallon, la tradition orale a joué un rôle important dans l'émergence de l'islam. En effet la plupart des matières de la tradition orale, à savoir les épopées, les contes, les fables, les proverbes, les devinettes et la mythologie peuls, ont été élaborées dans le but de préserver et de propager les acquis de l'islam peul. C'est ainsi que l'épopée dynastique du Fouta-Djallon, qui décrit la chute de Gâbou, a été transformée en épopée religieuse justifiant la guerre sainte (*djihad*) en termes de recommandations d'Allah et de son prophète Muhammad[272]. Ce sentiment religieux apparaît aussi au travers des récits épiques des griots qui exaltent la bravoure et le courage des héros ayant contribué à l'émergence de l'islam au Fouta-Djallon[273].

Imaginés dans un contexte religieux, la majorité des contes peuls apparaissent comme l'annonce d'une culture maraboutique et un appel pressant au respect absolu des recommandations coraniques. Citons par exemple le conte du « Fils du Roi ». L'auteur y montre que le mariage de Kaly avec la princesse Karimatou n'aurait pas eu lieu s'il n'avait pas été béni par son marabout et sa mère. Tout au long du récit, le conteur décrit les conditions de vie de Kaly et de sa mère. Il prépare la surprise du dénouement en insistant sur le fait que tous deux étaient méprisés. Personne ne pouvait imaginer qu'ils étaient de famille royale. Et le Roi n'avait jamais réalisé qu'un jour son fils Kaly serait l'époux d'une princesse. Il réservait ce privilège à l'un des enfants de ses nombreuses femmes. Mais Dieu en avait décidé autrement et Kaly réussit à

---

270. Mario I. CORCUERA, *Tradition et littérature orale en Afrique noire. Parole et réalité*, Paris, Harmattan, 2009, p. 124.
271. Cf. Hannes WIHER, « Vision du monde et oralité », *Théologie évangélique* 15, 1, 2016, p. 16-36.
272. DIALLO, *Épopée du Fouta-Djalon. La chute de Gâbou*, p. 141.
273. En Guinée on trouve plusieurs récits épiques qui retracent la vie des héros de la foi musulmane. De manière sélective Alpha Ousmane Barry cite l'épopée « de Bokar Biro, le dernier Almamy de Fouta-Djallon, vaincu par l'armée française en 1896, de Alpha Yaya, roi de Labé, les exploits de Cerno Abdouramaani de Koyin au cours de l'expédition guerrière de l'État théocratique du Fouta-Djaloo lancé contre le chef païen Janke Wali ». BARRY, *L'épopée peule du Fouta-Djaloo*, p. 44.

épouser la princesse. Le conte se termine par une leçon : « Les voies de Dieu sont insondables et nul ne peut connaître et gérer son destin[274]. »

Plusieurs proverbes peuls, à l'instar des épopées et des contes, suscitent chez l'auditeur un sentiment religieux qui montre l'identité peule. Par exemple le proverbe *mo o walli o foolay* « qui est aidé par Allah réussira » permet aux gens de garder à l'esprit qu'Allah est le juge suprême de l'humanité. Il soutient les personnes marginalisées. Il est Miséricordieux et Tout-Puissant. Il est insondable et personne ne peut connaître ses secrets. On peut encore citer la devinette, *ballal ko ka allah* « il n'y a pas d'aide que celle d'Allah ». Elle donne à croire que les aides que les gens cherchent chaque jour auprès des intermédiaires que sont les marabouts, les djinns, les amulettes ou les ancêtres sont accordées par la volonté absolue d'Allah. Aucune chose ne peut arriver sur la terre, si ce n'est pas par la volonté absolue d'Allah.

D. Les Peuls du Fouta-Djallon, gardiens de l'islam en Guinée

L'histoire de l'émergence de l'islam au Fouta-Djallon est incontestablement liée à celle des Peuls musulmans, car leur guerre de conquête contre les autochtones avait pour objectif l'extension de l'islam au Fouta-Djallon et au-delà de ses frontières géographiques et ethniques[275]. Certes, en déclenchant la guerre sainte avec les peuples paisibles, ils avaient des ambitions politiques et socio-économiques. Mais le but principal de cette guerre de conquête était de propager l'islam parmi les peuples qui n'avaient aucune connaissance du Dieu de Muhammad. Ainsi, l'usurpation des terrains, la création du Royaume théocratique et d'une classe servile n'ont été que des moyens pour introduire et de maintenir l'islam au Fouta-Djallon.

Plusieurs facteurs ont favorisé l'introduction de l'islam au Fouta-Djallon. Il s'agit de la vision peule du monde, le *pulaaku*, l'orientation relationnelle de la conscience peule dont nous avons déjà parlé. Les Peuls ont réussi à faire

---

274. Pour l'enracinement et la protection des acquis de l'islam au Fouta-Djallon, les Peuls utilisent les contes abondamment. C'est pourquoi on entend dans la majorité des contes peuls des expressions religieuses comme *karamoko*, mosquée, Coran, imam, esprit, Allah, bénédiction d'Allah, génies protecteurs. Diallo, *Le fils du roi de Guémé*, p. 33. Cf. aussi Diallo, *Daado, l'orpheline et les autres contes du Fouta-Djallon*, p. 55 ; Diallo, *Barowal. Le cheval sacré*, p. 47.

275. Pour une discussion détaillée de l'arrivée de l'islam au Fouta-Djallon, voir la section II de ce chapitre.

de l'islam une religion qui soit conforme à la vision peule du monde. En se servant des canaux religieux familiers et des matériaux des religions traditionnelles africaines, les Peuls ont réussi à adapter et à assimiler les valeurs de l'islam à leur culture et au *pulaaku*. La conscience relationnelle qui exprime une identité collective dans l'*umma* islamique a conduit les Peuls à s'approprier les acquis de l'islam et à vivre leur foi dans un esprit animiste, relationnel et holistique. Cela permet aux Peuls de croire que l'islam est leur religion.

VI. Synthèse du chapitre 1

Dans ce chapitre, nous avons cherché à répondre à la question : qui sont les Peuls du Fouta-Djallon ? Les recherches sociologiques et anthropologiques ont considéré l'islam peul comme l'un des critères majeurs de distinction des Peuls du Fouta-Djallon. C'est dans cette optique que Jacques Richard Mollard les considère comme le peuple élu de l'islam en Afrique noire[276]. Pour sa part, Jean Sauret-Canal affirme que les Peuls « sont les champions et les propagateurs de l'islam[277] » en Afrique occidentale et centrale.

En lisant ces auteurs, nous avons compris qu'au Fouta-Djallon l'islam est tellement vivant qu'il est devenu le cœur de la culture peule. Toutes les structures de la société peule en sont imprégnées. Roger Botte explique cette réalité culturelle en relevant qu'au temps du Fouta théocratique le pouvoir s'était servi de « l'islam comme religion d'État, comme idéologie politique de la conquête, de la domination et de l'inégalité, et comme référence juridique dans les rapports sociaux[278] ». À cette époque, l'islam a si profondément marqué la conscience des Peuls qu'ils sont devenus les véritables propagateurs et gardiens de l'islam en Guinée.

Les anthropologues et sociologues se sont aussi intéressés à la notion de *pulaaku*. Ils en ont conclu que l'islam et le *pulaaku* sont les éléments culturels qui décrivent le mieux le Peul. Dans ce chapitre nous sommes allés plus loin dans notre analyse. Nos recherches anthropologiques et sociologiques

---

276. Jacques Richard MOLLARD, *Islam et colonisation au Fouta-Djallon*, Paris, Présence africaine, 1954, p. 357-364.
277. Jean SURET-CANALE, *Essay of African History. From the Slave Trade to Neocolonialism*, Londres, C. Hurst, 1988, p. 32.
278. Roger BOTTE, « Pouvoir du livre, pouvoir des hommes. La religion comme critère de distinction », *Journal des africanistes* t. 60, fasc. 2, 1990, p. 40.

nous ont conduit à conclure que la vision peule du monde et la conscience principalement relationnelle sont les éléments clés qui décrivent le mieux l'identité peule. La vision peule du monde est holistique parce qu'elle considère l'univers comme un ensemble intégré. Cependant, dans la vision peule du monde et dans la conscience relationnelle peule, le *pulaaku* constitue le substrat essentiel au point de nous amener à conclure que le *pulaaku*, c'est la vision peule du monde. L'analyse de ces deux notions profondes de la personnalité peule (vision peule du monde et identité relationnelle peule) nous permettra d'annoncer l'Évangile aux Peuls musulmans du Fouta-Djallon de manière appropriée.

CHAPITRE 2

Histoire de l'évangélisation des Peuls

I. Introduction

Le premier chapitre nous a permis de nous familiariser avec l'histoire, la culture et la religion du peuple peul au Fouta-Djallon, qui ont façonné leur vision du monde et leur identité. Pour encore mieux comprendre ce peuple auquel nous voulons annoncer l'Évangile et dans lequel nous avons l'intention d'implanter des Églises, nous allons, dans ce chapitre-ci, nous pencher sur la manière dont l'Évangile est arrivé chez les Peuls. Pour cela nous étudierons les différents engagements missionnaires qu'a connus le Fouta-Djallon depuis la deuxième moitié du XVIIIe siècle.

Les dernières paroles de Jésus-Christ dans l'Évangile de Matthieu sont bien connues : « Allez, faites de toutes les nations des disciples, baptisez-les au nom du Père, du Fils et du Saint-Esprit » (Mt 28.19). Elles ont trouvé un écho dans le cœur de ses disciples qui sont partis un peu partout dans le monde pour annoncer la Bonne Nouvelle. Ils ont été nombreux, ceux qui brûlaient du désir d'aller annoncer l'Évangile aux peuples non atteints et qui se disaient comme l'apôtre Paul : « Malheur à moi si je n'annonce pas l'Évangile » (1 Co 9.16, Segond 21). Parmi eux, plusieurs sont allés proclamer l'Évangile aux Peuls du Fouta-Djallon en République de Guinée. C'est pourquoi, dans ce chapitre, nous chercherons à savoir quelles ont été les étapes et les méthodes d'implantation d'Églises parmi les Peuls du Fouta-Djallon.

Durant l'époque coloniale, l'évangélisation des Peuls et de bien d'autres peuples de l'Afrique relevait essentiellement des Églises et Missions occidentales[1]. La relation entre les sociétés missionnaires et l'entreprise coloniale était tellement étroite qu'elles étaient souvent confondues. Relevons que la colonisation a plongé l'Afrique dans une misère sans précédent et elle l'a saignée sur les plans social, économique et politique. Toutefois, même si les sociétés missionnaires et les colons ont été actifs dans les mêmes régions et aux mêmes moments, il serait faux d'affirmer qu'évangélisation et colonisation peuvent être confondues. Elles sont au contraire très différentes. Elles n'ont « ni la même structure ni la même vocation. Si la colonisation n'est qu'exploitation de l'homme par l'homme, la mission est l'annonce de la Bonne Nouvelle qui procure le salut en Jésus-Christ[2] ». Cela permet de dire qu'à l'époque coloniale l'évangélisation était quelque chose de délicat. Mais malgré ce contexte miné par le fait colonial, l'Évangile a été présenté aux Peuls de la Guinée, du Niger, du Nigéria et du Cameroun.

La colonisation était tellement cruelle qu'il était difficile, voire impossible, pour les Africains de vivre longtemps sous le joug qu'elle imposait. Cela a déclenché le mouvement des indépendances en Afrique. En 1960, plusieurs pays de l'Afrique se sont déclarés indépendants. Désormais la mission de l'Église allait se dérouler dans un nouveau contexte politique. C'était le commencement d'une nouvelle période, de la période postcoloniale, des « soleils des indépendances » pour emprunter l'expression de l'écrivain ivoirien Amadou Kourouma[3].

En ce qui concerne l'évangélisation des Peuls, Larry Vanderaa, ancien missionnaire de la Mission protestante réformée (MPR)[4] qui a longtemps séjourné parmi les Peuls, divise l'histoire des Missions parmi les Peuls en trois périodes de vingt-cinq ans allant de 1925 à 2000[5]. Nous n'utiliserons

---

1. Fara Daniel Tolno, « Arrière-plan historique de l'évangélisation de l'Afrique », in *L'Afrique d'aujourd'hui et les Églises. Quels défis ?* sous dir. Hannes Wiher, Carlisle, UK, Langham, 2017, p. 30.
2. *Ibid.*, p. 28.
3. Ahmadou Kourouma, *Les soleils des indépendances*, Paris, Seuil, 1968.
4. En anglais *Christian Reformed World Missions* (CRWM).
5. Relevons que le choix de ces périodes est fait sur la base de l'évaluation de l'évangélisation des Peuls en Afrique. Dans ce procédé, Larry Vanderaa s'attelle à présenter l'évangélisation des Peuls en fonction de l'installation des sociétés de mission en Afrique occidentale. Ceci l'amène à faire une présentation chronologique articulée en trois périodes. La première période de 1925 à 1950 marque le début de l'évangélisation des Peuls en Afrique. Pendant cette période l'évangélisation était essentiellement axée sur les Peuls de la Guinée et du Sénégal. Il n'y avait aucune activité missionnaire parmi les Peuls vivant dans les autres

toutefois pas ce découpage de Vanderaa parce que l'évangélisation des Peuls musulmans du Fouta-Djallon a commencé bien avant 1925.

Pour bien comprendre l'histoire de l'évangélisation des Peuls du Fouta-Djallon, nous avons choisi d'inclure l'évangélisation des Peuls dans quelques pays de l'Afrique occidentale et centrale. Mais il convient de souligner que la littérature sur le sujet est tellement pauvre qu'il est nécessaire de recourir aux témoignages personnels, aux lettres et aux rapports missionnaires, aux notes de cours et au Journal officiel de l'État guinéen. Toutefois, il est important de noter que la mission parmi les Peuls du Fouta-Djallon est une vieille entreprise qui a débuté bien avant la deuxième moitié du XXe siècle. Pour bien étayer cette réalité historique, nous parlerons successivement des trois efforts missionnaires qui ont eu lieu de 1797-1887, puis de 1925-1967 et enfin de 1984-2019. Dans cette démarche, nous parlerons peu de l'évangélisation du Fouta-Djallon par l'Église catholique. Ceci s'explique par le manque d'accès à ses ressources orales et écrites.

II. Premier effort missionnaire (1797-1887)

En République de Guinée, l'évangélisation des Peuls a été entreprise, selon Paul Ellenberger, en 1797 par la Société missionnaire écossaise (*Scottish Missionary Society*)[6]. Installée à Freetown en 1788 (Sierra Leone), elle est la première Mission protestante arrivée au Fouta-Djallon pour y évangéliser les Peuls. En 1797 déjà, elle y a envoyé deux missionnaires qui dès leur arrivée dans le massif du Fouta-Djallon ont eu à faire face à des difficultés. Deux obstacles principaux se dressaient devant eux : les conflits entre les chefs de tribu et la précarité de leur état de santé. Malades, ils ont dû rentrer en Sierra Leone pour se soigner. Après leur guérison, l'un d'eux est retourné en 1798

---

pays. La lecture de Vanderaa nous laisse entendre que pendant la seconde période de 1950 à 1975 l'espace géographique de la mission parmi les Peuls s'est étendu. En plus de la Guinée et du Sénégal, les nouveaux champs d'évangélisation des Peuls s'ouvrent au Nigéria, au Bénin et au Niger. Il poursuit en relevant que de 1975 à 2000, la mission parmi les Peuls s'est étendue au Mali et au Burkina Faso. VANDERAA, « Presentation at the WEC International Fulbe Conference », p. 2.

6. EPEG, « Premier congrès national sur l'évangélisation de la Guinée, tenu du 25 au 29 avril 1988 à l'Institut Biblique de Télékoro », Rapport annuel du Comité Exécutif National de l'EPEG, Conakry, Archives de l'EPEG, 1990 ; Société royale belge, *Bulletin de géographie* n°1, 1877, p. 90.

à Fantimané, un des villages du Fouta-Djallon. Il y a reçu dans sa maison un Peul auquel il voulait annoncer l'Évangile. Mais celui-ci l'a froidement tué de son épée[7]. Ainsi s'est achevée cette première tentative d'évangélisation. Après cet incident dramatique, la mission parmi les Peuls du Fouta-Djallon a connu une longue période de silence. Toutefois, il est important de souligner que pendant cette pause, en 1841, Samuel Ajayi Crowther est allé évangéliser les Peuls au bord du fleuve Niger, région qui allait faire partie plus tard du Nigéria[8]. Il a été le premier missionnaire africain à s'intéresser à l'évangélisation des Peuls musulmans.

L'année 1887 marque l'arrivée de l'Église catholique dans le pays des *Foutanké*. Le Père Jean-Baptiste Raimbaul a été le premier prêtre catholique à fouler le sol du Fouta-Djallon. Dès son arrivée dans ce pays où l'islam était perçu comme la norme de vie, il est entré en contact avec l'Almamy du Fouta-Djallon à qui il a présenté son programme missionnaire :

> Almamy, grand roi ! Moi qui te parle, je suis prêtre et missionnaire ; je demeure à Boffa. Nous sommes là quatre missionnaires ; nous ne sommes venus ni pour acheter ni pour vendre, mais pour apprendre aux enfants à lire, à écrire, à parler le français. Nous en avons en ce moment soixante. [...] Nous leur apprenons aussi, ainsi qu'à tous ceux qui veulent nous écouter, qu'il y a un Dieu, que ce Dieu est bon et juste, qu'il nous a donné dix commandements, et que nous devons les observer ; que le Fils de Dieu est venu sur la terre pour nous racheter et nous ouvrir les portes du ciel. Enfin nous enseignons à tous, la bonne manière d'aimer, de prier, de servir ce grand Dieu, qui punit les méchants et récompense les bons[9].

Le contenu du programme missionnaire du père Raimbaul, tel qu'il l'a présenté, comprenait deux volets. Le premier était la formation des enfants du pays. Cela faisait de l'école l'un des éléments principaux sur lesquels l'Église

---

7. Paul ELLENBERGER, « Notes de cours d'histoire de l'Église », Télékoro, Archives de l'Institut biblique, 1988.
8. Jeanne DECORVET, *Samuel Ajayi Growther. Un père de l'Église en Afrique noire*, Paris, Cerf, 1992, p. 119.
9. André Mamadoubah CAMARA, *Repères pour l'histoire de l'Église catholique en Guinée 1890-1986*, Conakry, Imprimerie de la Mission catholique, 1992, p. 76-77.

catholique s'appuyait pour témoigner l'amour de Dieu dans le monde. Dans la deuxième partie de son discours, le Père Raimbaul présentait de manière dogmatique sa foi en un Dieu unique, qui hait le péché et qui sauve le pécheur par son Fils Jésus-Christ. Ce premier contact s'est soldé par un échec parce que l'Almamy et ses sujets avaient horreur d'entendre que Dieu avait un Fils. De peur de voir christianiser le Fouta-Djallon, les Peuls musulmans nourrissaient une certaine haine contre les Français et s'opposaient à leur pénétration dans le massif du Fouta-Djallon. Ce premier contact du Père Raimbaul a été un échec parce que l'Almamy n'a pas accepté que l'Église catholique réside au Fouta-Djallon. Mais ce rejet n'a pas découragé le Père Raimbaul. Il est resté ferme sur sa vocation missionnaire, celle d'implanter l'Église catholique parmi les Peuls du Fouta-Djallon.

Rejeté, il s'est installé à Boké qu'il considérait comme le lieu de la pré-évangélisation des Peuls du Fouta-Djallon. À cette époque, Boké était un centre commercial. Puisque les Peuls aiment le commerce, ils y venaient en grand nombre pour vendre et acheter les produits locaux et importés. Pendant les périodes où le commerce était florissant, on pouvait y voir deux à trois cents Peuls musulmans qui venaient du Fouta-Djallon. Quand ils arrivaient à Boké, ils visitaient la station missionnaire, et le Père Raimbaul et ses pairs saisissaient cette occasion pour leur expliquer quelques points de la religion chrétienne. Ils espéraient qu'ils s'installeraient un jour dans ce beau pays du Fouta-Djallon[10]. À la même époque, au Nigéria, la présence de la Société internationale missionnaire (SIM) parmi les Peuls date de 1893[11]. Trente ans plus tard, l'Alliance chrétienne et missionnaire (CMA) a envoyé des missionnaires parmi les Peuls du Fouta-Djallon.

III. Deuxième effort missionnaire (1923-1967)

Au début du XIXe siècle, plusieurs sociétés missionnaires sont arrivées en Afrique. C'est à cette époque que l'évangélisation du continent africain a pris son plein essor. Plusieurs peuples ont été atteints par l'Évangile. Cependant,

---

10. *Ibid.*, p. 93.
11. Yusufu TURAKI, *An Introduction to the History of SIM/ECWA in Nigeria 1893-1993*, Nigéria, Jos, Challenge, 1993, p. 145 ; Bulus Y. GALADINA, Yusufu TURAKI, « Christianity in Nigeria », *Africa Jourrnal of Evangelical Theology*, 2001, p. 95.

les Peuls musulmans ont manifesté une opposition farouche à l'accueil de l'Évangile de sorte que bien des missionnaires ne se sont pas intéressés à leur évangélisation. Ils les considéraient comme un peuple nomade mystérieux qui errait à la recherche de pâturages pour son bétail et donc impossible à évangéliser. Les Peuls ont donc été presque ignorés par les Missions évangéliques. De ce fait, il est difficile, voire impossible, de trouver pour cette période des documents fiables pour mener une étude approfondie sur l'histoire de l'implantation d'Églises parmi les Peuls au début du XXe siècle.

En Guinée, l'Alliance chrétienne et missionnaire (*Christian and Missionary Alliance*, CMA) a envoyé en 1923 le couple Watkins parmi les Peuls du Fouta-Djallon. D'origine américaine, les Watkins y sont restés pendant 44 ans[12]. Dans l'étude de cette période, nous accorderons une attention particulière à la CMA et à la mission des Watkins, vu leur expérience et le temps qu'ils ont passé parmi les Peuls du Fouta-Djallon. Mais avant cela, nous mentionnerons quelques efforts missionnaires parmi les Peuls dans les autres pays de l'Afrique occidentale et centrale.

A. Efforts missionnaires en dehors de la Guinée

En 1930, une tentative d'implantation d'Églises parmi les Peuls du Mali a été entreprise par la même CMA. Plus tard, d'autres Missions se sont installées au Mali : la Mission Cornerstone (MC) en 1992 et la Mission Santal (*Santal Mission*, SM) en 1993[13]. Pour mieux communiquer l'Évangile aux Peuls, ils ont traduit quelques textes de la Bible en langue peule. Mais l'opposition des Peuls à l'Évangile a été tellement catégorique qu'ils ont jugé plus utile de concentrer leur effort sur l'évangélisation des Dogon, plus réceptifs et plus ouverts à la Bonne Nouvelle. Effectivement, on compte aujourd'hui plus de 35 000 chrétiens parmi les Dogon[14]. La Mission protestante réformée (MPR,

---

12. Harry O. WATKINS, « God Speaks to the Fulas », *Panorama*, A Biannual Missionary Publication of the Christian and Missionary Alliance of Guinea, West Africa, n° 1, 1965, p. 12 ; idem, « Fula Briefs », *West African Witness*, Quarterly Missionary Magazine of the French West Africa Field of the Christian and Missionary Alliance, 1955, p. 13.
13. VANDERAA, « Presentation », p. 2.
14. Originellement les Dogons étaient animistes. Au XVIe siècle les Peuls musulmans sont entrés en guerre avec eux en vue de les convertir à l'islam. Ceci fait qu'aujourd'hui la majorité des Dogons sont musulmans. Depuis quelques décennies, une minorité est chrétienne. Gérard BEAUDOIN, *Les Dogons du Mali*, Paris, Armand Colin, 1984, p. 212 ; Thierry BERCHE, *Anthropologie et santé publique en pays dogon*, Paris, Karthala, 1998,

en anglais *Christian Reformed World Missions*, CRWM) a commencé l'évangélisation des Peuls en 1984, et les Luthériens de Norvège en 1985[15].

Au Cameroun, l'évangélisation des Peuls musulmans a débuté en 1930. Kare Lode, qui a longtemps œuvré parmi les Peuls de ce pays, nous confie qu'en 1930 Endresen Halfdan et Skulberg Kristian de la Mission protestante norvégienne (MPN), Christiansen Kjell de la Mission du Soudan (*Sudan Mission*, SM) et la Mission de la Fraternité luthérienne (MFL) avaient travaillé de manière séparée à la traduction et à la production de littérature biblique en langue peule. Pour faciliter la tâche et éviter les doublons, les partenaires ont élaboré un plan de traduction. C'est ainsi qu'en 1951, Ruth Christiansen fut choisie par la SM comme responsable de la littérature peule. Au bout de cinq ans de traduction, en 1956, elle réussit à publier les quatre évangiles en langue peule. Dans la foulée, elle s'est mise à traduire l'A.T. et quelques livres de Trobisch. Pour sa part, Flaten Dale avait finalisé l'élaboration de quatre manuels d'alphabétisation en pular. En 1959 tout le N.T. était traduit par les Missions du Nord Cameroun et le pasteur Roulet de la Société biblique anglaise[16].

Au Sénégal, les missionnaires de l'Alliance évangélique missionnaire (en anglais *Worldwide Evangelization for Christ*, AEM-WEC) ont commencé un travail d'implantation d'Églises parmi les Fulakunda à Kounkané et Vélingara en 1936. Dans cette région peule au sud-est du Sénégal, les missionnaires de l'AEM-WEC annonçaient l'Évangile de village en village avec courage et abnégation[17]. Après la Deuxième Guerre mondiale, c'étaient surtout Bil Williamson et son épouse qui ont travaillé à Konkané et Vélingara. Ils ont pu gagner quelques Fulakunda à Christ dans le grand village de Kounkané où les nouveaux convertis étaient parfois persécutés. Certains des chrétiens fulakunda se sont appelés « poissons sans eau », parce qu'ils aimaient Jésus-Christ, mais ne pouvaient pas le montrer ouvertement. À partir de 1983, le couple Richard et Carolyn Davey y a travaillé ; ils ont traduit le Nouveau Testament en Fulakunda et l'ont terminé en 1998. En janvier 1988, Willi et

---

p. 132 ; Ferdinando FAGNOLA, *Voyage à Bandiagara : sur les traces de la Mission Desplagnes 1904-1905. La première exploration du pays dogon*, Milan, Officina Libraria, 2009, p. 220.

15. VANDERAA, « Presentation at the WEC International Fulbe Conference », p. 2.
16. Kare LODE, *Appelés à la liberté. Histoire de l'Église évangélique luthérienne du Cameroun*, Amstelveen, Improcep, 1990, p. 211.
17. VANDERAA, « Presentation at the WEC International Fulbe Conference », p. 2.

Maria Ferderer les ont rejoints. À partir de 1989, a débuté une période très fructueuse à Vélingara avec un bon nombre de croyants peuls. L'Église évangélique de Vélingara comptait environ cinquante membres baptisés, dont la moitié des Fulakunda et quelques Peuls du Fouta-Djallon. Une chapelle a été construite à Vélingara et quelques cellules se sont constituées à Kounkané et dans quelques villages aux alentours de Vélingara. Quand le couple Ferderer a quitté le Sénégal en juin 1998, ils y ont laissé une petite communauté avec un pasteur et des dirigeants peuls[18]. Les recherches de Vanderaa montrent que les Luthériens ont démarré un ministère dans le Fouta Toro au nord du Sénégal chez les Toucouleur et les Peuls Djeeri en 1976[19].

Au Burkina Faso, les Assemblées de Dieu ont envoyé en 1980 un couple missionnaire parmi les Peuls. En Guinée, l'œuvre de la Mission protestante reformée (MPR) a débuté en 1985, et celle de l'AEM-WEC vers la fin des années 1980[20].

Nous aborderons plus en détail les efforts missionnaires de la CMA en Guinée, particulièrement ceux du couple missionnaire Watkins.

B. Efforts missionnaires de l'Alliance chrétienne et missionnaire (CMA) en Guinée

1. Historique de la CMA

La CMA a été fondée par Albert Benjamin Simpson en 1887. Né en 1843 au Canada, Simpson est issu d'une famille chrétienne. Il a donné sa vie à Christ dès son jeune âge et s'est formé pour servir Dieu. Après ses études bibliques, il a été pasteur dans une Église presbytérienne. Simpson a été influencé par la théologie missionnaire de l'apôtre Paul[21]. Comme pour l'apôtre, la passion de Simpson était d'« annoncer l'Évangile dans les régions non atteintes du monde[22] ». Sa théologie missionnaire était fondée sur Matthieu 24.14 : « Cette bonne nouvelle du royaume sera prêchée dans le monde entier,

---

18. Willi Ferderer, Communication personnelle du 24 mars 2020.
19. Vanderaa, « Presentation at the WEC International Fulbe Conference », p. 2.
20. Ibid.
21. A. E. Thompson, A. B. Simpson, *His Life and Work*, Chicago, Wing Spread Publisher, 2009, p. 157.
22. Ibid., p. 556.

pour servir de témoignage à toutes les nations. Alors viendra la fin[23]. » En se servant de ce texte Paul Simpson a dit :

> Le Soudan et la côte ouest-africaine, du Bengale à Benguela, région de quatre-vingts millions d'habitants, ne compte qu'environ cent missionnaires, soit un missionnaire pour quatre cent mille habitants ; et beaucoup d'ethnies du Haut-Niger, du Benué, d'autres cours d'eau et de l'intérieur des terres n'ont jamais été évangélisées[24].

À la lecture de ce texte, il est évident que Simpson avait pour passion l'évangélisation des peuples non atteints. Il percevait la mission chrétienne comme l'annonce de l'Évangile aux peuples qui n'ont pas encore entendu parler de Jésus-Christ. Cela s'accordait bien avec la Parole du Ressuscité qui dit : « Allez, faites de toutes les nations des disciples, baptisez-les au nom du Père, du Fils et du Saint-Esprit » (Mt 28.19). Ce souci d'annoncer l'Évangile aux nations non atteintes est devenu le mot d'ordre de la CMA.

Guidée par ce principe de la « mission au loin », la CMA s'est implantée dans plusieurs pays du monde entier : déjà en 1887 elle est active au Congo. Quelques années plus tard, on signale la présence de ses missionnaires en Inde (1887 et 1888), en Chine (1888), au Japon (1889 et 1891), et en Palestine (1889 et 1890)[25]. En 1890 les premiers missionnaires de la CMA arrivent en Sierra Leone avec le projet d'apporter l'Évangile dans les pays de l'Afrique occidentale ; pour y pénétrer, les missionnaires de la CMA suivent le fleuve Niger. Ils parviennent à apporter l'Évangile aux habitants de la ville de Tombouctou au Mali, et vont aussi au BurkinaFaso et en Côte d'Ivoire[26].

---

23. *Ibid.*, p. 776.
24. Albert B. SIMPSON, « The Missionary World. Among the Heathen Nations », in *The Word, the Work, the World*, January 1882, p. 41.
25. Celestin Kouadio KOUASSI, *Dynamique d'une mission chrétienne et évolution du contexte sociopolitique. La C.M.A. (Christian and Missionary Alliance) en pays baoulé de 1919 à 1960*, Abidjan, Éditions théologiques d'Afrique Francophone, 2006, p. 2 ; Bob FETHERLAND, « Report of the Regional Director for Africa, 11/10/92 : Three Steps Forward and Two Steps Back. State of the Africa Region », Colorado Springs, Archives CMA, USA, 1992.
26. R. S. ROSEBERRY, *The Niger Vision. A Modern Miracle of Missions, the Record of the Opening of the Western Sudan to the Gospel, Present Establishment of Gospel Lighthouses along the Niger with its Tributaries, Program for Immediate Evangelization of Vast Pagan Areas*, Harrisburg, PA, Christian Publications, 1934, p. 36 ; SIMPSON, « The Missionary World. Among the Heathen Nations », p. 41 ; Conseil d'administration de la CMA, « Extrait du

Voilà comment les missionnaires de la CMA ont pénétré à l'intérieur du continent africain. Après plusieurs décès dus aux maladies tropicales (paludisme, trypanosomiase, leishmaniose), les missionnaires de la CMA ont atteint en 1900 la frontière de la Sierra Leone et de la République de Guinée. Mais la France, puissance coloniale de l'époque, leur en a refusé l'entrée. L'installation de missionnaires américains dans les colonies françaises était alors difficile à cause des tensions entre les puissances coloniales. Il a donc fallu attendre la fin de la Première Guerre mondiale (1914-1918) pour voir la CMA arriver en Guinée. Dès 1918, les missionnaires de la CMA résidant en Sierra Leone ont commencé à faire à pied des voyages exploratoires en Guinée française. Cela revient à dire qu'avant le 10 septembre 1919, date de la signature du traité de Saint-Germain-en-Laye, la CMA était déjà présente en République de Guinée. Mais ce protocole a consolidé la présence de la CMA non seulement en Guinée, mais aussi dans les autres régions de l'Afrique, rendant possible la prédication de l'Évangile dans les colonies françaises[27].

Si la République de Guinée est considérée comme la porte d'entrée de la CMA à l'intérieur de l'Afrique de l'Ouest, la région de Faranah est considérée comme le point d'entrée des missionnaires de la CMA en Guinée. En effet, à partir de la Sierra Leone les missionnaires de la CMA, dirigés par R. S. Roseberry, ont réussi à pénétrer dans la ville de Faranah. Dans la foulée, Harry Wright y est arrivé pour construire une station missionnaire. Ils ont aussi édifié une chapelle entourée d'appartements. La construction achevée, ils sont partis en congé aux États-Unis, pour revenir à Faranah Au début de 1929, accompagnés de la famille Ellenberger. Mlle Botham et Mlle Lewis les avaient précédés pour évangéliser les Malinké. En descendant le fleuve Niger,

---

rapport annuel de la huitième année de l'International Missionary Alliance », New York, Christian & Missionary Alliance, 1895-96, p. 12-13.

27. Jean Suret-Canale, *Afrique noire. L'ère coloniale 1900-1945*, Paris, Éditions sociales, 1962, p. 448 ; Gouverneur général, « Circulaire confidentielle n° 37A.P./2de BREVIE du 6 février 1933 sur les missions chrétiennes et la société indigène », Dakar, Archives de l'AOF de l'AOF 7G 46(108), 1933, p. 12 ; Lucien Dior (chargé de l'intérim du Ministère des colonies), « Rapport au Président de la République française », *Journal officiel de l'Afrique occidentale française*, 1922, p. 191 ; Robert Sherman, *Black Magic. The Challenge*, Chicago, World Wide Prayer and Missionary Union, 1935, p. 13 ; Paul Ellenberger, Lettre adressée à Daniel Ibsen, chef d'équipe des missionnaires CMA de Mamou, 3 avril 2015.

les missionnaires ont atteint Baro et Kankan en 1922[28]. À cette époque la ville de Kankan était l'un des principaux centres de l'islam en Guinée. De ce fait, ils ont été mal accueillis par les Malinké qui étaient fiers de leur religion et leur disaient ouvertement : « Jamais un Malinké n'acceptera le christianisme[29]. » Un an après, un Malinké s'est converti à Christ et est devenu le premier chrétien évangélique malinké.

L'année 1923 est considérée comme une année de dispersion des missionnaires de la CMA, à la fois dans la sous-région ouest-africaine et à l'intérieur de la Guinée. Arrivée à Kankan, la CMA s'est aussi implantée dans la ville de Siguiri[30]. Les missionnaires de la CMA se sont dispersés en Haute Guinée, en Guinée Forestière, en Basse-Côte et en Moyenne Guinée pour y implanter des Églises. À en juger par le témoignage des missionnaires[31], Harry Watkins a été le premier missionnaire de la CMA à cibler les Peuls du Fouta-Djallon dans l'annonce de l'Évangile. Qui est donc cet homme et qu'a-t-il fait au Fouta-Djallon ?

2. Mission des Watkins au Fouta-Djallon (1923-1967)

Pour expliquer l'histoire de la mission de la CMA parmi les Peuls de la Guinée, nous avons choisi le couple Watkins pour deux raisons. La première s'explique par la durée de leur ministère au Fouta-Djallon : les Watkins sont arrivés au Fouta-Djallon et 1923 et Ils y sont restés jusqu'en 1967, donc pendant 44 ans[32]. En 1967, ils ont été expulsés de la République de Guinée comme la plupart des missionnaires de la CMA. La deuxième raison est la

---

28. L. E. Ryan, « The Beginning of Missionary Work in French Guinea », *West African Witness* vol. II, n°1, 1953, p. 14 ; R. S. Roseberry, « F.W.A. [French West Africa]. Past, Present and Future », *West African Witness* vol. II, n° 1, 1953, p. 5 ; Élie Kékoura Feindouno, « Quelques données sur la fondation de l'Église Protestante Évangélique de Kankan », Colorado Springs Y, Archives CMA aux États-Unis d'Amérique, s.d.
29. R. S. Roseberry, Lettre manuscrite, Colorado Springs, Archives CMA aux États-Unis d'Amérique, s.d.
30. De là les missionnaires sont partis au Mali et en Côte d'Ivoire.
31. Les missionnaires de la CMA, MPR, MPA, WEC et ceux des Églises et ministères interdénominationnels s'accordent pour dire que les Watkins ont été les premiers missionnaires qui ont commencé à évangéliser les Peuls musulmans du Fouta-Djallon. Les Peuls eux-mêmes considèrent les Watkins comme les premiers missionnaires de la CMA à Labé.
32. Watkins, « God Speaks to the Fulas », p. 12 ; idem, « Fula Briefs », p. 13.

diversité des approches missionnaires qu'ils ont utilisées pour atteindre les Peuls avec l'Évangile.

Harry Watkins est né dans la ville de Winston-Salem, en Caroline du Nord, aux États-Unis. Ses parents étaient chrétiens. À l'âge de quinze ans, il a donné sa vie à Jésus-Christ et est devenu membre de plein droit de l'Église de la CMA de Winston-Salem. Quelque temps après sa conversion, il a ressenti un appel tellement pressant à être missionnaire en Afrique qu'après le Lycée il s'est inscrit au *Nyack Missionary Training Institute* de la CMA. À la fin de ses études en 1922, il a été nommé pasteur dans la ville de Mount Vernon, Ohio[33].

Dans l'école de formation missionnaire de Nyack, Harry Watkins avait une amie qui s'appelait Naomi Morrell. Née dans la ville de Columbus, Ohio, elle s'était convertie et avait été appelée à servir le Seigneur. Ses parents étaient membres de l'Église CMA dans la ville de Columbus. On peut donc dire qu'elle avait reçu une éducation chrétienne basée sur la doctrine de la CMA. Comme Watkins, Naomi Morrell a vécu une expérience de conversion accompagnée d'un appel pour l'Afrique alors qu'elle était encore enfant. Elle a également étudié à Nyack et terminé sa formation missionnaire en 1922.

En juin 1923 Harry Watkins et Naomi Morrell sont partis l'un après l'autre pour la République de Guinée. Harry Watkins avait auparavant fait un séjour en France pour apprendre la langue française. Quant à Naomi Morrell, elle a été directement envoyée en Guinée. À son arrivée elle a d'abord été placée à Kankan pour une courte durée, puis à Mamou parmi les Peuls du Fouta-Djallon. Un an plus tard, Harry Watkins est arrivé en République de Guinée comme missionnaire. Il a été placé parmi les Peuls musulmans dans le massif du Fouta-Djallon[34].

Dès son arrivée, Watkins a activement participé à la construction de la station missionnaire de Labé. Au mois de novembre 1924, ces deux jeunes missionnaires, Harry Watkins et Naomi Morrell, ont été unis par le mariage et ont fondé leur foyer à Labé. Ils y ont eu deux enfants. À cette époque, témoignent-ils, Labé était l'une des villes principales du Fouta-Djallon. Elle

---

33. R. S. ROSEBERRY, « Biography of Harry and Naomi Watkins. Roseberry Memoirs », Colorado Springs, Archives CMA, 1923 ; Harry O. WATKINS, « Sketch of My Life », Colorado Springs, Archives CMA, 1961, p. 1.
34. ROSEBERRY, « Biography of Harry and Naomi Watkins », p. 1 ; Harry O. WATKINS, Letter to L. L. King, Labé, October 15, 1961, Colorado Springs, Archives CMA, 1961.

pouvait compter plus de dix mille Peuls musulmans[35]. Pour les évangéliser, les Watkins ont utilisé plusieurs approches.

3. Évangélisation par la littérature

L'évangélisation par le moyen de la littérature a été utilisée par les Watkins parce qu'ils se sont rendu compte qu'au Fouta-Djallon la majorité des Peuls musulmans savaient lire, en pular et en arabe. Il est important de noter qu'Harry Watkins avait une connaissance parfaite de la langue peule. Cela lui a permis d'écrire un dictionnaire et une grammaire en pular[36]. Il a élaboré ces manuels didactiques en vue d'aider à la traduction des saintes Écritures en langue peule. Pour sa part, Naomi Watkins était sa secrétaire : elle dactylographiait les manuscrits, aidait son époux à la recherche ainsi qu'à la relecture des textes[37].

Par leurs soins, la Bible a été entièrement traduite en pular. Comme les Peuls écrivent la langue peule avec des caractères arabes, les Watkins les ont rapidement appris. Dès lors, ils ont commencé à éditer des livrets d'évangélisation en caractères arabes et à les distribuer aux Peuls musulmans. Ils ont fait imprimer des milliers d'exemplaires de l'Évangile de Matthieu et d'autres portions de la Bible ainsi que des traités qu'ils leur ont vendus.

Au début de 1962, les six premiers livres du Nouveau Testament étaient imprimés en caractères arabes. Signalons que les Watkins ne se sont pas trompés en éditant la Bible en caractères arabes parce que la langue arabe est sacrée aux yeux des Peuls musulmans. Pour eux, des livres écrits en pular et en caractères arabes ont une grande valeur et l'écriture arabe est tellement importante qu'il leur est interdit de jeter un livre écrit dans cette langue[38].

Les traités d'évangélisation traduits en langue peule par Watkins atteignaient facilement Kabala en Sierra Leone. Ils étaient souvent apportés et vendus par les marchands peuls qui voyageaient partout en Afrique. Harry

---

35. M. D. Brière, *Notes historiques concernant la Guinée Française de 1903-1912*, n° 6. Monsieur Brière était le premier administrateur de la Moyenne Guinée Française en 1897 (de 1897-1911).
36. Watkins, « God Speaks to the Fulas », p. 10 ; Watkins, Letter to L. L. King, Labé, October 15, 1961 ; Michael Kurlak « Pioneering for Christ in Guinea, West Africa », *Panorama*, 1969, p. 11.
37. Roseberry, « Biography of Harry and Naomi Watkins ».
38. Fara Daniel Tolno, « Un Peul rencontre Jésus : le témoignage de Yaya Barry », *Lumières reçues au fil du temps*, Anduze, Mission Timothée, 2016, p. 45.

Watkins a constaté ce fait à Kabala lors d'une visite qu'il a organisée chez un enseignant peul âgé de plus de 80 ans. Quand il lui a parlé du titre de ses traités, par exemple « Le chemin du salut », le Peul musulman a répondu : « Bien avant votre arrivée ici à Kabala, j'ai lu ce "Chemin du salut" dans l'un de vos livrets. » Bien qu'il n'ait pas accepté le « Chemin du Salut », la lecture de ce livret l'avait bien préparé à écouter l'Évangile. Lors d'une seconde visite, ce Peul musulman a rapporté à Watkins qu'il avait eu un rêve dans lequel on lui avait dit que ce que croient et suivent les musulmans est faux. C'est pourquoi il ne « cessait plus de lire les évangiles[39] ».

En plus des Peuls musulmans qui recevaient ces livrets, des missionnaires et des pasteurs disposaient des écritures traduites en pular par les Watkins. Une grande quantité des traités était vendue à la librairie de Conakry non seulement à des pasteurs et missionnaires de la Guinée, mais aussi par ceux des pays environnants[40].

En 1952, raconte Harry Watkins, les Wesleyens (Méthodistes) de la Sierra Leone et la CMA ont tenu un stand pour vendre les Écritures lors de la Foire agricole de Conakry à laquelle environ dix mille personnes assistaient. Des enregistrements sur cassettes d'enseignements de l'Évangile en anglais, pular et kuranko étaient diffusés plusieurs heures par jour et beaucoup les ont écoutés. Les Écritures en pular et en caractères arabes étaient plus demandées que n'importe quelles autres. Ce constat a amené Harry Watkins à demander qu'on prie pour une augmentation de la vente des Écritures parmi les Peuls et les autres peuples non atteints par l'Évangile[41].

Watkins a intensivement utilisé la littérature pour évangéliser les Peuls. À une période de son ministère, plusieurs Peuls musulmans lui demandaient des Écritures en langue peule. Les besoins étaient tels que les Watkins passaient la plupart de leur temps à aller d'un marché à un autre pour vendre la Parole de Dieu. Dans une de ses lettres, Watkins rapporte que la Maison de la Bible de Dakar et toutes les librairies en Afrique de l'Ouest font de bonnes affaires dans la vente des Écritures en langue peule. Cette même année, poursuit-il, la *Scripture Gift Mission* a édité deux éditions de 5 000 exemplaires des livrets

---

39. Harry O. WATKINS, Open Letter, Colorado Springs, Archives CMA, 1976, p. 3.
40. *Ibid.*
41. *Ibid.*

Notre Dieu a parlé et *La Vie éternelle* qui sont beaucoup demandés par les Peuls[42].

Les Watkins ont été engagés dans le ministère de la distribution de livrets d'évangélisation aux pasteurs des trois autres Églises de Kabala : celle de la CMA et celles des Missions wesleyenne et anglicane. Ils leur donnaient des traités en langues peule et arabe. Les membres de ces Églises appréciaient bien ces brochures parce qu'elles leur donnaient des réponses chrétiennes aux questions posées par les Témoins de Jéhovah. Le pasteur de Limba rendait visite au couple Watkins tous les jeudis matin pour prier avec eux. À son retour, il prenait les traités que les Watkins lui remettaient et partait dans les marchés pour les remettre aux hommes d'affaires. Même dans les prisons, les Watkins lisaient les traités et ils expliquaient aux détenus ce qu'ils venaient de lire[43].

4. Évangélisation par la radio

Pour propager la Bonne Nouvelle au Fouta-Djallon, les Watkins ont aussi su utiliser les médias. L'emploi des magnétophones et de la radio leur a permis à cette époque d'agrandir leur champ missionnaire. Les émissions radiophoniques en pular produites par les Watkins ont ainsi multiplié le nombre de Peuls musulmans qui écoutaient l'Évangile. Elles étaient diffusées cinq fois par semaine sur la station Radio ELWA[44] à Monrovia au Libéria. Deux émissions hebdomadaires étaient axées sur des lectures bibliques ; trois étaient des prédications de Harry Watkins lui-même. Naomi Morrell s'occupait des enregistrements des émissions[45].

En étudiant de près l'évangélisation des Peuls par le moyen de la radio, trois questions viennent à l'esprit : pourquoi ce type d'évangélisation était-il particulièrement important au Fouta-Djallon ? Comment expliquer que la radio facilite l'accès facile à l'Évangile ? Y a-t-il des raisons historiques, techniques et sociologiques qui justifient le choix d'évangéliser les Peuls musulmans par la radio ? Dans les lignes qui suivent, nous chercherons à répondre à ces questions. Mais avant d'aborder ces questions, disons un mot de la genèse du ministère de la radio chez les Watkins.

---

42. WATKINS, Letter to L. L. King, Labé, October 15, 1961 ; « Guinea Chairman's Report 1964 », Colorado Springs, Archives CMA, 1964, p. 12.
43. WATKINS, Letter to L. L. King, Labé, October 15, 1961.
44. L'abréviation ELWA signifie « *Eternal Love Winning Africa* ».
45. Harry O. WATKINS, « Radio », Colorado Springs, Archives CMA, 1973, p. 1.

a. Début du ministère de la radio

Au milieu des années 1940, pendant qu'il était étudiant à Wheaton College, un membre de la CMA a eu l'idée d'installer en Afrique une station de radio missionnaire. Cette idée lui était venue lors d'un séjour dans un pays francophone de l'Afrique de l'Ouest. Mais il s'est rendu compte que la radio, dans les colonies aussi bien françaises qu'anglaises, était contrôlée par le gouvernement et que le Libéria était le seul endroit où on pouvait implanter une station de radio missionnaire. Avec le soutien d'un groupe de chrétiens de la CMA, l'Association Radio pour l'Afrique de l'Ouest (*West African Broadcasting Association*) a été fondée, et d'autres chrétiens ont été contactés pour soutenir ce projet. Début 1951, un des membres de l'association a été envoyé au Libéria pour obtenir les autorisations nécessaires. Une fois les démarches administratives effectuées, il a choisi un site où construire la station de la radio missionnaire. Le terrain acquis, il a immédiatement commencé la construction. Plus tard, d'autres membres de l'Association l'ont rejoint pour l'aider dans les travaux de construction et, en 1954, la station ELWA a commencé à diffuser ses émissions[46].

L'Association Radio pour l'Afrique de l'Ouest a été proposée à la CMA, mais ses missionnaires qui travaillaient en Afrique ne pouvaient alors pas croire que les Africains s'intéresseraient à la radio. La station ELWA a donc été confiée à la SIM. Pourtant, des émissions radio dans les langues des populations parmi lesquelles travaillent les missionnaires de la CMA ont été diffusées par la station ELWA à Monrovia au Libéria.

b. Importance de l'évangélisation par la radio

Les stations radio étaient évidemment peu nombreuses en Afrique francophone[47] dans les années 1930, mais elles ont connu un fort développement entre 1960 et 1980. Cela a favorisé la création de radios chrétiennes pour la diffusion de l'Évangile dans les langues africaines. En utilisant ce type d'évangélisation, les Watkins étaient conscients que la radio, qui avait pris le relais de la tradition orale, serait le moyen de communication de l'Évangile

---

46. *Ibid.*
47. Contrairement au pays colonisés par les Anglais, l'implantation de la radio dans les colonies françaises a été lente. Le premier poste radio fut implanté à Dakar en 1934. Jean-Pierre ILBOUDO, « Les étapes d'implantation de la radio en Afrique noire », Conférence présentée à l'occasion de la journée mondiale de la radio à Dakar, 13 février 2014, p. 1.

par excellence. La radio permettait ainsi d'écouter l'Évangile dans sa propre langue. C'est pourquoi, pendant plusieurs années, la radio ELWA a été un moyen d'évangélisation qui a marqué l'histoire de la mission au Fouta-Djallon et au-delà. Harry Watkins a donc compris que les émissions radiophoniques sont nécessaires pour l'évangélisation des Peuls musulmans parce que le potentiel d'écoute est sans limites. Selon lui, elles deviennent efficaces quand elles sont soutenues par la prière[48].

La radio a ainsi permis à des centaines de Peuls musulmans d'entendre l'Évangile. Pour atteindre un maximum d'auditeurs peuls, les Watkins orientaient les émissions diffusées sur Radio ELWA vers les régions habitées par les Peuls musulmans. Selon Watkins, ces émissions intéressaient à la fois les Peuls qui vivaient dans le massif du Fouta-Djallon, et ceux qui étaient établis dans les pays environnants. Les émissions radiophoniques ont été, aux yeux des Watkins, une grande source de bénédiction non seulement pour la petite Église peule de Netere ou Labé, mais aussi pour les Peuls chrétiens de l'Afrique de l'Ouest. Harry Watkins insiste sur le fait que plus les émissions de messages et d'enseignements bibliques en langue peule étaient largement diffusées, plus le nombre d'auditeurs augmentait, faisant ainsi croître la demande[49].

En 1961, beaucoup ont demandé à Watkins de diffuser ses messages enregistrés en langue peule dans d'autres stations missionnaires, dans des hôpitaux, des dispensaires, des villes et des villages. Ces enregistrements ont également été remis aux missionnaires et pasteurs qui travaillaient dans l'émission Vie nouvelle pour tous[50].

---

48. WATKINS, « Radio », p. 4.
49. *Ibid.*
50. La langue peule fut la première langue africaine diffusée vers l'extérieur du Libéria. Les premières émissions en langue peule ont été diffusées vers la fin de 1954. Quelques années plus tard d'autres langues de la Guinée ont suivi : Malinké, Kissi, Toma, Guerzé. Celles-ci bénéficiaient de deux émissions par semaine, alors qu'il y avait cinq émissions par semaine en langue peule. WATKINS, « Radio », p. 2 ; Arnold F. RATZLOFF, « Annual Report Guinea Field », 1964, p. 5 ; FETHERLAND, « Guinea Chairman's Report 1964 », p. 12 ; Christian and Missionary Alliance, « 1967 and 1968 Annual Report. Committee on Guinea Radio Broadcasting », 1969, p. 1 ; « Narrative Reports Guinea Field 1971 », Colorado Springs, Archives CMA, p. 14.

Dans une de ses lettres, Watkins écrit que les Peuls du Fouta-Djallon étaient strictement musulmans[51]. Beaucoup d'entre eux auraient eu honte, si on les avait trouvés en train d'écouter un missionnaire ou s'ils étaient entrés dans une chapelle chrétienne. Mais ils pouvaient écouter l'Évangile à la radio dans le calme de leur foyer. D'autres étaient tellement fiers de posséder une radio qu'ils invitaient leurs amis et leurs voisins pour l'écouter[52]. Et puisque la grande majorité de la population ne comprenait pas le français, ils écoutaient des émissions diffusées dans leur propre langue. Mais alors, comment les Peuls réagissaient-ils à l'annonce de l'Évangile par le moyen de la radio ?

c. Réaction des Peuls musulmans à l'évangélisation par la radio

Dans une de ses lettres, Watkins rapporte qu'à cette époque il était difficile de recevoir de la part des auditeurs peuls des retours positifs ou négatifs à l'annonce de l'Évangile sur les ondes de radio ELWA. Selon Watkins, cela avait plusieurs raisons. La première était que le déplacement d'une ville à une autre était pénible parce que les infrastructures routières n'étaient pas développées au Fouta-Djallon. La deuxième raison était que la majorité des Peuls de l'époque, à l'exception de quelques jeunes, ne lisaient et n'écrivaient pas le français ; ils ne le parlaient même pas. La troisième était leur peur que des gens ne les découvrent s'ils recevaient un courrier d'un non-musulman. Toutefois, poursuit Watkins, les émissions radiophoniques étaient une approche efficace pour semer la graine de l'Évangile dans le cœur des Peuls, car la radio atteignait le moindre recoin de ce vaste territoire peul, le Fouta-Djallon.

Forts de ce constat, et suite à la lecture de la brochure *Notre Dieu a parlé*, les Watkins ont proposé aux auditeurs qui voulaient en recevoir un exemplaire d'écrire à la boîte postale 34 à Labé. Ils donnaient leurs cordonnées sans pourtant préciser leur identité. Ils n'ont cependant reçu aucune réponse, ni positive ni négative, à l'écoute de l'Évangile radiophonique. Mais peu de temps après, un chauffeur de taxi venant d'une ville située à environ 110 km au nord de Labé est venu rencontrer les Watkins et leur a dit : « Radio Monrovia m'a proposé de venir vous demander une brochure[53]. » Apparemment, avant

---

51. Harry O. WATKINS, « Report of Labe District for 1959 », Colorado Springs, Archives CMA, 1960, p. 3.
52. WATKINS, « Radio ». Dans la suite nous nous baserons sur ce document.
53. *Ibid.*, p. 4.

de s'adresser à la station missionnaire, a conclu Watkins, ce chauffeur avait d'abord demandé au bureau de poste à qui appartenait la boîte postale. Les Watkins n'ont reçu aucune autre demande suite à cette émission radiophonique. Ils ont alors choisi de rediffuser une émission évangélique qui avait suscité plusieurs questions de son auditoire. Toutefois, il convient de souligner que les réponses d'auditeurs n'étaient pas écrites, mais orales. En effet, les Peuls musulmans en parlaient dans les rues ou au marché. Cela permettait aux Watkins de savoir que leurs émissions étaient écoutées par les Peuls. Parmi plusieurs exemples, Harry Watkins cite celui d'un homme, rencontré dans la rue à Labé, qui leur a raconté le contenu du message de la lecture biblique de la veille. Watkins cite aussi cet autre homme avec lequel il aimait plaisanter et qui répétait : « Vous n'avez rien à dire quand vous parlez autant que moi dans les émissions radio. » À ce sujet, Watkins multiplie les exemples comme celui de cet autre homme qui leur demandait depuis combien de temps ils étaient de retour de Monrovia, ignorant qu'ils y envoyaient les enregistrements.

Un jour, alors qu'il voyageait à l'intérieur du Fouta-Djallon, Watkins a rencontré un Peul avec lequel il a poursuivi sa route tout en discutant. Découvrir qu'il parlait avec l'homme qu'il écoutait à la radio émerveilla le Peul qui s'ouvrit à Watkins et lui dit ceci : « Les enseignants musulmans nous parlent de la religion, mais vous nous révélez comment devenir juste, droit, vertueux et saint. » Au cours de ce voyage, d'autres Peuls musulmans ont reconnu la voix d'Harry Watkins comme étant celle qu'ils écoutaient sur Radio ELWA. Quand Watkins a présenté aux Peuls musulmans les traités La vie éternelle, l'un d'eux s'est exclamé : « Nous entendons parler de cela sur la radio de Monrovia. » Une autre fois, un Peul qui voyait pour la première fois les évangiles en langue peule a fait ce commentaire : « Oh ! J'entends parler de cela sur la radio de Monrovia tout le temps. Il faut écouter parler cet homme-là. » Il ne se rendait pas compte qu'il se trouvait en face de l'homme en question : Harry Watkins. Quelques jours plus tard, une femme peule a demandé aux Watkins : « Dans quelle direction regardez-vous quand vous priez ? » Cette question, selon Watkins, indiquait qu'elle écoutait les messages du début jusqu'à la prière finale de l'émission.

Un autre jour, les Watkins étaient en promenade d'évangélisation en pleine ville de Labé quand un Peul musulman leur a dit : « Monsieur, n'arrêtez pas vos diffusions radio, car je viens de m'acheter une radio et je ne comprends pas le français, pas plus que l'anglais. Je ne comprends que le pular et votre émission est pratiquement la seule diffusée en langue peule. »

Il convient de souligner que les émissions radiophoniques en pular étaient écoutées non seulement par les Peuls résidant en Guinée, mais aussi par ceux qui avaient émigré dans les pays environnants : la Sierra Leone, le Libéria, le Sénégal, la Guinée-Bissau, la Gambie, le Mali et la Côte d'Ivoire. À titre d'exemple, un jeune Peul rentrant de la Côte d'Ivoire a rapporté à Harry Watkins qu'il écoutait ses émissions là-bas et qu'il avait dit à ses amis : « Je connais cet homme. » Peu de temps après, un Peul venant du Mali a rencontré un membre du personnel de la Radio ELWA et l'a vivement remercié pour les émissions en langue peule.

Un jour, les Watkins ont reçu la lettre d'un Peul de Gambie suite à une émission en pular. Ils ont aussi appris que la communauté peule de Monrovia écoutait régulièrement les émissions de Radio ELWA en pular, de même que des Peuls et des Toucouleurs du Sénégal dont la langue est très proche du pular. Il en allait de même pour des millions de Peuls au Bénin, au Nigéria et au Cameroun. Les Watkins l'ont compris par les témoignages des missionnaires de ces pays[54].

En considérant tout le ministère des Watkins, on peut se demander combien de Peuls musulmans se sont convertis à Christ. En effet, pendant les 44 ans de travail missionnaire au Fouta-Djallon, très peu de Peuls musulmans du Fouta-Djallon se sont intéressés à l'Évangile. Parmi les milliers de Peuls musulmans qui ont écouté l'Évangile au temps des Watkins, on ne peut citer que Saïdio Bah et Lamine Diallo qui se sont intéressés à Christ. Lamine Diallo a participé à la construction de la chapelle de Labé et à la première conférence nationale de l'Église Protestante Évangélique de Guinée (EPEG) tenue à Koulé en Guinée forestière.

Il convient de noter qu'à cette époque les concepts de vision du monde et de conscience axée sur la honte qui orientent aujourd'hui la pratique missionnaire n'étaient pas connus. Par conséquent, les Peuls musulmans ne pouvaient pas s'approprier la Bonne Nouvelle.

---

54. WATKINS, « Radio », p. 3 ; Paul ELLENBERGER, « Radio Committee Report 1973 », Colorado Springs, Archives CMA, 1973, p. 1.

5. Autres moyens d'évangélisation

Outre la littérature et la radio, les Watkins annonçaient l'Évangile aux Peuls du Fouta-Djallon par d'autres approches : par exemple le témoignage auprès des prisonniers, des malades dans les hôpitaux ou les visites dans les familles. Ils organisaient aussi des cultes d'adoration et de louange à Dieu tous les dimanches matin à l'extérieur de la chapelle de Labé pour permettre aux passants d'écouter l'Évangile. C'était également un moyen pour atteindre les Peuls commerçants qui venaient au marché hebdomadaire de Labé le dimanche. Des voisins et ceux qui se déplaçaient pour ces cultes entendaient l'Évangile premièrement sur le magnétophone, puis pendant la prédication directe de la Parole de Dieu. Cet office dans l'enceinte de la chapelle offrait l'avantage d'être un culte dans la rue tout en étant vécu comme un culte d'Église[55].

Ces cultes offraient à beaucoup de Peuls l'occasion d'entendre la Parole de Dieu. En tant que musulmans ils ne pouvaient pas se permettre d'entrer dans un bâtiment d'église ou n'auraient pas osé y être vus. Ainsi un dimanche, pour pouvoir écouter la Parole de Dieu, un jeune homme a fait semblant d'avoir un problème avec son vélo juste devant la chapelle.

Les Watkins n'étaient pas découragés par ceux qui refusaient d'écouter la Parole de Dieu parce qu'ils savaient et croyaient fermement que Dieu, dans son amour, s'occupe aussi d'eux. Harry Watkins le justifiait par ce témoignage : à maintes reprises, ils avaient invité un Peul musulman à venir au culte ; il avait toujours un prétexte pour ne pas y aller. Mais puisqu'il était un ami des Watkins, il a finalement répondu à l'invitation, une seule fois. Par la suite, s'il lui arrivait de passer dans la rue pendant le culte, il veillait à ne pas être reconnu. Un matin, les Watkins ont remarqué sa présence malgré le parapluie qu'il tenait devant son visage, et ils savaient qu'il ne pouvait pas se cacher de Dieu. Peu de temps après, il est tombé malade et Harry Watkins l'a conduit plusieurs fois à l'hôpital. Pendant plus d'un an, il a partagé l'Évangile et prié avec lui. Lors d'une de leurs rencontres, peu de temps avant sa mort, le Peul a confessé dans sa langue : *komi* « Je suis… [du verbe suivre], je suis ». Il était originaire d'une ville voisine, et après sa mort l'un de ses fils s'est

---
55. WATKINS, « Report of Labe District for 1959 », p. 2.

intéressé à l'Évangile. Il lisait les évangiles et beaucoup de personnes écoutaient ses émissions radio en langue peule[56].

En 1967, la mission de Watkins a pris fin, car le président Sékou Touré, pour des raisons politiques et religieuses, a obligé par décret les missionnaires blancs à quitter la Guinée dans les 24 heures suivant l'enregistrement du communiqué au Journal officiel de la République de Guinée[57]. À partir de novembre 1967, les Watkins se sont donc retrouvés parmi les Peuls de Sierra Leone[58]. Quand ils ont quitté Labé en 1967, l'Église nationale (EPEG) y a tout de suite placé un pasteur avec sa famille pour poursuivre l'œuvre dans la région de Labé. Mais avant de poursuivre l'historique de l'évangélisation des Peuls par l'Église autochtone, nous voulons étudier le ministère des missionnaires de la CMA à Mamou, à l'entrée du Fouta-Djallon.

C. Activités de la CMA à Mamou

En 1923, la CMA avait acheté à Mamou un ancien hôtel situé en plein centre-ville, près de la gare. Il comptait quinze chambres et deux salles de réunion. La CMA voulait en faire un centre d'évangélisation. Six ans plus tard, D. C. Rupp, qui vivait en Sierra Leone, est arrivé à Mamou afin d'y ouvrir une école pour les enfants des missionnaires. L'enseignement s'est d'abord donné dans le bâtiment du centre d'évangélisation des Peuls. C'est vers 1930 qu'on a réussi à construire une salle de classe derrière ce bâtiment. Les deux garçons de D. C. Rupp ont été les premiers élèves et en 1930, plusieurs enfants de missionnaires les ont rejoints dans l'école qui a commencé à être connue comme le « Mamou Foyer ». À ce moment-là le missionnaire Rupp était devenu populaire à Mamou[59].

Huit ans plus tard, en 1938, l'école a été déplacée sur une colline, non loin de la route principale qui mène à Conakry, parce que le nombre d'élèves

---

56. Ralph SHELLRUDE, « A Challenge to Prayer », *Panorama* vol. 7, n°1, 1969, p. 17.
57. Plus loin nous reviendrons sur l'expulsion des missionnaires de la République de Guinée. Nous examinerons en détail les raisons et les motivations qui ont poussé Sékou Touré à expulser les missionnaires occidentaux de la Guinée. Archives nationales de la République Guinée, *Horoya* n°1188, 1ᵉʳ et 2 mai 1967, p. 8.
58. Robert COWLES, Letter to the Watkins, March 18, 1968, Colorado Springs, Archives CMA, 1968 ; Ken and Ruth RUPP, Letter to the Watkins, February 28, 1968, Colorado Springs, Archives CMA, 1968.
59. KURLAK « Pioneering for Christ in Guinea, West Africa », p. 11.

augmentait chaque année[60]. En 1971, elle a été fermée par la Mission CMA : après l'expulsion des missionnaires en 1967, il n'y restait que les trois enfants de la famille Ellenberger. La plupart des meubles ont été déménagés à l'Institut Biblique de Télékoro où habitaient les familles de cinq missionnaires que le gouvernement de Sékou Touré avait autorisées à rester dans le pays. Le reste des meubles a été offert à l'école de Kabala appelée *Kabala Rupp Memorial of Sierra Leone* (KRMS). Après la fermeture de l'école à Mamou, Paul Ellenberger a continué de payer le gardien qui y est resté jusqu'au jour où le gouvernement a nationalisé les biens des Églises[61].

Plusieurs missionnaires de la CMA sont décédés au Fouta-Djallon. Parmi eux nous pouvons citer Madame Myers et Madame Farr (enterrées au cimetière de Mamou situé sur la route de Faranah), ainsi que Mary Margaret Freleigh, fille d'un missionnaire, enterrée à Dalaba[62]. Ces décès étaient considérés par nombre de missionnaires comme le prix à payer pour le salut des Peuls. Ils avaient une ferme assurance en Jésus et croyaient qu'un jour les Peuls entendraient l'Évangile et croiraient en Christ. Alors rien ne pouvait ébranler en eux cette ferveur missionnaire. Ni la persécution peule ni la mort ne pouvaient arrêter de nouvelles vocations pour la mission au Fouta-Djallon.

IV. Intervalle sans évangélisation des Peuls du Fouta-Djallon (1968-1984)

Les Africains ont accueilli les soleils des indépendances avec enthousiasme parce qu'ils étaient fatigués du joug colonial. Mais ils étaient peu préparés à répondre aux défis du soleil des indépendances, et les fils de l'Afrique qui ont succédé aux colons blancs se sont transformés en colons noirs, imposant à leurs populations la dictature qui a très rapidement terni l'éclat des indépendances. En République de Guinée, l'Église a connu une période d'épreuves.

---

60. Don LOSE, « Introducing Mamou School for Missionary Kids », *Panorama* vol. 3, n° 1, 1963, p. 13 ; Dorothy I. ADAMS, « Life at Mamou », *West Africa Wistness*, April 1953, p. 19 ; Carine HORN, « What Is a Mamou M. K. ? », *Panorama* vol. 8, n°1, 1970, p. 3.

61. Les Rupp avaient quitté Mamou à la fin de la Deuxième Guerre mondiale pour aller travailler en Sierra Léone. Ils ont construit une autre école, similaire à celle de Mamou, à Kabala, l'école mémorielle Rupp de Kabala, dans le Nord de Sierra Léone. Les trois enfants de Paul Ellenberger y sont allés après la fermeture de l'école de la CMA à Mamou.

62. Paul ELLENBERGER, Letter to Daniel Ibsen, February 3, 2014, p. 3.

Pour mieux comprendre ce temps d'épreuves, il vaut la peine de s'intéresser au contexte politique du pays.

A. Contexte politique de l'indépendance de la Guinée

Rappelons que la République de Guinée était une colonie française. Le 28 septembre 1958, le général de Gaulle, qui allait devenir président de la France, a proposé à l'ensemble de l'Afrique occidentale française (AOF) un référendum portant sur l'approbation de la nouvelle constitution. Les électeurs devaient se prononcer sur trois grands sujets : la constitution, la communauté et le droit éventuel à l'indépendance pour les territoires d'outre-mer[63]. La Guinée, qui a participé à ce référendum, a voté non à la création de la Communauté française africaine (CFA). Après le décompte officiel des voix, il s'est avéré que 1 130 291 personnes avaient voté non et 56 959 citoyens avaient voté oui. Du côté des non se trouvaient les cantons musulmans et féodaux qui pourtant s'opposaient de facto aux idéaux politiques du président Sékou Touré[64]. Si le oui l'avait emporté sur le non, la Guinée serait restée dans la Communauté française africaine et aurait renoncé à son indépendance. Relevons que « la Guinée a été la seule colonie française à refuser d'adhérer à cette union[65] ». Il reste à savoir si les missionnaires protestants et catholiques ont voté non ou oui.

Sur cette question, l'histoire de la Guinée est avare en sources historiques qui feraient la lumière sur le vote des missionnaires catholiques et protestants. Mais dans son ouvrage *Noviciat d'un évêque* (1987), Mgr Tchidimbo affirme avoir voté oui parce qu'il considérait « que la Guinée, à cette époque-là, n'était pas encore prête à assumer, à elle seule, son propre destin ; et ce, tout simplement, par manque de maturité politique et par manque de cadres valables[66] ». Considérant ce témoignage, Gérard Vieira dit clairement que plusieurs missionnaires, pères, frères ou sœurs, indépendamment de leur attachement à leurs pays d'origine, avaient la même pensée que Mgr Tchidimbo. Cependant,

---

63. Aline Fonvieille-Vojtovic, *Paul Ramadier (1888-1961). Élu local et homme d'état*, Paris, Publications de la Sorbonne, 1993, p. 483.
64. Gérard Vieira, *L'Église catholique en Guinée à l'épreuve de Sékou Touré (1958-1984)*, Paris, Karthala, 2005, p. 14.
65. Maligui Soumah, *Guinée, la démocratie sans le peuple : dans le régime de Lansana Conté*, Paris, l'Harmattan, 2006, p. 11.
66. Raymond-Marie Tchidimbo, *Noviciat d'un évêque*, Paris, Fayard, 1987, p. 155.

pour montrer leur attachement au peuple de la Guinée, plusieurs jeunes prêtres ont décidé de voter non[67]. Ils se sont engagés à soutenir la position de Sékou Touré en croyant que l'indépendance de la Guinée française donnerait à son peuple la chance de retrouver sa dignité et son identité bafouées par le fait colonial.

Pour éviter tout amalgame, il convient de souligner qu'à cette époque beaucoup de dirigeants guinéens assimilaient la mission de l'Église catholique à celle de l'impérialisme français, alors qu'elles étaient différentes et opposées sur beaucoup de points. À ce sujet, il n'est pas inutile de rappeler les propos de Lansana Diané, un des lieutenants de Sékou Touré, tenus à l'occasion d'une réunion au cinéma Rex de Kankan le 27 janvier 1957. Cette réunion devait réfléchir sur le différend qui existait au sein de l'école catholique. Ce jour-là, Lansana Diané a dit que les Africains devaient se débarrasser systématiquement des Européens qui avaient confisqué leur dignité et leur liberté. Après cette déclaration, le lieutenant Diané a appelé le peuple guinéen à exercer contre les prêtres une opposition aussi féroce que contre le colonialisme. Dans la foulée, Lansana Diané a renchéri : « L'Église a travaillé pour le colonialisme ; c'est pourquoi l'État français soutient l'Église catholique ; alors il est de notre devoir de liquider l'Église catholique comme instrument du colonialisme et comme système inadapté à la mentalité africaine[68]. » Ces propos mettent en évidence la tension qui existait entre l'Église catholique et le gouvernement de Sékou Touré d'une part, et entre la France et l'État guinéen d'autre part.

À cette époque, les relations entre la Guinée et la France étaient tendues parce que la France ne voulait pas admettre l'indépendance de la Guinée, et Sékou Touré voulait conduire le pays à l'indépendance coûte que coûte. Dans une conférence de presse tenue le 30 septembre 1958, il a affirmé que les relations entre la Guinée et la France risqueraient d'être rompues : « Si la Guinée est rejetée par la France… nous serons obligés, à regret, d'envisager d'autres solutions et de nous adresser ailleurs[69]. »

---

67. VIEIRA, *L'Église catholique en Guinée*, p. 14.
68. André LEWIN, *Ahmed Sékou Touré (1922-1984). Président de la Guinée*, Paris, l'Harmattan, 2010, p. 7.
69. *Figaro*, 1 octobre 1958 ; *La Croix*, 2 octobre 1958. Pour une étude approfondie du « non » de la Guinée, cf. Lanciné KABA, *Le « non » de la Guinée à De Gaulle*, Paris, Chaka, 1990, p.147-179.

En considérant les différents propos tenus par les autorités guinéennes, on comprend aisément que rien ne pouvait arrêter l'accession de la Guinée à l'indépendance. C'est ainsi que le 2 octobre 1958, l'Assemblée nationale, réunie en séance extraordinaire, a proclamé l'indépendance de la Guinée. Du coup, le gouvernement établi par la loi-cadre[70] a démissionné et Sékou Touré a été investi président. Il a formé un gouvernement d'union nationale et une commission chargée d'élaborer une nouvelle constitution adoptée par le gouvernement le 10 novembre 1958. Deux jours plus tard, la nouvelle constitution de la Guinée était promulguée[71].

Dans son article premier, elle déclarait : « la Guinée est une république démocratique, laïque et sociale[72]. » Cet article a été repris et développé dans l'actuelle constitution. Il est dit que la République de Guinée « assure l'égalité devant la loi de tous les citoyens sans distinction d'origine, de race, d'ethnie, de sexe, de religion et d'opinion. Elle accepte toutes les croyances[73] ».

Au regard de cet article constitutionnel, il n'est pas inutile de se demander quelle a été, à l'époque de l'indépendance de la Guinée, la relation entre le gouvernement de Sékou Touré et l'Église chrétienne. La liberté religieuse tant prônée par la démocratie et la laïcité a-elle été respectée par le pouvoir sékoutourien ? Quel a été l'impact de cette relation sur la mission de l'Église au Fouta-Djallon ? les lignes qui suivent apporteront des réponses à ces questions.

---

70. Dès le début de l'ère coloniale les Territoires d'Outre-Mer étaient entièrement gérés par l'administration coloniale. Mais la Loi cadre, qui porte le nom de Gaston Defferre, accordait aux Territoires d'Outre-Mer une demi-autonomie. Elle a permis à chaque colonie d'avoir un gouvernement local avec un premier ministre et des ministres. Certains pouvoirs régaliens étaient conservés au niveau du Haut-Commissaire. Jean CLAUZEL, *La France d'outre-mer (1930-1960). Témoignages d'administrateurs et de magistrats*, Paris, Karthala, 2003, p. 258 ; DEVEY MALU MALU, *La Guinée*, p. 139.

71. Jean SURET-CANALE, *La République de Guinée*, Paris, Éditions sociales, 1971, p. 133 ; American University, *Area Handbook for Guinea*, Washington, D.C., U.S. Government Printing Office, 1975, p. 67 ; William ATTWOOD, *The Reds and the Blacks*, New York, Harper and Row, 1967, p. 13 ; David HAPGOOD, *Africa from Independence to Tomorrow*, New York, Atheneum, 1965.

72. *Journal officiel de la République de Guinée*, 1ᵉ année, n°3, 12 novembre 1958.

73. La nouvelle constitution a été adoptée le 10 et promulguée le 12 novembre 1958.

B. Autonomie de l'Église Protestante Évangélique de Guinée (EPEG)

En évangélisant les peuples de la Guinée, les missionnaires de la CMA n'ont pas ignoré le rôle prépondérant des chrétiens africains. En 1960, les missionnaires de la CMA ont ainsi convié les chrétiens autochtones à une conférence pour permettre à l'Église Protestante Évangélique de Guinée (EPEG) de s'autogérer[74]. Lors de cette conférence, l'enseignement était essentiellement axé sur l'autonomie d'une Église capable de se soutenir, de se gouverner, d'apporter l'Évangile aux peuples non atteints et de former ses leaders. Cette démarche correspondait bien à la formule de triple autonomie élaborée par Henry Venn et Rufus Anderson au XIXe siècle. Elle signifie que l'Église autochtone est une communauté chrétienne qui produit ses propres leaders (auto-gouvernance), qui possède ses propres ressources (auto-suffisance) et qui est capable de se développer (auto-propagation) sans dépendre des organisations missionnaires dont elle est issue[75]. Cette année-là, les pasteurs et laïcs de l'EPEG ont renoncé à l'autonomie parce qu'ils n'en comprenaient ni la portée ni l'aboutissement. Toutefois, au terme de cette conférence, ils ont accepté que chaque Église locale soutienne financièrement son pasteur[76].

Le 1er janvier 1962, l'EPEG a acquis son autonomie. Pour respecter ce principe missionnaire, la CMA se devait donc, après quelques décennies de travail missionnaire, « de passer le flambeau aux Églises naissantes pour la poursuite de la mission. C'est donc l'ère de la nouvelle évangélisation de l'Afrique qui s'ouvre… [Désormais] la mission de l'Église en Guinée n'est plus exclusivement réservée aux missionnaires occidentaux. Elle est menée avec des fils et filles de la Guinée[77] ».

Dans ce nouveau système, le rôle des missionnaires était de former les leaders d'Églises à l'Institut Biblique de Télékoro. Ainsi, les domaines de

---

74. Christian and Missionary Alliance, « Chairman's Report, Guinea, West Africa, 1961 », Colorado Springs, Archives CMA, 1961, p. 2.

75. Jacques BLANDENIER, *L'essor des Missions protestantes*, vol. 2 : *Du xixe siècle au milieu du xxe siècle*, Précis d'histoire des missions, Nogent-sur-Marne/Lavigny, Institut Biblique de Nogent/Groupes Missionnaires, 2003, p. 228s ; Paul HIEBERT, « Les trois autonomies », in *Mission et culture*, Saint-Légier, Emmaüs, 2002, p. 217-220 ; Achiel PEELMAN, *L'inculturation. L'Église et les cultures*, Paris, Desclée/Novalis, 1989, p. 26 ; TOLNO, « Arrière-plan historique de l'évangélisation de l'Afrique », p. 34.

76. Christian and Missionary Alliance, « Chairman's Report, Guinea, West Africa, 1961 », p. 2.

77. TOLNO, « Arrière-plan historique de l'évangélisation de l'Afrique », p. 34.

l'évangélisation des peuples et de la mobilisation des ressources humaines, matérielles et financières allaient être à la charge de l'EPEG. À la conférence nationale de 1962, les premiers leaders de l'EPEG ont été choisis par les chrétiens guinéens. Parmi eux on peut citer Paul Keita, premier président de l'EPEG, et Paul Koïkoï Grovogui et Paul Héhé.

Aussitôt choisis, ils ont pris l'initiative d'élaborer les statuts et le règlement intérieur de l'EPEG. À la troisième conférence nationale de 1963, les statuts et règlements de l'EPEG ont été adoptés à l'unanimité de tous les conférenciers. En février 1964, l'EPEG a été reconnue comme une Église de plein droit. Elle a obtenu une certaine reconnaissance du gouvernement de Sékou Touré parce que le culte et les réunions des fidèles (conférences, séminaires) se déroulaient dans les différentes langues du pays. Cet attachement aux langues locales s'illustrait particulièrement dans la volonté des missionnaires de traduire la Bible, les manuels du pasteur, les recueils et les traités d'évangélisation dans les différentes langues nationales : pular, malinké, kissi, toma et guerzé, pour ne citer que celles-ci.

Dans l'Église catholique, l'africanisation, invoquée à tort et à travers par Sékou Touré pour justifier les expulsions, avait été amorcée, et bien avant le 1er mai 1967 on y avait entamé la formation de leaders autochtones. À titre d'exemple, l'ordination des Pères Guillaume Pathé (10 décembre 1930) et de Louis Pathé Barry (26 mars 1953) s'inscrivait dans la volonté de l'Église de prendre racine là où elle s'implantait[78]. Pourquoi alors Sékou Touré a-t-il décidé d'expulser les missionnaires ?

Soulignons que Sékou Touré avait une fausse image de l'Église. Il l'assimilait à l'entreprise coloniale et croyait en fait que les « prêtres qui sillonnaient partout la Guinée n'étaient que des espions à la solde de l'impérialisme »

---

78. Tous deux sont Guinéens. Né le 2 août 1906 à Boké, Guillaume Pathé appartenait à la lignée royale des Mikhiforé. Son père Philippe Pathé était fonctionnaire. Il travaillait aux chemins de fer et était chef du Canton de Songolon jusqu'à sa mort en 1918. Sa mère Eulalie Curtis était fille de Saint Joseph de Cluny. Elle avait été élevée au couvent de Conakry. Elle fut monitrice et gouvernante des affaires du gouverneur Poiret à Conakry. Elle mourut en 1922. Par contre, Louis Pathé Barry est né le 28 juin 1922 à Kakoka. Il est né dans une famille de Peuls chrétiens. Pour une étude approfondie de son noviciat, cf. ACSSp Chevilly-Larue, 1F1.3b4. L'interview du père Barry par père Vieira tenu le 8 janvier 2002. Pour la vie du Père Guillaume Pathé, cf. la notice nécrologique écrite par l'abbé G. Hawing, « Ordination sacerdotale en Guinée. Le Seigneur a visité son peuple », *Alléluia*, 1974 ; Vieira, *L'Église catholique en Guinée*, p. 419.

français[79]. Mais cette attitude de rejet des missionnaires occidentaux n'était pas populaire. Il a été le fruit du discours d'hommes politiques qui prétendaient parler et agir au nom de la population. Sinon le peuple guinéen réservait un accueil favorable aux missionnaires occidentaux, même si certains Guinéens, pour des raisons religieuses, rejetaient l'Évangile qui leur était annoncé. Mais il est évident que le fait colonial, tel qu'il s'est manifesté dans les pays colonisés, a forcément eu un impact négatif sur l'activité missionnaire. Pendant la colonisation, la relation entre les colons et les missions était si étroite qu'on pouvait facilement les confondre. Cependant, ces deux institutions s'opposaient l'une à l'autre dans le sens qu'elles n'avaient ni la même structure ni la même vocation. « Si la colonisation n'est qu'exploitation de l'homme par l'homme, la mission, pour sa part, est l'annonce de l'Évangile qui procure le salut en Jésus-Christ[80]. » Elle témoigne de l'amour de Dieu pour le monde. Contrairement à ce que pensait Sékou Touré, les missionnaires, catholiques ou protestants, n'avaient aucune ambition de ressembler aux colons. Ils avaient une seule volonté, celle de servir Dieu en République de Guinée, au travers d'œuvres spirituelles et sociales, d'écoles, de centres de santé et de foyers de jeunes. Ils étaient fidèles à leur vocation sacrée, celle d'annoncer l'Évangile aux peuples non atteints en Guinée.

Cela étant, aucun argument avancé par Sékou Touré ne peut justifier l'expulsion des missions chrétiennes de la République de Guinée. Le besoin d'africaniser l'Église guinéenne, le prétendu espionnage par des prêtres blancs et le racisme entre prêtres européens et africains ne sont que des prétextes notoires pour accuser et condamner les Missions évangélisatrices en Guinée. Pour paralyser l'élan missionnaire de l'Église, le gouvernement de Sékou Touré s'est attaqué aux œuvres sociales qu'elle avait gratuitement mises en place pour aider la population guinéenne qui, aujourd'hui comme hier, a un réel besoin de formation, de structures de santé et d'autosuffisance alimentaire. Cette politique hostile a semé la terreur au sein d'un peuple paisible et a stoppé l'implantation d'Églises en Guinée en général et au Fouta-Djallon en particulier.

Il est évident qu'au moment de l'expulsion des missionnaires, l'Église de Guinée, catholique et protestante, a éprouvé un besoin accru de prêtres et de

---

79. Archives nationales de Guinée, *Horoya* n°1244, samedi 8 juillet 1967, p. 4.
80. TOLNO, « Arrière-plan historique de l'évangélisation de l'Afrique », p. 28.

pasteurs formés dans les séminaires ou instituts bibliques. Du côté catholique, on a notamment ordonné deux prêtres : l'abbé Louis Pathé Barry (26 mars 1953) et l'abbé Philippe Kourouma (septembre 1962)[81]. Chez les protestants, 91 pasteurs étaient déjà formés[82] ; les premiers, Paul Kéita et Paul Koïkoï Grovogui, ont été consacrés en 1958. Cela montre que les missionnaires occidentaux n'ont pas ignoré le rôle prépondérant des chrétiens africains dans l'évangélisation des peuples de la Guinée.

Leur expulsion a pourtant été brutale et elle a subitement plongé les Églises dans une crise sans précédent. Elle les a mises dans une situation inconfortable ; il s'est agi d'une véritable persécution par le gouvernement de Sékou Touré qui a réussi à confisquer leurs biens et à paralyser la mission au Fouta-Djallon et partout en Guinée.

La persécution de l'Église était si intense qu'on ne pouvait pas facilement annoncer l'Évangile dans les régions à dominance musulmane comme la Haute Guinée et le massif du Fouta-Djallon. Dans ces régions le christianisme était non seulement perçu comme la religion des Blancs, mais aussi comme une institution religieuse mise en place par le colon pour déstabiliser le pouvoir politique en place, le Parti démocratique guinéen – Rassemblement démocratique africain (PDG-RDA), et pérenniser le fait colonial en Guinée. Ce dernier argument est la raison principale pour laquelle Sékou Touré s'est attaqué aux Missions occidentales. À cela s'ajoutent les préjugés antichrétiens qu'il avait adoptés pendant ses voyages en Europe de l'Est. Dans ces pays, il s'est abreuvé d'un nationalisme teinté de racisme et un d'un sens exacerbé de la dignité africaine qui ont formé la doctrine de base de sa politique. Le président Sékou Touré aimait tellement le pouvoir qu'il se méfiait de ses collaborateurs directs, de ses coreligionnaires et de ses compatriotes. Mais il se méfiait aussi des missionnaires occidentaux et africains. Il se méfiait de tout, sauf de ses certitudes.

Dans cette situation de persécution sévère, l'Église guinéenne a repensé sa pratique pastorale en mettant l'accent sur la formation des prêtres, pasteurs, laïcs et leaders autochtones. C'est donc l'ère de la nouvelle évangélisation des peuples non atteints qui s'ouvre. À cette époque, l'évangélisation en

---

81. VIEIRA, *L'Église catholique en Guinée*, p. 14.
82. Christian and Missionary Alliance, « 1967 and 1968 Annual Report. Committee on Guinea Radio Broadcasting, 1969 », p. 1.

République de Guinée n'était plus « menée par les missionnaires occidentaux, mais plutôt par des fils et filles du continent africain[83] ».

C. Expulsion des missionnaires occidentaux

Après avoir dit « non » au Général de Gaulle, Sékou Touré s'est attaqué au personnel de l'Église guinéenne. Il s'agissait notamment des missionnaires occidentaux envoyés en Guinée par les Églises catholiques et protestantes de l'Occident. Dès 1961, au Fouta-Djallon comme dans les autres régions de la République de Guinée, le président Sékou Touré a supprimé tous les mouvements catholiques et a nationalisé toutes les écoles chrétiennes catholiques et protestantes[84].

Quand Mgr Gérard-Paul-Louis-Marie de Milleville[85] a eu connaissance de cette décision, il a réagi de manière énergique, ce qui n'a pas plu au gouvernement de Sékou Touré. De ce fait il a été expulsé de la République de Guinée. C'était la première expulsion vécue par l'Église chrétienne en Guinée[86]. On se souvient également de l'expulsion de la sœur Bénédicta Salamin, responsable de la communauté des Ursulines de Sion. Elle était connue pour son engagement dans la lutte en faveur des écoles privées. À cause de son zèle, elle était considérée comme une menace par le président Sékou Touré, une opposante aux idéaux de la révolution en République de Guinée. Elle a été convoquée devant le commandant de Macenta le 5 mai 1961 pour s'expliquer sur une lettre que l'Abbé Téa lui aurait adressée. De tracasserie en tracasserie judiciaire, sœur Bénédicta s'est vue obligée de quitter la République de Guinée en 1963 pour rejoindre son pays natal, la Suisse[87].

Quatre ans plus tard, la chasse aux missionnaires occidentaux, organisée et planifiée par le gouvernement de Sékou Touré, a atteint son paroxysme.

---

83. Augustin Germain Mossomo Ateba, *Enjeux de la seconde évangélisation de l'Afrique noire. Mémoire blessé et l'Église peule*, Paris, l'Harmattan, 2005, p. 188.
84. Vieira, *L'Église catholique en Guinée*, p. 75.
85. Mgr Gérard-Paul-Louis-Marie de Milleville fut le prédécesseur de Mgr Raymond-Marie Tchidimbo. Il fut archevêque de Conakry de 1955 à 1962.
86. L'intégralité de cette expulsion se trouve dans ACSSp Chevilly-Larue, 6.I.1.3a7 et 1.6b4. Voir aussi la copie de l'agenda personnel de Mgr de Milleville remise par lui au père Vieira. Vieira, *L'Église catholique en Guinée*, p. 76.
87. Sœur Marie Bernard Fournier, « Adieu de sœur Bénédicta », Archives des sœurs Ursulines de Sion, Valais, Suisse, septembre 2002. Vieira, *L'Église catholique en Guinée*, p. 97.

Dans son discours traditionnel tenu le 1ᵉʳ mai 1967 à l'occasion de la fête du Travail, Sékou Touré a officiellement annoncé l'expulsion des missionnaires occidentaux sur toute l'étendue du territoire guinéen. Ce discours est paru dans le Journal gouvernemental *Horoya* :

> Depuis 1962, le nombre de prêtres et de religieuses catholiques et protestants étrangers en République de Guinée n'a cessé d'augmenter, comme si des Africains étaient encore incapables, sur le continent africain et face à des éléments croyants de leur pays, d'assumer la responsabilité de la direction et la gestion de l'Église guinéenne. Nous fixons la date du 1ᵉʳ juin 1967 comme limite d'application de notre décision d'africanisation totale des cadres catholiques et protestants. À l'expiration de ce délai, nous donnons dès aujourd'hui les instructions formelles à toutes les autorités politiques, administratives et militaires du pays d'avoir à accompagner à la frontière de leur choix les éléments étrangers qui ne seraient pas remplacés par des Africains[88].

On comprend que la décision d'expulsion prise par Sékou Touré était tellement ferme qu'il était difficile, voire impossible, de négocier dans l'immédiat sa modification ou son abrogation. De plus, Sékou Touré était un chef autoritaire, craint par les Guinéens. Pour maintenir le culte de sa personnalité, il tenait à ce que ses décisions politiques et administratives soient appliquées à la lettre et à la date indiquée. C'est pourquoi, le 14 mai 1967, dans un autre message adressé aux Guinéens à l'occasion du vingtième anniversaire de la création du Parti démocratique de Guinée (PDG), Sékou Touré, avec beaucoup plus d'assurance et de sévérité s'expliqua sur la décision d'expulser les missionnaires occidentaux.

Habitué à de longs discours, il faisait l'éloge de son parti politique, le PDG, en occultant son système socialiste, mis en place depuis son accession au pouvoir. Ce discours-fleuve à la nation guinéenne était tellement long, qu'on doit se limiter à la partie qui parle de l'expulsion des missionnaires occidentaux.

Dans cette adresse au peuple guinéen, Sékou Touré disait sur un ton autoritaire et dur : « Le PDG a choisi la voie de la responsabilité du peuple dans tous les domaines de la vie de la nation. C'est pourquoi… il entend

---

88. Archives nationales de la République de Guinée, *Horoya* n°1188, 1ᵉʳ et 2 mai 1967, p. 8.

qu'également le domaine spirituel relève de la capacité du peuple[89]. » Il poursuivit son discours : « Tout récemment, nous avons déclaré que toutes les Églises guinéennes doivent être africanisées dans leur cadre et cela avant le 1er juin prochain[90]. » Soupçonneux, Sékou Touré considère que des « esprits mesquins se livreront à toutes sortes de commentaires fantaisistes pour présenter cette décision de notre peuple comme la manifestation d'une volonté de persécution religieuse ou la marque d'un racisme exacerbé[91] ».

Pour réussir son projet d'expulsion des missionnaires, le président Sékou Touré affirme de manière insistante et autoritaire que « s'il n'en est pas ainsi dans les États néo-colonisés, il l'est pleinement dans le régime populaire de Guinée où tout relève de la volonté libre et des capacités propres d'un peuple militant, toujours prêt à défendre son droit et à créer le bonheur[92] ». Sûr de son pouvoir discrétionnaire, Sékou renforce sa décision d'expulser les missionnaires expatriés en rappelant que le gouvernement guinéen exige l'africanisation intégrale des Églises chrétiennes. Il appuie sa décision en faisant croire au peuple guinéen qu'en « plus de vingt siècles d'existence, aucune personnalité africaine, voire de couleur, n'a été dans l'histoire de la chrétienté, élevée à la dignité d'archevêque ou même d'évêque dans aucun pays européen[93] ». Fort de ce constat, Sékou Touré s'interroge : « Ne s'est-il jamais trouvé dans ces pays un Africain, un homme de couleur sincèrement croyant, profondément religieux et moralement apte à diriger les institutions chrétiennes[94] ? » Il ne termine pas son adresse au peuple guinéen sans répondre par l'affirmative à la question que lui-même a formulée : « Si ! Répond-il, il en a eu et en bon nombre[95]. »

Sékou Touré avait l'art de la parole. Il savait mener son auditoire par le verbe. Ainsi, pour persuader les Guinéens de ce qu'il considère comme vérité absolue, il argumente en donnant des exemples de ce qui se vit ailleurs dans le monde. Il invite donc ses auditeurs à ne pas oublier que « tous les pays d'Europe, d'Amérique et d'Asie ont revendiqué et obtenu de la haute

---

89. Archives nationales de la République de Guinée, *Horoya* n°1200, 16 mai 1967, p. 6.
90. *Ibid.*
91. *Ibid.*
92. *Ibid.*, p. 7.
93. *Ibid.*
94. *Ibid.*
95. *Ibid.*

direction de la chrétienté la promotion de leurs seuls nationaux dans les fonctions responsables de leurs Églises ». Il conclut cette partie de son adresse aux Guinéens par une question : « Pourquoi donc s'étonner que l'Afrique, ou du moins pour le moment la République de Guinée, agisse dans le même sens ? » Cette fois, il répond à sa question par une exclamation lancée avec colère : « L'Afrique est incapable ![96] »

Le 1er mai 1967, tous les missionnaires occidentaux (catholiques et protestants) ont été expulsés à l'exception des cinq missionnaires de la CMA qui ont obtenu le droit de résider à l'Institut Biblique de Télékoro pour former les pasteurs de l'Église Protestante Évangélique de Guinée (EPEG). L'acquisition de ce droit résidentiel a été possible grâce à l'initiative prise par les missionnaires de la CMA de donner à l'EPEG son autonomie et à la médiation du pasteur Paul Keita[97] et du missionnaire Paul Ellenberger[98] qui était un ami d'enfance du président Sékou Touré. Cependant, la liberté de ces cinq missionnaires était très limitée. Ils ne pouvaient se déplacer à l'intérieur du pays sans l'accord du gouverneur de Kissidougou.

D. Arrêt de l'évangélisation des Peuls du Fouta-Djallon

Après l'expulsion des missionnaires occidentaux, la tâche d'évangéliser les peuples non atteints de la Guinée a incombé essentiellement aux chrétiens autochtones. On pourrait même dire qu'à cette époque l'évangélisation des Peuls en tant que telle avait été paralysée par le rapatriement des missionnaires, de quelque origine qu'ils aient été.

Malgré la progression de l'Évangile en région forestière, aucune activité d'implantation d'Églises n'était entreprise au Fouta-Djallon. Pendant cette période, l'EPEG s'est concentrée sur deux activités principales : établir une

---

96. *Ibid.* Sékou Touré réitère les mêmes idées à propos de l'africanisation de l'Église dans le numéro d'*Horoya* du 13 juillet 1967.
97. Paul Keita (1914-1997) fut l'un des premiers pasteurs de l'Église Protestante Évangélique de Guinée. Pour avoir d'amples informations sur son ministère pastoral après l'expulsion des missionnaires par Sékou Touré, prière de consulter son dernier discours sur l'histoire de l'EPEG au premier congrès national sur l'évangélisation de la Guinée, Procès-verbal du Comité Exécutif National de l'EPEG (1990-1998).
98. Paul ELLENBERGER fut missionnaire en Guinée pendant plusieurs années. Il exposa cette idée au premier congrès national sur l'évangélisation de la Guinée, tenu du 25 au 29 Avril 1988 à l'Institut Biblique de Télékoro, Procès-verbal et rapport du Comité Exécutif National de l'EPEG, (1986-1990).

relation de confiance avec le gouvernement de Sékou Touré et protéger les biens que les Missions avaient légués aux Églises nationales.

Du côté de l'Église catholique, le pape Jean Paul II a engagé une médiation qui n'a fait qu'attiser la colère du président Sékou Touré. Ainsi, la liberté des treize prêtres et des treize religieuses africaines que le pape avait mutés en République de Guinée en remplacement des missionnaires européens a été entravée dès leur arrivée. Le Journal officiel *Horoya*[99] atteste bien cette restriction de liberté en disant que le gouvernement de Sékou Touré s'étonnait de l'arrivée des prêtres et religieuses africains. Il voulait savoir s'ils étaient venus en République de Guinée au nom du pape ou en tant qu'Africains. Sans réponse fiable à sa question, il se disait ceci : « S'ils représentent le pape, celui-ci doit saisir notre gouvernement d'une requête et c'est à la Guinée d'accepter ou de refuser des étrangers sur son sol[100]. » Ces prêtres ont souffert en Guinée avant que leur statut, qui était d'ailleurs administrativement prouvé et approuvé, soit tiré au clair. Pendant plusieurs jours, ils ont été obligés de séjourner à Conakry et à Kindia seulement[101].

Suite à cette décision, Mgr Raymond-Marie Tchidimbo, qui avait succédé à Mgr Milleville, a entrepris une démarche de médiation auprès du gouvernement en vue de trouver une issue favorable au cantonnement des prêtres africains à Conakry et à Kindia. Dans la foulée, le Secrétariat général du Ministère des Affaires étrangères a rappelé la décision du gouvernement suite aux démarches de Mgr Tchidimbo, en insistant sur le fait que les religieuses et les prêtres africains n'étaient pas autorisés à sillonner toute la Guinée et ne devaient servir qu'à Conakry et Kindia[102]. En l'absence de réconciliation, la tension entre l'État et l'Église catholique a empiré de jour en jour[103].

---

99. Après l'indépendance de la Guinée en 1958, le parti démocratique de Guinée (PDG) a créé le journal *Liberté*. Mais en 1961, animé par l'idée de « l'africanisation », le PDG a changé le nom du journal *Liberté* en *Horoya*. Le mot malinké *horoya* est rendu en français par « liberté ». Pendant plusieurs années le journal *Horoya* a joué le rôle de boîte à idée pour le parti unique dirigé par le président Sékou Touré. En tant que tel HOROYA a servi à la formation idéologique du peuple, la consolidation de l'unité nationale et au culte de la personnalité du président Sékou Touré. Il fut un journal au service du PDG. *Horoya* n°1244, 8 juillet 1967, p. 2.
100. Dans l'article « L'africanisation de toutes les églises est une lutte que mène le PDG », *Horoya* n°1244, 8 juillet 1967, p. 2.
101. *Ibid.*
102. Lettre du 17 juin 1967, n° 2263/AE/SG/67.
103. *Ibid.*

Les accusations contre l'Église catholique se sont multipliées, comme en témoignent plusieurs titres de la revue *Horoya* : « L'Église catholique contre la République de Guinée » (23 juin 1967), « La conscience, la volonté des peuples et des chrétiens du continent exigent que l'Église d'Afrique soit africaine » (24 juin), « Le parti démocratique de Guinée et les religions » (1er juillet)[104].

Dans cette situation tendue, les prêtres africains envoyés en République de Guinée pour succéder aux missionnaires européens sont repartis dans leur pays d'origine plus tôt que prévu. La paroisse de l'Immaculée Conception de Mamou et la paroisse Notre-Dame du mont Carmel de Labé, toutes deux au Fouta-Djallon, se sont ainsi trouvées sans prêtres résidents, ce qui a beaucoup paralysé le témoignage chrétien parmi les Peuls du Fouta-Djallon.

Mais la persécution de l'Église catholique n'avait pas encore atteint son paroxysme. Le 22 novembre 1970, des mercenaires portugais ont débarqué à Conakry « pour tenter de renverser le gouvernement de Sékou Touré[105] ». Les Portugais avaient organisé une attaque armée pour libérer les militaires envoyés par le mouvement de libération de Guinée-Bissau et du Cap-Vert et qui avaient été emprisonnés à Conakry. Pour ce faire, les mercenaires portugais ont tenté de mettre la main sur l'État-major installé dans la capitale guinéenne[106]. Mais cette tentative de coup d'État contre le gouvernement de Sékou Touré a échoué. Ce coup de force, considéré comme une agression et vivement réprouvé par l'OUA, « a été sanctionné par une purge sévère à l'intérieur du pays[107] ». Plusieurs personnes ont été accusées et emprisonnées. Le gouvernement de Sékou Touré a pointé un doigt accusateur contre la France et l'Allemagne. Sékou Touré s'est servi de cet événement malencontreux pour entraîner l'Église catholique dans une crise qui n'a fait que détériorer les relations Église-État. En effet, l'archevêque de Conakry, Mgr Tchidimbo, a été arrêté et condamné à cause de son sens élevé de l'Église universelle et

---

104. *Ibid.*
105. Ahmed Sékou Touré, « Le livre blanc de l'agression portugaise contre la République de Guinée », *RDA* n°47, 1971, p. 490 ; idem, « L'impérialisme et sa cinquième colonne en République de Guinée », *RDA* n°52, 1971, p. 138 ; Thierno Bah, *Mon combat pour la Guinée*, Paris, Karthala, 1996, p. 319.
106. Muriel Devey Malu Malu, *La Guinée*, p. 145.
107. Ahmed Sékou Touré, « L'impérialisme et sa cinquième colonne en République de Guinée », p. 245 ; Muriel Devey Malu Malu, *La Guinée*, p. 145.

des manœuvres dilatoires de ses collaborateurs et de quelques membres de sa famille qui avaient du mal à accepter ce prélat[108].

Après sa libération en 1979, les relations entre l'Église catholique et le gouvernement de Sékou Touré étaient tellement tendues qu'il était devenu difficile aux chrétiens catholiques de présenter efficacement l'Évangile non seulement aux Peuls du Fouta-Djallon, mais aussi aux autres peuples non atteints de la Guinée.

L'expulsion avait frappé aussi les missionnaires protestants[109]. Mais le 13 mars 1967, la CMA a eu un entretien avec l'ambassadeur des États-Unis Melvin Fox et son assistant Charles Whitehouse. À cette occasion, la CMA leur a présenté une longue lettre adressée au président Sékou Touré pour lui demander que ses missionnaires puissent rester en Guinée[110]. Tout en approuvant l'idée d'adresser cette requête au gouvernement, McIlvain et Charles Whitehouse ont informé la CMA de l'échec de la mission du Nonce apostolique du Pape Jean Paul II venu de Rome le jeudi 11 mai 1967 pour s'entretenir avec le président Sékou Touré au sujet de sa décision d'expulser les missionnaires catholiques. L'entretien avec le Président Sékou Touré avait été peu satisfaisant et le Nonce s'était envolé pour Rome. La décision de Sékou Touré est absolue, ont-ils ajouté, et les missionnaires catholiques doivent partir ! Visiblement, McIlvain et Charles Whitehouse n'espéraient plus que l'application du décret puisse revue en en faveur des missionnaires de la CMA[111].

Le dimanche 14 mai 1967, la Guinée célébrait la fondation de son parti politique, le PDG. En s'adressant au pays à la radio le Président Sékou Touré a souligné avec fermeté que sa décision d'expulser tous les missionnaires ne serait en aucune manière modifiée ; toutefois, le 16 mai, de façon providentielle, la CMA a eu la possibilité de rencontrer le Président Sékou Touré et de lui présenter sa longue lettre. À cette occasion, la CMA a passé en revue l'histoire de l'EPEG en soulignant que l'Église était indépendante depuis 1956 et avait adopté sa constitution légale en 1964[112]. Elle a également mis l'accent

---

108. Tchidimbo, *Noviciat d'un évêque*, p. 126.
109. Lewin, *Ahmed Sékou Touré*.
110. Louis L. King, « A Church under a Socialistic Regime. The Republic of Guinea, West Africa, 1970 », p. 10.
111. *Ibid.*
112. *Ibid.*

sur le besoin de personnel missionnaire dans des domaines spécifiques et a précisé que le nombre de missionnaires avait diminué, plutôt qu'augmenté comme l'avait laissé entendre le Président. Enfin elle a fait remarquer que le départ des missionnaires avant le 1er juin, empêcherait la CMA de poursuivre ses objectifs : former des hommes pour assumer la direction de communautés sans pasteurs, la formation de leaders capables d'enseigner dans les instituts bibliques, la continuation de la traduction de la Sainte Bible dans les langues nationales guinéennes, et pourvoir au besoin d'un pasteur dans la ville de Conakry pour les Protestants anglophones[113].

La CMA avait prévu de quitter la Guinée le mercredi 20 mai ; cependant le 17 mai l'administrateur de la CMA et le président de l'EPEG, le Pasteur Paul Keita, ont rencontré le Président Sékou Touré[114]. Au cours de cette rencontre, le président les a informés qu'il accédait à plusieurs requêtes de leur lettre :

- Que le gouvernement accorde à l'Église nationale le statut de personnalité civile afin que la mission puisse transférer les propriétés à l'EPEG.
- Que l'école de Mamou pour les enfants de missionnaires puisse continuer puisqu'elle n'est pas impliquée dans le travail associé avec l'Église.
- Que l'école biblique de Télékoro soit autorisée à continuer afin de former ceux qui sont appelés à travailler dans le pays et que tous les missionnaires engagés en son sein aient la permission de rester en Guinée[115].

Mardi 23 mai, la permission de rester en Guinée a été accordée à tous les missionnaires de la CMA résidant à Télékoro, Mamou et Conakry. Tous les autres étaient obligés de quitter définitivement la Guinée ; la plupart ont été transférés dans d'autres pays en Afrique. L'ordre d'expulsion a été exécuté pour les missionnaires catholiques, pour ceux de la Mission évangélique *Open Bible Standard* et pour ceux de la CMA qui étaient en dehors des trois lieux cités ci-dessus.

---

113. King, « A Church under a Socialistic Regime », p. 12.
114. Letter of Ralph Shellrude and the Field Chairman, June 5, 1967, p. 2.
115. King, « A Church under a Socialistic Regime », p. 12.

La flexibilité du Président Sékou Touré s'explique par la volonté des missionnaires de la CMA d'implanter des Églises contextuelles bien avant que le gouvernement de Sékou Touré décide l'africanisation et la nationalisation de l'Église guinéenne. Cette volonté s'était concrétisée notamment par la formation des pasteurs autochtones à l'Institut biblique de Télékoro (IBT). Mieux encore, elle se faisait en Malinké, la langue de Sékou Touré, l'une des langues les plus parlées en République de Guinée. Après la formation à l'IBT, les pasteurs étaient envoyés dans une Église de leur ethnie. La formation et l'envoi des pasteurs autochtones a favorisé la croissance des Églises parmi les Kissi, Toma, Guerzé et Mano[116]. À cette époque, la mission transculturelle n'y était pas encore développée. Nous y reviendrons quand il sera question de parler de la mission de l'EPEG[117].

Dans les régions où l'Église était implantée, le culte se tenait dans la langue du pays et plusieurs documents religieux (Bibles, recueils, manuels du pasteur) étaient à cette époque traduits dans la langue du peuple ciblé[118].

Toutefois, il est important de relever que l'expulsion a été douloureuse pour les missionnaires catholiques et protestants. André Lewin décrit cette triste réalité en soulignant qu'un pasteur missionnaire américain, à l'annonce de l'expulsion, a reproché à l'ambassadeur américain de l'époque de ne pas s'être opposé à la décision du gouvernement de Sékou Touré. Il ne comprenait pas le refus de l'ambassadeur de contester la décision du gouvernement guinéen par peur de compromettre les relations entre Washington et la République de Guinée pour des questions de religion[119]. Harry Watkins, qui avait passé 40 ans au Fouta-Djallon, a aussi eu du mal à quitter sa terre de ministère, le massif du Fouta-Djallon, pour la Sierra Leone.

L'Église guinéenne, dans son ensemble, a aussi souffert de ces expulsions. Pourtant, elle a réussi à survivre, parfois même à connaître une croissance numérique et spirituelle inattendue. Après l'expulsion des missionnaires occidentaux, les chrétiens guinéens ont maintenu leur foi et aussi leur présence au Fouta-Djallon. Cependant, à cette époque, les chrétiens résidant

---

116. Paul ELLENBERGER, « Telekoro Bible School Report 1968 », Colorado Springs, Archives CMA, 1969, p. 2 ; Louis L. KING, Letter to Guinea missionaries on Furlough, Colorado Springs, Archives CMA, 1967.
117. Dans la section V.D.5. de ce chapitre.
118. KING, « A Church under a Socialistic Regime ».
119. LEWIN, *Ahmed Sékou Touré*, p. 14.

au Fouta-Djallon étaient très peu nombreux et ils venaient essentiellement de la Guinée forestière. On comptait parmi eux des Kissi, des Toma et des Guerzé, qui étaient relativement ouverts à l'Évangile. La majorité de ces chrétiens étaient catholiques parce que l'Église catholique était présente au Fouta-Djallon depuis 1875. Elle avait réussi à s'implanter au sud du pays et comptait déjà des cadres laïcs qui travaillaient un peu partout en Guinée.

Durant la persécution sékoutourienne, les chrétiens catholiques et protestants vivaient dans l'unité. Interviewé à ce sujet, André Tolno, catéchiste de la paroisse Notre-Dame du mont Carmel à Labé, âgé de 65 ans, nous a confié ceci :

> Pendant la persécution du gouvernement de Sékou Touré, les chrétiens protestants et catholiques qui vivaient au Fouta-Djallon étaient d'un même cœur. Comme au temps de l'Église primitive, ils organisaient la prière dans les familles et veillaient sur le patrimoine bâti de leurs Églises. À cette époque, poursuit-il, les biens de l'Église, à l'exception de l'unique chapelle de la CMA leur étaient interdits. Dès lors, l'idée d'évangéliser les Peuls a cédé la place tout d'abord à l'organisation du culte puis au rachat des biens des Églises expropriés par le gouvernement de Sékou Touré[120].

Dans cette épreuve, les chrétiens catholiques et protestants ont su faire taire leurs divisions doctrinales pour se préoccuper de la restauration de la liberté religieuse dont ils ont été privés pendant plusieurs années par le Parti Démocratique de Guinée (PDG). L'unité entre Catholiques et Protestants était aussi visible dans la préservation des acquis de l'Église guinéenne. C'est dans cette optique que la famille de M. André Tolno a décidé d'occuper la station missionnaire de la CMA pendant l'absence de ses propriétaires.

À cette époque, l'évangélisation des Peuls a changé de paradigme parce que, au moment de l'expulsion des missionnaires occidentaux, les pasteurs et les catéchistes guinéens qui vivaient au Fouta-Djallon n'avaient pas la vision de l'évangélisation des Peuls. Leurs actions pastorales étaient essentiellement orientées vers les chrétiens de la diaspora, c'est-à-dire les chrétiens originaires de la Guinée forestière. Suite au changement de régime, la mission,

---

120. André Tolno interviewé à Labé le 22 avril 2014.

précédemment définie comme implantation d'Églises parmi les peuples non atteints, a pris une nouvelle orientation, celle du maintien du témoignage chrétien parmi les Peuls du Fouta-Djallon. Il s'agissait dès lors de conserver les édifices des Missions (églises, écoles, dispensaires) et de développer le culte des chrétiens originaires de la Guinée forestière. Ce changement de paradigme missionnaire a développé, chez les Peuls du Fouta-Djallon, l'idée que le christianisme, religion des Blancs, serait l'affaire des Forestiers.

E. Croissance de l'EPEG après l'expulsion (1967-1984)

Quoique le gouvernement de Sékou Touré ait mis la main sur le patrimoine des Missions chrétiennes, l'Église Protestante Évangélique de Guinée (EPEG) a su se maintenir au Fouta-Djallon et au-delà de ses frontières. Durant la persécution du gouvernement de Sékou Touré, elle s'est efforcée de former ses leaders autochtones. Pour ce qui était de la formation des pasteurs, la croissance était visible. Mais au début de la période du régime de Sékou Touré, les effectifs des étudiants à l'Institut biblique de Télékoro (IBT) diminuaient progressivement parce que la CMA avait arrêté d'apporter un soutien financier à l'Institut Biblique de Télékoro (IBT). Les effectifs ont passé de 92 en 1967 à 25 en 1973. Mais en 1978, 75 étudiants se sont inscrits à l'IBT[121].

De 1948 à 1966, l'Institut Biblique de Telekoro était essentiellement dirigé par les missionnaires occidentaux. Pendant cette période, 82 pasteurs y ont été formés. Durant les Dix-sept années suivant l'expulsion (1967-1984), 88 étudiants ont été formés à l'Institut Biblique de Télékoro.

Le nombre de croyants baptisés de l'EPEG a augmenté de 1 473 à 2 835 entre 1967 et 1977, dans les dix ans après l'expulsion des missionnaires, soit une croissance de 92.46 %. Cela donne un taux de croissance annuelle de 1.70 %, soit 170 baptisés par an. Ce n'est pas très significatif, mais pendant les deux dernières années (1976-1977), la croissance de l'Église a changé radicalement. En 1976, le nombre de baptêmes a augmenté de 50 % (204 baptisés) par rapport à l'année précédente. Et en 1977 il y avait 407 baptisés. Ce qui fait une croissance annuelle de 99.5 % de baptisés. L'évangélisation est donc

---

121. Christian and Missionary Alliance, « Telekoro Station Report, 1973 », Colorado Springs, Archives CMA, 1973, p. 3.

devenue un facteur dominant dans la vie de l'Église Protestante Évangélique de Guinée[122]. Le tableau 4 donne une bonne image de cette croissance.

Tableau 4 : Nombre de baptisés et croissance annuelle de l'EPEG 1918-1977

Année	Nombre de chrétiens baptisés	Croissance annuelle	Croissance cumulée	Lieux
1918-1965	1473	-	-	Guinée forestière
1966-1975	2835	9.24 %	92.24 %	Guinée forestière
1976	204	50 %	-	Guinée forestière
1977	407	99.5 %	-	Guinée forestière

Il est important de noter que la plupart de ces personnes baptisées étaient d'origine animiste et vivaient en Guinée forestière. Parmi elles, il n'y avait presque pas de Peuls convertis à Christ parce que l'évangélisation ignorait à cette époque non seulement la vision peule du monde, mais aussi l'identité peule qui constituent des facteurs déterminants dans la communication de l'Évangile.

V. Troisième effort missionnaire (1984 à 2020)

Cette section traitera du changement de régime politique en 1984, du contexte politico-religieux du Fouta-Djallon, du retour des sociétés missionnaires occidentales au Fouta-Djallon et de la diversification des méthodes d'évangélisation et d'implantation d'Églises des Missions et Églises évangéliques.

A. Changement du régime politique en 1984

Rappelons que la Guinée est une ancienne colonie française qui a refusé, en 1958, par voie référendaire, d'être membre de la Communauté française africaine (CFA), proposée par le Général de Gaulle aux colonies françaises de l'Afrique. Quelques jours après avoir dit non à de Gaulle, Sékou Touré a pris en main la destinée de son peuple et l'a conduit dans un système communiste

---

122. Christian and Missionary Alliance, « Special Report on the Telekoro Bible School, January, January 1962 », Colorado Springs, Archives CMA, 1962, p. 4 ; Bob FETHERLAND, « Guinea Africa Narrative Report for 1971 », Colorado Springs, Archives CMA, 1972, p. 2.

aux allures de dictature sanglante caractérisée par un isolationnisme total. En 1984, à la mort de Sékou Touré, le Général Lansana Conté a pris les rênes de la République de Guinée par un coup d'État militaire. Le début de son règne était prometteur avec la mise en place de structures démocratiques et d'initiatives pour un développement intégral dans les domaines de l'agriculture, de l'éducation et de la santé. Très tôt il a ouvert les frontières au monde extérieur et instauré en République de Guinée un système de démocratie de façade essentiellement calqué sur la séparation des trois pouvoirs : exécutif, législatif et judiciaire. Mais le pouvoir exécutif était tellement fort que les pouvoirs législatif et judiciaire sont restés inefficaces. D'où l'augmentation de la corruption dans le pays.

En adoptant un système démocratique pour le pays, le Général Lansana Conté a prôné la liberté religieuse. Cela apparaît clairement dans l'article 7, alinéa 1, de la Constitution du 23 décembre 1990, où il est explicitement dit que l'homme « est libre de croire, de penser et de professer sa foi religieuse, ses opinions politiques ou philosophiques[123] ». L'article 8 renchérit : « Tous les êtres humains sont égaux devant la loi… Nul ne doit être privilégié ou désavantagé en raison de son sexe, de sa naissance, de sa race, de son ethnie, de sa langue, de ses croyances ou de ses opinions politiques, philosophiques ou religieuses[124]. »

Cette volonté de garantir la liberté religieuse ne figure pas seulement sur les documents fondamentaux de la République, elle est également visible dans les actes du gouvernement du Général Lansana Conté. Dès son accession au pouvoir en 1984, le gouvernement de la deuxième République, par la voix du président, a demandé à l'Église de participer activement à l'éducation morale et civique de la population[125], ce qui a permis aux Églises catholique et protestante de rouvrir les écoles chrétiennes dans le pays. Le gouvernement du Général Lansana Conté a ensuite entrepris une démarche pour restituer à l'Église les biens confisqués par le gouvernement de Sékou Touré. Mais la politique de Conté ressemblait au régime politique de Sékou Touré à quelques nuances près.

---

123. Constitution du 23 décembre 1990, révisée par le Décret D/2002/48/PRG/SGG du 15 mai 2002, promulguant la Loi constitutionnelle adoptée par référendum du 11 novembre 2001, Journal Officiel du 10 mai 2002, article 7, alinéa 1.
124. Constitution du 23 décembre 1990, article 8.
125. VIEIRA, *L'Église catholique en Guinée*, p. 433.

En étudiant ce sujet, Maligui Soumah a observé qu'au temps de Lansana Conté la Guinée était « devenue une dictature où personne n'est protégé contre l'arbitraire du pouvoir : les crimes physiques et financiers et le terrorisme d'État se perpétuent impunément tous les jours[126] ». Selon Soumah, cela a conduit le pays dans « une crise profonde, généralisée et multiforme : crise politique, crise institutionnelle, crise économique, crise financière, crise sociale, crise culturelle, crise juridique, crise sportive, crise structurelle[127] ». Les 24 ans du régime de Lansana Conté ont été émaillés de coups d'État et marqués par l'ethnocentrisme, le régionalisme, le népotisme, la concussion et le culte de la personnalité. Au regard de ces maux qui assaillaient la population guinéenne, Soumah constate que la Guinée de Lansana Conté « a renoué avec le retour de la terreur comme au temps de Sékou Touré[128] ».

De par le décret sur la liberté religieuse, l'année 1984 constitue cependant un tournant décisif dans l'histoire de l'Église en Guinée. C'est aussi le début de l'intensification de l'évangélisation et de l'implantation d'Églises parmi les peuples non atteints. On assiste alors à un retour massif de missionnaires occidentaux et à la venue de missionnaires africains en Guinée.

B. Contexte politico-religieux du Fouta-Djallon

Ayant conduit le pays à la démocratie, le gouvernement du Général Lansana Conté a ouvert la République de Guinée non seulement aux organisations internationales, mais aussi à toute une gamme de confessions religieuses musulmanes et chrétiennes. C'est donc un temps de *boom* religieux en Guinée. Les religions traditionnelles africaines et les pratiques ancestrales qui étaient interdites pendant le règne de Sékou Touré sont remontées à la surface des cultures et ont accueilli toutes les autres croyances.

La religion du prophète Muhammad, l'islam, est toujours restée majoritaire en République de Guinée. Mais en analysant l'islam au Fouta-Djallon, David Campbell, missionnaire de la Mission protestante réformée (MPR) vivant à Dabala de 1993 à 2013, remarque que cinq ans après la mort de Sékou Touré (en 1989) le contexte religieux n'était pas si polarisé qu'en 2019[129]. L'is-

---

126. Maligui Soumah, *Guinée de Sékou Touré à Lansana Conté*, Paris, l'Harmattan, 2004, p. 12.
127. Soumah, *Guinée. La démocratie sans le peuple*, p..19.
128. Soumah, *Guinée de Sékou Touré à Lansana Conté*, p. 13.
129. David Campbell interviewé à Dalaba le 17 mai 2014.

lam était plus modéré et les intégristes n'avaient pas encore gagné du terrain en Guinée. Depuis 1990, les confréries sunnites et les courants wahhabites et tidjanites sont devenus plus actifs au Fouta-Djallon, surtout à cause de l'implication de certains pays arabes dans le financement et la construction de mosquées et d'écoles qui forment les fidèles musulmans dans le pays. Ce sont notamment les écoles wahhabites et les écoles coraniques tidjaniyya. Ces dernières existent au Fouta-Djallon depuis le temps du Fouta théocratique[130].

Depuis 1990, le Fouta-Djallon est en passe de favoriser l'émergence de l'extrémisme islamique. Pour mesurer l'impact de ce mouvement religieux, il suffit d'observer la communauté musulmane guinéenne et de voir certains croyants en barbe touffue et pantalon coupé jusqu'aux chevilles. Les femmes sont vêtues de tissus tout noirs, le visage complètement caché d'un foulard transparent. Ce mouvement a des mosquées regroupant les musulmans de la confrérie parce qu'ils ne s'entendent pas avec leurs coreligionnaires sur la manière de prier et de pratiquer l'islam. Pis encore, les partisans de ce courant fondamentaliste militent pour l'application de la *sharia*. Ils détestent voir chez eux des Occidentaux qu'ils croient, par manque d'information, être tous chrétiens. Et ils vouent une haine sans mesure aux chrétiens d'arrière-plan musulman.

En Guinée, la majorité des Wahhabites est peule. On a constaté que les Peuls du Fouta-Djallon, qu'ils soient tidijanites ou wahhabites, sont très fiers d'eux-mêmes et aussi de leur religion. Ils sont convaincus qu'ils détiennent la vérité et que les chrétiens se sont trompés. C'est au milieu d'eux que l'Église est appelée à s'implanter. Mais avec quelles stratégies et quelles méthodes ?

C. Retour des sociétés missionnaires occidentales au Fouta-Djallon et diversification des méthodes d'évangélisation

Rappelons qu'en 1967 Sékou Touré a expulsé du pays tous les missionnaires occidentaux. De 1967 à 1984, à part les cinq missionnaires de la CMA qu'il avait autorisés à rester pour enseigner à l'Institut biblique de Télékoro et ceux de Conakry et Mamou, il était rare de voir circuler en Guinée des missionnaires expatriés. Après sa mort, l'armée guinéenne a réussi un coup militaire. Désormais, le pays a été dirigé par le Général Lansana Conté qui n'a pas tardé à sortir le pays de l'isolement économique et politique. Le vent

---
130. BAH, *Histoire du Fouta Djallon*, p. 112.

de la démocratie a donc commencé à souffler en République de Guinée, ce qui a permis le retour des sociétés missionnaires occidentales en Guinée.

La première équipe de la Mission Philafricaine (MPA) est arrivée à Macenta en 1981, constituée de Gandhi Marinova, d'Erika Limbach et de Pierre et Catherine Bigler avec leurs deux enfants. En 1984, deux semaines après la mort de Sékou Touré, le jeune couple Hannes et Claire-Lise Wiher arrivait à Conakry. Envoyé par la MPA, Hannes Wiher est resté longtemps à Macenta pour développer le Centre médical de la léproserie[131]. De 1984 à 1990, le nombre des missionnaires de la CMA est passé de 5 à 50 personnes. Certains parmi eux se sont engagés à évangéliser les Peuls au Fouta-Djallon, les Malinké en Haute Guinée et les Soussou en Basse Guinée[132].

En plus de la MPA, plusieurs sociétés missionnaires sont arrivées en Guinée après l'ouverture du pays en 1984. En 1985, la Mission protestante reformée (MPR)[133] a envoyé Robert Bolt à Dalaba pour atteindre les Peuls musulmans par l'Évangile. Ont suivi la Société internationale missionnaire (SIM) (1986), les Traducteurs pionniers de la Bible (PBT) (1986), la Mission Baptiste du Sud (MBS) (1987), la Mission pentecôtiste du Canada (MPC) (1987), la Mission évangélique réformée néerlandaise (MERN) (1987), la Mission baptiste nationale (National Baptist Convention, NBC) (1987), la Mission des nouvelles tribus (NTM) (1987), l'AEM-WEC (1988), Calvary Ministries (CAPRO) du Nigéria (1989), la Mission Alpha (1996) fondée par un Peul habitant la Suisse, et la Mission Kalimatou'llah, fondée par un Sierra Léonnais[134]. Il est important de signaler que les trois dernières sont des Missions d'initiative africaine. CAPRO a pour objectif « d'implanter des Églises parmi des Soussou et les Peuls. Faire et former les disciples pour le

---

131. La famille Wiher est entrée en Guinée le 9 mai 1984. Hannes Wiher nous a confié que son permis d'entrer en Guinée a été signé par le président Sékou Touré. D'ailleurs, a-t-il poursuivi, en 1982, le gouvernement guinéen a permis l'arrivée de son prédécesseur parce que la Mission Philafricaine s'est présentée au gouvernement de Sékou Touré comme une Mission à caractère religieux, humanitaire et médical. Hannes WIHER, interviewé en Suisse le 19 janvier 2018.

132. Christian and Missionary Alliance, « By All Possible Means. Guinea Filed Annual Narrative Report », Colorado Springs, Archives CMA, 2005.

133. En Guinée la Mission protestante réformée est connue sous le nom d'Église chrétienne de l'Amérique du Nord (*The Christian Reformed Church of North America*, CRC). EPEG, Deuxième congrès national sur l'évangélisation de la Guinée, tenu du 19 au 25 novembre 1990 à Conakry, p. 30.

134. AEMEG, Troisième congrès national sur l'évangélisation de la Guinée, tenu du 30 octobre au 4 novembre 1994 à Kindia, p. 34.

ministère[135] ». La Mission Alpha s'efforce de développer les aspects spirituels de la vie chrétienne pour partager l'Évangile de Jésus-Christ et le rendre accessible à chaque homme, à chaque peuple et à chaque nation à travers « les œuvres sociales : la santé, les écoles et les projets agricoles[136] ». La mission Kalimatou'Ilah, quant à elle, a pour vision « d'aider les chrétiens à grandir spirituellement et de former les disciples capables d'enseigner la Parole de Dieu aux autres[137] ».

À ces différentes missions se sont ajoutés les mouvements missionnaires paraecclésiastiques, à savoir Campus pour Christ (CC) (1991) qui s'engage à toucher individuellement les gens avec l'Évangile et à former des disciples qui puissent gagner d'autres personnes à Christ. Jeunesse en mission (JEM) (1994) se propose de former des disciples de Jésus à travers des écoles de formation de disciples. Elle se sert du théâtre, de la musique et du film Jésus pour annoncer l'Évangile dans les villes du Fouta-Djallon. Comme son nom l'indique, Christ de maison à maison (CMM) (1999) annonce l'Évangile dans chaque case et chaque maison en milieu urbain et rural. Audio Vie (1999) fait la promotion de l'Évangile à travers des cassettes audio ou audiovisuelles. Audio Vie met l'accent sur la communication de l'Évangile par les médias. Il convient enfin de citer les Groupes bibliques des élèves et étudiants de Guinée (GBEEG) (1999) qui ont pour but de faire connaître Jésus-Christ dans les collèges, les lycées et les universités en Guinée. À cet effet, ils organisent des réunions de prière et des camps de formation de disciples[138]. Contrairement aux sociétés missionnaires occidentales constituées de missionnaires occidentaux, ces mouvements et œuvres sont dirigés par des Guinéens, même ils sont financièrement et matériellement soutenus par les organisations sœurs en Occident.

Cette période a également été marquée par l'apparition des Églises d'initiative africaine en Guinée. Parmi elles nous pouvons citer l'Église évangélique Shékina, (1998), l'Église évangélique Amour de Dieu, les Baptistes œuvre et mission internationale, l'Église chrétienne des rachetés de Dieu, le Centre international d'évangélisation (CIE) (2001), la Communauté

---

135. AEMEG, Consultation des Leaders sur l'évangélisation, tenue à Kindia les 14-19 janvier 2002, p. 96.
136. AEMEG, Consultation des Leaders sur l'évangélisation, p. 94.
137. *Ibid.*
138. AEMEG, Consultation des Leaders sur l'évangélisation.

missionnaire chrétienne internationale (CMCI) (2003), l'Église Pentecôte Nouvelle Jérusalem (EPNJ) (2007), l'Église de Dieu en Christ : Ministère de la vie nouvelle (EDC) (2009)[139]. Notons que dans les Églises d'initiative africaine « l'évangélisation et la mission ne sont pas spécifiquement confiées à des spécialistes, mais à tous les croyants. Cela favorise l'esprit missionnaire qui dans les Églises historiques se trouve paralysé par le manque de soutien missionnaire[140] ».

Parmi ces Missions et Églises, six ont eu une présence permanente au Fouta-Djallon : CMA, MPA, MPR, CAPRO, CMC, Audio Vie, Mission Alpha et Jeunesse en mission. De 1994 à 2000, les équipes de Campus pour Christ et Jeunesse en Mission évangélisaient au Fouta-Djallon. Par manque de soutien financier, elles ont abandonné la mission au Fouta-Djallon.

La prochaine section, plus importante que les précédentes, s'intéressera aux méthodes utilisées par les sociétés missionnaires et les Églises pour atteindre les Peuls avec l'Évangile.

D. Méthodes des Missions et Églises évangéliques

Face à l'islam et aux religions traditionnelles africaines, les Missions et Églises évangéliques ont essentiellement adopté la position exclusiviste. Les tenants de cette position soutiennent qu'« le salut ne se trouve en aucun autre, car il n'y a sous le ciel aucun autre nom donné parmi les hommes, par lequel nous devions être sauvés » (Ac 4.12 ; cf. Jn 14.6). C'est seulement en Jésus-Christ que Dieu se révèle pleinement aux hommes et seulement par la Bible que Jésus-Christ et son message sont connus. Puisque la foi en Jésus-Christ est nécessaire pour le salut, la tâche missionnaire des Missions et Églises évangéliques est d'annoncer Christ jusqu'à son retour.

1. L'Alliance chrétienne et missionnaire (CMA)

Depuis 1918, la CMA évangélise les peuples de la Guinée : les Soussou, les Malinké et les Peuls musulmans[141]. Pour annoncer la Bonne Nouvelle aux musulmans, les Watkins organisaient des sorties d'évangélisation publique. Au fil

---

139. Tolno, « Leçons à tirer des Églises d'initiative africaine ».
140. *Ibid.*
141. AEMEG, « Le Seigneur se glorifie en Guinée. Aperçu des progrès en Guinée », Conakry, 2000, p. 24 ; CMA, « 2007 Guinea Narrative Report », Conakry, Archives CMA, 2007, p. 1.

du temps les missionnaires de la CMA ont compris qu'en Guinée l'évangélisation publique a moins d'impact parce qu'il est difficile aux Peuls musulmans d'accepter publiquement l'Évangile[142]. Relevons qu'au Fouta-Djallon chaque musulman est contrôlé par sa famille et par la communauté musulmane. Cela empêche les Peuls d'embrasser la foi chrétienne en public.

L'ayant compris, la CMA s'est engagée dans l'évangélisation personnelle. Dans cette approche, le but est que la personne ciblée devienne un ami du missionnaire qui lui fera confiance et établira une relation désintéressée avec elle. Pour trouver des amis, les missionnaires de la CMA ont commencé à créer des centres d'intérêt qui favorisent le contact et l'amitié. Parmi ces centres d'intérêt, citons avant tout l'apprentissage des langues. Quand ils arrivent au Fouta-Djallon, les missionnaires de la CMA apprennent le pular pendant les trois premières années. En apprenant la langue peule, ils créent une relation amicale avec l'enseignant qui devient finalement leur premier ami[143]. Le but de l'acquisition de la langue peule est de faciliter la communication de l'Évangile en milieu peul. Nous pensons que sans cet objectif le missionnaire se bornerait à n'être qu'un simple linguiste.

Pour élargir son réseau d'amis, la CMA a créé des salles de lecture où les Peuls musulmans pouvaient lire des livres sur des sujets divers. Sur les rayons, on pouvait trouver des livres de religion, d'histoire, de philosophie et de géographie. Ainsi, les missionnaires qui géraient les salles de lecture étaient en contact avec des intellectuels et s'y faisaient des amis. Mais le partage de l'Évangile dans des salles de lecture s'est heurté à d'énormes difficultés ; la plupart des livres étaient en anglais et en français. Or la majorité des Peuls musulmans ne sait pas lire ces langues. Ils lisent couramment l'arabe et le pular. De plus, il est interdit aux Peuls de lire des livres chrétiens qui parlent de la divinité du Christ. Les salles de lecture ne convenaient donc pas à l'évangélisation des Peuls musulmans, Car dès leur jeune âge les Peuls sont imprégnés d'une littérature religieuse orientée vers le Coran, les hadiths et quelques commentaires du Coran. Ils disposent de centres de documentation islamique.

Leurs autres centres d'intérêt sont le sport, l'apprentissage de l'anglais et de l'informatique. Ils offrent aux missionnaires de la CMA des occasions d'élargir

---

142. CMA, « By All Possible Means. Guinea Field Annual Narrative Report », p. 4.
143. Daniel IBSEN interviewé à Mamou le 2 octobre 2012.

leurs réseaux d'amis prêts à écouter l'Évangile[144]. À titre d'exemple, la famille Blackwell a développé de nombreux contacts au moyen du sport, des cours d'anglais et des visites régulières aux commerçants et fonctionnaires peuls. Grâce à ces activités, ils ont eu des occasions favorables pour leur présenter l'Évangile[145]. Pour sa part, Colette Baudais a eu l'idée de créer une station radio. À l'occasion d'un séminaire organisé par IBRA radio (*International Broadcasting Association*), elle a formé plusieurs personnes dans le domaine du ministère d'évangélisation par la radio. En effet le gouvernement du Général Lansana Conté avait ouvert la porte aux radios privées. Mais les limitations imposées aux émissions religieuses ont amené Colette Baudais à fonder une ONG dans le but de développer une station radio centrée sur les femmes[146].

Les missionnaires de la CMA se sont aussi engagés dans le domaine médical. Ils ont invité des équipes médicales et dentaires au Fouta-Djallon. Ils ont offert des soins à des enfants peuls. Cette œuvre humanitaire a permis à la CMA de contacter un grand nombre de Peuls musulmans[147]. À Mamou et à Timbi Madina, des équipes médicales et dentaires ont servi de points de contact avec les Peuls. Dans la région de Timbi Madina, Mark et Dee Krueger ont créé une clinique familiale pour aider les Peuls. C'est là que plus de 800 Peuls ont accepté de prier avec eux. Ils ont également accepté des enregistrements audios et de la littérature d'évangélisation qui leur ont été offerts[148]. Travaillant à Timbi Madina, Mark et Dee Krueger témoignaient de l'amour de Dieu auprès des Peuls musulmans en assistant les paysans peuls dans les champs de pommes de terre. C'est ainsi qu'ils ont commencé la vente et l'installation de pompes d'irrigation dans la région de Timbi Madina. Au début de ce projet, dix pompes ont été installées. Peu après un agriculteur de la région a voulu savoir comment prendre en main cette affaire pour

---

144. CMA, « Chairman's Narrative Report Guinea, West Africa, 1968 », Colorado Springs, Archives CMA, 1968, p. 5 ; « Narrative Report of Board Representative for 1970, Guinea, West Africa », Colorado Springs, Archives CMA, 1970, p. 8.
145. Denis BLACKWELL, « 2004 Year Report », Colorado Springs, Archives CMA, 2004, p. 4.
146. DUKER, « Annual Narrative Ministry Report », Colorado Springs, Archives CMA, 2004, p. 1 ; Collette BAUDAIS, « Narrative Ministry Report 2003, Fula Team, Labe, Guinea », Colorado Springs, Archives CMA, 2003, p. 1.
147. Mark KRUEGER, « Annual Narrative Report 2009 », Colorado Springs, Archives CMA, 2009, p. 2.
148. *Ibid.*, p. 1.

en assumer éventuellement la responsabilité. Pendant l'installation de ces pompes, racontent les Krueger, ils distribuaient aux Peuls musulmans les enregistrements des Écritures en langue peule.

Krueger leur disait qu'il ne faisait pas ce travail pour un gain financier, mais à cause de son amour pour Dieu et pour eux. Interrogés sur cette approche, ils nous ont confié, avoir pris ces initiatives afin d'expliquer l'Évangile aux Peuls musulmans et de rendre plausible leur témoignage à Timbi Madina : « Cela permet aux Peuls de voir l'amour que nous avons pour eux[149]. »

En conclusion, la CMA a utilisé plusieurs méthodes pour apporter l'Évangile aux Peuls : l'évangélisation de masse, l'évangélisation individuelle, les médias, les œuvres sociales, le sport et la littérature. En dehors de l'évangélisation de masse, ces méthodes semblent bien adaptées à l'évangélisation des Peuls musulmans parce qu'ils ont une conscience relationnelle. Aborder un Peul musulman dans des endroits publics est un grand défi, surtout quand il s'agit de parler de Jésus-Christ. La peur du Peul musulman de se voir rejeté par ses parents et la communauté musulmane est tellement grande qu'il lui est difficile d'accepter publiquement Jésus-Christ comme son Sauveur.

2. La Mission protestante réformée (MPR)

La Mission protestante réformée (MPR)[150] est calviniste dans sa théologie[151]. En 1920, elle a envoyé ses premiers missionnaires au Nigéria, en Afrique occidentale. Au début de 1983, Larry Vanderaa, missionnaire de la MPR qui travaillait au Libéria et qui a servi plus tard au Mali, a mené une recherche en Afrique occidentale en vue de localiser les peuples non atteints. Il a ainsi constaté que les missionnaires avaient négligé l'évangélisation des Peuls. Il a aussi remarqué qu'en Afrique occidentale les Peuls constituent un peuple clé qui sert de porte d'entrée ou de pont pour atteindre par l'Évangile plusieurs peuples musulmans en Afrique. Partant de cette idée il a conclu

---

149. *Ibid.*, p. 2.
150. En anglais *The Christian Reformed Church* (CRC). Cf. Henry BEET, *The Christian Reformed Church. Its Roots, History, Schools and Mission Work, AD 1857 to 1946*, Grand Rapids, Baker, 1946 ; Wilbert M. VAN DYK, *Belonging. An Introduction to the Faith and Life of the Christian Reformed Church*, Grand Rapids, Board of Publications of the Christian Reformed Church, 1982, p. 87.
151. John H. KROMMINGA, *Reflections on the Christian Reformed Church*, Grand Rapids, Baker, 1995, p. 136 ; Marc T. MULDER, *Shades of White Flight. Evangelical Congregations and Urban Departure*, Londres, Rutgers University Press, 1973, p. 96.

que si les Peuls se convertissaient à l'Évangile, ils pourraient aider beaucoup d'autres peuples à connaître Jésus-Christ, car les Peuls sont un peu partout en Afrique[152]. Consciente de cette réalité sociologique, la MPR s'est engagée à évangéliser les Peuls.

Après la mort de Sékou Touré en 1985, la MPR a commencé à travailler parmi les Peuls dans le massif du Fouta -Djallon[153]. Les missionnaires de la MPR se sont alors installés dans deux villes principales du Fouta-Djallon : Labé et Dalaba. Dans le contexte peul, la MPR a renoncé à l'évangélisation publique. Même s'ils assistent aux différentes « campagnes d'évangélisation » organisées par d'autres missions, les missionnaires de la MPR ne la valident pas pour évangéliser les Peuls musulmans, car ils la trouvent trop offensive et peu fructueuse. Pour annoncer l'Évangile, la MPR emploie d'autres méthodes. Elle pratique l'évangélisation par le biais de l'amitié qui permet le contact direct avec l'évangélisé et rend efficace la communication du message chrétien. Il permet également à la personne qui est évangélisée d'éviter la pression sociale au moment où l'Évangile lui est présenté. Cela requiert un bon choix du lieu et du moment de la rencontre du missionnaire avec la personne à évangéliser. Ce serait une erreur d'évangéliser un ami peul au marché, en famille ou devant une mosquée. Il se sentirait gêné devant ses proches et renoncerait à la relation d'amitié. Cette évangélisation peut être efficace pour autant qu'elle ait lieu sans témoin et dans un endroit discret et sûr pour l'interlocuteur. Les invitations à un repas ou des visites de courtoisie peuvent être des occasions favorables à l'annonce de l'Évangile. Par exemple, Yaya Barry a compris l'Évangile lorsqu'il a été invité par Thierno Abdou à partager un repas[154]. Pour nouer une amitié avec un Peul, le missionnaire devra connaître la culture et la vision peules du monde, sans quoi l'évangélisation personnelle sera difficile.

Après 23 ans de travail missionnaire au Fouta-Djallon, David et Joyce Campbell considèrent que toutes les méthodes basées sur une relation personnelle peuvent être utilisées pour l'évangélisation des Peuls musulmans. Ils mentionnent notamment la distribution de la Parole de Dieu en pular,

---

152. VANDERAA, « Presentation ».

153. Dans son rapport d'activité présenté au Deuxième congrès national sur l'évangélisation de la Guinée, Robert Bolt signale la présence de la Mission Protestante Réformée en Guinée depuis 1985.

154. TOLNO, « Un peul rencontre Jésus : le témoignage de Yaya Barry », p. 46.

les émissions radio, l'évangélisation par l'amitié, la projection du film Jésus, la prière au nom de Jésus pour les malades et les démoniaques, le débat, le ministère médical, le ministère d'aide aux pauvres, le ministère auprès des prisonniers (visites, alimentation, prière, lecture de la Bible), et l'alphabétisation[155]. Malgré la diversité des méthodes d'évangélisation, il est très difficile aux Peuls de croire en Jésus, de le suivre et de grandir dans la foi parce qu'ils se heurtent si facilement aux obstacles culturels et religieux. C'est une réalité incontestable que les Peuls sont si attachés à leur culture et à leur religion qu'il leur est difficile de croire à l'Évangile. Ils pensent qu'ils naissent musulmans et sont les principaux propagateurs de l'islam en Afrique occidentale. Ces obstacles les empêchent d'embrasser la foi chrétienne. Le problème des obstacles à l'évangélisation des Peuls musulmans du Fouta-Djallon sera repris plus loin.

Depuis quelques années toutefois, Bill Bismuth[156], missionnaire de la MPR, a abandonné l'évangélisation individuelle parce qu'elle suscite des tensions entre l'évangélisé et la communauté peule d'une part et d'autre part entre le missionnaire et la communauté. Pour éviter ce malentendu, le missionnaire ne s'adresse pas à l'individu, mais à la communauté villageoise toute entière, Ce qui le conduit à passer de village en village. Cette manière d'évangéliser se fait sur la base de l'étude biblique communautaire autorisée par les notables du village. Selon Bill Bismuth, cela augmente la relation de confiance et diminue les risques de rejet ou de persécution.

La difficulté d'une telle évangélisation est qu'elle présuppose qu'il est possible d'amener à la conversion une communauté villageoise tout entière. Or en contexte musulman on estime qu'il est plus facile d'apporter l'Évangile à un individu qu'à une communauté. Cela constitue un des points de divergence entre Bill Bismuth et les missionnaires de la CMA qui estiment que l'évangélisation personnelle est plus fructueuse que toute autre méthode.

3. La Mission Philafricaine (MPA)
a. Bref historique de la Mission Philafricaine

C'est Héli Châtelain (1851-1908) qui a fondé la Mission Philafricaine. Le terme « Philafricaine », choisi à dessein par ses pairs, signifie « Ami des Africains ». À l'origine, la MPA avait pour vocation l'évangélisation des

---
155. David et Joyce CAMPBELL interviewés à Dalaba le 20 janvier 2014.
156. Bill BISMUTH (pseudonyme) interviewé à Conakry le 18 janvier 2016.

peuples non atteints. Cette mission, fondée en 1889, travaille aujourd'hui dans plusieurs pays : Angola, Brésil, Burkina Faso, Cameroun, Chine, Guinée, Sri Lanka, Tchad, pour ne citer que ceux-ci.

En République de Guinée, la MPA est arrivée en 1981[157]. Elle est la première mission évangélique venue en Guinée après l'expulsion des missionnaires occidentaux par le gouvernement de Sékou Touré en 1967. Selon le protocole d'accord de 1981, la MPA est entrée en Guinée avec le statut de mission religieuse, philanthropique et médicale ayant pour but d'apporter des soins médicaux aux victimes de la lèpre et de la tuberculose[158]. Hier comme aujourd'hui, ces maladies affectaient le pays au point qu'il était devenu nécessaire de trouver une ONG capable de lutter contre ces fléaux mortels. C'est ainsi que la MPA est devenue la première organisation non gouvernementale en République de Guinée. Cela a conduit à une approche holistique de la mission qui tient compte à la fois de l'annonce de l'Évangile et des besoins vitaux de l'homme.

Dans ses rapports avec l'État guinéen, la MPA n'a jamais dissimulé son identité chrétienne. La preuve en est que dès son arrivée en Guinée elle a établi une collaboration avec l'EPEG. De ce fait elle est devenue un des partenaires privilégiés de l'EPEG. À ce titre, elle s'engage à implanter des Églises dans certains villages et villes de Guinée. Depuis plus d'une décennie, elle intervient

---

157. Déjà en 1978, Rodolphe Brechet, Samuel Stauffer et François Nicolet avaient visité la République de Guinée. Deux d'entre eux étaient médecins. En Guinée, ils furent bien accueillis par le gouvernement de Sékou Touré. C'est lui qui a orienté la MPA à s'implanter à Macenta parce que son épouse était originaire de là. À cette époque Pasteur Samuel Döbö Boré était président de l'Église Protestante Évangélique de Guinée (EPEG). La première équipe de la MPA est arrivée en 1981. Le couple missionnaire Hannes et Claire-Lise Wiher a commencé son ministère en Guinée en 1984. EPEG, « Les 30 Années de la Mission Philafricaine en Guinée », *Jourdain*, Bulletin d'informations-EPE/Comité de jeunesse/JRD, n° 31, mars 2012, p. 2.

158. Le Centre médical de Macenta, hôpital spécialisé de la Mission Philafricaine (aujourd'hui dénommé Centre hospitalier régional spécialisé, CHRS), est le centre de référence régional de la Guinée forestière pour la lutte contre la lèpre et la tuberculose. Aujourd'hui d'autres activités se sont ajoutées comme la lutte contre le VIH/SIDA et la réhabilitation médico-socio-économique des anciens malades de la lèpre. Il y a dix ans on avait douze fois plus de cas de lèpre qu'aujourd'hui : en 1990 on comptait 25 malades sur 10 000 habitants, aujourd'hui seulement 2 sur 10 000. En plus du traitement des malades, la réhabilitation des handicapés s'est aussi beaucoup développée. Chaque année, 10 000 à 15 000 malades de toute la Guinée et même de pays limitrophes viennent à l'hôpital de la Mission Philafricaine à Macenta, et à travers les messages quotidiens et les cultes, ils entendent la Bonne Nouvelle. Pour avoir plus d'amples informations, voir Agence guinéenne de presse, AGP/16/09/014.

également dans diverses activités agricoles, dans la formation professionnelle et la construction d'écoles. Elle considère les œuvres sociales comme un moyen efficace pour communiquer l'Évangile aux peuples non atteints.

Au travers du « Centre médical de la Mission Philafricaine », devenu Centre hospitalier régional spécialisé (CHRS), la MPA a eu, depuis son arrivée, des occasions de contact avec les Peuls qui constituent la majorité des malades venant au Centre, et plusieurs ont entendu l'Évangile. Certains parmi eux ont accepté Jésus-Christ comme Sauveur, par exemple Abdourahmane Camara, Peul de Mamou, converti au Centre médical de Macenta. Mais comment un Centre hospitalier peut-il servir de méthode d'évangélisation ? On pourrait aussi se demander quelle est la vocation missionnaire d'un centre médical ou de médecins chrétiens. le témoignage d'Abdourahmane Camara apporte des éléments de réponse à ces questions.

b. Témoignage d'un Peul converti au Centre médical à Macenta

Interviewé sur le bien-fondé de sa foi, Adourahmane Camara, âgé de 57 ans, nous confie qu'il est né dans une famille polygame[159]. Son père était marié avec huit femmes. Il avait 26 enfants. Adourahmane Camara, enfant prématuré, est l'aîné des aînés, c'est-à-dire l'aîné des 26 enfants de son père. Comme tout enfant peul, il a été inscrit à l'école coranique à l'âge de quatre ans. Pendant quatorze ans il a étudié le Coran. Pendant sa formation son maître coranique lui a inculqué que les chrétiens sont des *anasarah* (des gens qui ne croient pas en Dieu). Il lui disait de se méfier d'eux parce qu'ils sont incroyants.

Parallèlement à son maître coranique, sa mère a beaucoup contribué à sa formation musulmane parce que ses parents étaient des musulmans zélés et engagés dans la propagation de l'islam au Fouta-Djallon. De ce fait elle savait lire le Coran et voulait que ses enfants soient des érudits en matière de connaissance coranique.

Après avoir terminé le deuxième cycle d'études coraniques, Abdourahmane Camara est amené à Conakry et inscrit à l'école publique. Mais il y apprend les arts martiaux, s'adonne au vice et tombe dans la délinquance. Quelques années plus tard, il contracte la tuberculose et son état de santé devient critique. Tous les marabouts de renom qui lui promettent la guérison échouent

---

159. Abdourahmane CAMARA interviewé à Conakry le 18 juin 2015.

lamentablement. Les médecins des hôpitaux publics aussi. Ses parents, plus inquiets que jamais, retournent vers les marabouts. Inutile de continuer à dépenser de l'argent. Selon eux, Abdourahmane est insoignable, car sa maladie est d'origine démoniaque.

Il vomit alors du sang et dégage une odeur nauséabonde qui l'empêche de vivre avec les membres de sa famille. Il est isolé dans une case en attendant la mort qui tarde à venir. Affaibli par la maladie, entouré d'enfants qui répètent : « il va mourir, il va mourir », il se laisse aller au désespoir, se sentant rejeté et sans amour. Mais un jour son père reçoit la visite de son ami d'enfance, Idrissa Traoré, qui connaissait l'existence du Centre médical de Macenta, spécialisé dans la lutte contre la tuberculose. Il propose donc d'y conduire Abdourahmane en voiture, avec l'accord de ses parents, mais contre l'avis du malade désespéré qui, en plus de la tuberculose, souffre atrocement d'une cirrhose de foie et de maux de reins.

À Macenta, Abdourahmane Camara et son père réalisent que le Centre médical est chrétien. Son père lui murmure alors de ne pas écouter ces petits Blancs qui ne connaissent pas Dieu et sont capables de tromper ceux qui croient en Allah. Mais Abdourahmane avait déjà entendu son maître coranique le dire.

Au Centre médical de Macenta, trois actes d'amour ont suffi pour déclencher le processus de conversion chez Abdourahmane Camara. Le premier a été l'accueil chaleureux du Dr Hannes Wiher, son médecin traitant. En voyant son état, il s'est doucement approché de lui et a mis sa main sur lui pour lui dire : « Tu seras guéri. Que Dieu te bénisse ! » Pour Abdourahmane, c'était la première fois depuis le début de sa maladie qu'il rencontrait dans ce monde quelqu'un encore capable de l'aimer et de lui promettre la guérison. « Durant tout le temps que j'ai passé au Centre médical de Macenta, Hannes Wiher a pris soin de moi, raconte-t-il, et m'a entouré d'un amour sincère. »

La deuxième personne qui a marqué sa vie est Grima Salifou, un enseignant chrétien malade de la tuberculose depuis 25 ans. Il a été le premier à l'évangéliser verbalement. La première fois, Abdourahmane était tellement fâché qu'il a failli se jeter sur lui. Mais Salifou n'en a pas tenu compte. Au contraire, il lui manifestait amour et respect et lui rendait de nombreux services. Il lui donnait de l'argent pour pourvoir à ses besoins. Malgré sa maladie, Salifou était toujours joyeux. Tout cela a suscité des questions dans l'esprit d'Abdourahmane. Il se demandait : « Comment peut-on être à la fois malade et heureux ? Pourquoi Salifou, un homme aussi malade que moi, est-il content ? »

Au Centre médical de Macenta, il y avait aussi un homme qui s'appelait Job. Il aimait Abdourahmane au point de lui donner une Bible en cachette. Il priait chaque jour pour lui et lui disait : « Jésus peut te guérir. » Une fois, il a prié à haute voix pour sa guérison. Quelques jours plus tard, le Dr Hannes Wiher est venu recueillir le crachat d'Abdourahmane pour l'analyser. Le résultat était négatif et Abdourahmane a été déclaré guéri de la tuberculose. Quelle joie !

Cette guérison a permis à Abdourahmane de comprendre et de reconnaître la puissance de la prière des chrétiens. Mais il n'avait pas encore donné sa vie à Jésus. Il lui a fallu encore entendre la prédication du pasteur Daniel Maoro Béavogui. Ce jour-là, au Centre médical de Macenta, le prédicateur a rapporté aux malades les paroles de Jésus-Christ : « Venez à moi vous qui êtes fatigués et chargés, et je vous donnerai du repos » (Mt 11.28)[160]. Touché par ce message, Abdourahmane a fini par donner sa vie à Jésus.

Après sa conversion en 1984, il est devenu la cible de persécutions. À son retour à Mamou, il a été rejeté par ses parents et privé de son statut de fils aîné. Alors son médecin traitant, le Dr Hannes Wiher, l'a accueilli dans sa famille. Depuis, le couple Wiher le considère comme l'un de ses enfants. Quelques années plus tard, Abdourahmane a été admis à l'Institut biblique de Télékoro. En 1991, il est devenu officiellement pasteur de l'EPEG dont il était le premier Peul à occuper cette fonction. Après sa formation biblique, il a été successivement Pasteur des Églises Protestantes Évangéliques de Mamou et Labé. Aujourd'hui, il exerce le ministère d'aumônerie à la Clinique ophtalmologique Bartimée et aux Centres de santé Anastasis à Conakry. C'est ainsi qu'il assure un ministère d'évangélisation des Peuls, malades majoritaires de ces deux institutions médicales.

Interrogé à propos de la persécution, Abdurahmane répond avec conviction que les Peuls convertis à Christ connaissent une oppression sévère parce

---

160. C'est l'un des paradoxes de la Bible qui a touché le cœur d'Adourahmane Camara. Quand on écoute le témoignage d'Abdourahmane on s'aperçoit qu'il cite couramment ce texte qui a bouleversé sa vie et qui lui a permis de rencontrer Christ. Nous notons ceci pour affirmer que dans l'évangélisation des Peuls musulmans l'utilisation des paradoxes bibliques peut aider à les amener à connaître Christ. Cependant, l'enseignement sur les paradoxes de la Bible doit tenir compte du contexte biblique et de la situation de la personne à évangéliser.

que, dans l'islam peul, changer de religion est un grand péché qu'aucun Peul musulman ne doit commettre. La peine qui en découle va de l'excommunication à la mort. C'est pourquoi, ajoute-t-il, il est nécessaire que des gens prient pour les Peuls convertis et persécutés et ouvrent leur maison pour les accueillir.

Depuis quelques années, la Mission Philafricaine a envoyé des missionnaires au Fouta-Djallon en vue de rendre visible l'amour de Dieu auprès des Peuls. Pour être plus pertinente dans sa mission, comme nous l'avons déjà souligné, la MPA se sert d'activités de développement individuelles et communautaires. Les prochaines sections présenteront les activités dans les deux lieux d'implantation de Gaoual et de Télimélé.

c. Action Vivre à Gaoual

Le projet Action Vivre, initié par la MPA, est l'un des moyens d'évangélisation des Peuls du Fouta-Djallon. Les missionnaires de la MPA sont en contact permanent avec les jeunes garçons et filles peuls. À Gaoual, la MPA a fondé un complexe scolaire appelé École Action Vivre de Gaoual, qui aujourd'hui encore offre une formation de qualité aux enfants peuls de la ville.

À Gaoual, de nombreux jeunes ne réussissent pas leurs examens d'entrée au Collège ou au Lycée. Ces centaines d'élèves traînent donc dans les rues ou vont chercher leur bonheur dans la grande ville la plus proche. C'est pourquoi la MPA a construit le complexe scolaire Action Vivre à Gaoual. L'École Action Vivre est reconnue dans toute la région de Gaoual non seulement pour la qualité de sa formation, mais aussi pour les nombreux succès de ses élèves aux différents examens nationaux. Dans cette école, 25 élèves sur un effectif de 38 ont été admis en 2012 à leur examen de passage en septième année. « De toute la préfecture, l'école Action, Vivre a présenté plus de la moitié des élèves qui ont réussi l'examen. » Pour la MPA cela signifie : « poursuivre les efforts, ne pas se reposer sur les lauriers[161]. » En 2013, 42 élèves sur 49 ont réussi leur passage en septième année. En 2014, l'école a présenté pour la première fois ses candidats au brevet. Sur 16 candidats présentés, 15 ont réussi. L'examen de passage au collège a été réussi par 48 élèves sur 49. Ces résultats sont connus par toutes les écoles de Gaoual et constituent la meilleure publicité pour l'École Action Vivre de Gaoual. Ce succès fait que toutes les classes sont

---

161. Matthias RYCHEN, « Action Vivre Gaoual », *Allons* 2, 2013, p. 17.

régulièrement occupées, soit pour les cours normaux soit pour les cours de révision proposés aux plus de 400 élèves inscrits à l'école.

Dans l'École Action Vivre de Gaoual, les jeunes filles représentent près de la moitié de l'effectif total des élèves. Les missionnaires qui pilotent le projet entendent maintenir cet élan dans le but de glorifier Dieu. Notons que l'École Action Vivre de Gaoual comprend deux cycles : le primaire et le collège. Elle permet à la MPA d'investir dans les élèves en leur offrant une infrastructure appropriée et une formation solide. Leurs enseignants bénéficient de cours de perfectionnement pour leur permettre de répondre aux besoins des élèves. Pour amener les enseignants et les apprenants à bien travailler et à considérer le travail comme un don de Dieu, l'école intègre des valeurs spirituelles dans sa pédagogie. C'est pourquoi la MPA a mis en place la formation continue dans laquelle les enseignants apprennent les bases de la foi chrétienne. Ce savoir-faire, communiqué aux nouveaux enseignants, explique un succès inconnu des autres écoles de Gaoual.

À l'École Action Vivre de Gaoual, missionnaires et enseignants s'engagent à aider les élèves tout au long de leur formation. Ils organisent des cours de maison pour les élèves qui ont envie d'approfondir leur connaissance des matières de leur choix. Pour renforcer les capacités des enfants, on organise des activités sportives : sport, handball ou volleyball. Elles se terminent souvent par des discussions sur le jeu en équipe. C'est le moment et le lieu où les maîtres prodiguent des conseils pratiques aux élèves. Par exemple, sur des sujets comme l'esprit d'équipe et la réussite, la reconnaissance de ses erreurs et l'importance de la créativité. En se servant d'un exemple de la vie courante ou d'un sujet d'encouragement, les missionnaires et enseignants abordent des thèmes de nature spirituelle et évangélique. Cela suscite chez certains élèves des interrogations sur la question de la vie éternelle, du salut et de la responsabilité. En plus des maîtres et des missionnaires, l'École Action Vivre a en son sein un aumônier qui a pour rôle principal d'encadrer la vie spirituelle des élèves. Chaque matin, sous le mât, il leur raconte une histoire biblique. Parfois l'histoire racontée se termine par une prière.

Rappelons que l'École Action Vivre évolue dans un contexte musulman. La majorité des enfants sont musulmans. Dans un tel contexte, on pourrait s'interroger sur la réaction des parents d'élèves face à l'enseignement des valeurs chrétiennes. Le personnel de l'école est-il persécuté pour ces pratiques ? À en juger par le témoignage des cadres, on peut croire que ni le personnel de l'école ni les Peuls intéressés par l'Évangile ne sont persécutés pour l'inclusion des valeurs chrétiennes dans la pédagogie de l'école. Au contraire, les parents en font la promotion de bouche à oreille. Ils s'encouragent entre eux à y inscrire leurs enfants.

En plus de l'école, la Mission Philafricaine a commencé à Gaoual d'autres activités allant dans le sens du développement communautaire. Par exemple, Action Vivre Gaoual a ouvert une école de formation professionnelle en mécanique et en construction[162]. Sachant que la population de Gaoual est en manque d'eau potable, la Mission Philafricaine construit des puits améliorés. Elle met à la disposition de la population des pompes et des filtres à eau. Aujourd'hui, la mission a deux équipes qui creusent des puits pour la population gaoualienne. Elle est encouragée dans ce travail parce qu'elle fournit à la population de Gaoual de l'eau de qualité et en quantité. Ces manifestations d'amour concrètes ne font que resserrer les liens de confiance entre les missionnaires et la population. Elles allongent également la liste des amis que les chrétiens peuvent visiter pour discuter de la Parole de Dieu. C'est par exemple le cas d'Oncle Bailo qui depuis plusieurs années est ami des missionnaires de la MPA. Cet homme est tellement proche d'eux qu'il a décidé de travailler dans leur atelier de photocopie dont il est devenu propriétaire après quelques années de collaboration. Aujourd'hui, la photocopie des documents et la vente de littérature lui permettent de vivre[163].

d. Action Vivre à Télimélé

Télimélé est la deuxième ville du Fouta-Djallon où les missionnaires d'Action Vivre témoignent de l'amour de Dieu aux Peuls musulmans. La MPA y a envoyé plusieurs missionnaires parmi lesquels on peut citer Heiko Schwarz qui est rentré en Allemagne en février 2012. Mais son épouse Romy est restée jusqu'à la fin de l'année 2012 pour gérer le Centre d'études. On peut citer aussi les familles Stéphane et Tirza Ringgenbach, Michael et Martina Rohner (rentrés en Suisse en 2017), et Philippe et Sandra Toggenburger. Pour la mission à court terme, Noemi Hartmann s'est volontairement engagée à appuyer le travail de l'équipe de Télimélé. Mais en quoi Action Vivre de

---

162. Tobias Vögeli, « Action Vivre Gaoual », *Allons* 2, 2013, p. 16.
163. Stefan Ringgenbach, « Action Vivre Télimélé », *Allons* 2, 2013, p. 17.

Télimélé est-elle importante ? Quel est son impact sur la vie individuelle et communautaire de la population de Télimélé ?

La présence de la MPA parmi les Peuls de Télimélé tourne autour du Centre d'études mis en place pour offrir aux jeunes gens des cours d'anglais et d'informatique qui leur permettront de se prendre en charge. Ce Centre d'études a suscité un grand intérêt parmi les jeunes Peuls. Ainsi déjà en 2012, 67 d'entre eux se sont inscrits pour se former. Au courant de l'année scolaire 2012-2013, 94 jeunes gens y étaient inscrits, dont 26 % de filles. Les cours d'anglais ont été suivis par 56 personnes et les cours d'informatique par 38. Ces deux domaines d'étude intéressent beaucoup les jeunes Peuls qui les considèrent comme des outils nécessaires pour être compétitifs sur le marché de l'emploi. L'anglais, estiment-ils, pourrait leur être utile lors de voyages en Occident. À côté du Centre, la MPA a aménagé un petit terrain de sport pour permettre aux jeunes de jouer au basket et au football après les cours d'anglais et d'informatique.

Il y a quelques années, les missionnaires du projet Action Vivre ont ouvert un Centre de formation professionnelle qui met l'accent principalement sur la construction de bâtiments. Il s'agit donc de former des jeunes en maçonnerie, en menuiserie, en plomberie, en électricité et en serrurerie. Le but de cette diversification est d'offrir aux jeunes Peuls un avenir meilleur grâce à une formation professionnelle de haut niveau. Mais cette démarche ne se limite pas à l'acquisition et au développement d'aptitudes artisanales. Elle offre aux missionnaires la possibilité d'enseigner aux élèves des valeurs bibliques telles que l'honnêteté et la fiabilité, la responsabilité et l'amabilité[164].

À Télimélé, les missionnaires de la MPA interviennent également dans le domaine de la santé communautaire. Depuis la nuit des temps, les enfants de la préfecture de Télimélé souffrent de brûlures de la peau. Mais après quelques années de pratique, les missionnaires Philippe et Sandra Toggenburger sont devenus de véritables spécialistes pour le traitement des enfants qui en sont victimes. En venant à Télimélé, ils n'avaient jamais envisagé pareille éventualité ! Ils ne sont pas médecins de formation, mais ils sont devenus des soignants efficaces à cause de la souffrance des enfants. la réussite du traitement de leur premier patient a fait leur publicité grâce au bouche-à-oreille et les parents ainsi informés ne cessent de leur amener leurs enfants atteints

---

164. *Ibid.*

de brûlures de la peau. Pendant les semaines de traitement qui demandent la présence des parents, des relations d'amitié se créent entre eux et les missionnaires qui leur transmettent l'amour de Dieu en paroles et en actes. Selon Stefan Ringgenbach, chef du projet Action Vivre de Télimélé, « ce service a grandement contribué à l'acceptation et au respect des missionnaires par la population »[165].

En considérant l'œuvre missionnaire de la MPA au Fouta-Djallon, on comprend aisément qu'elle s'inscrit dans une approche holistique de la mission. Sachant que la vision peule du monde est holistique, il est évident qu'une telle démarche est appropriée à l'annonce de l'Évangile aux Peuls musulmans du Fouta-Djallon. Elle est également une approche efficace dans un contexte de pauvreté. Ce sujet sera développé au chapitre 4.

4. L'Alliance évangélique missionnaire (AEM-WEC)

L'Alliance évangélique missionnaire (AEM-WEC) est arrivée en République de Guinée autour de 1990. Son travail parmi les Peuls est lié à l'œuvre de Lamine Kanté, né en 1957 à Sogorayah près de Télimélé, de Yero Baillo Kanté et de Mariame Diallo[166]. Très jeune, Lamine Kanté a été conduit par ses parents à l'école coranique. Pendant neuf ans il a étudié le Coran et est devenu finalement maître d'une école coranique. Quelques années plus tard, comme tout jeune Peul, il quitte son village natal et part à l'aventure en Gambie. La réalité de la vie en Gambie le conduit à apprendre le métier de tailleur. C'est là qu'il se convertit à Christ.

Il reçoit alors une vision : il se trouve dans son village natal au Fouta-Djallon et voit une chapelle où des Peuls des quatre horizons du Fouta-Djallon viennent pour adorer Dieu. À ce moment-là, on ne pouvait même pas imaginer un tel projet, car il n'y avait pas un seul chrétien dans le village de Lamine Kanté.

Quelques semaines plus tard, il tombe gravement malade. Hospitalisé dans un hôpital en Gambie, il demande à Dieu de lui redonner la même vision, car il veut s'assurer qu'elle vient de Dieu et qu'elle se réalisera pleinement. La nuit suivante il a la même vision pour la deuxième fois. C'est pour lui la confirmation que Dieu lui a parlé personnellement. Face à l'appel de Dieu,

---

165. *Ibid.*
166. Pasteur Lamine KANTÉ interviewé à Peguety Lafou le 10 avril 2015.

Lamine Kanté ne peut plus se taire. Il raconte la vision à son épouse éplorée qui le voyait au seuil de la mort. Tout étonnée elle se demande comment son mari mourant peut envisager la réalisation d'une telle vision et s'il est conscient de ce qu'il lui raconte. Elle ne croit nullement à l'authenticité de la vision. Mais à partir de ce jour, l'état de santé de Lamine Kanté commence à s'améliorer. Le lendemain, il peut déjà se lever de son lit et peu à peu ses forces reviennent. Quelques jours plus tard, Lamine est guéri.

Ainsi, miraculeusement guéri, Lamine Kanté se souvint de la vision. En 1986, il retourne à Sogoroya, son village natal au Fouta-Djallon, avec sa femme et ses enfants. Dès leur arrivée au village, ils commencent à partager le message du salut aux Peuls musulmans. Ils prient pour les malades et montrent la compassion du Christ envers les nécessiteux. Ils annoncent l'Évangile avec conviction. Ils lisent la Bible en famille et témoignent auprès des villageois du salut en Jésus-Christ. Les Peuls musulmans de Sogoroya entendent l'Évangile et certains parmi eux donnent leur vie à Jésus. Au fur et à mesure que les Peuls musulmans se convertissent à Christ, l'opposition des Peuls musulmans des villages voisins à la présence d'une communauté chrétienne augmente au point de mettre la famille de Lamine Kanté en danger. Pendant quelques semaines les autorités administratives cherchent à la protéger, mais la pression devient telle que ce n'est plus possible. Lamine Kanté remercie les autorités et déclare que Dieu est désormais sa sécurité.

Face à la persécution des Peuls musulmans, la famille affiche une confiance absolue en Dieu et son ministère porte du fruit dans la contrée. Ainsi, une communauté de chrétiens peuls s'établit dans le village. Elle compte une quinzaine de membres et témoigne partout dans la contrée du salut en Jésus-Christ. Dans la foulée, une chapelle est construite. Les Peuls convertis à Christ y viennent tous les dimanches pour adorer et louer Dieu[167]. Lamine Kanté et son épouse se rappellent ce que Dieu leur avait montré en vision. Ils ont cru que la volonté de Dieu s'accomplit entièrement. Et aujourd'hui une communauté chrétienne peule existe et témoigne de l'amour de Dieu à Sogoroya. Elle

---

167. Pour aider les chrétiens peuls à avoir un culte qui ne soit pas en porte à faux d'une part avec l'Évangile et d'autre part avec la culture peule, Lamine Kanté a choisi un culte sans tam-tam. Car le tam-tam est perçu dans la culture peule comme l'instrument des cérémonies de réjouissance et de divers faits sociaux. Les musulmans peuls croient également que là où on joue du tam-tam, là se trouvent les esprits mauvais. Kanté ajoute aussi qu'on peut aider les nouveaux chrétiens peuls à croître spirituellement en créant pour eux des centres d'apprentissage technique et de formation biblique qui leur sont appropriés.

compte une trentaine de chrétiens peuls. Mais que font-ils pour évangéliser les Peuls musulmans ?

En réponse à cette question, Lamine Kanté considère que pour les évangéliser nous devons faire comme Jésus qui est venu sur terre vivre avec nous, pour nous et comme nous. Il a fait tout cela pour qu'en lui nous ayons la vie éternelle. Pour évangéliser les Peuls musulmans du Fouta-Djallon, Lamine Kanté propose que les missionnaires vivent parmi eux. Ils doivent également chercher à comprendre leur culture pour leur présenter l'Évangile de manière appropriée. Pour cela, les évangélistes ne doivent pas avoir le simple désir de voir naître au Fouta-Djallon des communautés chrétiennes peules, mais ils doivent avoir un amour réel et profond pour les Peuls musulmans. Car le simple désir ne suffit pas à intéresser les Peuls à l'Évangile. C'est l'amour qui les invite à croire à l'Évangile et à suivre Jésus-Christ comme leur Sauveur.

Selon Lamine Kanté, les Peuls aiment être respectés. En conséquence, les évangélistes sont appelés à respecter autrui et à mener une vie de sanctification. Ils doivent annoncer l'Évangile aux Peuls musulmans et non leur donner des ordres, car ils haïssent ceux qui agissent ainsi. Pour eux, c'est un signe d'orgueil. S'ils constatent dans la vie de quelqu'un de l'orgueil ou une conduite charnelle, ils le désavouent et le considèrent comme pire qu'un *kafr* (incroyant). C'est ainsi que plusieurs implanteurs d'Églises se sont vus haïs par les Peuls musulmans du Fouta-Djallon. Celui qui se sent appelé à les évangéliser doit soigner sa manière de vivre. Il doit être à l'écoute de la culture peule, car le comportement d'un individu dans la société est important. C'est le *pulaaku* qui valide l'appartenance de la personne à la société peule. La tâche du missionnaire sera donc de rencontrer les Peuls musulmans dans leur culture, en vue de leur présenter l'Évangile en tenant compte des éléments de la culture peule compatibles avec l'Écriture. C'est ainsi que les chrétiens de Sogoroya vivent leur foi parmi leurs frères et sœurs peuls. Puisqu'ils sont des chrétiens peuls, ils s'habillent, mangent et parlent comme les Peuls musulmans. À l'Église, les chrétiens peuls prient comme les musulmans. Ils récitent les psaumes de la même manière que les Peuls musulmans récitent[168]

---

168. Pendant le culte à l'Église évangélique « Peuple de l'Injil » de Peguety Lafou à Télimélé nous avons vu les chrétiens prier en faisant des *rakat* (rituel de prière musulmane marqué par une double prosternation puis un redressement. Après le culte pasteur Lamine Kanté nous a confié qu'en faisant les *rakat*, il récite le nom de Jésus-Christ.

les versets du Coran[169]. Mais ils rejettent tout comportement incompatible avec l'Évangile : sacrifices, excision, culte des morts et port d'amulettes.

Lamine Kanté reconnaît aussi que pour évangéliser les Peuls musulmans la prière doit être pratiquée avec beaucoup d'assiduité, car la conversion d'un Peul musulman à Christ provoque la persécution. Sans le soutien de la prière, le converti ne peut pas demeurer dans la foi. Lorsqu'un Peul se convertit à Christ, il a besoin d'être totalement pris en charge à cause de la persécution qu'il subit de la part des Peuls musulmans. Les implanteurs d'Églises au Fouta-Djallon ne doivent donc pas ignorer le ministère d'accueil des Peuls nouvellement convertis à Christ.

Dans l'Église de Lamine Kanté, nous avons constaté que les chrétiens peuls se sentent chez eux. La chapelle construite en forme de mosquée est équipée de nattes sur lesquelles les chrétiens prient. En parlant de la conversion des Peuls et de la configuration sociale de son Église, Lamine Kanté constate qu'en milieu peul les jeunes garçons se convertissent à Christ plus facilement que les jeunes filles. C'est que les jeunes garçons se rendent très tôt indépendants de leurs parents, alors que les jeunes filles restent sous leur autorité aussi longtemps qu'elles ne sont pas mariées. Et une fois mariées, elles sont contrôlées de manière absolue par leur mari desquels dépend leur salut.

Lamine Kanté nous a confié que quand un jeune Peul marié à une femme peule se convertit à Christ au Fouta-Djallon, ses parents lui retirent sa femme et ses enfants et il est banni de la société peule. De ce fait, il ne peut ni hériter de ses parents ni se remarier avec une femme peule. S'il est un jeune garçon célibataire, il ne peut pas trouver de femme peule. Pour résoudre cette difficulté, Lamine Kanté propose aux chrétiens peuls de briser les barrières ethniques et sociales et d'aimer les autres peuples qui sont majoritairement chrétiens. Toutefois, on remarque que les Peuls nobles, même chrétiens, se marient difficilement avec une chrétienne peule originaire d'une basse classe (esclave ou homme de métier). De même, ils ont de la peine à se marier avec une femme chrétienne originaire de la Région Forestière ou de la Basse Guinée. Ils estiment que ces peuples ne sont que le prolongement de la lignée des esclaves de leurs ancêtres. Pour résoudre ce problème, Lamine Kanté

---

169. Pendant le culte à l'Église évangélique « Peuple de l'Injil » de Peguety Lafou à Télimélé nous avons vu les chrétiens prier en faisant des *rakat* (rituel de prière musulmane marqué par une double prosternation puis un redressement). Après le culte, pasteur Lamine Kanté nous a confié qu'en faisant les *rakat*, il récite le nom de Jésus-Christ.

propose aux chrétiens peuls de se marier avec des chrétiens d'autres peuples et de ne pas avoir un esprit de supériorité envers leurs frères et sœurs en Christ qui ne sont pas Peuls, c'est-à-dire envers les chrétiens forestiers et ceux de la Basse Côte. À cet effet, il est nécessaire de citer l'apôtre Paul qui dit : « Il n'y a plus ni Juif ni Grec, il n'y a plus ni esclave ni libre, il n'y a plus ni homme ni femme ; car vous tous, vous êtes un en Christ-Jésus. Et si vous êtes à Christ, alors vous êtes la descendance d'Abraham, héritiers selon la promesse » (Ga 3.28-29).

5. Rôle missionnaire de l'EPEG au Fouta-Djallon

Après avoir présenté l'apport des différentes sociétés missionnaires à l'évangélisation des Peuls du Fouta-Djallon, il faut se pencher maintenant sur la contribution des Églises et Missions guinéennes et africaines à la mission parmi les Peuls.

Après l'expulsion des missionnaires occidentaux en 1967, l'EPEG est restée l'unique Église évangélique au Fouta-Djallon parce qu'elle était, aux yeux du gouvernement de Sékou Touré, une Église constituée en majorité de chrétiens autochtones. Rappelons qu'à cette époque l'EPEG avait déjà obtenu son autonomie administrative, financière et missionnaire. De ce fait, ses cultes se déroulaient dans les langues du pays : Kissi, Malinké, Toma, Guerzé. C'est pourquoi, en Guinée, les leaders locaux ont pu immédiatement occuper les places des missionnaires occidentaux expulsés. Il est important de souligner qu'à cette période la conversion des Peuls au Fouta-Djallon n'était pas une des préoccupations de l'EPEG. Mais quelques années après la mort de Sékou Touré, l'EPEG a changé de vision missionnaire, faisant de l'évangélisation des peuples non atteints une priorité. Cela a permis, en 1998, la création du département « Mission EPEG » qui allait désormais s'occuper de la mobilisation, de la formation et de l'envoi de missionnaires transculturels.

Le département Mission EPEG a ainsi encouragé la formation à la mission transculturelle et les recherches missiologiques sur les peuples non atteints en République de Guinée. L'EPEG a ainsi pu envoyer 14 missionnaires parmi les Malinké, les Koniankés, les Soussou, les Kouranko et les Peuls. Mais pour évangéliser les Peuls, l'EPEG allait se servir essentiellement d'écoles chrétiennes.

a. Département Mission EPEG

L'existence du département Mission EPEG est la conséquence directe du premier Congrès national sur l'évangélisation de la Guinée tenu à l'Institut biblique de Télékoro du 25 au 29 avril 1988. Le thème retenu pour ce congrès était tiré de Jean 4.35 : « Levez les yeux et regardez[170]. » Pendant ce congrès, les orateurs ont tous souligné la concentration d'Églises locales dans la région forestière. Ils ont également attiré l'attention des participants sur le manque de vision missionnaire chez les chrétiens originaires de la Guinée forestière qui n'avaient pas compris que c'était à eux d'apporter l'Évangile dans les régions où l'Église n'était pas encore implantée. L'Évangile était donc annoncé aux Kissi par les Kissi, aux Toma par les Toma, aux Guerzé par les Guerzé, mais les peuples non atteints étaient abandonnés à eux-mêmes. Il n'y avait aucune action missionnaire concrète parmi les Peuls musulmans du Fouta-Djallon.

En réponse à ce message, Élie Kékoura Feindouno a demandé aux congressistes et à chaque chrétien de l'EPEG de se lever et de regarder ces peuples sans Christ, en vue de leur annoncer la Bonne Nouvelle[171]. Au terme de ce congrès, les participants ont pris neuf résolutions, celles notamment de nommer un évangéliste national itinérant, d'évangéliser les quatre régions de la Guinée, d'exhorter les chrétiens à se donner à Dieu pour l'évangélisation, de former les laïcs à l'évangélisation, et de créer en Guinée un département de mission et d'évangélisation[172].

Deux ans plus tard, en 1990, l'EPEG a organisé un deuxième congrès à Conakry ayant pour thème « la Guinée pour Christ ». Puis, en 1993, un colloque sur l'évangélisation a été organisé à Guéckédou intitulé : « Comment impliquer toutes les Églises dans l'évangélisation des peuples de la Guinée. » Cela a incité le département Mission et évangélisation à envoyer des missionnaires transculturels parmi les peuples non atteints. Cette année-là l'EPEG a

---

170. EPEG, « Premier congrès national sur l'évangélisation de la Guinée », tenu à l'Institut biblique de Télékoro du 25 au 29 avril 1988, p. 2 ; EPEG, « Rapport du Comité Exécutif National de l'EPEG, 1989 », Conakry, Archives de l'Église Protestante Évangélique de Guinée.
171. EPEG, « Premier congrès national sur l'évangélisation de la Guinée », p. 3.
172. Le Département Mission EPEG est le résultat de plusieurs conférences d'évangélisation de l'EPEG. Il est chargé d'examiner tous les aspects touchant à la mission transculturelle. Il s'agit de la sensibilisation du corps de Christ pour la mission, la recherche, la formation, l'envoi et le soutien missionnaire. Statuts et règlement intérieur du Département Mission EPEG adoptés à Kankan le 13 mai 2006 et révisés à Kouroussa le 13 mai 2011, Conakry, Archives de l'Église Protestante Évangélique de Guinée, 2011, p. 3.

donc envoyé trois missionnaires parmi les Malinké : Joël Moriba Onivogui à Kouroussa, Ibrahim Traoré à Kankan, et Matthieu Guilavogui à Mandiana. Elle a aussi envoyé deux missionnaires en Basse-Côte (Michel Touré et Moïse Tolno) pour évangéliser les Soussou, les Baga et les Landouma. Mais elle n'a envoyé aucun missionnaire au Fouta-Djallon parce qu'on n'avait pas adopté le peuple peul en Guinée. Cela montre que l'évangélisation des Peuls musulmans par l'EPEG est un fait récent. Après l'expulsion des missionnaires occidentaux, la première génération de pasteurs envoyés dans le massif du Fouta-Djallon n'évangélisait pas les Peuls musulmans. Même quand ils servaient Dieu au Fouta-Djallon, ils pensaient être pasteurs des chrétiens forestiers qui y vivaient. Cette manière de penser a marqué plusieurs générations de pasteurs qui se sont succédé au Fouta-Djallon. Jusqu'à un passé récent, ils pensaient que l'évangélisation des Peuls était un gaspillage de temps et d'argent parce que les Peuls ne pourraient jamais se convertir.

Enraciné dans cette idée, Jean Millimouno a refusé en 2002, alors qu'il était pasteur à Mamou, d'assister à une conférence des missionnaires travaillant au Fouta-Djallon qui avait pour objectif de prier pour l'évangélisation des Peuls musulmans et d'établir dans ce but un partenariat entre les Missions et l'EPEG. Interrogé sur la raison de son refus, Jean Millimouno a dit que les Peuls musulmans ne deviendraient jamais chrétiens. Les missionnaires américains de la CMA, ajouta-t-il, perdent leur temps à les évangéliser[173]. De son côté, Samuel Yombouno, pasteur de l'EPE de Labé, interviewé sur l'évangélisation des Peuls, nous a confié en bon kissi : *sanga fondo fu* (évangéliser les Peuls musulmans est de la peine perdue)[174]. Il est à noter que plusieurs pasteurs et chrétiens de l'EPEG qui vivent au Fouta-Djallon ont cette même croyance, ce qui a amené les membres du Conseil national de l'EPEG à adopter en 2008 cette motion sur la vision missionnaire : « Nous, membres du Conseil National de l'EPEG, réunis en session ordinaire ce dimanche 31 août 2008, adoptons la vision missionnaire et déclarons l'Église Protestante Évangélique de Guinée comme une Église missionnaire avec tout ce que la mission a comme implication[175]. »

---

173. Jean MILLIMOUNO interviewé à Mamou le 10 juillet 2013.
174. Samuel YOMBOUNO interviewé à Labé le 21 août 2015.
175. Conseil National de l'EPEG, « Rapport de la session ordinaire du Conseil national de l'EPEG du dimanche 31 août 2008 à Kissidougou », Conakry, Archives de l'EPEG, 2008, p. 10.

Ce manque de vision missionnaire inquiétait aussi l'Institut de théologie évangélique de Conakry (ITEC) fondé en 1998. Connaissant le besoin d'évangéliser les peuples non atteints, l'ITEC s'est efforcé de former des pasteurs implanteurs d'Églises. Parmi eux, on peut nommer Martin Luther et Esther Onivogui qui travaillent parmi les Peuls du Fouta-Djallon. Ils les considèrent comme un des peuples de la Guinée les plus hostiles à l'Évangile. Mais la région de Labé, constatent-ils, reste une zone missionnaire, bien que l'EPEG, composée en majorité de forestiers, y soit implantée depuis 1924[176]. Pour évangéliser les Peuls musulmans, le couple Onivogui utilise plusieurs méthodes, à savoir la prière, les visites, la projection cinématographique et l'action sociale. Il considère la prière comme une arme offensive et défensive et prie donc chaque jour pour que l'EPEG voie le Fouta-Djallon comme Dieu le voit. Conscient de sa position délicate au Fouta-Djallon, le couple prie également pour sa propre protection. Par la prière, il combat les forteresses sataniques au Fouta-Djallon et il intercède constamment pour les malades et les personnes possédées, ainsi que pour les autorités politiques et religieuses du Fouta-Djallon.

Les Onivogui effectuent leurs visites d'évangélisation par groupes sociaux : les jeunes, les adultes, les familles aisées, les couples en situation difficile. En ce qui concerne l'action sociale, ils soutiennent les convertis persécutés. Généralement les projections cinématographiques ont lieu en privé. Mais dans quelques rares cas, la projection se fait en plein air. Elle se termine souvent par la prière pour les malades. Ils invitent chez eux les personnes qui ont des difficultés et des questions.

Par ces méthodes, le couple Onivogui a pu se réjouir de la conversion de nombreux Peuls, malinké et diakhanké. Par exemple, à Lélouma, vingt personnes dont quinze Peuls ont donné leur vie au Seigneur. Mais par manque de suivi et de centres d'accueil pour les chrétiens persécutés, plusieurs sont retournés à la mosquée. Dans la préfecture de Mali, République de Guinée, douze personnes, dont neuf Peuls, ont connu Jésus-Christ comme leur Sauveur ; à Labé-centre, trente personnes, dont seize Peuls ; au campus universitaire de Labé, trente-cinq dont vingt Peuls[177].

---

176. Martin Luther et Esther ONIVOGUI, interviewés à Labé le 12 septembre 2016.
177. Martin Luther Onivogui, Rapport missionnaire présenté à Conakry pendant la journée de mission tenue à l'ITEC le 17 mars 2013.

À Mamou, le pasteur Lucien Kourouma organise des séminaires d'évangélisation des Peuls en collaboration avec la CMA dans le but d'outiller les laïcs pour la mission. En 2013, il a organisé un séminaire sur le thème des bonnes stratégies pour l'évangélisation des Peuls[178]. Trente chrétiens forestiers ont suivi la formation. Au terme de ce séminaire, ils ont réalisé que les Peuls du Fouta-Djallon ont besoin de Jésus-Christ et ils ont ainsi été équipés pour l'évangélisation de cette population. Depuis cette formation, certains parmi eux s'engagent donc dans l'évangélisation des Peuls musulmans.

En 2012, le département Mission EPEG a envoyé un couple missionnaire à Timbi Madina, une sous-préfecture située à 10 km de Labé. Il s'agit de la famille du pasteur Siméon Guilavogui. Leur mission au Fouta-Djallon a cependant été écourtée par la noyade d'un de leurs enfants protégés. La situation était devenue tellement difficile pour toute la famille qu'ils ont été obligés de retourner dans la préfecture de Macenta. La même année, le département Mission EPEG a envoyé Élie Millimouno et sa famille à Gaoual. Il travaille en collaboration avec le personnel de l'École Action Vivre fondée par la MPA. Chaque jour ouvrable, tôt le matin, Élie Millimouno enseigne la Parole de Dieu aux élèves autour du mât. De plus, il visite les familles peules en vue de leur annoncer l'Évangile[179]. Mais il faudra encore élaborer un programme de formation des enseignants qui leur permette d'annoncer l'Évangile aux Peuls musulmans.

b. Évangélisation par les écoles

Les Écoles Protestantes Emmaüs sont considérées comme un des moyens d'évangélisation des peuples non atteints en Guinée. On ne peut pas parler d'elles sans mentionner le nom de Samuel Kamano[180], car tout a commencé quand il a été envoyé à l'Église Protestante Évangélique de N'Zérékoré pour son stage pastoral, en 1984. À son arrivée, il a réussi à organiser une école du dimanche dans le but d'évangéliser les enfants et de leur enseigner la Parole de Dieu. Pour Samuel Kamano, évangéliser et enseigner les enfants

---

178. Comité de l'Église Protestante Évangélique de Labé, Rapport d'activité, février 2014, p. 2.
179. Rapport annuel du Département Mission EPEG, Kankan, le 1 mai 2013, p. 4.
180. Samuel Kamano est le fondateur des Écoles Chrétiennes Emmaüs au sein de l'Église Protestante Évangélique de Guinée (EPEG). Samuel KAMANO interviewé à Conakry le 17 avril 2015 ; Élie Siaka KEITA, « Enfants. Les écoles maternelles de l'EPEG », *Le Scribe*, septembre-octobre 1997, p. 10.

est une nécessité pour l'Église. Cela s'accorde bien à ce que dit l'Écriture dans Proverbes 22.6 : « Instruis l'enfant selon la voie qu'il doit suivre, et quand il sera vieux, il ne s'en détournera pas. »

En plus de l'école du dimanche, Kamano a eu l'idée de créer un jardin d'enfants. Mais il a dû attendre parce que le gouvernement de Sékou Touré avait nationalisé toutes les écoles privées du pays. À la mort du président, Samuel Kamano a pu réaliser son projet au sein de l'EPEG. Soutenu par le pasteur Joël Kolié, président de l'EPE de N'Zérékoré, il a ouvert la première classe du jardin d'enfants dans l'enceinte de l'EPE de Dorota, à N'Zérékoré. Grâce à sa pédagogie et à son dévouement, ce jardin d'enfants a acquis une bonne réputation dans la ville de N'Zérékoré. C'est ainsi que Samuel Kamano a élargi son projet aux principales villes des préfectures et régions naturelles de la Guinée. On peut citer Kissidougou, Gueckédou, Macenta, N'zérékoré, Yomou et Lola pour la Guinée Forestière, Faranah, Kankan, Kouroussa en Haute Guinée, Kindia, Conakry, Fria en Basse-Côte, et Mamou, Labé et Dalaba pour la Moyenne Guinée.

Pour assurer la pérennité de sa vision originelle des écoles, Kamano a élaboré un programme de formation des enseignants de ces jardins d'enfants et mis en place une structure nationale. Il s'agit de l'Association pour l'Évangélisation des Enfants de Guinée (AEEG) qui allait désormais coordonner les activités des jardins d'enfants de l'EPEG. Quelques années plus tard, l'AEEG a changé l'appellation des jardins d'enfants en Écoles maternelles de l'EPEG. Depuis une dizaine d'années, elles ont pris le nom d'« Écoles Protestantes Emmaüs ».

Il est important de remarquer qu'au début de ce ministère les enseignants des jardins d'enfants se considéraient comme serviteurs de Dieu parmi les enfants. Ils avaient pour champ missionnaire les enfants de Guinée et mettaient leurs dons au service de l'Église. Pour illustrer cette vision, nous avons choisi d'analyser les écoles protestantes Emmaüs qui sont dans le massif du Fouta-Djallon.

Il est important de souligner qu'au Fouta-Djallon les écoles protestantes Emmaüs se trouvaient dans trois grandes villes, à savoir Labé, Dalaba et Mamou. Pourquoi l'EPEG a-t-elle choisi ces villes ? Parmi plusieurs raisons, deux nous semblent fondamentales. La première est liée à l'histoire de l'EPEG elle-même. En effet dans chacune de ces villes, la CMA avait une station missionnaire et détenait des biens mobiliers et immobiliers. Après l'expulsion des missionnaires occidentaux, une partie de ces biens (terrains et édifices religieux, maisons d'habitation et objets de culte) sont revenus à l'EPEG. L'existence de ces terrains est l'un des facteurs qui ont amené l'EPEG à construire ses écoles dans ces villes. Ainsi les écoles de Labé et Mamou ont été construites sur les terrains attribués à l'EPEG par la CMA.

La deuxième raison est stratégique parce que ces trois villes sont réputées être très peuplées à cause de leur intérêt social, économique, politique et religieux. Si Labé est considérée comme la capitale du Fouta-Djallon, Mamou est un carrefour qui relie les quatre régions naturelles de la Guinée. L'agriculture et l'élevage sont concentrés dans les plaines entourant Dalaba. Plus récemment, Labé, Mamou et Dalaba se sont dotées d'universités publiques qui attirent beaucoup de monde dans le massif. Le choix de ces villes par l'EPEG n'est donc pas fortuit, mais dicté par leur position stratégique au Fouta-Djallon. L'école de Mamou a ainsi ouvert ses portes en 1989 et celle de Labé en 1990. En 2005, c'est l'École protestante Emmaüs de Dalaba qui s'est ouverte.

En 1984, au moment où Samuel Kamano a eu l'idée de créer les écoles maternelles au sein de l'EPEG, le personnel des jardins d'enfants de l'EPEG en général et du Fouta-Djallon en particulier était entièrement missionnaire. Les enseignants avaient compris que le but des jardins d'enfants était d'évangéliser les enfants et de leur enseigner la Parole de Dieu. Comment cela se passait-il ?

Le programme de formation des enseignants comportait un volet biblique. Ils étudiaient la Bible et apprenaient à présenter l'Évangile aux enfants. Au terme de la formation, ils connaissaient l'essentiel des histoires bibliques et étaient capables de les transmettre aux enfants. Notons que la pédagogie de Samuel Kamano est fondamentalement basée sur les valeurs chrétiennes. Elle met en valeur l'éthique chrétienne du travail pour amener les apprenants à se rendre compte qu'en travaillant, on sert les hommes et Dieu. Aux yeux de Kamano, l'élève apprend la science en relation avec la connaissance de Dieu, car sans Dieu la science n'est qu'asservissement. Dans la pédagogie de Samuel Kamano, l'enseignant et l'apprenant sont au service de Dieu. De ce fait elle inculque aux élèves le sens de la responsabilité de l'homme vis-à-vis de Dieu et de la société dans laquelle ils vivent. C'est le but de la pédagogie de Samuel Kamano.

Dans les jardins d'enfants, le programme officiel de l'État guinéen était enseigné aux enfants. ce programme officiel était complété par des chants, la méditation de l'Écriture autour du mât et l'enseignement biblique dans les classes. Bien que la majorité des élèves ait été musulmane, la Bible y était enseignée, on racontait des histoires bibliques aux enfants et on leur apprenait à prier au nom de Jésus. Au moment où les cantines fonctionnaient dans les jardins d'enfants du Fouta-Djallon, les enfants priaient avant le repas avec leurs enseignants. Ils étaient habitués à la prière, au point qu'un jour un enfant peul du jardin d'enfants de Labé a demandé à ses parents de prier à chaque repas en famille. D'autres enfants priaient à la maison sans qu'on le leur demande.

À Mamou, les enseignants du jardin d'enfants avaient commencé des cours d'alphabétisation pour les parents. Puisque les Peuls aiment l'instruction, plusieurs s'étaient inscrits et recevaient ainsi le témoignage de l'amour de Dieu. Cela montre combien ces premiers enseignants avaient à cœur l'évangélisation des Peuls.

Dans la plupart des Églises locales de l'EPEG, les enseignants étaient chargés de l'école du dimanche parce qu'ils avaient la formation appropriée. Plusieurs enfants des chrétiens y ont ainsi connu Christ. Mais cet engagement missionnaire n'a duré que quelques années parce que des conflits d'intérêts ont surgi, d'une part entre le comité de gestion des Églises et celui des jardins d'enfants, et d'autre part entre enseignants et pasteurs. Le personnel des jardins d'enfants a alors perdu son élan missionnaire, tandis que les pasteurs favorisaient les économies financières des écoles au détriment de l'annonce de l'Évangile aux enfants. Ces changements ont eu lieu durant l'absence de Samuel Kamano à la direction nationale des jardins d'enfants.

Depuis le retour de Samuel Kamano en Guinée en 1998, les écoles maternelles de l'EPEG ont eu du mal à retrouver leur ferveur missionnaire du début. Même si elles offrent une formation de qualité, beaucoup de travail reste encore à faire pour que le personnel de ces écoles ait une vision missionnaire. Pour y arriver, l'EPEG devra créer un cadre de formation du personnel enseignant, en tenant compte de tous les cycles : maternelle, primaire, collège et lycée. L'EPEG devra également replacer la Parole de Dieu au centre de ses écoles afin qu'elles soient un instrument d'implantation d'Églises au Fouta-Djallon.

6. *Les Églises et Missions d'initiative africaine*

Après avoir évoqué le rôle missionnaire de l'EPEG au Fouta-Djallon, il faut se pencher, dans cette section, sur les activités missionnaires des Églises et Missions d'initiative africaine et des ministères paraecclésiastiques. Pour être plus précis, il est nécessaire d'ajouter que les Églises et les Missions d'initiative africaine se focalisent sur les dons du Saint-Esprit pour évangéliser les nations. Certaines d'entre elles utilisent ainsi le terme d'« évangélisation par la puissance du Saint-Esprit » pour parler du combat spirituel, de la délivrance, de la guérison et de la prophétie.

Au Fouta-Djallon, les Missions d'initiative africaine qui sont engagées dans l'évangélisation par le feu du Saint-Esprit sont pentecôtistes ou charismatiques. Parmi elles on peut citer la Mission Alpha à Mamou, la Mission Kalimatou'llah à Labé et Calvary Ministries (CAPRO) à Télimélé. Parmi les Églises d'initiative africaine on peut citer l'Église évangélique Shékina à Labé, Baptistes œuvre et mission à Mamou et la Chapelle des Vainqueurs à Pita. Généralement, la plupart des Églises et Missions qui pratiquent l'évangélisation par le feu du Saint-Esprit se réfèrent aux prétendues « troisième vague » ou « quatrième vague »[181]. Ses promoteurs sont C. Peter Wagner, John Wimber et Reinhard Bonnke. Dans cette perspective, l'évangélisation des Peuls risque de se réduire aux miracles et aux spectacles qui ne font qu'endurcir leur cœur. Cette approche ignore toute réflexion missiologique et devient en conséquence agressive et dépressive. Il suffit de participer aux multiples prières de délivrance pour réaliser qu'une telle méthode favorise la démission de l'intelligence au profit d'une interprétation subjective de l'œuvre du Saint-Esprit.

Contrairement aux Missions et Églises historiques citées ci-dessus, les Églises et Missions d'initiative africaine manifestent peu d'intérêt pour une

---

181. Parmi les mouvements pentecôtiste et charismatique, Peter Wagner distingue : la « première vague » du réveil pentecôtiste du début du XXe siècle ; la « deuxième vague » des réveils charismatiques à l'intérieur des dénominations existantes (catholique, protestante, anglicane, évangélique) dans les années 1960-1980 ; la « troisième vague » avec la création de nouvelles dénominations charismatiques dans les années 1990 et 2000. On pourrait dire que le mouvement néo-charismatique représente la « quatrième vague » qui a des rapports avec les Églises d'initiative africaine et qui est souvent imprégné de l'évangile de la prospérité. Cf. C. Peter WAGNER, *The Third Wave of the Holy Spirit. Encountering the Power of Signs and Wonders Today*, Ann Arbor, MI, Vine Books, 1988 ; Wolfgang BÜHNE, *La troisième vague. Le plus grand réveil de l'histoire de l'Église ?* Bielefeld, Christliche Literatur-Verbreitung, 1992, p. 21 ; Benny HINN, *L'onction et la puissance du Saint-Esprit*, Lausanne, Carrefour, 1996, p. 119. Pour un résumé des trois vagues, cf. Antoine ALEXANDRE, « Pentecôtisme, charismatismes et néo-pentecôtismes », in *La foi chrétienne et les défis du monde contemporain*, sous dir. Christophe PAYA et Nicolas FARELLI, Charols, Excelsis, 2013, p. 490-499 ; DJIMALNGAR Madjibaye, « Le rapport des Églises d'initiative africaine avec le mouvement néo-charismatique », in WIHER, *Les Églises d'initiative africaine*, p. 177-188. Pour l'évangile de la prospérité, cf. Daniel BOURDANNÉ, *L'évangile de la prospérité. Une menace pour l'Église africaine*, Abidjan, Presses Bibliques Africaines, 1999, p. 17.

réflexion missiologique classique : l'analyse culturelle, la contextualisation ou ensuite la mission transculturelle réfléchie. La guérison physique et le combat spirituel occupent une place de choix dans l'évangélisation par le feu du Saint-Esprit. En revanche, cela correspond bien aux aspirations des Peuls musulmans qui sont en perpétuelle recherche de bien-être physique. Au travers de cette approche, certains Peuls musulmans ont cru en Jésus-Christ. Binta Bah, par exemple, jeune fille peule âgée aujourd'hui de 23 ans, a rencontré Jésus-Christ lors d'une veillée de prière organisée par l'Église Shékinah. Interrogée sur la raison de sa conversion, Binta Bah raconte :

> Je suis née dans une famille riche. Mon père a trois femmes et ma mère est une grande commerçante. Elle a une grande boutique dans le grand marché de Madina. Pour réussir son commerce ma mère m'a vendue à un diable avec lequel je me suis mariée. Livrée au diable j'étais sous son emprise. Il m'invitait sous la mer et manipulait mon corps à souhait et j'avais une mauvaise santé. Chaque vendredi, sous l'effet du diable, je tombais en syncope. Sa présence en face de moi m'hypnotisait. À côté de notre concession se trouvait l'Église Alléluia. Un jour le pasteur de cette Église a vu ma souffrance et m'a invitée à une veillée de prière. J'ai accepté l'invitation du pasteur avec crainte parce que nos parents nous disaient chaque jour d'éviter les chrétiens. Puisque je souffrais physiquement et moralement j'ai répondu à l'invitation du pasteur. Arrivée à l'Église, la prière a commencé par quelques cantiques de louange. Après a débuté le temps de prière de délivrance. Pendant que les gens priaient, j'ai été terrassée. Par la prière le démon a été chassé et j'ai été délivrée. Depuis ce jour j'ai cru en Jésus-Christ et je suis devenue l'une de ses disciples. Mais ma délivrance n'a pas été bien perçue par ma mère et mon père. Troublés par ma conversion ils m'ont chassée de la famille alors que je n'avais que 17 ans. Ils m'ont dépossédée de tout, mais dans cette situation Jésus-Christ ne m'a pas abandonnée[182].

---

182. Binta Bah interviewée à Conakry le 5 mars 2016.

Certains Peuls musulmans qui ont rencontré Jésus-Christ au travers d'une guérison ou d'une délivrance de démons ont une foi tenace. Face à la persécution, ils comptent sur Dieu en qui ils espèrent trouver le réconfort. Les tenants de l'évangélisation par le feu du Saint-Esprit citent régulièrement les versets de la Bible suivants :

> Allez dans le monde entier et prêchez la bonne nouvelle à toute la création. Celui qui croira et qui sera baptisé sera sauvé, mais celui qui ne croira pas sera condamné. Voici les signes qui accompagneront ceux qui auront cru : en mon nom, ils chasseront les démons ; ils parleront de nouvelles langues ; ils saisiront des serpents ; s'ils boivent quelque breuvage mortel, il ne leur fera point de mal ; ils imposeront les mains aux malades et ceux-ci seront guéris. (Mc 16.15-18)

Ils s'appuient sur ce texte pour organiser des campagnes d'évangélisation pendant lesquelles Jésus-Christ est présenté comme le Guérisseur. Notons que le titre de guérisseur attribué à Jésus par les tenants de l'évangélisation par le feu du Saint-Esprit s'accorde bien avec le contexte religieux du Fouta-Djallon parce que les Peuls musulmans ont appris dans le Coran que le prophète Isa a fait beaucoup de miracles. Ils savent que, avec la permission d'Allah, Isa a guéri un aveugle-né et un lépreux (sourate 3.49). C'est pourquoi partout où on organise une prière de délivrance ou de guérison, les Peuls musulmans viendront avec leurs malades ou leurs possédés pour qu'ils soient délivrés. Mais cela ne fait pas de ces campagnes d'évangélisation la meilleure approche d'évangélisation des Peuls musulmans parce qu'il reste difficile à un Peul d'accepter publiquement Jésus-Christ comme Sauveur. Par contre, les prières de délivrance ou de guérison organisées à domicile ou en privé semblent être une bonne approche pour aider les Peuls musulmans à connaître Jésus-Christ. En privé, le Peul se sent à l'abri de la persécution et de la perte de son prestige. Les prières de délivrance et de guérison sont efficaces quand elles sont faites dans un cadre qui met en confiance la personne évangélisée.

Il nous semble important de signaler que ce ne sont pas toutes les Églises et Missions d'initiative africaine qui pratiquent l'évangélisation par la puissance du Saint-Esprit. Certaines parmi elles ont une approche holistique de la mission. On peut citer l'Église Amour de Dieu, le Centre international d'évangélisation (CIE), la Chapelle d'Espoir (CE) et Calvary Ministries (CAPRO).

Pour évangéliser les Peuls musulmans, ces Églises et Missions manifestent un engagement social concret. À titre d'exemple, la Chapelle d'Espoir et la Mission des Apôtres de Christ ont fondé des écoles chrétiennes qui accueillent plusieurs enfants peuls. Certaines parmi elles s'efforcent de manifester l'amour de Dieu auprès des Peuls musulmans par des soins médicaux.

7. Les Œuvres : *Campus pour Christ et Jeunesse en mission*

Au Fouta-Djallon, comme dans toutes les autres régions de la Guinée, Campus pour Christ est connu pour la diffusion du film Jésus, traduit en plusieurs langues nationales : kissi, malinké, toma, guerzé et aussi pular. Mais au fait, qu'est-ce que Campus pour Christ ?

Fondé en 1951 par le couple Bill et Vonette Bright, Campus pour Christ est un mouvement interdénominationnel et missionnaire ayant pour but principal l'évangélisation et la formation de disciples. Le couple a commencé son ministère à l'Université de Californie à Los Angeles (UCLA) en organisant une cellule de prière avec les étudiants. Pendant l'année de fondation, plusieurs étudiants ont donné leur vie à Christ. Petit à petit, leur ministère a pris de l'ampleur et des cellules de prière se sont établies dans plusieurs universités du pays. C'est ainsi que des étudiants venant d'autres pays du monde sont devenus membres de Campus pour Christ. Après leur formation universitaire, ils sont retournés dans leurs pays respectifs et ont cherché à y implanter cette œuvre présente aujourd'hui dans plus de 190 pays du monde entier.

Deux ans après EXPO'72, Campus pour Christ a nommé le premier responsable pour l'Afrique et a établi son siège à Nairobi au Kenya. Plus tard, Kassoum Keita, pasteur du Mali, a fait la connaissance de cette organisation et a demandé à recevoir la formation pour la proposer à d'autres. Après cette formation, il est revenu au Mali pour y appliquer les méthodes d'évangélisation apprises et a constaté qu'elles étaient porteuses de fruits. Du coup, il a proposé la même formation aux pays voisins dans le but de leur fournir des équipiers de Campus pour Christ. C'est ainsi qu'il a rencontré Isaac Keita qui est devenu le premier représentant de Campus pour Christ en Guinée[183].

Reconnaissant le bien-fondé de ce ministère, Isaac Keita a demandé à son homologue Kassoum Keita d'envoyer en Guinée un missionnaire à plein temps. Le couple Dennis et Barbara Bock est arrivé en 1989. L'objectif de

---

183. Pierre CAMARA, « Évangélisation », *Le Scribe*, p. 3.

Campus pour Christ était de faire connaître aux onze millions de Guinéens l'œuvre de Jésus-Christ. Pour y arriver, Campus se sert de l'approche individuelle : du porte-à-porte. L'évangéliste rend visite à une personne, crée avec elle une relation d'amitié et saisit les occasions pour témoigner auprès d'elle de l'amour de Dieu.

Les équipiers de Campus pour Christ distribuent également des brochures avec les quatre lois spirituelles. Ils ont aussi sous la main des brochures adaptées à l'évangélisation des musulmans. À ces méthodes s'ajoutent les conférences et la projection du film Jésus qui a été l'activité principale de Campus pour Christ en Guinée. Le film Jésus a rassemblé des milliers de Guinéens. Il a permis à plusieurs personnes d'entendre publiquement l'Évangile. Selon Dennis Bock, de 1989 à 1997, près de 27000 personnes se sont converties à Christ[184].

Pendant notre dernier séjour à Labé, Sadjo Bah, ancien équipier de Campus pour Christ âgé de 40 ans, nous a confié que les Peuls musulmans sont très réceptifs à la projection du film Jésus. Partout où il a projeté le film au Fouta-Djallon, ils se sont massivement mobilisés pour regarder et écouter les paroles de Jésus. Par ce moyen, poursuit-il, plusieurs parmi eux ont donné leur vie à Jésus-Christ. Mais par manque d'accueil et d'accompagnement spirituel, ils se sont découragés et ont préféré demeurer musulmans, de sorte qu'au Fouta-Djallon il est difficile de trouver des chrétiens peuls qui ont connu Christ par le film Jésus[185].

Autre œuvre présente au Fouta-Djallon, Jeunesse en Mission (JEM) est une organisation missionnaire qui a été au cœur des évolutions du protestantisme évangélique dans les années 1960[186]. Créée par Loren Cunningham, elle a connu une croissance vertigineuse aux États-Unis, en Europe et en Afrique[187]. Jeunesse en Mission regroupe des jeunes d'origines sociales variées et travaillant dans divers domaines d'activités économiques. Son mot d'ordre est : « Allez dans le monde entier et prêchez la bonne nouvelle à toute la création » (Mc 16.15).

---

184. *Ibid.*
185. Sadjo Bah interviewé à Labé le 10 août 2015.
186. Yannick Fer, *L'offensive évangélique. Voyage au cœur des réseaux militants de Jeunesse en Mission*, Genève, Labor et Fides, 2005, p. 10.
187. *Ibid.*

En Guinée, les méthodes d'évangélisation de Jeunesse en Mission étaient axées sur la formation de disciples, le théâtre, le film Jésus, l'assistance aux nécessiteux, la musique et la danse. Cependant, la musique comme méthode semble inappropriée dans l'évangélisation des Peuls musulmans parce qu'ils pensent que c'est une désobéissance à Allah de l'adorer par la musique et la danse.

Un coup d'œil sur les méthodes d'évangélisation au Fouta-Djallon fait apparaître que la conversion des Peuls musulmans à Christ est l'un des défis majeurs auxquels les Églises et les Missions sont appelées à faire face. En considérant toutes les méthodes déjà appliquées, on constate une grande diversité. Avec David Campbell, on peut dire que toutes les méthodes sont bonnes, pourvu qu'elles respectent la vision peule du monde et les personnes ciblées. Mais force est de constater qu'aucune des Églises et Missions citées ne s'est intéressée à la vision peule du monde qui est pourtant déterminante dans l'implantation d'Églises au Fouta-Djallon.

VI. Synthèse du chapitre 2

Dans l'histoire de l'évangélisation des peuples de l'Afrique, les Peuls musulmans ont longtemps été négligés. Mais aujourd'hui l'Église ne peut plus pratiquer la politique de l'autruche et ignorer l'évangélisation des Peuls musulmans qui sont les vrais propagateurs de l'islam en Afrique. En considérant leur résistance à l'Évangile et leur engagement dans l'islamisation de l'Afrique, on peut aisément affirmer que l'évangélisation des Peuls musulmans est l'un des défis principaux de l'Église en Afrique. Pour les évangéliser au Fouta-Djallon, les implanteurs d'Églises, de quelque origine qu'ils soient, ont multiplié les méthodes d'évangélisation. On peut mentionner, à titre d'exemples, la littérature et la traduction de la Bible, la projection de films et l'alphabétisation, ou encore les œuvres sociales telles que les centres de santé, les écoles, l'agriculture, le sport et la formation en informatique.

Sur la base de tout ce qui a déjà été dit, il n'est pas exagéré d'affirmer que, dans l'histoire de l'évangélisation des Peuls musulmans du Fouta-Djallon, les Missions et Églises évangéliques, de quelque bord théologique qu'elles soient, n'ont négligé ni l'évangélisation ni l'action sociale. Relevons cependant que l'absence de hiérarchisation des deux approches est problématique. Par exemple, le Conseil Œcuménique des Églises (COE) a confondu évangélisation et œuvres sociales ; le salut s'est ainsi réduit à la paix, à la justice, et à l'indépendance des peuples opprimés, sans apporter l'espérance de l'Évangile par la réconciliation avec Dieu[188]. Or, le salut dans son sens biblique n'est pas une libération politique, économique ou sociale, même si ces buts sont importants et font partie de la mission de l'Église. Il est vrai que l'Église est envoyée dans le monde pour s'engager dans ces différentes tâches, qui permettent de proclamer l'Évangile dans le monde et d'amener les hommes à Jésus-Christ[189]. Cependant, ces œuvres sociales ne doivent pas être confondues avec l'annonce de l'Évangile du salut en Jésus-Christ ni s'y substituer. John Stott dit à ce sujet : « L'action sociale est un partenaire de l'annonce de l'Évangile. En tant que partenaires, elles s'appartiennent mutuellement et restent cependant indépendantes l'une et l'autre. Toutes deux sont l'expression d'un amour sans arrière-pensée[190]. » L'évangélisation et l'action sociale sont donc inséparables, et elles sont des partenaires qui se soutiennent mutuellement. Dans cette symbiose, l'action sociale prépare la proclamation de l'Évangile si elle la précède, et la confirme si elle la suit.

Malgré la multiplication des méthodes d'évangélisation au Fouta-Djallon, la plupart des Peuls restent fermés à l'Évangile. De plus, ils se considèrent comme les propagateurs de l'islam en Afrique. Malgré cette résistance, les Églises et Missions continuent à leur présenter l'Évangile. Mais pour avancer dans cette entreprise, les missionnaires devront mieux connaître la vision peule du monde et discerner les éléments favorables et défavorables à l'implantation d'Églises au Fouta-Djallon, sujet sur lequel portera le prochain chapitre.

---

[188]. Jacques MATTHEY, « Les conférences universelles des missions de 1947 à 1996. II. Jalons de la pensée missionnaire protestante œcuménique des années 1970 aux années 1990 », *Perspectives missionnaires* 36, 2, 1998, p. 50-65. Cf. aussi John STOTT, *Le chrétien à l'aube du XXIe siècle. Vivre aujourd'hui la Parole éternelle de Dieu*, vol. II, Québec, La Clairière, 1995, p. 138.

[189]. John STOTT, « Mission » et « Proclamation de l'Évangile », in *Mission chrétienne dans le monde moderne*, Lavigny, Groupes Missionnaires, 1977, p. 17-76. Cf. aussi Ian RUTTER, « L'orientation missionnaire contemporaine des protestants évangéliques, des protestants œcuméniques et des catholiques romains. Aspect comparatifs », in *Actualité des protestantismes évangéliques*, Strasbourg, Presses Universitaires de Strasbourg, 2002, p. 165 ; « Déclaration de Lausanne (1974) », § 4.

[190]. STOTT, « Proclamation de l'Évangile et action sociale », in *Mission chrétienne dans le monde moderne*, p. 32.

CHAPITRE 3

Éléments favorables et défavorables à l'implantation d'Églises au Fouta-Djallon

I. Introduction

Le premier chapitre a souligné que la vision du monde est le noyau de la culture. À ce titre, elle influence la culture et la religion et détermine l'identité d'un peuple ou d'un individu. Pour mieux connaître l'identité des Peuls, il est donc nécessaire d'étudier leur vision du monde, le *pulaaku*, la famille, la société et la religion qui constituent les principaux éléments de leur culture. Comme on peut le constater, chaque thématique de la culture peule découle d'un élément de la vision peule du monde. Dans la perspective missiologique de la continuité, cela suppose qu'il est envisageable d'établir un lien entre un élément de la culture peule et un concept biblique correspondant. En revanche, si un élément de la culture est en discontinuité, la démarche devient plus compliquée. Il est primordial de faire la part des choses. Selon la démarche de la contextualisation critique qui inclut une évaluation des éléments culturels à la lumière de la Bible, il s'agit de voir s'il faut accepter, refuser, transformer ou tolérer un élément culturel ou en créer carrément un nouveau[1].

---

1. Hannes WIHER, « Qu'est-ce que la contextualisation ? », et « Une contextualisation critique : méthodologie et exemples pratiques », in *L'Église mondiale et les théologies contextuelles. Une approche évangélique de la contextualisation*, sous dir. Matthew COOK et al., Charols, Excelsis, 2015, p. 1-39, 283-309 ; Paul HIEBERT, « Une contextualisation critique », in *Mission et culture*, p. 191-216.

Cette approche missiologique de la construction d'une vision biblique du monde à l'aide d'éléments de la culture peule est nécessaire en vue de l'implantation d'Églises en milieu peul. Dans cette perspective, l'évangélisation consistera à toucher en profondeur les hommes et les femmes pour qu'ils reçoivent Jésus-Christ et deviennent de nouvelles créatures qui s'identifient à Christ (1 Co 5.17). C'est pourquoi cette étude a pris en compte la parenté, la famille, les habitudes alimentaires, les rites de passage, la naissance, le mariage, la circoncision et l'excision, les croyances religieuses, la langue, et le *pulaaku* comme vision du monde. Ces éléments constituent pour nous le potentiel de la culture peule.

La richesse des éléments culturels peuls en continuité permet de penser qu'il n'est pas impossible d'y semer l'Évangile pour que naissent des Églises viables qui implantent d'autres Églises. Mais pour aider les Peuls musulmans à transformer leur vision du monde, il est nécessaire de recourir à la méthode de la contextualisation critique qui préconise une démarche à la fois fidèle à la Bible et pertinente pour la culture. Elle inclut quatre étapes : 1) une analyse de la culture, 2) une analyse biblique, 3) une étude comparée des éléments culturels à la lumière de la Bible en vue de découvrir les éléments en continuité et en discontinuité, et 4) la contextualisation proprement dite qui doit décider si un élément culturel est à accepter, à refuser, à transformer, à tolérer ou à créer.

Dans la logique de la troisième étape de la contextualisation critique, la démarche dans ce chapitre permettra de distinguer les éléments de la culture peule en continuité avec l'Évangile, donc favorables à l'implantation d'Églises parmi les Peuls, mais aussi les éléments en discontinuité avec l'Évangile, donc défavorables à une telle entreprise. Nous présenterons d'abord les éléments politiques, culturels, religieux et stratégiques favorables à l'implantation d'Églises parmi les Peuls. Ensuite nous aborderons les facteurs défavorables, en partant des éléments culturels, religieux et méthodologiques, pour continuer avec les dogmes chrétiens et terminer avec les concepts liés à la spiritualité chrétienne. Suite à cette étude comparative, il s'agira, dans la perspective de la quatrième étape de la contextualisation critique du chapitre 4, de faire des propositions pour l'implantation d'Églises parmi les Peuls musulmans du Fouta-Djallon.

II. Éléments favorables à l'implantation d'Églises

Pendant nos recherches sur l'implantation d'Églises parmi les Peuls musulmans du Fouta-Djallon, nous avons constaté que des éléments politiques, géographiques et culturels influent sur la communication de l'Évangile. Nous réfléchirons dans cette section premièrement sur les éléments politiques et culturels, puis sur les éléments islamiques et finalement sur les éléments stratégiques favorisant l'implantation d'Églises.

A. Éléments politiques et culturels favorables à l'implantation d'Églises

Cette section présentera premièrement la compréhension de la laïcité dans les textes juridiques guinéens et son application en Guinée et au Fouta-Djallon, puis une étude comparative du concept du *pulaaku* en vue de trouver des points de contact avec l'Évangile.

1. La laïcité en Guinée et au Fouta-Djallon

La République de Guinée est un pays dont la majorité de la population est musulmane. On y compte 85 % de musulmans, 10 % de chrétiens et 5 % d'animistes[2]. Mais cette majorité de musulmans guinéens ne fait pas de la Guinée un pays islamique. Malgré cette forte prédominance musulmane, elle est un pays laïc. Déjà dans le préambule de sa première constitution, qui fut adoptée en novembre 1958, La notion de laïcité apparaît clairement[3]. Elle est également présente dans la loi fondamentale de la République de Guinée du 23 décembre 1990. Les révisions de cette loi fondamentale de 1996 et 2002 et celle du 7 mai 2010 adoptée le 11 avril 2010 par le Conseil national de la transition (CNT), mentionnent également la laïcité du pays[4]. La loi fondamentale dit dans son article 1 : « La Guinée est une République unitaire, indivisible, laïque, démocratique et sociale. Elle assure l'égalité devant la loi de tous les citoyens sans distinction d'origine, de race, d'ethnie, de sexe, de

---

2. Bali DE YEIMBÉREIN, *Dessine-moi la Guinée*, Paris, l'Harmattan, 2005, p. 14.
3. La première Constitution guinéenne est adoptée le 10 novembre 1958. Elle faisait autorité sur le peuple guinéen jusqu'à la mort du président Sékou Touré en 1984. Florence GALETTI, *Les transformations du droit public africain francophone. Entre étatisme et libéralisation*, Paris, Émile Bruylant, 2004, p. 248.
4. La République de Guinée a connu successivement quatre constitutions : en 1958, 1982, 1990 et 2010.

religion et d'opinion. Elle respecte toutes les croyances[5]. » L'article 4 précise que « la loi punit quiconque, par un acte de discrimination raciale, ethnique ou religieuse, porte atteinte à l'unité nationale, à la sécurité de l'État, à l'intégrité du territoire de la République ou au fonctionnement démocratique des institutions[6] ». Et sur le sujet de la liberté d'expression et de religion, l'article 7 relève que « chacun est libre de croire, de penser et de professer sa foi religieuse, ses opinions politiques et philosophiques[7] ». Et sur les droits de l'homme, l'article 8 dit que « tous les êtres humains sont égaux devant la loi. Les hommes et les femmes ont les mêmes droits[8] ». Dans son alinéa 2, il apparaît clairement que « nul ne doit être privilégié ou désavantagé en raison de son sexe, de sa naissance, de sa race, de son ethnie, de sa langue, de ses croyances et de ses opinions politiques, philosophiques ou religieuses[9] ». La constitution guinéenne prévoit également des mesures d'accompagnement pour les personnes persécutées. Ainsi, dans son article 11, il est écrit que « quiconque est persécuté en raison de ses opinions politiques, philosophiques ou religieuses, de sa race, de son ethnie, de ses activités intellectuelles, scientifiques ou culturelles, pour la défense de la liberté a droit d'asile sur le territoire de la République[10] ». L'article 14 dit enfin que « le libre exercice des cultes est garanti. Les institutions et les communautés religieuses se créent et s'administrent librement[11] ».

Théoriquement, ces textes garantissent la liberté religieuse. Cependant, même si elle est garantie par les textes, elle ne l'est pas réellement dans la pratique. En Guinée, dans plusieurs situations, la liberté religieuse n'est pas respectée et les chrétiens ne veulent pas s'afficher parce que ce sont eux qui paient le plus lourd tribut[12]. Les musulmans convertis à Christ subissent une persécution qui ne dit pas son nom[13]. En Guinée en général et au Fouta-Djallon en particulier, certains musulmans n'acceptent plus que les chrétiens

---

5. République de Guinée, Constitution du 7 mai 2010, titre I, p. 1.
6. Ibid.
7. Ibid.
8. Ibid.
9. Ibid.
10. Ibid.
11. Ibid.
12. Vieira, *L'Église catholique en Guinée*, p. 262 ; Rivière, *Mutations sociales en Guinée*, p. 185.
13. Tolno, « Un Peul rencontre Jésus : Témoignage de Yaya Barry », p. 50.

soient logés chez eux. Ils préfèrent loger leurs coreligionnaires. La plupart des musulmans qui affichent leur sentiment anti-chrétien sont Peuls. Cela témoigne de la montée du fondamentalisme parmi les Peuls musulmans. Toutefois, si l'application de ces textes fondamentaux dans la vie de tous les jours n'est pas optimale, ils sont au moins présents dans la Constitution guinéenne. La situation pourrait être bien pire pour la minorité chrétienne en Guinée. C'est pourquoi on peut considérer la présence de la notion laïcité de la Guinée dans les textes fondamentaux comme élément favorable à l'implantation d'Églises parmi les Peuls musulmans du Fouta-Djallon.

2. *Le* pulaaku

L'étude de la société peule montre clairement que le *pulaaku* est la vision peule du monde qui définit l'homme peul par sa conscience relationnelle et holistique. Le *pulaaku*, en tant que vision du monde, comporte des éléments de continuité qui sont favorables à la communication de l'Évangile en milieu peul.

Une des valeurs principales du *pulaaku* est le *yage* (honte) qui suggère l'idée d'une certaine continuité avec la Bible. Dans la société peule, le *yage* est généralement lié au mal et au péché. Le comportement d'Adam et Ève y fait clairement écho dans la Bible. Genèse 2.25 dit que « l'homme et sa femme étaient tous les deux nus et n'en avaient pas honte ». Après avoir commis le péché, Adam et Ève se sont cachés, saisis par la honte. En expliquant ce texte, Hannes Wiher considère que « le résultat du péché n'est pas ressenti comme culpabilité, mais comme honte. Nous observons une attitude de honte typique comme conséquence directe : se cacher, éviter la personne et porter un masque[14] ». Les auteurs de l'A.T., en particulier les auteurs des psaumes et les prophètes, emploient de manière récurrente le terme de honte et des mots similaires : ignominie, opprobre, gêne, couvrir ou perdre la face, nudité, déshonneur, moquerie, raillerie, dérision (Ps 31.17 ; 44.13-15 ; És 42.17 ; 44.9-11). Ces concepts apparaissent en relation avec le péché[15]. Mais dans le livre de Job, la conception de la honte est quelque peu différente, car pour Job, « la honte ne met pas en évidence le péché, mais manifeste ici la justice

---

14. Wiher, *L'Évangile et la culture de honte*, p. 58.
15. *Ibid.*

du serviteur de Dieu (És 53.11s ; Job 42.10)[16] ». Ainsi, il devient évident que dans l'A.T., la honte ne peut pas uniquement être attribuée au péché et au mal tout comme dans la culture peule.

Dans le N.T., la notion de honte apparaît aussi à plusieurs endroits (Rm 1.26 ; 1 Co 6.4s ; 11.14 ; 15.34 ; 2 Co 6.8 ; Ép 4.11-13)[17]. Les auteurs du N.T. ont régulièrement employé les termes *aidos* (profond respect, pudeur), *aischunè* (honte, ignominie et *atimia*, déshonneur). Ils ont aussi utilisé *aidos* pour parler de la crainte de Dieu et de la piété (1 Tm 2.9) et *aischunè* pour exprimer « la honte éprouvée dans les relations personnelles (1 P 2.6)[18] ». Ils ont également utilisé *atimia* pour signifier le déshonneur et l'infamie (Rm 1.26)[19].

En lisant la Bible, on s'aperçoit que Jésus-Christ n'a commis aucun péché. Mais il a porté la plus grande honte parce qu'en abandonnant la condition de Dieu, il a pris la condition d'esclave (Ph 2.7). L'humiliation de Jésus-Christ a atteint son paroxysme à sa mort sur la croix (Ph 2.8). En acceptant l'humiliation, « Christ a tout gagné. Sa récompense a été une élévation aussi haute que son humiliation avait été profonde : c'est pourquoi Dieu l'a aussi souverainement élevé (Ph 2.9)[20] ». Dans la vision peule du monde, il est difficile d'imaginer qu'un Peul noble puisse volontairement devenir esclave. Aux yeux des Peuls, c'est une grande humiliation qu'aucun Peul ne peut supporter.

S'adressant à ses disciples, Jésus-Christ dit : « Quiconque aura honte de moi et de mes paroles au milieu de cette génération adultère et pécheresse, le Fils de l'homme aura aussi honte de lui, quand il viendra dans la gloire de son Père avec les saints anges » (Mc 8.38). L'apôtre Paul s'est servi de cet enseignement pour affirmer : « Je n'ai pas honte de l'Évangile : c'est une puissance de Dieu pour le salut de quiconque croit, du Juif premièrement, puis du Grec » (Rm 1.16). En reprenant cet enseignement de Jésus-Christ, l'apôtre Paul veut dire aux croyants qu'ils ne doivent pas avoir honte (cf. Rm 9.33). Mais ils doivent demeurer en Jésus-Christ afin que, lors de son

---

16. *Ibid.*
17. *Ibid.*, p. 59.
18. *Ibid.*
19. *Ibid.*
20. Eshetu ABATE, « Philippiens », *Commentaire biblique contemporain. Un commentaire en un seul volume écrit par 70 théologiens africains*, sous dir. Tokunboh ADEYEMO, Marne-la-Vallée/Abidjan, Farel/Centre de publications évangéliques, 2008, p. 1556.

retour, ils n'éprouvent pas la honte d'être éloignés de lui (1 Jn 2.28)[21]. Cela nous amène à conclure que la notion biblique de honte est principalement liée « à un état mental d'humiliation lié au péché, à l'écart par rapport à la loi de Dieu, à des attitudes qui amènent l'opprobre et le rejet par Dieu et par l'homme[22] ». Toutefois, le livre de Job et d'autres passages présentent des exceptions à cette règle générale.

B. Éléments islamiques favorables à l'implantation d'Églises

Dans l'islam peul, il existe plusieurs traits de continuité entre Allah et le Dieu de la Bible, Yahvé. Le même rapprochement apparaît au niveau de la croyance aux livres révélés et à certains prophètes bibliques. Pour l'évangélisation des Peuls musulmans, ce rapprochement pourrait servir à amorcer la contextualisation critique de l'Évangile et à enrichir le dialogue entre les Peuls musulmans et les chrétiens qui vivent au Fouta-Djallon.

1. Croyance en un Dieu suprême : Allah

Au Fouta-Djallon, Allah est le centre de la foi des Peuls musulmans. Mais qui est cet Allah en qui ils croient ? Existe-t-il des points de ressemblance entre Allah et le Dieu de la Bible ? La réponse à cette question se trouve dans le message coranique et les chants, les proverbes, les contes et les écrits peuls[23].

Allah est, selon l'islam peul, le Créateur du monde. La manière dont les Peuls musulmans prient et craignent Allah montre qu'il est l'Unique (sourate 5.1), le Saint (2.33 ; 3.16), le Grand (1.114, 115), le Glorieux (3.17), le Vivant, l'Éternel (1.11-34), le Roi (1.169), le Seigneur, le Maître le plus haut des cieux (1.134), le Tout-puissant (1.335 ; 5.1) et l'Omniscient (1.335)[24].

Ces noms et attributs d'Allah, reconnus par les Peuls musulmans, se trouvent aussi dans la Bible, même si la façon dont les chrétiens les conçoivent

---

21. WIHER, *L'Évangile et la culture de honte*, p. 58.
22. J. A. THOMPSON, « Honte », *Le Grand Dictionnaire de la Bible*, p. 729.
23. HAAFKENS, *Chants musulmans en peul*, p. 79 ; HAMPATÉ BÂ, *Contes initiatiques peuls*, p. 23 ; Oumarou BAH, « Communauté et classe sociale, deux notions prégnantes dans les épopées peules du Macina et du Fouladou », in BAUMGARDT, DERIVE, *Paroles nomades. Ecrits d'ethnolinguistique africaine*, p. 202 ; BAUMGARDT, *Une conteuse peule et son répertoire*.
24. Christiane SEYDOU, « Majaado Alla gaynaali. Poème en langue peule du Foûta-Djalon », *Cahiers d'Études africaines*, vol. 6, n°24, 1996, p. 660 ; idem, *Poésie mystique peule du Mali*, Paris, Karthala, 2008, p. 58 ; Adoul Sy SAVANÉ, *La poésie pastorale peule au Fouta-Djallon*, Paris, l'Harmattan, 2005, p. 87 ; VIEILLARD, « Notes sur les Peuls du Fouta-Djallon », p. 110 ; REED, « Notes on Some Fulani Tribes and Customs », p. 422-455.

diffère de la conception de l'islam peul. Nous pensons que cette ressemblance formelle pourrait aider les évangélistes à amorcer la communication de l'Évangile. Les Peuls musulmans attachent une importance particulière aux noms d'Allah[25]. Ils disent que chaque fois qu'ils prononcent l'un de ses noms, d'Allah nous écoute avec attention et respect. Puisqu'il a plu à Dieu de se les attribuer dans la Bible, on peut donc les utiliser dans le cadre de l'évangélisation des Peuls musulmans.

En 2012, j'ai été invité par le pasteur Lucien Kourouma de l'EPE de Mamou à animer une conférence sur le thème : « Les meilleures méthodes d'évangélisation des Peuls musulmans. » Au cours de cette conférence, nous avons rendu visite aux autorités administratives de la ville de Mamou. Pendant ces visites, la prière qui de Joël Moriba Onivogui était entièrement faite au nom d'Allah. Les bénédictions prononcées y étaient aussi faites au nom d'Allah et les Peuls musulmans disaient « amen » parce qu'ils croient absolument que nous avons le même Dieu. Au sortir de cette visite, j'ai posé la question suivante au missionnaire Moïse Koné : pourquoi avons-nous prononcé une prière théocentrique devant les autorités administratives de Mamou ? Pour ne pas les choquer par le nom de Jésus-Christ, m'a-t-il répondu[26]. L'Écriture dit clairement : « Quoi que vous fassiez, en parole ou en œuvre, faites tout au nom du Seigneur Jésus, en rendant grâces par lui à Dieu le Père » (Col 3.17). Dans une telle circonstance, il est donc préférable de prier au nom d'*Isa Almasihu* ou au nom de *kalimatou'llah* « parole de Dieu », c'est-à-dire Jésus-Christ. Ces titres n'offensent pas les musulmans parce qu'ils cadrent bien avec la vision peule de la personne de Christ. Une telle prière conduit non seulement à prononcer des bénédictions au nom d'*Isa Almasihu* ou de la Parole de Dieu (*kalimatou'llah*), mais aussi à amorcer la présentation de l'Évangile sans blesser le Peul musulman.

Les Peuls musulmans croient aussi que la miséricorde (*al-rahim*) et le pardon (*al-ghafûr*) d'Allah manifestent sa miséricorde envers l'homme. Dans le Coran, il y a près de 21 passages qui parlent de la miséricorde d'Allah (sourates 2.195, 222 ; 3.18, 76 ; 7.55 ; 8.58 ; 11.90 ; 22.38 ; 85.1). Il est facile de constater qu'aucun de ces textes ne définit l'amour d'Allah pour l'homme. Allah n'a donc pas d'amour pour le pécheur. Le Coran ne mentionne pas

---

25. Lamine KANTÉ interviewé à Télimélé le 27 juin 2015.
26. Moïse Koné, âgé de 54 ans, est missionnaire en milieu musulman depuis 20 ans.

non plus l'amour qu'un homme pourrait avoir pour son ennemi. La volonté d'Allah d'entrer en relation avec l'homme est extrêmement limitée dans le Coran. Plus encore, le Coran ne dit rien sur une manifestation délibérée d'amour d'Allah pour sauver l'homme de son péché.

La notion d'amour mutuel entre Allah et les hommes est absente du Coran. Cela nous amène à dire qu'Allah ne manifeste pas d'amour pour les hommes en tant que tels, mais qu'il aime leurs actions. Il est donc difficile, voire impossible, de trouver un verset du Coran qui parle clairement de l'engagement d'Allah à vivre parmi les hommes. Cette idée est totalement étrangère à l'islam. Par conséquent, la seule relation autorisée est « Allah le véritable Maître, et l'homme le serviteur[27] ». Cette croyance empêche les Peuls musulmans de connaître Dieu personnellement. Ils croient absolument qu'Allah est tellement saint qu'il ne peut pas habiter parmi les hommes.

Ce manque d'amour d'Allah fait que les Peuls musulmans ont du mal à l'appeler Père. Dans le Coran, personne n'est appelé enfant de Dieu. Même la relation entre Allah et Muhammad n'était pas une relation entre un Père et son fils, mais une relation de Maître à serviteur. Par contre, dans la Bible, Dieu est le Père (És 64.8 ; Mc 2.10 ; Mt 23.9 ; Lc 12.32 ; Jn 3.16). Cependant, la Bible dit clairement qu'on ne devient pas automatiquement enfant de Dieu. La paternité de Dieu n'englobe pas tous les hommes (Jn 8.44). Seuls ses disciples, c'est-à-dire ceux qui croient en Jésus-Christ, peuvent avoir Dieu pour Père (Mt 6.14-15 ; Lc 12.32). Ceux-là seuls qui suivent Jésus comme leur Seigneur et Sauveur deviennent enfants de Dieu (Jn 1.12). En termes plus spécifiques, il convient de dire que dans la Bible nul n'est enfant de Dieu par nature. On le devient en croyant en Jésus-Christ (Ép 2.3).

En ce qui concerne l'évangélisation des Peuls musulmans, ce manque d'amour dans le Coran doit être perçu comme un point positif parce qu'il permet de mettre une ligne de démarcation entre le Dieu de la Bible et Allah. Cela se vérifie par le fait que dans l'islam Allah « envoie ses prophètes, ses messagers et ses livres, alors que dans la Bible Dieu vient lui-même. Il s'est fait homme. La parole a été faite chair (Jn 1.14). Dieu était en Christ réconciliant le monde avec lui-même[28] ». Ce mouvement de Dieu vers l'homme

---

27. Cette croyance se trouve aussi dans la littérature orale et écrite peule. MARTY, *L'islam en Guinée*, p. 468.
28. Charles MARSH, *Le musulman mon prochain*, Fontenay-sous-Bois, Telos, 1977, p. 40.

exprime la profondeur et la dimension de son amour (Ps 136.1 ; Ct 8.7 ; Jn 3.16 ; Rm 8.37-39 ; Ép 3.14-21). Cet amour doit en retour se manifester en nous par notre amour pour lui et pour nos prochains, les Peuls (Dt 10.12 ; Mt 22.37 ; Jn 14.15, 21).

2. Croyance aux livres révélés

Nous avons déjà souligné que l'islam est une religion du livre. Les Peuls musulmans croient que Dieu aurait envoyé sur la terre 104 livres sacrés par l'intermédiaire des prophètes de Dieu, à des époques et à des peuples différents[29]. Selon le discours musulman, dix livres ont été envoyés par l'intermédiaire d'Adam, cinquante par Seth, trente par Enoch, vingt par Abraham. Ils considèrent que les cent premiers livres seraient perdus. Mais quatre sont disponibles. Il s'agit de la *Tawrat* (Torah) par Moïse, le *Zabour* (Psaumes) par David, l'*Injil* (Évangile) par Jésus, et le Coran par Muhammad[30].

Les musulmans peuls soutiennent que chacun de ces livres abroge celui qui l'a précédé. Ainsi, la *Tawrat* aurait été annulée par le *Zabour* qui à son tour aurait été annulé par l'*Injil*, lui-même annulé par le Coran. Certains soutiennent aussi que tous les livres, sauf le Coran, ont été altérés, corrompus et falsifiés[31].

Ce qu'il faut retenir ici, c'est qu'Allah a dit aux musulmans qu'ils doivent croire aux livres (la *Tawrat*, le *Zabour* et l'*Injil*) qui ont précédé le Coran[32]. Pour éviter toute confusion doctrinale, il est important de noter que les paroles de ces livres n'ont pas la même valeur scripturaire qu'elles ont dans la Bible. Elles constituent pour nous le reflet de l'Évangile dans le Coran, c'est-à-dire ses traces. Ces reflets sont utiles pour l'annonce de l'Évangile aux

---

29. Mondher SFAR, *Le Coran, la Bible et l'Orient ancien*, Paris, Sfar, 2010, p. 93 ; William CAMPBELL, *Le Coran et la Bible à la lumière de l'histoire et de la science*, Marne-la-Vallée, Farel, 1994, p. 59 : Gerhard NEHLS, *La polémique entre l'islam et le christianisme. Une apologie chrétienne face à la polémique actuelle de l'islam*, Nairobi, Kenya, Life Challenge Africa, 1997, p. 6.
30. HAAFKENS, *Chants musulmans en peul*, p. 99 ; JOMIER, *Pour connaître l'islam*, p. 54.
31. Le Coran dit qu'il confirme les livres antérieurs (2.97, 101 ; 3.81 ; 4.47 ; 6.92 ; 10.37), mais il affirme aussi que ces livres antérieurs à savoir la Torah (Tawra) et l'évangile (Injil) ont été falsifiés par les chrétiens (2.101 ; 2.75 ; 4.46 ; 2.159, 174 ; 3.71 ; 6.91). Les Peuls du Fouta-Djallon croient absolument à cette doctrine coranique au point de penser que les chrétiens vivent dans le mensonge et qu'ils n'ont pas la vérité.
32. Sourates 2.4, 126 ; 3.84 ; 4.136, 150-152, 162 ; etc.

Peuls musulmans. Ils permettent de préparer le terrain pour les évangéliser, en servant de fil conducteur vers la présentation de l'Évangile.

3. Croyance aux prophètes

Le mot arabe pour désigner un prophète est *nabi*. Le concept d'apôtre (celui qui est envoyé par Allah) est rendu en arabe par *rasul* « messager ». Dans la pensée musulmane, le prophète est quelqu'un qui reçoit un message de la part d'Allah. Son message n'est pas forcément transmis à un peuple donné. L'envoyé a pour mission de transmettre aux hommes un livre, une loi religieuse, afin de les amener sur la voie d'Allah. Il doit donner l'exemple en se soumettant lui-même au contenu de ce livre ou de cette loi. Il est communément appelé l'Avertisseur (*nabi*) et Guide (*ali*) de la communauté musulmane.

Le Coran fait mention de plusieurs prophètes bibliques. Dans ce travail, tous les prophètes bibliques qui figurent dans le Coran ne seront pas mentionnés. Quelques-uns seront cités en tenant compte de leur popularité parmi les Peuls musulmans du Fouta-Djallon.

a. Noé (Nûh)

La sourate 71, qui porte le titre de Noé, est entièrement consacrée à la personne et à l'œuvre de Noé. Les Peuls musulmans du Fouta-Djallon commentent cette sourate en disant qu'Allah a envoyé Noé pour avertir son peuple de son jugement et l'inviter à croire et à adorer l'Un, c'est-à-dire Allah. Malgré les avertissements de Noé, les gens de son temps n'ont pas cru à son message. Noé rapporte à Allah cet endurcissement du cœur en disant : « Seigneur, j'ai appelé mon peuple nuit et jour, mon appel ne les a fait croître qu'en aversion » (71.5-6). Connaissant le mal commis par son peuple, Noé fait cette prière : « Seigneur, ne laisse sur la terre aucun infidèle. Si Tu les laisses [en vie], ils égareront Tes serviteurs et n'engendreront que des pécheurs infidèles » (sourate 71.26-27). De ce fait Noé demande à Allah que l'humanité pécheresse soit détruite (sourate 37.75 ; 71,28). Suite à cette prière, Allah décide de détruire le monde et ordonne à Noé de construire l'arche (sourate 11.36-37 ; 23.27-28). Les générations futures doivent prononcer sur lui le vœu de bénédiction : « Paix sur Noé dans tout l'univers ! » (37.79)[33].

---

33. SCHIRRMACHER, *L'islam*, p. 553.

Les Peuls musulmans du Fouta-Djallon aiment raconter cette histoire aux enfants. Aussi, dans les mosquées la plupart des imams orientent leurs prêches sur la vie de Noé. Ainsi, cette histoire est connue non seulement des enfants, mais aussi par tous les fidèles musulmans qui vivent au Fouta-Djallon.

Dans cette histoire coranique sur la personne de Noé, il existe des points de continuité avec l'histoire biblique : Allah ordonne à Noé de construire l'arche (sourates 11.36-37 ; 23.27-28 ; cf. Gn 6.12-30) ; le déluge (sourates 6.6 ; 11.40 ; 23.27 ; 54.11-12 ; cf. Gn 6.9-22 ; 7.1-24 ; 8.1-22) ; l'appel à entrer dans l'arche (sourate 11.41 ; cf. Gn 1.1-16) ; la destruction de l'humanité pécheresse (sourates 7.64 ; 10.73 ; 21.77 ; 26.120 ; cf. Gn 7.17-22) ; Allah met fin au déluge (8.1-14) ; l'eau diminue et l'arche se pose (sourate 11.44 ; cf. Gn 8.1-5) ; Noé sort de l'arche (sourates 11.48 ; 27.78-79 ; cf. Gn 8.15-17) ; l'âge de Noé (sourate 7.64 ; cf. Gn 9.29). Il existe aussi des points de discontinuité à savoir la prière de Noé (sourates 26.117-118 ; 71.5-20 ; 71.21-23) ; la demande de Noé que l'humanité pécheresse soit punie (sourates 21.76 ; 37.75 ; 71.26-28) ; l'incrédulité de la femme de Noé (sourate 66.10) ; l'absence dans le Coran de l'alliance de Dieu avec Noé (Gn 9.1-17).

b. Abraham (Ibrahim)

Les Peuls musulmans vouent un grand respect au prophète Ibrahim parce que, dans le Coran, Abraham est appelé l'ami d'Allah (*khalîl Allah*). De ce fait ils considèrent sa religion comme la véritable religion. Ils disent qu'Abraham avait une foi inébranlable en Allah. En tant que *khalîl Allah* il a rejeté son peuple à cause de son idolâtrie. Pour prouver qu'il est le véritable *khalîl Allah*, il a été testé par Allah à plusieurs reprises. Malgré les épreuves il a gardé ce titre. Cela fait d'Abraham le modèle des croyants monothéistes entièrement soumis (*muslim*) à Allah. Les Peuls musulmans croient fermement que c'est par lui qu'Allah a donné naissance à la religion musulmane. Abraham est donc, disent-ils, le père de tous les croyants musulmans. Car le Coran affirme : « Dis : Allah est véridique. Suivez la religion d'Abraham en sa pureté de *hanîf* "homme droit"[34]. Il n'est pas au nombre des associateurs » (sourate 3.95). Les

---

34. Dans le Coran le mot *hanif* désigne l'homme qui rejette toutes les autres religions pour se soumettre à Allah Unique. Il est utilisé pour nommer le vrai croyant qui se distingue des juifs, des chrétiens et des polythéistes. B. Diallo, « Titres honorifiques religieux dans les Centres du Futa Jaloo. Gradation, voies d'acquisition et rapports de classes », mémoire de diplôme de fin d'études supérieures, Institut Polytechnique Julius Nyerere de Kankan ; Mohamed Talbi, *L'islam n'est pas voilé. Il est culte, rénovation de la pensée musulmane*,

Peuls croient qu'Abraham n'était ni juif ni chrétien (sourate 3.67). Il était un véritable *hanif* parce qu'il s'est opposé au culte des idoles pour n'adorer que l'Unique, Allah.

Les Peuls musulmans admirent également la foi d'Abraham à cause du sacrifice de son fils. Cet épisode se présente dans le Coran comme suit :

> Quand l'enfant eut atteint l'âge d'accompagner son père, Abraham lui dit : « Ô mon cher fils ! Je me suis vu en songe en train de t'immoler. Vois ce que tu en penses ». Il répondit : « Mon cher père, fais ce qui t'est recommandé. Tu me trouveras, si Dieu le veut, digne de ceux qui supportent les épreuves ». Alors quand il eut fait acte de soumission, et qu'il eut étendu son fils, le front contre la terre, Nous lui criâmes : « Abraham ! Tu as véritablement donné suite à ta vision ». C'est ainsi que nous récompensons ceux qui agissent bien. C'est là que l'épreuve est concluante… Nous rachetâmes l'enfant par un sacrifice (sourate 37.102).

En lisant ce texte, on s'aperçoit que le nom de l'enfant d'Abraham n'est pas indiqué. Mais par le truchement du silence du texte, les Peuls musulmans disent que l'enfant portait le nom d'Ismaël. Ils appuient leur argument sur le verset 112, où Allah, ayant constaté l'obéissance d'Abraham à offrir son fils en sacrifice, lui annonce la naissance d'Isaac, comme conséquence de sa soumission. Les Peuls musulmans ignorent la pensée biblique sur le sacrifice d'Abraham[35]. Ce sacrifice (commémoré à Tabaski) est tellement important aux yeux des Peuls musulmans du Fouta-Djallon qu'il est devenu pour eux une pratique culturelle qui accompagne les cérémonies de baptême d'enfants et qui protège le croyant d'un malheur. Il est donc important de noter que, parmi tous les prophètes bibliques, Abraham est le prophète le plus connu par les Peuls musulmans du Fouta-Djallon. De ce fait, les implanteurs d'Églises évangélisent les Peuls musulmans à travers l'histoire d'Abraham que ceux-ci pensent être le père de l'islam. Le sacrifice de son fils est un thème en

---

Carthage, Cataginoiseries, 2009, p. 324 ; Anne-Sylvie BOILIVEAU, *Le Coran par lui-même. Vocabulaire et argumentation du discours coranique autoreférentiel*, Leiden/Boston, Brill, 2014, p. 219.

35. BAH, *Histoire du Fouta-Djallon*, p. 132 ; BALDÉ, SALVAING, *Une vie au Fouta-Djallon*, p. 363 ; BARRY, *Les cérémonies traditionnelles au Fouta-Djallon*, p. 42 ; Aboubacry Moussa LAM, *De l'origine égyptienne des peuls*, Paris, Présence Africaine, 1994, p. 99.

continuité avec la Bible (Gn 22.1-24). Les Peuls musulmans aiment écouter cette histoire biblique. Cependant, ils croient que c'est Ismaël qui a été offert en sacrifice par Abraham. Or, dans la Bible Dieu dit clairement à Abraham : « Prends donc ton fils, ton unique, celui que tu aimes, Isaac ; va-t'en dans le pays de Moriya et là, offre-le en holocauste sur l'une des montagnes que je t'indiquerai » (Gn 22.2). C'est une discontinuité que les implanteurs ont du mal à expliquer aux Peuls musulmans. Pour les amener à comprendre ce verset biblique, il est nécessaire d'expliquer le sacrifice d'Abraham en termes d'Alliance de Dieu avec Noé, Abraham et Isaac. Nous y reviendrons au chapitre 4. Les Peuls musulmans ont aussi un grand respect pour Abraham parce que, « d'après la déclaration du Coran, c'est lui qui, avec son fils Ismaël, a fondé la Ka'ba comme lieu de prière du culte du vrai Dieu[36] ». Les Peuls musulmans accordent une grande valeur aux prières qui y sont prononcées. Ils disent que celui qui meurt près de la Ka'ba va directement au paradis parce que c'est là que se trouve la présence effective d'Allah.

c. Joseph (Yûsuf)

Le nom de Joseph est aussi connu par les Peuls musulmans parce que la sourate 12 du Coran intitulée *Yûsuf* (Joseph) parle de long en large de ce prophète. C'est l'un des récits les plus longs du Coran[37]. Sur 111 versets qui la composent, 100 sont consacrés à la vie de Joseph[38]. Au verset 3, Allah dit à Muhammad : « Nous allons te conter le plus beau récit » (sourate 12.3). Dans le verset suivant de la même sourate Joseph dit à son père : « Ô, mon père, j'ai vu en songe onze étoiles et aussi le soleil et la lune ; je l'ai vu se prosterner devant moi. [Après avoir raconté ce rêve à son père, celui-ci lui donne un conseil :] Ô, mon fils, dit-il, ne raconte pas ta vision à tes frères, car ils monteraient un complot contre toi ; le Diable est certainement pour l'homme un ennemi déclaré » (sourate 12.4).

À la question : « Qui est ce Joseph ? », les Peuls du Fouta-Djallon répondent qu'il s'agit du fils de Jacob. Ils interprètent ses œuvres décisives à la lumière de la sourate 12.39 où Joseph dit à son peuple sous le joug de

---

36. Schirrmacher, *L'islam*, p. 553 ; Chawkat Moucarry, *La foi à l'épreuve. L'islam et le christianisme vu par un Arabe chrétien*, Québec, La Clairière, 2000, p. 37.
37. R. Arnaldez, *Le Coran. Guide de lecture*, Paris, Desclée, 1983, p. 94.
38. A. Le Boulluec, « Joseph dans le Coran, lecture de la sourate 12 », *Foi et vie*, Supplément aux Cahiers et Évangile n°48, avril 1987, p. 35.

l'esclavage en Égypte : « Les dieux multiples valent-ils mieux que le Dieu unique, souverain absolu ? » Comme dans la Bible, Joseph est aux yeux des Peuls celui qui interprète les rêves (sourate 12.1-20 ; cf. Gn 41.17-28, 46-47 ; 54,57), et celui qui est vendu par ses frères (sourate 12.8-9 ; cf. Gn 37.18-29). Ne voulant pas informer leur père de la vente de Joseph, les frères envoient à leur père la tunique ensanglantée de Joseph pour lui faire croire que son fils a été tué par un animal féroce (sourate 12.16-18 ; cf. Gn 37.31-34). Les Peuls du Fouta-Djallon croient que Joseph a vécu chez Potiphar (sourate 12.21-22). Face à la séduction de la femme de Potiphar (sourate 12.23-24), Joseph est resté ferme (12.25). N'ayant pas accepté les avances de la femme de Potiphar, Joseph est mis en prison (12.35) où il interprète les rêves (12.35-41). Interrogés à propos du rêve de Pharaon (12,43), les sages ne peuvent pas l'interpréter (12.44). Joseph entend ce rêve, il l'interprète (12.46-49). Le roi engage Joseph (12.50, 54) et s'informe de l'incident qui s'est passé entre lui et Potiphar (12.50-53). Après enquête, Joseph reçoit la faveur du roi (12.54-56).

Plus tard, les frères de Joseph viennent vers lui, mais ils ne le reconnaissent pas (12.58). Pendant cette rencontre, Joseph leur dit qu'il veut voir son frère (12.59-60). Ses frères acceptent (12.61). Mais avant qu'ils ne retournent chez eux, Joseph a secrètement fait mettre de l'argent dans leurs sacs (12.62). Quand ils arrivent chez leur père, ils lui demandent de laisser Benjamin aller avec eux (12.63-64). En chemin, les frères découvrent l'argent que Joseph a mis dans leurs sacs (12.65) et se portent garants de Benjamin (12.66). Le père leur donne ses instructions (12.67). Chez Joseph (12.68-69), ils intercèdent en faveur de Benjamin (12.78-79). Après avoir présenté Benjamin à Joseph, ils retournent pour lui ramener leur père (12.80-87). Dès qu'ils arrivent chez Joseph (12.88), il leur révèle son identité (12.89-93). Dans la foulée Jacob a entendu parler Joseph (12.98-97). Ses frères demandent à leur père de leur pardonner (12.98-99).

À la lecture de tout ce qui précède, on est amené à constater que l'histoire de Joseph dans le Coran (sourates 6.84 ; 40.34 ; 12) est un condensé du texte biblique sur la vie de Joseph (Gn 37-50). Une étude comparative entre les récits biblique et coranique montre que Jacob n'a pas cru ses enfants quand ils lui ont rapporté que Joseph avait été dévoré par un loup (sourate 12.17). Selon le Coran, la femme égyptienne a éprouvé de l'amour pour Joseph et lui-même n'a résisté qu'avec peine à la tentation (12.26). Cependant, le texte biblique dit que « Joseph s'est protégé des tentatives de séduction de la femme égyptienne en la rendant attentive à la gravité du péché que cela constituerait aux yeux de Dieu et vis-à-vis de son maître (Gn 37.7-10)[39] ». Contrairement à ce que dit le texte vétérotestamentaire, le texte coranique dit que quand Joseph a été accusé par la femme, il s'est défendu afin d'éviter la prison (sourate 12.26). Malgré sa défense il a été emprisonné. Dans la prison il prêchait aux prisonniers la foi en Dieu unique (sourate 12.38). Puisqu'il avait la capacité d'interpréter les rêves, il est resté en prison jusqu'au jour où il a été appelé par le roi pour interpréter ses rêves (sourate 12.100). Les Peuls musulmans croient absolument que Joseph interprétait les rêves grâce à ses pouvoirs personnels. Ils ignorent que c'est Dieu qui en est le véritable interprète.

En suivant le texte coranique, on s'aperçoit que « c'est lui-même qui exige que le roi lui remette la responsabilité des provisions ou des greniers à provision du pays (12.55)[40] ». Or, la décision du roi de choisir Joseph comme intendant du grenier d'Égypte dépendait exclusivement de Dieu. En lisant le Coran, on est amené à comprendre qu'Allah a agi en Joseph pour manifester sa puissance à travers lui afin de montrer aux hommes qu'il est un musulman exemplaire et un précurseur de Muhammad. Cela est en contradiction avec le récit vétérotestamentaire qui montre que, dans l'histoire du salut de l'humanité, Dieu veille à préserver son peuple (Gn 45.7s).

d. Moïse (Mûsâ)

Contrairement aux prophètes déjà cités, aucune sourate coranique ne porte le nom de Moïse. Mais cela ne diminue pas son importance dans le monde musulman en général et parmi les Peuls musulmans en particulier[41]. Le discours des Peuls musulmans considère qu'après la naissance de Moïse Pharaon a ordonné aux sages-femmes de faire mourir tous les enfants mâles des Juifs (sourates 7.14 ; 14.16 ; 28.4). Concernant la naissance de Moïse, les Peuls musulmans citent aussi les sourates 20 et 28 :

> [Allah] dit : « Ta demande est exaucée, Ô, Moïse. Et Nous t'avons déjà favorisé une première fois, lorsque Nous révélâmes à ta mère ce qui fut révélé : "Mets-le dans le coffret, puis jette celui-ci dans les flots pour qu'ensuite le fleuve le lance sur la rive ; un

---

39. SCHIRRMACHER, L'islam, p. 575.
40. Ibid.
41. BAH, Histoire du Fouta-Djallon, p. 10 ; SCHIRRMACHER, L'islam, p. 538.

ennemi à Moi et à lui le prendra". Et J'ai répandu sur toi une affection de Ma part afin que tu sois élevé sous mon œil » (sourate 20.36-39 ; cf. 28.7-13).

Se servant du Coran, les Peuls musulmans racontent que Moïse a tué un Égyptien, puis s'est enfui au pays de Madian où il s'est remarié (sourates 20.40 ; 28.15-27). Ils connaissent également les épisodes de la vocation de Moïse, du buisson ardent, du bâton changé en serpent et de la main blanche (sourates 20.10-23 ; 27.7-12 ; 28.29-33). Les Peuls disent que Moïse bégayait. C'est pourquoi Allah a désigné Aaron pour parler à sa place (sourates 19.3 ; 28.34-35). Envoyé par Allah, Moïse a reçu l'ordre de faire sortir le peuple d'Israël des ténèbres (sourate 14.5).

Les Peuls musulmans récitent facilement les épisodes sur les plaies d'Égypte (sourate 7.130-135), le passage de la Mer Rouge et la noyade des Égyptiens (7.136-138 ; 10.90 ; 20.77-78 ; 26.53-66 ; 46.55 ; 51.40), les cailles et la manne (2.60 ; 7.160), l'exploration du pays de Canaan (5.20-26), le Sinaï et les Tables de Loi (7.145, 157), les soixante-dix anciens qui accompagnaient Moïse sur la montagne (7.155), et le veau d'or (2.51-54 ; 7.148-152 ; 20.85-97).

Ces sourates nous permettent de dire que les Peuls musulmans ont une certaine connaissance du prophète Moïse. Ils ont en mémoire sa personne et son œuvre, Mais ils ignorent que, dans l'Ancien Testament, Moïse est l'un des types de la personne de Jésus-Christ[42]. Les Peuls savent que « la mission de Moïse est de demander au pharaon le droit de quitter le pays avec les enfants d'Israël. Il doit en même temps annoncer le châtiment de Dieu pour le rejet de sa révélation à tous ceux qui n'accordent pas de foi en sa parole (sourate 20.48)[43] ».

e. David (Dâwûd)

Le Coran enseigne que David est un prophète qui a apporté le livre des Psaumes (*al-Zabur*). Considéré comme sacré par les Peuls musulmans, le livre des Psaumes bénéficie du même respect que tous les livres révélés. Les Psaumes sont directement descendus d'Allah parce qu'il est clairement dit dans le Coran : « Et ton Seigneur est plus Connaisseur de ceux qui sont dans les cieux et sur la terre. Et parmi les prophètes, Nous avons donné à certains

---

42. Fidèle Mabundu MASSAMBA, *Lire la Bible en milieu populaire*, Paris, Karthala, 2003, p. 148.
43. SCHIRRMACHER, *L'islam*, p. 566.

plus de faveurs qu'à d'autres. Et à David nous avons donné le Zabour » (sourate 4.163 ; cf. 17.55). Cela afin qu'il le récite aux fidèles et qu'il s'inspire des enseignements contenus dans cette révélation : de la sagesse, des principes de bonne conduite, de justice et de foi véritable (sourate 2.249). La Sourate 21.105 renchérit : « Et Nous avons certes écrit dans le Zabour, après l'avoir mentionné (dans le Livre céleste), que la terre sera héritée par Mes bons serviteurs [al-ard yarithuhâ]. »

La sourate 34.10 nous laisse entendre que par la grâce divine la nature tout entière chantait les chants sacrés de David. Tous se prosternaient et louaient la grandeur d'Allah à l'écoute de David. À la sourate 34.10 nous lisons : « Nous avons certes accordé une grâce à David de notre part. Ô, montagnes et oiseaux, répétez avec lui (les louanges d'Allah) ». La note de bas de page d'Alain Savary, indique que « les commentateurs du Coran, instruits par les Talmudistes… disent que lorsque David était fatigué de chanter les cantiques, il ordonnait aux montagnes et aux oiseaux de le remplacer[44] ».

La Bible contient plusieurs références aux « talents de David dans le domaine de la composition de psaumes et de poèmes (2 S 1.19-27 ; 3.33-34 ; 22 ; 23.1-7). Soixante-treize psaumes bibliques sont associés à son nom, avec dans certains cas une attribution directe à son talent littéraire[45] ».

Le discours coranique sur David fait de lui un personnage à double fonction. Premièrement, le David du Coran est un envoyé d'Allah. En tant que tel, il transmet le *Zabour* au peuple. Deuxièmement, il est présenté dans le Coran comme un roi : « N'as-tu pas su l'histoire des notables parmi les enfants d'Israël, lorsqu'après Moïse ils dirent à un prophète à eux : Désigne-nous un roi, pour que nous combattions dans le sentier d'Allah » (sourate 2.246). Le besoin d'avoir un roi se serait ressenti parmi les Israélites au moment où les soldats s'apprêtaient à combattre Goliath[46].

À cette époque, selon le Coran, Israël était dirigé par leur prophète et le roi Talout (Saül). Voulant mettre à l'épreuve ses soldats, Talout leur interdit

---

44. *Le Coran*, traduit de l'arabe, accompagné de notes, et précédé d'un abrégé de la vie de Mahomet, tiré des écrivains orientaux les plus estimés par M. SAVARY, Paris, G. Dufour, 1821, p. 76.
45. T. H. JONES, « David », *Le Grand Dictionnaire de la Bible*, p. 403.
46. Jean-Louis DÉCLAIS, *David raconté par les musulmans*, Paris, Cerf, 1999, p. 20 ; M. T. U., « Jésus », *Dictionnaire du Coran*, sous dir. Mohammed Ali AMIR-MOEZZI, Paris, Robert Laffont, 2007, p. 438.

de boire de l'eau de la rivière qu'ils devaient traverser. Mais la majorité des soldats lui désobéirent et quand ils furent devant l'ennemi, ils firent preuve de lâcheté et refusèrent d'affronter Goliath en disant : « Nous voilà sans force aujourd'hui contre Goliath et ses troupes » (sourate 2.249). Notons que parmi les milliers de soldats, il ne restait que 320 soldats sur qui Talout pouvait compter. À ses yeux, ils étaient de vrais croyants parce qu'ils avaient une foi ferme et étaient animés d'un courage inébranlable. Peu nombreux, ils étaient convaincus que dans ce combat ils auraient le secours d'Allah. Sachant que la victoire vient d'Allah, ils dirent : « Combien de fois une troupe peu nombreuse a, par la grâce d'Allah, vaincu une troupe très nombreuse ! Et Allah est avec les endurants » (sourate 2.153).

Parmi ces vaillants soldats se trouvait David. Et quand ils combattaient avec Goliath et ses troupes, ils dirent : « Seigneur ! Déverse sur nous l'endurance, affermis nos pas et donne-nous la victoire sur ce peuple infidèle. Ils les mirent en déroute, par la grâce d'Allah. Et David tua Goliath ; et Allah lui donna la royauté et la sagesse, et lui enseigna ce qu'Il voulut » (sourate 2.251). C'est ainsi que le prophète David a obtenu le titre de roi dans le Coran. La source de cette histoire est essentiellement biblique, car le récit biblique dit que Goliath a été tué par David (1 S 17.48-50). Mais à la différence du Coran le récit biblique ajoute que David s'est engagé dans ce combat parce que les Philistins avaient insulté le Dieu d'Israël (1 S 17.45). Après avoir vaincu les Philistins avec l'aide de Dieu, David a reçu du prêtre Ahimélek l'épée de Goliath lorsqu'il « fuyait devant Saül et se rendait chez le roi Gath (1 S 21.10)[47] ».

Il est important de souligner que, contrairement au David du Coran, le David de la Bible est le fils d'Isaï de la lignée de la tribu de Juda. Il est l'ancêtre, le prédécesseur et la figure annonciatrice du Messie (2 S 7.5, 12-19 ; Ps 89.4-5 ; 132.11). L'apôtre Paul poursuit la même idée pour dire que Jésus-Christ « en tant qu'homme est né de la descendance de David » (Rm 1.3, Segond 21). Jésus-Christ lui-même se présente comme « le rejeton et la postérité de David » (Ap 22.16).

---

47. I. D. Douglas, « Goliath », *Le Grand Dictionnaire de la Bible*, p. 669.

f. Jésus (Isa)

Le Coran parle de Jésus. C'est pourquoi les Peuls musulmans ont une certaine connaissance de ses noms, de sa personne et de son œuvre. Nous parlerons successivement de sa naissance, de son ascension, et de ses noms qui figurent dans le Coran.

La naissance miraculeuse de Jésus-Christ est acceptée par le commun des musulmans du monde entier (sourates 3.45-47 ; 19.17-21 ; 21.91). Amadou Hampâté Bâ, Peul malien, explique ce verset : « L'Esprit de Dieu qui s'incarne en la personne de Jésus-Christ, a choisi en Marie un corps saint. Elle adorait Dieu et vivait de nourritures célestes, donc saintes[48]. » Cette indication coranique est un tremplin pour l'évangélisation, car la naissance de Jésus par la vierge Marie nous révèle que Dieu a contourné la loi normale de la nature pour réaliser son projet de salut des pécheurs. Il a outrepassé les lois de la création pour que, par Jésus-Christ, l'homme pécheur ait la vie éternelle. Ceci montre que, contrairement aux autres prophètes, Jésus a la nature divine et humaine. Le but de sa naissance, notons-le bien, est de réconcilier l'homme avec Dieu[49]. À propos de l'ascension de Jésus-Christ, le Coran dit ceci :

> Certes, Isa, c'est moi qui te fais subir la mort, et c'est moi qui t'élève à moi (au ciel), qui te délivre des infidèles [*iladhina kafaru*] ; je place ceux qui te suivront au-dessus de ceux qui ne croient pas [*iladhina kafaru*], jusqu'au jour de la résurrection. Vous retournez tous à moi, et je jugerai entre vous au sujet de vos différents (sourate 3.55).

Il est important de noter que le Coran reconnaît que ceux qui croient en Jésus sont au-dessus de ceux qui ne croient pas en lui. Après cette constatation, le Coran affirme que Jésus est monté au ciel (4.157-158).

Partant de ces versets coraniques, les Peuls musulmans disent que Jésus est le seul prophète qui est monté au ciel et qui vit dans les cieux. Il est donc nécessaire de se demander pourquoi Dieu a emmené Jésus au ciel. À cette question essentielle, le Coran ne donne aucune explication et les Peuls musulmans ont préféré garder le silence. Mais la Bible dit clairement que Jésus-Christ vient d'en-haut (Jn 6.38 ; 8.23 ; 16.28). Si Jésus est venu d'en haut ; il

---

48. Amadou Hampâté Bâ, *Jésus vu par un musulman*, Abidjan, NEI, 1993, p. 19.
49. Wayne Grudem, *Théologie systématique*, Charols, Excelsis, 2013, p. 579 ; John M. Frame, *The Doctrine of the Word of God*, Philipsburg, New Jersey, 2010, p. 61.

est nécessaire qu'il retourne vers celui qui l'a envoyé (Jn 14.12, 28 ; 16.5, 10, 16, 20). C'est uniquement dans ce contexte que nous comprenons la signification de la naissance miraculeuse de Jésus par la vierge Marie. Dans ce cas, la naissance et l'ascension de Jésus ne sont pas simplement des actes délibérés de Dieu, comme les Peuls musulmans l'affirment. Selon la Bible, elles confirment la divinité de Jésus-Christ et confirment que Jésus-Christ, conçu par le Saint-Esprit, est le Fils de Dieu[50]. Il a été envoyé dans le monde « afin que quiconque croit en lui ne périsse pas, mais qu'il ait la vie éternelle » (Jn 3.16).

Dans le Coran, Jésus porte le nom de *al-masihu*, c'est-à-dire le « Messie » ou le « Christ »[51]. Le sens de ce nom indique que le vrai nom coranique de Jésus est *al-masihu Isa* « le Messie Jésus ». Cette précision est importante parce que dans le Coran le titre *al-masih* est peu employé et, en dehors de Jésus-Christ, il n'a jamais été utilisé pour nommer une autre personne. Cela montre que le nom de Jésus-Christ est exceptionnel. Il est donc plus qu'un prophète. Par exemple, dans la sourate 4.171 il est dit que « le Messie Jésus fils de Marie est l'apôtre d'Allah et son Verbe qu'il jeta dans Marie ; il est un esprit venant d'Allah ». La sourate 3.45 abonde dans le même sens : « Un jour les Anges dirent à Marie : Allah t'annonce son Verbe. Il se nommera le Messie Jésus fils de Marie, illustre dans ce monde et dans l'autre, et l'un des familiers (d'Allah). »

En lisant ces versets, il ressort que *al-masihu Isa* n'est pas *hazrat Isa* (son éminence Jésus) ou *Isa alayhis-salaam* (Jésus, en lui soit la paix). Ces textes nous laissent entendre qu'avant la conception de Jésus, les anges utilisaient abondamment le titre *al-masih*, c'est-à-dire le Messie, sans qu'ils en donnent une explication dans le Coran. En général, les Peuls, musulmans ou non, considèrent Jésus comme un prophète à l'instar de tous les autres prophètes (sourates 2.136 ; 43.59 ; 5.78).

Les auteurs bibliques ont intensivement utilisé le titre de Messie au point de faire penser que son reflet dans le Coran trouve son origine dans l'histoire

---

50. Dans une de ses notes de bas de page, Walid Foustock souligne avec raison la position exceptionnelle du grand soufi Ibn Arabî du XIIe siècle qui considère que le « Père » de Jésus est bien le Saint-Esprit. AL RÛH, Michel CHODKIEWICZ, *Le sceau des saints*, Paris, Galimard, 2012, p. 123, cité par Walid FOUSTOCK, *Jésus dans le Coran*, Aix-en-Provence, Persée, 2015, p. 32.
51. SCHIRRMACHER, *L'islam*, p. 609.

biblique[52]. En effet, les enseignements des prophètes de l'Ancien Testament à propos du Messie sont sans équivoque : le Messie qui allait venir devait être le plus grand homme de l'histoire (Dn 9.25 ; És 11.1-10 ; 42.1 ; Jn 1.41 ; 4.25). Cependant, d'un côté le Coran rejette l'idée que Jésus soit plus qu'un prophète, mais de l'autre il accepte que Jésus soit le Messie, sans aucune explication de cette contradiction manifeste. Il est donc surprenant pour les lecteurs avertis que le Jésus du Coran soit appelé le Messie (sourates 2 ; 4.172 ; 9.31) et que le Coran n'en donne aucun commentaire supplémentaire. Comme la Bible se sert souvent de surprises, ce silence devient une opportunité exceptionnelle de transmettre l'Évangile.

Dans la Bible, l'utilisation du terme Messie par les prophètes a toujours servi à parler de Jésus-Christ, l'Oint de Dieu[53]. Il est le point culminant de la révélation de Dieu. Que le Coran dise que Jésus est le Messie est donc l'une des portes d'entrée pour apporter l'Évangile aux Peuls musulmans du Fouta-Djallon. Mais pour éviter toute confusion sémantique, il ne faut pas oublier qu'« il est très vraisemblable que Muhammad n'a pas connu le sens biblique du mot "Messie" (Oint) ; il ne peut logiquement pas non plus avoir vu en Jésus le Sauveur qu'ont annoncé les prophètes de l'Ancien Testament et qui offre aux croyants le salut et la réconciliation avec Dieu[54] ».

Le Coran contient des versets qui attribuent à Jésus le titre de *kalima* « parole ». Parmi les plus usités, on peut mentionner les sourates 3.45-46 et 4.71. La première dit :

> Un jour, les anges dirent à Marie : Allah t'annonce son Verbe [*kalima*]. Il se nommera Christ [*Ismuhu*], Isa, fils de Marie, Illustre [*wagih*] dans ce monde et dans l'autre, est l'un des familiers d'Allah, car il parlera aux humains, enfants au berceau [*mahd*] et aux hommes faits, et il sera au nombre des justes [*as-salihina*] (sourate 3.45).

Considérer Jésus-Christ comme illustre (*wagih*) dans ce monde et dans l'autre signifie qu'il est sans péché et sera un intercesseur (*shafi*) pour les

---

52. CAMPBELL, *Le Coran et la Bible*, p. 100.
53. Cf. John R. CROSS, *Tout ce qu'ont dit les prophètes*, Gatineau, Bonne Semence, 2002, p. 309.
54. SCHIRRMACHER, *L'islam*, p. 610.

hommes lors du jugement dernier[55]. Il est important de relever que dans le Coran le titre de « Parole de Dieu » (*kalimatou'llah*), n'est attribué à aucun autre. Il est exclusivement employé pour désigner Jésus-Christ. Face à cette vérité coranique, les Peuls musulmans disent que Jésus a été appelé par le Coran *kalématun* (Verbe [d'Allah]) parce qu'il a été créé par la Parole d'Allah exactement comme Adam a été créé (le mot arabe *kun* est rendu en français par « soit »). Mais le paradoxe est que le Coran n'attribue pas à Adam le titre de « Parole d'Allah », car il est écrit dans la sourate 2.30 :

> Lorsque Ton Seigneur confia aux Anges : Je vais établir sur la terre un vicaire (*khalifa*), ils dirent : Vas-Tu en désigner un qui y mettra le désordre et répandra le sang, quand nous sommes là à Te sanctifier et à Te glorifier ? Il dit : En vérité, Je sais ce que vous ne savez pas ! (sourate 2.30).

Selon ce texte, Adam est un être qui commettra des désordres et répandra le sang sur terre. Sachant qu'Adam a été chassé du paradis terrestre, qu'il est mort et enterré, il s'ensuit qu'Adam n'est pas l'un des familiers de Dieu. Cela suffit pour dire que Jésus-Christ est différent d'Adam. Il est vrai Dieu et vrai homme, pas seulement homme comme Adam. Jésus-Christ est la révélation spéciale et complète de Dieu aux hommes[56]. Si la Parole vient de Dieu, il va sans dire que connaître la Parole, c'est connaître Dieu (Jn 1.1-2, 14).

Dans le Coran le titre *ruhu'llah* (Esprit de Dieu) (sourate 4.171) est aussi attribué à Jésus. Le Coran ne donne pas d'explication sur le titre de *ruhu'llah* attribué à Jésus. Mais il soutient la croyance chrétienne selon laquelle Jésus n'était pas une créature créée à partir de la poussière, mais l'Esprit éternel qui a pris la forme humaine (Lc 1.35). Le Jésus du Coran a été d'abord esprit, puis corps humain (sourate 4.171 ; 21.91 ; 66.12). C'est ici que le Coran se rapproche le plus de la pensée biblique en admettant l'existence de Jésus avant sa naissance. Là-dessus la Bible dit : « En vérité, en vérité, je vous le dis, avant qu'Abraham fût, moi, je suis » (Jn 8.58). Les Peuls musulmans avancent aussi les sourates 2.85, 253 et 16.103 pour soutenir que l'Esprit est l'ange Gabriel. En revanche, il est affirmé dans la Bible que l'Esprit Saint est supérieur à tout

---

55. Gerhard NEHLS, et Walter ERIC, *Donner la parole. Guide pour l'évangélisation parmi les musulmans*, Abidjan, CPE, 1998, p. 25 ; FOUSTOCK, *Jésus dans le Coran*, p. 32.
56. Louis BERKHOF, *Le Dieu trinitaire et ses attributs*, Charols, Excelsis, 2006, p. 117.

être humain. Pareillement, il est dit dans la sourate 58.22 que Dieu donne la puissance aux vrais croyants par l'Esprit venu de lui.

g. Regard critique sur les prophètes du Coran

La tradition musulmane enseigne que, depuis Adam jusqu'à Muhammad, Dieu aurait envoyé au total 124 000 prophètes et apôtres. Mais le Coran n'en cite que vingt-cinq. Parmi eux, six sont considérés comme les plus grands et leurs noms sont suivis d'épithètes : Adam (Âdam), le choisi de Dieu, Noé (Nûh), le prédicateur de Dieu, Abraham (Ibrahîm), l'ami de Dieu, Moïse (Mûsâ), l'orateur de Dieu, Jésus (Isa), la parole de Dieu. Le Coran demande aux musulmans de reconnaître et de croire tous les prophètes, sans faire de distinction entre eux (sourates 2136, 285 ; 3,84 ; etc.). Quiconque refuse un prophète commet un péché. C'est pourquoi les Peuls du Fouta-Djallon respectent les prophètes de l'Ancien et du Nouveau Testament reconnus par le Coran. Mais la plupart des prophètes mentionnés dans le Coran et reconnus par les Peuls musulmans sont, aux yeux des auteurs bibliques, des patriarches. Il s'agit de Noé, Abraham, Isaac, Ismaël, Jacob et Joseph. En écoutant le Coran et le discours religieux tenu par les Peuls musulmans, il est facile de constater que plusieurs prophètes bibliques comme Ésaïe, Jérémie, Ézéchiel et Amos ne sont pas cités, Jonas, Élie et Élisée faisant exception. Ils connaissent Saul (Tâlût), David (Dâwûd) et Salomon (Sulaymân) comme rois parce que le Coran les cite. Nous avons aussi noté qu'ils ont une certaine connaissance d'Isa (Jésus). Cela permet à nombre d'auteurs d'affirmer que la Bible et le Coran se rapprochent. Mais il est important de noter que le texte coranique, malgré ces rapprochements formels notoires, n'est jamais identique aux textes bibliques[57]. Ce serait donc se tromper que de substituer le texte coranique au texte biblique parce que les reflets des textes bibliques qui apparaissent dans le Coran ne sont pas le « texte sacré de l'alliance[58] », « soufflé par Dieu » (*théopneustos*) et considéré comme Parole écrite de Dieu[59]. En d'autres termes,

---

57. Robert CASPAR, *Pour un regard chrétien sur l'islam*, Paris, Bayard, 2006, p. 107.
58. Pierre COURTHIAL, *De Bible en Bible. Le texte sacré de l'alliance entre Dieu et le genre humain et sa vision du monde et de vie*, Lausanne, L'âge d'homme/Kerygma, 2002, p. 9.
59. Selon Pierre Courthial, « le Texte sacré de l'Alliance comprend inséparablement : la Bible des Juifs, le TaNak (la Loi ou la Torah) ; les Prophètes (ou Nebiim) ; les Écrits (ou Ketubim) et les Apôtres (les écrits du cercle apostolique) ». Il s'agit de la Bible telle qu'elle est définie par la confession de Westminster dans son article 2 : « L'Écriture Sainte, ou Parole écrite de Dieu, comprend tous les livres de l'Ancien et du Nouveau Testaments, à savoir pour l'Ancien Testament : Genèse, Exode, Lévitique, Nombres, Deutéronome,

les versets du « texte sacré de l'alliance » qui apparaissent dans le Coran n'ont pas l'autorité de la Parole inspirée de Dieu parce qu'ils n'ont pas été directement ou littéralement cités du texte sacré de l'alliance. Au lieu de se référer à la Bible elle-même, le Coran s'est intéressé aux sources de moindre importance, à savoir les pseudépigraphes (livre des Jubilés, Apocalypse d'Abraham), le Midrash, le Talmud, les écrits de Philon, de l'historien Joseph Flavius et des Pères de l'Église[60]. En dehors de ces sources, le texte sacré de l'alliance est cité dans le Coran par extrapolation[61]. C'est l'une des raisons pour lesquelles le Coran dit en plusieurs points moins bien ou mal ce que la Bible affirme clairement et distinctement.

En citant le « texte sacré de l'alliance », le Coran n'a tenu compte ni de son contexte ni de sa portée spirituelle. Il s'est contenté de tirer des conclusions hâtives à partir des idées partielles qu'il a pu en arracher bon gré mal gré afin de réaliser son dessein, celui de prévenir l'accueil de l'Évangile par les musulmans. Et les Peuls musulmans n'échappent pas à cette difficulté. Cela correspond bien à ce que le Coran dit dans la sourate 57.26 : « Nous avons effectivement envoyé Noé et Abraham et accordé à leur descendance la prophétie et le Livre. Certains d'entre eux furent bien guidés, tandis que beaucoup d'entre eux furent pervers. » En dépit de ces obstacles, l'Évangile peut être annoncé aux Peuls musulmans parce que la Bible dit : « La parole de Dieu est vivante et efficace, plus acérée qu'aucune épée à double tranchant ; elle pénètre jusqu'à la division de l'âme et de l'esprit, des jointures et des moelles ; elle est juge des sentiments et des pensées du cœur » (Hé 4.12).

Josué, Juges, Ruth, I Samuel, II Samuel, I Rois, II Rois, I Chroniques, II Chroniques, Esdras, Néhémie, Esther, Job, Psaumes, Proverbes, Ecclésiaste, Cantique des Cantiques, Ésaïe, Jérémie, Lamentations de Jérémie, Ézéchiel, Daniel, Osée, Joël, Amos, Abdias, Jonas, Michée, Nahum, Habacuc, Sophonie, Aggée, Zacharie, Malachie; pour le Nouveau Testament: Évangiles selon Matthieu, Marc, Luc, Jean; Actes des Apôtres, Épîtres de Paul aux: Romains, Corinthiens I, Corinthiens II, Galates, Éphésiens, Philippiens, Colossiens, Thessaloniciens I, Thessaloniciens II, Timothée I, Timothée II, Tite, Philémon; Hébreux, Jacques, I et II Pierre, I, II et III Jean, Épître de Jude, Apocalypse. Ces livres ont tous été inspirés par Dieu pour être la règle de la foi et de la vie (Lc 16.29, 31; Ép 2.20 ; Ap 22.18, 19 ; 2 Tm 3.16) ». COURTHIAL, De Bible en Bible. Cf. aussi Confession de foi de Westminster (XVIIe siècle), art. XXV.

60. Joachim GNILKA, Qui sont les chrétiens du Coran ?, Paris, Cerf, 2008, p. 130 ; Gerhard NEHLS, L'islam tel qu'il se voit lui-même, tel que d'autres le voient, tel qu'il est, Nairobi, Life Challenge Africa, 1996, p.55.
61. NEHLS, La polémique entre l'islam et le christianisme, p. 7.

C. Éléments stratégiques favorables à l'implantation d'Églises

Dans cette section, il s'agira de parler des éléments stratégiques favorables à l'implantation d'Églises parmi les Peuls musulmans au Fouta-Djallon, soit de l'engagement missionnaire de l'Église et de la diversification des approches d'évangélisation.

1. Engagement missionnaire de l'Église

Nous avons déjà souligné que plusieurs chrétiens sont découragés à l'idée d'évangéliser les Peuls musulmans du Fouta-Djallon à cause de leur résistance à l'Évangile. Mais ce découragement ne signifie pas la fin de la mission de l'Église parce qu'il existe dans cette Église des hommes et des femmes qui entendent constamment le Seigneur leur dire : « Qui enverrai-je et qui marchera pour nous » dans le massif du Fouta-Djallon ? (És 6.8a) Des hommes et des femmes, de manière personnelle ou collective, ont entendu cet appel et ont répondu comme le prophète Ésaïe : « Me voici, envoie-moi » (És 6.8b). Ces chrétiens ont également compris que le ministère terrestre de Jésus n'était pas seulement centré sur les brebis perdues de la maison d'Israël comme l'évangile de Matthieu nous le décrit (Mt 10.6). Jésus a prophétisé que plusieurs viendraient de l'Est et de l'Ouest, du Nord et du Sud, pour s'asseoir à la même table qu'Abraham, Isaac et Jacob dans le royaume des cieux (Mt 8.11 ; Lc 13.29). Cela signifie que la mission de l'Église s'adresse à tous les peuples et à tous les hommes. C'est pourquoi Jésus-Christ a demandé à ses disciples, après la résurrection, de faire de toutes les nations des disciples (Mt 28.18-20 ; Mc 16.15-18 ; Lc 24.44-49 ; Jn 20.1-22 ; Ac 1.8). Ces implanteurs d'Églises au Fouta-Djallon ont certainement compris la Parole de Jésus : « Cette bonne nouvelle du royaume sera prêchée dans le monde entier, pour servir de témoignage à toutes les nations. Alors viendra la fin » (Mt 24.14 ; cf. 28.20 ; Ac 1.8).

Les missionnaires qui évangélisent les Peuls au Fouta-Djallon sont d'origines diverses : Américains, Canadiens, Européens, Brésiliens et Africains. Relevons que la mission au Fouta-Djallon se déroule dans un contexte sanitaire précaire. Dans ce pays, la population est exposée aux maladies telles que le paludisme, la fièvre jaune et la trypanosomiase, sans compter les endémies qui sèment la terreur dans la sous-région comme le VIH-SIDA, la tuberculose et le virus hémorragique Ebola qui a tué des milliers de Guinéens en 2014[62].

La tâche d'évangéliser les Peuls au Fouta-Djallon s'accomplit aussi dans un contexte de conflits sociopolitiques et parfois même de conflits militaires comme les guerres civiles au Libéria, en Sierra Leone et en Côte d'Ivoire, pays frontaliers de la Guinée. L'attaque rebelle de 2011 en Guinée illustre la réalité des différentes menaces.

En plus de ces crises sociopolitiques, il convient de souligner la pauvreté qui sévit en République de Guinée en général et au Fouta-Djallon en particulier. La montée du fondamentalisme religieux, qui rend certains Peuls musulmans plus agressifs et plus activistes, complique encore l'annonce de l'Évangile au Fouta-Djallon. Dans ce contexte, il n'est pas exagéré de dire que la mission au Fouta-Djallon est une entreprise à haut risque. Seuls les courageux peuvent y aller.

L'engagement de l'Église se fait manifeste dans l'utilisation de diverses méthodes d'évangélisation. Aujourd'hui comme hier, on utilise des publications pour l'évangélisation au Fouta-Djallon. L'étude des Peuls du Fouta-Djallon nous a montré que l'évangélisation par les médias convient bien à leur mentalité parce qu'ils aiment s'instruire. La majorité des Peuls du Fouta-Djallon savent et aiment lire les documents religieux rédigés en écriture arabe. Cela leur est possible parce qu'ils apprennent à lire le Coran dès leur plus jeune âge. Malheureusement, la plupart des traités d'évangélisation qui circulent au Fouta-Djallon sont écrits en français ; de ce fait, la plupart de ce matériel distribué gratuitement n'est pas lu. On s'en sert pour n'importe quel usage et l'Évangile n'est pas communiqué. Par exemple, à Mamou, nous avons vu une femme peule se servir des pages de la Bible pour emballer des galettes qu'elle vendait au marché. Quand nous lui avons dit que c'est un livre précieux, elle nous a répondu : « Mais on me l'a donné gratuitement. » Ce problème est connu par nombre de missionnaires, mais ils ne se sont pas découragés d'évangéliser les Peuls par ces moyens. Nous estimons que l'évangélisation par les publications peut être utile au Fouta-Djallon, mais les traités

---

62. Mamadi CAMARA, *Où va la Guinée ? Mémorandum à un ami pour sauver notre pays*, Conakry, l'Harmattan, 2010, p. 105 ; Archives nationales, « Journal officiel de la Guinée française », volume 14, p. 369 ; DEVEY MALU MALU, *La Guinée*, p. 239 ; AEMEG, « Prions et agissons ensemble pour gagner les peuples non atteints », Consultation des leaders sur l'évangélisation, Kendoumaya (Coya), 16-21 janvier 2006, p. 33.

d'évangélisation doivent être traduits en arabe ou en pular, car les Peuls ont une grande considération pour les documents religieux écrits en arabe et dans leur propre langue.

Les Peuls aiment aussi écouter la radio. Dans les années 1950, ce besoin était très fort chez les Africains en général et chez les Peuls du Fouta-Djallon en particulier, parce que les stations radiophoniques étaient rares en Afrique. À cette époque, très peu de Guinéens « pouvaient acheter ou acquérir un poste radio[63] ». De plus, il n'y avait qu'une seule station radio[64]. En Guinée, il n'était pas permis de diffuser des émissions évangéliques. C'est pourquoi les Watkins envoyaient les émissions à la radio ELWA à Monrovia au Libéria pour les diffuser en langue peule. La réussite d'un tel projet a nécessité un engagement considérable. Aujourd'hui, certains missionnaires continuent d'utiliser la radio pour présenter l'Évangile aux Peuls musulmans, même si ceux-ci rejettent toujours l'Évangile.

Il est important de souligner que ce rejet n'a pas pu décourager les missionnaires nationaux ou internationaux d'apporter l'Évangile aux Peuls musulmans du Fouta-Djallon. Face à ce rejet de l'Évangile, ils ont diversifié leurs approches d'évangélisation.

2. Diversification des approches d'évangélisation

En regardant de près le travail missionnaire au Fouta-Djallon, on constate que les implanteurs d'Églises ont mis en œuvre plusieurs approches missionnaires. Au temps des Watkins, on peut mentionner le culte en plein air, la prédication à la radio, la communication de l'Évangile par le moyen des publications, la traduction de la Bible en langue peule et le témoignage personnel. Les Watkins ont aussi utilisé les visites dans les prisons comme une méthode d'évangélisation. L'acquisition de la langue peule était pour eux une stratégie de base pour l'évangélisation des Peuls musulmans.

---

63. Bangaly CAMARA, *De la radio banane à la voix de la révolution. L'expérience radiophonique en Guinée*, Paris, l'Harmattan, 2011, p. 6.
64. La Radio banane a été installée en Guinée par les colons pour rendre service à l'économie et l'administration coloniales. En 1958, après l'indépendance du pays, elle fut successivement appelée Radiodiffusion Nationale, la Voix de la Révolution en 1964, et Radio Nationale en 1984. En Guinée, la libéralisation de la radio a été opérée seulement en 2005. Ceci a mis fin au monopole de la Radio Nationale. CAMARA, *ibid*.

Dans la deuxième moitié du XXᵉ siècle, la réflexion missiologique a pris une nouvelle orientation au niveau mondial. Désormais elle se fait essentiellement sur les concepts de mission transculturelle, d'évangélisation, de discipulat, de contextualisation, d'implantation et de croissance de l'Église. La réflexion sur la conversion des musulmans est devenue une partie intégrante de la missiologie.

Après l'ouverture de la République de Guinée, plusieurs sociétés et Églises missionnaires y ont envoyé des missionnaires qui avaient une certaine connaissance de ces concepts « missionnels[65] ». Dans leur pratique, ils ont employé plusieurs stratégies, à commencer par l'adoption des peuples non atteints en Guinée[66]. C'est ainsi que certains missionnaires ont adopté le peuple peul du Fouta-Djallon. Les missions CMA, MPR, MPA et WEC ont repris les méthodes des Watkins. Elles ont aussi mis en valeur de nouvelles approches d'évangélisation, à savoir la contextualisation, l'enseignement chronologique de la Bible, l'enseignement oral de la Bible et les œuvres sociales[67]. Ces notions seront discutées au chapitre 4.

Les sociétés missionnaires paraecclésiastiques ont apporté de nouveaux matériaux à la construction de l'édifice. Campus pour Christ a mis l'accent

---

65. Le terme « missionnel » est un néologisme qui a ses origines dans le monde anglophone. Il fut employé pour la première fois en 1983 par Francis Dubose dans son livre *God who Sends*, dans lequel il considère que « Dieu ne cesse d'envoyer ceux qu'il appelle, et de ce fait, l'approche missionelle implique immanquablement un envoi ». Dans ce livre, il continue sa pensée en affirmant que « chaque chrétien est placé au cœur de la mission de Dieu et toute action missionnaire ne peut se vivre que dans le contexte missionnel de l'amour rédempteur de Dieu ». Francis Dubose, *God Who Sends. A Fresh Quest for Biblical Mission*, Nashville, Broadman Press, 1983, résumé par Gabriel Monet, « Une Église missionnelle », in « Évangéliser. Approche œcuménique et européenne », *Théologie pratique, pédagogie et spiritualité*, vol. 9, 2005, p. 127. De son côté, Christopher Wright définit le terme « missionnel » comme suit : « Le mot "missionnel" est simplement un adjectif établissant un rapport avec la mission, ou évoquant les qualités, les attributs ou la dynamique de la mission. "Missionnel" a le même rapport au mot "mission" que "alliantiel" à "alliance" et "constitutionnel" à "constitution". » Christopher H. J. Wright, *La mission de Dieu. Fil conducteur du récit biblique*, trad. Alexandre Sarran, Charols, Excelsis, 2012, p. 15.

66. Le concept de l'« adoption d'un peuple » signifie qu'une Église ou une société missionnaire « prend la responsabilité à long terme de prier pour un peuple non atteint par l'Évangile ». Le but est de s'y voir un mouvement d'implantation d'Églises ». AEMEG, « Le Seigneur se glorifie en Guinée : aperçu des progrès de l'Évangile », Réunion du comité exécutif de l'AEMEG, Conakry, 26 octobre 2000, p. 37 ; AEMEG, « Consultation sur l'évangélisation des peuples non atteints de la Guinée (CEPNA), Conakry, 3-6 septembre 1997 », p. 6.

67. AEMEG, Troisième congrès national sur l'évangélisation de la Guinée, tenu à Kindia du 30 octobre au 4 novembre 1994, p. 27.

sur l'évangélisation de masse avec le film Jésus. Pour sa part, Jeunesse en Mission avait trois méthodes : évangélisation, formation des missionnaires et ministère de la miséricorde[68]. Les Églises et Missions d'initiative africaine ont pour stratégie l'évangélisation par la puissance du Saint-Esprit. Cette méthode met l'accent sur la guérison physique et les miracles. Elles appliquent moins de stratégies que les Missions et Églises historiques citées plus haut. Mais ces méthodes ont montré leurs limites pour l'implantation d'Églises au Fouta-Djallon parce que la conversion des Peuls musulmans à Christ reste encore un défi entier et nécessite des réflexions approfondies.

Nous estimons qu'en utilisant les éléments positifs de la culture et de la religion peules qui sont en continuité avec la Bible, l'Évangile pourra toucher le cœur peul. Pourtant ce travail ne dispense pas les évangélistes d'étudier les éléments négatifs qui sont en discontinuité avec la Bible et qui constituent de véritables obstacles à l'accueil de l'Évangile par les Peuls musulmans. Dans ce qui suit, il s'agira d'exposer les facteurs défavorables à l'implantation d'Églises au Fouta-Djallon.

III. Éléments défavorables à l'implantation d'Églises

Dans cette section seront abordés les éléments culturels, islamiques et méthodologiques défavorables à l'implantation d'Églises au Fouta-Djallon ainsi que les éléments chrétiens doctrinaux et ceux liés à la spiritualité chrétienne.

A. Éléments culturels défavorables à l'implantation d'Églises

1. La famille peule

Rappelons que la famille (*ɓeyngure*), mot littéralement traduit en langue peule par « acquisition personnelle », regroupe un ensemble de personnes « que l'homme a acquises lui-même, qui s'ajoutent à lui, qui dépendent de lui, lui appartiennent et lui obéissent... [et qui sont] sous ses pieds [*ley koyde makko*][69] ». La famille peule est une famille élargie et toutes les activités économiques, politiques et religieuses se font dans un esprit familial. Les membres

---

68. *Ibid.*, p. 32.
69. VIEILLARD, *Notes sur les coutumes des Peuls au Fouta-Diallon*, p. 132.

de la famille ont pour religion l'islam peul teinté des valeurs du *pulaaku*[70]. Cette alliance entre islam et *pulaaku* renforce la conscience religieuse et l'identité de la famille peule. Ainsi, chez les Peuls du Fouta-Djallon, c'est l'adhésion à la doctrine de l'islam peul et son respect qui valident l'appartenance de l'individu à la famille. La famille peule du Fouta-Djallon est donc fondée sur les valeurs islamiques[71].

Dans une telle famille, la religion devient la norme de la vie familiale qui s'impose à tous ses membres et détermine les relations familiales. C'est pourquoi l'éthique de l'islam peul accorde une grande importance aux relations familiales. S'il est communément admis que la cellule familiale est le fondement de toute société humaine, c'est encore plus vrai chez les Peuls musulmans du Fouta-Djallon. Il est dès lors très difficile à un membre d'agir sans l'accord de sa famille. C'est encore plus évident quand il s'agit de questions liées à la foi ou à la religion du prophète Muhammad. Les enfants naissent musulmans et tous se disent musulmans. Il n'est donc pas permis de se convertir à Christ. Ce serait commettre le plus grand péché. Ce serait aussi déshonorer les parents et donc tous les membres de la grande famille peule[72].

Ainsi, si au Fouta-Djallon les Peuls musulmans se convertissent à Christ ou s'intéressent à l'Évangile, ils sont persécutés par les leurs. Or, chaque individu est si accroché à sa famille qu'il lui est difficile, voire impossible, de vivre en dysharmonie avec les siens, encore plus de se voir exclu. C'est pourquoi les Peuls veillent jalousement à garder l'harmonie familiale.

Cet attachement fait du Peul un être entièrement contrôlé par sa famille et dépendant d'elle. D'ailleurs, sous le régime de l'islam peul, tous doivent absolument se soumettre à la tradition familiale. Il faut à tout prix éviter de commettre des actes qui mettent en péril l'honneur de la famille. C'est pourquoi les décisions importantes de la vie, à savoir le mariage, les activités économiques, politiques et religieuses ne sont pas prises de manière individuelle. Tout engagement est soumis à l'approbation de la famille en vue d'en resserrer davantage l'esprit religieux.

---

70. Carayol, « Planète peule », p. 33.
71. *Ibid.*
72. Tolno, « Un peul rencontre Jésus », p. 53 ; Mariama Bah, jeune fille de 24 ans, interviewée à Conakry le 21 mai 2016.

Changer de religion est rigoureusement condamné par la famille[73]. À ce sujet, Badiko Touré, instituteur de 60 ans, et Alpha Issiaka Djallo, cultivateur âgé de 47 ans, nous ont confié que l'« abandon de la foi familiale, donc de l'islam, est le délit le plus grave qui puisse être commis dans la société peule. La peine qui en découle est lourde et ignominieuse[74] ». Yaya Barry, Peul âgé de 43 ans et converti à Christ est persécuté pour sa foi. Il nous a rapporté qu'au Fouta-Djallon, « certains Peuls qui ont tenté d'embrasser la foi chrétienne se sont vus exclus de leur famille et de la communauté musulmane. Leurs parents les ont spoliés de leur femme, de leurs enfants et de leurs biens[75] ». La cohésion familiale constitue donc un sérieux obstacle à la conversion des Peuls à Christ.

2. *Le* pulaaku

Après avoir présenté ci-dessus le *pulaaku* comme élément culturel favorable à l'implantation d'Églises parmi les Peuls musulmans du Fouta-Djallon, il faut bien reconnaître que le *pulaaku* peut aussi être un frein à l'évangélisation des Peuls. Rappelons qu'il est un code qui englobe toutes les valeurs morales et éthiques de la société peule. C'est pourquoi Ronald Nelson le traduit en français par « ce qui est propre aux Peuls », à savoir la langue, la modestie et la réserve, la patience et le courage (*munyal*), le soin et la prévoyance (*hakkilo*)[76]. Le *pulaaku* inclut la maîtrise de soi liée aux questions de la faim, du sexe et de la langue. À ces vertus, on peut ajouter la vengeance, la peur, le respect, la soif du savoir, la discipline au travail et la religion.

Au sens large, le *pulaaku* constitue le creuset des pratiques coutumières de la société peule. Il inclut donc également les rites de passage qui se déroulent dans le respect de ses valeurs[77]. Au final, le *pulaaku* est comme le socle d'une sorte de communauté fédérative dans laquelle les membres partagent la culture, les normes et les valeurs qui fondent et font fonctionner la société.

---

73. Sur ce sujet, il est important de lire mes résumés dans l'article : Fara Daniel TOLNO, « L'Évangile et les Peuls », in *Lumières reçues au fils du temps*, Anduze Mission Timothée, 2016, p. 34.
74. Badiko TOURÉ et Alpha Issiaka DJALLO interviewés à Télimélé le 21 mai 2014.
75. TOLNO, « Un Peul rencontre Jésus », p. 54.
76. Ronald W. NELSON, *Bonne Nouvelle pour les Foulbé*, M.Th. thesis, Fuller School of World Mission, Pasadena, 1981, trad. Slanwa GASTON, Hettinger, North Dakota, Ronald W. Nelson, 2000.
77. Voir la discussion des rites de passage dans la section IV.C. du chapitre 1.

Les Peuls accordent une importance capitale à la communauté fondée et régie par les normes et les valeurs du *pulaaku* qui détermine leur vision du monde. Aucun Peul n'a le droit de se dérober à la communauté du *pulaaku*. C'est pourquoi, au Fouta-Djallon, se convertir à Christ est perçu par les Peuls musulmans comme une violation flagrante des normes et valeurs du *pulaaku*. La conversion apparaît nécessairement comme une manière délibérée de s'exclure de la communauté du *pulaaku*.

De ce fait, les Peuls musulmans exercent, par fidélité au *pulaaku*, une vengeance cruelle contre le converti. Elle prend la forme d'une double peine, comme a pu en faire l'expérience Aïcha Sow, une femme de 34 ans, convertie à Christ et mariée à Muhammad Bah. Pendant dix ans de vie conjugale, Aïcha a vécu sa foi en cachette. Alors qu'elle est mère de deux enfants, en 2014, Aïcha est de nouveau enceinte. C'est une grossesse à risque pour laquelle nous avons prié. Une semaine après l'accouchement, Aïcha témoigne de la bonté de Dieu à son mari et elle a le courage de lui dire qu'elle croit en Jésus-Christ. Surpris, il lui demande : « Tu es donc devenue chrétienne ? » « Oui, je le suis depuis plusieurs années ». Aussitôt, Aïcha reçoit une violente paire de gifles, accompagnée d'injures et d'*astafurlaye* qui signifie « que le Tout-Puissant Allah me pardonne d'avoir prononcé une parole aussi abominable que celle-ci[78] ».

Quelle vengeance cruelle ! Aïcha est séparée de son bébé alors qu'elle souffre encore des douleurs de l'enfantement. Pis encore, sa famille la rejette à cause de sa foi en Jésus. Jusqu'à ce jour elle reste exclue non seulement de sa famille, mais aussi de la communauté du *pulaaku*. Aucune famille peule et aucun Peul musulman n'est autorisé à l'accueillir. Dans cette histoire significative, on voit bien que la vengeance peule, partie intégrante du *pulaaku*, représente l'un des obstacles majeurs à l'évangélisation et à l'implantation d'Églises au Fouta-Djallon.

B. Éléments islamiques défavorables à l'implantation d'Églises

L'évangélisation des Peuls musulmans nécessite une analyse minutieuse des éléments islamiques qui sont défavorables à l'implantation d'Églises au Fouta-Djallon. Parmi ces éléments nous avons choisi d'analyser d'abord la

---

78. TOLNO, « Un Peul rencontre Jésus », p. 41.

doctrine de l'unité et de la volonté d'Allah, et les effets de la croyance en la volonté absolue d'Allah. Ensuite, nous examinerons la doctrine des anges, de l'homme, du péché et du salut. Enfin, nous présenterons la communauté musulmane (*umma*).

1. La doctrine de l'unité et de la volonté absolues d'Allah

Cette doctrine occupe une place de choix dans l'islam peul parce qu'elle constitue le fondement de la foi musulmane. Elle est le noyau des autres doctrines de l'islam peul. C'est pourquoi la discussion de cette doctrine prendra plus de place que celle des autres doctrines.

a. Croyance en l'unité absolue d'Allah

L'islam peul est une religion qui prône l'unicité (*tawhid*) d'Allah. Les Peuls croient fermement qu'Allah est un, non seulement dans son être, mais aussi dans sa relation avec la créature. Cette croyance apparaît clairement dans la confession de foi : « J'atteste qu'il n'y a pas d'autre divinité qu'Allah, et que Muhammad est son envoyé[79]. » Tous savent prononcer cette confession de foi (*shahada*) dès leur jeune âge. Pendant nos multiples séjours au Fouta-Djallon, nous les avons entendus confesser régulièrement et solennellement qu'« il n'est point de divinité en dehors de Dieu, l'Unique. Qui n'a pas d'associé[80] ».

Chez les Peuls musulmans, la confession de l'unicité divine d'Allah n'est pas prise à la légère parce qu'elle est pour eux le fondement de la confiance en Allah et l'aboutissement de toute réflexion théologique. C'est pourquoi la doctrine du *tawhid* est considérée comme le cœur de la foi musulmane, nous dirons même l'âme de la théologie musulmane[81].

Pour justifier l'unicité ontologique de Dieu, les Peuls musulmans, s'inspirant de la pensée d'Al-Ghazali, affirment que, « le seul Détenteur du Royaume et de la Souveraineté, de la Force et de la Toute-Puissance est Unique. Il est le

---

79. Cette profession de foi est une condition *sine qua non* à l'adhésion à la religion du prophète Muhammad. PIGA, *Les voies du soufisme au sud du Sahara*, p. 68 ; Vincent MONTEIL, *L'islam noir*, Paris, Seuil, 1964, p. 291.
80. BÂ, *Contes initiatiques peuls*, p. 78 ; BAUMGARDT, *Une conteuse peule et son répertoire*, p. 135.
81. AL-GHAZALI, *Ihya, quatrième quart. Kitâb at-tawhîd wa-ttawakkul*, Le livre de l'unicité divine et de la remise confiante en Dieu, Beyrouth/Paris, Albouraq, 2002, p. 33 ; Hans KÜNG, *L'islam*, Paris, Cerf, 2010, p. 133.

Premier car tout procède de Lui selon l'ordre établi par Lui[82] ». À la lumière de cette confession, il est facile de comprendre que le sujet n'existe pas de lui-même, mais que son existence, sa durée dans l'existence et la perfection de cette existence viennent d'Allah, sont en Allah et arrivent par Allah[83].

Il est important de souligner que la confession de l'unicité de Dieu (*tawhid*) n'est pas une création *ex nihilo*. Elle trouve ses racines dans le néo-platonisme qui déclarait que « tous les êtres tiennent leur essence et leur existence de l'Un car, séparés de l'Unité, ils ne pourraient pas exister. Cet Un n'est ni la totalité des êtres, car il ne serait plus un, ni l'être, car l'être est toute chose[84] ». Face à l'Un, le multiple est fait de non-un, à la fois séparé et dépendant de l'Un[85]. Il s'agit donc d'un monisme fondamental excluant toute pluralité : le monde visible, c'est-à-dire la matière, ne possède qu'une réalité secondaire, la véritable réalité étant la prérogative exclusive de l'Un[86]. Il est à noter que l'influence de cette pensée dans le monde musulman en général et dans l'islam peul en particulier s'est répandue par l'intermédiaire de l'école farabienne qui affirmait que « c'est seulement en Allah que l'essence et l'existence sont primordiales et coïncident[87] ».

Cette conception de l'unicité absolue d'Allah chez les Peuls musulmans se trouve aussi expliquée dans le livre d'Al-Ghazali *Al-Iqtisad Fil-I 'Tiqad*. Après avoir dit que l'unicité d'Allah signifie qu'IL est Un, ce qui implique la négation de tout autre que Lui et l'affirmation de son essence, Al-Ghazali

---

82. La théologie d'Al-Ghazali a beaucoup influencé l'islam. À cet effet, Bernard Salvaing note qu'Al-Hadji Thierno Mouhammadou Baldé, l'un des théologiens peuls du Fouta-Djallon, « fait référence dans ses écrits aux textes coraniques et aux grandes personnalités de l'islam ». Parmi eux il cite « les compagnons du Prophète, califes, docteurs et mystique ». « Comme ses prédécesseurs dans la traduction religieuse du Fouta ancien, il se nourrit de grands auteurs, notamment ceux qui se sont inscrits à la fois dans la tradition théologique et dans celle du soufisme (ou mysticisme) comme Al-Ghazali, avec son grand ouvrage *ihya ulum ad-din. La reviviscence des sciences de la religion* ». BALDÉ, SALVAING, *Une vie au Fouta-Djallon*, p. 10 ; AL-GHAZALI, *Ihya, quatrième quart. Kitâb at-tawhîd wa-ttawakkul*, p. 58-59.
83. Farid JABRÉ, *La notion de certitude selon Ghazali. Dans ses origines psychologiques et historiques*, Paris, Vrin, 1958, p. 40.
84. Jean BRUN, *Le néoplatonisme*, Paris, PUF, 1988, p. 47.
85. *Ibid.*
86. A. J. WENSINCK, *La pensée de Ghazali*, Paris, Librairie d'Amérique et d'Orient, 1940, p. 6.
87. *Ibid.*

ajoute que le terme Un implique le reniement de la pluralité[88]. Allah n'accepte pas de division, c'est-à-dire aucune quantité, ni définition, ni grandeur. Cela veut dire que personne ne l'égale et qu'absolument rien n'est égal à lui. Allah n'ayant aucun égal, Al-Ghazali déduit que tout ce qui est autre que lui a été créé par lui[89]. Car s'il avait un égal, il serait soit pareil à lui dans tous les aspects ou plus grand que lui ou plus bas que lui. Allah est absolument parfait et n'a aucun égal en essence ou en attributs[90]. Les Peuls musulmans du Fouta-Djallon croient fermement à cette doctrine. Ils fondent leur dévotion sur cette doctrine sacro-sainte et immuable.

De ce qui précède on comprend aisément que, dans l'islam peul, Allah est absolument unique et absolument transcendant. Une telle conception exclut une union d'Allah avec l'humanité. Cela se confirme quand les Peuls musulmans croient fermement qu'Allah ne peut pas partager sa nature avec une chose ou une personne. La croyance en cette doctrine est centrale dans l'islam peul parce que c'est le Coran qui détermine le sens de la doctrine de l'unicité absolue d'Allah[91]. Ce n'est donc pas un hasard si les Peuls musulmans affirment, en accord avec la communauté des musulmans du monde entier qu'Allah est l'Agent Unique, l'Imploré, Celui que l'on craint, Celui en qui l'on met sa confiance et Celui sur Lequel on s'appuie[92]. Ils proclament ainsi que Dieu est absolument unique, c'est-à-dire qu'il ne partage ni son essence, ni ses attributs, ni son existence avec qui que ce soit. Cela permet de comprendre qu'en Allah existence et essence coexistent et que « son unicité n'est pas un accident empirique, mais implique la notion d'un Allah unique dans son être et son agir[93] », c'est-à-dire dans « sa relation avec la créature[94] ». La croyance en l'unicité de Dieu demeure un des principaux obstacles à l'évangélisation des Peuls du Fouta-Djallon, car elle exclut absolument la foi en Jésus-Christ le Sauveur et condamne la croyance en la Trinité, base de la foi chrétienne.

---

88. Al-Ghazali, *Al-Iqtisad Fil-I Tigad. On Divine Predicates and their Property*, Lahore, Ashraf, 1982, p. x.
89. *Ibid.*
90. *Ibid.*
91. Al-Ghazali, *Revival of Religious Learnings. Translation of Ihya Ulum-id-din*, vol. I, Leyde, Brill, 1964, p. 27.
92. Al-Ghazali, *Ihya, quatrième quart. Kitâb at-tawhîd wa-tawakkul*, p. 71.
93. Al-Ghazali, *Revival of Religious Learnings. Translation of Ihya Ulum-id-din*, p. 13.
94. *Ibid.*

Cette croyance en l'unicité d'Allah, à laquelle les Peuls se soumettent absolument, endurcit davantage leur cœur à reconnaître Christ comme le Seigneur et Sauveur de quiconque croit en lui.

b. Croyance en la volonté absolue d'Allah

Toute notre étude de l'islam peul a montré que les Peuls reconnaissent l'existence d'un Être suprême pour les raisons exposées à propos de la culture et de la révélation. C'est pourquoi il nous paraît inutile de reprendre ces discussions. Mais il est nécessaire de rappeler que la volonté d'Allah dans l'islam peul se révèle dans les quatre sources de la révélation islamique : le Coran, la *sunna* (tradition), l'*igma* (consensus communautaire) et l'*ijtihad* (effort personnel d'interprétation fondé sur le raisonnement analogique)[95]. Ces quatre sources de la révélation occupent une place de choix. Cependant, le Coran et la *sunna* sont les plus observés au Fouta-Djallon. Pour les Peuls musulmans du Fouta-Djallon, Allah est absolument Un, Vivant, Subsistant, Souverain et Transcendant. Il est la cause première et la cause finale de tout ce qui existe. Cela étant, il est nécessaire de faire une analyse de la notion de la volonté d'Allah pour savoir en quoi elle peut être un obstacle à l'évangélisation.

En vivant avec les Peuls musulmans du Fouta-Djallon, on comprend facilement que la notion de volonté absolue d'Allah est au cœur de leur foi, car ils croient fermement que tout ce qui existe est dû à la volonté d'Allah qui a éternellement prédéterminé la création en général et les êtres humains en particulier. Pour expliciter cette idée, nous nous servirons de deux arguments principaux : celui du déterminisme, qui ramène tous les actes humains à la volonté absolue de Dieu, et celui qui s'appuie sur le pouvoir absolu de Dieu.

Les Peuls musulmans avancent le premier argument du déterminisme pour montrer que les actes humains sont tous rattachés à la volonté éternelle

---

95. Les musulmans distinguent bien les quatre sources de la révélation. Le Coran a été révélé au Prophète Muhammad. Il est dérivé du mot arabe *qara* « réciter, lire ». Le Coran entier est considéré par les musulmans comme *nazil* « envoyé d'en haut ». De ce fait le Coran est la première source de la loi musulmane, le Livre, l'Écriture par excellence. La *sunna* « tradition » décrit la conduite du prophète Muhammad que tout bon musulman doit imiter. Elle contient le *hadith* « propos », les actes du Prophète. *ijtihâd* est rendu en français par « effort » de réflexion et défini comme l'effort personnel d'interprétation fondé sur le raisonnement analogique. L'*igma* « unanimité » est un consensus communautaire, c'est-à-dire l'accord de la communauté de Muhammad sur une question d'ordre religieux. Daniel GIMARET, *Les noms divins en islam*, Paris, Cerf, 1993, p. 42 ; Azzedine GUELLOUZ, « L'islam », in *Les faits religieux*, Paris, Fayard, 1993, p. 295.

d'Allah qui écarte toute possibilité de libre arbitre ; les actes humains ne peuvent exister que par la volonté divine. Les Peuls musulmans croient ainsi que l'homme ne peut en aucune manière choisir ses actes, il est appelé à se soumettre absolument à son destin[96]. Ainsi, dépourvu de toute capacité d'agir ou de choisir, l'homme ne peut rien faire de lui-même s'il n'a pas le secours de Dieu, qui s'est attribué à lui-même une existence éternelle, qui a destiné tous les autres êtres à prendre fin, qui a fait de la mort le sort commun des incrédules et des fidèles, et qui a établi des différences entre les diverses destinées[97]. Les Peuls sont donc convaincus que Dieu a créé les causes du châtiment et les causes de la rémunération. Il a créé des personnes différentes les unes des autres, dirigées par un destin issu d'une sentence résolue et éternelle en vertu de laquelle elles ont été créées. Ils admettent résolument qu'après avoir créé le paradis Allah a créé les personnes qui lui sont consacrées, qu'elles le veuillent ou non. Allah a également créé l'enfer (*jahannam*)[98].

Cette doctrine du prédéterminisme ghazalien, entièrement acceptée par les Peuls musulmans, apparaît clairement dans le dialogue entre Dieu et Adam. À ce sujet, Al-Ghazali écrit :

> Lorsque Dieu rassembla les hommes en deux poignées en passant la main sur Adam, il les mit les uns à sa droite, les autres à sa gauche. Puis il ouvrit ses deux mains devant Adam et Adam jeta les yeux sur le contenu qui avait l'apparence d'atomes imperceptibles. Puis Dieu dit à Adam : Ceux-ci sont destinés au paradis, et je ne m'en soucierai plus ; leurs œuvres seront celles des gens destinés au paradis. Et ceux-ci là sont destinés à l'enfer et je ne m'en soucierai plus ; leurs œuvres seront celles des gens destinés à l'enfer[99].

---

[96]. Ibrahima Kaba Bah, Bernard Salvaing, « Le commentaire du Coran. Texte écrit par Cerno Muhammadu Ludaajo Dalabaa (Guinée) », in *Paroles nomades. Écrits d'ethnolinguistique africaine*, Paris, Karthala, 2005, p. 153.

[97]. Bernard Salvaing, « À propos du passage de Al Hadjj Umar au Fouta-Djallon, et de l'introduction de la tidjaniyya (1) : deux hypothèses », in *L'invention religieuse en Afrique. Histoire et religion en Afrique noire*, sous dir. Jean-Pierre Chrétien, Claude-Hélène Perrot et al., Paris, Karthala, 1993, p. 322 ; Bah, *Histoire du Fouta-Djallon*, p. 55 ; Piga, *Les voies du soufisme au sud de Sahara*, p. 108 ; Al-Ghazali, *Ad-Dourra al-Fâkhira, La perle précieuse*, Paris, Les deux Océans, 1998, p. 1.

[98]. Al-Ghazali, *Apaisement du cœur*, p. 147.

[99]. Al-Ghazali, *Ad-Doura al-Fâkhira. La perle précieuse*, p. 3.

Après avoir entendu ces paroles divines, Adam s'étonne et demande au Seigneur quelles sont les œuvres des gens destinés au paradis et de ceux destinés à l'enfer. Elles sont de trois sortes, répond Allah.

Ceux qui sont destinés au paradis doivent absolument avoir la foi en moi, la confiance dans la véracité de mes envoyés, et l'obéissance à mon Livre, à ses commandements et à ses défenses... [Ceux qui sont destinés à l'enfer] doivent absolument désobéir sans avoir la foi en moi, ni la confiance dans la véracité de mes envoyés, ni l'obéissance à mon Livre, à ses commandements et à ses défenses (7.125)[100].

Les Peuls du Fouta-Djallon adhèrent à cette vision. Ils disent qu'Allah « dispose à l'islam le cœur de celui qu'il veut guider », et parlent de « celui qu'Allah a prédisposé à l'islam, et qui jouit ainsi d'une lumière de la part de son Seigneur » (sourate 69.22). En conséquence, pour eux, les actes des hommes sont décrétés par Allah et ce qui a été décrété ne peut que se réaliser conformément à sa volonté (*al,-masi'a*)[101]. Dans ce cas, tout événement, aussi petit ou grand soit-il, est un signe et sa réalisation effective est prévue par Allah. C'est pourquoi les Peuls, à l'instar d'Al-Ghazali, croient que le jugement de Dieu est irréversible. Allah peut accorder la faveur à un homme pour lui permettre d'être dans le bonheur. Il peut aussi envoyer le malheur à l'homme pervers pour qu'il soit damné. Aux yeux d'Al-Ghazali et des Peuls du Fouta-Djallon, cela signifie qu'« Allah a institué la bonté et la perversion comme causes conduisant leur auteur au bonheur et à la damnation. Tout comme il a institué les remèdes et les poisons comme causes conduisant celui qui les prend à sa guérison ou sa perte[102] ». Aux yeux de tous les Peuls musulmans, le jugement d'Allah consiste à ordonner les causes et à les conduire selon les principes établis par sa volonté. En d'autres termes, on pourrait dire que le jugement d'Allah est absolu parce qu'il est la cause de toutes les causes dans leur ensemble et dans le détail. On peut donc en déduire que c'est au

---

100. *Ibid.*
101. Selon Al-Ghazali l'homme ne peut pas connaître le décret divin. Dans ce cas, il ne peut ni le prévoir ni l'éviter. C'est pourquoi l'homme ne peut que se soumettre à la volonté de Dieu. AL-GHAZALI, *Apaisement du cœur*, p. 147.
102. AL-GHAZALI, *Al-maqsad al-asma. Ninety-Nine Names of God in Islam*, Ibadan, Daystar Press, 1970, p. 52-53.

niveau du jugement de Dieu que se rejoignent le Décret et l'Arrêt[103]. Car le Décret, c'est la conception globale des causes universelles perpétuelles, et l'Arrêt, c'est le fait de diriger les causes universelles avec leurs mouvements déterminés et bien définis en des termes bien connus qui n'augmentent pas et ne décroissent pas. Voilà pourquoi rien n'échappe à Son Décret et à Son Arrêt[104].

Il est donc important pour nous de rappeler que la volonté de Dieu chez les Peuls musulmans est absolue, car Son Décret et Son Arrêt sont inéluctables et irrésistibles. Ce qui est décrété par Dieu arrive donc inévitablement. Par conséquent, le souci humain devient une chose inutile et fortuite parce qu'il ne repousse pas ce qui doit arriver. Ainsi, se soucier de ce qui doit arriver est considéré par les Peuls musulmans comme de l'ignorance, car si une chose est décrétée, l'appréhension et l'affliction ne peuvent la repousser. Selon Ghazali, cela « n'est qu'une manière d'appréhender une sorte de douleur par crainte de l'arrivée de la douleur ; par contre, si son arrivée n'a pas été décrétée d'avance, il n'y a aucun sens à ce qu'on s'en attriste[105] ». Tout cela nous montre que les Peuls pensent qu'Allah n'a créé aucune chose ni aucun individu dans la position qui est la sienne sans détermination préalable.

Cette façon de définir la volonté divine permet de comprendre que les actes d'Allah sont libres alors que l'homme est contraint dans son choix. À ce sujet, les Peuls considèrent que si l'homme était vraiment autonome, cela pourrait être la source de nombreuses erreurs, car il saurait ce qu'il peut faire ou s'abstenir de faire, il ferait ce qu'il veut quand il le veut ; or cette volonté ne lui appartient pas en propre, elle appartient exclusivement à Dieu[106]. Cela constitue pour nous un déterminisme qui est en opposition avec le libre arbitre de l'homme, particulièrement dans ses rapports avec sa foi. Certes, pour les Peuls musulmans du Fouta-Djallon, supposer que l'homme est doté

---

103. Le fait d'avoir institué les causes universelles, fondamentales, principielles et indéfectibles qui ne disparaissent pas et qui ne s'effacent pas comme la terre, les sept cieux, les astres, les étoiles et leurs orbites permanentes qui ne changent pas et ne s'arrêtent pas jusqu'à ce que le Livre atteigne son terme, constitue son décret qui est conforme à cette parole divine qui dit : « qu'il a établi sept cieux en jours. Il a révélé à chaque ciel tout ce qui les concerne » (XLI, 12). De même, le fait d'avoir dirigé ces causes avec leurs mouvements appropriés, bien définis, déterminés et calculés vers leur effet, instant après instant, constitue son arrêt. AL-GHAZALI, *Al-maqsad al-asma*, p. 52-53.

104. *Ibid.*, p. 54.

105. *Ibid.*

106. AL-GHAZALI, *Ihya*, quatrième quart. *Kitâb at-tawhîd wa-ttawakkul*, p. 63.

de libre arbitre nierait la souveraineté de Dieu, et accorderait à l'homme la souveraineté dans le domaine de ses actes. Il s'agirait d'une atteinte à la doctrine de l'unicité de Dieu. Ce serait aussi une entrave à la connaissance de la Toute-Puissance d'Allah. Or Dieu est Unique, Il est Tout-Puissant, disent-ils.

Le second argument, qui est la croyance dans le pouvoir royal d'Allah, empêche également les Peuls musulmans de comprendre et d'accepter le salut en Jésus-Christ. Elle les amène à affirmer qu'Allah est le Tout-Puissant et à se soumettre aveuglément à sa seule volonté absolue. À ce propos, les Peuls musulmans du Fouta-Djallon disent que si une personne croit fermement que l'unique agent est Dieu et admet la plénitude de son pouvoir qui gouverne le monde du Royaume et de la Souveraineté (*malakoût*), alors son « cœur s'abandonnera totalement à Lui et ne comptera sur nul autre que Lui parce qu'il n'y a de force et de puissance qu'en Dieu[107] ». Cette citation permet de comprendre que la doctrine de la puissance royale incite les Peuls musulmans à croire qu'Allah possède le pouvoir de disposer du destin des choses dans le monde terrestre représenté par Adam, par sa postérité et par toutes les créatures. Allah détient pareillement le pouvoir dans le monde de la Royauté et de la Souveraineté, le *malakoût*, qui comprend les diverses sortes d'anges et de génies. Il exerce enfin son pouvoir dans le troisième monde de la Réparation appelé *djabroût* où se trouvent des anges choisis par privilège, au sujet desquels il est dit que Dieu choisit des messagers d'entre les anges et d'entre les hommes. Ils sont les chérubins qui se tiennent sous les voiles de la Majesté[108]. Mais cette position de proximité avec le Seigneur ne leur épargne pas d'être soumis au pouvoir royal d'Allah, car c'est par décret qu'Allah gère sa relation avec ses sujets. C'est pourquoi il est dit dans le Coran que « toute âme doit goûter la mort (sourates 3.182 ; 21.36 ; 29.57)[109] ». Si toute âme doit mourir à quoi bon de croire à Jésus-Christ qui a subi la mort, s'interrogent

---

107. La vision ghazalienne du monde indique qu'au-dessus du monde terrestre il y a deux mondes supérieurs : le monde de la royauté et de la souveraineté (*malakoût*), et le monde de la toute-puissance ou de la contrainte ou encore de la réparation (*djabroût*). AL-GHAZALI, *Ihya*, quatrième quart. *Kitâb at-tawhîd wa-ttawakkul*, p. 88.
108. Le Coran les décrit ainsi : « Ceux qui sont auprès de lui ne s'enorgueillissent point en sorte qu'ils cessent d'adorer Dieu, ils ne s'en fatiguent jamais, ils louent Dieu nuit et jour, et ne s'en lassent point (21.29-20) ». Ils se tiennent en sa sainte présence et c'est à leur sujet que Dieu dit : « ... nous aurions trouvé notre passe-temps chez nous, si nous avions absolument voulu le faire (21.17). » Voir AL-GHAZALI, *Ad-Dourra al-Fâkhira. La perle précieuse*, p. 2.
109. *Ibid.*

les Peuls ? Comme Allah ne meurt pas, ce ne sont que les êtres créés par Allah qui meurent.

Commentant ce verset coranique, Al-Ghazali souligne qu'Allah veut indiquer trois morts pour les trois mondes différents. Ainsi les anges mourront en dépit de la haute position qu'Allah leur a accordée : « Leur rang ne saurait les préserver de la mort[110]. » Si tel est le cas, l'homme doit croire en la Toute-Puissance d'Allah, capable de donner la vie aux hommes et aux anges, et de les conduire selon son décret. Ainsi, dans sa Toute-Puissance, Allah attribue dans le Coran les actes tantôt aux anges, tantôt aux hommes et parfois à Lui-même[111]. Mais malgré cette délégation de pouvoir conféré à l'homme et aux anges, il reste acquis que c'est essentiellement Allah qui se charge de cette œuvre dont Il demeure le maître absolu. C'est pourquoi au Fouta-Djallon, face aux aléas de la vie, on dira toujours *ko muuyal Allah* « c'est la volonté d'Allah ». Cette phrase est un *leitmotiv*.

En 2014, nous sommes allés visiter une famille pastorale à Labé, capitale du Fouta-Djallon. Entre Mamou et Dalaba un taxi de marque Peugeot était renversé dans un ravin suite à une déficience des freins. Plusieurs personnes étaient venues secourir les rescapés parmi lesquels se trouvait Lamarana Diallo âgé de 67 ans. Il nous a rapporté que ce taxi transportait neuf passagers sans compter les trois enfants qui accompagnaient leurs mamans. Sept personnes étaient mortes sur place et trois étaient grièvement blessées. En écoutant Lamarana Diallo raconter cet accident, nous avons senti qu'il était choqué. Mais nous avons compris qu'il était consolé quand il a dit : « C'est la volonté d'Allah. Même si ces gens étaient restés chez eux à la maison, ils seraient morts, Allah ayant décrété depuis leur naissance qu'ils mourraient aujourd'hui. » Le défaut de freins, aux yeux de Lamarana Diallo, n'était qu'un moyen utilisé par Allah pour atteindre ses objectifs.

Pour renforcer la croyance dans la doctrine de la Toute-Puissance d'Allah, les Peuls musulmans multiplient les exemples tirés du Coran. Au sujet de la mort, ils croient que dans le Coran Allah dit expressément que « l'ange de la mort à qui vous serez remis arrêtera vos jours et vous serez ramenés devant votre Seigneur » (sourate 32.10-11), et qui « arrête les jours de toute âme, à l'heure de son trépas » (sourate 39.42). Dans un autre passage, le Coran dit :

---

110. *Ibid.*, p. 4.
111. Al-Ghazali, *L'apaisement du cœur*, p. 277.

« Nous faisons pleuvoir l'eau par averse ; ensuite nous fendons la terre par sillon ; et en elle nous faisons pousser des grains ; des raisins et le trèfle des prés ; des oliviers et des palmiers et des jardins épais ; des fruits et des herbages en substance pour vous et vos bestiaux » (sourate 80.17-25). Le pouvoir d'Allah qui contrôle toute chose même à travers des actes humains apparaît aussi au verset coranique suivant : « Combattez-les, Dieu les châtiera par vos mains et les couvrira d'ignominie » (sourate 9.14). Et : « S'ils sont tués, pensez que ce n'est pas vous qui les avez tués, mais c'est Dieu qui les tua ; et tu n'as point lancé quand tu as lancé, mais c'est Dieu qui a lancé » (sourate 8.17).

On comprend que l'islam peul insiste sur le fait que les êtres humains ou spirituels sont tous sous l'emprise du pouvoir souverain d'Allah. Dans le monde terrestre comme dans le monde spirituel, son pouvoir est sans limites et sans pareil. Par son pouvoir il a créé l'homme et a fixé pour lui la durée de sa vie, les biens qui lui sont assignés et le lot qui lui est fixé jusqu'à ce qu'il atteigne le temps imparti. Ces textes nous font comprendre que l'Allah du Coran se présente comme celui qui donne la vie et la mort. Son pouvoir étant sans limites, il peut le déléguer aux anges, notamment à l'ange de la mort et à l'ange de la vie[112]. Les Peuls musulmans croient également que ces anges sont au service d'Allah, chacun selon ce qui lui est attribué. Certains sont destinés à faire du bien et d'autres à semer la terreur à la place d'Allah.

Se référant à cette doctrine les Peuls musulmans disent que quand l'homme est proche de sa mort terrestre, quatre anges descendent vers lui. Envoyés par Allah, l'un saisit le pied droit du mourant, l'autre son pied gauche, le troisième sa main droite et le dernier sa main gauche afin d'enlever son âme[113]. Ils croient que les moyens utilisés par l'ange de la mort peuvent varier. Pour certains hommes, l'ange les transperce avec une lance qui a été trempée dans un poison de feu, alors que pour d'autres l'âme est extraite lentement, jusqu'à

---

112. Al Khabar nous rapporte que l'ange de la mort et celui de la vie débattaient. L'ange de la mort dit : Je fais mourir les vivants. Celui de la vie répondit : Je ressuscite les morts. AL-GHAZALI, *L'apaisement du cœur*, p. 280.
113. La suite de l'histoire est dramatique, car les anges et les génies viennent juguler le mourant sous mandat divin jusqu'à ce que son âme sorte de son corps. Sous l'effet des génies le mourant s'imagine que son corps est rempli d'épines, il lui semble que son âme doit sortir par le trou d'une aiguille, et le ciel tombe sur la terre alors que lui-même est placé entre les deux. Ayant vécu cette expérience le prophète dit : Certes une seule agonie au moment de la mort est plus pénible à supporter que trois cents coups d'épée. AL-GHAZALI, *Ad-Dourra al-Fâkhira. La perle précieuse*, p. 4.

ce qu'elle soit resserrée dans le larynx. Mais quand Allah a résolu de diriger un homme et de l'affermir, il envoie vers lui l'ange de la grâce qui chasse les démons loin du mourant et fait disparaître la pâleur de son visage, de sorte que le mourant sourit infailliblement[114]. Sur la base de cette doctrine, les Peuls musulmans considèrent que la volonté de Dieu est absolue et s'accomplit sans tenir compte de l'existence de l'homme ou des anges qui ne sont que ses serviteurs et à qui il délègue un certain pouvoir.

Cependant, même quand Allah délègue une portion de son pouvoir à un homme ou un ange, ce n'est pas l'homme ou l'ange qui agit, c'est Allah qui agit au lieu et à sa place. C'est dans cet esprit que les Peuls djihadistes comprennent la parole de l'ange Gabriel qui a dit : « Combattez-les, Allah les châtiera par vos mains[115]. » Car ici Allah attribue le combat aux hommes et le châtiment à Lui-même, sachant que le châtiment est l'objectif du combat. Cette idée est encore plus explicite dans les deux autres versets déjà cités où l'ange dit : « Ce n'est pas vous qui les avez tués, mais Dieu les a tués », et « tu n'as pas lancé lorsque tu as lancé, mais c'est Dieu qui a lancé »[116].

L'exégèse de ce verset faite par les théologiens musulmans indique qu'en « joignant ainsi en apparence la négation à l'affirmation, Allah entend dire : Tu n'as pas lancé comme lance le Seigneur, mais comme le fait le serviteur qui lance : il s'agit de deux choses bien différentes[117] ». En d'autres termes on peut bien comprendre le sens de ce texte comme suit : « Allah n'a pas lancé Lui-même, mais c'est l'homme qui l'a fait[118]. » Donc, c'est le serviteur qui a manié la lance, mais en définitive ce n'est pas lui qui a lancé, mais Allah. Le serviteur et la lance n'ont été pour lui que des moyens pour atteindre la victime. C'est à ce niveau que nous pouvons comprendre qu'Allah, dans la conception peule du monde, est Roi, Tout-Puissant, et Souverain Dispensateur. Il se manifeste à l'homme en décrétant, et en contraignant sa créature à se soumettre à sa volonté. Si tel est le cas, on peut admettre que chez les Peuls le concept de

---

114. AL-GHAZALI, *Ad-Dourra al-Fâkhira*, p. 8.
115. Au temps du Fouta théocratique la sourate 9.14 était un argument fort pour justifier la guerre sainte que les Peuls musulmans ont livrée aux Djallonké qui furent les premiers à occuper le Fouta-Djallon. SALVAING, *Les lieux de mémoire religieux au Fouta-Djallon*, p. 68 ; DE MAYER, DIOP, *Thierno Monénembo et le roman. Histoire, exil, écriture*, p. 189.
116. AL-GHAZALI, *Ihya, quatrième quart. Kitâb at-tawhîd wa-ttawakkul*, p. 73.
117. *Ibid.*
118. AL-GHAZALI, *L'apaisement du cœur*, p. 278.

la volonté d'Allah est l'expression théologique qui explique le mieux la souveraineté d'Allah. Ainsi, être musulman, c'est être dans la volonté absolue d'Allah. Ne pas l'être, c'est vivre contre elle. Les effets d'une telle croyance rendent difficile l'implantation d'Églises au Fouta-Djallon.

c. Effets de la croyance en la volonté absolue d'Allah

Rappelons qu'Allah, dans l'islam peul, est strictement Un. Il fait ce qui lui plaît et Il pardonne à qui il veut. Dans ce système religieux, les Peuls musulmans croient que le bien et le mal proviennent exclusivement d'Allah et qu'il est donc l'auteur de tout ce qui arrive à l'homme. Par sa puissance infinie, Allah a prédestiné les uns au bonheur, les autres au malheur. Aucune personne n'échappe à sa volonté souveraine. Allah gouverne la créature par décret et les Peuls en déduisent qu'aucune créature ne peut échapper au destin divin. Ces conceptions de la volonté et du pouvoir royal d'Allah étant au cœur de la vision peule du monde, elles influencent forcément la vie sociétale au Fouta-Djallon. Nous nous limiterons à parler des plus saillantes. Nous traiterons du fatalisme et de la peur de la sanction par Allah et son destin.

i. Le fatalisme

Il n'est pas exagéré de dire que la doctrine de l'unicité d'Allah peut conduire au fatalisme[119] absolu puisqu'aucun des actes des hommes n'est volontaire. Tout est soumis au décret d'Allah qui gère le déroulement des affaires de ce monde[120]. L'Allah du Coran étant totalement différent à la fois de l'univers, de ses composants et des actes des hommes qui sont soumis à sa forte emprise et à son intervention directe et constante, les concepts propres à la justice des hommes ne sauraient lui être appliqués[121].

Le fatalisme des Peuls musulmans découle du texte coranique qui dit : « Ne suffit-il pas que ton Seigneur est témoin de toute chose ? » (Sourate 41.53) Aux yeux des Peuls, ce verset indique qu'il n'y a pas d'autre agent que le Créateur.

---

119. Selon le dictionnaire théologique le fatalisme est la doctrine suivant laquelle la volonté et l'intelligence humaines sont considérées comme impuissantes à diriger le cours des événements de sorte que la destinée de chacun est fixée d'avance quoi qu'il fasse. Dans ce cas, les actes humains et les éléments du monde deviennent un produit de l'action divine. LALADE, *Vocabulaire technique et critique de la philosophie*.

120. Les Peuls du Fouta-Djallon disent que « les voies de Dieu sont insondables et que nul ne peut connaître et gérer son destin ». DIALLO, *Le fils du roi de Guémé et autres contes du Fouta-Djallon de Guinée*, p. 63.

121. HAAFKENS, *Chants musulmans en peul*, p. 106.

Ainsi quiconque attribue tout à Allah connaît la vérité[122]. On pourrait dire que quiconque se soumet aux décrets d'Allah devient son vrai adorateur, acceptant que tout ce qui arrive à l'homme vient de la volonté d'Allah. Et si son destin est de mourir de faim, il devra l'accepter et se convaincre que mourir de faim est préférable pour sa vie dans l'autre monde, puisque c'est ce qu'Allah a décrété sans aucune négligence de Sa part[123]. Tant que le croyant n'affirme pas clairement qu'il n'y a nul autre agent qu'Allah, nul autre nourricier que lui, que tout ce qu'il destine au fidèle, à savoir richesse, pauvreté, vie ou mort, « est la meilleure chose que le serviteur puisse désirer, alors sa confiance et son abandon demeureront inachevés[124] ». Une telle affirmation ne peut qu'être fondée sur une foi inébranlable qui s'exprime à travers des actes et des paroles. La confiance en Dieu est donc complète lorsque le croyant se contente de ce qui lui est destiné[125].

Il est important de souligner que chez les Peuls du Fouta-Djallon la foi en Allah est un devoir spirituel et le croyant doit le comprendre parfaitement, le croire et le pratiquer sans hésitation. Le Coran en parle si largement qu'il n'est pas question de l'ignorer (sourates 10.100 ; 64.2 ; 16.93 ; 18.28). Il est donc nécessaire pour tout croyant d'admettre sans réfléchir que toute la création, y compris les actes de l'homme, des anges et des démons, est fixée et conduite selon la volonté absolue d'Allah[126]. Cela s'accorde bien avec ce que dit le Prophète Muhammad : « Œuvrez car chacun est prédisposé à ce pour quoi il a été créé[127]. » Al-Ghazali, à qui les Peuls musulmans reconnaissent une autorité spirituelle certaine, donne une interprétation de cette parole du Prophète qui souligne sa pensée imprégnée d'un fatalisme absolu. Pour lui, si le bonheur a été décrété pour quelqu'un, c'est en vertu d'une cause. Autrement dit, les moyens qui le conduisent à l'obéissance lui sont facilités[128].

---

122. AL-GHAZALI, *L'apaisement du cœur*, p. 28.
123. AL-GHAZALI, *Ihya, quatrième quart. Kitâb at-tawhîd wa-ttawakkul*, p. 123.
124. *Ibid.*, p. 124.
125. *Ibid.*
126. VIEILLARD, *Poèmes peuls du Fouta-Djallon*, p. 13 ; SEYDOU, *Poésie mystique peule du Mali*, p. 345.
127. AL-GHAZALI, *Ninety-Nine Names of God in Islam*, p. 55.
128. *Ibid.*

De même, si sa damnation a été décrétée, c'est en vertu d'une cause, à savoir sa négligence des moyens du bonheur[129].

À celui qui s'excuserait intérieurement de son inactivité en disant, « je suis heureux, je n'ai pas besoin d'agir », ou « je suis malheureux et damné, donc agir et travailler ne me servirait à rien », Ghazali répond que, « cela, c'est de l'ignorance, car il ne sait pas que s'il était heureux, il ne le serait que parce qu'il est régi par les causes du bonheur, comme l'action et la science, et que s'il n'en bénéficie pas et ne s'y expose pas, c'est déjà un signe de la damnation[130] ». Ghazali a donné une réponse similaire à une personne qui souhaitait devenir un grand savant et pensait que si Dieu l'avait décrété depuis l'éternité, il n'avait pas besoin de faire d'effort pour atteindre son but. Si au contraire Dieu le voulait ignorant, ses efforts seraient de toute manière vains. Ghazali lui a répondu : « Si Allah t'a imposé cette idée, cela prouve qu'il a décrété ton ignorance. Sinon il aurait aussi décrété les causes afférentes à ta science. Celui qu'il soumet à ses causes, il le fait agir en ce sens et le soustrait aux idées qui l'incitent à la paresse et à l'inactivité[131]. » Ce déterminisme ghazalien est fondamentalement incrusté dans la conscience religieuse peule. C'est pourquoi les Peuls du Fouta-Djallon pensent qu'Allah les a destinés à la foi islamique. Puisque cela émane du décret éternel d'Allah, il ne leur est pas permis d'abandonner la religion du prophète Muhammad.

Cette théologie a évidemment des répercussions sur la configuration de la société peule au Fouta-Djallon. La condition d'un individu dépend de son destin et la stratification de la société peule en des classes de personnes libres, d'artisans et d'esclaves s'explique par le destin qu'Allah a fixé pour chaque groupe de personnes. La condition de la femme trouve également son origine dans le décret éternel d'Allah. C'est donc le destin qui gère la société[132].

Il est facile de constater à quel point le fatalisme a façonné la foi du Peul musulman. Il n'est pas de façade, il est vivace et ancré dans les pratiques. Par exemple, les prières incessantes ont pour objectif principal la recherche

---

129. *Ibid.*
130. *Ibid.*
131. AL-GHAZALI, *Ihya*, quatrième quart. *Kitâb at-tawhid wa-ttawakkul*, p.124.
132. Boubou HAMA, *Contribution à la connaissance de l'histoire des Peuls*, Paris, Présence africaine, 1968, p. 362 ; DE MAYER, DIOP, *Thierno Monénembo et le roman*, p. 109. Christian SEYDOU, *Profils de femmes dans les récits épiques peuls (Mali-Niger)*, Paris, Karthala, 2010, p. 232.

de ce qui a été décrété pour le croyant depuis l'éternité. S'il trouve à quoi il est destiné (au bien ou au mal), il doit obligatoirement en être satisfait et se soumettre aux dispositions du décret divin.

ii. La peur de la sanction

La peur dans laquelle vivent les Peuls musulmans au Fouta-Djallon se situe à deux niveaux. Premièrement, face au destin et au décret éternel d'Allah, ils ne peuvent que vivre leur foi dans une grande peur. Le témoignage d'Al-Ghazali l'atteste clairement. Il considère en effet que le musulman, de quelque origine qu'il soit, est profondément hanté par une grande peur, car il tient les décrets d'Allah pour irréversibles et inconnaissables. Il poursuit son explication en soulignant que, dans sa souveraineté, « Allah a fait approcher les anges de lui sans qu'ils n'aient aucun mérite préalable. Il a éloigné Iblis (diable) de lui sans qu'il n'ait commis auparavant un crime[133] ». Sa volonté souveraine se manifeste lorsqu'il dit : « Ceux-là sont au paradis et je n'en ai pas cure et ceux-là sont à l'enfer et je n'en ai cure[134]. » L'homme en face d'un tel Dieu ne peut qu'avoir peur, comme celui qui tombe entre les pattes d'un fauve qu'il redoute. Les Peuls musulmans vivent ainsi dans une peur perpétuelle d'Allah. Cette peur les empêche de croire à Jésus-Christ comme leur Sauveur.

La peur s'empare aussi des musulmans à la pensée qu'« Allah ne châtie que pour une faute et ne rétribue que pour une obéissance quand même Il n'a pas donné à l'obéissant des raisons d'obéir bon gré mal gré, ni au désobéissant des motifs pour désobéir bon gré mal gré[135] ». Ce silence d'Allah sème le doute sur son acceptation de la repentance et sur la reconnaissance de sa validité. En effet, elle possède des fondements et des conditions que le croyant ne peut pas satisfaire. D'où une crainte après la repentance et une appréhension quant à son acceptation, puisqu'il y a doute sur les conditions à satisfaire[136]. La repentance du musulman serait suffisante si le Coran ne contenait que cette parole du Seigneur : « Et je serai pardonneur à quiconque se repent et croit, fait de bonnes œuvres et ensuite se guide dans les bonnes voies » (sourate 20.82). Mais, par sa volonté absolue, Allah a rattaché le pardon à des conditions que l'homme est incapable de remplir, pas même une seule.

---

133. AL-GHAZALI, *L'apaisement du cœur*, p. 145.
134. *Ibid.*
135. *Ibid.*, p. 146.
136. AL-GHAZALI, *Kitâb At-Tawba*, p. 55.

Nous ne citerons que la plus difficile qui se trouve dans le Coran : « Celui qui se repent et croit et qui fait de bonnes œuvres, peut-être sera-t-il au nombre de ceux qui prospéreront ? » (28.67).

Les Peuls musulmans comprennent bien l'incertitude liée à ce critère coranique pour accéder au paradis. Cela alimente chez tous les musulmans le feu d'une crainte qui ne peut s'éteindre. Ainsi, selon Aïcha, le visage du Prophète changeait d'expression chaque fois que soufflait la tempête ou que le temps variait. Il se levait, allait et venait dans sa chambre, sortait, entrait, craignant le châtiment d'Allah[137]. On raconte aussi que lorsqu'Iblis apparut sous son vrai jour à Gabriel et à Michel, ils se mirent à pleurer. Le Seigneur leur demanda : « Pourquoi pleurez-vous ? » Ils répondirent : « Par crainte de ta colère. » Il leur dit : « Soyez ainsi. Ne soyez pas assurés contre ma colère[138]. » Cela nous permet de dire que devant l'Allah du Coran les hommes et les anges tremblent tous d'être châtiés. Le témoignage d'Anas, rapporté par Al-Ghazali, souligne ce sentiment de peur propre à tous les serviteurs d'Allah : « Le Prophète avait demandé à Gabriel : Pourquoi ne vois-je jamais Michel rire ? Gabriel répondit : Michel n'a pas ri une seule fois depuis que l'enfer a été créé[139]. » C'est pourquoi Al-Ghazali affirme sans hésitation que les anges du Seigneur n'ont jamais ri depuis que l'enfer a été créé. Ils craignent qu'Allah se fâche et les châtie par le feu[140].

De toute évidence, le pouvoir royal d'Allah inspire aux musulmans de la peur en les amenant à croire que « chaque homme est entre les mains du destin comme un enfant pris entre les griffes d'un fauve. Selon l'occurrence le fauve peut être distrait et lâcher sa proie. Il se peut aussi qu'il saute sur elle et la déchire selon ce qui est occurrent[141] ». La peur du musulman en général et des Peuls musulmans en particulier est donc essentiellement suscitée par la volonté absolue d'Allah, car tout homme qui se voit ballotté par les vagues du destin se trouve nécessairement sous l'emprise de la peur.

Une deuxième raison qui suscite la peur de se convertir à Christ chez les Peuls musulmans, c'est la pression sociale, c'est-à-dire la persécution exercée

---

137. AL-GHAZALI, *L'apaisement du cœur*, p. 169.
138. *Ibid.*
139. *Ibid.*
140. *Ibid.*
141. *Ibid.*, p. 146.

sur quiconque abandonnerait la foi en Allah. Les musulmans convertis à Christ sont en effet sévèrement punis. Selon la *shari'a*, ils doivent être tués par les autorités de l'État islamique[142]. Si le gouvernement n'applique pas cette loi, il reviendra à la famille de se débarrasser de la honte que constitue son membre apostat. Dans beaucoup de pays islamiques, l'application de cette loi tombe en désuétude sous l'effet du vent de la démocratie[143]. Mais les souffrances infligées par la famille au nouveau converti à Christ sont plus grandes qu'on ne l'imagine. Dans le cas spécifique des Peuls musulmans du Fouta-Djallon, le nouveau converti à Christ est durement réprimé par sa famille et par la communauté des musulmans. Ils lui infligent ce supplice parce que le prophète Muhammad leur demande de punir les apostats, c'est-à-dire les personnes qui ont abandonné la foi islamique (sourate 58.16), pour placer leur confiance en la personne de Christ ; ils perdent ainsi leur honneur, élément central du *pulaaku*.

Malheureusement, face à ce rejet, peu de chrétiens guinéens ont à cœur d'accueillir les nouveaux convertis persécutés pour leur foi en Jésus-Christ. Très souvent leur intégration dans des familles d'accueil échoue par manque d'accompagnement spirituel ou de progression dans la vie de disciple de Christ. Pour aider les Peuls convertis à Christ, il est donc nécessaire de former les chrétiens et des familles entières au ministère de l'accueil qui est souvent mal compris et peu pratiqué dans le milieu chrétien. Nous estimons aussi que la création de centres d'accueil aiderait à mieux accompagner les nouveaux convertis pendant ce temps de persécution. Un tel ministère dans les pays musulmans peut être un moyen d'évangéliser et de faire des disciples. Nous en parlerons plus longuement au chapitre 4.

2. La doctrine des anges

La doctrine des anges (sing. *malak*, pl. *malaïka*) occupe une place importante dans l'islam peul. Selon le Coran, les anges, qui sont nombreux, sont des messagers d'Allah (sourate 35.1) qu'il envoie en mission pour aider les

---

142. À l'époque du Fouta théocratique la règlementation du royaume était faite sur la base de la *shari'a*. BAH, *Histoire du Fouta-Djallon*, p. 68 ; Bernard LUGAN, *Pour finir avec la colonisation. L'Europe et l'Afrique au xve-xxe siècle*, Paris, Rocher, 2006, p. 125 ; BARRY, *Les cérémonies traditionnelles au Fouta-Djallon*, p. 9.

143. Depuis l'indépendance de la République de Guinée l'application de la *shari'a* au Fouta théocratique s'est dissoute dans la culture peule.

croyants (sourates 3.124 ; 8.9 ; 33.9). Malgré la noblesse de leur service, les anges sont inférieurs aux êtres humains et les prophètes leur sont supérieurs (sourate 15.28-31).

L'islam peul considère que quatre archanges ont une position prééminente. Le premier est l'ange Gabriel (sourates 2.97-98 ; 66.4)[144]. Parmi tous les textes, les Peuls musulmans accordent une importance particulière à la sourate 2.97-98 : « Quiconque est ennemi de Gabriel doit connaître que c'est lui qui, avec la permission d'Allah, a fait descendre sur ton cœur cette révélation qui déclare véridique les messages antérieurs et qui sert aux croyants de guide et d'heureuse annonce. » Les Peuls musulmans interprètent ce texte en considérant l'ange Gabriel comme l'ange de la Révélation. Son rôle est d'assurer l'unicité du message coranique avec les messages antérieurs, c'est-à-dire la *Torah*, le *Zabur* et l'*Injil*. Ils disent que c'est par le canal de l'ange Gabriel qu'Allah a envoyé sa Parole à ses prophètes.

La sourate 26.192-196 indique que le Coran est une révélation qu'Allah a fait descendre sur le cœur de Muhammad par l'intermédiaire de l'Esprit fidèle. Ici l'Ange Gabriel est identifié à l'Esprit fidèle. Mais la sourate 16.102 parle de l'Esprit qui fait descendre la Révélation avec vérité. L'ange Gabriel est donc considéré comme étant le Saint-Esprit (sourates 2.87, 253 ; 5.110). Dans la sourate 19.17, le Coran dit que l'Esprit soutient Isa.

Les musulmans peuls parlent aussi de l'ange Michel (*Mikail*, sourate 2.98). Il est considéré comme l'ami et le protecteur des Juifs. C'est lui qui note les actions bonnes et mauvaises des hommes. Les Peuls musulmans considèrent l'ange *Izrail* comme étant l'ange de la mort (sourate 32.11) qui soufflera dans la trompette au Jour de la résurrection des morts et du jugement d'Allah. Cet ange n'est pas nommé dans le Coran et les Hadiths, Mais les Peuls croient à son existence par des sources dont ils ignorent la provenance.

En plus de ces quatre archanges, l'islam peul mentionne d'autres anges qui ont des fonctions particulières. Parmi eux, mentionnons les anges gardiens qui protègent les hommes des calamités. Ces anges sont manipulés par les marabouts peuls qui invoquent leurs noms lors d'exorcismes. Les Peuls musulmans croient à l'existence des anges écrivains qui accompagnent l'homme durant toute sa vie. Se référant à la tradition, ils disent que chaque être humain

---

144. Ousmane SOCÉ, *Contes et légendes d'Afrique noire*, Paris, Nouvelles éditions latines, 1962, p. 60 ; BARRY, *Les cérémonies traditionnelles au Fouta-Djallon*, p. 42.

est suivi par deux de ces anges : un à gauche pour marquer les mauvaises actions et un à droite pour marquer les bonnes actions (sourate 82.10-14)[145].

Dans le panthéon religieux du Fouta-Djallon, les Peuls musulmans mentionnent également l'existence de huit anges porteurs du trône d'Allah. Ils connaissent dix-neuf autres anges qui gardent les feux de l'enfer (sourates 66.6 ; 74.26-30), et ils considèrent *Malik* comme le chef des anges gardiens de l'enfer. Ils citent deux anges robustes et féroces nommés *Munkar* et *Nakir*. Cependant, le Coran ne les mentionne pas, même si certains écrits islamiques parlent d'eux[146].

Au Fouta-Djallon, les Peuls musulmans racontent que si un défunt non musulman est enterré, ces deux anges lui rendent visitent dans la tombe pour l'interroger sur sa foi en Allah et en Muhammad. Si le défunt ne connaît ni Allah ni Muhammad, *Munkar* et *Nakir* ont le droit de le torturer. Les Peuls croient encore à deux autres anges nommés *Mubashar* et *Bashir*. Ils rendent visite au défunt musulman dans sa tombe pour lui poser aussi des questions sur sa foi en Allah et en Muhammad. Ils ont le rôle d'arranger et d'embellir la tombe du défunt musulman[147].

Les Peuls musulmans connaissent aussi les démons (*djinn*), c'est-à-dire les anges déchus qui ont suivi Satan (*Iblis*) dans sa rébellion contre Dieu (sourate 7.10-17). Parmi ces démons, le Coran en désigne deux, *Harut* et *Marut*, qui auraient appris ou enseigné la sorcellerie à Babylone (sourate 2.102). La croyance aux bons et mauvais génies fait de l'islam peul une religion qui accorde une importance capitale au démonisme Car ces démons sont au service des marabouts et de la société. Aux *djinn*, disent les Peuls musulmans, rien n'est caché. Ils entendent tout ce qui se dit, en public ou en secret. Ils sont

---

145. Paul MARTY, « Islam en Guinée », p. 485 ; DEVEY MALU MALU, *La Guinée*, p. 297.
146. Dans une note de bas de page, Piotr Kuberski témoigne que : « Al-Ghazâlî en parle dans la *Durra* » (chap. 23-24, p. 20-21). Il évoque d'abord la figure de l'ange Roûmân (cf. *Kitâb Aḥwâl*, chap. 15), « qui a pour mission de scruter les interstices des tombeaux ». Il s'adresse au défunt en exigeant qu'il fasse un compte-rendu de sa conduite en se servant de son linceul comme papier et de sa salive comme encre (chap. 25). Dans *Iḥyâ'*, chap. I, II, VI, et surtout le chap. VII. Ibn Taymiyya nomme les deux anges (*Quatrième Fatwa*), comme beaucoup d'autres : *Kitâb Aḥwâl*, chap. 15, al-Suyûṭî, *Bušrâ*, chap. 9 ; Ibn Rajab al-Hanbali, chap. 4. » Piotr KUBERSKI, « La résurrection dans l'islam », *Revue des sciences religieuses. Le christianisme et l'islam*, n°82, 2013, p. 187 ; Mouhamadou Makhtar THIAM, *L'islam et les pratiques culturelles*, Dakar, Je publie, 2002, p. 209 ; Charles Emmanuel DEUZEUNE, *La mort et ses rites*, Londres, Le plein Sens, 2004, p. 204.
147. AL-GHALAZI, *Ad-Doura al-fâkhira. La perle précieuse*, p. 82.

capables de s'immiscer dans la vie économique, politique, sociale et religieuse des gens (sourate 72.1-3). L'islam peul s'adapte ainsi bien aux religions traditionnelles africaines qui communiquent avec toute sorte de démons.

Cette croyance inspire aux Peuls une frayeur telle qu'il leur est difficile, voire impossible, de distinguer la puissance d'Allah de celle des génies, et elle est source de beaucoup de superstitions. Cela conduit plusieurs d'entre eux à manifester un intérêt particulier pour les amulettes, les talismans de protection ou la magie. Ceux qui pratiquent le maraboutage collaborent avec les esprits et attirent à eux des centaines de personnes en recherche de bonheur ou de protection ici-bas.

Dans le processus de l'implantation d'Églises au Fouta-Djallon, il nous semble nécessaire d'étudier le concept de souveraineté d'Allah à la lumière de la Bible pour permettre aux Peuls musulmans de comprendre que la volonté du Dieu de la Bible s'accomplit pleinement dans la personne de Jésus-Christ à qui il a donné tout pouvoir sur la terre et dans les cieux (Mt 28.8). Pour Calvin, le manque de connaissance de Christ comme Sauveur constitue la raison principale pour laquelle « beaucoup d'hommes, qui ont cherché à adorer le souverain créateur du ciel et de la terre, n'ont pas pu vraiment goûter la miséricorde de le reconnaître effectivement comme leur Père[148] ». Comme ils n'avaient pas « Christ comme Médiateur, il n'y a eu parmi eux qu'une connaissance superficielle et sans aucune substance[149] ». Il est évident que tout musulman clamera avec conviction que « le Souverain créateur est leur Dieu, mais puisqu'ils refusent Jésus-Christ, ils le remplacent par une idole[150] ».

3. La doctrine de l'homme

En lisant le Coran, on s'aperçoit qu'Allah a créé l'homme avec ses mains. Cela apparaît clairement dans la sourate 38.75 où Allah dit : « Ô Iblîs, qui t'a empêché de te prosterner devant ce que J'ai créé de Mes mains ? T'enfles-tu d'orgueil ou te considères-tu parmi les hauts placés ? » En commentant ce verset dans la perspective musulmane, Souâd Ayada considère qu'« en l'homme, l'œuvre créatrice de Dieu atteint sa finalité au double sens du mot. L'homme est la créature dont la forme est la plus achevée qui soit. Il est l'être

---

148. Jean CALVIN, *Institution de la religion chrétienne*, II.6.4.
149. *Ibid.*
150. *Ibid.*

qui parachève l'ensemble de la création[151] ». Cette création par les mains d'Allah implique que l'homme est supérieur à toutes les autres créatures (sourate 17.70). Allah a soumis « toute la création à l'homme pour qu'il puisse survivre et prospérer (sourates 16.12 ; 31.30) ». Ainsi, l'homme est « l'objet de la plus grande sollicitude de la part de Dieu. Il est gratifié de bienfaits dont aucune autre créature ne peut se prévaloir (40.33 ; 35.3)[152] ». Le Coran appelle l'homme le *khalif* d'Allah, c'est-à-dire « celui en qui on trouve ici-bas la présence et le pouvoir invisible d'Allah » (sourates 2.30, 34). Cela nous permet d'affirmer que, dans l'anthropologie coranique, l'homme est le vicaire d'Allah. C'est pourquoi « il lui apprit les noms de toutes choses pour qu'il exerce le pouvoir sur la création (2.22-32)[153] ».

Se basant sur ces versets coraniques, les Peuls musulmans croient que l'homme accomplit ce dessein en étant le serviteur d'Allah. Notons que l'idée de ces versets est en continuité avec la Bible où Dieu dit à Adam et Ève : « Soyez féconds, multipliez-vous, remplissez la terre et soumettez-la. Dominez sur les poissons de la mer, sur les oiseaux du ciel et sur tout animal qui rampe sur la terre » (Gn 1.28). Cette continuité se précise davantage quand le Coran dit : « Et lorsque ton Seigneur dit aux Anges : Je vais créer un homme d'argile crissante, extraite d'une boue malléable, et dès que Je l'aurai harmonieusement formé et lui aurai insufflé Mon souffle de vie, jetez-vous alors, prosternés devant lui » (sourate 15.28-29). Ce verset décrit le processus de la création de l'homme. Allah a créé l'homme à partir de l'argile, tiré d'une boue malléable. Mais pour qu'il vive, il a dû insuffler en l'homme-argile son souffle de vie. Cela correspond encore à ce que dit Genèse 2.7 : « L'Éternel Dieu forma l'homme de la poussière du sol ; il insuffla dans ses narines, un souffle vital, et l'homme devint un être vivant. »

Dans le récit coranique de la création, deux notions méritent d'être expliquées. Il s'agit de l'ordre donné aux anges de se soumettre à Adam et de l'insufflation de l'Esprit (sourates 15.28-29 ; 32.9 ; 38.72). L'ordre donné aux anges montre la supériorité de l'homme sur eux. En ce qui concerne

---

151. Souâd AYADA, *L'islam des théophanies. Une religion à l'épreuve de l'art*, Paris, CNRS, 2010, p. 132.
152. *Ibid.*
153. J. MICKSCH et M. MILDENBERGER, sous dir., avec la collaboration de Johan BOUMAN, *Chrétiens et musulmans : un dialogue possible. Jalons pour une rencontre*, Paris, Fédération protestante de France, 1991, p. 37.

l'insufflation, le commun des musulmans du monde croit qu'elle n'est pas seulement réservée à Adam. Jésus, comme Adam, a été créé de la poussière (sourate 3.59), et est venu dans le monde par l'insufflation de l'Esprit en la personne de Marie (sourate 19.17).

Mais contrairement à ce que dit la Bible, Allah n'a pas créé l'homme à son image et à sa ressemblance. En effet, en Genèse 1.26, il est écrit : « Puis Dieu dit : faisons l'homme à notre image. » Adam et Ève sont différents des autres créatures parce qu'ils sont à l'image de Dieu. Alors « l'expression image de Dieu symbolise toute la différence[154] ». Elle souligne la discontinuité entre les anthropologies biblique et coranique. Le fait que l'homme soit créé à l'image de Dieu ne signifie pas que l'homme ressemble physiquement à Dieu, ou que Dieu ait une forme humaine. Mais « cela montre que l'homme est capable d'avoir une relation d'alliance profonde avec Dieu[155] ».

Il est dit dans le Coran que l'homme est faible (4.28), instable (70.19), hâtif (17.11) oublieux (39.8), ignorant (33.72), injuste et ingrat (14.34), disputeur (18.54) et rebelle (96.6). Dans un autre passage, le Coran dit que l'âme de l'homme est très réceptive au mal (12.53)[156]. Les musulmans croient que ce qui arrive dans la vie de l'homme est soumis au décret d'Allah. C'est donc Allah qui détermine la destinée humaine. Il est « le seul créateur des actes humains ; dans la production des actes libres, tout vient de lui[157] ». À cet effet, la sourate 8.17 dit clairement que « ce ne furent pas des combattants musulmans, mais en réalité Allah lui-même qui a tué les ennemis de Muhammad dans la bataille de Badr[158] ».

Les Peuls musulmans croient à cette doctrine de l'homme au point de penser qu'Allah a fixé un cadre à chaque individu. L'homme est conduit par une force invisible. De fait, il n'est pas libre de ce qu'il fait et ses actes, étant prédestinés, ne peuvent lui être imputés. C'est pourquoi ils considèrent que l'homme, de quelque origine qu'il soit, naît dans un état de pureté morale[159].

---

154. Francis A. SCHAEFFER, *La Genèse. Berceau de l'histoire*, Genève, La Maison de la Bible, 1983, p. 43.
155. Badru KATEREEGA, David SHENK, *Dis-moi ce que tu crois. Un musulman et un chrétien en dialogue*, Charols, Exelsis, 2001, p. 68.
156. MOUCARRY, *La foi à l'épreuve*, p. 88.
157. GARDET, *Dieu et la destinée de l'homme*, p. 60.
158. SCHIRRMACHER, *L'islam*, p. 254.
159. MOUCARRY, *La foi à l'épreuve*, p. 36 ; Badru D. KATEREGGA, David W. SHENK, *L'islam et le christianisme. Dialogue entre un musulman et un chrétien*, Lomé, Haho, 1987, p. 47.

Cela rend difficile l'évangélisation des Peuls musulmans parce que la doctrine de la volonté absolue d'Allah, « suggère un abandon aveugle, une dévotion outrancière à un Dieu qui, à tout égard, enchaîne l'homme et le prive de toute liberté. Il est une marionnette manipulée en permanence contre sa volonté[160] ». Or, dans la Bible l'homme est créé à l'image de Dieu (Gn 1.26) et communique avec lui sur la base de l'alliance offerte par Dieu (Ex 19.5 ; Rm 9.4)[161]. De ce fait « l'homme se laisse sonder, se remettre en question et interpeller par Dieu. Sans Jésus-Christ, il ne peut comprendre le Dieu omniscient, omniprésent, omnipotent, rédempteur et conducteur (Ps 139)[162] ».

4. La doctrine du péché

Une analyse synthétique de la notion de péché (*ilm*) dans le Coran et dans la culture des Peuls du Fouta-Djallon peut ici servir à présenter le vrai sens du péché dans l'islam peul. La Bible et le Coran s'accordent sur le fait que Dieu avait mis Adam et Ève dans le jardin. Ils pouvaient y manger tous les fruits sauf le fruit qui provenait de l'arbre de connaissance du bien et du mal (Gn 2.16-17 ; sourate 2.35). Mais un jour Satan réussit à convaincre Adam et Ève de manger de l'arbre de la connaissance du bien et du mal (Gn 3.4-5s ; sourate 20.120-121). Dans la Bible comme dans le Coran, Adam et Ève ont suivi le conseil de Satan en refusant d'obéir au Créateur, introduisant ainsi le péché dans le monde. La Bible et le Coran considèrent que le péché dispose l'homme à un état d'impureté.

Contrairement à la Bible, le Coran « ignore l'idée du péché originel et, par la suite, de perversion originelle de la nature humaine[163] ». Paradoxalement, le théologien chrétien Pélage niait également l'existence du péché originel. Il disait qu'« Adam n'avait fait de mal qu'à lui-même en péchant et n'avait pas nui à ses descendants[164] ». Face au texte biblique qui dit que « par un seul homme le péché est entré dans le monde » (Rm 5.12), Pélage réagit en

---

160. Roger Foehrlé, *L'islam pour les profs. Recherches pédagogiques*, Paris, Karthala, 1992, p. 20.
161. Jean-Marc Berthoud, *L'Alliance de Dieu*, Lausanne, L'Âge d'homme, 2003, p. 19.
162. Wiher, *L'Évangile et la culture de honte*, p. 46.
163. En étudiant l'islam il est facile de percevoir que dans le Coran le salut est lié au mérite et non à la grâce rédemptrice. Marie-Thérèse et Dominique Urvoy, *La mésentente. Dictionnaire des difficultés doctrinales du dialogue islamo-chrétien*, Paris, Cerf, 2014, p. 71.
164. Calvin, *Institution de la religion chrétienne*, p. 194.

disant que « la transmission du péché s'effectuait par imitation et non par engendrement selon la nature humaine[165] ».

Les Peuls musulmans doivent comprendre qu'Adam a « ruiné toute sa descendance par sa révolte et que l'ordre naturel dans le ciel et sur la terre a été perverti. Car la création a été soumise à la vanité – non de son gré (Rm 8.20)[166] ». Puisque « la malédiction de Dieu s'est répandue d'en haut jusqu'en bas, et par toutes les régions du monde à cause de la faute d'Adam, il n'est pas étonnant qu'elle se soit propagée à toute sa postérité[167] ». Telle est la conviction de David quand il dit : « Je suis né dans la faute, et ma mère m'a conçu dans le péché » (Ps 51.7). Sachant que tous les hommes sont enfants d'Adam et Ève, il va sans dire que nous avons tous refusé d'obéir à Dieu. Et « nous tous qui sommes d'une race impure, nous naissons souillés par le péché. Même avant de naître, nous sommes impurs devant Dieu. "Car qui fera sortir le pur de l'impur ?" (Jb 14.4)[168] ». L'apôtre Paul confirme cette vérité biblique en disant : « Tous ont péché et sont privés de la gloire de Dieu » (Rm 3.23). En revanche, le Coran dit que « l'homme naît bon et parfait et, tout au long de sa vie, il est par principe en mesure de faire ce qui est bien et juste, s'il surmonte sa faiblesse et ne prête pas l'oreille aux suggestions de Satan[169] ». Ainsi le péché, au sens coranique, est une « tentation du diable qui vient à l'homme de l'extérieur. S'il cherche refuge auprès d'Allah (sourate 114.1-6), il peut résister à Satan et prendre position pour le bien[170] ». Cela amène les musulmans à définir le péché comme le refus de faire le bien et à insister sur l'importance primordiale de la repentance qui suppose une connaissance du péché qui mène au regret[171]. Ainsi, dans le Coran, la pratique du péché ne sépare jamais l'homme de Dieu. Par conséquent, le pardon du péché n'a pas besoin d'expiation. Cette conception du péché dilue la gravité de la rébellion de l'homme contre Dieu. Mais le péché au sens biblique est perçu comme

---

165. AUGUSTIN, *Du mérite et de la rémission des péchés et du baptême des petits enfants* (*De peccatorum meritis et remissione et de baptismo parvulorum ad Mercellinum*), I, IX, 9 ; CALVIN, *Institution de la religion chrétienne*, p. 194.
166. CALVIN, *Institution de la religion chrétienne*, p. 193.
167. *Ibid.*
168. *Ibid.*, p. 194.
169. SCHIRRMACHER, *L'islam*, p. 282.
170. *Ibid.*
171. Louis GARDET, *L'islam. Religion et communauté*, Paris, Desclée de Brouwer, 1967, p. 147 ; AL-GHAZALI, *Kitab at-Tawba* (*Le livre du Repentir*), p. 59.

quelque chose de grave parce qu'il conduit à la mort (Rm 6.23 ; Ép 2.1). Dans un autre sens, le péché est considéré comme la manifestation de la rébellion de l'homme contre Dieu, rébellion qui marque la rupture de l'alliance entre Dieu et l'homme. La Bible présente aussi le péché comme l'infidélité de l'homme vis-à-vis de son Créateur (Lv 26.21 ; Dt 4.25-27 ; 8.19-20 ; Jr 3.6-9, 20).

Chez les Peuls musulmans du Fouta-Djallon, le regret est considéré comme l'expiation pour le péché, car « si quelqu'un commet des péchés atteignant les cimes du ciel, et qu'ensuite il les regrette, Allah lui accordera la repentance qu'il a décrétée pour lui[172] ». Relevons que l'Allah du Coran n'accorde pas de pardon à celui qui fait le mal jusqu'au jour de la mort, même s'il arrive à dire en ce jour-là : « Oui, je me repens maintenant » (sourate 4.18). Cela s'explique par le fait que Dieu pardonne seulement à ceux qui font le mal par ignorance, c'est-à-dire à ceux qui sont prédestinés à ignorer le mal qu'ils ont commis et qui s'en sont repentis aussitôt qu'ils l'ont connu (sourate 4.17). Ainsi, dans la tradition musulmane le péché regretté est effacé par une bonne action qui suivra ce péché. C'est dans cet esprit que le Prophète a dit : « Faites suivre la mauvaise action par une bonne et elle sera effacée[173]. » Cette pratique est strictement observée par les Peuls musulmans du Fouta-Djallon. Cela nourrit en eux la pratique intensive des sacrifices divers. La Bible s'oppose à une telle conception du péché en soulignant que « nous sommes tous devenus comme (un objet) impur, et tous nos actes de justice sont comme un vêtement pollué » (És 64.5a). En d'autres termes, nous pouvons dire que l'homme produit des œuvres impures dans son état d'impureté. Mais dans un autre texte, la Bible a levé l'équivoque en disant : « Si nous confessons nos péchés, il est fidèle et juste pour nous pardonner nos péchés et nous purifier de toute injustice » (1 Jn 1.9). En conséquence, pour recevoir le pardon de Dieu, la confession des péchés est nécessaire.

Mais dans la conception peule du péché, la confession des péchés doit être faite immédiatement, car celui qui ajourne indéfiniment sa repentance périt. Les traditions nous le révèlent, en soulignant que « les cris des habitants de l'enfer ont souvent pour origine le *taswif* (ajourner indéfiniment la repentance)[174] ». Cela s'accorde bien avec cette parole d'Allah :

---

172. AL-GHAZALI, *Kitab at-Tawba* (*Le livre du Repentir*), p. 50.
173. *Ibid.*, p. 45.
174. *Ibid.*

Et quand ton Seigneur tira une descendance des reins des fils d'Adam et les fit témoigner sur eux-mêmes : Ne suis-Je pas votre Seigneur ? Ils répondirent : Mais si, nous en témoignons – afin que vous ne disiez point, au Jour de la Résurrection : Vraiment, nous n'y avons pas fait attention » (sourate 7.171).

Al-Ghazali explique ce texte en soulignant que dans ce verset Allah exprime sa volonté : « Ceux-ci sont destinés au paradis, et je ne m'en soucierai plus ; leurs œuvres seront celles des gens destinés au paradis ; Et ceux-là sont destinés à l'enfer, et je ne m'en soucierai plus ; leurs œuvres seront celles des gens destinés à l'enfer[175]. » En d'autres termes, nous pouvons considérer que ceux qui sont destinés au paradis auront un jour la possibilité de connaître et de regretter les péchés qu'ils ont commis par ignorance et que ceux qui sont destinés à l'enfer auront la capacité d'ajourner infiniment leur repentance et mourront dans le péché. Il convient alors de remarquer que chez les musulmans la repentance est réservée à ceux qui sont prédestinés au paradis. Mais pour que la repentance leur soit efficace, Allah exige des conditions à remplir, faute de quoi le fautif est sévèrement puni.

Pour une étude détaillée de la question de la punition d'Allah, il faudrait étudier en profondeur les obligations légales du musulman, ce qui dépasserait le cadre de notre travail. C'est pourquoi nous nous limitons à la question de la hiérarchisation des péchés qui nous semble être le cœur de la notion de péché dans l'islam peul, parce qu'en s'inspirant du Coran les Peuls musulmans distinguent les péchés majeurs, les grands et les petits péchés (sourates 4.31 ; 42.37)[176]. Ayant fondé la morale musulmane sur cette distinction, l'islam peul rejette la position de ceux qui nient l'existence des péchés majeurs, grands et mineurs, et qui pensent que toute désobéissance est un péché grave[177]. Pour étayer leur argumentation, ils se réfèrent au texte coranique qui dit : « Si vous évitez les plus grands péchés qui vous sont interdits, Nous effacerons vos mauvaises actions et nous vous introduirons avec bonheur au Paradis »

---

175. AL-GHAZALI, *Ad-Doura al-Fâkhira. La perle précieuse*, p. 1 ; A. DE VLIEGER, *Kitab al Qadr. Matériaux pour servir à l'étude de la doctrine de la prédestination dans la théologie musulmane*, Leyde, Brill, 1903, p. 13.
176. VIEILLARD, *Poèmes peuls au Fouta-Djallon*, p. 13.
177. En revanche, la Bible considère le péché comme une rébellion contre Dieu. Paul WELLS, *De la croix à l'Évangile de la croix. La dynamique biblique de la réconciliation*, Charols, Excelsis, 2007, p. 78.

(sourate 4.31). Ils citent également un autre texte qui dit : « Ton Seigneur accorde largement Son pardon à ceux qui évitent les grands péchés et les turpitudes, et à ceux qui ne commettent que des fautes légères » (sourate 53.32).

À la suite d'Al-Ghazali les Peuls musulmans disent que « l'observation des cinq prières quotidiennes et de celle du vendredi jusqu'au vendredi suivant expie ce qui est commis pendant cette période, lorsqu'on évite des péchés majeurs[178] ». Ces arguments ont soulevé la question de la différence entre péché majeur et péché mineur. Notons que cette question préoccupe les théologiens musulmans en général et Al-Ghazali en particulier, et que cette question a profondément marqué l'islam au Fouta-Djallon.

Parmi les théologiens musulmans, Abdullâh Ibn Amru Ibn al-Ass a repris la parole du Prophète en ces termes : « Les péchés majeurs sont le polythéisme, le non-respect de piété filiale à l'égard des parents, l'assassinat d'une personne et le faux serment[179]. » Suite à ce classement, plusieurs objections se sont élevées. Citons entre autres Ibn Mas'ud qui considère qu'ils sont au nombre de quatre, Ibn Omar qui en compte neuf et Ibn Abbas qui avance le chiffre de soixante-dix avant de conclure que tout ce que Dieu interdit constitue un grand péché. On peut enfin noter le nom d'Ali Talib al-Makki pour qui les péchés majeurs sont au nombre de sept[180]. Partant de ce constat, Al-Ghazali fait la synthèse de l'ensemble des positions d'Ibn Abbas, d'Ibn Mas'ud, d'Ibn Omar et d'autres témoins anonymes. Il aboutit à cette conclusion :

> Il y a quatre péchés majeurs du cœur : le polythéisme, l'obstination à désobéir à Dieu, le désespoir de la miséricorde divine et l'assurance à l'égard de la ruse divine ; quatre péchés majeurs de la langue : le faux témoignage, l'accusation de l'homme ou de la femme mariés, le faux serment et la sorcellerie ; trois péchés de ventre : la consommation du vin ou de toute boisson enivrante, la consommation de l'argent de l'orphelin et la consommation de l'usure en toute connaissance de cause ; deux péchés de sexe : la fornication et la pédophilie ; deux péchés de main : l'assassinat

---

178. AL-GHAZALI, *Kitab at-Tawba* (*Le livre du Repentir*), p. 63.
179. *Ibid.*
180. Sur cette question Ghazali cite des témoins anonymes en nous confiant qu'il y avait aussi des personnes qui ont dit que tout ce qui conduit en enfer selon la menace divine, constitue un péché majeur. Voir AL-GHAZALI, *Kitab at-Tawba* (*Le livre du Repentir*), p. 63.

et le vol ; un péché de pied : fuir pendant l'offensive ; un péché de tout le corps : le non-respect de la piété filiale envers les parents[181].

Relevons que jusqu'ici les théologiens musulmans n'ont trouvé aucun consensus fiable sur la description des péchés majeurs et mineurs. Les compagnons de Muhammad et leurs successeurs ont été en désaccord sur le nombre des péchés majeurs, estimé à quatre, sept, onze ou plus[182]. Par conséquent, ils considèrent comme grand péché tout acte passible de l'enfer, ou qui implique une peine légale dans le bas-monde, ou encore tout acte interdit par le texte du Coran, cette interdiction explicite soulignant sa gravité[183]. Al-Ghazali défendra la position des compagnons, mais en donnant une nouvelle interprétation de la parole d'Allah qui a dit : « Si vous évitez les plus grands péchés qui vous sont interdits, nous effacerons vos mauvaises actions » (sourate 4.31). Selon Al-Ghazali, le Prophète Muhammad dit que « les prières expient ce qui est commis entre elles à l'exception des grands péchés[184] ».

À la lumière de ces deux textes qui constituent le fondement du statut des péchés majeurs, Al-Ghazali ajoute que la vérité sur ce sujet est que le péché se divise, au regard de la loi, en trois catégories : les péchés graves, les péchés minimes et les péchés qu'on ne peut pas qualifier[185]. D'où la question de l'ambiguïté de la notion de péché chez les adeptes de la théologie d'Al-Ghazali. C'est aussi l'une des origines du doute ghazalien, parce qu'il dit clairement qu'en ce qui concerne certains péchés mineurs, il doute de l'étendue de leur gravité[186]. Son doute se fait sentir davantage dans sa réponse à la question : « Comment peut-on espérer connaître le nombre précis des péchés que la loi religieuse n'a pas précisés ? » Peut-être, dit-il, la loi religieuse a-t-elle voulu à dessein le rendre imprécis pour que les serviteurs aient de l'appréhension et de la crainte à ce sujet. C'est de la même manière par exemple que la nuit du

---

181. *Ibid.*, p. 64.
182. *Ibid.*, p. 63.
183. *Ibid.*, p. 66.
184. AL-GHAZALI, *Kitab at-Tawba* (*Le livre du Repentir*), p. 99.
185. *Ibid.*
186. *Ibid.*

destin n'a pas été donnée avec précision pour que les croyants s'appliquent à la rechercher[187].

Nous pouvons résumer la pensée d'Al-Ghazali sur la question du péché en relevant que les musulmans ont une approche globale de la notion de péché qui leur permet de connaître les espèces et les genres des péchés majeurs. Mais quand il s'agit de leur cas individuel, ils ne peuvent les connaître que par présomption et approximation[188]. Ils connaissent également les péchés majeurs les plus graves, mais ils disent que l'homme n'a pas de moyens de connaître les péchés mineurs en détail[189].

L'islam peul, héritier de la théologie d'Al-Ghazali, n'échappe pas à cette difficulté. En observant la doctrine du péché dans l'islam peul, on constate que la pensée d'Al-Ghazali sur la distinction entre les grands et les petits péchés est entièrement acceptée. Sont considérés comme péchés majeurs l'abandon de la foi islamique, le refus de se convertir à l'islam, le mépris du prophète Muhammad, la désobéissance à la mère et au père. Tous les autres agissements appartiennent au registre des petits péchés : le vol, le mensonge et l'adultère, pour ne citer que ceux-là. Mais influencés par la conscience relationnelle, les musulmans peuls évaluent le péché par rapport à la société dans laquelle ils vivent. Ils considèrent comme pécheur tout individu surpris en train de commettre un acte interdit par la religion ou la société. Cela fait qu'au Fouta-Djallon le péché d'apostasie, c'est-à-dire de l'abandon de la foi islamique, est considéré comme tel par la société lorsqu'un Peul confesse publiquement sa foi en Christ. S'il suit Christ en cachette et fait sa prière en secret, il ne peut être considéré comme coupable par la société peule. Dans un autre sens, si un Peul vole ou triche et s'il n'est pas appréhendé, il ne considère pas cet acte comme un péché. Le vol ou la tricherie sont considérés comme péchés uniquement quand ils sont découverts par la société. Ceci augmente encore l'ambiguïté de leur notion de péché. Elle s'accorde bien à la pensée de Pélage qui a nié le péché originel et qui croyait que « seules les désobéissances conscientes méritent le nom de péché[190] ».

---

187. *Ibid.*, p. 67.
188. Pour connaître ces péchés les musulmans élaborent très souvent des hypothèses. *Ibid.*
189. *Ibid.*
190. Henri BLOCHER, *La doctrine du péché et de la rédemption*, Vaux-sur-Seine, Édifac, 2000, p. 36.

En lisant la Bible, nous comprenons que « l'homme n'est pas seulement l'auteur du péché, mais qu'il est pécheur[191] ». De ce fait, « les péchés d'omission valent les péchés de commission (Jc 4.17)[192] ». Selon la Bible, confesser ses péchés signifie se tourner vers le Christ pour recevoir son pardon (1 Jn 1.5-10). La confession des péchés conduit donc inévitablement l'homme à confesser que Jésus-Christ est « mort pour nos péchés ». Ainsi, « tout péché, tant originel qu'actuel, étant transgression de la Loi juste de Dieu et en opposition avec elle (1 Jn 3.4), recouvre de culpabilité le pécheur (Rm 2.15 ; 3.9, 19), et celui-ci est alors prisonnier de la colère de Dieu (Ép 2.3)[193] ». Ici les notions coraniques de péchés majeurs, grands et petits, n'ont pas cours et tout pécheur est prisonnier « de la malédiction de la Loi (Ga 3.10), et soumis ainsi à la mort (Rm 6.23), avec toutes ses souffrances spirituelles (Ép 4.18), temporelles (Rm 8.20 ; Lm 3.39) et éternelles (Mt 25.41 ; 2 Th 1.9)[194] ».

En considérant ces vérités bibliques, nous pouvons dire que le fait de nier l'existence du péché originel et de croire que le péché de l'homme n'atteint pas Dieu conduit les Peuls musulmans à penser que le péché n'est pas une rébellion contre Dieu et à refuser de lier la confession des péchés à Jésus-Christ. Cela rend difficile non seulement la communication de l'Évangile, mais aussi l'implantation d'Églises en milieu peul.

5. La doctrine du salut

Dans l'islam peul, le mot pular *kissiyee* (salut, paix) est régulièrement utilisé. Après avoir prononcé le nom du Prophète Muhammad, on ajoute : *Yo jam e kissiyee wonu e makko* (que la paix et le salut soient sur lui). C'est une formule rituelle pour les Peuls musulmans. Mais que signifie « salut » ? À cette question essentielle, les Peuls musulmans du Fouta-Djallon donnent des réponses basées sur le Coran.

Ils croient que le salut s'obtient par la pratique de bonnes œuvres. Celui qui les pratique, croient-ils, peut au dernier jour faire pencher la balance en sa faveur et mériter le paradis[195]. Aussi doivent-ils observer la loi d'Allah de

---

191. *Ibid.*, p. 34.
192. *Ibid.*
193. *Confession de foi de Westminster*, art. 6.
194. *Ibid.*
195. Sur ce sujet, l'histoire de la religion peule ne manque pas d'exemples. Ici nous mentionnerons seulement l'histoire d'Ahmad qui « a été sauvé en raison de sa conduite

manière stricte. C'est un salut par les œuvres qui met l'accent sur l'effort humain. Cette conception affaiblit, voire ignore, la gravité du péché qui, pour la Bible, trouve son origine dans la nature déchue de l'homme. Telle est la raison fondamentale pour laquelle les Peuls musulmans s'activent dans la pratique de bonnes œuvres : construction de mosquées, envoi à la Mecque de pèlerins nécessiteux et démunis, soutien aux pauvres.

Puisque les Peuls musulmans croient à la souveraineté d'Allah, ils attribuent de manière subtile la pratique de ces bonnes œuvres à la volonté absolue d'Allah. Ceux qui sont prédestinés au salut feront nécessairement les bonnes œuvres recommandées par Allah, Et ceux-là qui sont destinés à l'enfer, leurs œuvres seront celles des gens destinés à l'enfer[196]. De ce fait, les Peuls lient le salut à la prédestination malgré leur zèle pour les bonnes œuvres. Ils croient fermement que nul ne peut aller au paradis s'il n'y a été prédestiné[197]. Dans sa souveraineté, Allah peut égarer ou sauver qui il veut. Il donne à l'homme la possibilité de se diriger sur la voie droite (sourate 76.29-30). Il égare et guide qui il veut (14.4). Il accorde son pardon ou le refuse à qui il veut (5.21). Personne ne peut ramener sur le droit chemin celui qu'Allah égare (4.90). En lisant tous ces textes, on s'aperçoit qu'Allah a mis à part, de toute éternité, les adeptes de la religion du prophète Muhammad et qu'il a prédestiné depuis l'éternité ceux qui se convertissent à l'islam. Donc ceux qu'il a égarés pour l'éternité ne peuvent pas être sauvés[198].

Il est important de souligner que ni le salut par les œuvres ni le salut par la prédestination ne rassurent les Peuls musulmans. Tous demeurent dans l'incertitude et dans la peur quant à leur destinée éternelle. Leurs multiples efforts pour exercer une bonne œuvre ne leur donnent aucune certitude de salut parce que le dernier mot revient à Allah. Or, sa volonté ne sera connue qu'après la mort du croyant.

Les Peuls musulmans croient aussi que le salut de la femme dépend de son époux à qui elle doit absolument se soumettre. C'est dans ce sens qu'Alpha

---

à l'égard d'un petit chat abandonné en pleine rue. Il avait pris avec lui ce petit chat qui grelottait et l'avait conduit chez lui, où il l'avait réchauffé et lui avait donné à manger. C'est à cause de cet acte qu'il a été récompensé en entrant au paradis ». BALDÉ, SALVAING, *Une vie au Fouta-Djallon*, p. 37.

196. AL-GHAZALI, *Ad-Doura al-Fâkhira. La perle précieuse*, p. 3.
197. *Ibid.*
198. HAAFKENS, *Chants musulmans en peul*, p. 105.

Oumar Barry considère le paradis comme un lieu « où la femme reçoit la juste récompense de sa vie vertueuse[199] ». À ce sujet, la description d'Ursula Baumgardt est très parlante :

> Une femme peule, il faut qu'elle sache que c'est Dieu qui l'a créée, il faut qu'elle sache que le prophète est placé au-dessus de toutes les créatures. Il faut qu'elle jeûne – trente jours – et il faut qu'elle prie cinq fois par jour. Si son mari n'a pas d'esclave, elle doit prendre le mil, le débarrasser du son, le moudre de sa main sur la pierre et préparer la nourriture pour son mari pour qu'elle puisse entrer au paradis. Toutes les misères et les misères ont été créées pour la femme peule, sauf si elle a un esclave qui la décharge[200].

Cette croyance peule contredit le Coran qui enseigne que l'homme et la femme ont les mêmes chances d'accéder au paradis et qui ne fait pas dépendre le salut de la femme de son mari (sourates 47.21 ; 33.35). Cela complique non seulement la compréhension de la notion de salut dans l'islam peul, mais aussi l'annonce de l'Évangile aux Peuls musulmans, car le salut en Jésus-Christ est radicalement opposé au salut du Coran.

6. La communauté musulmane (umma)

À ces difficultés viennent s'ajouter les obstacles qui proviennent de la communauté musulmane qui, dans la vie religieuse des Peuls du Fouta-Djallon, occupe une place de choix. Mais qu'est-ce que la communauté musulmane aux yeux des Peuls ? Pour éviter d'en détourner le sens originel, il nous semble nécessaire de transcrire ce nom en arabe et en pular, car il y a des résonnances difficiles à expliquer dans une autre langue. Au sens large la notion de communauté musulmane est rendue en arabe par *umma*. Mais au sens strict elle est transcrite en arabe par *ummat al-nabi* (communauté du Prophète [Muhammad])[201]. Le premier concept de l'*umma* désigne le peuple

---

199. BARRY, *L'épopée peule du Fouta Jallo*, p. 211.
200. BAUMGARDT, *Une conteuse peule et son répertoire*, p. 38.
201. Edgard WEBER, *Maghreb arabe et Occident français. Jalons pour une (re)connaissance interculturelle*, Toulon, Presses universitaires du Mirail, 1999, p. 307 ; Roger ARNALDEZ, « Sciences coraniques : grammaire, droit, théologie et mystique », in *Études musulmanes* XXXIX, Paris, Vrin, 2005, p. 215.

et la nation, c'est-à-dire les personnes qui décident de vivre ensemble. C'est dans ce sens que l'*umma* prend la connotation de *dar al-islam*, littéralement « havre de l'islam », c'est-à-dire le monde ou le pays de l'islam. C'est ainsi que le Fouta-Djallon a été et reste encore aujourd'hui perçu comme *dar al-islam*, un pays de l'islam[202].

Le second concept *ummat al-nabi* désigne la communauté du Prophète Muhammad. C'est l'ensemble de tous ceux qui pratiquent l'islam. Il faut remarquer que dans le langage courant les Peuls musulmans utilisent *ummat al-nabi* pour marquer l'unité dans la foi de tous ceux qui pratiquent la religion du Prophète Muhammad. Par conséquent, abandonner l'islam au profit d'une autre religion, c'est trahir le peuple et la nation. C'est aussi renier le Prophète Muhammad et s'exclure de sa communauté. Cela nous permet d'affirmer que l'*umma* ou l'*ummat al-nabi* est l'institution islamique qui maintient les croyants dans l'islam. Elle contrôle non seulement les individus, mais aussi les familles et des groupes de personnes qui se déclarent musulmans. Par exemple, quand un Peul se convertit à Christ, l'*umma* met la pression non seulement sur sa famille, mais aussi sur sa personne. Il est chassé de sa famille et spolié de ses biens. S'il est marié, sa famille lui retire sa femme et ses enfants avec la complicité de l'*umma*. Une telle personne est *de facto* exclue de l'*ummat al-nabi* et devient, aux yeux de tous les Peuls musulmans, un *kafr*, c'est-à-dire une personne qui ne prie pas. Ainsi considéré, le converti n'est accueilli ni par sa famille ni par l'*ummat al-nabi*.

Notons que la cohésion et la solidarité des musulmans peuls en tant que corps religieux non seulement consolide chez eux l'esprit communautaire, mais renforce aussi la pression sociale sur quiconque parmi eux décide de changer de religion. Très souvent, la communauté musulmane qui contrôle les différentes familles se sert de menaces de mort pour détourner du chemin de Christ le Peul intéressé par l'Évangile. Cette pression sociale peut durer aussi longtemps qu'il est intéressé par l'Évangile. Ce rejet familial et communautaire est un facteur déterminant du refus de l'Évangile par les Peuls.

---

202. N'Guessan N'Gotta, « Migration et conflits fonciers dans le Sud-Ouest ivoirien », in *Population et mobilités géographiques en Afrique*, sous dir. Famagan-Oulé Konaté, N'Guessan N'Gotta, Samuel Ndembou, Paris, Karthala, 2010, p. 144 ; Ibrahima Diallo, « Les services urbains et les communications. Deux éléments essentiels de structuration et de polarisation de l'espace au Fouta-Djallon », in *Systèmes spatiaux et structures régionales en Afrique*, sous dir. Amadou Diop, Noupko Agoussou, Kwami Gabriel Nyassogbo, Paris, Karthala, 2010, p. 50.

C. Éléments chrétiens doctrinaux défavorables à l'implantation d'Églises

Dans cette section, nous avons choisi de présenter deux sujets principaux qui tracent une ligne de démarcation entre les doctrines biblique et coranique. Premièrement, nous expliquerons la divinité et l'œuvre de Jésus-Christ. Deuxièmement, nous parlerons de la doctrine de la Trinité.

1. La divinité et l'œuvre de Jésus-Christ
a. Divinité de Jésus-Christ

Les chrétiens qui vivent au Fouta-Djallon sont unanimes pour reconnaître que la divinité de Jésus-Christ constitue une des pierres d'achoppement à l'implantation d'Églises. À la lumière des enseignements coraniques, les Peuls nient totalement la filiation et l'incarnation de Jésus. Ils clament haut et fort qu'Allah n'a pas de fils ; Jésus n'est pas le fils de Dieu, mais seulement un serviteur et une pure créature (sourates 4.171 ; 6.10 ; 19.35 ; 23.91). André Gardner, missionnaire de la CMA parmi les Peuls du Fouta-Djallon, nous a confié que les Peuls comprennent le titre « Fils de Dieu » dans le sens que Dieu aurait engendré Jésus en couchant avec une femme, ce qui les pousse à considérer les chrétiens comme des blasphémateurs[203]. Quand les chrétiens déclarent, « Jésus est le Fils de Dieu », les musulmans répliquent : « Pensez-vous qu'Allah ait une femme pour donner naissance à une progéniture ? » (Sourate 2.110) La négation de la filiation divine de Jésus conduit inévitablement à la négation de la divinité de Jésus. Dans la sourate 5.72, le Coran dit :

> Ce sont, certes, des mécréants ceux qui disent : En vérité, Allah c'est le Messie, fils de Marie. Alors que le Messie a dit : Ô enfants d'Israël, adorez Allah, mon Seigneur et votre Seigneur. Quiconque associe à Allah (d'autres divinités), Allah lui interdit le Paradis ; et son refuge sera le Feu. Et pour les injustes, pas de secoureurs ! (sourate 5.72)

Le verset 75 renchérit : « Le Messie, fils de Marie, n'était qu'un Messager. Des messagers sont passés avant lui. Et sa mère était une véridique. Et tous

---

[203]. André GARDNER interviewé à Conakry le 22 mars 2013. Rappelons que dans l'islam nier l'unicité d'Allah, c'est nier Allah, et donc c'est le péché sans rémission. Car « Allah ne pardonne pas qu'on lui donne des associés, et pardonne toute autre chose à qui il veut » (sourate 4.18).

deux consommaient de la nourriture. Vois comme Nous leur expliquons les preuves et puis vois comme ils se détournent » (sourate 5.75).

Chez les Peuls musulmans, Isa est perçu comme un grand prophète, même l'un des plus grands, à l'exception de Muhammad qui est venu pour le remplacer. Ils le considèrent comme le fils de Marie. Les Peuls musulmans connaissent la mère de Jésus, mais ils ne connaissent pas son Père parce qu'ils regardent Jésus-Christ avec les lunettes du Coran. Selon le Coran, Isa est aux yeux d'Allah ce qu'est Adam : il le forma de poussière, puis il dit : « Sois et il fut » (sourate 3.59). Influencés par le Coran, les Peuls musulmans nient la filiation divine de Jésus, ce qui contredit la Bible. Marc introduit son évangile par : « Commencement de l'Évangile de Jésus-Christ, Fils de Dieu » (Mc 1.1).

Pour sa part, après avoir remonté la généalogie de Jésus jusqu'à Adam, l'évangéliste Luc finit par l'appeler « fils de Dieu » (Lc 3.38). Il explique la naissance de Jésus en relevant qu'au sixième mois l'ange Gabriel a été envoyé par Dieu à Nazareth pour transmettre à Marie son message. Arrivé chez Marie l'ange lui dit : « Sois sans crainte, Marie ; car tu as trouvé grâce auprès de Dieu. Voici : tu deviendras enceinte, tu enfanteras un fils, et tu l'appelleras du nom de Jésus. Il sera grand et sera appelé Fils du Très-Haut » (Lc 1.30-32). En entendant le message de l'ange, Marie s'étonne. Elle lui demande : « Comment cela se produira-t-il, puisque je ne connais pas d'homme ? » (Lc 1.34). En réponse à Marie, l'ange dit : « Le Saint-Esprit viendra sur toi, et la puissance du Très-Haut te couvrira de son ombre. C'est pourquoi le saint (enfant) qui naîtra sera appelé Fils de Dieu » (Lc 1.35).

L'apôtre Jean prolonge la même idée en disant que « cet évangile a été écrit pour que les hommes croient que Jésus est le Messie, et même plus que le Messie : le Fils de Dieu (Jn 20.31)[204] ». Confesser Jésus-Christ comme le Fils de Dieu apparaît de manière récurrente dans la Bible et atteste la divinité de Jésus-Christ et de son œuvre. C'est pourquoi Jésus-Christ dit : « En vérité en vérité, je vous le dis, le Fils ne peut rien faire par lui-même, mais seulement ce qu'il voit faire au Père ; et tout ce que le Père fait, le Fils aussi le fait également » (Jn 5.19). Ce passage illustre la relation d'amour entre le Père et le Fils. Car « le Père aime le Fils et lui montre tout ce qu'il fait » (Jn 5.20). « De plus, le Père ne juge personne, mais il a remis tout jugement au Fils » (Jn 5.22).

---

204. Cf. George E. LADD, *Théologie du Nouveau Testament*, Charols, Excelsis, 2010, p. 369.

b. Œuvre de Jésus-Christ

Le commun des musulmans connaît Jésus comme un faiseur de miracles[205]. Selon le Coran, il est celui qui guérit les malades et ressuscite les morts (sourates 2.87 ; 3.49 ; 5.113 ; 43.63). C'est pourquoi les Peuls musulmans lui accordent un grand respect. Mais ils s'attaquent vigoureusement à sa mort parce que le Coran dit :

> Et à cause de leur parole : Nous avons vraiment tué le Christ, Jésus, fils de Marie, le Messager d'Allah… Or, ils ne l'ont ni tué ni crucifié ; mais ce n'était qu'un faux semblant ! Et ceux qui ont discuté sur son sujet sont vraiment dans l'incertitude : ils n'en ont aucune connaissance certaine, ils ne font que suivre des conjectures et ils ne l'ont certainement pas tué. Mais Allah l'a élevé vers Lui. Et Allah est Puissant et Sage (sourate 4.157-158).

En lisant ce texte, on comprend aisément que la mort et la résurrection de Jésus, qui constituent les vérités fondamentales de la foi et de la prédication chrétiennes, sont attaquées et vidées de leur contenu biblique. Les Peuls musulmans croient à cette parole coranique au point qu'il leur est difficile de saisir la portée de la mort de Jésus-Christ. Ils condamnent sévèrement l'idée selon laquelle Jésus-Christ a été crucifié et tué par les hommes, et n'éprouvent que mépris pour sa résurrection et pour toutes ses fonctions de sacrificateur et de médiateur. Pour eux Jésus n'est pas le Sauveur, mais il est l'un des plus grands prophètes. Par conséquent, Muhammad est plus important que Jésus-Christ. Muhammad est considéré par les Peuls musulmans comme le prophète qu'on doit suivre, le Vainqueur par la grâce d'Allah et l'intercesseur choisi par Allah pour sauver les musulmans[206].

Ils accusent donc les chrétiens d'être des menteurs, des mécréants, des blasphémateurs, des égarés et des idolâtres, parce qu'ils croient être sauvés par Jésus. Ils considèrent qu'à cause de leur égarement Allah manifestera sa colère contre eux au dernier jour s'ils ne se convertissent pas à l'islam. Le

---

205. AL-GHAZALI, *Al Rad al Jamil li ilahiyat Isa bi sarahi al injil. Réfutation excellente de la divinité de Jésus Christ : contestation de la Trinité et fondement théologique du dialogue islamo-chrétien*, Paris, La Ruche, 1999, p. 51.
206. HAAFKENS, *Chants musulmans en peul*, p. 58 ; VIEILLARD, *Poèmes peuls du Fouta-Djallon*, p. 17.

paradis coranique, croient-ils, est pour ceux qui font de bonnes œuvres[207]. En revanche, la Bible déclare que tout a été purifié avec du sang, et que sans effusion de sang il n'y a pas de pardon (Hé 9.22). Jésus-Christ est devenu ce sacrifice sanglant pour nous à la croix. Et l'évangile de Jean le spécifie : « Car Dieu a tant aimé le monde qu'il a donné son Fils unique, afin que quiconque croit en lui ne périsse point, mais qu'il ait la vie éternelle » (Jn 3.16). Ce sacrifice expiatoire est exclusif : « Le salut ne se trouve en aucun autre ; car il n'y a sous le ciel aucun autre nom donné parmi les hommes, par lequel nous devions être sauvés » (Ac 4.12). L'œuvre de Jésus-Christ, selon la Bible, constitue une discontinuité absolue avec celle de l'Isa du Coran. Expliquer ces vérités fondamentales aux Peuls musulmans pour leur faire connaître Jésus-Christ est donc un défi majeur pour l'Église.

2. La doctrine de la Trinité

La Trinité, qui est l'un des piliers de la foi chrétienne, est un deuxième objet d'attaque pour les Peuls musulmans du Fouta-Djallon. Ne comprenant pas la portée biblique de cette doctrine, ils accusent les chrétiens d'être des associateurs et des blasphémateurs qui commettent le *shirk*, le fait d'associer des divinités à Allah, le pire des péchés dans l'islam. La doctrine de la Trinité est un concept théologique affirmant qu'il y a un seul Dieu existant en trois personnes : le Père, le Fils et le Saint-Esprit ; les trois sont à la fois un et distincts[208]. Les chrétiens qui vivent au Fouta-Djallon croient fermement en cette doctrine[209]. Cela se vérifie par le fait que le concept de la Trinité paraît naturellement dans la prière, la prédication, l'enseignement et même dans le discours d'évangélisation des chrétiens.

---

207. La pratique des cinq piliers de l'islam, à savoir la profession de foi, la prière, l'aumône, le jeûne pendant le mois de Ramadam et le pélerinage à la Mecque, sont une façon de pratiquer les bonnes œuvres. L'éthique musulmane et les valeurs du *pulaaku* sont également comptées parmi les bonnes œuvres que chaque Peul musulman doit accomplir. HAAFKENS, *Chants musulmans en peul*, p. 89.

208. *Confession de foi de Westminster*, art. 3 : Dans l'unité divine il y a trois personnes d'une seule et même substance, puissance et éternité : Dieu le Père, Dieu le Fils et Dieu le Saint-Esprit (1 Jn 5.7 ; Mt 3.16, 17 ; 28.19 ; 2 Co 13.14). Le Père n'est engendré par personne et ne procède de personne. Le Fils est éternellement engendré du Père (Jn 1.14, 18). Le Saint-Esprit procède éternellement du Père et du Fils (Jn 15.26 ; Ga 4.6).

209. EPEG, « Constitution : statuts et règlement intérieur », 2010, p. 2 : chapitre II : « Confession de foi ».

En revanche, pour les musulmans, la croyance en l'unicité d'Allah (sourates 4.71 ; 5.72-73) exclut toute notion de Trinité. Cet enseignement est inculqué aux musulmans peuls dès leur jeune âge. Ils grandissent avec l'idée que les chrétiens adorent trois dieux et seront jugés par Allah pour avoir commis le péché impardonnable de *shirk*.

Pour faire comprendre aux musulmans peuls la doctrine de la Trinité, les missionnaires ont recours à plusieurs images[210]. Certains parmi eux utilisent l'image des trois états de l'eau : solide, liquide et gazeux. Ils sont distincts, mais de même essence. Ils se servent aussi d'analogies en utilisant l'exemple des fruits comme l'orange et la papaye, qui contiennent de la peau, de la chair et du jus. Ces trois éléments constitutifs sont tellement liés qu'ils constituent une unité. Les missionnaires prennent aussi l'image de la fumée, de la chaleur et de la lumière, à la fois distincts et constitutifs d'un même et unique élément, le feu[211].

Mais malgré ces efforts, la doctrine de la Trinité reste mal comprise par les Peuls musulmans parce que la sourate 5116 dit clairement que la Trinité est composée d'Allah, de Jésus et de Marie[212]. Cette conception coranique de la Trinité est une déformation de la doctrine chrétienne et elle radicalise davantage la position des Peuls musulmans pour qui attribuer à Allah des associés constitue un grave péché (*shirk*). À la suite d'Al-Ghazali, les Peuls musulmans considèrent que la notion d'hypostase des Pères grecs a amené les chrétiens à reconnaître trois dieux distincts en substance. La sourate 5.73 fait allusion à ce fait : « Ce sont certes des mécréants, ceux qui disent : "En vérité, Allah est le troisième de trois." Alors qu'il n'y a qu'Une Divinité Unique ! Et s'ils ne cessent de le dire, certes, un châtiment douloureux touchera les mécréants d'entre eux »[213].

Leur compréhension faussée de cette doctrine chrétienne en fait un réel obstacle à l'implantation d'Églises au Fouta-Djallon. Les Peuls musulmans ont du mal à comprendre la personne et l'œuvre de Jésus-Christ et la doctrine de la Trinité telles que la Bible les enseigne.

---

210. Cf. aussi Gerhard NEHLS, Walter ERIC, *Une approche pratique et stratégique de l'évangélisation des musulmans*, Nairobi/Abidjan, Life Challenge Africa/CPE, 2002, p. 72.
211. *Ibid.*
212. KÜNG, *L'islam*, p. 696 ; CASPAR, *Pour un regard chrétien sur l'islam*, p. 77.
213. AL-GHAZALI, *Al Rad al Jamil li ilahiyat Isa bi sarahi al injil*, p. 51.

D. Éléments défavorables liés à la spiritualité chrétienne

L'évangélisation des Peuls musulmans est difficile non seulement à cause des vives réactions d'opposition aux doctrines chrétiennes de la divinité de Jésus-Christ et de la Trinité, mais aussi à cause de certains éléments liés à la spiritualité chrétienne : des divisions parmi les Églises, des formes de culte déconnectées de la culture, un manque d'intérêt pour la mission, l'absence d'une pastorale axée sur la mission et le manque de formation des nouveaux convertis.

1. Divisions parmi les Églises

Diviser l'Église pour étendre son royaume sur la terre est l'une des méthodes de Satan pour paralyser l'implantation d'Églises au Fouta-Djallon. André Tolno, catéchiste de l'Église catholique de Labé, âgé de 65 ans, et Martin Luther Onivogui, pasteur de l'Église Protestante Évangélique de Labé, âgé de 53 ans, nous ont confié que, le plus souvent, Satan se sert de nos divisions doctrinales, ecclésiales ou ecclésiastiques, théologiques et stratégiques pour rendre difficile, voire impossible, l'annonce de l'Évangile au Fouta-Djallon. Or, la communauté musulmane peule, à qui l'Église est appelée à annoncer l'Évangile, est fortement unie[214].

Pour évangéliser les Peuls, l'unité du corps de Christ est nécessaire pour ne pas dire indispensable. Mais comment les Églises et Missions catholiques, protestantes et évangéliques pourront-elles se mettre ensemble pour annoncer l'Évangile ? Comment élaborer un programme d'évangélisation commun ? Ou encore, comment collaborer dans l'évangélisation avec les Missions et les ministères paraecclésiastiques ? Telles sont les questions posées à l'Église chrétienne pour que son message soit pertinent et efficace parmi les Peuls musulmans du Fouta-Djallon.

Pour pallier cette difficulté, l'Église de Jésus-Christ doit revenir à la Bible et travailler dans l'unité comme Christ le lui recommande (Jn 17.11 ; 21), Car la division de la communauté chrétienne nuit à l'annonce de l'Évangile. Toutefois, il est important de souligner qu'il est malsain de vouloir bâtir l'unité avec ceux qui ne croient pas à la divinité de Christ, nient la vérité de la Nouvelle Alliance, l'inspiration des Écritures, la place centrale de Jésus-Christ,

---

214. André Tolno interviewé à Labé le 22 avril 2014 ; Martin Luther Onivogui interviewé à Labé le 12 septembre 2016.

son expiation sur la croix, sa résurrection et son retour pour le jugement dernier, la nature pécheresse de l'homme, le salut par la grâce au moyen de la foi, la Trinité et l'œuvre du Saint-Esprit en nous. L'unité n'est pas non plus possible avec toute personne ou communauté chrétienne qui pratique l'idolâtrie. Mais il n'est pas bon de se diviser sur les doctrines et pratiques périphériques qui ne touchent ni à la nature et l'œuvre de Dieu ni au salut de l'homme. À titre d'exemple, le style du culte ou l'organisation de l'Église ne doivent pas être des causes de division, car l'unité n'est pas l'uniformité. La vraie unité se vit dans la diversité. Cela revient à dire qu'aucune dénomination, encore moins une organisation missionnaire, ne peut « revendiquer à elle seule la tâche missionnaire, l'œuvre de faire entendre la voix de Dieu jusqu'aux extrémités de la terre. Ni matériellement ni spirituellement aucune dénomination ne peut atteindre, elle seule, toutes les ethnies du monde entier[215] ».

L'unité, si elle est réalisée, sera un témoignage vivant rendu « afin que le monde croie » (Jn 17.21). L'enjeu de l'unité, selon ce texte, c'est la crédibilité du message. Sans l'unité des chrétiens, le message ne sera pas crédible. C'est à ce niveau que nous mentionnons la dimension missionnaire de l'unité[216]. Jean 17.11-22 fait dépendre l'unité de l'Église de trois vérités fondamentales : Pour Jésus-Christ, l'unité spirituelle est possible quand nous croyons en son nom, en sa Parole et en sa gloire. Si nous gardions nos regards sur ces vérités fondamentales, son Église serait unie. Elle s'ouvrirait à l'amour et au ministère d'accueil des personnes assoiffées d'entendre l'Évangile.

2. Un culte hors contexte

Pendant nos multiples voyages au Fouta-Djallon, nous avons participé à plusieurs cultes du dimanche dans des Églises catholiques et évangéliques. Lors de chaque culte, nous avons décelé quelques éléments cultuels défavorables à l'accueil de l'Évangile en milieu peul. Sur la base de ces éléments, nous avons dû constater que la pratique cultuelle chrétienne comporte des obstacles majeurs à l'enracinement de l'Évangile parmi les Peuls musulmans.

Tout d'abord, le choix de la langue liturgique n'est pas pertinent. Dans les Églises au Fouta-Djallon, le français est la langue du culte dominical. Les Églises catholiques et évangéliques sont attachées au français au point

---

215. Solomon ANDRIA, *Église et mission à l'époque contemporaine*, Yaoundé, CLÉ, 2007, p. 106.
216. *Ibid.*

d'ignorer la langue vernaculaire, le pular, que la plupart des évangélistes et pasteurs guinéens travaillant parmi les Peuls ne parlent pas ! Dans certaines Églises évangéliques, le message est traduit dans une langue autre que le pular. Par exemple, à l'Église Protestante Évangélique de Dalaba, nous avons participé dans un passé récent à un culte dominical où le pasteur prêchait en français avant d'être traduit en kissi[217]. Nous avons constaté la même chose dans les Églises Protestantes Évangéliques de Mamou et de Labé. Quand nous avons demandé aux pasteurs de ces Églises la raison de célébrer le culte en langue kissi, ils nous ont répondu que la majorité des participants sont de cette ethnie kissi[218]. Dans une autre Église, le culte était traduit en malinké censé être parlé par la majorité des chrétiens qui viennent de la région forestière.

Dans les Églises charismatiques, le culte se déroule également en langue française. Ici le message n'est interprété dans aucune langue maternelle. Le français est aussi la langue du culte dans l'Église catholique. En plus du français, l'Église catholique introduit dans la messe des chants grégoriens peu accessibles non seulement aux chrétiens catholiques, mais aussi aux Peuls musulmans qui les entendent louer le Seigneur. Or, les Peuls aiment leur langue ; ils la maîtrisent et s'y attachent résolument ; ils aiment être enseignés en pular plutôt qu'en français ; ils ont beaucoup de respect pour celui qui parle leur langue et ils l'écoutent avec intérêt et admiration. Mais ils accordent plus d'importance encore à l'arabe. Celui qui parle l'arabe est plus écouté que celui qui parle le pular, le français ou l'anglais, car l'arabe est à leurs yeux la langue de la révélation, la langue du Coran dans laquelle ils prient Allah[219].

Outre l'obstacle linguistique, les Peuls musulmans comprennent mal la manière dont les chrétiens adorent et louent Dieu dans l'Église. Pour eux,

---

217. Lavoix KAMANO, pasteur de l'EPE de Dalaba, interviewé le 23 mars 2014.
218. En République de Guinée le peuple kissi est l'un des peuples le plus atteints par l'Évangile. On peut estimer que 70 % des Kissi sont chrétiens. Le travail de recherche sur le profil des peuples de Guinée mené par le département Mission-Recherche de l'Association des Églises et Missions Évangéliques de Guinée (AEMEG) a compté 45 900 chrétiens kissi. Ceci fait que dans toutes les villes de la Guinée les chrétiens kissi sont nombreux. Toutefois, ceci n'est pas un argument suffisant pour tenir le culte en kissi au détriment de la langue du terroir, d'autant plus que la majorité des Kissi qui vivent au Fouta-Djallon parlent le pular. AEMEG, « Consultation des leaders sur l'évangélisation : un mouvement d'implantation d'Églises dans tous les milieux », Kindia, 14-19 janvier 2002, p. 116.
219. Ceci fait que la majorité des Peuls apprennent l'arabe dès leur jeune âge. Un vrai Peul doit savoir lire le Coran. De ce fait l'arabe est pour eux une langue de la Révélation d'Allah. Dans les rues et à la maison les Peuls ne parlent pas en arabe, mais en pular. BAH, SALVAING, « Le commentaire du Coran », p. 9.

les chrétiens se présentent devant Dieu en état d'impureté, parce que leur célébration ne comporte pas d'actes de purification, à savoir les ablutions, l'interdiction du port de chaussures pendant la prière, la séparation des hommes et des femmes dans l'Église.

De plus, les musulmans peuls veulent que la prière s'effectue en une succession de prosternations. Pour eux, cette position marque l'humilité, la soumission du croyant et l'exaltation d'Allah. Enfin, ils critiquent sévèrement les cantiques chantés dans l'Église par les chrétiens. Accompagnés d'une musique assourdissante, d'applaudissements et de cris, ils ne font, selon eux, qu'attirer les mauvais esprits. Le culte chrétien, disent-ils, est voué à l'adoration de Satan, non à Allah[220].

Après avoir écouté le discours des Peuls musulmans sur la prière des chrétiens, nous avons compris que le culte chrétien, tel qu'il se déroule au Fouta-Djallon, est opposé à la vision peule du monde. Ce qui est admis par les chrétiens comme adoration et louange rendues à Dieu constitue pour eux une offense à Allah et les incite à considérer la foi chrétienne comme une abomination, une rébellion contre Allah.

3. Manque de spiritualité axée sur la mission

Nous avons déjà souligné que le culte est au cœur de la spiritualité chrétienne. La mission en est l'axe. La spiritualité chrétienne a la vocation d'être *missionnelle*, c'est-à-dire centrée sur la mission. La mission devrait être l'aboutissement de la piété, la prière, la prédication, la louange et l'adoration. Une spiritualité qui ne tient pas compte de la mission lui est opposée et devient dangereuse pour l'implantation d'Églises. Il n'est donc pas bon de vivre sa spiritualité sans souci pour la mission. Une spiritualité qui manque d'horizon missionnaire s'ouvre difficilement à l'amour et favorise une vie centrée sur ses propres intérêts.

---

220. Thierno Barry, un professeur de lycée, âgé de 53 ans, nous a rapporté que dans la culture peule les danses au son des tam-tams accompagnées de chants est un signe de mondanité. Allah n'exausse pas la prière d'une communauté qui l'adore avec des danses au son des tam-tams. Dans les églises les chrétiens ne font qu'offenser Dieu. Abdoul Aziz Diallo, âgé de 35 ans et Mariama Barry, âgée de 70 ans, tous chrétiens d'arrière-plan musulman, renchérissent en relevant que les danses dans nos communauté chrétiennes constituent un des obstacles à l'évangélisation de nos frères peuls. Quand ils nous voient danser dans les églises, ils nous prennent pour des adorateurs d'idoles. Thierno Barry interviewé à Labé le 20 juillet 2014 ; Abdoul Aziz Diallo et Mariama Barry, anciens de l'Église Peuple du Livre de Dalaba, interviewés le 25 juillet 2014.

Certains chrétiens vivant parmi les Peuls musulmans pensent qu'il existe une dichotomie entre la mission et la spiritualité. Ils s'intéressent au jeûne de trois à sept jours, aux veillées de prière intense, au culte et à la lecture de la Bible sans avoir le moindre souci d'évangéliser les Peuls musulmans[221]. Ils sont convaincus qu'ils ne pourraient mieux faire ce qu'ils font dans le domaine spirituel. De ce fait, ils s'efforcent de satisfaire leurs propres besoins spirituels en recherchant leur confort dans un ascétisme hostile à l'annonce de l'Évangile. Ils se complaisent dans une spiritualité froide qui les empêche de communiquer l'Évangile aux Peuls musulmans.

Les effets de cette spiritualité froide sont néfastes à la vie communautaire chrétienne. Elle pousse les croyants à prôner une certaine liberté en ce qui concerne le manger, le boire, la conversation, les occupations et la fréquentation des lieux de loisir. C'est pourquoi les Peuls musulmans accusent les chrétiens forestiers au Fouta-Djallon de manger tout ce qui est interdit par l'islam. Ils les soupçonnent de vendre et boire du vin dans l'Église[222].

Ces chrétiens ignorent les forteresses de Satan. Or, la mission au Fouta-Djallon exige un combat spirituel parce que les Peuls musulmans croient aux démons avec lesquels ils entretiennent des relations, ce qui les rend plus réfractaires à l'Évangile. Le combat spirituel ne devrait donc pas être négligé. Il constitue la dimension antagonique de la mission de l'Église[223]. Ainsi, les ministères d'intercession, de guérison et d'exorcisme devront avoir la mission pour finalité[224]. Cependant, la pratique de ces ministères doit se faire dans le respect de la Parole de Dieu.

---

221. Ils s'enlisent dans la vieille tradition des Églises africaines qui stipule que la mission est une œuvre spécifiquement confiée aux missionnaires occidentaux et aux pasteurs formés dans les institutions de formation biblique. Or, le chrétien, de quelque origine qu'il soit, est appelé par le Maître à faire des nations des disciples de Christ. Il ne peut faire autrement.
222. David CAMPBELL interviewé à Dalaba le 4 juin 2013.
223. Pour une discussion de la dimension antagonique de la mission comme l'un des quatre modèles missionnaires proposés par Peter Beyerhaus, cf. Hannes WIHER, « Les grandes lignes missionnaires de la Bible », in *Bible et mission, vol. 1, Vers une pratique évangélique de mission*, Charols, Excelsis, 2011, p. 145s.
224. La démonologie est une partie intégrante de la mission de Jésus et de l'apôtre Paul. Hannes WIHER, « Démonologie. Une dimension oubliée », in *L'évangélisation en Europe francophone*, Charols, Excelsis, 2016, p. 280.

4. Absence d'une pastorale axée sur la mission

La notion de pastorale désigne dans cette étude la mission de l'Église de fonder et conduire des communautés chrétiennes. Cette précision est importante parce que cette notion peut se définir de plusieurs manières. Par exemple, chez les catholiques, la pastorale désigne la responsabilité de l'Église au sein de la communauté de base et dans l'ensemble de la société[225]. C'est pourquoi l'Église catholique parle de la pastorale sociale, de la pastorale des jeunes ou des migrants, de la pastorale biblique, entre autres. Du côté des Réformés le ministère pastoral comprend essentiellement la prédication, l'administration des sacrements (baptême et sainte cène) et les actes pastoraux (mariage et enterrement). Mais aujourd'hui la pastorale embrasse plusieurs domaines de la vie de l'Église : l'administration, la représentation auprès des autorités étatiques, les visites, les entretiens et la formation de disciples[226]. Dans les Églises africaines, la gestion des œuvres scolaires et médicales s'ajoute à la liste des activités pastorales[227].

En regardant les activités de la pastorale, on comprend facilement que la fonction du pasteur est tellement complexe qu'il peut facilement oublier la dimension missionnaire de son ministère. Or, la mission devrait concerner toutes les activités exercées par le pasteur en vue de rendre possible et efficace l'implantation d'Églises au Fouta-Djallon. Ainsi, en parlant ici de la pastorale nous aimerions plaider pour une pastorale centrée sur la mission, c'est-à-dire une pastorale qui intègre l'annonce de l'Évangile et une démarche missionnelle dans tous les domaines de la vie de l'Église. Pour y arriver, les pasteurs doivent avoir une attitude positive vis-à-vis de la responsabilité missionnaire de l'Église.

En effet, quand ils adoptent une attitude négative envers la mission de l'Église, ils portent préjudice à la communauté dont ils sont les bergers. Selon Roger Greenway, dans les Églises où les pasteurs ont une vision négative de la mission, « la proclamation de l'Évangile cesse d'être une priorité pour les membres. Ceux-ci s'engagent dans toute une série d'activités qui ne sont pas mauvaises en elles-mêmes, mais qui ne présentent pas l'Évangile de manière

---

225. Concile Vatican II, *Décret sur la constitution de l'Église. Lumen Gentium*, Paris, Cerf, 1965, p. 55.
226. Auguste LECERF, *Études calvinistes*, Aix-en-Provence, Kerygma, 1949, p. 71.
227. Aujourd'hui on parle en Afrique de la pastorale de développement. Reto GMÜNDER, *Évangile et développement. Pour rebâtir l'Afrique*, Yaoundé, CLÉ, 2004, p. 57.

claire[228] ». Ainsi, au Fouta-Djallon, la majorité des pasteurs consacrent la plus grande partie de leur temps à construire et gérer les écoles et les centres de santé, à organiser les rencontres interconfessionnelles, les marches pour Christ et à animer des conférences ayant pour sujet le développement de la nation. Ces activités ne sont pas mauvaises en elles-mêmes, mais elles compromettent l'évangélisation des Peuls musulmans si elles n'ont pas la mission comme objectif.

5. Manque de formation des nouveaux convertis

En plus des obstacles familiaux, culturels et dogmatiques, la mauvaise conscience des nouveaux convertis peuls les empêche d'approfondir leur connaissance de Christ. Ils manquent de paix intérieure parce qu'ils ressentent non seulement le rejet de leur famille, mais aussi la condamnation du Coran qui les a influencés dès leur jeune âge. Se tourner vers Christ, cela signifie pour eux s'engager *ipso facto* dans une lutte intérieure nourrie par la condamnation du Coran : « Celui qui associe un partenaire ou un autre dieu à Allah ne recevra jamais de pardon. Et celui qui quitte l'islam est condamné et perdu pour l'éternité » (sourate 3.90). Les Peuls peuvent être convertis à Christ ou vivre longtemps en communion avec Dieu tout en demeurant dans cette lutte intérieure qui trouble leur foi. Le discipulat permet aux nouveaux convertis de sortir de ce conflit religieux et devenir disciples de Christ[229].

En devenant disciples de Christ, les Peuls convertis sont appelés à croire à la Bible et à l'appliquer dans tous les domaines de leur vie, à l'encontre de tout ce qu'on leur a inculqué. Or, depuis son jeune âge, le Peul a appris que le Coran a été envoyé d'en haut (*nazil*). Il le considère comme la mère des livres (*umm' al kitab*, sourate 43.3) et l'appelle glorieux parce qu'il serait conservé sur une plaque commémorative éternelle (sourate 85.22). Il croit fermement que le Coran est la révélation d'Allah. C'est pourquoi, quand il s'intéresse à Christ, il doit choisir entre deux révélations. À ce stade, il doit comprendre que le dialogue n'est pas possible entre les deux voies. Car le Coran affirme qu'Allah a dicté toute la vérité à Muhammad et doit être écouté

---

228. Roger S. GREENWAY, *Introduction à la mission chrétienne*, Cléon d'Andran, Excelsis, 2000, p. 122.
229. Simon Pierre GATERA, *Discipulat axé sur la mission. Un moyen de mobilisation efficace de l'Église pour la mission en Afrique francophone*, Nuremberg, VTR, 2001, p. 46.

par tous les croyants (sourates 2.185 ; 17.106 ; 44.3). En revanche, celui qui reçoit l'Évangile dans son cœur est appelé à croire en Jésus et à s'unir à lui. Il est habité par le Saint-Esprit et devient enfant de Dieu. De ce fait il doit rejeter l'ancienne révélation et la considérer comme un mensonge. Il doit comprendre que le Coran ne peut pas se substituer à la Bible, et encore moins les autres sources de révélation dans l'islam.

Rejeter le Coran et nier qu'il est descendu du ciel est un passage difficile et amer pour tous les Peuls intéressés par l'Évangile. Ce passage, ce demi-tour de la conversion, si important pour vivre en disciple de Christ, ne doit pas être forcé et il ne faut pas en sous-estimer la difficulté. C'est à ce stade que le discipulat est nécessaire parce que les nouveaux convertis ont besoin de grandir dans la foi et de discerner toujours plus clairement que « toute Écriture est inspirée de Dieu et utile pour enseigner, pour convaincre, pour redresser, pour éduquer dans la justice » (2 Tm 3.16).

S'ils considèrent que la Bible et le Coran sont deux révélations authentiques, les nouveaux convertis vivent dans la confusion et développent une schizoïdie dont le résultat est une foi superficielle qui se refroidit rapidement. Ceux qui sont demeurés à ce stade ont repris le chemin de la mosquée. Ainsi s'explique la disparition de certaines communautés chrétiennes peules au Fouta-Djallon. Le manque de discipulat est donc l'un des obstacles majeurs à l'implantation d'Églises parmi les Peuls musulmans du Fouta-Djallon.

E. Éléments méthodologiques défavorables à l'implantation d'Églises

Quand l'Église pense à sa mission parmi les Peuls du Fouta-Djallon, elle pointe un doigt accusateur vers la culture et la religion peules. Elle oublie que les pratiques missionnaires et la doctrine chrétienne peuvent aussi constituer des obstacles. Pour une évangélisation en profondeur des Peuls musulmans, il est nécessaire de faire une étude rétrospective sur les méthodes de l'Église missionnaire, identifiant les éléments négatifs qui rendent difficile l'accueil de l'Évangile.

Il s'agira avant tout ici de déceler les erreurs commises par l'Église dans sa pratique missionnaire au Fouta-Djallon, car elles peuvent nuire à son témoignage. Les études anthropologiques, sociologiques et historiques ont permis de mieux comprendre en quoi la pratique des missionnaires peut constituer un obstacle à l'évangélisation. La méconnaissance des méthodes d'évangélisation et le manque de bon sens constituent des obstacles non négligeables à l'annonce et à l'enracinement de l'Évangile au Fouta-Djallon. Dans cette section, nous parlerons des méthodes d'évangélisation agressives, d'une contextualisation non critique par les chrétiens et missionnaires au Fouta-Djallon, et d'une conception fonctionnelle de la religion.

1. Une évangélisation agressive

Certains chrétiens ignorent complètement le contexte culturel des Peuls et veulent à tout prix les intéresser à l'Évangile en organisant des campagnes d'évangélisation et en les invitant à accepter publiquement Jésus-Christ, le Fils de Dieu. Cette manière d'évangéliser les Peuls musulmans est particulièrement prônée par les Églises dites charismatiques. Leur finalité est de défier les œuvres des ténèbres par des prières de délivrance et par la guérison physique qui les accompagne. Les esprits mauvais et Satan sont publiquement dénoncés par le prédicateur principal. Les autres religions sont taxées d'entreprises du diable. Très souvent le prédicateur achève son discours par un appel public à la conversion. Une telle méthode d'évangélisation n'est pas sans danger.

André Gardner, ancien missionnaire de la CMA, et David Campbell, missionnaire de la MPR, qui ont longtemps vécu au Fouta-Djallon, nous ont confié que cette pratique met les Peuls très mal à l'aise et les pousse sur le champ à haïr non seulement l'Évangile, mais aussi ses zélateurs. Ils ont aussi remarqué qu'elle est source de tensions entre les Églises évangéliques et les Peuls musulmans[230].

Certaines organisations paraecclésiastiques pratiquent également une évangélisation agressive. À titre d'exemple, Campus pour Christ a sillonné pendant plusieurs années toutes les villes du Fouta-Djallon avec un programme d'évangélisation de grande ambition : gagner les Peuls musulmans à Christ par la projection du film Jésus. Pour atteindre cet objectif, le film a été traduit en pular. Sa projection a suscité des attaques virulentes de la part des Peuls musulmans dans plusieurs villes. Très souvent les équipiers ont été accueillis par des jets de pierres qui les ont obligés à quitter les lieux et ont abîmé certains de leurs appareils. Sadjo Barry, un des équipiers de Campus pour Christ de Labé, âgé de 47 ans, nous a confié qu'ils rencontraient

---

[230]. André Gardner interviewé à Conakry le 22 mars 2013 ; David Campbell interviewé à Dalaba le 4 juin 2013.

une opposition farouche de la population dans plusieurs régions du Fouta-Djallon[231]. Il ne faut pas perdre de vue que la projection en public du film Jésus est une provocation pour les Peuls musulmans. L'évangélisation par le film Jésus peut être utile, si la projection est faite en privé, c'est-à-dire dans les maisons d'une famille peule intéressée par l'Évangile.

Les témoignages en public des musulmans convertis à Christ s'inscrivent également dans la catégorie des méthodes agressives. Dans un passé récent, Moussa Koné, fils d'un imam ivoirien converti à Christ, était régulièrement invité en Guinée pour raconter en public sa conversion à Christ. J'étais personnellement impliqué dans sa campagne d'évangélisation organisée dans les villes de Kindia et Kankan. Dans la première ville, son témoignage a tellement choqué les musulmans que les autorités préfectorales ont suspendu les émissions chrétiennes à la radio rurale de Kindia. À Kankan, l'assistance a été dispersée par des jets de pierre quand il a dit : « L'islam m'a empêché de fumer, mais il ne m'a jamais empêché de coucher avec les femmes. Tous les prophètes, Adam, Moïse et Muhammad ont péché, mais Jésus n'a pas péché[232]. » De tels témoignages sont utiles pour l'évangélisation individuelle. À cause des attaques qu'ils représentent vis-à-vis de l'islam et de son prophète, ces témoignages ne sont pas appropriés à l'évangélisation des musulmans.

2. Une contextualisation non critique

L'appel à l'évangélisation des Peuls musulmans au Fouta-Djallon a suscité chez les missionnaires occidentaux et africains une réelle compassion pour les Peuls et leur culture. Cet amour a créé un souci véritable de connaître la culture peule. Bien que cet intérêt ait beaucoup profité à différents aspects de la démarche missionnaire, elle a aussi rendu difficile l'implantation d'Églises au Fouta-Djallon. Pour expliquer ce phénomène surprenant, l'histoire de l'évangélisation des Peuls musulmans du Fouta-Djallon offre plusieurs exemples. Le premier est le terme d'Allah adopté par les missionnaires pour nommer le Dieu de la Bible. Une autre est la façon dont les chrétiens au Fouta-Djallon parlent du péché originel en pular. Un troisième exemple

---

231. Sadjo BARRY interviewé à Labé le 9 août 2015.
232. Moussa KONÉ, « Témoignage de conversion d'un ancien musulman, fils d'imam », http://www.enseignemoi.com/moussa-kone/audio/temoignage-de-conversion-d-un-ancien-musulman-fils-d-imam-2909.htmltrack1 (consulté le 26 juin 2016). Voir aussi Moussa KONÉ et Jean L. BLANC, *Moi, fils d'imam, sur la bonne voie*, Thoune, Sénevé, 2004.

pourrait être la manière dont les missionnaires au Fouta-Djallon utilisent les éléments bibliques présents dans le Coran.

Intéressés par la culture peule, les missionnaires ont mis l'accent sur la continuité entre le Dieu de la Bible et Allah du Coran, en minimisant cependant les éléments de discontinuité. Ils se basent sur les attributs du Dieu de la Bible et ceux d'Allah : tous les deux sont considérés comme Un, Créateur de l'univers, Tout-puissant, Transcendant, Souverain et Omniscient. Cette manière de présenter le Dieu de la Bible ne choque pas les Peuls musulmans. Cela renforce plutôt l'idée que les chrétiens et les musulmans adorent le même Dieu, une perspective en continuité généralement bien accueillie par des personnes vivant dans des cultures relationnelles. Au Fouta-Djallon, la majorité des chrétiens d'arrière-plan musulman ou animiste adhèrent à cette position. Mariama Barry, âgée de 27 ans et convertie à Christ en 2014, nous a confié qu'il n'y a pas de différence entre le Dieu de la Bible et Allah du Coran[233]. De même Yousouf Bah, chrétien d'arrière-plan musulman, a témoigné que « le Coran et la Bible révèlent le même Dieu Créateur de l'univers[234] ». En revanche, il existe plusieurs éléments de discontinuité entre le Dieu de la Bible et Allah du Coran qui échappent à la perception des chrétiens. Pour illustrer ces éléments de discontinuité, nous avons récapitulé les résultats de nos recherches dans le tableau ci-dessous[235].

Tableau 5 : Éléments de discontinuité entre Allah du Coran et le Dieu de la Bible

Allah du Coran	Dieu de la Bible
Allah est absolument un (*tawhid*).	Dieu est un en essence et trois en personnes.
Allah n'est pas un Dieu d'alliance, il n'est pas père, il n'a pas de fils (sourates 19.88-92 ; 112.3).	Dieu trine qui a toujours existé en tant que Père, Fils et Saint-Esprit (Mt 28.19 ; Lc 3.21-22 ; Jn 5.18).
Allah est un Dieu inaccessible, loin de la créature.	Dieu d'alliance, Yahvé, qui établit une relation d'alliance avec l'humanité.

---

233. Mariama Barry interviewée à Dalaba le 25 juillet 2014.
234. Yousouf Bah interviewé à Dalaba le 17 avril 2016.
235. Ce tableau est une adaptation de Dean C. Halverson, *Guide des religions. Perspective chrétienne*, Romanel-sur-Lausanne, La Maison de la Bible, 2008, p. 111-112.

Éléments favorables et défavorables à l'implantation d'Églises au Fouta-Djallon

Allah du Coran	Dieu de la Bible
Allah n'aime pas ceux qui s'égarent (4.167-168 ; 7.31 ; 16.37).	Le Dieu de l'Alliance attend de tout son cœur le retour de ceux qui sont égarés. C'est l'un des buts de l'Alliance (Lc 15.11-24).
Allah n'aime pas les injustes (3.140) ni le traitre et le pécheur (4.107).	« Mais voici comment Yahvé prouve son amour envers nous : alors que nous étions encore des pécheurs, Christ est mort pour nous » (Rm 5.8, Segond 21).
Allah veut infliger aux fidèles ici-bas une partie de leurs péchés. (5.49 ; 4.168 ; 7.179 ; 9.2 ; 40.10).	Le Dieu de la Bible dit : « Est-ce que je prends plaisir à voir le méchant mourir ? N'est-ce pas plutôt à le voir changer de conduite et vivre ? » (Éz 18.23, Segond 21). « Il ne veut pas qu'aucun périsse, mais (il veut) que tous arrivent à la repentance » (2 P 3.9). « [Il] veut que tous les hommes soient sauvés » (1 Tm 2.4).
Allah a envoyé un messager humain (le Prophète Muhammad), afin qu'il annonce le jugement imminent aux hommes (2.119 ; 5.19 ; 7.184,188 ; 15.89-90). À cause de ses jugements le croyant vit dans la peur. Dans cet état le croyant ignore le sens de sa responsabilité et manque d'espérance.	Le Dieu de la Bible a envoyé le médiateur exempté de péché, Jésus le Sauveur, qui s'est chargé de nos fautes et qui a supporté la colère divine à notre place (Lc 22.37 ; Ga 3.13 ; 1 Th 5.9-10). Par lui le croyant connaît Dieu. Son œuvre salvatrice inspire la responsabilité et l'espérance au croyant.

Pour ne prendre qu'un exemple de continuité apparente en regard d'une discontinuité en profondeur, le Dieu de la Bible et Allah du Coran sont souverains. Cependant, la souveraineté du Dieu de la Bible n'est ni fataliste ni arbitraire. Il est un Dieu de l'Alliance de grâce qui fait de l'homme un être responsable. Ainsi le « fatalisme » s'efface devant la responsabilité de l'homme face au péché. Le fait de ne voir que des éléments de continuité dans la notion de Dieu et d'utiliser naïvement le terme d'Allah pour le Dieu de la Bible constitue donc une contextualisation non critique au niveau moyen de la croyance. Rappelons ici les trois niveaux de contextualisation proposés par

Paul Hiebert : le niveau superficiel des formes, le niveau moyen de la croyance et le niveau profond de la vision du monde[236].

Une deuxième illustration de contextualisation non critique réside dans la manière dont les chrétiens parlent du péché originel dans la conception peule. La majorité des chrétiens se contentent de l'appeler *junuubu Adama* « péché d'Adam ». Nos enquêtes au Fouta-Djallon ont révélé que la connotation de cette traduction n'est pas pertinente parce que, dans la pensée peule, *junuubu Adama* est le péché qui appartient uniquement à Adam. Cette conception peule du péché originel trouve ses origines dans le Coran qui soutient, dans une perspective pélagienne, que « chaque âme n'acquiert le mal qu'à son propre détriment et que personne ne portera le fardeau d'autrui » (sourate 6.164). Cela montre que le péché n'est pas quelque chose qui s'hérite. Chaque personne est appelée à rendre compte de ce qu'elle aura fait pendant sa vie. C'est pourquoi Adam s'est repenti de son péché (2.37). Puisqu'il a reçu le pardon d'Allah, les Peuls musulmans considèrent que son péché ne peut plus être imputé à sa descendance. La vision peule du péché originel conduit les Peuls musulmans à croire que « les bébés qui naissent sont sans péché ». Certains chrétiens d'arrière-plan animiste qui vivent au Fouta-Djallon soutiennent la même position que les musulmans parce que, dans les religions traditionnelles africaines, le péché n'est pas quelque chose que l'homme hérite. C'est pourquoi, par souci de contextualisation critique, nous proposons de traduire « péché originel » ou « péché d'Adam » par les mots peuls *junuubu ronugol*, littéralement « péché des parents » donc « le péché que nous avons hérité de nos parents » et par lequel tous « sont privés de la gloire de Dieu ; et ils sont gratuitement justifiés par sa grâce, par le moyen de la rédemption qui est dans le Christ-Jésus » (Rm 3.23). Nous nous situons ici également dans la contextualisation au niveau moyen de la croyance.

Un troisième exemple de contextualisation non critique pourrait être la manière dont les missionnaires utilisent les éléments bibliques qu'on trouve dans le Coran. Il est vrai que le christianisme et l'islam sont rangés, tout comme le judaïsme, parmi les religions monothéistes du Livre : la Bible et le Coran. L'étude comparative de la Bible et du Coran permet de comprendre que la Bible est l'une des sources du Coran, avec les pseudépigraphes. Cela s'explique par la présence dans le Coran d'éléments tirés de la *Tawrat*

---

236. Hiebert, *Transforming Worldviews*, p. 33.

« Torah », du *Zabur*, « Psaumes » et de l'*Injil* « évangile ». Cela a conduit certains missionnaires à considérer le Pentateuque, les Psaumes et les évangiles comme des points de contact dans l'évangélisation des Peuls musulmans. À titre d'exemple, dans l'Église « Peuple de l'Injil » de Télimélé, ces livres sont lus à la manière musulmane. On n'entre pas dans cette Église avec des chaussures. Dans les deux cultes de l'Église « Peuple de l'Injil » auxquels nous avons assisté, nous étions assis sur des nattes et habillés en boubou. Pendant le culte nous avons chanté et nous avons lu les Psaumes en faisant une double prosternation et puis un redressement à la manière des *rakat*, l'unité de la prière musulmane ponctuée par des inclinaisons du thorax. Nous nous situons donc ici dans une contextualisation au niveau superficiel de la forme.

Pendant nos séjours au Fouta-Djallon, nous avons constaté que les missionnaires, fascinés par la richesse de la culture peule, se sont focalisés sur les éléments de cette culture en continuité avec l'Évangile en vue de mieux le communiquer aux Peuls. Ils ont voulu adapter l'Évangile à la culture peule et ont promu une contextualisation non critique. Celle-ci consiste en une adaptation non réfléchie de l'Évangile à la culture du peuple cible. En conséquence, l'Évangile est assujetti et aliéné à la culture, et il s'incline devant l'identité culturelle. Or, contextualiser l'Évangile ne signifie pas le soumettre à la culture pour aboutir à une « ethno-théologie[237] », c'est-à-dire à une théologie qui met à l'avant-garde une ethnie ou un peuple donnés. Perçue sous cet angle, la contextualisation non critique apparaît ridicule et peut même devenir provocatrice aux yeux des Peuls musulmans.

Souvent, cela se voit dans l'habillement et la langue, deux démarches formelles qu'affectionnent les missionnaires occidentaux et nationaux. Au Fouta-Djallon la plupart des missionnaires occidentaux s'habillent comme les Peuls et parlent correctement leur langue. Cette pratique n'est pas mauvaise en soi. Mais elle devient nuisible quand elle se limite au port d'habits locaux et à l'usage de la langue peule, tout en gardant l'Évangile étranger à la culture cible. C'est contextualiser au niveau superficiel de la forme tout en négligeant de contextualiser aux niveaux plus profonds de la croyance et de la vision du monde. Comme nous avons pu le constater ci-dessus, le niveau le plus profond de la vision du monde n'est presque jamais considéré dans

---

237. Klauspeter BLASER, *Repères pour la mission chrétienne*, Genève, Labor et Fides, 2000, p. 241.

les efforts missionnaires de contextualisation. En fin de compte, les efforts de contextualisation aux deux niveaux superficiels contribuent plutôt à durcir le discours antichrétien des Peuls de sorte qu'ils concluent que le christianisme est une « religion des Blancs ».

3. Une religion fonctionnelle

Le danger d'une telle approche pourrait aussi être d'inciter à vivre une « religion fonctionnelle[238] », fondée sur ses intérêts propres et qui se sert de Dieu pour arriver à ses fins. C'est justement le cas dans la culture foutanienne où les Peuls utilisent la religion pour arriver à leurs fins. Ce phénomène a été signalé par Badicko Touré, instituteur âgé de 63 ans, qui affirme que chez eux « certains propagateurs de l'islam préfèrent se servir de l'islam que de servir l'islam[239] ». Pour sa part, Yaya Barry considère qu'une contextualisation de façade produira nécessairement des escrocs cherchant à tromper le missionnaire pour assouvir leurs desseins. À Dalaba, une femme peule s'est convertie à Christ et s'est montrée engagée pour la cause de Christ. Pour gagner la confiance des missionnaires blancs, elle s'est bien intégrée dans la communauté chrétienne et un projet de mariage s'est développé entre elle et un des missionnaires blancs. Quelques mois plus tard, ils se sont mariés. Après le mariage, la femme peule a dit à son époux :

> Cette nuit, j'ai rêvé de mon grand-père qui est décédé il y a une dizaine années. En rêve il m'a dit : « ma petite fille, tu as abandonné la religion de tes ancêtres, l'islam. Je te demande d'y revenir et de prier Allah. Ensuite mon grand-père s'en est allé et je me suis réveillée. C'est pourquoi à partir d'aujourd'hui je suis de nouveau musulmane[240]. »

Cela a mis fin à la mission de ce couple au Fouta-Djallon. Aujourd'hui, le missionnaire blanc vit aux États-Unis avec sa femme musulmane.

Dans une religion fonctionnelle, les adeptes se soucient de leur bien-être, c'est-à-dire de leur salut matériel. Ce souci apparaît dans leurs prières. Ils prient essentiellement avec le but d'obtenir la réussite dans divers domaines :

---

238. Pierre GISEL, Jean-Marc TÉTUZ, *Théorie de la religion*, Genève, Labor et Fides, 2002, p. 260.
239. Badicko TOURÉ interviewé à Télimélé le 12 mars 2015.
240. Yaya BARRY interviewé à Conakry le 25 février 2016.

emploi, mariage, prospérité tant matérielle que financière, protection contre la mévente, le malheur, les maladies et la mort. Certes, l'Évangile nous encourage à demander (Mt 7.7-8), mais ce n'est pas pour mettre Dieu à notre service ou pour combler un simple désir d'expériences spirituelles sensibles. Notons qu'une telle relation avec Dieu peut produire un sentiment d'adoration et de reconnaissance, mais elle maintient l'individu dans un état de domination-soumission qui s'ouvre difficilement à l'amour, et donc à la communion fraternelle.

Ce manque d'amour et de communion fraternelle en milieu chrétien est visible. Il constitue l'une des nombreuses entraves à l'implantation d'Églises au Fouta-Djallon. Wiher confirme ce fait en disant que « la communion fraternelle se réalise en règle générale plus facilement dans les Églises indépendantes que dans les Églises missionnaires[241] ». Or, la plupart des missionnaires qui travaillent au Fouta-Djallon sont issus de sociétés missionnaires ou d'Églises historiques.

IV. Synthèse du chapitre 3

Dans le travail d'implantation d'Églises en milieu peul, les missionnaires ne doivent pas ignorer les éléments favorables à l'évangélisation des Peuls musulmans. Ils doivent savoir que la République de Guinée n'est pas un pays islamique, mais un pays laïc à majorité musulmane où, selon la constitution du pays, chaque citoyen est libre de pratiquer sa religion. Cela permet qu'il existe en Guinée des Églises et des Missions qui évangélisent les Peuls du Fouta-Djallon.

L'évangélisation des Peuls est une entreprise difficile, mais possible. Puisque le Coran contient des reflets de l'Évangile, les évangélistes peuvent s'en servir pour présenter Jésus-Christ aux Peuls musulmans. C'est ainsi que les noms des prophètes bibliques mentionnés dans le Coran et les titres du Messie attribués à Jésus par le Coran (Parole de Dieu et Esprit de Dieu) nous servent d'éléments de continuité pour communiquer l'Évangile aux Peuls musulmans de manière appropriée.

Mais malgré ces reflets de l'Évangile dans le Coran, l'évangélisation des Peuls n'est pas une tâche facile parce que l'islam peul contient des éléments qui

---

241. WIHER, *L'Évangile et la culture de la honte en Afrique occidentale*, p. 84.

les empêchent de comprendre l'Évangile. À titre d'exemple, dans la conception peule du monde, Allah est un être incompréhensible et inaccessible. Il est le Tout-Puissant qui n'est pas engendré et n'a pas engendré, si bien qu'attribuer la filiation de Jésus à Dieu est aux yeux des Peuls musulmans une offense à Allah. Il n'y a pas de doute, leur notion d'Allah a profondément influencé tous les domaines de leur culture, ce qui les empêche de reconnaître Jésus-Christ comme sauveur personnel et de se convertir à lui.

Ils croient aussi qu'Allah est tellement puissant qu'il détermine la destinée de chaque être humain. Le mal et le bien trouvent leur origine en Allah. Dans un tel système religieux, le fatalisme devient une conception de vie qui fait que les Peuls rejettent toute responsabilité sur Allah. Dans l'islam peul, le péché n'est donc pas perçu comme la cause principale de la séparation entre l'homme et Allah ; il est un acte que l'homme ne peut éviter parce qu'il est destiné à pécher. Il dépend de la volonté délibérée d'Allah qui envoie au ciel ou au paradis qui il veut. Tout ce qui arrive a été prédestiné. La croix n'est donc pas nécessaire pour le salut du pécheur, car elle représente un contre-message à l'unité et à la toute-puissance d'Allah qui sauve qui il veut et égare qui il veut. Cette croyance endurcit le cœur peul et l'empêche de saisir l'Évangile. L'islam peul nie donc la divinité et la mort rédemptrice de Christ et s'attaque violemment à la doctrine de la Trinité, accusant les chrétiens d'être polythéistes et associateurs.

À ces objections doctrinales s'ajoutent des méthodes d'évangélisation inappropriées qui rendent très difficile l'accueil de l'Évangile par les Peuls musulmans. Au terme de nos recherches sur ce sujet, nous avons compris que les méthodes agressives et la contextualisation non critique ne sont pas appropriées à l'implantation d'Églises parmi les Peuls du Fouta-Djallon. Elles établissent des communautés de chrétiens-escrocs qui s'intéressent à Christ pour des raisons d'intérêt personnel. Nous avons encore souligné que la séparation entre spiritualité chrétienne et mission, les divisions entre les Églises et le manque de pastorale axée sur la mission comptent parmi les obstacles potentiels à la mission parmi les Peuls musulmans.

Après cette étude comparative dans laquelle nous avons considéré les éléments de continuité et de discontinuité entre l'islam peul et la Bible, nous sommes bien armés pour proposer, dans le chapitre 4, des stratégies appropriées à l'implantation d'Églises parmi les Peuls musulmans du Fouta-Djallon.

CHAPITRE 4

Stratégies pour l'implantation d'Églises parmi les Peuls du Fouta-Djallon

Rappelons que l'évangélisation des Peuls musulmans du Fouta-Djallon est l'un des défis majeurs de l'Église chrétienne, parce que les Peuls sont foncièrement attachés à leur culture et à leur religion. Ils rejettent le salut en Jésus-Christ et croient fermement être sauvés par des actes dus à leurs mérites et à la prédestination d'Allah. Influencés par la religion du prophète Muhammad, ils accordent un intérêt capital au décret d'Allah, ce qui renforce leur croyance au destin. Cette croyance les rend à la fois de plus en plus fanatiques dans leur opposition à l'Évangile et fait d'eux des propagateurs importants de l'islam. C'est ainsi qu'ils sont devenus un peuple clé pour l'évangélisation de l'Afrique occidentale et centrale.

Nous avons déjà noté que la famille peule et la communauté religieuse constituent des forces de pression sociale pour tous les Peuls qui se convertissent à Christ. Tout cela rend difficile le travail d'implantation d'Églises parmi les Peuls du Fouta-Djallon. C'est pourquoi ce chapitre s'interroge sur les stratégies d'implantation d'Églises parmi cette population. Pour mieux aborder le sujet, deux questions principales nous serviront de guide : quelles sont les stratégies pour évangéliser les Peuls du Fouta-Djallon ? Quelles stratégies d'implantation d'Églises peut-on développer ? Pour répondre à ces questions, nous soutenons que la contextualisation critique est nécessaire, voire indispensable à l'implantation d'Églises au Fouta-Djallon. Relevons que la réflexion que nous ferons sur l'approche missionnaire sera essentiellement axée sur la quatrième phase de la contextualisation critique qui se veut une pratique fidèle à la Bible et pertinente pour la culture, c'est-à-dire pour la vision du monde et l'identité peules[1].

Notre réflexion se développera en trois temps : dans une première section, nous réfléchirons sur les concepts bibliques clés pour la contextualisation critique de l'Évangile. Dans un deuxième temps, nous ferons une analyse des concepts culturels clés à la lumière de la Bible. Et dans la troisième section, nous développerons des stratégies d'implantation d'Églises parmi les Peuls musulmans du Fouta-Djallon.

I. Concepts bibliques clés pour la contextualisation critique de l'Évangile

Dans cette section, nous essayerons dans un premier temps de définir le rapport entre les notions d'évangélisation, de discipulat et d'implantation d'Églises qui sous-tendent notre démarche missiologique. Ensuite, nous réfléchirons sur trois concepts missiologiques de base : le processus du discipulat lié à l'enseignement chronologique, la notion de mission intégrale et celle des mouvements autochtones.

A. Évangélisation, discipulat et implantation d'Églises

Peut-on faire de l'évangélisation sans discipulat ou sans implantation d'Églises ? Comment implanter des Églises en dehors de l'évangélisation ou du discipulat ? La réponse à ces questions est délicate parce que ces trois concepts se rapprochent tellement qu'ils sont presque interchangeables. Par définition, l'évangélisation est l'annonce de la Bonne Nouvelle dans le monde (Mc 1.15). Dans un sens large, évangéliser c'est « faire des disciples » (Mt 28.18-19 ; Mc 16.15-18 ; Lc 24.46-49 ; Jn 20.21-22 ; Ac 1.18). L'intention est de faire des disciples qui évangélisent et implantent à leur tour d'autres communautés[2]. Il est donc difficile de parler de l'évangélisation en ignorant le discipulat et l'implantation d'Églises. À ce sujet, la remarque de Joachim Jeremias est pertinente lorsqu'il dit que l'annonce du royaume de Dieu par

---

1. Hannes WIHER, « Une contextualisation critique : méthodologie et exemples pratiques », in COOK, L'Église mondiale et les théologies contextuelles, p. 283-309 ; Paul HIEBERT, « Une contextualisation critique », in Mission et culture, p. 191-216.
2. David BROWN, « Le discipulat et l'évangélisation : des activités intentionelles », in Théologie évangélique vol. 15, n°3, 2016, p. 86.

Jésus n'a pas seulement pour but de toucher des individus, mais de susciter parmi eux des communautés de disciples : « Là où Jésus passe, il laisse derrière lui les adeptes qui, avec leurs familles, entendent le royaume de Dieu et l'accueillent, lui et ses messagers[3]. »

En analysant cette pensée, nous pouvons conclure que l'évangélisation et le discipulat devraient normalement conduire à la naissance de communautés de croyants qui seront invisibles ou visibles, sédentarisées ou mobiles, et autonomes du point de vue administratif, financier, missionnaire et théologique[4]. Il est donc impossible de tirer une ligne de démarcation entre l'évangélisation, le discipulat et l'implantation d'Églises. Quand on observe la pratique d'évangélisation de Jésus-Christ, on constate qu'il a évangélisé (Mt 4.23 ; 9,35) en faisant des disciples (Mt 28.19) qui sont devenus, à la Pentecôte, la première communauté chrétienne (Ac 2.37-47). Il est aussi possible de relier ces trois termes en considérant l'implantation d'Églises comme la conséquence immédiate de l'évangélisation et du discipulat. Le N.T. montre que l'évangélisation et le discipulat sont au cœur du ministère de Jésus-Christ. Ses enseignements (p. ex. Mt 5-7 ; 13 ; 18 ; 24-25), ses prières (Mt 6.9-13 ; Jn 17.1-26), et ses miracles (Mt 8.1-4 ; Mc 8.1-10 ; Lc 17.11-19) ont contribué à lancer l'évangélisation et à préparer la naissance de l'Église (Mt 16.13-23) devenue réalité à la Pentecôte (Ac 2.37s).

Il est instructif d'étudier comment l'apôtre Paul a employé ce même principe dans l'implantation de l'Église d'Éphèse. Après avoir implanté des Églises en Galatie, Paul se sent appelé à aller évangéliser à Éphèse, l'une des principales villes de l'Asie Mineure (Ac 16.6). Pour se rendre à Éphèse, Paul se fait accompagner de Priscille et Aquilas (Ac 18.19). Arrivé dans cette ville, il commence à évangéliser les Juifs, dans la synagogue. Très vite il repart pour Antioche, laissant Priscille et Aquilas poursuivre l'évangélisation à Éphèse, secondés par Apollos, Juif originaire d'Alexandrie, dont l'éloquence et la connaissance en font un précieux collaborateur pour annoncer la Bonne Nouvelle aux Juifs. Il leur démontre avec persuasion que Jésus est le Christ (Ac 18.24-28). À son retour à Éphèse, Paul trouve douze hommes qui ont

---

3. Joachim JEREMIAS, *Théologie du Nouveau Testament : la prédication de Jésus. Initiation biblique*, Paris, Cerf, 1996, p. 112.
4. Pour la discussion de la notion de triple autonomie et de la quatrième autonomie, cf. HIEBERT, *Mission et culture*, p. 217-223.

accepté Jésus-Christ comme Sauveur. Ayant cru en Jésus-Christ, « ils furent baptisés au nom du Seigneur. Paul leur imposa les mains et le Saint-Esprit vint sur eux » (Ac 19.5-6). C'est de cette manière que l'Église d'Éphèse est née. Après l'implantation de cette Église, Paul poursuit le processus par l'enseignement biblique qui va peu à peu transformer la vision du monde des Éphésiens pour développer en eux une vision biblique du monde.

Pour atteindre ce but, Paul organise des cours bibliques pour les nouveaux convertis dans l'école de Tyrannus (Ac 19.9). Parallèlement à cet enseignement formel, Paul va de maison en maison pour former les croyants de l'Église naissante (Ac 20.20). Dans sa vocation missionnaire, Paul sert « le Seigneur en toute humilité, avec larmes, et au milieu des épreuves » (Ac 20.19). Pour subvenir à ses besoins pendant son ministère à Éphèse, il fabrique des tentes (20.33-34). Sur le plan de l'enseignement doctrinal, il enseigne « tout le dessein de Dieu » (20.27). En ce qui concerne la vie chrétienne, il pourra leur dire : « Vous savez que je n'ai rien caché de ce qui vous était utile » (20.20, LSG). Il le fait par des exhortations (20.1) et des avertissements personnels (20.31). Il enseigne sur la sainteté, et les livres de sorcellerie sont brûlés (19.18-19). Paul donne aussi un enseignement sur le baptême (19.5).

En ce qui concerne l'organisation de l'Église naissante, les anciens sont choisis et établis surveillants sous la direction du Saint-Esprit (20.28). Pour conduire l'Église à maturité, Paul avertit les anciens du danger de faux docteurs qui viendront pour disperser le troupeau (20.29-31). Il leur demande de soutenir les faibles et les pauvres en leur rappelant la parole de Jésus-Christ qui dit : « Il y a plus de bonheur à donner qu'à recevoir » (20.35). Un tel enseignement conduit l'Église d'Éphèse à être autonome sur le plan administratif, financier, missionnaire et même théologique[5]. Ainsi l'évangélisation de Paul et de ses compagnons d'œuvre a pour résultat l'implantation de l'Église à Éphèse. Dès que l'Église d'Éphèse a acquis son autonomie, l'équipe missionnaire de Paul se détache de sa gestion administrative, financière et missionnaire. La présence physique de Paul dans cette Église devient alors inutile et même risquée. Il cède donc la place aux dirigeants autochtones pour conduire le corps de Christ. Son discours d'adieux aux anciens de l'Église d'Éphèse illustre bien cette réalité missionnelle qui valide la vocation d'implantation d'Églises (Ac 20.18-38). Cela nous fait dire que là où il n'y a pas

---

5. Cf. Paul HIEBERT, « La quatrième autonomie », in *Mission et culture*, p. 217-233.

d'évangélisation ou de discipulat, il n'y a pas d'implantation d'Églises. Les Églises implantées procèdent nécessairement de l'évangélisation et du discipulat. Et ces mêmes Églises disparaîtront, si elles ne s'appliquent pas à faire des disciples qui implantent d'autres Églises.

Il est important de souligner que l'évangélisation, le discipulat et l'implantation d'Églises doivent se faire dans l'esprit de la contextualisation critique de l'Évangile en vue d'implanter des Églises contextuelles dans lesquelles les fidèles vivent leur foi en accord avec leur vision du monde et de leur identité. Un tel travail peut être difficile. Pour y arriver, les missionnaires doivent s'efforcer d'élaborer une théologie et une pratique missionnaires contextuelles capables de transmettre la véritable signification de la parole de Dieu et du dessein de salut à partir des concepts culturels et religieux des Peuls. Pour nous, ces concepts sont les lieux privilégiés de la contextualisation parce qu'il est possible, en les étudiant, de provoquer une émulation favorable au processus de contextualisation de l'Évangile en milieu peul.

B. Évangélisation chronologique

La méthode d'implantation d'Églises, qui suppose que le discipulat est un processus, est appelée « évangélisation chronologique », et repose sur un enseignement de la Bible par étapes[6]. Le but de cette section est de présenter les notions de base de l'évangélisation chronologique, à savoir le processus du discipulat et l'enseignement chronologique.

1. Le processus du discipulat

Étymologiquement, le mot disciple vient du latin *discipulus* (élève, apprenti). En grec *mathètès* vient du verbe *manthanô* qui veut dire « apprendre », comme le fait « l'élève qui reçoit l'enseignement d'un maître[7] ». Selon ces définitions, on peut admettre que le discipulat est le processus de la marche à la suite de Christ. Ce processus commence à un point A pour parvenir à un point Z.

---

6. Hannes WIHER, « Communication transculturelle de l'Évangile », in *Bible et mission*, vol. 2, Charols, Excelsis, 2012, p. 175s.
7. Dans l'A.T., le terme *limmûd* est rarement utilisé par les auteurs bibliques. Il correspond bien à *mathètès* et *discipulus* successivement employés en grec et latin. I. Howard MARSHALL, « Disciple », *Le Grand Dictionnaire de la Bible*, p. 429.

Mais avant de développer cette idée, il nous semble nécessaire de préciser que la conversion d'une personne est l'œuvre du Saint-Esprit qui convainc la conscience d'une personne (Jn 14.6 ; 16,8 ; Rm 3.23 ; 6.23 ; 10.9-10)[8]. Par conséquent, l'étude de la conscience humaine devient un élément fondamental de l'étude de l'évangélisation, appelée « *évangélistique*[9] ». La présence du Saint-Esprit est agissante tout au long du processus du discipulat. C'est pourquoi il est l'œuvre du Saint-Esprit qui permet aux hommes et aux femmes qui ont cru en l'Évangile de marcher à la suite de Christ. Sans la présence du Saint-Esprit, il est impossible d'être disciple de Jésus-Christ.

En regardant de près les évangiles, on s'aperçoit que le discipulat est au centre du ministère de Jésus-Christ. David Bosch, en étudiant le mandat missionnaire dans Matthieu 28.18-20, écrit :

> C'est dans le texte de l'impératif missionnaire que l'utilisation du verbe *mathêteuein* est la plus frappante. C'est également le seul cas où il est utilisé à l'impératif *mathêteusate*, « faites des disciples ! ». D'autre part, c'est le verbe principal, le cœur même de l'ordre de mission. Les deux participes « baptisant » et « enseignant » sont nettement subordonnés au verbe. Ces participes décrivent la forme que va prendre l'acte de « faire des disciples »[10].

Cela nous amène à dire que pendant trois ans, jour après jour, Jésus a formé une communauté de disciples ayant pour vocation de « faire des nations des disciples » (Mt 28.19). Cela exige des disciples l'obéissance à la Parole de Dieu en tout temps et dans tous les domaines de la vie[11]. Ainsi, en chemin, Jésus voit « Lévi, fils d'Alphée, assis au bureau des péages » parce que c'est

---

8. WIHER, « Toucher les êtres humains en profondeur (deuxième partie) », p. 76. Cf. McTair WALL, « La théologie de la mission dans le livre des Actes », in *Bible et mission, vol. 1. Vers une théologie évangélique de la mission*, sous dir. Hannes WIHER, Charols, Excelsis, 2012, p. 97.
9. Cf. J. H. BAVINCK, « Elenctics », in *An Introduction to the Science of Missions*, Grand Rapids, Baker, 1960, p. 221, et Thomas L. AUSTIN, « Elenctics », in *Evangelical Dictionary of World Missions*, sous dir. A. Scott MOREAU, Grand Rapids, Baker, 2000, p. 307, cités par WIHER, « Toucher les êtres humains en profondeur (deuxième partie) », p. 76.
10. BOSCH, *Dynamique de la mission chrétienne*, p. 99.
11. Francis M. COSGROVE, *Essentials of Discipleship. Practical Help on How to Live as Christ's Disciple*, Colorado, Navpress, 1980, p. 42 ; Dietrich BONHOEFFER, *Vivre en disciple. Le prix de la grâce*, Genève, Labor et Fides, 2009, p. 58.

un collecteur d'impôts juif au service d'Hérode Antipas (cf. Lc 1.5). Alors « Il lui dit : Suis-moi. (Lévi) se leva et le suivit » (Mc 2.14). Dans l'évangile de Luc il est aussi dit :

> Car le Fils de l'homme est venu, non pour perdre les âmes des hommes, mais pour les sauver. Et ils allèrent dans un autre village. Pendant qu'ils étaient en chemin, quelqu'un lui dit : Je te suivrai partout où tu iras. Jésus lui répondit : Les renards ont des tanières, et les oiseaux du ciel ont des nids : mais le Fils de l'homme n'a pas où reposer sa tête. Il dit à un autre : Suis-moi. Et il répondit : Permets-moi d'aller d'abord ensevelir mon père. Mais Jésus leur dit : Laisse les morts ensevelir leurs morts ; et toi, va annoncer le royaume de Dieu. Un autre dit : Je te suivrai Seigneur, mais permets-moi d'aller d'abord prendre congé de ceux de ma maison. Jésus lui répondit : Quiconque met la main à la charrue, et regarde en arrière, n'est pas bon pour le royaume de Dieu. (Lc 9.56-62)

Ici le texte décrit l'attitude de trois personnes qui prétendent suivre Jésus. La première, avant de s'engager, devait comprendre que quiconque se décide de marcher à la suite de Christ doit tout abandonner, même ce que les uns et les autres considèrent comme nécessaire. Car ni Jésus ni ses disciples n'avaient de demeure. Face à l'appel de Jésus, la deuxième personne propose d'aller d'abord enterrer son père. Mais Jésus lui dit qu'il est plus important de proclamer le royaume et de suivre le Messie. En termes clairs Jésus voulait lui dire qu'un disciple de Christ doit s'engager de façon radicale. À la troisième personne qui sollicite d'aller prendre congé de ceux de sa maison, Jésus répond de la même manière qu'à la seconde. Luc ne rapporte aucun résultat de la conversation de Jésus avec ces trois personnes, mais il nous laisse comprendre que pour suivre Jésus-Christ, il est nécessaire de se laisser transformer par son enseignement. Ainsi le discipulat vise à transformer la vision du monde de la personne comme Christ le voudrait.

La rencontre de Jésus avec Nicodème est aussi un bon exemple pour éclairer le processus du discipulat. Une nuit, Nicodème, pharisien et membre du sanhédrin, vient rendre visite à Jésus parce qu'il est attiré par sa personnalité et son enseignement (Jn 3.1-21). Cependant, il ne parvient « pas à comprendre les métaphores spirituelles qu'emploie Jésus[12] ». En aimant la personnalité et l'enseignement de Jésus, Nicodème est déjà dans le processus du discipulat. Nicodème demande : « Comment un homme peut-il naître quand il est vieux ? Peut-il une seconde fois entrer dans le sein de sa mère et naître ? » (Jn 3.4). Jésus lui dit : « En vérité, en vérité, je te le dis, si un homme ne naît d'eau et d'Esprit, il ne peut entrer dans le royaume de Dieu » (Jn 3.5). La réponse de Jésus et la question de Nicodème nous aident à comprendre que la nouvelle naissance est l'une des conditions de la marche à la suite de Jésus-Christ. Pour expliquer cette réalité biblique, l'apôtre Paul emploie des termes de l'A.T. : il parle de la justification, de la rédemption et de la sanctification (Rm 3.21-26 ; 5.1-15 ; 1 Co 1.30) et « introduit de nouvelles représentations comme la régénération, la nouvelle création, la réconciliation et l'adoption[13] ».

En se servant de l'Écriture, on peut définir la conversion comme « un événement de renouvellement instantané des structures profondes de l'homme[14] » opéré par le Saint-Esprit. Mais en anthropologie culturelle, la conversion, bien qu'elle soit une œuvre du Saint-Esprit, est considérée comme un processus d'acquisition de la foi qui peut durer longtemps parce qu'elle propose au converti beaucoup de choses à croire et à faire. Dans son ouvrage *Psychologie et foi*, Jacques Poujol montre qu'en psychologie la conversion est un parcours qui connaît naturellement six étapes : la foi indifférenciée, la foi qui s'approprie, la foi concrète, la foi qui contextualise, la foi personnelle et la foi universalisante[15]. Du point de vue psychologique, la conversion conduit donc la personne à la maturation. Elle « comble le vide qu'une personne ressent, calme le sentiment que quelque chose manque dans sa vie. Ainsi, la religion fortifie la personnalité[16] ». Tout cela montre que généralement c'est par un long processus qu'une personne accepte de suivre Jésus. Relevons que

---

12. R. E. Nixon, « Nicodème », *Le Grand Dictionnaire de la Bible*, p. 1115.
13. Hannes Wiher, « Toucher les êtres humains en profondeur (deuxième partie) », p. 77.
14. *Ibid.*
15. Jacques Poujol, Cosette Fébrissy, *Psychologie et foi. Parcours de vie en 6 étapes*, La Bégude de Mazenc, Enpreinte temps présent, 2009, p. 29 ; Cosette Fébrissy, « Présentation du livre Psychologie et foi, parcours de vie en 6 étapes de Jacques Poujol », *Les Cahiers de l'école pastorale* n°74, 2009, p. 77.
16. Hannes Wiher, « Une évangélisation transculturelle en profondeur », in *L'évangélisation en Europe francophone*, Charols, Excelsis, 2016, p. 220.

pour la foi biblique, la conversion est l'œuvre du Saint-Esprit, mais ce n'est pas le cas pour la conversion à l'islam peul où les individus naissent musulmans[17].

Sur le plan sociologique, la conversion est comprise comme une partie intégrante de la socialisation. Par exemple chez les Peuls du Fouta-Djallon, se convertir à l'islam facilite l'intégration dans la société peule. Clifford Geertz décrit l'aspect sociologique de la religion comme un « système de sens disponible dans une société[18] ». Dans un tel système religieux, la persécution peut être violente et même sanglante, si l'individu se convertit à Christ ou à un autre système religieux.

Dans une perspective anthropologique, Paul Hiebert distingue trois niveaux de conversion : « Celui du comportement, celui des croyances et celui de la vision du monde[19]. » Cela nous amène à dire que dans la société peule la conversion s'opère au premier niveau, celui du comportement. Cependant, nous visons une conversion au niveau de la vision peule du monde, soit de la conscience peule qui sous-tend la culture et donc le comportement de l'individu, ainsi que l'identité peule et le *pulaaku*[20].

Pour éviter tout dérapage doctrinal, il faut rappeler que, pour la foi en Christ, ce processus de conversion, au-delà de l'explication des sciences humaines, est dirigé par le Saint-Esprit, soit le Dieu souverain lui-même. Toutefois, il convient de souligner que le processus de conversion est intimement lié à la communication de l'Évangile. Dans la perspective de la science de la communication, la conversion suppose plusieurs étapes qui mènent une personne à une transformation progressive. Pour distinguer ces étapes, James Engel a conçu une échelle[21] que nous adaptons au besoin de l'évangélisation des Peuls musulmans du Fouta-Djallon. Les quatre colonnes du tableau 6 présentent, dans le processus de conversion, le rôle de Dieu, celui de la personne qui présente l'Évangile (communicateur), ainsi que les différents

---

17. Chez les Peuls du Fouta-Djallon, seules les personnes qui quittent leur religion, les religions traditionnelles africaines et le christianisme, et celles qui sont revenues à l'islam après l'avoir abandonné, peuvent se convertir ou se reconvertir à l'islam.
18. Clifford Geertz, *The Interpretation of Cultures*, New York, Basic Books, 1973, cité par Wiher, « Toucher les êtres humains en profondeur (deuxième partie) », p. 77.
19. Hiebert, *Transforming Worldviews*, p. 315.
20. Wiher, *L'Évangile et la culture de honte*, p. 17.
21. James F. Engel, « Le processus de décision spirituelle », in *Communiquer l'Évangile efficacement*, Abidjan, Centre de publications évangéliques, 1995, p. 59 ; Wiher, « Toucher les êtres humains en profondeur (deuxième partie) », p. 78.

stades dans la présentation de l'Évangile (de -9 à +3) et les thèmes d'actualité qui y correspondent. Au stade -9 la personne a une certaine connaissance de Dieu et de son unité absolue, mais elle ignore les notions de Dieu d'alliance et de Trinité. Au stade -8 elle a acquis une certaine connaissance de Dieu et confesse son unité absolue, mais elle n'a aucune information sur l'Évangile. Au cours des phases de -7 à -5, l'individu est mis en contact avec l'Évangile et fait une étude comparative des versets coraniques et bibliques sur la personne de Jésus-Christ. De -4 à -3, la personne prend conscience de la valeur de l'Évangile et cherche à appliquer l'Évangile à sa vie. À -2, la décision est prise de reconnaître Jésus-Christ comme son Sauveur et de le suivre. Cette décision importante correspond à la phase -1. Ici le nouveau converti se rend compte des implications de son choix. C'est le moment où il doit faire face aux difficultés liées à sa conversion : déception, hésitation, persécution. La phase 0 indique la régénération : la nouvelle naissance par le Saint-Esprit. C'est le début de la transformation de la vision du monde du nouveau converti. Les phases +1 et +2 indiquent que le nouveau converti devient progressivement disciple de Jésus-Christ. Il travaille à transformer sa vision du monde en lisant la Bible et en s'appropriant de cette façon la vision biblique du monde. À la phase +3, le nouveau converti devient un disciple qui fait d'autres disciples, annonce l'Évangile aux non-convertis en vue d'implanter une communauté parmi eux. Comme nous pouvons le constater, ce processus est long et comporte plusieurs phases dans lesquelles différents acteurs peuvent intervenir.

La difficulté par rapport à cette échelle est de deux ordres : premièrement elle présente un schéma, donc pas forcément la réalité. Le cheminement d'un individu particulier peut différer considérablement de ce schéma. La deuxième difficulté, c'est de se rendre compte du passage d'une étape à une autre, car elles ne sont souvent pas perceptibles aux yeux du communicateur qui a pour vocation de conduire un Peul musulman à la connaissance du salut en Jésus-Christ. Mais avec l'échelle d'Engel, l'évangéliste disposera au moins d'une grille d'orientation approximative durant le processus du discipulat.

Tableau 6 : L'échelle d'Engel

Rôle de Dieu	Rôle du communicateur	Échelle	Thème d'actualité
Révélation générale	Information	-9	Connaissance d'Allah et confession de son unicité
Révélation générale	Information	-8	Connaissance d'Allah, mais aucune connaissance de l'Évangile
Conviction	Information	-7 à -5	Contact positif avec l'Évangile, correction des préjugés et réévaluation du concept du salut et des versets coraniques sur Jésus.
Conviction	Appel	-4 à -3	Constat d'un choix à faire
Conviction	Appel	-2	Décision de suivre Christ
Conviction	Suivi	-1	Évaluation de la décision
Régénération	Suivi	0	Régénération et début du changement de la vision du monde
Sanctification	Édification	+1 à +2	Formation de disciple et transformation de la vision du monde
Sanctification	Édification	+3	Engagement à faire d'autres disciples

2. L'enseignement chronologique en milieu peul

Dans le processus de discipulat, l'enseignement chronologique est l'une des meilleures approches d'évangélisation des musulmans du Fouta-Djallon. Elle a été introduite par Trevor McIlwain qui travaillait parmi des peuples animistes aux Philippines[22], puis elle a été affinée et adaptée à plusieurs contextes. *Tout ce qu'ont dit les prophètes* de Yehia Sa'a[23] est une contextualisation en

---

22. Trevor McIlwain, *Bâtir sur des fondations solides*, 3 vol., Sanford / Abidjan, New Tribes Mission / Centre de publications évangéliques, 2006.
23. Yehia Sa'a, *Tout ce qu'ont dit les prophètes*, Gatineau, Bonne Semence, 2000. Le texte est disponible en ligne : www.goodseed.com/theprophetsfrench.aspx.

version imprimée pour le milieu musulman, alors que *Le chemin de la justice* offre une contextualisation radiophonique pour ce même contexte[24].

Pour que la démarche soit pertinente, il est absolument nécessaire que le communicateur prenne en compte la vision peule du monde. De plus, l'évangéliste doit respecter les principes de la communication transculturelle, donc commencer à annoncer la Bonne Nouvelle par « un message en continuité, c'est-à-dire avec des éléments connus, compréhensibles et acceptables, et poursuivre ensuite avec des éléments en rupture avec la vision du monde du récepteur, c'est-à-dire moins compréhensibles et plus difficiles à accepter[25] ». Commencer par les concepts avec lesquels les Peuls musulmans sont familiers, permet de les conduire à l'étude de la Bible sans qu'ils soient offensés dans leur foi et leur vision du monde.

Au troisième chapitre, nous avons noté que les Peuls musulmans manifestent un grand respect pour certains livres de la Bible, à savoir la Genèse de Moïse (*Tawrat*), les Psaumes de David (*Zabur*) et le livre de Jésus (*Injil*)[26]. Pour les amener à écouter l'Évangile, il est nécessaire de commencer par étudier ces livres. En racontant les histoires de l'A.T., la méthode de l'enseignement chronologique cherche à développer et expliciter les cinq concepts sotériologiques de base de la Bible, qui sont les concepts de Dieu, de l'homme, du mal, du péché et du salut[27]. C'est ainsi qu'une vision peule du monde pourra être transformée progressivement en une vision biblique du monde.

Cette approche cherche à répondre aux besoins de la personne ciblée et à « entrer dans sa vision du monde ainsi que dans sa grille d'interprétation [comme l'a fait l'apôtre Paul] (1 Co 9.19-22). Pour ce faire, elle doit mesurer la continuité et la discontinuité qui existent entre la Bible et la culture de récepteur[28] ». Sachant que la vision peule du monde est relationnelle et imprégnée d'un islam populaire, l'enseignement chronologique mettra l'accent sur les notions de sacrifice sanglant et de médiateur en développant la notion de salut de la Bible. Étant relationnelle, la vision peule du monde a aussi une

---

24. Paul D. BRAMSEN, *Le chemin de la justice. Les histoires et le message des prophètes*, Port Colborne, Ontario, Everyday Publications, 2007. Le texte est disponible en ligne : www.missiologie.net ou www.goodseed.com/store/us/products/reso urces/lcj.aspx.
25. WIHER, « Toucher les êtres humains en profondeur (deuxième partie) », p. 81.
26. Charles MARSH, *Le musulman mon prochain*, Fontenay-sous-Bois, Telos, 1977, p. 43.
27. WIHER, « Toucher les êtres humains en profondeur (deuxième partie) », p. 64-66.
28. WIHER, « Évangélisation transculturelle », p. 372.

préférence pour la communication orale[29]. C'est pourquoi nous utiliserons une approche orale, appelée « Présentation orale de la Bible » (POB)[30].

a. La création : les concepts de Dieu et de l'homme

Dans le Coran et la Bible, les attributs de Dieu sont très similaires : Dieu est unique (Dt 4.35 ; cf. 1 S 2.2 ; 1 R 8.60 ; Jl 2.27 ; És 45.5 ; 1 Co 8.5-6 ; le terme coranique étant *tawḥîd*, cf. sourates 2.135s ; 5.1 ; 112) et tout-puissant (Gn 17.1 ; cf. sourate 1.335 ; 5.1), car il est le créateur de l'univers (Gn 1-2 ; cf. sourate 3.59 ; 29.44 ; 40.68 ; 96.1-5). Il est miséricordieux (Ex 34.6 ; cf. p. ex. sourate 3.31 ; 7.156). Dans le Coran, chaque sourate, à l'exception de la sourate 9, commence par la formule : « Au nom d'Allah, le Tout Miséricordieux et le Très Miséricordieux. » Dieu est saint (Lv 19.2 ; cf. sourates 2.33 ; 3.16) et éternel (Ps 90.2 ; Lm 5.19 ; Hé 13.8 ; Ap 4.9 ; cf. sourate 1.11-34). On pourrait allonger cette liste, mais il faut souligner que le Dieu biblique est non seulement miséricordieux, mais il est aussi amour (1 Jn 4.7-8).

Concernant le concept de l'homme, et contrairement au Coran, il est dit dans la Bible que Dieu a créé l'homme à son image (Gn 1.26s) avec une conscience, impliquant le libre arbitre et la responsabilité[31]. Le Coran s'accorde avec la Bible pour dire que Dieu a tiré l'homme de la poussière (Gn 2.7 ; cf. sourates 3.59 ; 11.61 ; 15.28), et qu'il a soufflé en lui le souffle de vie et l'homme est devenu une personne vivante (Gn 2.7 ; cf. sourates 15.28 ; 38.72). Dieu a aussi créé une femme pour l'homme. Il a endormi l'homme et lui a ôté une côte, dont il a fait une femme (Gn 2.21-23 ; cf. sourate 2.30-33). Contrairement à l'islam peul, la Bible dit qu'elle est une aide, un vis-à-vis (*ezer kenègedo*, Gn 2.18). Cela sous-entend l'égalité de valeur entre l'homme et la femme. Tous deux se doivent obéissance et respect réciproques. Mais si l'on comprend l'aide comme une servante, comme le font les Peuls, il n'y a pas d'égalité. Dieu les a placés dans un jardin (Gn 2.9 ; cf. sourates 23.20 ; 24.35). Ensuite l'homme a reçu de Dieu le mandat de gérer la création, appelé « mandat culturel » (Gn 2.15 ; cf. sourates 2.35a ; 7.19a).

---

29. Cf. Hannes WIHER, « Vision du monde et oralité », *Théologie évangélique* 15, 1, 2016, p. 16-36.
30. LaNette W. THOMPSON, *Annoncer la Bonne Nouvelle à travers la Présentation orale de la Bible. Une méthode d'enseignement biblique pour tous*, Ouagadougou, Mission Baptiste, 1997.
31. Ceci est contraire au fatalisme islamique.

b. La chute : les concepts du mal et du péché

Dans la Bible comme dans le Coran Dieu dit à Adam et Ève de manger de tous les fruits sauf du fruit de l'arbre de connaissance du bien et du mal (Gn 2.15-17 ; cf. sourates 2.35 ; 7.19). Malgré l'interdiction de Dieu, Adam et Ève ont cédé à la séduction du serpent (Gn 3.1 ; cf. sourate 7.20 ; 20.120) et sont tombés dans le péché (Gn 3.6 ; cf. sourate 7.22 ; 20.115). Après avoir péché, ils se sont rendus compte qu'ils étaient nus et ils ont cherché à couvrir leur nudité par des feuilles (Gn 3.7 ; cf. sourate 7.22). Le verdict de Dieu a été que l'homme allait souffrir dans son travail (Gn 3.17-19).

À la différence du Coran, la Bible insiste sur le fait que l'homme a volontairement décidé à se rebeller contre Dieu (Gn 2.17). C'est évident puisqu'Adam et Ève ont refusé d'obéir à Dieu et ont suivi le conseil de Satan (Gn 3.4-5). Depuis ce jour, les difficultés ont commencé dans la relation entre le premier couple et Dieu. La rébellion contre Dieu a inévitablement conduit l'homme à pécher. Or le péché expose l'homme à la honte (Gn 3.7), à la peur (Gn 3.8), à la séparation d'avec Dieu (Gn 3.8-13). C'est pourquoi pécher, c'est manquer le but. Aux yeux de Dieu, le péché est un acte odieux que l'homme ne peut absoudre par ses efforts. Dans un autre sens, le péché consiste à être son propre chef, à la place de Dieu. En conséquence, l'homme a été chassé du paradis (Gn 3.23).

Cela dépasse le cadre de la conception du péché chez les Peuls musulmans qui croient que le péché existe seulement quand la violation est découverte par les hommes. Selon la Bible, c'est Dieu qui découvre le péché et qui décide de sauver l'homme (Gn 3.8). À ce propos, il est nécessaire de souligner que c'est par Satan que le mal est entré dans le monde (Gn 3.1), parce que les Peuls musulmans croient que le mal vient de Dieu. Mais l'Écriture dit clairement qu'au commencement Satan était un ange de Dieu. Il s'est séparé de Dieu à cause de son orgueil (És 14.12-17 ; Éz 28.11-19 ; Ap 12.9 ; 20.10). Un tiers des anges l'ont suivi dans sa révolte, pour être à son service (Ap 12.4). Il est important de parler des démons pour deux raisons fondamentales. La première est que les Peuls musulmans croient aux démons au point de penser qu'ils sont au service d'Allah (sourates 46.29-32 ; 72.1-15). Tous les jours les marabouts manipulent les esprits et attirent vers eux des multitudes de Peuls musulmans qui sollicitent la protection et le bien-être dans la société. La deuxième raison est que la Bible dénonce l'œuvre de Satan et de ses démons. Or, dans une culture ouverte à la réception des esprits, il est nécessaire de donner des réponses bibliques au sujet de la ruse de Satan et des démons qui incitent les êtres humains au péché.

c. La rédemption : le salut par le sacrifice et le médiateur

Par le péché, l'homme a perdu le salut, c'est-à-dire l'harmonie, l'honneur et la puissance (Rm 3.23). Mais le sacrifice sanglant du médiateur Jésus-Christ le restaure par le pardon qu'il offre à tout pécheur qui se repent (Rm 3.23). Dans l'A.T., la notion de salut est développée et explicitée par deux lignes de pensée que l'enseignement chronologique s'approprie : les notions de sacrifice et de médiateur.

Rappelons que la notion de sacrifice occupe une place de choix dans la culture peule. Puisque Dieu a décidé de sauver l'homme par le moyen du sacrifice de son Fils, il est nécessaire d'étudier la notion de sacrifice peule à la lumière de la Parole de Dieu. Quand Adam et Ève ont péché, Dieu les a revêtus de la peau d'un animal pour couvrir leur honte (Gn 3.21). L'acte d'habiller Adam et Ève avec des vêtements de peau est un acte de rédemption présenté en Ésaïe 61.10 : « Je me réjouirai pleinement en l'Éternel, mon âme sera ravie d'allégresse en mon Dieu ; car il m'a revêtu des vêtements du salut, il m'a couvert du manteau de la justice, comme le fiancé s'orne d'une parure tel un sacrificateur, comme la fiancée se pare de ses atours. » Cet acte, qui préfigure le salut par le sacrifice de Christ (Hé 9.22), est absent du Coran.

En lisant Genèse 4, on comprend que le sacrifice sanglant d'Abel est accepté parce qu'il « a mis sa confiance non pas en lui-même, mais en Dieu ; Abel a mis sa confiance dans le Dieu qui a promis d'envoyer le Libérateur[32] ». Mais les bonnes œuvres de Caïn ont été refusées par Dieu parce que « Caïn aimait faire des choses selon son cœur. Il n'avait pas cru en Dieu et en tout ce qu'il leur avait dit. Caïn n'avait pas mis sa confiance en Dieu, il ne croyait pas au chemin que Dieu leur avait proposé » pour qu'ils s'approchent de lui[33].

La Bible enseigne qu'Abraham accepte par obéissance de sacrifier son fils et que celui-ci est remplacé par un bélier. Dieu substituera un agneau au fils d'Abraham (Gn 22) et l'agneau pascal doit être immolé (Ex 12.6). Par ce sacrifice Abraham anticipe l'annonce de l'Évangile en acceptant de sacrifier son fils tant aimé, qui devient une bénédiction pour les nations. Vu sous

---

32. MCILWAIN, *Bâtir sur des fondations solides*, t. 2, p. 135.
33. *Ibid.*, p. 137.

cet angle, le sacrifice d'Isaac peut être considéré comme une illustration de l'œuvre expiatoire et substitutive de Jésus-Christ[34].

Selon la Bible, les sacrifices de réparation ou pour le péché sont nécessaires pour obtenir le pardon des péchés (Lv 4-5) et sont offerts dans différentes circonstances. Le sacrifice du Grand Jour des Expiations est pour les péchés du grand-prêtre et du peuple (Lv 16). Le sacrifice de réparation du Serviteur de l'Éternel est en faveur de beaucoup (És 52.13-53.12 ; Mc 10.45). Jésus est à la fois le fils d'Abraham (Mt 1.1), l'agneau de Dieu (Jn 1.29), et le Serviteur de l'Éternel qui souffre (Mt 26-27).

La deuxième ligne développée pour expliciter la notion de salut c'est que le pardon s'obtient par l'intervention d'un médiateur (1 Tm 2.4-5) : le fils de la femme va écraser la tête du serpent (Gn 3.15). L'arche sauve le reste fidèle de l'humanité, la famille de Noé (Gn 6-9). Joseph sauve la famille de Jacob à travers la souffrance (Gn 37-48). Dans le Pentateuque, on lit que Moïse sauve le peuple Israël à travers la souffrance (Ex–Dt). L'Éternel suscitera un prophète comme Moïse issu du peuple Israël (Dt 18.15). Et un roi comme David (un fils de David) sauvera le peuple (2 S 7.16). Les textes prophétiques disent qu'une vierge enfantera un fils nommé Emmanuel (És 7.14) et qu'un rameau poussera sur le tronc d'Isaï, c'est-à-dire un fils de David, et qu'il règnera (És 11.1). Le serviteur de l'Éternel souffrant sauvera le peuple (És 42.1-9) et le fils de l'homme règnera (Dn 7.13). Jésus-Christ est le fils de David (Mt 1.1), le fils de la femme (Lc 1.26-38), le fils de l'homme (Mt 9.6 ; 12.40 ; 16.27), et le serviteur de l'Éternel souffrant (Lc 4.18-19 ; Jn 13) qui sauve le monde.

Cette manière de présenter l'Évangile aux Peuls musulmans met en évidence les cinq concepts sotériologiques : les notions de Dieu, de l'homme, de mal, de péché et de salut. Elle présente l'Évangile en se servant non seulement de l'héritage religieux des Peuls, mais aussi de leur vision du monde. Dans une telle approche, la transformation de la vision peule du monde devient l'étape décisive du discipulat. En se servant des vérités bibliques qui se trouvent à la fois dans l'héritage religieux peul et dans les textes bibliques qu'ils reconnaissent (en expliquant leur vrai sens), leur capacité d'écoute et de compréhension de l'Évangile sera renforcée.

---

34. NEHLS, ERIC, *Donner la parole*, p. 71.

C. Mission intégrale

Historiquement parlant, la notion de mission intégrale a été introduite en missiologie par des théologiens de la Fraternité théologique latino-américaine (FTL) pour « se démarquer des conceptions de la mission chrétienne basées sur une dichotomie entre évangélisation et responsabilité sociale[35] ». Le réseau Michée se l'est appropriée en la définissant comme suit :

> La mission intégrale, ou la transformation holistique, est la proclamation et la mise en pratique de l'Évangile. Il ne s'agit pas simplement de faire à la fois de l'évangélisation et de l'action sociale. Au contraire, dans la mission intégrale, notre proclamation a des conséquences sociales, puisque nous appelons à l'amour et à la repentance dans tous les domaines de la vie. Et par ailleurs, notre implication sociale a des conséquences pour l'évangélisation, puisque nous témoignons de la grâce transformatrice de Jésus-Christ. Si nous ignorons le monde, nous trahissons la Parole de Dieu qui nous envoie dans le monde. Si nous ignorons la Parole de Dieu, nous n'avons rien à apporter au monde. La justice et la justification par la foi, l'adoration et l'action politique, le spirituel et le matériel, le changement personnel et le changement structurel, tout cela va de pair[36].

Au regard de cette définition, nous pouvons dire que la mission intégrale est une approche holistique qui consiste à dire que la mission englobe « tout ce pour quoi l'Église est envoyée dans le monde[37] ». À ce propos, il faut tenir compte de cette mise en garde de l'évêque anglican Stephen Neill qui avertit que « si tout est mission, plus rien n'est mission[38] ». C'est le risque de cette

---

35. Evert Van de Poll, « Quelle mission dans le monde ? Problématique et trois approches », in *Mission intégrale. Vivre, annoncer er manifester l'Évangile, pour que le monde croie*, Charols, Excelsis, 2017, p. 38.
36. Micah Network, « The Micah Declaration on Integral Mission », in *Justice, Mercy and Humility. Integral Mission and the Poor*, sous dir. Tim Chester, Carlisle, UK, Paternoster, 2002, p. 19. La traduction française de la Déclaration du Réseau Michée se trouve dans Bernard Huck, « Mission et service », in Wiher, *Bible et mission*, vol. 2, p. 206.
37. Stott, *Le chrétien à l'aube du XXIe siècle*, p. 129 ; Evert Van de Poll, « Mission intégrale : idée et mise en œuvre », *Cahiers de l'École pastorale* n°100, 2016, p. 10.
38. Stephen Neill, *Creative Tension*, Londres, Edinburgh House Press, 1959. p. 81, cité par Hannes Wiher, « Qu'est ce que la mission ? », *Théologie évangélique* vol. 9, n° 2, 2010, p. 36.

approche qui est en vogue dans le monde évangélique. Cependant, ignorer la notion de mission intégrale réduit le sens de la vocation de l'Église et compromet l'implantation d'Églises. Il semblerait que les Églises qui ignorent ou refusent la mission intégrale finiront par disparaître. C'est pourquoi il est important de réunir sous le terme d'« évangélisation » la proclamation, la traduction, le dialogue, le service et la présence, le développement humain, la libération, la justice et la paix[39]. Avant de développer ces sujets dans la section « L'approche holistique », il nous semble important d'examiner le fondement biblique de la mission intégrale.

1. Jésus : son modèle de mission intégrale

Tout au long de son ministère terrestre, Jésus n'a jamais cessé de prêcher, d'enseigner et de guérir une humanité blessée par le péché (Mt 4.23). Dans sa prédication inaugurale à Nazareth (Lc 4.18-19), « le premier mot prononcé par Jésus est le mot heureux[40] ». Ce message s'adresse à deux groupes de personnes : il s'agit d'une part de ceux qui sont dans le besoin et dans l'attente de posséder quelque chose, à savoir les pauvres en esprit, les affligés, les doux, les affamés et assoiffés de justice (Mt 5.3-6), et d'autre part de ceux qui se distinguent des autres par une certaine manière de vivre : les miséricordieux, les purs de cœur, les pacificateurs, les persécutés pour la justice (Mt 5.7-12). Par les béatitudes Jésus appelle ses disciples à vivre un témoignage intégral qui tienne compte de tous les aspects de la vie et de toutes les couches sociales : les pauvres, les affamés, les persécutés et les riches. Dans un témoignage intégral, chaque groupe social est donc concerné et s'attend à recevoir une réponse à ses besoins.

Jésus confirme cette mission confiée à ses disciples en leur disant : « Vous êtes le sel de la terre et la lumière pour le monde » (Mt 5.13-16). Dans ce texte, il appelle les disciples à être des porteurs et des témoins de cette lumière. C'est pourquoi Jésus dit : « Que cette lumière brille ainsi devant les hommes, afin qu'ils voient vos œuvres bonnes et glorifient votre Père qui est dans les cieux » (Mt 5.16). En mettant en relief la lumière des bonnes œuvres, Jésus-Christ nous laisse entendre que l'annonce de l'Évangile va de pair avec la pratique de bonnes œuvres parce que « nous avons été créés en Christ-Jésus pour des

---

39. BOSCH, *Dynamique de la mission chrétienne*, p. 553.
40. René VOELTZEL, *Selon les Écritures : didactique biblique*, Yaoundé, CLÉ, 1972, p. 175.

œuvres bonnes que Dieu a préparées d'avance, afin que nous les pratiquions »
(Ép 2.10). Ici il est important de souligner que ces œuvres jointes à l'évangélisation n'émanent pas du missionnaire, mais de Dieu lui-même, pour que nous le servions par elles.

Le Notre Père que Jésus a enseigné à ses disciples nous livre également un message d'intégralité parce que les trois premières demandes formulées concernent essentiellement la venue du règne de Dieu (Mt 6.9-10) dont nous avons des signes précurseurs en la personne de Jésus-Christ. Il est alors urgent d'annoncer que le règne de Dieu est tout proche (Mt 10.7) et de se préparer à y entrer. Mais Jésus-Christ ne s'est pas limité à annoncer la Bonne Nouvelle. les trois dernières demandes touchent aux besoins fondamentaux de l'homme, à savoir le pain, le pardon des péchés et la délivrance du mal (Mt 6.11-13). Le Notre Père est donc un indicateur d'une annonce intégrale de la Bonne Nouvelle. Ainsi la prière en faveur de l'évangélisation devra tenir compte non seulement de l'annonce de la Bonne Nouvelle, mais aussi des besoins des hommes sans quoi le message sera fade et inapproprié pour personnes ciblées. Cette lecture missiologique des évangiles nous montre que Jésus a une approche intégrale de sa mission. Ce fondement biblique du ministère de Jésus-Christ nous permet de parler de l'approche holistique.

2. L'approche holistique

Dans un passé récent, l'Église catholique et le Conseil œcuménique des Églises (COE) ont accordé une importance capitale à l'action sociale et en sont venus à « considérer la mission comme une action de solidarité et de partage[41] ». En revanche, les évangéliques ont mis l'accent sur la priorité de l'évangélisation au détriment des œuvres sociales. Très tôt ils ont réalisé que c'était une erreur qui réduit le sens biblique de l'évangélisation. Au congrès de Lausanne de 1974, ils ont affirmé que « l'évangélisation et l'engagement sociopolitique font tous les deux partie de notre devoir chrétien. Ils sont l'expression nécessaire de notre doctrine de Dieu et de l'homme, de l'amour du prochain et de l'obéissance à Jésus-Christ[42] ». John Stott précise que « l'action sociale est une partenaire de l'annonce de l'Évangile. En tant que partenaires,

---

41. Pour une discussion approfondie de cette conception de la mission, cf. Tolno, « L'Église missionnaire », p. 12.
42. Voir la « Déclaration de Lausanne (1974) », § 5, en ligne : www.lausanne.org/fr.

elles s'appartiennent mutuellement et restent cependant indépendantes l'une de l'autre. Toutes deux sont l'expression d'un amour sans arrière-pensée[43] ». On peut donc dire que « l'évangélisation et l'action sociale sont à la fois inséparables et distinctes[44] ». Notons que le « refus de les distinguer est lourd de conséquences théologiques[45] ». Il affaiblit le sens biblique de l'évangélisation qui consiste à apporter la Bonne Nouvelle à l'homme d'une manière appropriée à sa vision du monde.

Notons-le bien, l'approche holistique s'intéresse à l'homme tout entier, c'est-à-dire à son corps, à son âme et à son esprit. Dans une telle approche, les notions de pauvreté et de démonologie ne doivent être ni omises ni minimisées. Nous avons déjà souligné que Jésus n'a pas exclu les pauvres dans son ministère (Mt 5.3 ; Lc 6.20). C'est à eux qu'il est venu annoncer l'Évangile (Lc 4.18 ; 7.22). Jésus-Christ recommande à ses disciples d'offrir aux pauvres non seulement l'hospitalité (Lc 14.12-14), mais aussi l'aumône (Lc 18.22). L'Église primitive avait accepté de mettre tous les biens en commun pour que personne ne soit dans le besoin (Ac 4.34-35). Et l'apôtre Paul enseignait constamment aux Églises « de prendre soin des membres les plus pauvres » (Rm 12.13)[46].

Au troisième congrès de Lausanne pour l'évangélisation du monde qui s'est tenu au Cap en 2010, les évangéliques ont plus que jamais mis l'accent sur la paix de Christ et sur les victimes de la pauvreté : « Nous embrassons la Bible tout entière, qui nous montre le désir de Dieu que prévale partout la justice économique, et s'exprime aussi la compassion personnelle, dans le respect et la générosité à l'égard des personnes pauvres et nécessiteuses[47]. » Ce souci d'inclure les pauvres dans la mission de l'Église est en parfait accord avec l'Écriture qui affirme que la foi sans les œuvres est morte (cf. Jc 2.14-26). En d'autres termes, on peut dire qu'en joignant la foi aux œuvres nous communiquons de mieux en mieux l'Évangile aux pauvres. Sans cela l'évangélisation se réduirait à des paroles vidées de leur sens et ne serait plus qu'asservissement.

---

43. John STOTT, « Mission », in *Mission chrétienne dans le monde moderne*, Lavigny, Groupes Missionnaires, 1977, p. 17.
44. TOLNO, « L'Église missionnaire », p. 12
45. *Ibid.*
46. Simon LÉGASSE, *Paul apôtre*, Paris, Cerf, 2000, p. 209.
47. Mouvement de Lausanne, *L'Engagement du Cap. Une confession de foi et un appel à l'action*, Marpent, BLF, 2011, B.II.3., p. 60.

Les exemples bibliques relevés montrent qu'une approche missionnaire holistique correspond bien à la conception biblique de la mission, et particulièrement à la vision holistique des Peuls musulmans du Fouta-Djallon.

D. Mouvement autochtone

Il est maintenant temps d'engager une réflexion sur la manière d'implanter des communautés chrétiennes au Fouta-Djallon. Faut-il couper les convertis peuls de leur réseau socioreligieux et les rassembler dans des communautés chrétiennes ou est-il opportun de les maintenir dans leur réseau social de la mosquée ? La deuxième option est appelée, dans les cercles missiologiques, un « mouvement autochtone » (en anglais *insider movement*), parce que les convertis demeurent après leur conversion à l'intérieur de leur réseau socioreligieux. Jusqu'à aujourd'hui le débat sur cette question est très vif et continue à faire couler beaucoup d'encre[48]. Nous allons d'abord présenter la notion de « mouvement autochtone », puis présenter trois mouvements autochtones néotestamentaires pour aboutir enfin à la réflexion sur les mouvements autochtones en milieu musulman et en milieu peul.

1. La notion de « mouvement autochtone »

Cette notion a été introduite par John Travis dans son article, « The C-Spectrum. A Practical Tool for Defining Six Types of Christ-Centered Communities[49] ». Dans cet article, John Travis développe une typologie sur le degré de contextualisation dans un contexte musulman, sur la base

---

48. Pour des positions évangéliques favorables, cf. p. ex. David GARRISON, *A Wind in the House of Islam. How God Is Drawing Muslims from Around the World to Faith in Jesus Christ*, Monument, CO, WIGTAKE Resources, 2014 ; Jerry TROUSDALE, *Miraculous Movements. How Hundreds of Thousands of Muslims Are Falling in Love with Jesus*, Nashville, Nelson, 2012 ; Ralph D. WINTER, « Going Far Enough », in WINTER et HAWTHORNE, *Perspectives on the World Christian Movement*, 3ᵉ éd., 1999, p. 666s. Pour des positions évangéliques critiques, cf. p. ex. Doug COLEMAN, *A Theological Analysis of the Insider Movement Paradigm from Four Perspectives. Theology of Religions, Revelation, Soteriology and Ecclesiology*, Pasadena, William Carey Library, 2012 ; Leonard N. BARTLOTTI, « Seeing "Inside" the Insider Movement. Nine Theological Lenses », *Evangelical Missions Quarterly* 50, 4, 2014, p. 420-430 ; Phil PARSHALL, « Going Too Far ? », in WINTER et HAWTHORNE, *Perspectives on the World Christian Movement*, 3ᵉ éd., 1999, p. 655-659 ; Timothy C. TENNENT, « Followers of Jesus (Isa) in Islamic Mosques. A Closer Examination of C-5 "High Spectrum Contextualization" », *International Journal of Frontier Mission* 24, 1, 2007.
49. John TRAVIS, « The C1 to C6 Spectrum », in *Perspectives on the World Christian Movement*, sous dir. Ralph D. WINTER et Steven C. HAWTHORNE, 3ᵉ éd., Pasadena, William Carey Library, 1999, p. 658-660 ; cf. Charles KRAFT, « Dynamic Equivalence Churches in Muslim

d'une échelle de six degrés (C1-C6)⁵⁰. Cette échelle permet de comparer différentes « communautés centrées sur Jésus-Christ » qui existent dans le monde musulman. Les six types de communautés représentées dans l'échelle de Travis sont différenciés par le langage, le style du culte, la liberté de pratiquer le culte avec d'autres et l'identité religieuse. La typologie est un essai d'explication de la diversité ethnique, historique, culturelle et religieuse dans le monde musulman. Cette diversité nous invite à comprendre qu'il existe plusieurs approches missiologiques favorables à l'évangélisation et à l'implantation de communautés centrées sur Jésus-Christ parmi les musulmans. Le but de cette typologie « est d'aider les implanteurs d'Églises et les croyants d'origine musulmane à déterminer quel type de communauté centrée sur le Christ peut attirer le plus grand nombre de personnes du groupe cible à Christ et est le mieux adapté dans un contexte donné⁵¹ ».

Le premier degré de contextualisation (C1) représente les Églises traditionnelles qui utilisent une langue étrangère comme le latin, l'anglais, le français ou le portugais. Il s'agit d'Églises orthodoxes, catholiques et protestantes. Dans certains pays musulmans, quelques-unes ont existé avant l'arrivée de l'islam. Aujourd'hui il y en a des milliers dans le monde musulman. Beaucoup d'entre elles reflètent la culture occidentale. Les membres de ces Églises s'appellent chrétiens. Souvent il y a une différence culturelle énorme entre l'Église implantée et la culture du peuple cible. Il faut préciser que dans les Églises C1 il y a peu de convertis musulmans.

Le deuxième niveau (C2) se rapproche des Églises traditionnelles, mais en utilisant une langue autochtone : l'arabe, le pular, le kissi et d'autres. En principe ces Églises fonctionnent comme les Églises C1, sauf pour la langue. Le vocabulaire y est chrétien et jamais islamique. Les différences culturelles entre les musulmans et une Église C2 sont encore énormes, mais souvent il y a plus de convertis musulmans dans les Églises C2 que dans les Églises C1. De même les croyants s'appellent « chrétiens ». La majorité des Églises du monde musulman sont de type C1 ou C2.

Society », in *The Gospel and Islam*, sous dir. Don M. McCurry, Monrovia, CA, MARC, 1978, p. 118.
50. Notons que le C est l'abréviation de contextualisation.
51. John Travis, « Les degrés de contextualisation dans l'islam », *Promesse* n°203, janvier-mars 2018, p. 1. Dans la suite nous nous baserons sur les explications dans Travis, « The C1 to C6 Spectrum ».

Le troisième niveau (C3) décrit des communautés chrétiennes contextualisées utilisant une langue autochtone et des formes de la culture autochtone qui sont « neutres » par rapport à la religion : la musique, les habits et l'art. Des éléments « islamiques » sont présents ou infiltrés. On n'y utilise que des formes purement culturelles. Le but est de diminuer les aspects étrangers de l'Évangile et de l'Église en utilisant des formes culturelles en harmonie avec l'Évangile. La plupart des croyants des Églises C3 viennent d'un arrière-plan musulman, Mais les croyants s'appellent « chrétiens ».

Le quatrième niveau (C4) représente des communautés chrétiennes contextualisées utilisant une langue autochtone et des formes de la culture locale et de l'islam qui ne sont pas en contradiction avec l'Évangile. C4 est semblable à C3, mais on y utilise aussi des formes islamiques. Par exemple prier avec les mains levées, jeûner, éviter la viande de porc, l'alcool et les chiens comme animaux domestiques, utiliser un vocabulaire et des habits islamiques. Les Églises C4 évitent les formes de C1 et C2 et leurs fidèles ne fréquenteront pas les Églises C1 et C2. Les communautés C4 ne se composent pratiquement que de musulmans convertis. Les croyants ne sont pas vus par la communauté musulmane comme des musulmans et ils se considèrent eux-mêmes comme des « disciples d'Isa le Messie » (l'appellation peut parfois varier).

Au cinquième niveau de l'échelle (C5), John Travis place les communautés chrétiennes de « musulmans messianiques » qui ont accepté Jésus comme Seigneur et Sauveur. Du point de vue légal et social, les croyants C5 continuent d'appartenir à la communauté de l'islam. Des parallèles existent avec les juifs messianiques. Les croyants rejettent les aspects de la théologie islamique qui sont incompatibles avec l'Évangile, ou, si possible, leur donnent une nouvelle interprétation. La participation au culte musulman varie d'une personne à une autre ou d'un groupe à un autre. Les croyants C5 se rencontrent régulièrement et partagent leur foi avec d'autres musulmans qui ne sont pas encore sauvés. Les autres musulmans peuvent penser qu'ils ont une théologie déviante et éventuellement les faire sortir de la communauté musulmane. Là où des villages entiers acceptent Christ, C5 peut donner naissance à des « mosquées messianiques ». Les croyants C5 sont vus par les musulmans comme des musulmans et s'appellent « des musulmans qui suivent Jésus le Messie ».

Le niveau six de l'échelle (C6) regroupe les petites communautés chrétiennes de croyants secrets, similaires aux croyants persécutés dans des pays totalitaires. À cause de leur peur, de leur isolement et des sanctions du gouvernement ou de la société, les croyants C6 adorent Jésus en cachette. Ils le font individuellement ou en petits groupes. Beaucoup parmi eux se sont convertis à cause de rêves, de visions, de miracles, d'émissions de radio, de traités, de lecture de la Bible ou de rencontres avec des chrétiens à l'étranger. Les croyants C6 ne parlent pas de leur foi, ce qui n'est pas idéal, puisque Dieu désire que nous témoignions et que nous soyons en communion. Les croyants C6 sont vus par les autres comme des musulmans et s'identifient aussi eux-mêmes à des musulmans. Ils restent à l'intérieur de la communauté musulmane en utilisant les formes locales et culturelles acceptables bibliquement, en réinterprétant les formes musulmanes.

Cette réflexion de Travis a suscité une floraison de recherches sur le sujet. Parmi les ténors, on peut citer Charles Kraft, Phil Parshall, Dean S. Gilliland, Ralph D. Winter et Ben Josi[52]. Selon Rebecca Lewis, les mouvements autochtones sont des groupes de personnes de la même ethnie qui croient en Jésus et qui s'engagent à répandre l'Évangile dans des communautés et des réseaux sociaux existants, à rester à l'intérieur de leurs communautés socioreligieuses et à maintenir leur identité comme membres de cette communauté, tout en vivant sous la seigneurie de Jésus-Christ et l'autorité de la Bible[53]. Selon Charles Kraft, le but des mouvements autochtones est d'établir, à l'intérieur des cultures musulmanes, des peuples de Dieu qui soient engagés dans la foi en Dieu selon la révélation biblique, et qui fonctionnent à l'intérieur de leur propre matrice socioculturelle, en accord avec leur dynamique et selon des exemples recommandés par la Bible[54].

---

52. Charles KRAFT, « Dynamic Equivalence Churches. An Ethnotheological Approach to Indigeneity », *Missiology* 1, no. 1, 1973, p. 39-57 ; Phil PARSHALL, « Going Too Far ? », in WINTER et HAWTHORNE, *Perspectives on the World Christian Movement*, 3ᵉ éd., 1999, p. 655-659 ; Dean S. GILLILAND, « Context is Critical. A Response to Phil Parshall's "Going Too Far" », in WINTER et HAWTHORNE, *Perspectives on the World Christian Movement*, 3ᵉ éd., 1999, p. 664s ; Ralph D. WINTER, « Going Far Enough », in WINTER et HAWTHORNE, *Perspectives on the World Christian Movement*, 3ᵉ éd., 1999, p. 666s ; Ben JOSI, *Tu seras une bénédiction. Transmettre la bénédiction de Dieu aux musulmans*, Besançon, Frontières, 2016.

53. Rebecca LEWIS, « Promoting Movements to Christ within Natural Communities », *International Journal of Frontier Missiology* 24, 2, 2007, p. 75.

54. KRAFT, « Dynamic Equivalence Churches in Muslim Society », p. 118.

Évidemment la notion de mouvement autochtone n'a pas été développée sur une base biblique, mais est plutôt le résultat d'observations et de réflexions sur le terrain. Mais qu'en dit la Bible ?

2. Les mouvements autochtones néotestamentaires

Pour ancrer cette réflexion dans la Bible, deux mouvements autochtones bibliques nous serviront d'orientation : le mouvement autochtone des Juifs de Jérusalem et celui des Samaritains. Ensuite, nous réfléchirons sur la signification des décisions du Concile de Jérusalem pour les mouvements autochtones.

a. Mouvement autochtone parmi les Juifs de Jérusalem

Le premier exemple du Nouveau Testament est le mouvement autochtone parmi les Juifs palestiniens. En lisant les deux premiers chapitres des Actes des apôtres, on constate que le noyau des douze et des 120 premiers disciples est devenu un mouvement de Juifs à l'intérieur du judaïsme. Il était caractérisé par la prière, l'enseignement des apôtres, la communion fraternelle, la fraction du pain et le rassemblement dans le Temple et dans les maisons (Ac 2.42-44). Kevin Higgins voit en eux le premier mouvement autochtone[55].

Ce mouvement de Juifs croyant en Jésus-Christ restait, de toute évidence, à l'intérieur de la communauté et de la culture juives. C'est pourquoi Pierre et Jean se sentaient autorisés à aller au Temple au moment de la prière (Ac 3.1). Dans Actes 5.42, nous voyons de nouveau les disciples dans le Temple et dans leurs foyers. En nous appuyant sur ces textes, nous pouvons constater que les disciples se réunissaient dans les foyers pour adorer Dieu, mais ils partaient aussi au Temple parce qu'ils voyaient une continuité entre judaïsme et christianisme, ce qui les empêchait au départ de quitter le judaïsme. Ils se sont d'ailleurs servis de leur identité juive pour annoncer la Bonne Nouvelle.

En suivant l'histoire de l'Église primitive, il est facile de percevoir que ce mouvement a grandi au fil du temps. Ainsi, dans Actes 21.17-25, les anciens de Jérusalem pouvaient parler de milliers de Juifs croyants. Mais le texte biblique relève que, malgré le nombre important de disciples et le temps passé entre eux, ceux qui croyaient en Jésus-Christ pratiquaient le judaïsme et que « tous [étaient] zélés pour la loi » (Ac 21.20). Commentant ce verset,

---

55. Kevin HIGGINS, « The Key to Insider Movements. The Devotees of Acts », *International Journal of Frontier Missions* 21, 4, 2004, p. 155-165.

Richard Jameson et Nick Scalevich disent que ces croyants juifs, comme ceux qui suivaient Jésus, avaient créé une identité nouvelle à l'intérieur de leur ancienne identité religieuse. Cela dit, ils ajoutent dans la foulée que ces croyants palestiniens se voyaient bel et bien en tant que juifs, aussi bien d'un point de vue ethnique que religieux[56].

Il est évident qu'à Jérusalem les croyants juifs restaient à l'intérieur du judaïsme. C'est peu à peu que le mouvement est devenu une communauté de croyants visible et distincte. Michael Green fait même remarquer que, pendant quelques décennies après la résurrection de Jésus-Christ, on ne parlait pas d'une nouvelle religion, mais d'une secte à l'intérieur du judaïsme[57]. Dans certains endroits, poursuit-il, surtout à Jérusalem, cette idée a persisté dans la mentalité juive jusque vers l'an 85. Il précise encore que les chrétiens n'étaient pas distingués des judaïsants avant la révolte de Bar-Kokhba en l'an 135[58]. Dans la même perspective, Kenneth Scott Latourette dit que les premiers croyants d'arrière-plan juif n'étaient qu'une secte à l'intérieur du judaïsme. Ils observaient la loi juive, y compris ses cérémonies, la circoncision, et les règles alimentaires[59]. Les conclusions des recherches archéologiques indiquent que jusqu'au IIIe siècle certains chrétiens ont maintenu une identité juive[60]. De son côté, Rodney Stark considère que les croyants d'arrière-plan juif ont continué de faire partie de la communauté juive d'un point de vue culturel et social, pour au moins une génération, et peut-être plus[61].

---

56. Richard Jameson et Nick Scalevich, « First-Century Jews and Twentieth-Century Muslims », *International Journal of Frontier Missions* 17, 1, 2000, p. 34.
57. Gavriel Gefen, « Indigenous Expressions of Biblical Faith », *International Journal of Frontier Missiology* 24, 2, 2007, p. 102.
58. Michael Green, *Evangelism in the Early Church*, Surrey, Guildford, 1970, p. 93. Trad. française : *L'évangélisation dans l'Église primitive. Le développement de la mission chrétienne des origines au milieu du troisième siècle*, Lavigny/Saint Légier, Groupes Missionnaires/Emmaüs, 1981.
59. Kenneth Scott Latourette, *A History of Christianity, Vol. I. Beginnings to 1500*, revised edition, San Francisco, Harper Collins, 1975, p. 67.
60. Rodney Stark, *L'essor du christianisme. Un sociologue revisite l'histoire du christianisme des premiers siècles*, trad. Philippe Malidor, Charols, Excelsis, 2013, p. 77-78.
61. Gefen, « Indigenous Expressions of Biblical Faith », p. 102.

Dans un article publié dans *Missiologie évangélique*, Joshua Turnil soutient la théorie des mouvements autochtones lorsqu'il déclare que « le meilleur exemple d'un mouvement autochtone se trouve en Actes 21.17-27[62] ».

> À notre arrivée à Jérusalem, les frères nous reçurent avec joie. Le lendemain, Paul se rendit avec nous chez Jacques, et tous les anciens y vinrent aussi. Après les avoir salués, il se mit à raconter en détail ce que Dieu avait fait au milieu des païens par son ministère. En l'écoutant, ils glorifiaient Dieu. Puis ils lui dirent : Tu vois, frère, combien de dizaines de milliers de Juifs ont cru, et tous sont zélés pour la loi. Or, on leur a fait croire que tu enseignes à tous les Juifs qui sont parmi les païens à se détourner de Moïse, en leur disant de ne pas circoncire leurs enfants et de ne pas suivre les coutumes. Qu'en est-il donc ? Certainement la multitude se rassemblera, car on saura que tu es venu. C'est pourquoi fais ce que nous te disons. Il y a parmi nous quatre hommes qui ont fait un vœu ; prends-les, purifie-toi avec eux et charge-toi de la dépense, pour qu'ils se rasent la tête. Alors, tous sauront qu'il n'y a rien de vrai dans ce qu'on leur a fait croire sur ton compte, mais que, toi aussi, tu te conduis en observateur de la loi. Quant aux païens qui ont cru, nous avons jugé bon de leur prescrire qu'ils se gardent des viandes sacrifiées aux idoles, du sang, des animaux étouffés et de l'inconduite. Le lendemain, Paul prit ces hommes, se purifia avec eux et entra dans le temple. Il annonça à quel moment les jours de leur purification seraient achevés et l'offrande présentée pour chacun d'eux (Ac 21.17-26).

En analysant ce texte, Turnil met le doigt sur trois silences qui nous permettent de comprendre « que l'Église de Jérusalem ici décrite agit comme un mouvement autochtone juif religieusement et bibliquement orthodoxe dont l'intégration dans l'identité religieuse nationale israélite ne fait aucun doute[63] ». Il situe le premier silence quand les anciens disent à Paul : « Tu vois, frère, combien de dizaines de milliers de Juifs ont cru, et tous sont zélés pour la loi » (Ac 21.20). Le silence de Paul face à cette affirmation, « semble

---

62. Joshua Turnil, « Mouvements autochtones parmi les Juifs messianiques », *Missiologie évangélique* vol. 6, n° 1, 2018, p. 45. Dans la suite nous nous baserons sur cet article.
63. *Ibid.*

approuver la démarche des Juifs qui, tout en croyant en Jésus, continuent de garder la Torah[64] ». Au deuxième silence, Paul se comporte comme un observateur (21.23-24). Il ne s'oppose pas à la décision des anciens, « mais accepte de faire la preuve de sa pratique du judaïsme et de sa solidarité avec cette mouvance[65] ». Turnil parle du troisième silence en faisant une étude parallèle dans Galates 2. Ici Paul évoque son accord avec les anciens de l'Église. C'est pourquoi Paul dit : « Lorsqu'ils reconnurent la grâce qui m'avait été accordée, Jacques, Céphas et Jean, considérés comme des colonnes, nous donnèrent la main droite à Barnabas et à moi, en signe de communion : ainsi nous irions, nous vers les païens, et eux vers les circoncis » (Ga 2.9). Cependant, dans la même lettre, Paul n'hésite pas à « souligner le désaccord entre Pierre et lui sur sa pratique incohérente du judaïsme[66] ». Cela nous amène à dire que Paul faisait volontairement partie d'un mouvement autochtone au sein du judaïsme. Le passage de 1 Corinthiens 9 s'accorde bien avec cet argument parce que Paul dit :

> Bien que je sois libre à l'égard de tous, je me suis rendu le serviteur de tous, afin de gagner le plus grand nombre. Avec les Juifs, j'ai été comme Juif, afin de gagner les Juifs ; avec ceux qui sont sous la loi, comme sous la loi – et pourtant je ne suis pas moi-même sous la loi – afin de gagner ceux qui sont sous la loi ; avec ceux qui sont sans loi, comme sans loi – et pourtant je ne suis pas moi-même sans la loi de Dieu, mais sous la loi de Christ – afin de gagner ceux qui sont sans loi. J'ai été faible avec les faibles, afin de gagner les faibles. Je me suis fait tout à tous, afin d'en sauver de toute manière quelques-uns. Je fais tout à cause de l'Évangile, afin d'y avoir part. (1 Co 9.19-23)

Selon Turnil, Paul nous invite à comprendre dans ce texte « qu'il restait Juif, zélé pour la Torah, non seulement dans le cadre de son modèle missiologique, mais parce qu'il était un Juif avant d'être un missionnaire envoyé par le Christ ressuscité[67] ». Après avoir apporté son appui biblique aux mouvements autochtones, Turnil considère que la typologie C1-C6, qui est appliquée dans

---

64. *Ibid.*
65. *Ibid.*
66. *Ibid.*
67. *Ibid.*

l'évangélisation parmi les musulmans, est inappropriée en milieu juif. En sa qualité de missionnaire parmi les Juifs, Turnil utilise les modèles et les typologies « de contextualisation de Lewis Rambo et ses modèles de conversion. Rambo voit la conversion comme un processus et la contextualisation comme une série d'éléments multiples, interactifs et cumulatifs dans le temps[68] ».

b. Mouvement autochtone parmi les Samaritains

Le deuxième exemple biblique se trouve être le mouvement parmi les Samaritains. Soulignons au préalable que les Samaritains étaient religieux et basaient leur foi sur les cinq livres du Pentateuque dans sa version samaritaine. Sur le plan doctrinal, ils croyaient « en un seul Dieu, au prophète Moïse, à la loi, au mont Garizim, au jour du jugement et à la récompense, au retour de Moïse comme celui qui vient[69] ». Relevons que les Samaritains, comme les Juifs, avaient une idée floue du Messie. Ils ne comprenaient pas vraiment le sens de ce mot. Les Samaritains étaient perçus par les Juifs comme des hérétiques, corrompus dans leur foi et exclus de la vraie adoration de Dieu (Jn 8.48). Dépassant cette perception juive des Samaritains, Jésus considère que les Samaritains peuvent devenir ses disciples en gardant leur vision du monde qui va progressivement être transformée par l'Évangile (Lc 10.33 ; 17.16 ; Jn 4.1-41 ; Ac 8.1-25). Et dans Actes 8 nous découvrons une communauté de croyants samaritains qui reçoit l'Esprit, et qui, selon Stuart Caldwell, reste à l'intérieur de la communauté samaritaine. Selon Rebecca Lewis, l'attitude de Jésus vis-à-vis des Samaritains est spécialement importante, car d'un point de vue culturel et religieux, les Samaritains sont les plus proches de la culture et de la religion musulmanes[70]. Cela pourrait constituer pour nous une approche pertinente pour annoncer l'Évangile aux musulmans dans le monde entier et en particulier au Fouta-Djallon.

Dans son descriptif du mouvement samaritain, Stuart Caldwell recense quatre différences fondamentales entre la piété des Samaritains et celles des Juifs : une localisation spécifique d'adoration (le mont Garizim), leurs propres

---

68. Lewis R. RAMBO, « Conversion. Toward a Holistic Model of Religious Change », *Pastoral Psychology* 1982, p. 51, cité par TURNIL, « Mouvements autochtones parmi les Juifs messianiques », p. 52.
69. GEFEN, « Indigenous Expressions of Biblical Faith », p. 102.
70. Rebecca LEWIS, « Responding to a Common Word : WWJD ? », *International Journal of Frontier Missiology* 25, 1, 2008, p. 44.

Écritures (le Pentateuque samaritain), un vocabulaire religieux distinct (ils partageaient beaucoup d'expressions avec les Juifs, mais avec une signification bien différente), et une pureté rituelle (considérée comme impure par les Juifs)[71]. Il explique ensuite comment Jésus a abordé chacune de ces questions théologiques. En ce qui concerne le lieu d'adoration, Jésus explique que l'essentiel est le cœur, non pas l'endroit (Jn 4.21-23). Tout comme ceux qui suivaient Jésus continuaient de participer à la vie culturelle et religieuse de leur communauté juive, on peut supposer que les croyants samaritains ont fait la même chose, avec une différence fondamentale : ils étaient dorénavant disciples de Jésus.

Bien que Jésus ait expliqué clairement que le vrai lieu d'adoration n'était ni sur le mont Garizim ni à Jérusalem, il continuait d'aller au temple pour adorer. De la même façon, Kevin Haggin suppose que les Samaritains continuaient à adorer en esprit et en vérité sur le même mont Garizim[72].

Au sujet de l'utilisation du Pentateuque samaritain, Stuart Caldwell considère que Jésus n'a ni contesté ni validé son authenticité. En ce qui concerne le concept de l'attente du *Taheb*, le Messie qui restaurerait la vraie adoration sur le Mont Garizim, Jésus a fait comprendre aux Samaritains que c'était lui, le *Taheb*, c'est-à-dire celui qui venait pour restaurer la vraie adoration[73].

Pour annoncer la Bonne Nouvelle aux Samaritains, Jésus a utilisé leurs expressions religieuses. Concernant la pureté rituelle, il a mis de côté la pureté cérémonielle afin d'atteindre les Samaritains. Cela a amené Stuart Caldwell à conclure que, dans son ministère, Jésus n'a pas mis l'accent sur l'implantation d'Églises, mais plutôt sur le fait de « semer le royaume de Dieu[74] ». Il remarque que Jésus a parlé d'*ekklésia* seulement trois fois, alors qu'il parlait souvent de *basileia* « le royaume » de Dieu[75]. Arthur F. Glasser s'appuie sur cette pensée pour relever que l'importance primordiale du Royaume de Dieu dans la Bible doit se retrouver dans l'annonce de la Bonne Nouvelle d'aujourd'hui[76].

---

71. Stuart Caldwell, « Jesus in Samaria. A Paradigm for Church Planting among Muslims », *International Journal of Frontier Missions* 17, 1, 2000, p. 26.
72. Kevin Haggin, « The Key to Insider Movements. The Devotees of Acts », *International Journal of Frontier Missions* 21, 4, 2004, p. 158.
73. Caldwell, « Jesus in Samaria. A Paradigm for Church Planting among Muslims », p. 27.
74. *Ibid.*
75. *Ibid.*
76. Arthur F. Glasser, *Announcing the Kingdom. The Story of God's Mission in the Bible*, Grand Rapids, Baker Academic, 2003, p. 74.

De même, Tim Timmons fait remarquer que le message de Jésus n'était pas l'Église, mais le Royaume de Dieu. Quand nous apportons l'Évangile à d'autres cultures, nous devrions donc annoncer Jésus, et lui seul, et non pas le christianisme[77]. En lisant le récit d'Actes 8, on s'aperçoit que le travail commencé par Jésus dans Jean 4.1-42 a eu pour résultat un mouvement important en Samarie. Beaucoup de ces Samaritains méprisés et rejetés par les Juifs ont suivi Jésus à l'intérieur de leur cadre culturel et social.

c. Concile de Jérusalem et mouvements autochtones

Plusieurs auteurs ont analysé le Concile de Jérusalem (Ac 15) sous l'angle de ses implications pour les croyants d'origine non juive du premier siècle et pour les mouvements autochtones d'aujourd'hui. A. Scott Moreau, Gary Corwin et Gary McGee en soulignent l'importance historique pour l'histoire de l'Église. Ils considèrent que cette grande charte de la liberté chrétienne a rendu possible le développement d'Églises de non-Juifs à l'intérieur de leurs contextes culturels[78]. Elle a permis aux Églises de comprendre que la foi chrétienne ne doit pas être considérée comme la propriété exclusive d'une culture particulière et peut rester cohérente avec l'Écriture tout en étant adoptée par différentes cultures. Bien que l'événement du Concile de Jérusalem soit unique, Corwin considère que le processus a besoin d'être répété dans de nouveaux contextes[79].

Après avoir envisagé les probables conséquences sociales et culturelles de la circoncision des chrétiens Romains, Brian Petersen affirme qu'être disciple de Christ implique toujours un changement de fidélité spirituelle aussi bien que l'initiation à un processus continuel et radical de transformation morale[80]. Nous pensons qu'une telle expérience peut avoir lieu au sein de tout contexte culturel. À titre d'exemple, chez Corneille cela impliquait de continuer à vivre

---

77. Tim TIMMONS, « Christianity Isn't the Way – Jesus Is », *International Journal of Frontier Missiology* 25, 3, 2008, p. 159.
78. A. Scott MOREAU, Gary CORWIN, Gary B. McGEE, *Introducing World Missions. A Biblical, Historical, and Practical Survey*. Grand Rapids, MI, Baker Book House, 2004, p. 79.
79. Gary CORWIN, « A Humble Appeal to C5/Insider Movement Muslim Ministry Advocates to Consider Ten Questions », *International Journal of Frontier Missiology* 24, 1, 2007, p. 18.
80. Les conséquences pourraient être le rejet par son milieu social ce qui l'empêcherait de passer la Bonne Nouvelle aux siens. Brian K PETERSEN, « Foreigners, Pharisees and Foreskins. The Controversy Over Changing Community Identity in the Book of Acts », in *The National Rethinking Forum*, Chandigarh, India, International Journal of Frontier Missions, p. 15.

au sein de la société romaine tout en s'abstenant de l'idolâtrie et de l'immoralité sexuelle[81]. En considérant tout ce qui précède, nous concluons que les principes qui ont guidé les réflexions du Concile de Jérusalem peuvent servir de modèle pour le débat sur les mouvements autochtones contemporains.

L'analyse du Concile de Jérusalem proposée par Higgins fait apparaître que les deux questions principales du Concile étaient le salut et l'unité de l'Église. Il conclut que le salut d'un individu n'est pas une question de croyance cognitive et de compréhension, mais de vie transformée par la grâce de Dieu et l'onction de l'Esprit saint[82]. Il est vrai que le Saint-Esprit transforme aussi la dimension cognitive du croyant qui est régulièrement exposé à l'enseignement biblique. Selon Higgins, les choses essentielles pour garder l'unité étaient alors d'ordre moral (s'abstenir de la fornication), théologique (s'abstenir de l'idolâtrie) et éthique (s'abstenir de certains aliments afin de maintenir la communion fraternelle à table avec les croyants juifs)[83]. C'est ainsi que le Concile de Jérusalem a accordé au mouvement des non-Juifs la liberté de se développer de façon indépendante à l'intérieur de la culture non juive, tandis que le mouvement juif continuait d'être un mouvement distinct à l'intérieur du judaïsme, tout en pouvant accueillir les non-Juifs à table, et donc être en communion avec eux.

Cependant, le point faible des positions de ces différents auteurs est de mettre l'accent sur le royaume de Dieu au point d'affaiblir l'importance de l'Église. S'intéressant à l'enseignement de Jésus et au livre des Actes, mais beaucoup moins aux épîtres, ils semblent croire qu'il est possible de parler du royaume de Dieu en dehors de l'Église. Certes, ces deux concepts ne sont pas identiques. Le royaume, qui représente la sphère où Dieu règne, s'étend de la création au royaume éternel dans le ciel. L'Église n'a existé qu'une fois que Christ était mort et ressuscité, et plus particulièrement à partir de la Pentecôte, quand le Saint-Esprit a été répandu sur les croyants. Nous pensons que c'est l'une des raisons pour lesquelles Jésus en a peu parlé. Elle est le rassemblement de ceux qui confessent de leur bouche et croient en leur cœur que Jésus, ressuscité des morts, est Seigneur.

---

81. *Ibid.*
82. Kevin HIGGINS, « The Jerusalem Council Applies. Acts 15 and Insider Movements among Muslims. Questions, Process and Conclusions », *International Journal of Frontier Missiology* 24, 1, 2007, p. 34.
83. *Ibid.*, p. 31.

Cependant, royaume et Église ont tant d'éléments en commun qu'il est difficile de parler de l'un en excluant l'autre. Tous deux ont un même chef, Jésus-Christ, une même charte, l'Évangile, ainsi que les mêmes institutions fondamentales (Ép 4.11 ; 5.24-27 ; Ga 1.6-9 ; 2 Co 9.13 ; Col 4.11). Tous deux sont à la fois visibles et invisibles. Toutefois, l'Église comporte un mélange de vrais et de faux membres (2 Tm 2.19-21). Ces données bibliques nous amènent à dire que l'Église visible est la réalisation, certes imparfaite, du royaume de Dieu sur la terre. Alors là où il n'y a pas d'Église visible, il est difficile de parler de la réalisation du royaume terrestre où se formeraient les futurs membres de la communauté céleste (2 Tm 4.18). Relevons que le premier pas consiste effectivement à prêcher Christ et son royaume qui commence dans les cœurs. Le seul fait de croire en Christ fait de nous des membres de l'Église, et il faut bien que l'Église universelle et invisible s'incarne dans l'Église visible. Le premier pas engendre le second, même si on peut concevoir un décalage dans le temps.

Concernant le débat autour des mouvements autochtones contemporains, A. Scott Moreau reconnaît que « peu de modèles de ministères retiennent autant l'attention parmi les évangéliques (y compris la controverse) que celle de développer des mouvements autochtones[84] ». Il poursuit sa pensée en ajoutant que le plus grand défi lancé aux partisans des mouvements autochtones est de savoir « jusqu'où le fait que les disciples de Christ demeurent dans leur contexte religieux est... bibliquement acceptable ?[85] ». Puisqu'il n'existe pas de méthode unique pour développer les mouvements autochtones, Moreau propose l'approche générale qui obéit à une progression dialogique qui implique au moins quatre interlocuteurs : « 1) les praticiens donnent la possibilité aux 2) autochtones de prendre de sages décisions sur la façon de construire des communautés de croyants viables à l'intérieur de leur contexte socioculturel, 3) en étudiant la Parole de Dieu et 4) en suivant la direction du Saint-Esprit[86]. » Parlant du mouvement de la croissance de l'Église, d'implantation d'Églises contextuelles et du réseau américain « Évangile et culture[87] », Hannes Wiher dit qu'« on n'a guère réfléchi à ce que la Bible dit sur l'Église, c'est-à-dire

---

84. A. Scott MOREAU, « Une typologie des modèles évangéliques de contextualisation », in COOK et al. (sous dir.), *L'Église mondiale et les théologies contextuelles*, p. 252-262.
85. *Ibid.*
86. *Ibid.*
87. *Gospel and Our Culture Network* (GOCN).

qu'il y a eu peu de réflexion sur le fond. La réflexion a principalement été axée sur la forme et a été guidée par le pragmatisme[88] ». Les théologiens David Brown[89], Donald Carson[90] et d'autres[91] ont reproché au mouvement de l'Église émergente « de ne pas avoir mené de réflexion biblique et théologique[92] ». Pour Hannes Wiher la même critique est pertinente pour les mouvements d'*insider*[93]. Sans une réflexion approfondie sur ce que la Bible dit sur l'Église, il devient difficile, voire impossible, de toucher les êtres humains en profondeur au moyen de l'Évangile.

3. Les mouvements autochtones en milieu musulman

Fascinés par l'urgence de la mission parmi les musulmans et convaincus de la pression sociale dont sont victimes les nouveaux convertis d'arrière-plan musulman, les implanteurs d'Églises parmi les musulmans ont jugé utile d'abandonner les notions de communautés chrétiennes visibles pour admettre que les gens peuvent suivre Isa (Jésus) en restant à l'intérieur de leur communauté socioculturelle et en gardant leur identité propre. Cela correspond au degré de C5 dans l'échelle de Travis. Dans son article, « The Challenge of Churchless Christianity » (2005), Timothy C. Tennent cite M. M. Thomas qui soutient que l'Église n'a jamais été une communauté visible, mais a toujours été formée secrètement parmi les autres communautés religieuses

---

88. Hannes WIHER, « Une contextualisation critique : méthodologie et exemples pratiques », in COOK et al. (sous dir.), *L'Église mondiale et les théologies contextuelles*, p. 306. Donald McGavran est l'un des ténors du mouvement de la croissance de l'Église. La préoccupation majeure de ce mouvement est d'abaisser les barrières socioculturelles pour les non-chrétiens. Les tenants des mouvements d'implantation d'Églises ont pour but de faire des disciples faisant à leur tour les disciples. L'essentiel de leur réflexion est axé sur les nouvelles formes d'Églises. À titre d'exemple, nous pouvons citer les Églises de maison. Ceux qui militent dans le Réseau américain Évangile et culture n'ont entrepris dans leurs publications aucune analyse biblique et historique. Ils se focalisent uniquement sur les recherches anthropologiques empiriques. WIHER, *ibid*.
89. David BROWN, « Manque de théologie », in « *Servir à nos Français* ». *Le défi de l'Église émergente*, Marne-la Vallée, Farel, 2009, p. 33.
90. Donald A. CARSON, *L'Église émergente. Comprendre le mouvement et ses implications*, Trois-Rivières, Québec, Publication Chrétienne, 2008, p. 77.
91. Donald COBB, « Faut-il réinventer l'Église ? Réflexion autour du livre de B. McLaren », *La Revue Réformée* LVIII, 243, 3, juillet 2007 ; Lydia JAEGER, « Entre modernité et postmodernité. Faut-il réinventer l'Église ? », *La Revue Réformée* LVIII, 243, 3, juillet 2007.
92. WIHER, « Une contextualisation critique », p. 306.
93. *Ibid*.

comme l'hindouisme et l'islam[94]. Phil Parshall cautionne cette position en affirmant qu'on peut être chrétien en secret parmi les musulmans en vue de les gagner à Christ[95]. L'enjeu d'une telle approche est de savoir comment éviter le syncrétisme religieux et donc l'implantation d'Églises de chrétiens syncrétistes. John Travis insiste sur sept points :

1. Les nouveaux croyants d'arrière-plan musulman doivent croire que Jésus est Seigneur et Sauveur. En dehors de Jésus, il n'y a pas de salut.
2. Ils doivent être baptisés, se rencontrer régulièrement (dans la discrétion absolue) avec les autres croyants et partager la communion.
3. Ils ont besoin d'étudier l'*Injil* et la *Thora* et si nécessaire le *Zabur*.
4. Ils doivent renoncer à l'occultisme et à certains rites islamiques (la prière des saints, l'utilisation d'amulettes, la magie et des incantations) et en être délivrés.
5. Certaines pratiques et traditions (le jeûne, la circoncision, les aumônes, aller à la mosquée, se couvrir la tête, ne pas consommer de viande de porc et de vin) doivent désormais être considérées comme des expressions de l'amour du croyant pour son Dieu, et le respect pour ses prochains plutôt que comme des actes qui procurent le pardon des péchés.
6. Le Coran, Muhammad et la théologie musulmane traditionnelle sont examinés, jugés et réinterprétés à la lumière de la Parole de Dieu. Ainsi les pratiques qui sont compatibles avec l'Évangile sont gardées et celles qui sont jugées incompatibles sont rejetées.
7. Les nouveaux croyants d'arrière-plan musulman doivent enfin montrer leur nouvelle naissance et leur croissance dans la grâce divine (à travers les fruits de l'Esprit, l'amour) et désirer

---

94. Timothy C. TENNENT, « The Challenge of Churchless Christianity. An Evangelical Assessment », *International Bulletin of Missionary Research* 29, 4, 2005, p. 171-177.
95. Phil PARSHALL, « Going Too Far ? », in WINTER et HAWTHORNE, *Perspectives on the World Christian Movement*, 3e éd., 1999, p. 655-659. Cf. aussi les réponses de GILLILAND, « Context Is Critical. A Response to Phil Parshall's "Going Too Far" », p. 664s, et de Ralph D. WINTER, « Going Far Enough », in *Perspectives on the World Christian Movement*, p. 666s.

chercher les perdus (par exemple par le témoignage verbal et l'intercession)[96].

Cette manière de penser l'implantation d'Églises en milieu musulman nous semble pertinente parce qu'elle fait de la proclamation de l'Évangile et de l'étude biblique la raison d'être des mouvements autochtones. Cette approche atténue considérablement la pression sociale que les chrétiens d'arrière-plan musulman subissent de la part de leur famille et de la communauté musulmane. Mais le danger de cette méthode est de faire des « musulmans chrétiens » au lieu de faire des « chrétiens d'arrière-plan musulman »[97], c'est-à-dire des disciples de Jésus qui s'identifient à lui et qui reconnaissent avoir un arrière-plan musulman. Pour éviter cet écueil, « les nouveaux croyants doivent gérer la tension entre le culte à la mosquée et celui qu'ils tiennent en cachette avec ceux dont ils partagent la foi en Jésus[98] ». Il faut préciser qu'ils peuvent vivre leur foi discrètement pour un temps, mais pas pour tout le temps de leur vie chrétienne. Il est difficile de déterminer combien de temps ils peuvent vivre discrètement leur foi en Jésus-Christ. La durée peut être courte pour les uns et plus longue pour les autres. Mais il est nécessaire qu'ils finissent par intégrer une communauté de foi visible comme on le constate dans le Nouveau Testament. Cela revient à dire que tôt ou tard les mouvements autochtones sont appelés à sortir de leur discrétion pour devenir des communautés chrétiennes visibles qui s'engagent à annoncer la Bonne Nouvelle de Jésus. Toutefois, il convient de signaler que cela n'est pas possible partout, en particulier dans les pays où l'annonce de l'Évangile est interdite. Par exemple en Arabie Saoudite, il n'existe officiellement aucune Église reconnue par l'autorité saoudienne. « Tout le pays est considéré comme Terre sainte de l'Islam (pas seulement La Mecque et Médine, mais tout le territoire national). Il n'est donc pas toléré de construire une Église dans le pays[99]. » Ces différentes situations montrent qu'il n'existe pas d'approche standard et universellement valable de l'évangélisation des musulmans. Chaque

---

96. John Travis, « Must All Muslims Leave Islam ? », in Winter et Hawthorne, *Perspectives on the World Christian Movement*, 3ᵉ éd., 1999, p. 660-663.
97. Fara Daniel Tolno, « Aspects historiques », in *L'Afrique aujourd'hui et les Églises. Quels défis ?* sous dir. Hannes Wiher, Carlisle, UK, Langham, 2017, p. 14.
98. *Ibid.*
99. Jamil Chabouh, « Liberté religieuse en Arabie Saoudite », *Perspectives missionnaires* n° 54, 2007, p. 17.

missionnaire est appelé à définir ses méthodes d'évangélisation en fonction du contexte social, économique, politique et religieux du pays. Voyons comment cela se fait parmi les Peuls du Fouta-Djallon.

4. Un mouvement autochtone en milieu peul ?

Ces mouvements autochtones forment une communauté de disciples de Christ qui propagent l'Évangile à travers des liens familiaux et sociaux et qui expriment leur foi en Christ en se réunissant en communauté de foi et en vivant sous la seigneurie de Jésus-Christ et sous l'autorité de la Bible. Mais ils restent à l'intérieur de leur communauté socioculturelle de naissance, si possible, en maintenant leur identité comme membres de cette communauté sans qu'ils s'impliquent dans la religion et la confession de foi musulmanes. Pour implanter des Églises en milieu musulman, il est donc préférable de développer des mouvements autochtones. Cependant, cette approche soulève de nombreuses polémiques au Fouta-Djallon.

Interrogé sur cette question, Yaya Barry dit que les mouvements autochtones promeuvent des chrétiens escrocs qui ont le Coran dans la main droite et la Bible dans la main gauche. Cette catégorie de chrétiens adore Allah et vénère Muhammad. Ils confondent le salut en Jésus-Christ avec le salut par des œuvres méritoires. Ils confessent Jésus-Christ pour des raisons inavouées[100]. La pratique missionnaire de Yaya Barry est tellement exclusive qu'elle oblige le nouveau converti à sortir de son environnement socioculturel pour intégrer une communauté de disciples de Jésus-Christ dans laquelle il reçoit une identité nouvelle. En l'écoutant, on comprend aisément que sa méthode d'évangélisation est essentiellement exclusiviste.

Pour sa part, Abdourahmane Camara considère que cette approche est un héritage direct de la vieille pratique de certains missionnaires occidentaux ayant vécu au Fouta-Djallon. Dans un passé récent, ces missionnaires, voulant hâter la conversion des Peuls musulmans, ont voulu implanter des Églises partout au Fouta-Djallon. Dès qu'un Peul se convertissait, ils lui disaient d'informer ses parents et la communauté musulmane, ce qui créait des tensions entre lui et ses parents. C'est ce qu'a vécu Younous Bayoulo Bah, professeur d'histoire alors âgé de 35 ans, à qui Abdourahmane Camara avait annoncé la Bonne Nouvelle et qui avait donné sa vie à Christ. Dès sa conversion,

---

100. Yaya Barry interviewé à Conakry le 10 février 2016.

Abdourahmane Camara lui avait recommandé de confesser ouvertement sa foi en Jésus-Christ et d'annoncer à ses parents et à la communauté musulmane qu'il ne partageait plus la même foi qu'eux. Dans sa ferveur spirituelle, poursuit-il, Younous Bayoulo Bah avait suivi ce conseil, mais deux semaines plus tard, il était assassiné dans sa chambre par des inconnus. Abdourahmane Camara a alors décidé de changer sa méthode d'évangélisation. Aujourd'hui il milite pour une évangélisation axée sur des mouvements autochtones, atténuant les tensions sociales et donnant l'occasion au nouveau converti d'arrière-plan musulman de vivre sa foi dans sa famille d'origine. Influencé par la pensée de Lewis, il considère que les Peuls musulmans convertis à Jésus-Christ n'ont pas besoin de se convertir au style de vie du christianisme occidental. Ils doivent garder leur identité et vivre leur foi en Jésus-Christ à l'intérieur de leur communauté socioculturelle et religieuse[101]. Cette méthode inclusiviste extrême, qui maintient le nouveau converti entièrement dans son contexte musulman, nous laisse perplexe.

Concernant les mouvements autochtones parmi les Peuls du Fouta-Djallon, deux remarques méritent d'être faites. La première est que la Guinée est un pays laïc qui prône la liberté religieuse, ce qui offre donc aux chrétiens une certaine liberté d'annoncer l'Évangile partout dans le pays, même si certaines populations s'opposent à son accueil. La deuxième remarque est que le discipulat en milieu peul se fait en deux temps : « avant et après la conversion. » Le processus de discipulat se déclenche quand un ou plusieurs Peuls s'intéressent à l'Évangile et manifestent le désir de le connaître. Pendant ce premier temps, le missionnaire crée un réseau de Peuls musulmans intéressés par l'Évangile. À partir de ce réseau, les mouvements autochtones se constituent et reçoivent discrètement une formation biblique de base. Il s'agit donc de l'évangélisation pionnière ou du discipulat pionnier. Dans ce cas, les mouvements autochtones sont perçus comme l'ensemble des Peuls musulmans intéressés par l'Évangile et qui désirent connaître Jésus-Christ comme Sauveur.

La deuxième phase du discipulat commence après la conversion. Les nouveaux convertis s'engagent alors dans un processus de changement de vision du monde et d'identité. Dans ce processus, ils doivent vivre leur foi d'une manière sobre qui leur permette de rester dans leurs liens socioculturels.

---

101. Abdourahmane Camara interviewé à Conakry le 30 avril 2017.

Mais ils doivent aussi renoncer aux pratiques de l'islam et réaliser qu'ils seront exposés à la persécution, sans oublier cette parole de l'Écriture : « Si quelqu'un souffre comme chrétien, qu'il n'en ait point honte, et que plutôt il glorifie Dieu à cause de ce nom » (1 P 4.16). À ce moment-là les convertis deviennent des membres de la famille de Dieu et de l'Église qui les accueille et les accompagne dans leur vie de disciples de Jésus-Christ. Pour ce faire, il est nécessaire de recourir à la contextualisation des principaux concepts culturels qui forgent la conscience et la vision peule du monde.

II. Concepts-clé de la culture peule à la lumière de la Bible

Après l'analyse de concepts bibliques clés pour la contextualisation de l'Évangile, nous nous proposons d'étudier les principaux concepts culturels peuls à la lumière de la Bible. Nous les présenterons selon leur importance dans la société peule. Nous parlerons des notions de *pulaaku*, de sainteté, de sacrifice, de bénédiction, de culte des ancêtres et de famille peule.

A. *Pulaaku*

La notion de *pulaaku* a été présentée en détail dans le chapitre 1. Ici nous nous limiterons à la réflexion sur cette notion par rapport à la Bible. Nous avons déjà vu que le *pulaaku* est un ensemble de valeurs sociétales qui a son fondement dans la vision peule du monde et qui définit l'identité peule. Le *pulaaku* attache une grande importance à la maîtrise de soi, à la patience, au courage, au travail, à la générosité et à la connaissance de la révélation d'Allah. Comme déjà vu au chapitre 1, ces valeurs fonctionnent dans le cadre d'une conscience relationnelle fondée sur la communauté, l'orientation vers l'événement et la personne, la recherche du statut social, la pensée holistique et la peur de perdre la face[102]. Pour annoncer l'Évangile aux Peuls musulmans, les missionnaires doivent comprendre la vision peule du monde que représente le *pulaaku*, et aussi la conscience relationnelle peule, son fondement. Il est important de noter que la connaissance des valeurs du *pulaaku* peut ouvrir la porte à l'Évangile en milieu peul, parce que certaines d'entre elles

---

102. WIHER, *L'Évangile et la culture de honte en Afrique Occidentale*, p. 23 ; idem, « Toucher les êtres humains en profondeur (deuxième partie) », p. 69.

se retrouvent dans l'Écriture. Contextualiser toutes les valeurs du *pulaaku* dépasserait les limites de notre travail. Nous avons donc choisi de présenter deux exemples, à savoir la maîtrise de soi et la connaissance de la révélation de Dieu.

Le *pulaaku* exige de tout Peul musulman la maîtrise de soi dans tous les domaines de la vie. On s'en rend bien compte quand on entend dire aux enfants au Fouta-Djallon : « Contrôle ta langue » (*genou d'ingualmangûal*), « Évite les propos vains et nombreux » (*rintô è kongoudi mèrrè, doudidi*), « Ne parle pas, sauf par nécessité » (*wota woylou siwona kohandi*), « Ne mange pas, sauf quand tu sens une faim pressante » (*wotagnamou si'a wèlaka*), « Supporte les souffrances d'ici-bas » (*moungnô tempéredji adouna*)[103].

Dans le N.T., l'expression « maîtrise de soi » (grec *enkrateia*) apparaît trois fois. L'adjectif *enkratès* et la forme verbale *enkrateuomai* sont employés au sens positif ou négatif. Le verbe *enkrateuomai* apparaît pour la première fois dans la Septante pour décrire la maîtrise de soi de Joseph « en face de ses frères ». Il est employé également pour désigner la fausse retenue de Saül (1 S 13.12) et d'Haman (Est 5.10). Ensuite le mot *nèphalios* « sobre » est employé pour parler de la boisson[104].

Dans Actes 24, Luc raconte le procès de Paul devant le gouverneur romain Félix. Il précise que Félix et son épouse s'intéressaient à la foi de Paul, avant d'ajouter : « Mais le gouverneur trouva le discours de Paul sur la justice, la maîtrise de soi [*enkrateia*] et le jugement à venir trop difficile à accepter » (Ac 24.24-25). On l'imagine, l'accueil d'une prédication sur de la maîtrise de soi sera bien différent chez les Peuls.

Dans la lettre de Paul aux Galates, la maîtrise de soi est mentionnée parmi les fruits du Saint-Esprit. Il est dit : « Quant au fruit de l'Esprit, c'est : l'amour, la joie, la paix, la patience, la bonté, la bienveillance, la foi, la douceur, la maîtrise de soi ; aucune loi n'est contre de telles choses » (Ga 5.22). Ceux qui portent ces fruits montrent par leur comportement, leurs attitudes et leurs actions de tous les jours que le Saint-Esprit est en eux. C'est ce qu'on appelle « la vie selon l'Esprit » (Rm 8.1-17). Comme elle se manifeste chez les Peuls musulmans en tant que valeur inculquée, la maîtrise de soi doit se

---

103. HAAFKENS, *Chants musulmans en peul*, p. 69.
104. D. H. TONGUE, « Maîtrise de soi », *Le Grand Dictionnaire de la Bible*, p. 987.

manifester en tant que fruit de l'Esprit dans tous les domaines de la vie des disciples de Jésus-Christ.

Il est aussi admis que le *pulaaku* oblige à aimer l'éducation, c'est-à-dire la connaissance de la révélation d'Allah. Pour connaître Allah, les Peuls musulmans passent tout leur temps à lire le Coran, la Sunna, l'*igma* et l'*ijtihad*. Rappelons qu'au Fouta-Djallon les Peuls musulmans ont une conception ghazalienne de la révélation : « Le Coran est une source de révélation à laquelle tout musulman doit être soumis[105]. »

Le Coran est donc pour les Peuls musulmans ce que Jésus-Christ, la Parole, est pour les chrétiens : l'ultime et complète révélation de Dieu. la question fondamentale est alors de savoir comment amener les Peuls musulmans à croire qu'en Jésus-Christ Dieu se révèle pleinement. Comment montrer aux Peuls musulmans que Jésus-Christ est Dieu parmi nous ?

La réponse à cette question n'est pas facile parce que les Peuls musulmans croient fermement que le Coran est la parole éternelle d'Allah. À l'opposé, les chrétiens s'efforcent de démontrer que la Bible est la parole de Dieu. Comme nous pouvons le constater, il existe des éléments de continuité entre la Bible et le Coran. Pour que les Peuls musulmans arrivent à la pleine connaissance de Dieu, il leur est nécessaire de comprendre que c'est seulement en Jésus-Christ qu'il a plu à Dieu de se révéler pleinement aux hommes.

B. Pureté

Les notions de pureté et d'impureté sont importantes aux yeux des Peuls musulmans du Fouta-Djallon. Selon la vision peule du monde, il existe deux sortes de purification : externe et interne. La première consiste à se purifier de ce qui est considéré légalement comme souillure (*khabath*) ou de ce qui est à l'origine de l'impureté rituelle (*hadath*). La purification de la souillure s'effectue en l'éliminant des habits, du corps ou du lieu de prière. La purification rituelle s'effectue par des ablutions mineures (*al-wudu*) ou majeures (*al-gluel*). La purification interne consiste à purifier l'âme des péchés et des pensées

---

[105]. AL-GHAZALI, *Le critère de distinction entre l'islam et l'incroyance*, p. 119 ; idem, *Ihya, quatrième quart, Kitâb at-tawhîd wa-ttawakkul*, p. 45.

blâmables. Elle s'opère par une sincère repentance, c'est-à-dire en confessant le nom d'Allah et en se conformant aux bonnes règles de conduite[106].

Dans l'islam peul, plusieurs situations exigent la purification externe : 1) Le sperme chez l'homme (*janaba* « impureté majeure due au sperme ») ou l'apparition de sécrétions chez la femme suite à une jouissance sexuelle, pendant le sommeil ou en état de veille. 2) Le contact entre les organes génitaux, car Allah a dit que l'ablution majeure devient obligatoire, lorsque l'extrémité de l'organe génital masculin dépasse l'ouverture de l'organe génital féminin (lors d'un rapport sexuel). 3) La fin des menstrues ou des lochies. La femme musulmane, dans cet état, ne peut pas prier, ni jeûner, ni aller à la mosquée, ni réciter ou toucher le Coran. Après le temps des menstrues et lochies, elle doit se purifier avant d'entamer la prière ; 4) quand un Peul musulman meurt, il est recommandé de faire les ablutions majeures ; 5) lorsqu'un mécréant embrasse l'islam, il doit faire les ablutions majeures[107]. Par contre, la *janaba* mineure « survient après l'émission des excréments et de l'urine ou de gaz et qui est aussitôt supprimée par les ablutions rituelles, précédant les cinq prières quotidiennes[108] ». Cela nous permet de souligner que l'islam peul accorde beaucoup d'importance à la notion de pureté. À cet effet, les Peuls musulmans pensent que les choses et les hommes purs sont admirables pour Allah[109]. C'est pourquoi la prière musulmane commence par un acte de purification, les ablutions qui précèdent la prière. Le refus de consommer des animaux impurs ou des boissons alcoolisées, le fait de se déchausser pour la prière et d'offrir des sacrifices ont pour but d'amener le croyant à la pureté[110], car l'état d'impureté interdit de s'approcher de la divinité sacrée. Si le profane est impur, il faut qu'il soit purifié pour approcher le sacré[111].

---

106. BALDÉ, SALVAING, *Une vie au Fouta Djalon*, p. 139 ; PIGA, *Les voies du soufisme au sud du Sahara*, p. 111.
107. Tierno Amadou DIALLO, *La prière et la purification*, Conakry, Imprimerie de Conakry, 2015, p. 8.
108. Soumaya Naamane GUESSOUS, *Printemps et automne sexuels. Puberté, ménopause, andropose au Maroc*, Casablanca, EDDIF, 2000, p. 58.
109. VIEILLARD, *Notes sur les coutumes des Peuls au Fouta-Djallon*, p. 80 ; SALVAING, « Lieux de mémoire religieuse au Fouta-Djallon », p. 75.
110. SEYDOU, *Poésie religieuse et inspiration populaire chez les Peuls du Fouta-Djallon*, p. 27.
111. Mary DOUGLAS, *L'anthropologue et la Bible. Lecture du Lévitique*, Paris, Bayard, 2004, p. 174.

En observant de près ces pratiques, on constate que les Peuls musulmans mettent l'accent sur la purification extérieure et oublient qu'elle n'est que le premier pas vers une purification intérieure. Selon la vision peule du monde, ces pratiques doivent être observées à la lettre en vue d'attirer la faveur d'Allah sur le croyant. Sachant qu'Allah est saint, les Peuls musulmans pensent que tous ceux qui le prient doivent être dans un corps saint et en un lieu saint. Or la purification rituelle ne remplace pas la purification intérieure. Ce serait donc une erreur de penser que l'homme peut se purifier par ses propres moyens. C'est Dieu seul qui est capable de purifier l'homme de ses péchés[112]. À cet effet, la Bible dit : « Je ferai sur vous l'aspersion d'une eau pure, et vous serez purifiés » (Éz 36.25s). Et David demande à Dieu : « Lave-moi complètement de ma faute, et purifie-moi de mon péché » (Ps 51.4). Dans 1 Jean 1.7, il est aussi dit : « Si nous marchons dans la lumière, comme il est lui-même dans la lumière, nous sommes en communion les uns avec les autres, et le sang de Jésus son Fils nous purifie de tout péché. »

La tâche missionnaire serait donc de présenter aux Peuls musulmans la pureté morale qui s'obtient en Jésus-Christ, en passant par le concept de la pureté extérieure qu'ils connaissent par le Coran. Toutefois, il convient de noter que le passage de la pureté rituelle à la pureté morale s'opère par la puissance de l'Évangile.

Lévitique 11 dit que les ruminants qui ont le sabot fendu[113], c'est-à-dire les bovins et les ovins, sont purs et peuvent être mangés. Mais les animaux comme le porc sont impurs et défendus à la consommation. Les oiseaux, à l'exception des oiseaux carnivores au bec crochu et tranchant, sont consommables. De même les poissons qui ont des mâchoires et des écailles sont déclarés purs et comestibles. Cependant, certains êtres aquatiques comme les

---

112. Dans le Lévitique on trouve une série de lois qui interdisent aux Israélites de toucher certains objets ou commettre certains actes qui sont réputés susceptibles de les souiller. Au sens vétérotestamentaire, l'impureté n'est pas une faute morale, mais elle est un obstacle à la relation avec Dieu. Dans ce cas, celui qui était déclaré impur n'était pas qualifié à participer au culte et à la vie de la communauté. Le passage de l'état d'impureté à l'état de pureté exigeait une pratique rituelle : le lavage du corps ou des vêtements, un sacrifice expiatoire, l'envoi au désert et l'immolation d'un bouc expiatoire symboliquement chargé des impuretés du peuple. Jay SKLAR, *Leviticus*, Tyndale Old Testament Commentaries (TOTC), vol. 3, Downers Grove, IVP, 2014, p. 22 ; DOUGLAS, *L'anthropologue et la Bible*, p. 169 ; Matthew HENRY, *Commentary on the Whole Bible. Complete and Unabridged in One Volume : Genesis to Revelation*, Peabody, MA, Hendrickson, 1997, p. 174.

113. DOUGLAS, *L'anthropologue et la Bible*, p. 166.

crustacés sont impurs et interdits à la consommation. Il est important de noter que les animaux purs deviennent impurs lorsqu'ils meurent (Lv 11.28, 31, 39), et celui qui les touche devient immédiatement impur. Les péchés d'adultère, d'homosexualité et de bestialité rendent impurs celui qui les commet et le pays dans lequel il vit (Lv 18).

Le Lévitique considère également les idoles et l'idolâtrie comme une cause d'impureté. En d'autres termes, le culte rendu à d'autres dieux souille non seulement le croyant, mais aussi son pays et le sanctuaire (Lv 18.21 ; 20.2-5 ; Ex 20.7, 18). En lisant la Bible, il est facile de comprendre que la faute qui conduit le croyant à l'impureté « est si grave que seule la mort du pécheur peut l'expier[114] ». L'auteur du Lévitique a mis l'accent sur les causes naturelles et les règles cérémonielles de pureté et d'impureté. Mais chez les prophètes la notion d'impureté est essentiellement liée aux péchés commis par l'homme. Ils considèrent comme des actes d'impureté l'infidélité au Seigneur et à son alliance, les crimes et l'idolâtrie. Les prophètes Osée et Ézéchiel appellent cette infidélité « prostitution spirituelle » (Os 5.3 ; 6.7-10 ; Éz 22.3-4 ; 33.25-26). Ici la notion prend une connotation éthique. Cette perception est ensuite développée par les auteurs du N.T.

Dans Matthieu 15.10 Jésus dit clairement : « Ce n'est pas ce qui entre dans la bouche qui rend l'homme impur, mais ce qui sort de la bouche, c'est ce qui rend l'homme impur. » En faisant le commentaire de ce verset, nous pouvons dire que ce n'est pas parce qu'un individu a mangé de la viande de porc qu'il sera dans un état d'impureté. Et Dieu, dans une vision, a clairement dit à Pierre : « ce que Dieu a déclaré pur, ne le regarde pas comme souillé » (Ac 10.15). Ainsi l'impureté ne provient plus de la distinction entre animaux purs et impurs, mais des actes accomplis par l'homme. Cela ne s'accorde pas nécessairement avec la conception de pureté et d'impureté dans l'islam peul, car pour le N.T., la sainteté est essentiellement axée sur la personne de Jésus-Christ qui s'oppose au mal et au péché[115]. Cette sainteté de Jésus-Christ est éclatante dans son rapport avec Dieu le Père. Le prologue de l'évangile de Jean dit : « Au commencement était la Parole, et la Parole était avec Dieu, et la Parole était Dieu. Elle était au commencement avec Dieu. Tout a été fait par

---

114. G. J. Wenham, « Pur et impur », *Le Grand Dictionnaire de la Bible*, p. 1379.
115. Paul Mumo Kisau, « Actes des apôtres », in *Commentaire biblique contemporain*, sous dir Tokunbo Adeyemo, Marne-la-Vallée, Farel, 2008, p. 783.

elle, et rien de ce qui a été fait n'a été fait sans elle » (Jn 1.1-3). Jésus-Christ est saint, c'est pourquoi il peut être appelé Parole de Dieu. Celui qui croit en lui est donc saint et n'est plus jugé (Jn 3.18).

Le récit de la naissance virginale révèle clairement la sainteté de Jésus-Christ quand l'ange dit à Marie : « Le Saint-Esprit viendra sur toi, et la puissance du Très-Haut te couvrira de son ombre. C'est pourquoi le saint enfant qui naîtra sera appelé Fils de Dieu » (Lc 1.35). Une telle sainteté amène l'homme à la sanctification et à la vie éternelle par la puissance de l'Esprit (Rm 5.1-5), car « en lui, Dieu nous a élus avant la fondation du monde, pour que nous soyons saints et sans défaut devant lui » (Ép 1.4).

Sur ce sujet, il est important de faire comprendre aux Peuls musulmans que la sainteté de Jésus-Christ est l'une des raisons qui font de lui le fils de Dieu. Cette filiation n'est pas biologique, mais spirituelle et essentielle. Cela se voit clairement quand l'Écriture dit : « À tous ceux qui l'ont reçue [la Parole], elle a donné le pouvoir de devenir enfants de Dieu, à ceux qui croient en son nom » (Jn 1.12).

C. Sacrifice

Il n'y a pas de doute, les Peuls musulmans croient que les sacrifices enlèvent le péché et écartent l'homme du malheur (*malal/tanaa*). De ce fait, ils sont perçus comme l'un des moyens de se procurer de la grâce divine (*ballal Allah*) sur la terre et dans l'au-delà. Au Fouta-Djallon on ne peut pas être musulman et refuser d'offrir des sacrifices. Cependant, il faut respecter un certain nombre de critères. Les Peuls ne sacrifient pas n'importe quel animal. Ils s'interdisent de sacrifier les animaux impurs à savoir le chien, le chat, le cochon, le loup, l'ours, le lion, le tigre, la panthère, le léopard, le panda, le guépard, le puma, l'écureuil, la belette, le putois, le gorille, le chimpanzé, l'hyène, l'éléphant, le castor, le chacal, et le renard. Les Peuls musulmans ne consomment pas la viande des animaux impurs.

Le principe sacrificiel exige d'offrir un animal vigoureux du troupeau. Les animaux les fréquemment offerts en sacrifice sont : la chèvre, le mouton, la vache ou le bœuf. Mais les Peuls, s'ils en ont les moyens, préfèrent offrir en sacrifice une vache ou un bœuf, et non un bélier comme le recommande la tradition musulmane. Alfâ Ibrâhîm Sow et plusieurs autres justifient ce choix en indiquant que « la vache est la vraie richesse des Peuls. C'est la principale richesse du Peul[116] ». Offrir une vache en sacrifice, c'est donner à Dieu quelque chose qui coûte et qui a une grande valeur.

Cela montre bien que, dans la vision peule du monde, les sacrifices occupent une place de choix. Quand le temps et les moyens le lui permettent, le Peul ne fait rien sans sacrifice. Cette pratique est ancrée dans sa mentalité et fait penser que dans l'islam peul tout est sacrifice. Les cérémonies de naissance et les funérailles, les fêtes et les pratiques religieuses sont accompagnées de divers sacrifices[117]. Aussi est-il inadmissible de vouloir présenter l'Évangile aux Peuls sans aborder théologiquement le concept du sacrifice.

Le sacrifice du bélier pendant la fête peule de *tabaski* peut nous aider à la contextualisation de l'Évangile. Cette fête coranique trouve son origine dans le sacrifice d'Abraham rapporté par la Bible (Gn 22.1-3). À ce sujet, la sourate 37.100 déclare qu'Abraham avait demandé à Allah un fils. Suite à sa demande, Allah lui a promis un fils (sourate 37.101) et a accompli sa promesse. Un jour Abraham annonce à son fils que dans un rêve Dieu lui a demandé de le lui sacrifier. Son fils lui demande alors d'obéir à la volonté d'Allah (sourate 37.102). Abraham décide donc d'obéir à Allah, Mais au moment où il s'apprête à tuer son fils, Allah l'empêche : « Il l'appelle et l'assure que son intention d'obéir au rêve a la même valeur que l'obéissance elle-même. En remplacement de son fils, il lui donne un animal à sacrifier » (sourate 37.103, 107).

Dans la Bible, il est dit que Dieu a donné un fils à Abraham et à Sara dans leur vieillesse, accomplissant ainsi ce qu'il leur avait promis longtemps auparavant. Leur fils s'appelait Isaac. Dieu avait promis à Abraham que, par les descendants d'Isaac, il amènerait à l'existence une nouvelle nation. Et tous les peuples de la terre seraient bénis par sa famille (Gn 12.1-3)[118].

La Bible enseigne aussi qu'Ismaël et sa mère Agar ont quitté le foyer d'Abraham, et sont allés vivre dans le pays d'Égypte. Mais Isaac, le fils né selon la promesse de Dieu, est resté à la maison. Puis Dieu a demandé à Abraham quelque chose d'étonnant et de difficile : « Prends donc ton fils, ton unique, celui que tu aimes, Isaac ; va-t'en dans le pays de Moriya et là, offre-le en holocauste sur l'une des montagnes que je t'indiquerai » (Gn 22.1-2).

---

116. Alfâ Ibrâhîm Sow, *La femme, la vache, la foi*, p. 176.
117. Diop, *Réforme foncière et gestion des ressources naturelles en Guinée*, p. 294.
118. McIlwain, *Bâtir sur des fondations solides*, p. 179.

Abraham a obéi à Dieu et pris son fils Isaac pour aller le sacrifier au lieu indiqué. Abraham, Isaac et deux de ses serviteurs ont marché trois jours durant. Ce que Dieu demandait était une épreuve terrible et douloureuse. Car la Bible dit :

> Lorsqu'ils furent arrivés à l'endroit que Dieu lui avait indiqué, Abraham y construisit l'autel et disposa le bois. Il ligota son fils Isaac et le mit sur l'autel, par-dessus le bois. Puis Abraham étendit la main et prit le couteau pour égorger son fils. Alors l'ange de l'Éternel l'appela du ciel et dit : Abraham ! Abraham ! Il répondit : Me voici ! L'ange dit : N'étends pas ta main sur le jeune homme et ne lui fais rien ; car j'ai reconnu maintenant que tu crains Dieu et que tu ne m'as pas refusé ton fils, ton unique. Abraham leva les yeux et vit par derrière un bélier retenu dans un buisson par les cornes ; alors Abraham alla prendre le bélier et l'offrit en holocauste à la place de son fils (Gn 22.9-10).

À partir de cette histoire, nous voyons comment Dieu a mis la foi d'Abraham à l'épreuve et sauvé son fils de la mort grâce au sacrifice d'un bélier. Dans un autre sens, nous pouvons dire que Dieu, dans sa justice, a condamné le fils d'Abraham à la mort. Mais par sa grâce surabondante, il l'a sauvé de la mort[119]. Comme Isaac, tous les hommes sont pécheurs et méritent le jugement de Dieu. Mais par sa grâce et son amour infini, Dieu est venu à notre secours en nous donnant un moyen par lequel nous pouvons être sauvés. Quel est ce moyen ? Dans cette histoire, Dieu a donné un bélier pour mourir à la place du fils d'Abraham. Seules les cornes du mouton étaient prises dans le buisson ; sa peau n'était pas déchirée. Si l'agneau avait eu un seul défaut, il n'aurait pas pu remplacer le fils d'Abraham sur l'autel. L'animal que Dieu a lui-même donné était un mouton parfait. Mais l'Écriture dit que les animaux qui servaient aux sacrifices n'étaient qu'« une ombre des biens à venir et non pas l'exacte représentation des réalités... Car il est impossible que le sang des taureaux et des boucs ôte les péchés » (Hé 10.1, 4). Le sang d'un animal ne suffit pas pour payer définitivement la dette résultant du péché, car la valeur d'un animal n'est pas égale à celle d'un humain. Ainsi, le mouton qui a remplacé le fils d'Abraham sur l'autel était une préfiguration d'un sacrifice

---

119. *Ibid.*

plus important, plus parfait, à savoir le sacrifice de Jésus-Christ (Hé 9.13-14). Contrairement à l'islam peul, la Bible déclare « qu'il est impossible que le sang des taureaux et des boucs ôte le péché » (Hé 10.4). C'est pourquoi le bélier qui est mort à la place du fils d'Abraham n'était qu'une préfiguration du Rédempteur qui allait venir dans le monde et mourir pour tous les pécheurs, pour que Dieu puisse pardonner tous ceux qui croiraient en lui. Ce Sauveur que Dieu a promis d'envoyer dans le monde est Jésus-Christ.

D. Bénédiction

La notion de bénédiction est importante dans la culture peule. Il suffit de faire un séjour au Fouta-Djallon pour se rendre compte que le bonheur et le succès d'un individu sont liés à la bénédiction. C'est pourquoi la bénédiction est la leçon principale de plusieurs contes, proverbes et productions littéraires religieuses du Fouta-Djallon[120]. Selon la vision peule du monde, la bénédiction est sollicitée dans tous les domaines de la vie sociale, économique, politique et religieuse. Cependant, il existe deux sortes de bénédiction : la bénédiction des parents (*barki*) et la bénédiction qu'on obtient des autres (*baradji*). Muhammad Barry, âgé de 65 ans, nous a confié que le *barki* s'acquiert auprès des parents géniteurs qui sont le père et la mère, les tantes, les oncles et les grands-pères et les grandes mères[121]. Les Peuls musulmans croient que ces personnes sont investies de *baraka* pour transmettre à leurs enfants le *barki*. Par conséquent « les bénédictions (*barki*) et la prière (*duha*) du père sont très recherchées et sa malédiction (*kuddi*) très redoutée[122] ».

Les Peuls musulmans cherchent aussi le *barki* auprès des parents défunts. Cela maintient le lien entre les vivants et les morts de la famille. Selon Muhammad Barry, la demande de *barki* aux défunts se fait la nuit du jeudi et celle du vendredi après la prière de 20 heures. La même demande est reprise la nuit du dimanche à la même heure. La demande de bénédiction aux défunts est faite par le père de famille dans la maison ou au cimetière. Ce contact permanent avec les parents défunts octroie la *baraka* au père qui est habilité à s'adresser à eux. Notons que la bénédiction des parents (*barki*) a

---

120. Koumanthio Zeinab Diallo, *Daado l'orpheline et autres contes du Fouta-Djallon de Guinée*, p. 22 ; idem, *Le Fils du roi de Guémé et autres contes du Fouta-Djallon de Guinée*, p. 13.
121. Muhammad Barry interviewé le 7 juillet 2019 à Coyah.
122. Vieillard, *Notes sur les coutumes peules*, p. 62.

des effets positifs tout au long de la vie de celui qui la reçoit. Généralement les enfants qui ont le *barki* du vivant de leurs parents verront ses effets positifs se multiplier après la mort de ces derniers.

Contrairement au *barki*, les paroles de *baradji* sont prononcées par les personnes qui mènent une vie pure et qui ont une certaine autorité à cause de leur *baraka*. Parmi elles nous pouvons citer les imams, les *karamoko*, les marabouts, les *thierno* et les érudits musulmans. Les Peuls pensent que ces personnes sont plus proches de Dieu parce qu'elles sont saintes et reçoivent de lui le pouvoir de bénir les êtres humains et de manipuler les démons. C'est ainsi que « le grand marabout Thierno Aliou Bamba N'Dian dont l'influence et la vénération dépassèrent les frontières du Fouta-Djallon accorda ses bénédictions à tous les villages visités[123] ». Les Peuls musulmans croient résolument que c'est Allah qui bénit, mais sa bénédiction passe nécessairement par des intermédiaires qui sont saints et qui sont proches de lui. Cela correspond bien à une conscience relationnelle. Toutefois, il est important de remarquer que la bénédiction des parents (*barki*) est au-dessus de la bénédiction des saints (*baradji*). C'est pourquoi les Peuls musulmans cherchent le *barki* avant de demander la bénédiction des saints (*baradji*).

Les implanteurs d'Églises peuvent bien se servir de ce fond culturel pour communiquer l'Évangile aux Peuls musulmans. Car le Dieu de la Bible est un Dieu qui bénit les individus, les familles et les nations. À titre d'exemple, dans Genèse (12.1-3, 15, 17) Dieu fait une alliance avec Abraham. Il le fait sortir de la culture animiste mésopotamienne et l'envoie dans un pays inconnu où il désire développer une nouvelle culture avec lui. L'alliance avec Abraham est chargée de bénédictions pour Israël et pour tous les peuples[124]. Par sa bénédiction Abraham deviendra le père d'une foule de nations, il sera fécond, des nations et des rois sortiront de lui (Gn 17.1-7). L'Éternel dit à Abraham : « Je bénirai ceux qui te béniront. Toutes les familles de la terre seront bénies en toi » (Gn 12.3). Dans un autre passage Abraham prie pour la bénédiction des hommes d'un autre peuple (Gn 18).

Dieu a aussi fait une alliance avec Moïse (19.5-6 ; 20.1-17) en faisant d'Israël un peuple saint qui appartient à Dieu (Ex 19.5 ; Lv 19.2 ; Dt 7.6 ;

---

123. Bah, Tamsir, *Histoire du Fouta-Djallon*, p. 138.
124. Wiher, « Motivation pour la mission : un regard théologique », in *Bible et Mission. Vers une pratique évangélique de mission*, vol. 2, Charols, Excelsis, 2012, p. 36.

26.19). Dans ce cas de figure, le peuple d'Israël est béni (Nb 6.24-26) et devient médiateur du salut entre Dieu et les peuples. Cette bénédiction se trouve aussi dans le Psaume 67 avec la spécification qu'à travers elle tous les peuples reconnaîtront Yahvé (Ps 67.3-4, 6). Ainsi Israël devient la lumière pour les peuples (És 49.6 ; cf. 42.6 ; 56.8 ; Mi 5.3).

Le N.T. dit qu'ils sont bénis « ceux qui appartiennent à Dieu, qui font partie du royaume de Dieu, qui gardent les paroles de Dieu, dont les péchés sont pardonnés, qui sont invités au festin des noces[125] » (Mt 5.3-11 ; 25.34 ; Lc 6.20-22 ; 11.28 ; Rm 4.7-8 ; Ép 1.3 ; Jc 5.11 ; Ap 19.9 ; 20.6 ; 22.14). Selon Mike Evans, « ces bénédictions sont étroitement liées à l'œuvre de Jésus-Christ. C'est lui qui, par sa vie, sa mort et sa résurrection donne la possibilité tant aux Juifs qu'aux non-Juifs d'hériter des bénédictions promises au travers d'Abraham[126] ». C'est pourquoi l'apôtre Paul peut affirmer que « Christ nous a rachetés de la malédiction de la loi, étant devenu malédiction pour nous » (Ga 3.13). Il poursuit sa pensée en ajoutant : « Maudit soit quiconque est pendu au bois – afin que, pour les païens, la bénédiction d'Abraham se trouve en Jésus-Christ et que, par la foi, nous recevions la promesse de l'Esprit » (Ga 3.13-14).

Nous comprenons que le sens biblique de la bénédiction ne correspond pas à celui des Peuls musulmans parce qu'ils pensent que les bénédictions sont acquises par le canal d'intermédiaires humains, habilités à implorer la grâce divine. Selon la Bible, les bénédictions sont accordées aux hommes par « un seul médiateur entre Dieu, et les hommes, le Christ-Jésus homme, qui s'est donné lui-même en rançon pour tous » (1 Tm 2.5-6).

Calvin soutient fortement cette doctrine biblique. Il considère que la médiation de Christ est liée à son œuvre et apparaît dans la signification de son titre de Messie « Oint, Christ ». Il est Jésus-Christ le Sauveur qui, en exerçant sa fonction de Médiateur, assume les trois offices de prophète, de roi et de sacrificateur[127]. De ce fait nous pouvons admettre que la médiation de Christ nous offre les plus grandes bénédictions, à savoir la justification, l'adoption et la sanctification (Rm 8.29-30)[128]. Elles permettent à l'homme pécheur d'être

---

125. Mike J. Evans, « Malédiction et bénédiction », *Dictionnaire de théologie biblique*, p. 467.
126. *Ibid.*
127. Jean Calvin, *Institution de la religion chrétienne*, p. 432.
128. Stuart Olyott, « Les trois grandes bénédictions de la vie chrétienne », *La Revue réformée* n° 223, 2003.

en relation avec Dieu. Il est donc impossible de posséder ces bénédictions en dehors de l'œuvre de Jésus-Christ. Hors de lui, l'homme s'éloigne des bénédictions de Dieu pour attirer sur lui la malédiction qui mène à la condamnation. Ainsi, en Christ, grâce à sa mort et à sa résurrection, réside l'expérience de la bénédiction pour quiconque croit en lui.

On est loin de la vision peule du monde, où les bénédictions comme la notion de *baraka* ont un caractère relationnel et matériel. Les Peuls mesurent le degré des bénédictions d'un individu en fonction de son statut social ou de sa richesse. Si un Peul a beaucoup de femmes, d'enfants et des richesses matérielles et financières, alors il est béni. Du point de vue biblique les bénédictions sont relationnelles, matérielles et spirituelles. Le Peul musulman comprend facilement les textes bibliques qui parlent des bénédictions matérielles. Il y voit une continuité avec des bénédictions bibliques. Cependant, il aura du mal à saisir les bénédictions spirituelles qui découlent de la grâce spéciale de Dieu. Elles sont exclusivement réservées à ceux qui sont en Jésus-Christ.

E. Culte des ancêtres

Dans la société africaine le culte des ancêtres est encore vivace. Il est au cœur des religions traditionnelles africaines. On peut même dire qu'il y est essentiel. Selon la vision animiste du monde, les vivants et les morts (les « morts-vivants ») forment une unité. Dans cette unité les vivants reconnaissent « l'autorité de l'Ancêtre qui demeure, dans l'au-delà, le garant de l'ordre de la nature et juge de la vie morale[129] ». Alors chez les animistes « les évènements de la vie quotidienne ont toujours une signification en rapport avec la croyance aux ancêtres ; dès lors, il faut "décoder" la réalité à partir des différents signes qui la manifestent[130] ». Ceci revient à dire que dans la vision animiste du monde les morts font partie de la famille. C'est pourquoi les animaux et les produits végétaux qui sont offerts aux ancêtres « sont des symboles de la continuité de la famille et du contact permanent[131] ». Les sacrifices successifs offerts aux ancêtres assurent aux Africains que le passage d'un individu dans le monde invisible n'a pas rompu l'unité. Ces sacrifices leur permettent aussi de garder à l'esprit que leurs ancêtres sont vivants et qu'ils

---

129. Jean-Marc Éla, *Ma foi d'Africain*, Paris, Karthala, 2009, p. 47.
130. *Ibid.*, p. 42.
131. *Ibid.*

participent à toutes les cérémonies de la famille. C'est pourquoi quand un individu meurt, les Africains disent : « Il nous a quittés » ou « Il a voyagé au village des ancêtres ». Quand un individu meurt, les vivants pensent qu'une grande insécurité règne autour de lui. Jusqu'à son enterrement, le cadavre doit donc être surveillé par les vivants qui passent la nuit et la journée auprès de leur futur ancêtre[132].

L'islam peul a conservé le culte des ancêtres. Au Fouta-Djallon les mausolées sont des lieux de recueillement pour les fidèles musulmans, car dans la mentalité peule, les saints ne meurent pas, ils sont couchés dans les mausolées. De ce fait, ils deviennent de vrais intermédiaires entre Allah et ses fidèles.

En lisant la Bible, on s'aperçoit que le récit de la création comporte des menaces de mort (Gn 2.17 ; 3.4). Après la chute, l'entrée de la mort dans la société est annoncée (Gn 3.19). Une sentence de mort est aussi prononcée contre celui qui maudit son père ou sa mère, se rend coupable d'adultère, d'inceste, d'homosexualité, de blasphème et de meurtre (Lv 20.9-13 ; 24.17). La mort est impure (Lv 22.4), elle est la conséquence directe de l'abandon de Dieu (Dt 30.15 ; Rm 6.23). La Bible interdit le contact avec les esprits des morts (Dt 18.11) et déclare que le séjour des morts est loin de Dieu (Jb 17.13-16 ; Ps 6.16). Elle enseigne la vie après la mort par le moyen de la résurrection (És 26.19 ; Ps 16.10 ; Éz 37). Le N.T. parle de la résurrection et de la victoire sur la mort (Mt 11.5 ; Jn 11 ; 1 Co 15). La mort physique a peu d'importance. Cela se voit quand Jésus dit à l'un de ses disciples : « Suis-moi et laisse les morts ensevelir leurs morts » (Mt 8.22).

La Bible présente la mort comme une réalité physique et spirituelle. Cependant, la vision peule du monde ne lui donne pas le même sens. Chez les Peuls musulmans du Fouta-Djallon, la mort est perçue comme la transition du double spirituel vers le statut d'ancêtre. C'est pourquoi ils disent des saints qui sont morts qu'ils sont couchés dans les mausolées. Au Fouta-Djallon la mort d'un individu revêt une grande importance et s'accompagne de grandes festivités et de grosses dépenses sacrificielles[133].

Il convient de souligner que, chez les Peuls, le sacrifice offert dans un contexte de deuil n'est pas seulement destiné à honorer Dieu. À l'instar de

---

132. Dans la culture kissi on devient ancêtre après son enterrement.
133. VIEILLARD, *Notes sur les coutumes des Peuls au Fouta-Djallon*, p. 93 ; Yaye Haby BARRY, *Manipulée et trahie*, Paris, Société des écrivains, 2014, p. 174.

plusieurs peuples africains, comme le souligne Louis-Vincent Thomas, il s'agit aussi d'offrir des victuailles au défunt pour « lui permettre de survivre au cours du voyage transitoire qui l'amène dans le monde des ancêtres[134] ». Amadou Hampaté Bâ insiste sur cette idée en relevant que « les Peuls ont l'idée de survivance ; ils laissent un repas au-dehors la nuit pour les morts ; on dit que les morts sortent de leurs tombes lorsque le soleil se couche et jusqu'à la fin de la nuit[135] ». Cela est aussi une preuve éloquente que l'islam peul est chargé d'éléments culturels animistes le faisant passer de l'islam orthodoxe à l'islam populaire.

Rappelons que chez les Peuls du Fouta-Djallon, les funérailles font l'objet de sacrifices successifs permettant au défunt de rejoindre le monde invisible, c'est-à-dire le village des ancêtres. Dès après son enterrement et les sacrifices qui s'ensuivent, le défunt devient ancêtre et peut être vénéré. De là le culte des saints chez les Peuls musulmans du Fouta-Djallon. Alors, comment vivre sa foi chrétienne dans un tel contexte ? Comment appliquer un tel rite à la foi chrétienne ?

Pour communiquer l'Évangile dans un tel contexte, il est utile de trouver avant tout le substitut fonctionnel qui se trouve être la foi et l'assurance, le fait de se placer sous la protection de Dieu en croyant absolument que tout ce qui pourrait nous nuire de quelque manière que ce soit est soumis à la volonté de Dieu[136]. Pour expliquer cette réalité biblique, nous devons à Jean Calvin le rappel que la foi s'exprime par la substance des promesses de Dieu sur lesquelles elle se fonde. C'est-à-dire la foi telle que l'épître aux Hébreux la conçoit quand elle dit que « la foi, c'est l'assurance des choses qu'on espère, la démonstration de celles qu'on ne voit pas » (Hé 11.1)[137]. Calvin pense que « tandis que nous sommes dans ce monde, notre salut git en espérance. Il s'ensuit qu'il est gardé par-devers Dieu d'une façon bien éloignée de tous nos sens[138] ». C'est pour mieux expliquer cette vérité que Calvin emploie le mot

---

134. KERVELLA-MANSARÉ, *Veuvage féminin et sacrifices d'animaux dans le Fouta-Djallon*, p. 97.
135. Bâ, *Animisme en savane africaine*, p. 54.
136. La soumission dont il est question inclut tout ce qui existe sur la terre, sous la mer et dans les cieux. Dans ce cas Satan, avec toute sa rage et toutes ses manigances, est retenu comme une bride et tout ce qui s'oppose à notre salut est soumis aux commandements de Dieu. Jean CALVIN, *Institution de la religion chrétienne*, p. 151.
137. *Ibid.*, III.2, 41.
138. Jean CALVIN, *Commentaire biblique sur l'Épitre aux Romains*, Aix-en-Provence, Kerygma, 1978, p. 195.

« hypostase » qui indique la fermeté sur laquelle les âmes croyantes s'appuient au point d'amener le croyant à comprendre que la foi est une possession assurée et indéfectible des choses que Dieu nous a promises[139]. Relevons avec Calvin que les choses appartenant à notre salut ne peuvent pas être saisies par nos sens organiques. C'est seulement en nous dépassant nous-mêmes que nous pouvons les comprendre. À cet effet, l'apôtre Paul dit que cette possession certaine concerne les choses espérées, c'est-à-dire celles qu'on ne voit pas. Car la vue, dit-il, est différente de l'espérance et nous n'espérons pas les choses que nous voyons (Rm 8.24)[140]. Cela revient à dire que « tout ce que l'Évangile nous promet de la gloire de la résurrection, s'évanouit et demeure sans effet, si nous ne possédons la vie présente en supportant patiemment la croix et les tribulations[141] ». C'est pourquoi Calvin définit l'espérance comme l'attente confiante des biens que la foi croit véritablement promis par Dieu[142]. Cela se justifie par le fait que la foi croit que Dieu est véridique. L'espérance attend qu'il révèle, en son temps, sa vérité. Elle croit aussi que Dieu est notre Père. L'espérance attend qu'il se comporte comme tel envers nous. Elle croit que la vie éternelle nous est donnée et l'espérance s'attend à l'obtenir un jour[143]. C'est en tenant compte de cette réalité que l'apôtre Paul peut dire que notre salut est en espérance (Rm 8.24). Calvin interprète Paul en indiquant que l'espérance attend Dieu avec patience et retient la foi pour qu'elle ne trébuche ni ne vacille à propos des promesses de Dieu. L'espérance crée et réconforte la foi pour qu'elle ne se lasse pas. Elle conduit la foi jusqu'au bout pour qu'elle ne défaille pas en chemin, ou même dès le commencement[144]. Alors pour être pertinent en évangélisation des Peuls musulmans, il est nécessaire de proclamer l'espérance en la résurrection et en la vie éternelle pour ceux qui croient en Jésus-Christ. Car quand on croit à la résurrection des morts, la

---

139. CALVIN, *Institution de la religion chrétienne*, III.2, 41.
140. *Ibid.*
141. Calvin explicite cette idée en disant : « Mais maintenant, puisqu'il a ainsi semblé bon à Dieu à garder notre salut comme clos et serré en son sein, il nous est profitable en ce monde d'ahaner, d'être pressés, affligés, de gémir et même de languir comme les gens à demi-mort, ou semblables à des morts. Car ceux qui voudraient ici avoir leur salut visible, s'en ferment la porte en renonçant à l'espérance qui en est la gardienne ordonnée par Dieu ». CALVIN, *Commentaire biblique sur l'Épître aux Romains*, p. 196.
142. CALVIN, *Institution de la religion chrétienne*, III.2, 41.
143. *Ibid.*
144. *Ibid.*

mort a moins d'importance. Le deuil et les fêtes funéraires sont limités et exempts de sacrifices offerts aux ancêtres. Le culte des ancêtres est ainsi aboli pour laisser la place à l'adoration et à la louange à Yahvé.

F. La famille peule

Remarquons tout d'abord que les missionnaires qui travaillaient au Fouta-Djallon n'ont pas compris que l'islam peul est une religion de famille. Ils ont ignoré que, parmi les valeurs culturelles, morales et religieuses qui décrivent le mieux le peuple peul et dont il a la tâche d'assurer la vitalité, le sens de la famille est primordial, ce qui correspond parfaitement à la conscience relationnelle. Ils auraient dû considérer que pour remplacer une religion principalement fondée sur la famille, l'Évangile lui aussi devait pénétrer par la famille peule[145]. C'est pourquoi la notion peule de famille est pour nous l'un des concepts clés de la contextualisation de l'Évangile au Fouta-Djallon.

Au chapitre 1, nous avons noté que la polygamie est très répandue au Fouta-Djallon. C'est le système de mariage le plus pratiqué par les Peuls musulmans. Il trouve ses origines dans la culture et la religion peules qui autorisent un homme à épouser quatre femmes. Cela étant, le concept de la polygamie peut servir d'élément de contextualisation de l'Évangile en milieu peul.

Dans l'A.T. sa pratique était fréquente[146]. Dans certains textes bibliques, on comprend que des polygames étaient matériellement bénis (Gn 17.19 ; 32.29 ; 2 S 12.8). Mais la loi destinée aux rois avertit de ses risques (Dt 17.17). Les problèmes qu'elle engendre se voient chez Abraham, David et Salomon. Dans le N.T. Jésus se base sur le modèle créationnel du mariage monogame (Gn 2.24 ; Mc 10.7ss ; Lc 16.18 ; Mt 19.4ss). L'apôtre Paul reprend la pensée de Jésus sur le mariage monogamique (1 Tm 3.2-12 ; Tt 1.6). Ceci nous permet d'affirmer que la polygamie, telle nous la voyons dans l'A.T. est une

---

145. Léonard Santedi KINKUPU, *Les défis de l'évangélisation dans l'Afrique contemporaine*, Paris, Karthala, 2005, p. 124 ; François APPIAH-KUBI, *L'Église, famille de Dieu*, Paris, Karthala, 2008, p. 99 ; Alphonse QUÉNUM, *Église, famille de Dieu, chemin de fraternité en Afrique. Essai de réflexion théologique inculturée*, Abidjan, ICAO, 2006, p. 13.

146. Gn 4.19 ; 16.2 ; 26.34 ; 28.9 ; 29.30 ; Jg 8.30 ; 1 S 1.2 ; 25.39 ; 2 S 3.2ss ; 5.13 ; 1 R 11.1-8 ; 2 R 10.1 ; 24.15. Dans le développement de la discussion sur la polygamie je me base en grande partie sur Hannes WIHER, « Une contextualisation critique : méthodologie et exemples pratiques », in COOK, *L'Église mondiale et les théologiques contextuelles*, p. 291-294.

conséquence du péché. Jésus et Paul en font une relecture et restituent au mariage son sens originel (Gn 1.27 ; 2.24 ; Mt 19.3-6 ; Mc 10.6-9 ; 1 Co 7.3-4 ; Ép 5.21-25 ; Col 3.18-19).

L'analyse de la culture peule nous permet d'évoquer les fonctions socio-religieuses de la polygamie, à savoir « l'immortalité, la gestion de la stérilité, la recherche d'un statut social honorable, le facteur économique, l'assurance sociale, le contrôle des naissances[147] » et les fonctions de la prostitution.

Dans l'application de la contextualisation, nous sommes invités à trouver le substitut fonctionnel, c'est-à-dire l'élément culturel qui se substitue à cette fonction. Ainsi, pour le désir de l'immortalité on trouvera pour substitut la vie éternelle en Christ. À cet effet, Jésus dit : « Je suis la résurrection et la vie. Celui qui croit en moi vivra, quand même il serait mort » (Jn 11.25). Qui croit en Christ, vivra éternellement. En Afrique la stérilité a toujours été mal perçue. Dans mon village kissi, une femme stérile est considérée par les siens comme une sorcière. De plus, chez la femme africaine la stérilité est une honte, c'est la perte de l'essentiel de la vie. Mais les couples chrétiens sans enfants doivent comprendre que le mariage chrétien n'a pas les enfants pour socle. Son fondement se trouve en Dieu qui l'a institué. Le manque d'enfants n'est ni un échec conjugal ni une raison pour épouser une seconde femme.

En ce qui concerne le statut social d'honorabilité, le chrétien se réjouira de son nouveau statut d'héritier de Christ qui lui permettra de participer à sa gloire. L'Écriture dit clairement : « Si nous sommes enfants, nous sommes aussi héritiers : héritiers de Dieu, et cohéritiers de Christ, si toutefois nous souffrons avec lui, afin d'être aussi glorifiés avec lui » (Rm 8.17). La recherche de l'aisance économique conduit certains Africains à embrasser la polygamie, car les enfants et les femmes qu'un homme possède constituent une force de production agricole et donc une richesse matérielle.

Contrairement à l'option culturelle de la recherche de la richesse par la polygamie, la Bible appelle à la modération (Ga 3.27 ; 1 P 4.7). Jésus dit : « Ne vous amassez pas de trésors sur la terre, où les vers et la rouille détruisent et où les voleurs percent et dérobent, mais amassez-vous des trésors dans le ciel, où ni les vers ni la rouille ne détruisent, et où les voleurs ne percent ni ne dérobent » (Mt 6.19-20). En Afrique, les enfants issus de la polygamie sont une assurance sociale pour la vieillesse. L'éducation à prendre soin des parents

---

147. WIHER, *L'Évangile et la culture de honte en Afrique occidentale*, p. 97.

âgés n'échappe à aucun enfant. Ce souci des parents n'est pas en porte-à-faux avec la Bible, mais il n'est pas non plus une raison pour justifier la polygamie. Comme assurance sociale, le chrétien peul peut compter sur les soins de l'Église aux veuves et aux pauvres.

Pour contrôler les naissances, la coutume africaine interdit à la femme toute relation sexuelle avec son mari pendant les trois ans qui suivent l'accouchement, ce qui pousse l'homme à épouser une deuxième femme. C'est l'une des raisons qui maintiennent la pratique de la polygamie en Afrique[148]. Mais l'Église peut former les couples chrétiens à dépasser ces tabous et à observer le contrôle naturel par la connaissance du cycle menstruel. Cela exige avant tout le dépassement des tabous qui interdisent de parler du sexe et de la maternité. Dans mon village kissi, tout comme chez les Peuls du Fouta-Djallon, le sexe est sacré. On n'en parle pas ouvertement. Le rite d'accouchement est encore plus sacré. Les hommes ne doivent pas en parler et encore moins y assister. C'est un domaine qui est exclusivement réservé aux femmes initiées.

La prostitution est un concept nouveau en Afrique en général et au Fouta-Djallon en particulier. Dans un passé récent, on n'en parlait pas parce que toute femme, quel que soit son statut social, pouvait être épousée. La polygamie était la solution[149]. Aujourd'hui la prostitution est un fait social et l'Église doit s'appuyer sur l'Écriture pour recommander aux hommes et aux femmes de ne pas pratiquer ce péché. Contre la pratique de la prostitution, l'Église doit mettre en exergue la crainte de Dieu, la maîtrise de soi et l'amour qu'une femme ou un homme éprouve pour la Parole de Dieu. C'est ainsi que l'Église pourra remplacer la pratique de la polygamie par la monogamie telle que Christ nous l'enseigne.

Après avoir réfléchi sur les concepts bibliques clés et les principaux concepts culturels peuls qui influent sur l'implantation d'Églises parmi les Peuls musulmans au Fouta-Djallon, nous proposerons, dans la section

---

148. Alfred Nbayi Mizeka, *Le noir africain à la recherché de son identité ?* Paris, Publibook, 2012, p. 174.
149. Selon le Grand Imam de la mosquée Fayçal de Conakry, « l'islam n'a pas forcé quelqu'un d'épouser plusieurs femmes, mais il l'autorise à la limite de quatre femmes. Si tous les hommes disent qu'ils ne prendront qu'une seule femme, les autres seront abandonnées, elles iront dans les hôtels et d'autres seront des bandites. » Moïse Moussa Keita, « Loi sur la polygamie : Le grand Imam de Conakry se fâche "mais nous ne serons jamais d'accord" », *Guinee Time*, en ligne : www.guineetime.com (consulté le 13 mai 2019).

suivante, des stratégies concrètes pour une approche missionnaire qui tient compte à la fois de la Bible et de la vision peule du monde.

III. Stratégies d'implantation d'Églises parmi les Peuls musulmans

Selon la Bible, le plan de Dieu pour l'humanité est que « tous les hommes soient sauvés et parviennent à la connaissance de la vérité » (1 Tm 2.4). Pour la réalisation de son plan de salut, il envoie l'Église en mission pour atteindre les nations avec la Bonne Nouvelle, l'Évangile. Cette mission peut être remplie par la présence, le dialogue, la persuasion, la proclamation et les actes[150]. Pour illustrer cette stratégie d'implantation d'Églises parmi les Peuls musulmans du Fouta-Djallon, nous présenterons plusieurs axes : l'amour comme fondement de cette approche missionnaire, relationnelle et holistique, le ministère d'accueil et une présence dialogique comme éléments fondamentaux, des études bibliques chronologiques partant de l'A.T. et aboutissant à la personne de Jésus-Christ comme processus de discipulat, et enfin l'encouragement de mouvements autochtones.

A. L'amour comme fondement de l'approche missionnaire

En mission, l'amour est prédominant et il reflète la motivation de Dieu exprimée par exemple dans le passage de Jean 3.16, au point de nous permettre d'affirmer que là où il n'y a pas d'amour, il n'y a pas de mission. Mais en missiologie la réflexion sur l'amour n'a eu qu'une petite place avant l'Engagement du Cap[151]. L'amour est l'une des motivations essentielles de la mission. Car sans amour, Dieu n'aurait pas envoyé son Fils unique pour sauver l'homme de l'esclavage du péché (Jn 3.16). Dans son hymne christologique (1 Co 13), l'apôtre Paul met en évidence l'insuffisance des œuvres accomplies en dehors de l'amour. Sans amour il n'y a ni louange agréable à Dieu ni fraternité fructueuse. Au verset 3b, Paul dit clairement que sans amour le martyr est inutile. En écoutant cet hymne de Paul, nous pouvons dire que « rien n'a

---

150. Hannes Wiher, Communication personnelle.
151. L'Engagement du Cap est la première déclaration internationale missionnaire qui est conçue et formulée autour de la notion d'amour. Cf. Mouvement de Lausanne, *L'Engagement du Cap. Une confession de foi et un appel à l'action*, Marpent, BLF, 2011.

de prix devant Dieu sans l'amour[152] ». Dans Colossiens 3.14, il dit : « Mais par-dessus tout, revêtez-vous de l'amour qui est le lien de la perfection. » Et selon George Ladd, « l'amour est le moteur de toute action humaine[153] ».

Raymond Lulle considérait que « la conversion des infidèles est par-dessus tout une œuvre d'amour[154] ». Mais pour qu'un individu aime ou haïsse une chose, il est nécessaire qu'il la connaisse. C'est pourquoi « la fin voulue par Dieu en créant le monde est d'être lui-même connu et aimé. La conversion sera donc une œuvre d'amour, mais accomplie avant tout par l'intelligence[155] ». Cela revient à dire que la connaissance de l'amour de Dieu pour nous est indispensable à l'amour que nous pouvons avoir pour lui.

Au troisième congrès de Lausanne pour l'évangélisation du monde qui s'est tenu au Cap en 2010, le sujet de l'amour a été largement discuté par les participants. Au terme des débats, le congrès a réaffirmé son amour pour l'Évangile tout entier, pour l'Église tout entière et pour le monde tout entier[156]. De ce congrès est née la confession de foi du Cap, formulée en termes d'amour : « Nous aimons parce que Dieu nous a aimés le premier, nous aimons le Dieu vivant, nous aimons Dieu le Père, nous aimons Dieu le Fils, nous aimons Dieu l'Esprit Saint, nous aimons la Parole de Dieu, nous aimons le monde de Dieu[157]. » Cette confession nous assure pleinement que l'amour est le fondement de la mission. L'amour de Dieu nous pousse à le connaître, à l'aimer. Il nous envoie dans le monde pour faire des nations des disciples. C'est pourquoi le congrès a aussi introduit dans le débat le sujet de « vivre l'amour de Christ auprès de ceux qui professent d'autres religions[158] ». Cela rappelle l'idée du commandement biblique, « tu aimeras ton prochain comme toi-même » (Lv 19.18 ; Mc 12.31). Or, la notion biblique du prochain inclut les personnes qui professent d'autres religions.

Le temps passé au Fouta-Djallon nous a permis de comprendre que l'amour parle aux Peuls plus fortement que les mots. Le témoignage des

---

152. Mission Timothée, *Instruit des paroles de la foi*, p. 23.
153. LADD, *Théologie du Nouveau Testament*, p. 539.
154. Ramon SUGRANYES DE FRANCE, *Raymond Lulle, Docteur des missions*, Fribourg, St-Paul, 1954, p. 55.
155. *Ibid.*
156. Mouvement de Lausanne, *L'Engagement du Cap*, p. 17-18.
157. *Ibid.*, p. 19.
158. *Ibid.*, Deuxième Partie, section III., p. 63.

Peuls musulmans convertis à Christ nous en dit davantage. Par exemple, Yaya Barry parle de l'amour des missionnaires occidentaux et Adourahmane Camara de l'amour de la famille de Hannes Wiher[159]. Pour sa part, Kesso Djallo a été touché par l'amour fraternel que la famille de Martin Luther Onivogui lui a manifesté. Sachant que l'amour est le cœur de la mission, la Mission Philafricaine (MPA) l'a introduit dans son nom, mais aussi dans ses approches missionnaires que nous avons discutées au chapitre 2.

B. Une approche relationnelle

L'approche relationnelle est importante pour une culture relationnelle parce qu'elle permet au missionnaire d'être en harmonie avec les personnes ciblées et de gagner et garder leur confiance dans le but de leur annoncer l'Évangile de manière compréhensible et acceptable. Relevons que l'enjeu de cette démarche est de maintenir l'harmonie, considérée comme l'un des comportements les plus importants pour des personnes issues d'une culture relationnelle.

Sachant que l'harmonie est importante dans la culture peule, il est possible de commencer une relation avec des Peuls musulmans par une présence et une communication non verbale ou par une communication verbale en continuité avec la vision peule du monde. Le principe de base de l'approche relationnelle est de déclencher une relation par un point de contact qui est en continuité avec la vision peule du monde et d'introduire peu à peu des éléments de discontinuité en petite quantité. Pour illustrer cette approche, l'Écriture ne manque pas d'exemples.

Dans l'A.T., « Dieu commence à communiquer avec Abram et plus tard avec le peuple d'Israël de manière à être compris, c'est-à-dire en continuité avec la culture animiste du Proche-Orient ancien[160] ». En s'adressant à Abram qui était animiste, Dieu emploie le nom *elohim*. Dans l'univers sémitique animiste, ce nom *elohim* était attribué au Dieu suprême (Gn 14.2 ; 16.13 ; 17.1 ; 46.3 ; Ex 6.3). « Mais le Dieu de la Bible n'est pas un dieu animiste : il est » *el shadday,* le Dieu tout-puissant, qui demande à Abraham une allégeance

---

159. Voir le témoignage d'Abdourahmane Camara ci-dessus dans la section I.D.4.
160. Wiher, « Evangélisation transculturelle », *Dictionnaire de théologie pratique*, p. 375 ;
     Wiher, « Communication transculturelle de l'Évangile », in *Bible est Mission*, vol. 2, p. 174.

totale : marcher devant sa face et être entièrement à lui (Gn 17.1)[161]. » Il diffère des dieux des autres religions du monde comme le bouddhisme, l'animisme et l'islam, car après la désobéissance d'Adam, le Dieu de la Bible a décidé dans son amour de ne pas faire intervenir immédiatement le jugement sur l'être humain, mais il a souverainement décidé de tirer le bien du mal que nous avions commis, et de se servir de la chute d'Adam comme moyen d'une révélation nouvelle qui nous permet de mieux connaître sa personne[162]. Ce faisant, il a trouvé bon de se tourner vers le monde déchu avec toute la splendeur de son amour rédempteur et de sa grâce salvatrice. Cette volonté de Dieu de sauver l'homme de la ruine et de lui donner la justice et la vie prend le nom d'« Alliance de grâce[163] » et traverse toute la pensée biblique. Le Dieu de la Bible a toujours fait alliance avec ses serviteurs : « Je marcherai au milieu de vous, pour être votre Dieu, et pour que vous soyez mon peuple » (Lv 26.12 ; entre autres).

Dans cette relation d'alliance, au moment où les Israélites étaient soumis à l'esclavage en Égypte, Dieu s'est révélé à Moïse par le nom de Yahvé : « Je suis celui qui suis » (Ex 3.14 ; 6.3)[164]. Par ce nom, Dieu veut montrer aux hommes qu'il est éternellement vivant, présent et actif et qu'il est celui qui peut libérer le peuple d'Israël du joug de l'esclavage (Ex 5-15). Il est celui qui peut leur apporter la nourriture dans le désert (Ex 16).

En établissant une relation d'alliance avec le peuple d'Israël au Sinaï, le Dieu de la Bible leur donne aussi une loi pour matérialiser sa présence parmi eux. Plus tard, le prophète Ésaïe évoque cette présence par le nom d'*immanu'el*, ce qui signifie « Dieu avec nous » (És 7.4). Selon Hannes Wiher, « Dieu avec nous » est en fait semblable au plus proche parent qui a la responsabilité de secourir dans les difficultés un membre de sa famille élargie : « le rédempteur » (És 40-46)[165]. Dans la pensée du prophète Ésaïe, « ce plus proche parent, qui est là en toute situation, doit être le Père (És 63.16), terme repris notamment par Jésus-Christ dans le Notre Père[166] ». Jésus-Christ en

---

161. *Ibid.*
162. Pierre MARCEL, « Le baptême : sacrement de l'Alliance de Grâce », *La Revue réformée*, n° 2-3, 1950, p. 52.
163. *Ibid.*
164. WIHER, « Communication transculturelle de l'Évangile », in *Bible et mission*, vol. 2, p. 174.
165. *Ibid.*, p. 175.
166. *Ibid.*

donne une nouvelle signification comme résumée par l'évangéliste dans le prologue de son évangile :

> Il y eut un homme envoyé par Dieu, du nom de Jean. Il vint comme témoin pour rendre témoignage à la lumière, afin tous croient par lui. Il n'était pas la lumière, mais il vint pour rendre témoignage à la lumière. C'était la véritable lumière qui, en venant dans le monde, éclaire tout homme. Elle était dans le monde et le monde a été fait par elle et le monde ne l'a pas connue. Elle est venue chez les siens, et les siens ne l'ont pas reçue ; mais à tous ceux qui l'ont reçue, elle a donné le pouvoir de devenir enfants de Dieu. (Jn 1.6-12)

Par ces exemples bibliques, nous comprenons que pour se faire connaître aux hommes Dieu a une démarche conforme à celle de l'approche relationnelle. Il entre en dialogue avec des hommes en commençant « par le connu et l'acceptable (le Dieu suprême de l'animisme), le nuance et différencie ensuite, pour arriver finalement à une notion entièrement différente : celle de Père[167] ». De même, les missionnaires qui travaillent dans une culture relationnelle doivent éviter de commencer à présenter l'Évangile par un sujet inconnu. Cela pourrait les conduire à être incompris et rejetés par les personnes à évangéliser.

C. Une approche holistique

La démarche missionnaire de Jésus et des apôtres dans l'annonce de la Bonne Nouvelle dans le N.T. se présente comme holistique. Cela fait que dans l'histoire des missions la question du rapport entre l'Évangile et l'action sociale ne présentait aucune difficulté. Les croyants savaient « qu'à l'exemple de Jésus-Christ et des apôtres, paroles et actes devaient concourir pour attirer les gens à Dieu[168] ». Mais au XXe siècle cette approche a été mise en cause par les structures missionnaires de l'Église. Du côté de l'Église catholique, le Concile de Vatican II apporte un changement significatif à la vocation missionnaire de l'Église. Les conceptions anciennes de la mission, comme l'expansion de l'Église catholique, sont abandonnées au profit d'une théologie

---

167. *Ibid.*, p. 174.
168. Wiher, « Le ministère missionnaire », in *Bible et mission*, vol. 2, p. 108.

de la mission fondée sur le dialogue et le partage[169]. De plus, l'Église catholique postconciliaire a mis l'accent sur les libertés religieuses, l'œcuménisme, les valeurs des religions non chrétiennes et la prise en compte des grands problèmes de l'humanité[170]. Cela a paralysé le zèle missionnaire de l'Église et a vidé la notion de mission de son contenu[171]. Du côté protestant, en 1961, le Conseil œcuménique des Églises (COE) a décidé d'intégrer « le Conseil international des missions, structure missionnaire, qui est devenu la commission "Évangélisation et Mission" du COE. Plus tard cette commission sera intégrée dans le programme "Unité, mission, évangélisation et spiritualité". Peu à peu, l'effort missionnaire s'éteint dans le mouvement œcuménique[172] ». Cela a donc été pour le COE une démarche fatale : confondre la priorité de l'évangélisation et l'action socio-politique, réduire la notion de salut à la lutte pour la paix, la justice, l'indépendance des peuples opprimés, ou à la transformation d'une société sans espoir[173]. Or, le salut, dans son sens biblique, n'est pas une libération politique, économique et sociale, même si ces buts sont importants et font partie de la mission de l'Église[174]. Il est vrai que l'Église est envoyée dans le monde pour qu'elle soit engagée dans ces différentes tâches, mais sans les confondre avec l'évangélisation, qui consiste à proclamer l'Évangile dans le monde et à amener les hommes à Jésus-Christ[175]. Le COE, mouvement qui promeut la notion de mission holistique, a abandonné la priorité de l'évangélisation comme formulée dans la Déclaration de Lausanne et le Manifeste de Manille.

---

169. Rutter, « L'orientation missionnaire contemporaine », p. 167 ; Bosch, *Dynamique de la mission chrétienne*, p. 501.
170. Jean Comby, *Deux mille ans d'évangélisation. Histoire de l'expansion chrétienne*, Paris, Desclée, 1992, p. 292.
171. Fara Daniel Tolno, « L'Église missionnaire », p. 7.
172. Hannes Wiher, « La nature et les structures de l'Église et de la mission », in *L'Église locale en mission interculturelle. Communiquer l'Évangile auprès et au loin*, sous dir. Evert Van de Poll, Charols, Excelsis, 2014, p. 61. Cf. aussi Conseil œcuménique des Églises, *La nature et la mission de l'Église*, Genève, COE, 2005, § 9.
173. Cf. Jacques Matthey, « II. Jalons de la pensée missionnaire protestante œcuménique des années 1970 aux années 1990 », *Perspectives missionnaires* 36, 2, 1998, p. 50-65 ; John Stott, *Le chrétien à l'aube du XXIe siècle. Vivre aujourd'hui la Parole éternelle de Dieu*, vol. II, Québec, La Clairière, 1995, p. 138.
174. « Déclaration de Lausanne », § 5 : « Responsabilité sociale du chrétien ».
175. Voir « Déclaration de Lausanne (1974) », § 4 ; Stott, « Mission », et « Proclamation de l'Évangile », in *Mission chrétienne dans le monde moderne*, p. 17-44, 45-76.

Dans une démarche holistique, l'évangélisation doit donc rester la priorité. C'est pourquoi le premier Congrès de Lausanne (1974) dit clairement que « l'évangélisation et l'action sociopolitique font toutes deux partie de notre devoir chrétien[176] ». Le Manifeste de Manille (1989), déclaration du deuxième congrès de Lausanne, a repris l'idée de Lausanne I : « Notre premier souci est la proclamation de l'Évangile, de sorte que tout le monde ait l'occasion d'accepter Jésus-Christ comme Seigneur et Sauveur[177]. » Cela implique que la croix de Jésus-Christ soit au centre de toutes les dimensions de la mission[178]. D'où ces questions : comment cela peut-il être fait ? Comment mettre la notion de la croix de Christ au cœur de la dimension sociale de la mission ? Pour maintenir la croix au centre de notre engagement social, il faut avant tout considérer que l'évangélisation et l'action sociale sont à la fois inséparables et distinctes. Il est donc « illégitime de ne pas les distinguer[179] ».

Le refus de cette distinction est lourd de conséquences théologiques. C'est pourquoi les actions sociales ne doivent pas être confondues avec le salut en Jésus-Christ ni s'y substituer. John Stott renchérit en disant que « l'action sociale est une partenaire de l'annonce de l'Évangile. En tant que partenaires, elles s'appartiennent mutuellement et restent cependant indépendantes l'une de l'autre. Toutes deux sont l'expression d'un amour sans arrière-pensée[180] ». Dans cette symbiose, la déclaration de Lausanne affirme dans son paragraphe 5 que « l'évangélisation et l'engagement sociopolitique sont parties intégrantes de notre devoir chrétien. Tous deux sont l'expression nécessaire de notre doctrine de Dieu et de l'homme, de l'amour du prochain et de l'obéissance à Jésus-Christ[181] ».

Dans le cadre spécifique de l'évangélisation au Fouta-Djallon, l'approche holistique est nécessaire parce que les Peuls musulmans ont en général une conception holistique de la vie. Ils conçoivent l'univers comme un ensemble intégré et croient absolument que le bien et le mal sont des expériences religieuses. De ce fait ils sont en quête d'une spiritualité holistique, c'est-à-dire

---

176. « Déclaration de Lausanne (1974) », § 5 : « Responsabilité sociale du chrétien ».
177. « Manifeste de Manille (1989) », § 4 : « L'Évangile et la responsabilité sociale ».
178. Christopher J. H. WRIGHT, *La mission de Dieu. Fil conducteur du récit biblique*, Charols, Excelsis, 2012, p. 312.
179. TOLNO, « Aspects historiques », p. 12.
180. STOTT, « Mission », in *Mission chrétienne dans le monde moderne*, p. 34.
181. « Déclaration de Lausanne (1974) », § 5.

porteuse de libération et de guérison pour toute leur personne : corps, cœur et esprit. la pratique des œuvres sociales et l'exercice du ministère de guérison s'accordent donc bien avec la vision peule du monde. Pour bien appliquer l'approche holistique au Fouta-Djallon, la mise en place de ministères d'accès à la communauté peule est nécessaire. Répétons qu'un ministère d'accès est une activité qui cherche à donner des réponses aux besoins du peuple cible. Par exemple, des projets dans les domaines de la santé, de l'éducation et de l'agriculture, la visite aux prisonniers et l'ouverture de maisons d'accueil sont des ministères qui correspondent aux besoins de Peuls musulmans.

L'approche holistique en milieu peul tient compte également de la démonologie. Pour bien expliquer cette démarche, nous nous appuyons sur la perspective tripolaire des religions de Peter Beyerhaus[182] reprise par Hannes Wiher dans son article « la démonologie : une dimension oubliée[183] ». Selon Hannes Wiher,

> La notion de « perspective tripolaire des religions » de Peter Beyerhaus implique que les religions non chrétiennes ont une empreinte divine, humaine et démoniaque. L'empreinte divine renvoie à la révélation générale et signifie que toute culture et religion comporte, comme tout être humain créé à l'image de Dieu, des éléments « à l'image de Dieu » (Ac 14.17 ; Rm 1.19-20). L'empreinte humaine, poursuit-il, résulte de l'obéissance ou de la résistance de l'être humain à la volonté de Dieu. Depuis la chute « le cœur des humains est disposé au mal » (Gn 8.21 ; Mt 15.18-19 ; Ép 2.3). Elle indique donc que chaque culture et religion comporte des aspects pécheurs (Ac 17.27-28 ; És 53.6 a). De plus, selon Beyerhaus, chaque culture et religion a une empreinte démoniaque : les démons profitent de l'ouverture de l'être humain au monde invisible et tentent de le manipuler et de le détruire (Ép 2.1-2). Cette ouverture est particulièrement grande dans l'animisme ou dans les systèmes similaires comme l'ésotérisme[184].

---

182. Peter BEYERHAUS, « Theologisches Verstehen nichtchristlicher Religionen », *European Journal of Theology* 4, 1, 1995, p. 67-78.
183. WIHER, « La démonologie : une dimension oubliée », p. 264.
184. *Ibid.*

Soulignons que la perspective tripolaire des religions de Beyerhaus est implicitement mentionnée dans la Déclaration de Lausanne. Dans son paragraphe 10 « Évangélisation et culture », elle dit que

> L'homme est une créature de Dieu, donc certains aspects de sa culture sont empreints de beauté et de bonté. Cependant, il est également une créature déchue, c'est pourquoi elle est aussi entachée de péché et porte même parfois des traces d'influence démoniaque[185].

Ce schéma tripolaire est bien présent dans la culture et l'islam peuls. Dans la vision peule du monde il existe en effet des traces de beauté et bonté. Cela veut dire que dans la culture et la religion peules, tout ne peut pas être mauvais. Il existe des éléments favorables qui sont en continuité avec l'Évangile et qui permettent de percer le mystère du peuple peul qui affiche une résistance permanente au salut en Jésus-Christ. Mais il existe aussi dans la culture et l'islam peul des traces démoniaques qui conduisent l'homme à désobéir à la volonté de Dieu. De par leur vision holistique du monde, il est presque naturel que les Peuls manifestent un intérêt pour les démons. La majorité des Peuls musulmans croient à l'existence des démons et cherchent à entrer en contact avec eux par toutes sortes de pratiques qui s'opposent à la volonté de Dieu et qui conduisent l'homme au péché : le culte des morts, le port des amulettes de protection, et la récitation des versets sataniques du Coran.

Très souvent, les missionnaires occidentaux ignorent cette réalité africaine. Si la démonologie est omise ou oubliée dans l'évangélisation, certains Peuls intéressés par l'Évangile resteront attachés aux marabouts et aux amulettes de protection, même après leur conversion à Jésus-Christ. Il est important de noter qu'au Fouta-Djallon plusieurs Peuls ont cru en Jésus-Christ à la suite d'une prière de délivrance. Par exemple, Aïcha Bah a témoigné qu'elle a cru en Jésus après avoir été guérie de troubles de mémoire qu'elle avait depuis son jeune âge[186]. Nafi Sow a également témoigné qu'elle a été délivrée de l'esprit des eaux grâce à la prière et qu'elle a cru en Jésus-Christ comme son Sauveur[187]. Aïssatou Bah, jeune femme de 35 ans, nous a aussi confié que, par la prière

---

185. « Déclaration de Lausanne (1974) », § 10.
186. Aïcha Bah interviewée à Télimélé le 12 mars 2016.
187. Nafi Sow interviewée à Pita le 14 mars 2016.

des chrétiens, elle a été délivrée de la domination d'un « mari de nuit[188] » qui la suivait depuis qu'elle avait 14 ans[189].

D. Un ministère d'accueil

Cette section sera plus approfondie que les autres parce que l'étude des stratégies d'évangélisation des Peuls musulmans au Fouta-Djallon nous a montré que le ministère d'accueil a été souvent minimisé, voire oublié, dans la pratique missionnaire de l'Église. Or, pendant nos différents séjours au Fouta-Djallon, nous avons réalisé que l'accueil pourrait être non seulement l'une des activités principales de l'évangélisation des Peuls musulmans, mais aussi une occasion de discipulat pour les nouveaux convertis à Christ. L'accueil est le fait de recevoir des personnes en situation difficile et de prendre soin d'elles. Sa finalité est la transformation et l'intégration de la personne accueillie dans la famille de Dieu.

En lisant l'Écriture, il est facile de comprendre que la mission de Dieu consiste à recevoir toute personne en Jésus-Christ : dans son ministère terrestre, Jésus-Christ a accueilli les enfants (Mc 10.14-16), les pécheurs (Lc 15.2), tous ceux qui étaient fatigués et chargés (Mt 11.28), et les malades (Mc 10.46-52 ; Lc 7.36-38). L'accueil que Jésus accordait aux multitudes est un exemple de poids pour dire que l'Église ne peut pas agir autrement dans sa mission : elle est appelée à accueillir celles et ceux qui ont besoin de goûter à l'amour de Dieu. « La tâche de l'accueillant sera donc de donner la garantie fraternelle que l'Église n'a pas d'autre loi qui l'anime que celle de son Maître et Seigneur[190]. » De cette manière, l'Évangile pourra être annoncé aux Peuls musulmans du Fouta-Djallon. Dans les rencontres que nous avons eues avec les Peuls convertis à Christ, ils ont souligné que l'Église de Jésus-Christ se doit de prêter une attention particulière au ministère d'accueil, car en Guinée plusieurs personnes sont intéressées par l'Évangile. Mais il manque des maisons ou même des familles d'accueil, où les personnes assoiffées ou persécutées

---

188. L'expression « mari de nuit » ou « femme de nuit » est bien fréquente dans le langage africain. Ce sont des démons qui obligent un homme ou une femme à établir une relation sexuelle avec eux. Au Fouta-Djallon plusieurs hommes et femmes m'ont témoigné qu'ils sont victimes d'abus sexuels provoqués par un « mari de nuit » ou une « femme de nuit ».
189. Aïssatou Bah interviewée à Labé le 16 mars 2016.
190. Bernard Podvin, *L'accueil paroissial*, Paris, l'Atelier/Ouvrière, 2004, p. 32.

à cause de leur foi puissent venir s'abreuver de la parole de Dieu et grandir dans la connaissance de la personne de Jésus-Christ.

Sans la Bible, l'accueil ne peut pas toucher les cœurs assoiffés. Selon l'Écriture, il doit se faire sur la base de l'amour de Jésus-Christ. Alors, accueillir un individu par amour pour Jésus-Christ, c'est accueillir Dieu lui-même. C'est pourquoi Jésus dit : « Quiconque reçoit en mon nom ce petit enfant, me reçoit moi-même ; et quiconque me reçoit, reçoit celui qui m'a envoyé » (Lc 9.48). De même l'apôtre Paul dit : « Accueillez-vous donc les uns les autres, comme Christ vous a accueillis, pour la gloire de Dieu » (Rm 15.7). Ces deux textes nous laissent entendre que le principe cardinal de l'accueil est : « accueillir comme Christ » (Rm 15.7), et « accueillir en mon nom », c'est-à-dire celui du Christ (Mt 18.5 ; Mc 9.37 ; Lc 9.48). Si nous accueillons nos prochains au nom de Jésus-Christ, si nous le faisons comme Christ, alors ils comprendront le vrai sens de l'amour de Dieu. Sans Jésus-Christ, l'accueil devient servitude, ou service humanitaire qui maintient l'accueilli dans une dépendance permanente. Le but de l'accueil, c'est la gloire de Dieu.

Le missiologue allemand Peter Beyerhaus a identifié des motifs missionnaires de quatre ordres[191] : sotériologique (Dieu veut que tous les hommes soient sauvés, selon 1 Tm 2.4 ; Jn 3.16 ; 14.16), antagonique (Dieu veut détruire le mal, selon Gn 3.15 ; Ex 4-14 ; 1 R 17-18 ; 1 Jn 3.8), eschatologique (Dieu veut régner sur le monde entier selon Ps 96-99 ; 103.19 ; Mt 24.14) et doxologique (Dieu veut être adoré par tous les peuples, selon Ap 5.9 ; 7.9)[192]. Le motif sotériologique de Beyerhaus s'accorde bien avec le but de la mission qui s'exprime par le fait « de voir les hommes sauvés, transformés et assemblés dans les communautés. Le but sotériologique de la mission est de stimuler des conversions et des implantations d'Églises[193] ». Du modèle sotériologique de la mission, il existe deux variantes. Dans la première option, il est possible de parler de la mission « comme poursuite et partage proactifs » du salut (És 49.6). La théologie qui fait logiquement suite à ce modèle est une

---

191. Peter BEYERHAUS, *Er sandte sein Wort. Theologie der christlichen Mission, Band 1 : Die Bibel in der Mission*, Wuppertal/Bad Liebenzell, Brockhaus/VLM, 1996, résumé dans Hannes WIHER, « Les grandes lignes missionnaires dans la Bible », in *Bible et mission*, vol. 1, p. 145s.
192. WIHER, « Les grandes lignes missionnaires dans la Bible », p. 138.
193. *Ibid.*

« théologie de l'évangélisation[194] ». En revanche, il est aussi possible de penser la mission comme bénédiction. Car Dieu a dit à Abraham : « Je te bénirai... tu seras une bénédiction pour les autres » (Gn 12.1-3 ; Ga 3.8). Plusieurs textes bibliques parlent de l'idée d'être bénis et d'être une bénédiction pour les autres (Nb 6.24-26 ; Ps 67 ; Rm 1.7 ; 1 Co 1.3 ; 2 Co 1.2). En se servant de ce modèle missionnaire, certains théologiens de la mission ont élaboré une « théologie de l'hospitalité » en s'appuyant par exemple sur la parabole du grand banquet (Mt 22.1-14)[195]. Un ministère d'accueil cadre bien avec cette dernière option du modèle sotériologique de Beyerhaus.

1. Notion biblique d'hospitalité

Le concept de l'hospitalité trouve son fondement dans l'Écriture. Il s'agit de recevoir des personnes en situation difficile et de prendre soin d'elles. Mais son but principal est la transformation et l'intégration dans la famille de Dieu de la personne qui en bénéficie.

Le thème de l'hospitalité traverse tout le récit biblique. Quand Abraham a vu chez lui des visiteurs à l'heure la plus chaude de la journée, il les a accueillis dans un lieu ombragé. Il « alla vite dans sa tente vers Sara et dit : Vite, trois mesures de fleur de farine ; pétris et fais des gâteaux » (Gn 18.6). Après avoir dit cela, « Abraham courut vers le bétail, pris un veau tendre et bon, et le donna à un jeune serviteur, qui l'apprêta vite. Il prit encore de la crème et du lait, avec le veau qu'on avait apprêté, et il les mit devant eux. Il se tint lui-même à leurs côtés, sous l'arbre, et ils mangèrent » (Gn 18.7-8).

Dans cette histoire biblique, nous comprenons qu'Abraham avait la volonté de rendre heureux ses visiteurs. Il brûlait du désir d'offrir à ses hôtes la nourriture nécessaire pour assouvir non seulement leur faim, mais aussi leur besoin de se sentir aimés par leur hôte. C'est seulement de cette manière que nous pouvons efficacement communiquer l'amour de Dieu et ouvrir à la communion fraternelle[196].

Ésaïe 58 nous apprend que le jeûne, pour être agréé par Dieu, doit être vécu dans la communion fraternelle et dans l'hospitalité. Dans ce texte, l'hospitalité est associée au vrai culte parce qu'elle est la consécration de tout ce que

---

194. *Ibid.*
195. *Ibid.*
196. Enzo BIANCHI, *J'étais étranger et vous m'avez accueilli*, Paris, Cerf, 2006, p. 60.

l'on est et de tout ce que l'on a. Dans cette disposition de cœur, quand nous accueillons, nous sommes portés à donner ce que nous avons de meilleur, ce que nous désirerions pour nous-mêmes (És 58.10). La pratique de l'hospitalité ne se fait pas dans un esprit étroit, limité, pingre, figé par l'égoïsme et dans les limites imposées à l'autre. Sinon nous ne sommes plus dans l'amour, mais dans la crainte. Nous craignons que l'autre ne déborde des limites que nous voulons lui fixer, qu'il ne gêne notre confort. De cette manière, le cœur se ferme à la pratique de l'hospitalité et se livre à la protection de ses intérêts.

Les auteurs vétérotestamentaires présentent l'hospitalité non seulement comme une culture, mais aussi comme « une démonstration de fidélité envers Dieu (Jb 31.32 ; És 58.7). Dans l'A.T., il n'était pas exclu que l'on accueille Dieu lui-même (Gn 18.1-8) ou l'un de ses anges (Jg 6.17-23 ; 13.15-21 ; cf. Hé 13)[197] ». Les auteurs néotestamentaires ont gardé la même compréhension de l'hospitalité et il nous commande de l'exercer. Les impératifs sont : « Tâchez d'exercer l'hospitalité » (Rm 12.13), « exercez l'hospitalité les uns envers les autres » (1 P 4.9), « n'oubliez pas l'hospitalité » (Hé 13.1-2). Les auteurs néotestamentaires font de l'hospitalité un commandement qui s'impose à l'Église. Le récit de Luc considère l'hospitalité comme un des moyens efficaces pour communiquer l'Évangile à nos voisins (Lc 5.29 ; Ac 5.42 ; 20.20). Elle contribue à la propagation de l'Évangile par le soutien accordé aux messagers de Dieu (Lc 10.7-8). Elle aide à servir Dieu auprès des personnes marginalisées, c'est-à-dire les pauvres, ceux qui sont laissés pour compte, et ceux qui sont dans le besoin (Lc 14.12-14). C'est pourquoi l'hospitalité est l'une des qualités qu'un évêque doit avoir (1 Tm 3.2 ; Tt 1.8).

Chez les Hébreux et les Grecs, l'hospitalité était une norme culturelle. Dans Actes 28.7, Paul souligne la belle hospitalité des habitants de l'île de Malte. Mais l'hospitalité néotestamentaire a quelque chose de particulier par rapport à toutes les formes d'hospitalité exercées par les autres peuples, parce qu'elle est un don de Dieu et se pratique essentiellement sur la base de l'amour fraternel (Hé 13.1). Pour expliquer la portée d'une telle hospitalité, « Jésus donne à ses disciples un exemple à suivre (Jn 13.1ss). Par-dessus tout, il pousse les obligations de l'hospitalité jusqu'à l'extrême en donnant sa vie pour le salut de ses hôtes (Mc 10.45 ; 14.22ss)[198] ».

---

197. M. J. SELMAN, « Hospitalité », *Le Grand Dictionnaire de la Bible*, p. 727.
198. *Ibid.*

Rappelons que l'hospitalité est l'une des valeurs majeures de l'islam peul. Le Peul est par nature un homme accueillant. Il suffit d'être au Fouta-Djallon pour comprendre cette réalité sociétale. Si un étranger arrive, de quelque origine qu'il soit, les Peuls lui donneront nourriture et logement. À cause de son statut d'étranger, ils prendront soin de lui. De ce fait nous pouvons parler de l'hospitalité en termes de continuité avec l'Écriture. Les missionnaires doivent en faire un bon usage dans le but de communiquer l'Évangile aux Peuls musulmans.

2. Assurer l'accompagnement

Dans la perspective biblique, la finalité de l'hospitalité est l'accompagnement de la personne accueillie. Cependant, la Parole de Dieu est la substance de l'accompagnement chrétien. C'est pourquoi Jésus dit dans Matthieu 11.28 : « Venez à moi, vous tous qui êtes fatigués et chargés, et je vous donnerai du repos. » L'apôtre Paul suit la même pensée en disant que c'est Jésus-Christ « que nous annonçons, en avertissant tout homme et en instruisant tout homme en toute sagesse, afin de rendre tout homme parfait en Christ » (Col 1.28). Le but de l'accompagnement est d'« amener la personne à la maturité en Christ[199] ». En d'autres termes c'est aider la personne à être semblable à Christ (Rm 8.29 ; 1 Co 15.49 ; 2 Co 3.16-18 ; 1 Jn 3.2 ; Jc 1.22-25) et utile à Dieu pour accomplir son dessein dans le monde (Ac 13.36 ; 2 Co 5.14s ; Ép 2.10). Cependant, l'accompagnement se fait selon les critères bibliques, de façon que toute notre vie manifeste l'amour de Dieu auprès des hommes abattus (Ps 42.5-6 ; Lm 3.20 ; Jon 2.7 ; Jn 14.1 ; 2 Co 6.4-10 ; Ép 3.13). De ce fait nous admettons que l'accompagnement est fondé sur l'amour de Dieu sans lequel il n'y a ni délivrance ni paix (Jn 16.33).

Nous avons déjà noté que quand un Peul musulman s'intéresse à l'Évangile, il vit dans un stress permanent à cause de ses relations sociales troublées, des problèmes financiers et matériels à devoir affronter, du sentiment d'être rejeté par sa famille et la communauté musulmane. Les conséquences d'une telle pression sociale sont si nombreuses que le Peul intéressé par l'Évangile se retrouve dans un état inconfortable. Il peut avoir un mauvais jugement non seulement sur lui-même, mais aussi sur les autres. Il est frustré et garde en

---

199. Jacques et Claire POUJOL, *Manuel de relation d'aide. Accompagnement spirituel et psychologique*, La Bégude de Mazenc, Empreinte Temps présent, 1998, p. 13.

lui des ressentiments. Il peut aussi être assailli par le doute, la peur d'être abandonné par les siens, la perte de son identité et de son prestige. Comment aider une telle personne à trouver son équilibre spirituel ? Comment l'amener à trouver le réconfort ?

Sachant que les Peuls ont une conception absolue de la volonté d'Allah, il nous semble nécessaire de nous servir du concept de la volonté de Dieu comme fil conducteur de l'accompagnement spirituel. Souvent nous commençons l'entretien avec les Peuls intéressés par l'Évangile par deux questions essentielles : penses-tu que tout ce qui t'arrive est la volonté de Dieu ? Comment peut-on discerner la volonté de Dieu ?

Face à la première question, la plupart répondent par l'affirmative parce qu'ils ont appris depuis leur jeune âge que tout ce qui arrive à l'homme découle de la volonté d'Allah. C'est à ce niveau qu'il est intéressant de poser la deuxième question : comment peut-on comprendre la volonté de Dieu ? La réponse à une telle question intéresse tous les Peuls parce qu'ils sont en perpétuelle recherche de la volonté d'Allah. C'est pourquoi nous parlerons de cinq critères qui rendent possible l'accompagnement en milieu peul.

Le premier est la prière pour la connaissance de la volonté de Dieu. Face à un homme abattu, il est important de s'adresser à Dieu comme le Psalmiste : « Je prends plaisir à faire ta volonté, mon Dieu » (Ps 40.9 ; cf. Hé 10.7). Et « enseigne-moi à faire ta volonté » (Ps 143.10). Pendant son ministère terrestre, Jésus-Christ priait pour qu'en toute chose la volonté de Dieu soit faite (Mt 6.10 ; Lc 22.42). Dans sa lettre aux Colossiens l'apôtre Paul dit : « Nous ne cessons de prier Dieu pour vous et de demander que vous soyez remplis de la connaissance de sa volonté, en toute sagesse et intelligence spirituelle » (Col 1.9). L'accompagné doit être sûr que « si nous demandons quelque chose selon sa volonté [celle de Dieu], il nous écoute » (1 Jn 5.14).

Dans le ministère d'accompagnement auprès des Peuls intéressés par Christ, la prière adressée à Dieu pour connaître sa volonté a toujours été pour eux un encouragement et une occasion de placer leur confiance en Dieu. Relevons que le but de l'accompagnement est d'amener la personne à connaître la volonté de Dieu et à vivre selon cette volonté. C'est pourquoi la prière pour connaître la volonté de Dieu est indispensable au ministère d'accompagnement qui permet aux âmes abattues de trouver leur réconfort en Dieu.

Le deuxième critère est l'étude systématique de la Bible sur la notion de volonté de Dieu. Cela permet à la personne accompagnée d'éviter de confondre la volonté de Dieu avec la sienne (Éz 28.6) ou avec celle des autres hommes. Car la volonté de Dieu est « que tous les hommes soient sauvés et parviennent à la connaissance de la vérité » (1 Tm 2.4). Dans un autre passage, Jésus-Christ enseigne à ses disciples : « telle est la volonté de mon Père, que tous ceux qui tournent leur regard vers le Fils et qui croient en lui, possèdent la vie éternelle, et moi, je les ressusciterai au dernier jour » (Jn 6.40, Semeur).

L'étude systématique devra aider les Peuls intéressés par l'Évangile à déclencher le changement de leur conception sur la volonté d'Allah, qui exclut souvent toute responsabilité de l'homme dans l'islam peul. Ainsi, par l'accompagnement, le Peul est amené à comprendre que plusieurs promesses bibliques attestent clairement que la volonté de Dieu relève d'une volonté bienveillante visant à assurer le salut des croyants. À ce sujet, l'Écriture dit clairement : « Remets ton sort à l'Éternel, et il te soutiendra. Il ne laissera jamais chanceler le juste » (Ps 55.23 ; 1 P 5.7), et « Celui qui habite sous l'abri du Très-Haut repose à l'ombre du Tout-Puissant » (Ps 91.1), et « Celui qui vous touche, touche la prunelle de son œil » (Za 2.12), et « Une femme oublie-t-elle son nourrisson ? N'a-t-elle pas compassion du fils de ses entrailles ? Quand elle l'oublierait, Moi je ne t'oublierai pas » (És 49.15)[200]. L'évangile de Jean dit que « si quelqu'un honore Dieu et fait sa volonté, celui-là il l'exauce » (Jn 9.31). Ces textes bibliques renforcent la foi de celui qui est accompagné. Ils le rassurent sur la dépendance de l'homme à Dieu et dissipent en son cœur la crainte de l'abandon ou de la mort.

La dépendance du Saint-Esprit est le troisième critère de la pratique de l'accompagnement spirituel en milieu peul. Car sans l'aide du Saint-Esprit, il est difficile d'amener les âmes abattues à Dieu. C'est tout le sens de l'enseignement de Jésus qui dit : « Si vous m'aimez, vous garderez mes commandements, et moi, je prierai le Père, et il vous donnera un autre Consolateur qui soit éternellement avec vous » (Jn 14.15-16). Pour une âme brisée, rien ne peut remplacer le rôle prépondérant du Consolateur, c'est-à-dire du Saint-Esprit que le Père a envoyé au nom de Jésus-Christ pour nous enseigner toutes choses et nous rappeler tout son enseignement (Jn 15.25-26). En nous servant de l'Écriture, nous reconnaissons que « le but de l'Esprit est notre

---

200. CALVIN, *Institution de la religion chrétienne*, I.17, 6.

transformation à l'image de Dieu telle qu'elle est représentée par l'humanité du Christ, pour que les croyants deviennent de plus en plus véritablement et pleinement humains[201] ».

Le quatrième principe se trouve être l'accueil. Pour aider une personne en détresse, rien ne peut le remplacer. La pratique de l'accueil par Jésus-Christ est un exemple de poids qui nous permet de bien cerner le bien-fondé du ministère d'accueil dans les communautés chrétiennes. Pendant son ministère terrestre, Jésus-Christ a accueilli les pécheurs si bien que les Pharisiens et les scribes murmuraient contre lui en disant : « Celui-ci accueille des pécheurs et mange avec eux » (Lc 15.2).

Dans l'évangile de Marc, il est dit que les disciples sont un obstacle entre Jésus et les enfants (Mc 10.13). Jésus s'indigne alors contre ceux qui repoussent les enfants loin de lui (10.14a). Il les accueille avec amour et les bénit en leur imposant les mains (10.16). Dans les évangiles nous lisons que de grandes foules suivent Jésus-Christ à cause de ses enseignements et de ses miracles (Mt 14.15-31 ; Mc 6.32-44 ; Lc 9.12-17 ; Jn 6.1-15). Ses enseignements avaient pour but de répondre aux besoins des hommes. Un jour, après avoir enseigné, ému de compassion, il a décidé de leur donner à manger et a ordonné de les faire asseoir par groupe de convives sur l'herbe verte ; ils se sont donc installés par carrés de cent et de cinquante (Mc 6.39-40)[202].

Dans ce cas, l'accueil a conduit l'accueilli à la réconciliation, qui constitue la cinquième étape de l'accompagnement. Il s'agit ici de la réconciliation entre Dieu (2 Co 5.20) et les hommes (Mt 18.15-18). Par sa mort et sa résurrection, Jésus a rendu possible non seulement la réconciliation entre Dieu et les hommes, mais aussi entre les Juifs et les non-Juifs (Mt 10.5-7 ; Ép 2.11-22). Il n'y a donc pas de véritable réconciliation en dehors de la personne et de l'œuvre de Jésus-Christ. La particularité de l'accueil des foules par Jésus, « c'est en effet qu'il transforme la foule de masse indistincte en groupe organisé[203] ».

---

201. Sinclair Ferguson, *L'Esprit Saint*, trad. de l'anglais Christophe Paya, Cléon d'Andran, Excelsis, 1999.
202. *Ibid.*
203. Jean-Pierre Batut, « L'accueil de l'autre dans la Bible », *Pastorale du tourisme Lyon*, 12 mai 2011, p. 1.

3. Fonder des communautés d'accueil

Il est évident que l'annonce de la Parole de Dieu à un peuple crée nécessairement une communauté d'accueil ouverte à l'hospitalité. En lisant l'Écriture, nous comprenons que l'hospitalité est une œuvre de miséricorde orientée vers des hommes qui en ont besoin. Dans l'A.T. nous constatons que Dieu a rappelé à Israël « sa condition ancienne d'étranger asservi (Lv 19.33s ; cf. Ac 7.6), et puis sa condition présente de passager sur la terre (Ps 39.13 ; cf. Hé 11.13 ; 13.14)[204] ». Il lui demande de réserver l'hospitalité à « l'hôte qui passe et demande de toi ce qui lui manque » (Pr 27.8). Cet hôte a donc besoin d'être accueilli et traité avec amour, au nom du Dieu qui l'aime (Dt 10.18s)[205]. Notons que « l'existence de villes de refuge (Nb 35.9-34 ; Jos 20.1-9) et le souci de l'étranger (Ex 22.21 ; Lv 19.10 ; Dt 10.19) soulignent l'ampleur de l'hospitalité vétérotestamentaire[206] ».

Pour sa part, le prophète Ésaïe considère que le vrai jeûne doit être vécu dans la communion fraternelle et dans l'hospitalité. Sans l'hospitalité le jeûne se vide de son contenu et devient une manière d'afficher sa consécration sans que le cœur suive. Ésaïe 58 associe également le vrai culte à l'hospitalité parce que la bénédiction qui découle du vrai culte est mise au service de Dieu et du prochain. Sans cela la bénédiction s'évapore. Cela nous amène à dire que la pratique de l'hospitalité n'est pas quelque chose de facultatif. Elle est indispensable au culte qui plaît à Dieu. Le culte devient alors un lieu d'accueil et d'hospitalité. Mais qui doit être hospitalier ? Dans Ésaïe 58, comme dans l'ensemble de l'Écriture, l'hospitalité est présentée comme une obligation qui s'adresse à tous les descendants d'Abraham. Toutefois, l'accueil peut aussi être vécu comme une vocation spécifique particulière.

Pour celui qui a un ministère d'accueil, les personnes accueillies sont physiquement et spirituellement nourries. Accueillants et accueillis forment alors une famille. Cette vie de famille touche énormément les Peuls intéressés par Jésus-Christ qui traversent des moments de détresse, de rejet et de persécution. L'accueil chaleureux qu'ils reçoivent les met en confiance pour remplacer la famille peule qu'ils ont perdue. Cela prépare le terrain au

---

204. Xavier Léon-Dufour (sous dir.), *Vocabulaire de théologie biblique*, Paris, Cerf, 1999, p. 551.
205. *Ibid.*
206. Selman, « Hospitalité », *Le Grand Dictionnaire de la Bible*, p. 729.

discipulat et à l'accompagnement spirituel qui constituent pour nous les principales activités d'une communauté d'accueil qui vit et pratique l'hospitalité. Cependant, l'amour doit être le moteur de l'hospitalité, ce qui signifie que l'hospitalité ne peut se pratiquer que par amour. Nous y sommes conduits lorsque nos cœurs et nos émotions sont dirigés par l'Esprit de Dieu. Dans les cœurs éveillés à l'amour, aimer devient le plaisir même du sacrifice. Accueillir quelqu'un c'est donc l'aimer de tout cœur. Le désir d'accueillir et de secourir un individu nous conduit dans une disposition, une ouverture intérieure qui font que toute notre vie manifeste l'amour (Mt 5.16 ; 1 P 2.12).

Une communauté d'accueil est donc une communauté fondée sur l'amour de Dieu qui pousse à aimer l'autre. C'est le sens du commandement qui dit : « Tu aimeras ton prochain comme toi-même » (Lv 19.18). L'amour de Dieu et l'amour du prochain sont ainsi inséparables. Ils sont au cœur de la loi (Mc 12.28-33). L'amour comme fondement d'une communauté d'accueil est universel. Il n'érige aucune barrière sociale ou ethnique (Ga 3.28) et n'éprouve aucun mépris pour personne (Lc 14.13). Au contraire, il nous pousse à aimer nos ennemis (Mt 5.43-45). Un tel amour culmine forcément en la communion du Père, du Fils et Saint-Esprit. Cela revient à dire que la communion fraternelle est une conséquence de l'amour. Il n'y a donc pas de communauté d'accueil qui puisse exister en dehors de l'amour.

E. Une présence dialogique

L'islam, considéré comme l'une des religions monothéistes du monde, a connu ces derniers temps une expansion sans précédent. Aujourd'hui, partout dans le monde, les musulmans sont présents, et sont souvent impliqués dans les domaines sensibles de la vie économique, politique, sociale et scientifique[207]. On ne peut donc à la fois prétendre vivre sa foi et ignorer

---

207. Les débuts de la prédication coranique sont marqués par les thèmes de la vanité des biens et la condamnation de l'avarice. Les musulmans disent qu'il ne faut pas être avare, mais pas non plus prodigue. La condamnation de l'avarice se justifie d'abord par la reconnaissance envers Allah, puis par le souci de savoir-faire l'aumône, et enfin d'aider non seulement les émigrés qui ont quitté la Mecque lors de l'Hégire, mais aussi les pauvres qui meurent de faim. Cela débouche naturellement sur les principes d'une économie d'entraide. C'est ce qui explique la naissance des banques islamiques à partir des années 1970, dont l'importance croissante est une des marques du renouveau islamique. Il s'agissait de réconcilier le besoin moral du respect de l'interdiction coranique de l'usure avec les besoins pratiques suscités par l'abondance de liquidités financières due au boom pétrolier. Notons que l'islam est souvent défini par ses adeptes comme « religion et État » et on considère

leur présence. On ne peut pas non plus ignorer leur croyance en un Dieu souverain que le Coran présente comme la base absolue de foi musulmane et qui a un impact sur les habitudes et la mentalité des musulmans[208]. Il est donc important pour tous ceux qui vivent avec eux ou qui désirent les rencontrer dans leur foi de maintenir une attitude dialogique en vue de leur présenter l'Évangile dans un climat de paix qui honore Dieu[209]. Mais comment cette attitude dialogique est-elle possible ? Comment est-elle vécue par l'Église ?

Cette interrogation continue à nourrir les débats théologiques. C'est à la conférence missionnaire internationale tenue à Édimbourg en 1910 « que pour la première fois, en tout cas officiellement et de manière aussi systématique, les missions protestantes s'intéressent ensemble à l'attitude adoptée vis-à-vis des religions non chrétiennes[210] ». À Édimbourg le concept de l'animisme ou du fétichisme devient le concept englobant des religions non chrétiennes. Soixante ans après, la consultation d'Ajaltoun, réunie du 16 au 27 mars 1970, a fait du dialogue interreligieux une préoccupation majeure. Elle avait pour titre « Dialogue entre croyants. Discussions actuelles et perspectives d'avenir[211] ». Du 30 mars au 4 avril 1970, une seconde conférence a été organisée à Genève pour « évaluer les exigences pratiques requises pour une paix mondiale[212] ». Du 16 au 25 mars 1970, une troisième conférence s'est tenue à Kyoto au Japon. Celle-ci s'est montrée plus impressionnante, non seulement par la diversité de ses représentants[213], mais aussi par l'effet

---

volontiers comme sa caractéristique de ne pas séparer le spirituel et le temporel. Cette conception trouve son origine historique dans la théologie du prophète Muhammad qui exige l'instauration d'une société islamique tirant son inspiration du Coran. C'est ainsi que nous entendons parler des États islamiques ou des organisations musulmanes ayant pour but de faire la promotion de la foi coranique. Abdel Théodore KHOURY, Ludwig HAGEMANN, Peter HEINE, *Dictionnaire de l'islam. Histoire, idées, grandes figures*, Fribourg, Brepols, 1995, p. 295.

208. TOLNO, « La souveraineté de Dieu chez Al-Ghazali », p. 1.
209. Henri DE LA HOUGUE, « Où en sont les rencontres entre chrétiens et musulmans », in *Le dialogue interreligieux. Le christianisme face aux autres traditions*, sous dir. François BOUSQUET et Henri DE LA HOUGUE, Paris, Desclée, 2009, p. 62.
210. Jean-François ZORN, « Mission et dialogue », in *Conviction et dialogue. Le dialogue interreligieux*, sous dir. Louis SCHWEITZER, Charols, Excelsis, 2000, p. 113.
211. Jean-Claude BASSET, *Le dialogue interreligieux. Histoire et avenir*, Paris, Cerf, 1996, p. 109.
212. *Ibid.*, p. 123.
213. À Kyoto toutes les traditions religieuses étaient présentes. Il y avait 97 chrétiens dont 40 Catholiques, 14 Orthodoxes et 43 Protestants, 38 Bouddhistes, 23 Hindous, 19 Shintoïstes, 18 Musulmans, 7 Juifs et 17 représentants d'autres traditions religieuses à savoir bahaïe, confucianiste, jaïne, sikhe, zoroastrienne, etc. Homer A. JACK, « Delegates and Fraternal

de ses conclusions dans le monde religieux. La déclaration finale stipule que « face à l'urgence de la paix dans le monde, les choses qui nous unissent sont plus importantes que les choses qui nous divisent[214] ». La suite des résolutions de la conférence de Kyoto pose les jalons du dialogue interreligieux sur les concepts de l'unité, de l'égalité, de la justice, de la non-violence, de l'amour, de la solidarité aux côtés des pauvres et des opprimés[215]. Pour maintenir la paix dans le monde, les chrétiens sont invités à prier avec les croyants des traditions religieuses non chrétiennes. Progressivement le COE a adopté une attitude dialogique inclusiviste qui cherche une symbiose entre le christianisme et les autres religions du monde. L'enjeu de l'attitude dialogique inclusiviste est de confondre le dialogue et le syncrétisme[216].

Les évangéliques, dirigés par le Comité de Lausanne pour l'évangélisation mondiale (CLEM), adoptent une attitude dialogique contraire à celle du COE. La Déclaration de Lausanne (1974) dit dans son paragraphe 3 :

> Nous affirmons qu'il n'y a qu'un seul Sauveur et un seul Évangile, bien qu'il y ait diverses manières d'évangéliser. Nous pensons que tous les hommes ont une certaine connaissance de Dieu, car ils peuvent le reconnaître dans ses œuvres. Mais cette révélation naturelle ne peut les sauver car, par leur injustice, ils retiennent la vérité captive. Nous rejetons aussi toute espèce de syncrétisme et de dialogue qui sous-entend que le Christ parle de façon équivalente au travers de toutes les religions et idéologies… Jésus-Christ, qui est le seul Dieu-homme et qui s'est livré comme unique rançon pour les pécheurs, est le seul médiateur entre Dieu et les hommes… Tous les hommes périssent à cause du péché, mais Dieu les aime tous. Il désire qu'aucun ne périsse, mais que tous se repentent. Ceux qui rejettent le Christ refusent la joie du salut et se condamnent eux-mêmes à la séparation

---

Delegates by Religions », in *Religion for Peace. Proceedings of the Kyoto Conference on Religion and Peace*, sous dir. Homer A. JACK, New Delhi/Bombay, Gandhi Peace Foundation/Bharatiya Vidya Bhavan, 1973, p. 235 ; BASSET, *Le dialogue interreligieux*, p. 129.

214. JACK, « Delegates and Fraternal Delegates by Religions », p. 235.
215. BASSET, *Le dialogue interreligieux*, p. 220.
216. TOLNO, « Les déviations doctrinales vues à la lumière des religions traditionnelles africaines », p. 159-176.

éternelle d'avec Dieu. Proclamer Jésus comme « Sauveur du monde » ne veut pas dire que tous les hommes sont automatiquement sauvés ou qu'ils le seront tous en fin de compte. Cela signifie encore moins que toutes les religions offrent le salut dans le Christ. Cela consiste plutôt à proclamer l'amour de Dieu pour un monde pécheur, à inviter tous les hommes à se tourner vers lui… dans un acte de repentance et de foi. Jésus-Christ a été élevé au-dessus de tout autre nom : nous attendons ardemment le jour où tout genou fléchira devant lui et où toute langue le confessera comme Seigneur[217].

Dans ce paragraphe, le CLEM adopte une position exclusiviste en affirmant qu'il est impossible à l'homme d'être sauvé s'il ne confesse pas Jésus-Christ comme Sauveur et Seigneur. Dans ce cas, le but d'un vrai dialogue devient une compréhension mutuelle qui conduit au témoignage et à la proclamation de l'Évangile sans que ce dialogue soit un obstacle. De sa part, le Manifeste de Manille (1989) évoque cette idée en mettant l'accent sur l'unicité de Jésus-Christ en abordant la question du dialogue interreligieux de manière plus précise :

> Notre vocation est de proclamer le Christ dans une société de plus en plus pluraliste… Les apôtres ont fermement [annoncé] le caractère unique, indispensable et central du Christ. Nous devons faire de même… Rien ne nous permet donc d'affirmer que le salut peut se trouver en dehors du Christ et sans une reconnaissance explicite, par la foi, de son œuvre… Il y a un seul Évangile, comme il y a un seul Christ, dont la mort et la résurrection constituent le seul chemin qui conduit au salut. Nous rejetons donc à la fois le relativisme, qui considère toutes les religions et spiritualités comme également valables pour s'approcher de Dieu, et le syncrétisme qui voudrait mêler la foi au Christ et les autres croyances[218].

---

217. « Déclaration de Lausanne (1974) », § 3.
218. « Manifeste de Manille (1989) », § 2 : « L'Évangile tout entier », § 3 : « Le caractère unique de Jésus-Christ ».

L'analyse de ce texte nous permet de comprendre qu'à Manille le refus de l'universalisme du salut est confirmé. Toutefois, à Lausanne et Manille le thème du dialogue proprement dit n'a pas encore été traité.

En dehors du Mouvement de Lausanne, le sujet du dialogue a été abordé par le théologien britannique Colin Chapman dont l'article que nous exploiterons été écrit peu après le Congrès de Manille. Il souligne que « les modèles de Jésus et de Paul en dialogue nous convainquent que c'est un non-sens de séparer la proclamation et le dialogue[219] ». En faisant l'exégèse du mot *parrèsia* « franc-parler », l'assurance que les apôtres ont demandée au Seigneur pour témoigner (Ép 6.19-20 ; Ac 4.29), Chapman affirme que « c'est souvent une démonstration spéciale de la puissance de Dieu communiquée par Jésus qui a amené des musulmans, des hindouistes, des bouddhistes et des personnes des religions traditionnelles à faire confiance à Jésus comme Seigneur[220] ». Il poursuit en disant que « si toutes nos Églises priaient régulièrement en ces termes, nous pourrions devenir plus sensibles à l'action de l'Esprit et commencer à chercher les voies par lesquelles il travaille parmi les personnes de foi différente et fait tourner leur regard vers la personne de Jésus[221] ».

Les congrès de Lausanne I et Lausanne II ont posé les jalons d'une théologie du dialogue interreligieux dans le sens du rejet de l'universalisme et de l'affirmation de l'unicité de Jésus-Christ. Ces affirmations ont jeté les bases pour le congrès de Lausanne III tenu en 2010 au Cap en Afrique de Sud. Ici la réflexion sur le dialogue avec les autres religions du monde a évolué par rapport à l'expression théologique de Lausanne I et II. Lausanne III s'est penché longuement sur les thèmes permettant de témoigner de la vérité de Christ dans un monde pluraliste et globalisé, établir la paix de Christ dans notre monde divisé et brisé, et vivre l'amour de Christ auprès de ceux qui professent d'autres religions[222]. Ces différents sujets affichent clairement la volonté du CLEM de dialoguer avec les autres religions du monde sur la base des cinq principes suivants :

---

219. Colin Chapman, « Le défi des autres religions », *Hokhma* n° 46-47, 1991, p. 126.
220. *Ibid.* Cf. aussi Zorn, « Mission et dialogue », p. 122.
221. *Ibid.*
222. Mouvement de Lausanne, *L'Engagement du Cap*, Marpent, BLF, 2011 : les premiers trois thèmes de la deuxième partie, p. 49-68.

A) Nous nous engageons à une éthique scrupuleuse dans toute notre évangélisation. Notre témoignage doit être caractérisé par l'humilité et le respect, en veillant à garder une conscience pure. Nous rejetons donc toute forme de témoignage qui serait coercitive, moralement contestable, mensongère ou irrespectueuse. B) Au nom du Dieu que nous aimons, nous nous repentons de notre manque de volonté pour rechercher l'amitié avec les personnes de confession musulmane, hindoue, bouddhiste ou autre. Animés par l'esprit de Jésus, nous prendrons l'initiative de leur manifester amour, bonne volonté et hospitalité. C) Au nom du Dieu de vérité, (i) nous refusons de répandre des mensonges et des caricatures sur les autres religions, et (ii) nous dénonçons et refusons l'incitation aux préjugés, à la haine et à la peur racistes véhiculée par les médias populaires et la rhétorique politique. D) Au nom du Dieu de paix, nous rejetons le chemin de la violence et de la vengeance, même en cas d'attaque violente, dans toutes nos relations avec des personnes qui professent d'autres religions. E) Nous affirmons qu'il existe une juste place pour le dialogue avec les personnes d'autres religions, tout comme Paul a engagé le débat avec les Juifs et les non-Juifs dans la synagogue et dans l'arène publique. Dans le cadre légitime de notre mission chrétienne, un tel dialogue associe la confiance dans le caractère unique du Christ et dans la vérité de l'Évangile à une écoute respectueuse des autres[223].

Ces principes décrivent le mieux l'attitude dialogique du CLEM vis-à-vis des autres religions. Leur analyse permet de comprendre que chez les évangéliques le dialogue interreligieux est avant tout perçu comme une éthique d'évangélisation qui exige l'humilité, le respect de l'autre et le maintien d'une conscience pure. Cette éthique désapprouve toute méthode d'évangélisation qui méprise l'être humain. Par conséquent, elle est exempte de toute incitation aux préjugés, à la haine, à la vengeance, à la violence et à la manipulation ethnique dont se servent parfois les médias et les politiciens de nos jours pour semer la terreur dans le monde. Lausanne III reconnaît que les qualités

---

223. *Ibid.*, Deuxième Partie, III.1.A-E, p. 64.

d'amour, de présence dialogique, de bonne volonté et d'hospitalité sont des attitudes indispensables dans la communication de l'Évangile aux adeptes des autres religions. Le document sur le témoignage vis-à-vis des autres religions, signé par l'Église catholique, le Conseil œcuménique des Églises (COE) et l'Alliance évangélique mondiale (AEM) soutient cette idée :

> La liberté religieuse, qui comprend le droit de professer publiquement, de pratiquer, de diffuser et de changer de religion, découle de la dignité même de la personne humaine, qui se fonde sur le fait que tous les êtres humains sont créés à l'image et la ressemblance de Dieu (cf. Gn 1.26). Ainsi, tous les êtres humains sont égaux en droits et en responsabilités. Quand une religion, quelle qu'elle soit, est manipulée à des fins politiques, ou quand une religion est l'objet de persécutions, les chrétiens sont appelés à rendre un témoignage prophétique dénonçant ces actions[224].

Il convient toutefois de noter que le mérite de l'attitude dialogique des congrès de Lausanne I, II et III trouve son fondement dans l'Écriture qui révèle que le plan de Dieu pour sauver l'humanité déchue s'accomplit pleinement en Jésus-Christ. Selon les deux testaments, ce projet salvifique s'applique dans un climat de confrontation avec les autres religions. À titre d'exemple, « l'histoire religieuse d'Israël, telle que les textes bibliques la présentent, est celle d'une lutte contre la tendance, sans cesse récurrente, à vénérer d'autres divinités, depuis l'épisode du veau d'or (Ex 32) jusqu'à la dénonciation des mariages mixtes par Esdras[225] ». On peut aussi citer « l'ironie mordante des prophètes sur les dieux des nations, l'élimination des prophètes de Baal égorgés par Élie (1 R 18.40), et l'ordre d'extermination des Cananéens qui risquaient d'inciter les Israélites à l'idolâtrie (Dt 20.17)[226] ».

---

224. Alliance Évangélique Mondiale, Conseil Œcuménique des Églises, Conseil Pontifical pour le Dialogue, « Le témoignage chrétien dans un monde multireligieux. Recommandations de conduite », *Histoire et missions chrétiennes* vol. 23, n° 3, 2013, p. 87 : § 7 : « Respecter la liberté de religion et de croyance ». Le document est également publié dans Henri DE LA HOUGUE, Anne-Sophie VIVIER-MURESAN, sous dir., *Missions, conversions et dialogues. Questions, dilemmes et choix*, coll. Histoire & missions chrétiennes n° 23, Paris, Karthala, 2012.

225. Émile NICOLE, « Le Dieu d'Israël et les dieux des nations », in *Conviction et dialogue*, sous dir. Louis SCHWEITZER, coll. La foi en dialogue, Charols, Excelsis, 2000, p. 26.

226. *Ibid.*

Dans le N.T. l'entretien de Jésus avec la femme samaritaine se présente dans un style moins polémique, mais beaucoup plus dialogique. Ici « Jésus fait preuve d'une ouverture étonnante pour un Juif de son temps[227] ». Luc 9.51-56 donne un bon aperçu de la nature de la relation qui existait entre les Juifs et les Samaritains. Malgré ces difficultés relationnelles, Jésus a annoncé l'Évangile aux Samaritains tout en évitant de les choquer (Jn 4.22). Jacques Buchhold interprète ce texte en disant que « Jésus, tout en affirmant que les Samaritains rendent un culte à un Dieu qu'ils ne connaissent pas, déclare qu'ils adorent le vrai Dieu, le même Dieu que celui qu'adorent les Juifs[228] ». Il est important de souligner que le monothéisme samaritain ne pouvait pas leur permettre de connaître le vrai Dieu puisqu'ils n'avaient pas la connaissance de Christ. C'est pourquoi il leur dit qu'il est le Messie qu'ils attendent (Jn 4.25-26)[229].

Quant à lui, l'apôtre Paul considère le dialogue comme une nécessité pour la mission. Il exprime son attitude dialogique par des expressions et des actes, comme « je fais tout à cause de l'Évangile » (Ga 9.23), la circoncision de Timothée (Ac 16.1-3), et ses prescriptions sur les viandes sacrifiées aux idoles (1 Co 8.4, 8 ; 10.19). Dans le contexte hellénique du premier siècle l'approche dialogique de Paul se traduit par le recours aux « thèmes de la souveraineté cosmique du Fils (Col 1.15-20), de la défaite des autorités et des puissances célestes (Col 2.15), du combat à mener contre elles (Ép 6.12) ou des dangers de l'ascétisme (1 Co 7 ; 1 Tm 4.1-5)[230] ».

Ces témoignages scripturaires permettent d'affirmer qu'il n'y a pas de mission sans réflexion sur la culture et sans dialogue. Mais le dialogue doit être à la fois exclusiviste et inclusiviste en vue de bien articuler la continuité et la discontinuité. Le but du dialogue est d'annoncer l'Évangile aux adeptes d'autres religions pour qu'ils croient en Jésus-Christ et soient sauvés.

---

227. Jacques BUCHHOLD, « Jésus et la Samaritaine : un exemple de dialogue interreligieux, Jean 4,1-42 », in *Conviction et dialogue*, sous dir. Louis SCHWEITZER, coll. La foi en dialogue, Charols, Excelsis, 2000, p. 41.

228. *Ibid.*, p. 43.

229. Dans le cas spécifique de l'évangélisation des Peuls musulmans ce serait une tromperie de dire qu'ils vouent un culte au Dieu de la Bible qu'ils ne connaissent pas. Car Allah n'est pas Yahvé. La doctrine biblique n'est pas identique à la doctrine coranique. Cependant, il est important de noter que dans plusieurs passages le Coran a employé les expressions bibliques qui peuvent servir comme points de contact sur lesquels le dialogue peut se construire.

230. BUCHHOLD, « Jésus et la Samaritaine », p. 52.

En ce qui concerne la mission parmi les Peuls musulmans, elle est devenue complexe du fait de la radicalisation progressive du débat sur la doctrine islamique. À l'apologétique chrétienne, l'islam a opposé le *kalam* « argumentation rationnelle calquée sur la philosophie grecque ». Par ce biais la divinité de Jésus-Christ et la Trinité sont sévèrement attaquées. Les chrétiens défendent leur foi dans l'esprit du texte biblique suivant : « Mais sanctifiez dans vos cœurs Christ le Seigneur, étant toujours prêts à vous défendre, avec douceur et respect, devant quiconque vous demande raison de l'espérance qui est en vous » (1 P 3.15). L'apologétique comme défense de la foi est cependant très souvent émaillée de débats houleux qui creusent davantage le fossé entre les implanteurs d'Églises et les Peuls musulmans du Fouta-Djallon.

Dans ces conditions regrettables, l'annonce de l'Évangile est occultée par un débat polémique qui brouille sa réception. C'est pourquoi dans l'évangélisation des Peuls musulmans nous proposons que les missionnaires ne se contentent pas du discours théologique, mais pratiquent aussi l'amour[231]. Les Peuls musulmans sont en effet plus sensibles à l'amour qu'au discours rationnel sans amour.

L'amour va au-delà des mots, c'est-à-dire du discours théologique. Il s'agit bien de l'amour de Dieu qui a envoyé Jésus et qui envoie tous ceux qui croient en lui. La Bible dit que Dieu est l'amour : « Nous aimons Dieu parce qu'il nous a aimés le premier » (1 Jn 4.19). Cet amour authentique qui découle de la nature de Dieu est don, accueil et communion fraternelle. Par rapport à cet amour biblique, inspiré par le Saint-Esprit, il faut être attentif au danger lié à une vision humaine et erronée de l'amour, qui en fait quelque chose d'inné, de figé et finalement d'opposé à l'amour de Dieu. Il s'agit donc de rendre visible l'amour de Dieu pour l'homme qui rend opérationnelles la foi et l'espérance (1 Co 13.1-13). L'apologétique ne peut pas seulement être considérée comme une activité purement intellectuelle et rationnelle. Placée « sous le signe de l'amour, elle devient missionnelle[232] ».

F. Des études bibliques chronologiques

Les études bibliques chronologiques ne s'improvisent pas : elles doivent être planifiées, sinon elles manqueront leur but principal qui est faire connaître

---

231. Fara Daniel TOLNO, « L'Évangile et le peuple Peul », p. 38.
232. *Ibid.*, p. 39.

Jésus-Christ. Dans le cas spécifique de l'évangélisation des Peuls musulmans, la planification des études bibliques chronologiques se fait en deux étapes. La première est préparatoire et la seconde explicative.

Dans l'enseignement chronologique rien ne peut remplacer la préparation de l'enseignant. À cet effet il est important de se demander quelles sont les connaissances nécessaires pour présenter l'Évangile aux Peuls et cette recherche doit se faire dans un esprit de prière adressée à Dieu.

> L'évangélisation est une entreprise surnaturelle et par conséquent, si elle est menée dans une attitude de « non-foi », c'est-à-dire sans la prière, elle ne sera jamais une œuvre revêtue de l'autorité du Seigneur ou honorée de sa puissance, parce que cette façon de faire le frustre de l'honneur qui lui est dû[233].

La prière est donc l'un des principaux éléments de l'étape préparatoire à l'enseignement chronologique de la Bible. Le deuxième élément est la connaissance de la communauté peule. Cela est nécessaire parce qu'il est difficile, voire impossible, d'évangéliser un peuple dont on ignore la situation géographique, les origines, la culture, la religion, la vision du monde et l'identité. C'est ici que les études sociologiques et anthropologiques mentionnées au chapitre 1 trouvent toute leur justification. De plus, il est important de passer en revue l'histoire de l'évangélisation de ce peuple pour éviter de répéter les erreurs commises et pour valoriser les éléments positifs qui servent à l'évangélisation, ce qui a été discuté au chapitre 2. Le troisième élément est de trouver un endroit approprié aux études bibliques chronologiques. S'il n'y a pas de menaces de la part des voisins musulmans, les familles des différents participants sont les lieux les plus appropriés. Mais depuis quelques années nous avons compris qu'un endroit neutre comme un centre d'accueil, se prête bien aux études chronologiques de la Bible parce qu'il est possible d'y tenir des séminaires de courte durée avec des personnes intéressées par l'Évangile. Les personnes d'arrière-plan musulman qui y sont accueillies participent tous les jours au culte et suivent les cours d'étude biblique chronologique.

---

233. Jean-Claude Girondin, « Évangélisation (théologie et déontologie) », *Dictionnaire de théologie pratique*, sous dir. Christophe Paya et Bernard Huck, Charols, Excelsis, 2011, p. 341.

La phase explicative s'adresse aux personnes intéressées. Il s'agira d'exposer et d'expliquer de manière chronologique l'histoire du salut en Jésus-Christ[234]. Pour être écoutés, les sujets d'étude biblique doivent être choisis par étapes. À cet effet il est conseillé d'amorcer les études bibliques chronologiques par les sujets connus par les Peuls intéressés à l'Évangile avant d'aborder les sujets qu'ils ignorent[235]. Il est donc intéressant d'introduire les études bibliques chronologiques par les thèmes de Dieu, de la création, du mal, du péché, et du salut. Ces sujets sont connus par les musulmans en général et par les Peuls musulmans du Fouta-Djallon en particulier. Ces études transformeront progressivement leur vision du monde.

Le choix des sujets d'enseignement biblique chronologique doit donc tenir compte de cette réalité culturelle qui peut aider à la compréhension de l'Évangile. Pour susciter l'intérêt des participants, il est conseillé à l'enseignant d'utiliser d'abord les livres bibliques que les Peuls musulmans connaissent à travers le Coran. Puisque les Peuls musulmans considèrent que Dieu a donné la *Tawrat* à Moïse, le *Zabur* à David et l'*Injil* à Jésus[236], il sera utile de commencer l'étude chronologique par ces livres qui présentent la continuité. Au fur et à mesure qu'on progresse dans la formation, le lien qui existe avec les autres livres de la Bible peut alors être expliqué. De nouveaux éléments bibliques sont aussi introduits et expliqués de manière à rendre compréhensible la connaissance de la personne et de l'œuvre de Jésus-Christ. Progressivement les participants à l'étude chronologique prendront conscience que la Bible est la Parole de Dieu.

L'étude des biographies de certains personnages bibliques connus dans l'islam peul est aussi utile à l'enseignement chronologique de la Bible. Parmi ces personnages, on peut citer Adam, Noé (Nûh), Abraham (Ibrahim), Joseph (Yûsuf), Moïse (Mûsâ), David (Dâwûd), Salomon (Suleiman), Jonas (Yûnus), et Jésus (Isa)[237]. Ce qu'il faut éviter dans les enseignements biographiques, c'est de faire connaître le héros sans aucun lien avec l'Évangile qui est le cœur de l'enseignement chronologique.

---

234. Comme expliqué plus en détail ci-dessus dans la section I.B.2. « L'enseignement chronologique ».
235. Yehia SA'A, *Tout ce qu'on dit les prophètes*, p. 7.
236. Yannick IMBERT, *Croire, expliquer, vivre : Introduction à l'apologétique*, Charols/Aix-en-Provence, Editions Excelsis/Kerygma, 2014, p. 201 ; JOMIER, *Pour connaître l'islam*, p. 54.
237. SCHIRRMACHER, *L'islam*, p. 538.

Les Peuls musulmans connaissent bon nombre de personnages bibliques sans avoir la connaissance de Jésus-Christ. Or la plupart de ces personnages de l'A.T. ont, par certains aspects de leur vie, préfiguré la personne et l'œuvre de Jésus-Christ, d'où l'intérêt de parler au cours de l'enseignement chronologique des « types de Christ » dans l'A.T. À titre d'exemple, Adam, le premier homme que la Bible présente, est perçu comme type de Jésus-Christ, qui est le « nouvel Adam », le premier représentant d'une humanité nouvelle (Rm 5.14 ; 1 Co 15.45). Il est « l'homme céleste qui, dans une attitude diamétralement opposée à celle du premier Adam, réalise à la perfection le dessein créateur et rédempteur de Dieu. Il est l'image parfaite de son père (Col 1.15)[238] ». Il s'est soumis totalement à la volonté de Dieu et n'a jamais connu du péché (1 P 2.22).

Il est utile de multiplier les exemples en mentionnant qu'Abel est l'image de la victime innocente, comme l'a été Christ (Hé 3.2-2). On peut aussi parler de l'histoire de Noé et de sa famille, sauvés au travers du déluge, car cette eau, selon l'Écriture, est une préfiguration « du baptême, qui n'est pas la purification des souillures du corps, mais l'engagement d'une bonne conscience envers Dieu, et qui maintenant vous sauve, vous aussi, par la résurrection de Jésus-Christ » (1 P 3.21). Il serait aussi intéressant de voir en Moïse le type du Christ-prophète, qui a conduit le peuple hors de l'esclavage en Égypte comme Christ nous libère de l'esclavage du péché (Ac 7.35 ; Hé 3.2-6). David est le type du Messie-Roi (2 S 7.16 ; Mt 21.1-9 ; Ac 2.34-36), et Aaron le type du Souverain Sacrificateur qu'est Jésus-Christ (Hé 4.14-17). Josué, qui a conduit le peuple d'Israël jusqu'à la terre promise, est le type de Jésus-Christ qui nous fait entrer dans son repos (Hé 4.8-10).

De cette manière nous pouvons apprendre aux Peuls intéressés à Christ que l'A.T. parle de la personne et de l'œuvre de Jésus-Christ. Bien que les ombres de l'A.T. nous permettent de le percevoir, nous avons besoin de la lumière du N.T. pour pleinement connaître Jésus-Christ. Dans cette dynamique, la venue de Jésus-Christ apparaît comme l'achèvement de la révélation de Dieu. C'est le sens de l'expression significative de l'évangéliste Matthieu qui dit que « tout cela arriva afin que s'accomplisse ce que le Seigneur avait déclaré par le prophète » (Mt 1.22)[239]. Ces versets montrent clairement qu'en Jésus-Christ s'accomplit ce qui était annoncé dans l'A.T.

---

238. Daniel DE REYNAL, *Théologie de la liturgie des heures*, Paris, Beauchesne, 1975, p. 81.
239. Cf. Mt 2.5-18 ; 3.3 ; 4.14 ; 8.17 ; 12.17 ; 13.14, 35 ; 15.8 ; 21.4 ; 26.31 ; 27.9, 35.

Il convient toutefois de rappeler que les études bibliques chronologiques doivent se dérouler dans une atmosphère d'accueil et d'accompagnement. L'enseignant de la Bible aura donc pour « tâche de donner la garantie fraternelle que l'Église n'a pas d'autre loi qui l'anime que celle de son Maître et Seigneur (Dt 30.19)[240] ». Un récit néotestamentaire montre que l'enseignement est bien assimilé lorsque le participant se sent bien accueilli par son maître comme l'a été Nicodème venu rencontrer Jésus-Christ la nuit pour lui demander : « Comment un homme peut-il naître quand il est vieux ? Peut-il une seconde fois entrer dans le sein de sa mère et naître ? » (Jn 3.4). Dans ce texte biblique, nous voyons que Jésus-Christ a accueilli Nicodème en pleine nuit et s'est mis à l'enseigner en ces termes : « En vérité, en vérité, je te le dis, si un homme ne naît d'eau et d'Esprit, il ne peut entrer dans le royaume de Dieu. Ce qui est né de la chair est chair et ce qui est né de l'Esprit est esprit » (Jn 3.5-6). Cette histoire biblique montre clairement que l'accueil est l'une des exigences bibliques qui s'imposent à tout enseignant de la Bible (1 Tm 3.2). L'accueil n'est donc pas une tâche en marge du ministère d'enseignement, il est au cœur de l'enseignement chronologique de la Bible.

G. Des études bibliques sur Jésus-Christ

Une fois l'A.T. parcouru et compris, il s'agit de présenter la personne et l'œuvre de Jésus-Christ qui est, pour les chrétiens, l'ultime révélation de Dieu, le Fils même de Dieu lui-même. Toutefois, pour les Peuls musulmans, c'est le Coran qui est l'ultime et la complète révélation de Dieu. Ici la question fondamentale est de savoir comment amener les Peuls musulmans à croire que Dieu se révèle pleinement en Jésus-Christ. Comment leur montrer que Jésus-Christ est Dieu parmi nous ? La réponse à cette question n'est pas facile parce que les Peuls musulmans croient fermement que le Coran est la parole éternelle d'Allah. En revanche, ils appellent Isa la Parole de Dieu, *kalimatou'llah*. Il existe donc des éléments de continuité entre la Bible et le Coran.

Rappelons d'abord que, dans le Coran, Jésus-Christ est appelé le Messie Jésus fils de Marie (*al-masih Isa ibn Maryam* ; sourates 3.45 ; 4.157 ; 4.171), ou tout simplement le fils de Marie (*ibn Maryam* ; sourate 5.72). Un esprit (*rûh*) identifié comme l'Ange Gabriel apparaît à Marie et « lui annonce la naissance d'un fils qui est donné aux hommes par miséricorde et comme

---

240. Podvin, *L'accueil paroissial*, p. 32.

un signe pour l'humanité (sourate 19.21)[241] ». De même dans la Bible, Jésus est appelé fils de Marie (Mt 2.20-21 ; 12.55 ; Mc 6.3) à qui l'ange Gabriel a dit : « Sois sans crainte, Marie ; car tu as trouvé grâce auprès de Dieu. Voici : tu deviendras enceinte, tu enfanteras un fils, et tu l'appelleras du nom de Jésus » (Lc 1.30-31). Dans le Coran comme dans la Bible on s'aperçoit que la grossesse de Marie est l'œuvre de la grâce divine. De ce fait, son origine est surnaturelle et ne dépend pas de l'intervention d'un père humain. Il est donc nécessaire pour les missionnaires qui évangélisent au Fouta-Djallon d'accepter cette continuité et de la considérer comme un élément déclencheur de la communication de l'Évangile aux Peuls musulmans.

Selon le Coran, Jésus est un messager de Dieu (*rasul*) (sourates 4.157 ; 4.171 ; 5.75). Il est un prophète de Dieu (*nabi Allah* ; sourate 19.30)[242]. En dehors de Jésus-Christ, le Coran, de manière interchangeable, attribue les titres de prophète (*nabi*) et de messager (*rasul*) aussi à d'autres personnes. Cela fait qu'il est difficile de tracer une ligne de démarcation entre les prophètes, les messagers et les envoyés mentionnés dans le Coran. Parmi la multitude des prophètes reconnus par le Coran, seulement neuf portent à la fois les titres de prophète et de messager : « Noé (*Nûn*), Lot (*Lût*), Ismaël, Moïse (*Musa*), Shura'aib, Hûd, Sâlih, Jésus (*Isa*) et Muhammad[243]. » Ce sont les prophètes qui ont transmis aux hommes « la Torah, les Psaumes et l'Évangile. Comme Jésus le fit pour les Israélites, Muhammad a annoncé un "Coran en arabe" à ses concitoyens[244] ». Le Coran évoque Jésus avec admiration et le présente comme modèle à suivre.

Il est dit dans la Bible et dans le Coran que la naissance de Jésus est l'objet d'un miracle de Dieu parce qu'il s'agit d'une naissance virginale (Mt 1.18-22 ; Lc 2.1-20 ; sourate 19.20). Jean-Baptiste (*Yahya*) fut son précurseur et son annonciateur (Lc 3.4-16 ; sourate 3.38-41 ; 19.1-15). Relevons aussi que le Jésus de la Bible, comme celui du Coran, fait des miracles : il guérit l'aveugle et le lépreux (Mc 1.40-45 ; 8.22-26 ; Lc 17.11-19 ; 5.12-14 ; sourate 3.49) et

---

241. Schirrmacher, *L'islam*, p. 599.
242. Le Coran utilise le terme prophète au sens large. C'est pourquoi dans le Coran les prophètes sont plus nombreux que les messagers. Ils sont des chargés de mission d'Allah qui les a envoyés auprès des hommes pour leur transmettre son message. Dans ce sens le mot prophète (*nabi*) correspond au mot envoyé (*apostolos*).
243. Schirrmacher, *L'islam*, p. 612.
244. *Ibid.*

ressuscite les morts (Lc 8.40-56 ; 7.11-17 ; Jn 11.17-44 ; sourate 4.157-158). Selon le Coran, Jésus a fait descendre une table du ciel à la demande des apôtres (sourate 5.115). Ce texte fait allusion à la multiplication des pains (Mt 14.14-21 ; 15.32-38 ; Mc 6.34-44 ; Lc 9.12-17 ; Jn 6.5-14) ou à la Cène (Mt 26.17-20 ; 26.26-28 ; Mc 14.12-31), ou encore à la demande de pain formulée dans le « notre Père » (Mt 6.11)[245].

Jésus-Christ déclaré prophète (*nabi*) et envoyé (*rasul*) est aussi un serviteur (*abd*) de Dieu (*abd'ullah* ; sourates 19.30s ; 4.172)[246]. La sourate 19.93 dit que « tous ceux qui sont dans les cieux et sur la terre se rendront auprès du Tout Miséricordieux en serviteurs ». Ces textes trouvent un parallèle dans la Bible parce que le prophète Ésaïe a présenté le Messie comme « le serviteur souffrant » (És 42.1-9 ; 49.1-6 ; 50.4-9 ; 52.13-53.12). Après avoir parlé de sa conception (És 7.14), de sa naissance (És 9.5), de sa prédication (És 9.1), de sa puissance (És 11.1) et de ses missions (És 25.8 ; 28.16 ; 42.6), la Bible dit : « Voici mon serviteur auquel je tiens fermement, mon élu, en qui mon âme se complaît » (És 42.1). Pour sa part, l'apôtre Paul dit en parlant de Jésus-Christ : « Lui dont la condition était celle de Dieu… s'est dépouillé lui-même, en prenant la condition d'esclave, en devenant semblable aux hommes » (Ph 2.6, 7).

Dans la Bible Jésus-Christ est considéré comme saint (Mt 1.24 ; Lc 1.35 ; Ac 3.14) et donc sans péché (1 P 2.22). Le Coran confirme cette vérité biblique lorsque l'ange Gabriel s'adresse à Marie et dit : « Je suis en fait un Messager de ton Seigneur pour te faire don d'un fils pur » (sourate 19.19). En d'autres termes on peut dire que le Jésus du Coran est né sans péché. La sourate 3.32 parle de la pureté de Jésus et de sa mère Marie : « Tous les deux, Jésus et sa mère, sont préservés du démon maudit que rencontre tout enfant à sa naissance » (sourate 3.36). Le Coran ajoute encore Jean-Baptiste qui est aussi né sans péché (sourates 3.38–39 ; 19.12-15). Dans son grand traité de la *Revivification des sciences religieuses*, Al-Ghazali évoque la pureté de Jésus-Christ en relevant que « mille houris forment sa rétribution au paradis en récompense de sa chasteté sur terre[247] ». Le Coran considère que tous les

---

245. *Dictionnaire du Coran*, sous dir. Mohammad Ali Amir Moezzi, Paris, Robert Laffont, 2017 ; Edward Geoffrey Parrinder, *Jesus in the Qur'an*, New York, Oxford University Press, 1977, p. 39.
246. Al Rûh, Michel Chodkiewicz, *Le sceau des saints*, Paris, Gallimard, 2012, p. 123, cité par Foustock, *Jésus dans le Coran*, p. 32 ; Schirrmacher, *L'islam*, p. 609.
247. Al-Ghazali, *Revivification des sciences religieuses*, p. 504.

prophètes, y compris Muhammad, ont péché, sauf Jésus qui est né pur et qui l'est resté tout au long de sa vie. Cela s'accorde bien avec la Bible qui dit : « Car tous ont péché et sont privés de la gloire de Dieu » (Rm 3.32).

Jésus est non seulement saint, mais il est également la Parole de Dieu. À trois reprises, Jésus porte le titre de *kalimatou'llah* « Parole d'Allah » dans le Coran. Une première fois quand l'ange annonce à Zacharie la naissance de son fils Jean (*Yahya*) qui sera le précurseur de « la Parole de Dieu » (sourate 3.38-39). Ensuite au verset 45 de la même sourate, l'ange identifie Jésus à la « Parole d'Allah » quand il dit à Marie qu'elle aura un enfant non par l'intervention d'un homme, mais par Allah le tout-puissant (sourate 3.45). Enfin, le titre de « Parole de Dieu » est attribué à Jésus dans la sourate 4.71. Il est important de noter que dans le Coran le titre de « Parole de Dieu » est attribué exclusivement à Jésus. Il n'a été attribué à aucun autre prophète dans le Coran.

Ce titre est employé dans la Bible avant d'être utilisé par le Coran. Ainsi, l'étude du prologue de l'évangile de Jean est bien indiquée puisque, dès le premier verset, Jean affirme : « Au commencement était la Parole, et la Parole était avec Dieu, et la Parole était Dieu » (Jn 1.1). Au verset 14, Jean apporte une précision de poids : « La Parole a été faite chair, et elle a habité parmi nous, pleine de grâce et de vérité ; et nous avons contemplé sa gloire, une gloire comme la gloire du Fils unique venu du Père » (Jn 1.14). Puisque Jésus est appelé Parole de Dieu, on peut parler aux Peuls de la relation entre Dieu et Jésus-Christ. Si Jésus est la Parole de Dieu, il est possible de considérer sa naissance comme l'œuvre exclusive de Dieu. Et si la naissance de Jésus est due à l'intervention divine, on ne peut trouver l'explication de sa paternité qu'en Dieu. Cette question a tellement interpellé Yaya Barry dans ses études coraniques qu'il a cru en Jésus-Christ comme son Sauveur[248].

Ces titres de Jésus-Christ sont facilement acceptés par les Peuls musulmans parce que le Coran les confirme. Les implanteurs d'Églises au Fouta-Djallon doivent donc comprendre qu'il existe des éléments de continuité entre le *pulaaku*, l'islam peul et la Bible. Ils doivent en faire bon usage pour que les Peuls musulmans comprennent l'Évangile et arrivent à la connaissance de Jésus-Christ comme leur Sauveur. Les missionnaires peuvent employer les titres de Jésus tout au long du discipulat, tout en veillant à ce que le Peul intéressé par l'Évangile en assimile bien le sens biblique. Alors seulement il

---

248. Tolno, « Un Peul rencontre Jésus », p. 42.

sera temps d'aborder les grands sujets dogmatiques perçus comme sources de tension entre chrétiens et musulmans.

H. Encourager des mouvements autochtones

Au chapitre 1 nous avons souligné qu'au Fouta-Djallon les Peuls intéressés par Christ sont sévèrement persécutés. Si certains parmi eux ont été rejetés par leur famille, d'autres ont reçu des coups et des blessures. Certains ont même été très tôt conduits à la mort. Étant donné la pression sociale dont sont victimes les Peuls convertis à Christ, il est nécessaire d'encourager les autochtones à renoncer à la création de communautés chrétiennes visibles, et d'accepter que les Peuls intéressés par Christ suivent Jésus tout en restant dans leur contexte socioculturel, jusqu'à ce qu'ils atteignent une maturité suffisante dans leur marche en Jésus-Christ. Mais l'encouragement doit se faire à trois niveaux.

Le premier niveau est de reconnaître que, pour répondre aux questions posées par la relation entre foi et culture, l'Écriture doit faire autorité. « Dire, comme le font les Églises évangéliques, que l'Écriture a vocation à être pour le chrétien la norme de sa foi et de son action implique que celui-ci doit tendre de toutes ses forces à y conformer sa pensée, ses paroles et ses actes[249]. » L'enjeu dans cette démarche est de savoir comment articuler l'Écriture et la vision du monde des peuples à évangéliser.

En faisant une analyse de l'Église primitive, on comprend que « la première communauté inscrivait sa foi dans le cadre de la piété juive et du culte au temple de Jérusalem (Ac 2.46 ; 3.1). L'expérience initiale de la foi chrétienne n'a donc pas été celle d'une rupture d'avec la culture, mais l'intégration et l'acceptation de celle-ci[250] ». En lisant le N.T., on remarque « d'une part, un accueil et une évaluation positive de la culture ambiante ; d'autre part, la conscience d'un inévitable conflit avec la culture, ou en tout cas d'une nécessaire distanciation à l'égard de celle-ci[251] ». Cela suggère la nécessité de la contextualisation critique qui permet non seulement de déceler les éléments qui sont compatibles ou incompatibles avec l'Évangile, mais aussi

---

249. Donald COBB, « Église et culture. Comment penser l'inculturation de l'Évangile en situation de minorité ? », *Perspectives missionnaires* n° 54, 2017, p. 55.
250. *Ibid.*
251. *Ibid.*

de gérer le conflit entre l'Évangile et la culture. Mais cette approche exige du missionnaire la connaissance de la vision du monde et de l'orientation de la conscience du peuple à évangéliser. En effet, « l'évangélisation s'oppose aux visions du monde différentes et implique la polémique, c'est-à-dire une défense de la foi chrétienne intelligente, empreinte d'amour, d'humilité et de respect (1 P 3.15)[252] ».

Le deuxième niveau d'encouragement est de prévoir la persécution. En lisant la Bible, il est facile de comprendre que les premiers chrétiens ont souffert de « marginalisation sociale, de tracasseries administratives, de dénonciations aux autorités locales ou romaines, de procès et de lynchages[253] ». En écoutant les enseignements de Jésus, on comprend que la souffrance est inhérente à la vie chrétienne.

> Heureux ceux qui sont persécutés à cause de la justice, car le royaume des cieux est à eux ! Heureux serez-vous, lorsqu'on vous insultera, qu'on vous persécutera et qu'on répandra sur vous toute sorte de mal, à cause de moi. Réjouissez-vous et soyez dans l'allégresse, parce que votre récompense sera grande dans les cieux, car c'est ainsi qu'on a persécuté les prophètes qui vous ont précédés. (Mt 5.10-12)

Et l'apôtre Paul de renchérir :

> Qui nous séparera de l'amour de Christ ? La tribulation, ou l'angoisse, ou la persécution, ou la faim, ou le dénuement, ou le péril, ou l'épée ? Selon qu'il est écrit : à cause de toi, l'on nous met à mort tout le jour. On nous considère comme des brebis qu'on égorge. Mais dans toutes ces choses, nous sommes plus que vainqueurs par celui qui nous a aimés. Car je suis persuadé que ni la mort ni la vie, ni les anges, ni les dominations, ni le présent, ni l'avenir, ni les puissances, ni les êtres d'en-haut, ni ceux d'en-bas, ni aucune autre créature ne pourra nous séparer de l'amour de Dieu en Christ-Jésus notre Seigneur. (Rm 8.35-39)

---

252. Jean-Claude GIRONDIN, « Évangélisation (théologie et déontologie) ».
253. Il est important de noter que « l'éventail du Paul des épîtres au Jean de l'Apocalypse en passant par des évangiles synoptiques, les Actes des apôtres, la première épître de Pierre et celle de Clément gardent un vocabulaire commun sur la persécution ». François BOVON, *L'Évangile selon Saint Luc 19,28-24,53*, Genève, Labor et Fides, 2009, p. 147.

Ces deux textes suffisent pour dire qu'on ne peut pas vouloir être chrétien et ignorer la persécution. Depuis la période patristique, puis durant la Réforme et jusqu'aux réveils des XVIIIe et XIXe siècles, l'histoire de l'Église a connu des moments de persécution sévère. « Selon de récentes estimations, environ 5 000 personnes ont été exécutées au XVIe siècle en raison de leur croyance religieuse. Parmi elles, 2 000 à 2 500 étaient anabaptistes[254]. » L'implantation d'Églises ne doit donc pas passer sous silence la réalité de la persécution. Il est cependant inconcevable de la provoquer par notre manière de présenter l'Évangile. C'est pourquoi l'Écriture dit : « Je vous envoie comme des brebis au milieu des loups. Soyez donc prudents comme les serpents, et simples comme les colombes » (Mt 10.16).

Développer le discipulat est pour nous le troisième niveau d'encouragement des mouvements autochtones. Cela exige du missionnaire de « s'insérer dans la trajectoire de l'Écriture[255] ». Il doit éviter d'aligner les versets bibliques hors contexte et chercher « à saisir, toujours plus profondément, le mouvement d'ensemble de l'Écriture, la trajectoire qui va d'Abraham à Moïse, d'Israël à Jésus, de l'Église de Jérusalem à l'universalisation du corps du Christ[256] ».

Cette manière de présenter l'Évangile est connue sous le nom d'enseignement chronologique. Elle permet de mieux cerner la vision biblique du monde : création, chute, rédemption et salut. Nous pensons que si la vision biblique du monde n'est pas clairement expliquée, il est difficile aux musulmans de connaître Jésus-Christ comme Sauveur. Il faut donc que le discipulat intègre le dialogue et l'accueil qui sont nécessaires à la vie des mouvements autochtones, et ce dialogue doit être fait dans la vérité.

Selon Lesslie Newbigin, « affirmer le caractère unique et décisif de l'action de Dieu en Jésus-Christ ne relève pas de l'arrogance. C'est plutôt la seule manière de combattre l'arrogance de chaque culture qui cherche à être le seul critère de jugement pour les autres[257] ». En d'autres termes, on peut

---

254. J. S. STAYER, « Numbers in Anabaptist Research », cité par Neal BLOUGH, « La persécution intra-chrétienne au seizième siècle », *Théologie évangélique* vol. 18, n° 1, 2019, p. 6.
255. COBB, « Église et culture », p. 60.
256. *Ibid.*
257. Lesslie NEWBIGIN, *The Gospel in a Pluralist Society*, Grand Rapids, Eerdmans, 1989, p. 166, cité par Neal BLOUGH, « De la croisade au dialogue. Vérité unique et pluralisme religieux dans l'histoire du christianisme », in SCHWEITZER, *Conviction et dialogue*, p. 109s.

considérer que « le dialogue qui ne pose pas la question de la vérité reste sans pertinence[258] » et devient nuisible au discipulat. Par conséquent, le discipulat et le dialogue doivent se faire dans un esprit d'accueil pour favoriser l'édification de la communauté chrétienne. Il est tout particulièrement important dans les Églises dont les membres vivent leur foi en cachette à cause de la persécution. Les centres d'accueil peuvent donc être des outils efficaces pour l'évangélisation et l'encouragement des mouvements autochtones.

IV. Synthèse du chapitre 4

Dans ce chapitre, nous avons présenté les processus d'implantation d'Églises parmi les peuples ayant une culture relationnelle et une vision holistique du monde. Nous avons constaté que l'évangélisation des Peuls musulmans est difficile à cause de leur foi en la religion du prophète Muhammad. Sur la base de ce constat, nous avons cherché à savoir quelles stratégies peuvent être développées pour l'implantation d'Églises parmi les Peuls musulmans du Fouta-Djallon.

En réponse à cette question essentielle, il était nécessaire de présenter d'abord les concepts bibliques clés pour la contextualisation critique de l'Évangile. Il s'agit des notions d'évangélisation, de discipulat et d'implantation d'Églises. Leur présentation nous a permis de comprendre que l'évangélisation chronologique est l'une des méthodes les plus efficaces pour communiquer l'Évangile aux Peuls musulmans. Ensuite nous avons cherché à savoir comment la mission intégrale rend plus compréhensible l'évangélisation chronologique. Nous avons alors compris que la mission de l'Église ne se limite pas seulement à l'annonce verbale de l'Évangile. Elle inclut naturellement « la présentation de l'Évangile par l'être, le faire et le dire, par la présence des témoins, leurs paroles et leurs actes. [Elle a pour but] la conversion de l'homme à Dieu, le discipulat et l'implantation d'Églises et finalement la gloire de Dieu[259] ».

---

258. Jürgen MOLTMANN, cité par Calvin SHENK, *Who Do You Say I Am ? Christians Encounter Other Religions*, Scottdale, Herald Press, 1997, p. 23, cité par BLOUGH, « De la croisade au dialogue », p. 109.
259. WIHER, « Glossaire », in *Bible et mission*, vol. 2, p. 331.

Sachant que beaucoup de convertis sont victimes de discriminations et de persécutions intenses, nous avons enfin introduit le concept de « mouvements autochtones » dont les contours apparaissent dans la Bible de manière nuancée. Avant de prendre position sur l'importance missiologique de ce concept, nous avons passé en revue les débats et nous avons décelé deux courants théologiques. Le premier, représenté par Stuart Caldwell, Phil Parshall et beaucoup d'autres, considère que les chrétiens d'arrière-plan musulman, pour éviter le rejet, peuvent demeurer dans leur contexte socioculturel et religieux et vivre discrètement leur foi en Jésus-Christ. À l'opposé, le deuxième groupe, représenté par Timothy C. Tennent et d'autres, considère que les nouveaux convertis ne doivent pas rester dans l'islam pour vivre discrètement leur foi en Jésus-Christ. Après avoir étudié le contexte guinéen, nous concevons les mouvements autochtones comme la phase pionnière de l'évangélisation des musulmans, ou comme un discipulat avant la conversion. Pendant cette phase, la personne peut discrètement vivre son intérêt pour le salut en Jésus-Christ. Elle peut par exemple lire la Bible discrètement ou rencontrer le missionnaire en cachette pour étudier la Bible. Mais après sa conversion à Jésus-Christ et quand elle aura atteint une certaine maturité et sera affermie dans la foi chrétienne, elle devrait cesser d'aller à la mosquée et rester uniquement dans des structures socioculturelles qui sont compatibles avec l'Évangile. Au cours de ses rencontres, le missionnaire prendra soin de lui enseigner les cinq concepts sotériologiques de base (Dieu, l'homme, le mal, le péché, le salut) et les concepts culturels clés sur lesquels travaille la démarche de contextualisation de l'Évangile, à savoir le *pulaaku*, la sainteté, le sacrifice, la bénédiction, le culte des ancêtres et la famille peule.

Parmi les stratégies présentées, l'amour est considéré comme le point crucial de la mission en milieu peul. Il est le moteur des ministères holistiques, de l'accueil et de l'accompagnement qui sont nécessaires à la mission au Fouta-Djallon. Les méthodes de présence dialogique et les études bibliques chronologiques sont également utiles à l'implantation d'Églises au Fouta-Djallon. Il est à noter que ces stratégies s'accordent avec la vision peule du monde qui, à nos yeux, constitue le facteur déterminant de l'accueil de la mission dans cette contrée. Les stratégies présentées ont le potentiel de « percer le mystère des Peuls musulmans » et d'implanter des Églises parmi eux.

Conclusion

Nous voici au bout d'un long cheminement qui nous a montré que le défi de l'évangélisation des Peuls du Fouta-Djallon comporte des enjeux vitaux pour l'Église chrétienne. Si les Peuls sont les gardiens et les propagateurs de l'islam en Afrique subsaharienne, il n'y a pas de doute que la plupart d'entre eux restent aujourd'hui à évangéliser.

Au Fouta-Djallon l'islam conserve une présence visible par les édifices religieux, les écoles de formation coraniques, les centres de recueillement, les bibliothèques religieuses et une population musulmane importante. Les pratiques et les édifices religieux nous permettent de dire que le Fouta-Djallon est une terre d'islam. Dans ce contexte, l'Église est dans une situation comparable à celle de la première communauté chrétienne qui a été envoyée pour annoncer la Bonne Nouvelle au lendemain de la résurrection de Jésus-Christ. Mais comment évangéliser les Peuls musulmans du Fouta-Djallon et implanter des Églises parmi eux ? Dans cette étude, nous avons tenté de répondre à cette question qui était au cœur de notre recherche.

I. Synthèse de la pensée

Ce travail de recherche missiologique avait pour but de découvrir des pistes concrètes pour l'évangélisation et l'implantation d'Églises parmi les Peuls musulmans de Fouta-Djallon. Au début de notre démarche, il était nécessaire d'étudier les Peuls du Fouta-Djallon dans le but de leur apporter l'Évangile de manière appropriée. Par cette étude nous avons pu nous rendre compte que la vision peule du monde est le *pulaaku*. Tous les éléments de la société et de la culture peules gravitent autour du *pulaaku*. Cela fait qu'aucune pratique sociale, culturelle ou religieuse n'est acceptée par les Peuls, si elle n'est pas validée par le *pulaaku*. Ainsi, les notions de parenté, de famille, de rites de passage, de mariage, de circoncision et d'excision, qui avec les croyances religieuses, constituent le fondement de la culture peule, sont expliquées en fonction du *pulaaku* qui peut donc être défini comme le noyau de la culture peule. En tant que noyau, il influence considérablement la culture et la religion peules et détermine l'identité peule.

Dans l'analyse sociologique et anthropologique nous avons compris que les Peuls du Fouta-Djallon ont une conscience relationnelle orientée positivement vers l'honneur et le prestige ainsi que vers l'harmonie, et négativement vers la honte. En conséquence, la notion de médiateur a pris une telle importance chez les Peuls qu'elle est devenue incontournable en gestion de la société peule. Cela se vérifie par le fait qu'au Fouta-Djallon la gestion des problèmes socioéconomiques, politiques et religieux est faite sur la base d'un médiateur dont la *baraka* est reconnue par la communauté des Peuls musulmans du Fouta-Djallon. Nos recherches sur la culture peule nous ont permis de suggérer l'idée que, sur la base de la conception peule d'un élément culturel, on peut moduler le concept biblique correspondant dans l'annonce de l'Évangile. Cette approche missiologique de la construction d'une vision biblique du monde au travers des éléments de la culture peule est nécessaire pour l'implantation d'Églises en milieu peul.

Face à la contextualisation de l'Évangile, comprise comme une nécessité par la plupart des Missions et Églises qui sont présentes en milieu peul, nous avons noté deux attitudes courantes qui se résument comme suit :

La première attitude est de rejeter tout ce qui a rapport à la culture et à la religion peules sous prétexte qu'il n'existe pas de continuité avec l'Évangile. La tendance d'une telle approche est d'implanter des Églises sur le modèle occidental ou selon la culture du missionnaire. Au Fouta-Djallon les Missions et Églises qui ont adopté cette stratégie sont considérées par les Peuls musulmans comme des relais de l'impérialisme culturel occidental qui a conduit à la colonisation de l'Afrique. L'Évangile y est perçu comme quelque chose d'étranger qui offense l'identité peule ; il est par conséquent rejeté par les Peuls musulmans.

La deuxième attitude consiste à récupérer les pratiques et rites de la culture peule pour les intégrer dans la vie et l'expression de l'Église. Cette démarche se fait souvent par un effort de tri entre les éléments culturels jugés compatibles avec l'Évangile et d'autres perçus comme devant être rejetés. Dans cette étude, nous avons soutenu la position que la contextualisation de l'Évangile est loin d'être un rejet ou une récupération des éléments culturels. Elle consiste en une dynamique de communication de l'Évangile qui met en évidence les continuités et les discontinuités qui existent entre la vision peule et la vision biblique du monde et qui débouche sur l'implantation d'Églises en milieu peul. La mission parmi les Peuls doit être une entreprise de présence, de dialogue, de persuasion, de proclamation et d'actes qui témoignent de notre foi en Christ.

La vision peule du monde est issue d'une culture tellement riche qu'il n'est pas impossible d'y semer l'Évangile pour que naissent des Églises viables qui implantent d'autres Églises. Mais pour aider les Peuls musulmans à connaître et suivre Jésus-Christ, il est indispensable de recourir à la Bible en vue d'une démarche de contextualisation critique[1] qui mette en valeur les éléments en continuité et en discontinuité. Cette approche nous permet de « percer le mystère peul » qui consiste à afficher une opposition permanente à l'accueil du salut en Jésus-Christ. Mais la contextualisation critique de l'Évangile est d'abord une œuvre de Dieu qui invite l'homme à s'impliquer. Elle ne peut donc se réaliser que par la conduite du Saint-Esprit qui intervient de manière décisive dans la rencontre de l'homme avec la Bonne Nouvelle.

II. Apport de cette étude

Il est évident que nous ne sommes pas les premiers à mener des recherches scientifiques sur les Peuls musulmans au Fouta-Djallon. Pour connaître l'identité peule, les ethnologues, sociologues et anthropologues du monde scientifique se sont intéressés aux Peuls de l'Afrique occidentale et centrale en général et aux Peuls du Fouta-Djallon en particulier. Ils ont produit une littérature abondante sur la culture et la religion peules.

Les résultats de ces recherches, à quelques exceptions près, ont décrit l'identité peule comme une émanation de la religion du prophète Muhammad et ont considéré le *pulaaku* comme un ensemble de valeurs sociétales. Pour se distinguer des autres peuples de la Guinée, les Peuls du Fouta-Djallon

---

1. WIHER, « Qu'est ce que la contextualisation ? », et « Une contextualisation critique : méthodologie et exemples pratiques », in COOK, *L'Église mondiale et les théologies contextuelles*, p. 1-39, 283-309 ; HIEBERT, « Une contextualisation critique », in *Mission et culture*, p. 191-216.

ont assimilé le *pulaaku* à la religion islamique et ont abouti à croire que le *pulaaku* c'est l'islam.

Les chercheurs en missiologie intéressés par l'évangélisation des Peuls musulmans se sont engagés à les étudier. Or, il est important de mentionner que les livres écrits sur ce sujet sont tellement peu nombreux que nous avons été obligé de recourir aux lettres et aux rapports des missionnaires envoyés parmi les Peuls musulmans. Les chercheurs en missiologie ont aussi essayé d'expliquer l'identité peule par l'histoire, la culture et la religion. Influencés par les études menées par les ethnologues, sociologues et anthropologues, certains missionnaires ont perçu le *pulaaku* comme un code de conduite dans la société peule.

En formulant le sujet de cette étude, nous avons pensé apporter notre modeste contribution à la mission de l'Église parmi les Peuls musulmans du Fouta-Djallon. Au terme de nos recherches, nous avons compris que les Peuls musulmans du Fouta-Djallon sont différents des autres peuples de l'Afrique subsaharienne. Du point de vue phénoménologique, cette distinction a toujours été renforcée par leur origine, leur culture et leur religion. Mais les résultats de nos recherches ont montré que le premier élément distinctif des Peuls du Fouta-Djallon se trouve être la vision peule du monde, c'est-à-dire le *pulaaku*. C'est au travers du *pulaaku* que les Peuls musulmans donnent un sens à leur vie.

La deuxième marque distinctive est la culture relationnelle qui fait du Peul un homme lié à sa communauté et influencé par elle. De plus, la culture peule est holistique, c'est-à-dire que tous les domaines de la vie influent sur les membres de la société peule. C'est donc la vision relationnelle et holistique du monde, reflétée dans le *pulaaku*, qui détermine la culture et l'identité peules. Ce constat établi, nous avons jugé utile d'introduire dans la réflexion missiologique les notions de *pulaaku*, de culture relationnelle et holistique et d'identité peule qui n'ont été considérées par aucun de nos prédécesseurs. Cela nous a permis d'élaborer des approches d'évangélisation et d'implantation d'Églises novatrices qui correspondent à la vision peule du monde et de la culture relationnelle.

En réfléchissant à ces approches, nous avons pu nous rendre compte qu'il est nécessaire de poursuivre avec amour la communication de l'Évangile aux Peuls musulmans du Fouta-Djallon. Cet amour doit se manifester par des engagements ponctuels et à long terme dans divers ministères de l'Église à savoir « la proclamation et présentation de l'Évangile par l'être, le faire et le dire, par la présence des témoins, leurs paroles et leurs actes[2] ». Cette façon de présenter l'Évangile par l'amour conduira l'Église à faire face aux problèmes vitaux des Peuls musulmans afin qu'ils en soient témoins dans tous les domaines de la vie. Ainsi l'amour, considéré comme le fondement de l'implantation d'Églises au Fouta-Djallon, prendra en compte l'accueil qui inclut les autres approches, relationnelle, holistique et dialogique. Dans le contexte de l'évangélisation des Peuls musulmans, cette approche encourage non seulement les études bibliques chronologiques, mais aussi les mouvements autochtones. Elle relance la mission de l'Église et l'invite à prendre pour modèle missionnaire le Dieu trinitaire révélé dans la Bible qui est notre autorité de foi et de vie. Nous avons ainsi montré qu'aucune approche ne peut être valable si elle n'est pas soutenue par la Bible.

III. Recherche ultérieure

Aujourd'hui l'islam peul est confronté à la montée d'un islam rigoriste émanant des pays du golfe arabo-Persique. C'est pourquoi il sera nécessaire de mener des recherches sur l'islam radical au Fouta-Djallon pour mieux comprendre comment communiquer l'Évangile à ses adeptes de manière appropriée. Il nous semble important d'insister sur cette nouvelle situation et d'y réfléchir parce qu'au Fouta-Djallon la tension entre ces deux courants islamiques devient de plus en plus visible.

Notons que les Peuls musulmans du premier courant dit tidjaniste prient avec les bras le long du corps. Cela leur a valu le nom de « bras ballants ». Ils sont la majorité au Fouta-Djallon. De ce fait ils occupent les postes importants dans la Ligue islamique au Fouta-Djallon et sont présents dans tous les domaines socio-économiques, politiques et religieux du pays.

Le deuxième courant islamique, la tendance rigoriste, est minoritaire parmi les Peuls musulmans en Afrique et au Fouta-Djallon. Depuis quelques années, ils sont présents en petit groupe dans certains pays de l'Afrique : Tchad, Nigéria, Mali, Burkina Faso et Guinée. Au Fouta-Djallon on les appelle les « bras croisés », c'est-à-dire les wahhabites qui prient les bras croisés. Certains hommes parmi eux ont une barbe et portent des pantalons à

---

2. WIHER, *Bible et mission*, vol. 2, p. 274.

mi-mollet. Leurs femmes sont voilées. Les « bras croisés » considèrent que l'islam peul traditionnel a perdu ses repères. Par conséquent, il a besoin d'être réformé. Les « bras croisés » du Fouta-Djallon pensent que les marabouts des musulmans tidjanistes sont des « charlatans qui intimident les autorités et soutirent de l'argent aux fidèles en leur vendant des gris-gris[3] ». Selon Al-Hadj Badourou Bah, les « bras croisés » constituent une menace pour « l'ordre social traditionnel, parce qu'ils mettent en cause les traditions familiales comme les cérémonies de mariage ou d'enterrement, sources de conflits au sein des familles[4] ».

Si les « bras croisés » sont une menace pour la société guinéenne, ils le sont doublement pour la communauté chrétienne. Depuis leur arrivée en Guinée, les musulmans sont devenus de plus en plus violents envers l'Église chrétienne. Bien que le gouvernement guinéen s'oppose à l'islam radical, les « bras croisés » ont une influence certaine dans la société. Ils créent un climat de peur et d'insécurité pour ceux qui se convertissent à Jésus-Christ. Au sud de la Guinée, deux églises évangéliques ont été brûlées par des musulmans extrémistes. En Basse Côte et au Fouta-Djallon, il est devenu difficile aux chrétiens de louer une maison ou une boutique appartenant aux « bras croisés ». Au Fouta-Djallon ils ont décidé de ne plus donner de terrain aux Missions ou Églises pour y construire des lieux de culte. De ce fait, les « bras croisés » constituent un défi encore plus grand à l'évangélisation du Fouta-Djallon. C'est pourquoi il est nécessaire de mener des recherches au sujet des « bras croisés » pour savoir comment leur communiquer l'Évangile de manière appropriée.

---

3. Christophe CHÂTILOT, « En Guinée la percée wahhabite bouleverse les équilibres religieux », *Le Monde Afrique*, 22 septembre 2017, www.lemondeafrique.fr.
4. Al-Hadj Badourou BAH, cité dans CHÂTILOT, *ibid*.

ANNEXE 1

Carte de la République de Guinée

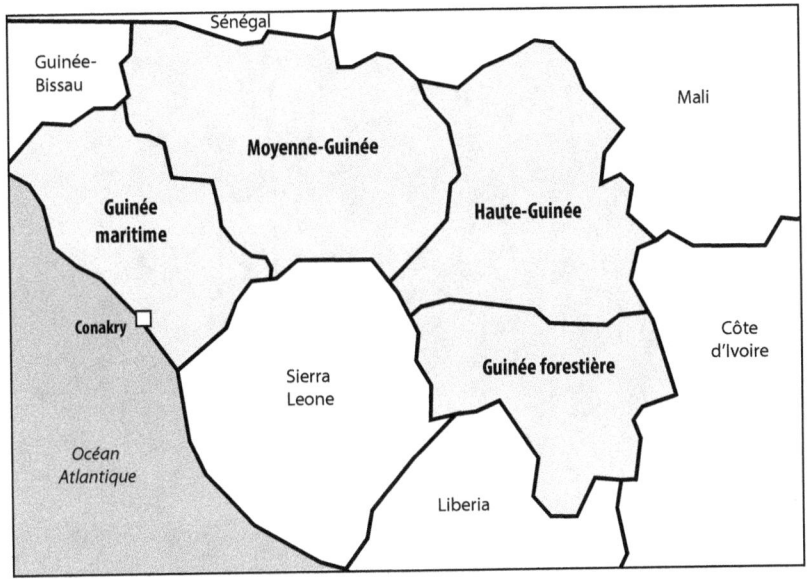

ANNEXE 2

Questionnaire

Données personnelles

Nom et prénom : _____
Âge : _____
Nationalité : _____
Formation théologique : _____
Ministère occupé : _____
Temps de présence au Fouta-Djallon : période _____
Lieu de résidence au Fouta-Djallon : _____

Questions

En considérant vos expériences dans l'évangélisation des Peuls (ou celle de vos collègues), veuillez partager avec nous vos connaissances sur l'histoire de l'évangélisation des Peuls du Fouta-Djallon.

1. De votre connaissance, quand l'évangélisation des Peuls a-t-elle commencé ?
2. Par qui, par quelle mission et dans quel village ?
3. Quels étaient les contextes politique et religieux à l'époque ?
4. Quelle stratégie les missionnaires utilisaient-ils pour atteindre leurs objectifs ?
5. Quelle a été la réaction des Peuls à l'annonce de l'Évangile par les missionnaires ?

6. Quelle a été la réaction des missionnaires au rejet de l'Évangile par les Peuls ?
7. Comment évaluez-vous les méthodes utilisées du point de vue théologique ?
8. Quels ont été les résultats observés concernant la conversion des Peuls à l'Évangile ?
9. Selon vous, quelles sont les méthodes qui auraient dû être utilisées ?
10. Quels sont les atouts et les faiblesses de ces méthodes ?
11. Quelles sont les stratégies que vous proposeriez et pourquoi ?
12. D'après vous, pourquoi certaines communautés chrétiennes peules ont-elles disparues ?
13. Considérant vos expériences, avez-vous des propositions qui pourraient améliorer l'intégration des nouveaux convertis peuls dans la communauté des croyants ?
14. Comment présenter l'Évangile dans le contexte peul ?
15. Remarques :

ANNEXE 3

Liste des interviews

Aïcha Bah interviewée à Télimélé le 12 mars 2016.
Aïssatou Bah interviewée à Labé le 16 mars 2016.
Binta Bah interviewée à Conakry le 5 mars 2016.
Mariama Bah interviewée à Conakry le 21 mai 2016.
Muhammad Bah interviewé à Conakry le 21 mars 2015.
Sadjo Bah interviewé à Labé le 10 août 2015.
Yousouf Bah interviewé à Dalaba le 17 avril 2016.
Aïchata Barry interviewée à Labé le 25 septembre 2014.
Alimou Barry interviewé à Labé le 7 mars 2014.
Mariam Pula Barry interviewée à Bamako le 22 avril 2015.
Mariama Barry interviewée à Dalaba le 25 juillet 2014.
Muhammad Barry interviewé le 7 juillet 2019 à Coyah.
Nènè Gallé Barry interviewée à Labé le 25 septembre 2014.
Thierno Barry interviewé à Labé le 20 juillet 2014.
Yaya Barry interviewé à Conakry le 27 mai 2014.
Bill Bismuth (pseudonyme) interviewé à Conakry le 18 janvier 2016.
Abdourahmane Camara interviewé à Conakry le 18 juin 2015.
David et Joyce Campbell interviewés à Dalaba le 20 janvier 2014.
Muhammad Diakité interviewé à Mopti le 25 avril 2015.
Alimatou Diallo interviewé à Labé le 7 mars 2014.
Alpha Issiaka Djallo interviewé à Télimélé le 21 mai 2014.
Aminata Diallo interviewée à Mamou le 29 septembre 2014.
André Gardner interviewé à Conakry le 22 mars 2013.
Daniel Ibsen interviewé à Mamou le 2 octobre 2012.
Lavoix Kamano interviewé à Dalaba le 23 mars 2014.

Samuel KAMANO interviewé à Conakry le 17 avril 2015.
Lamine KANTÉ interviewé à Peguety Lafou le 10 avril 2015.
Jean MILLIMOUNO interviewé à Mamou le 10 juillet 2013.
Martin Luther et Esther ONIVOGUI interviewés à Labé le 12 sept. 2016.
Adama SOW interviewée à Dalaba le 27 septembre 2014.
Aïfiatou SOW interviewée à Dalaba le 27 septembre 2014.
Ibrahim SOW (pseudonyme) interviewé à Conakry le 18 mars 2015.
Nafi SOW interviewée à Pita le 14 mars 2016.
Raphadjou SOW interviewé à Pita le 23 septembre 2014.
André TOLNO interviewé à Labé le 22 avril 2014.
Jacob TOLNO interviewé à Conakry le 21 juillet 2014.
Badiko TOURÉ interviewé à Télimélé le 21 mai 2014.
Samuel YOMBOUNO interviewé à Labé le 21 août 2015.

Bibliographie

ABATE Eshetu, « Philippiens », *Commentaire biblique contemporain. Un commentaire en un seul volume écrit par 70 théologiens africains*, sous dir. Tokunboh ADEYEMO, Marne-la-Vallée/Abidjan, Farel/Centre de publications évangéliques, 2008.

ADAMS Dorothy I., « Life at Mamou », *West Africa Witness*, April 1953.

AL-NAWAWI Yahya Ben Sâraf, *Le sohîht de Muslim. Recueil des hadiths authentiques du prophète avec commentaire d'Al-Nawawi*, Beyrout, Dav Al-kolob Al-Ilmiyah, 2011.

AL RÛH, CHODKIEWICZ Michel, *Le sceau des saints*, Paris, Galimard, 2012.

ALEXANDRE Antoine, « Pentecôtisme, charismatismes et néo-pentecôtismes », in *La foi chrétienne et les défis du monde contemporain*, sous dir. Christophe PAYA et Nicolas FARELLI, Charols, Excelsis, 2013.

AL-GHAZALI, *Ad-Dourra al-Fâkhira. La perle précieuse*, Paris, Les deux Océans, 1998.

AL-GHAZALI, *Al Rad al Jamil li ilahiyat Isa bi sarahi al injil. Réfutation excellente de la divinité de Jésus-Christ : contestation de la Trinité et fondement théologique du dialogue islamo-chrétien*, Paris, La Ruche, 1999.

AL-GHAZALI, *Al-Iqtisad Fil-I Tigad. On Divine Predicates and their Property*, Lahore, Ashraf, 1982.

AL-GHAZALI, *Al-maqsad Al-Asma, Ninety-Nine Names of God in Islam*, Ibadan, Daystar Press, 1970.

AL-GHAZALI, *Ihya, quatrième quart, Kitâb at-tawhîd wa-ttawakkul, Le livre de l'unicité divine et de la remise confiante en Dieu*, Beyrouth/Paris, Albouraq, 2002.

AL-GHAZALI, *Kitab At-Tawba* (*Le livre du Repentir*), Paris, La Ruche, 1997.

AL-GHAZALI, *On Divine Predicates and their Property*, trad. Al-Iqtisad Fil-I'tiqad, Lahore, Ashraf, 1990.

AL-GHAZALI, *Revival of Religious Learnings. Translation of Ihya Ulum-id-din*, vol. I, Leyde, Brill, 1964.

AL-QUARADHAWI Youssef, *Le licite et l'illicite en Islam*, Paris, Al-Qalam, 2000.

American University, *Area Handbook for Guinea*, Washington, D.C., U.S. Government Printing Office, 1975.

AMIR-MOEZZI, Mohammad-Ali (sous dir.), *Dictionnaire du Coran*, coll. Bouquins, Paris, Robert Laffont, 2007.

ANAWATI C. C., GARNET Louis, *Mystique musulmane. Aspects et tendances, expériences et techniques*, coll. Études musulmanes, n° VIII, Paris, Vrin, 1986.

ANDRIA Solomon, *Église et mission à l'époque contemporaine*, Yaoundé, CLÉ, 2007.

APPIAH-KUBI François, *L'Église, famille de Dieu*, Paris, Karthala, 2008.

Archives nationales de la République de Guinée, « Histoire de la région du Fouta-Djallon », Conakry, 1936.

Archives nationales de la République de Guinée, *Horoya* n°1200, 16 mai 1967

Archives nationales de la République de Guinée, *Horoya* n°1188, 1er et 2 mai 1967.

Archives nationales de la République de Guinée, *Journal officiel de la République de Guinée*, Conakry, Ministère de l'Intérieur.

Archives nationales de la République Guinée, *Horoya* n°1188, 1er et 2 mai 1967.

ARCIN André, *La Guinée française. Race, religions, coutumes, production, commerce*, Paris, Librairie maritime et coloniale, 1907.

ARISTOTE, *Éthique à Nicomaque*, introduction, traduction, notes et index par Jules TRICOT, Paris, Vrin, 2007.

ARNALDER Roger, « Sciences coraniques : grammaire, droit, théologie et mystique », in *Études musulmanes* XXXIX, Paris, Vrin, 2005.

ARNALDEZ R., *Le Coran. Guide de lecture*, Paris, Desclée, 1983.

ASPÉ-FLEURIMONT Lucien Auguste, *La Guinée française. Conakry et les rivières du sud. Études économique et sociale suivie de notes sur la Guinée portugaise*, Paris, Challamel, 1900.

Association des Églises et Missions évangéliques de Guinée, « Consultation sur l'évangélisation des peuples non atteints de la Guinée (CEPNA), Conakry, 3-6 septembre 1997 ».

Association des Églises et Missions évangéliques de Guinée, « Le Seigneur se glorifie en Guinée : aperçu des progrès de l'Évangile », Réunion du comité exécutif de l'AEMEG, Conakry, 26 octobre 2000.

Association des Églises et Missions évangéliques de Guinée, « Prions et agissons ensemble pour gagner les peuples non atteints », Consultation des leaders sur l'évangélisation, Kendoumaya (Coya), 16-21 janvier 2006.

Association des Églises et Missions évangéliques de Guinée, « Procès-verbal et Rapport du Comité de l'A.E.M.E.G. (1997-2000) », Conakry, AEMEG, 2000.

Association des Églises et Missions évangéliques de Guinée, Consultation des Leaders sur l'évangélisation, tenue à Kindia les 14-19 janvier 2002.

Association des Églises et Missions évangéliques de Guinée, Troisième congrès national sur l'évangélisation de la Guinée, tenu à Kindia du 30 octobre au 4 novembre 1994.

Assohoto Barnabé, *Le salut en Jésus-Christ dans la théologie africaine*, 3 vols., Cotonou, CART, 2002.
Ateba Augustin Germain Mossomo, *Enjeux de la seconde évangélisation de l'Afrique noire. Mémoire blessé et l'Église peule*, Paris, l'Harmattan, 2005.
Attwood William, *The Reds and the Blacks*, New York, Harper and Row, 1967.
Augustin, *Du mérite et de la rémission des péchés et du baptême des petits enfants (De peccatorum meritis et remissione et de baptismo parvulorum ad Mercellinum)*.
Austin Thomas L., « Elenctics », in *Evangelical Dictionary of World Missions*, sous dir. A. Scott Moreau, Grand Rapids, Baker, 2000.
Auzias Dominique, Aboudette Jean-Paul, *Le petit futé. Guinée 2012-2013*, Paris, Corlet, 2013.
Ayada Souâd, *L'islam des théophanies. Une religion à l'épreuve de l'art*, Paris, CNRS, 2010.
Azumah John, « Beyond Jihad. The Pacifist Tradition in West African Islam », *International Bulletin of Mission Research* 41, 4, 2017.
Bâ Amadou Hampâté, *Amkoullel. L'enfant peul*, Arles, Actes Sud, 2012.
Bâ Amadou Hampâté, *Animisme en savane africaine*, Paris, Seuil, 1965.
Bâ Amadou Hampâté, *Contes initiatiques peuls*, coll. Pocket, Paris, Stock, 1994.
Bâ Amadou Hampâté, *Jésus vu par un musulman*, Abidjan, NEI, 1993.
Bâ Sada-Mamadou, « Le lait des Peuls. Entre les pasteurs peuls et leur vaches : Une parenté de lait », Centre d'Études des Mondes Africains, UMR 8171 du CNRS (Ivry).
Bah El-Hadj Thierno Mamadou, *Histoire du Fouta-Djallon. La pénétration européenne et l'occupation française*, tome II, Paris, l'Harmattan, 2008.
Bah El-Hadj Thierno Mamadou, *Histoire du Fouta-Djallon. Des origines à la pénétration coloniale*, tome I, Paris, l'Harmattan, 2008.
Bah Ibrahima Kaba, Salvaing Bernard, « Le commentaire du Coran. Texte écrit par Cerno Muhammadu Ludaajo Dalabaa (Guinée) », in *Paroles nomades. Écrits d'ethnolinguistique africaine*, sous dir. U. Baumgardt et J. Derive, Paris, Karthala, 2005.
Bah Thierno, *Mon combat pour la Guinée*, Paris, Karthala, 1996.
Baldé Al-Hadji Thierno Mouhammadou, Salvaing Bernard, *Une vie au Fouta-Djallon*, Brinon-sur-Sauldre, Grandvaux, 2008.
Barry Alpha Ousmane, « Mode d'expression poétique et stratification sociale dans l'État théocratique du Fouta-Djallon », *Revue de sémio-linguistique des textes et discours* n°18, 2004.
Barry Alpha Ousmane, *L'épopée peule du Fuuta-jaloo. De l'éloge à l'amplification rhétorique*, Paris, Karthala, 2011.
Barry Boubakar, *La Sénégambie du XVe et XIXe siècle. Traite négrière, islam et conquête colonial*, Paris l'Harmattan, 1988.

Barry Ismaël, *Le Fouta-Jaloo face à la colonisation : conquête et mise en place de l'administration en Guinée, 1880-1920*, t. I, Paris, l'Harmattan, 1998.

Barry Mariama, *La petite Peule*, Paris, Fayard, 2000.

Barry Moustapha, *L'implantation des Peuls du Fouta-Djallon dans le Fouladou (1867-1958)*, Dakar, Université Cheikh Anta Diop, 2000.

Barry Mustahoul, *Les cérémonies traditionnelles au Fouta-Djallon*, Conakry, Gandal, 2008.

Barry Yaye Haby, *Manipulée et trahie*, Paris, Société des écrivains, 2014.

Bartlotti Leonard N., « Seeing "Inside" the Insider Movement. Nine Theological Lenses », *Evangelical Missions Quarterly* 50, 4, 2014.

Basset Jean-Claude, *Le dialogue interreligieux. Histoire et avenir*, Paris, Cerf, 1996.

Batut Jean-Pierre, « L'accueil de l'autre dans la Bible », *Pastorale du tourisme Lyon*, 12 mai 2011.

Baudais Collette, « Narrative Ministry Report 2003, Fula Team, Labe, Guinea », Colorado Springs, Archives CMA, 2003.

Baumgardt U. et Derive J., *Paroles nomades. Écrits d'ethnolinguistique africaine*, Paris, Karthala, 2005.

Baumgardt Ursula, *Une conteuse peule et son répertoire. Goggo Addi de Garoua, Cameroun*, Paris, Karthala, 2000.

Bavinck J. H., « Elenctics », in *An Introduction to the Science of Missions*, Grand Rapids, Baker, 1960.

Bazemo Maurice, « Le contexte de l'affranchissement chez les Peuls de la région sahélienne du Burkina Faso. La réalité », in *La fin du statut servile ? Affranchissement, libération, abolition*, Paris, Presses universitaires de Franche-Comté, 2008.

Beaudoin Gérard, *Les Dogons du Mali*, Paris, Armand Colin, 1984.

Beet Henry, *The Christian Reformed Church. Its Roots, History, Schools and Mission Work, AD 1857 to 1946*, Grand Rapids, Baker, 1946.

Beidi Boubacar Hama, *Les Peuls du Dallo Bosso. Coutume et mode de vie*, Michigan, Université de Michigan, 1993.

Berche Thierry, *Anthropologie et santé publique en pays dogon*, Paris, Karthala, 1998.

Berkhof Louis, *Le Dieu trinitaire et ses attributs*, Charols, Excelsis, 2006.

Berthoud Jean-Marc, *L'Alliance de Dieu*, Lausanne, L'Âge d'homme, 2003.

Beyerhaus Peter, « Theologisches Verstehen nichtchristlicher Religionen », *European Journal of Theology* 4, 1, 1995.

Beyerhaus Peter, *Er sandte sein Wort. Theologie der christlichen Mission, Band 1 : Die Bibel in der Mission*, Wuppertal/Bad Liebenzell, Brockhaus/VLM, 1996.

Bianchi Enzo, *J'étais étranger et vous m'avez accueilli*, Paris, Cerf, 2006.

Bimwenyi-Kweshi Oscar, *Discours théologique négro-africain. Problème de fondements*, Paris, Présence Africaine, 1981.

BLACKWELL Denis, « 2004 Year Report », Colorado Springs, Archives CMA, 2004.

BLANDENIER Jacques, *L'essor des Missions protestantes, vol. 2 : Du XIXe siècle au milieu du XXe siècle*, Précis d'histoire des missions, Nogent-sur-Marne/Lavigny, Institut Biblique de Nogent/Groupes Missionnaires, 2003.

BLASER Klauspeter, *Repères pour la mission chrétienne*, Genève, Labor et Fides, 2000.

BLOCHER Henri, *La doctrine du péché et de la rédemption*, Vaux-sur-Seine, Édifac, 2000.

BLOUGH Neal, « De la croisade au dialogue. Vérité unique et pluralisme religieux dans l'histoire du christianisme », in *Conviction et dialogue*, sous dir. Louis SCHWEITZER, coll. La foi en dialogue, Charols, Excelsis, 2000.

BOCQUENÉ Henri, « Notes sur le pulaaku d'après le récit autobiographique de Mbororo du Cameroun », in *Itinérances en pays peul et ailleurs. Mélanges à la mémoire de Pierre-Francis Lacroix, vol. 2 : Littératures et cultures*, sous dir. Pierre Francis LACROIX, Paris, Société des africanistes, 1981.

BOESEN Elisabeth, « Identité culturelle et espace culturel. Les Fulbe entre brousse et village », in *Regards sur le Borgou. Pouvoir et altérité dans une région ouest-africaine*, sous dir. E. BOESEN, C. HARDUNG et R. KUBA, Paris, l'Harmattan, 1998.

BOESEN Elisabeth, « Pulaaku. Sur la foulanité », in *Figures peules*, sous dir. Roger BOTTE et al., Paris, Karthala, 1999.

BOILIVEAU Anne-Sylvie, *Le Coran par lui-même. Vocabulaire et argumentation du discours coranique autoréférentiel*, Leyde/Boston, Brill, 2014.

BONFIGLIOLI Angelo Maliki, *Bonheur et souffrance chez les Peuls nomades*, Paris, Édicef, 1984.

BONFIGLIOLI Angelo Maliki, *Dudal. Histoire de famille et histoire de troupeau chez un groupe de Wadaabe du Niger*, Paris, Maison des sciences de l'homme, 1988.

BONHOEFFER Dietrich, *Vivre en disciple. Le prix de la grâce*, Genève, Labor et Fides, 2009.

BOSCH David, *Dynamique de la mission chrétienne. Histoire et avenir des modèles missionnaires*, Paris, Karthala, 1995, p. 694.

BOTTE Roger et al. (sous dir.), *Figures peules*, Paris, Karthala, 1999.

BOTTE Roger, « Pouvoir du livre, pouvoir des hommes. La religion comme critère de distinction », *Journal des africanistes* t. 60, fasc. 2, 1990.

BOURDANNÉ Daniel, *L'évangile de la prospérité. Une menace pour l'Église africaine*, Abidjan, Presses Bibliques Africaines, 1999.

BOVON François, *L'Évangile selon Saint Luc 19,28-24,53*, Genève, Labor et Fides, 2009.

BRAMSEN Paul D., *Le chemin de la justice. Les histoires et le message des prophètes*, Port Colborne, Ontario, Everyday Publications, 2007.

BREEDVELD Anneke, « L'image des Fulbe. Analyse critique de la construction du concept de pulaaku », *Cahier d'études africaines* vol. 36, n°144, 1996.

BRIÈRE M. D., *Notes historiques concernant la Guinée Française de 1903-1912*, n° 6.

BROWN David, « Le discipulat et l'évangélisation : des activités intentionelles », in *Théologie évangélique* vol. 15, n° 3, 2016.

BROWN David, « Manque de théologie », in « Servir à nos Français ». *Le défi de l'Église émergente*, Marne-la Vallée, Farel, 2009.

BRUN Jean, *Le néoplatonisme*, Paris, PUF, 1988.

BUCHHOLD Jacques, « Jésus et la Samaritaine : un exemple de dialogue interreligieux, Jean 4,1-42 », in SCHWEITZER, *Conviction et dialogue*, sous dir. Louis SCHWEITZER, coll. La foi en dialogue, Charols, Excelsis, 2000.

BÜHNE Wolfgang, *La troisième vague. Le plus grand réveil de l'histoire de l'Église ?* Bielefeld, Christliche Literatur-Verbreitung, 1992.

BUJO Bénézet (sous dir.), *Théologie africaine au XXe siècle. Quelques figures*, vol. III, Fribourg (Suisse), Saint-Paul, 2005.

BURNHAM Philip, « L'ethnie, la religion et l'État. Le rôle des Peuls dans la vie politique et sociale du Nord-Cameroun », *Journal des africanistes* n° 61, 1991.

CALDWELL Stuart, « Jesus in Samaria. A Paradigm for Church Planting among Muslims », *International Journal of Frontier Missions* 17, 1, 2000.

CALVIN Jean, *Commentaire biblique sur l'Épitre aux Romains*, Aix-en-Provence, Kerygma, 1978.

CALVIN Jean, *Institution de la religion chrétienne*, Aix-en-Provence, Kerygma, 2009.

CAMARA André Mamadoubah, *Repères pour l'histoire de l'Église catholique en Guinée 1890-1986*, Conakry, Imprimerie de la Mission catholique, 1992.

CAMARA Bangaly, *De la radio banane à la voix de la révolution. L'expérience radiophonique en Guinée*, Paris, l'Harmattan, 2011.

CAMARA Madi Fily, « L'univers traditionnel dans l'étrange destin de Wagrin », in *Amadou Hambaté Bâ, homme de science et de sagesse. Mélange pour le centième anniversaire de sa naissance*, sous dir. Amadou TOURÉ et Idriss MARIKO, Paris, Karthala, 2005.

CAMARA Mamadi, *Où va la Guinée ? Mémorandum à un ami pour sauver notre pays*, Conakry, l'Harmattan, 2010.

Campbell William, *Le Coran et la Bible à la lumière de l'histoire et de la science*, Marne-la-Vallée, Farel, 1994.

CANTRELLE Pierre et DUPIRE Marguerite, « L'endogamie des Peuls du Fouta-Djallon », *Population* 19, 2, 1964.

CARAYOL Rémi, « Planète peule : les Peuls. Enquête sur une identité remarquable », *Jeune Afrique* n° 2721 du 3 au 9 mars 2013.

CARSON Donald A., *L'Église émergente. Comprendre le mouvement et ses implications*, Trois-Rivières, Québec, Publication Chrétienne, 2008.

CASPAR Robert, *Pour un regard chrétien sur l'islam*, Paris, Bayard, 2006.

CERA, *Religions traditionnelles africaines et projet de société*, Actes du cinquième colloque international, Kinshasa du 24 au 30 novembre 1996, Kinshasa, Faculté catholique de théologie, 1997.

CHABOUH Jamil, « Liberté religieuse en Arabie Saoudite », *Perspectives missionnaires* n° 54, 2007.

CHAPMAN Colin, « Le défi des autres religions », *Hokhma* n° 46-47, 1991.

CHÂTEAU Jean-Yves, *Aristote. La vérité pratique, Livre VI : Éthique à Nicomaque*, Paris, Vrin, 1997.

CHÂTILOT Christophe, « En Guinée la percée wahhabite bouleverse les équilibres religieux », *Le Monde Afrique*, 22 septembre 2017.

CHAUTARD Jean, « Étude sur la géographie physique et la géologie du Fouta-Djallon et de ses abords orientaux et occidentaux (Guinée et Soudan français) », thèse de doctorat, Paris, 1905.

Christian and Missionary Alliance, « 1967 and 1968 Annual Report. Committee on Guinea Radio Broadcasting », 1969.

Christian and Missionary Alliance, « 2007 Guinea Narrative Report », Conakry, Archives CMA, 2007.

Christian and Missionary Alliance, « By All Possible Means. Guinea Field Annual Narrative Report », Colorado Springs, Archives CMA, 2005.

Christian and Missionary Alliance, « Chairman's Report, Guinea, West Africa, 1961 », Colorado Springs, Archives CMA, 1961.

Christian and Missionary Alliance, « Narrative Report of Board Representative for 1970, Guinea, West Africa », Colorado Springs, Archives CMA, 1970.

Christian and Missionary Alliance, « Narrative Reports Guinea Field 1971 », Colorado Springs, Archives CMA.

Christian and Missionary Alliance, « Special Report on the Telekoro Bible School, January, 1962 », Colorado Springs, Archives CMA, 1962.

Christian and Missionary Alliance, « Telekoro Station Report, 1973 », Colorado Springs, Archives CMA.

CLAUZEL Jean, *La France d'outre-mer (1930-1960). Témoignages d'administrateurs et de magistrats*, Paris, Karthala, 2003.

COBB Donald, « Église et culture. Comment penser l'inculturation de l'Évangile en situation de minorité ? », *Perspectives missionnaires* n° 54, 2017.

COBB Donald, « Faut-il réinventer l'Église ? Réflexion autour du livre de B. McLaren », *La Revue Réformée* LVIII, 243, 3, juillet 2007.

COLEMAN Doug, *A Theological Analysis of the Insider Movement Paradigm from Four Perspectives. Theology of Religions, Revelation, Soteriology and Ecclesiology*, Pasadena, William Carey Library, 2012.

COMBY Jean, *Deux mille ans d'évangélisation. Histoire de l'expansion chrétienne*, Paris, Desclée, 1992.

Concile Vatican II, *Décret sur la constitution de l'Église. Lumen Gentium*, Paris, Cerf, 1965.

Confession de foi de Westminster (xviie siècle), art. XXV.

Conseil d'administration de la CMA, « Extrait du rapport annuel de la huitième année de l'International Missionary Alliance », New York, Christian & Missionary Alliance, 1895-96. Colorado Springs, Archives CMA, 1996.

Conseil œcuménique des Églises, *La nature et la mission de l'Église*, Genève, COE, 2005.

Conseil pontifical pour le dialogue, Conseil œcuménique des Églises, Alliance évangélique mondiale, « Le témoignage chrétien dans un monde multireligieux. Recommandations de conduite », *Histoire et missions chrétiennes* vol. 23, n°3, 2013.

Corcuera Mario I., *Tradition et littérature orale en Afrique noire. Parole et réalité*, Paris, Harmattan, 2009.

Corwin Gary, « A Humble Appeal to C5/Insider Movement Muslim Ministry Advocates to Consider Ten Questions », *International Journal of Frontier Missiology* 24, 1, 2007.

Cosgrove Francis M., *Essentials of Discipleship. Practical Help on How to Live as Christ's Disciple*, Colorado, Navpress, 1980.

Couchard Françoise, *L'excision*, coll. Que sais-je ? Paris, PUF, 2003.

Courthial Pierre, *De Bible en Bible. Le texte sacré de l'alliance entre Dieu et le genre humain et sa vision du monde et de vie*, Lausanne, L'âge d'homme/Kerygma, 2002.

Cowles Robert, Letter to the Watkins, March 18, 1968, Colorado Springs, Archives CMA, 1968.

Cross John R., *Tout ce qu'ont dit les prophètes*, Gatineau, Bonne Semence, 2002.

D'Aquin Thomas, *Somme théologique*, Paris, Librairie ecclésiastique et classique, 1852.

De Almeida Mende Antonio, « Les Portugais noirs de la Guinée. Destins mêlés (XVe – XVIIe siècle) », in *Couleur de l'esclavage sur les deux rives de la Méditerranée (Moyen âge – XXe siècle)*, Paris, Karthala, 2012.

De Bruijn Mirjam et Van Dijk Han, *Arid Ways. Cultural Understanding of Insecurity in Fulbe Society, Central Mali*, Amsterdam, Thela, 1995.

De la Hougue Henri, « Où en sont les rencontres entre chrétiens et musulmans », in *Le dialogue interreligieux. Le christianisme face aux autres traditions*, sous dir. François Bousquet et Henri de la Hougue, Paris, Desclée, 2009.

De la Hougue Henri, Vivier-Muresan Anne-Sophie, sous dir., *Missions, conversions et dialogues. Questions, dilemmes et choix*, coll. Histoire & missions chrétiennes n°23, Paris, Karthala, 2012.

De Meyer Bernard, Diop Papa Samba, *Thierno Monénembo et le roman. Histoire, exile, écriture*, Berlin, LIT, 2014.

DE REYNAL Daniel, *Théologie de la liturgie des heures*, Paris, Beauchesne, 1975.
DE SANDERVAL Olivier, *De l'Atlantique au Niger par le Fouta-Djallon. Carnet de voyage*, Paris, P. Ducroco, 1883.
DE VITRAY-MEYEROVICH Éva, *Anthologie du soufisme*, Paris, Sindbad, 1978.
DE VLIEGER A., *Kitab al Qadr. Matériaux pour servir à l'étude de la doctrine de la prédestination dans la théologie musulmane*, Leyde, Brill, 1903.
DE YEIMBÉREIN Bali, *Dessine-moi la Guinée*, Paris, l'Harmattan, 2005.
DÉCLAIS Jean-Louis, *David raconté par les musulmans*, Paris, Cerf, 1999.
DECORVET Jeanne, *Samuel Ajayi Growther. Un père de l'Église en Afrique noire*, Paris, Cerf, 1992.
DELANNOI Gil, « La prudence en politique. Concept et vertu », *Revue française de science politique* vol. 37, n° 5, 1987.
DELANNOI Gil, « La prudence dans l'histoire de la pensée », *Mots. Discours sur la bioéthique* vol. 44, n° 1, 1995, p. 101-105.
DEUZEUNE Charles Emmanuel, *La mort et ses rites*, Londres, Le plein Sens, 2004.
DEVEY MALU MALU Muriel, *La Guinée*, Paris, Karthala, 2009.
DIALLO Amadou Oury, *Épopée du Fouta Djallon. La chute de Gâbou*, Paris, l'Harmattan, 2009.
DIALLO B., « Titres honorifiques religieux dans les Centres du Futa Jaloo. Gradation, voies d'acquisition et rapports de classes », mémoire de diplôme de fin d'études supérieures, Institut Polytechnique Julius Nyerere de Kankan.
DIALLO Bano Nadhel, « Peuplement et organisation de l'espace du Fouta », in *Population et mobilité géographique en Afrique*, Paris, Karthala, 2010.
DIALLO Boubacar, *Réalité et romans guinéens. De 1953 à 2003*, Paris, l'Harmattan, 2008.
DIALLO El-Hadj Maladho, *Histoire du Fouta-Djallon*, Paris/Budapest/Torino, l'Harmattan, 2001.
DIALLO Ibrahima, « Les services urbains et les communications. Deux éléments essentiels de structuration et de polarisation de l'espace au Fouta-Djallon », in *Systèmes spatiaux et structures régionales en Afrique*, sous dir. Amadou DIOP, Noupko AGOUSSOU, Kwami Gabriel NYASSOGBO, Paris, Karthala, 2010.
DIALLO Ibrahima, *Les services urbains et de communication. Deux éléments essentiels de la structuration et de la polarisation de l'espace au Fouta-Djallon*, Paris, l'Harmattan, 2007.
DIALLO, Koumanthio Zeinab, *Daado l'orpheline et d'autres contes du Fouta Djallon en Guineé*, Paris, l'Harmattan, 2004.
DIALLO, Koumanthio Zeinab, *Le fils du roi de Guémé et autres contes du Fouta-Djallon de Guinée*, Paris, l'Harmattan, 2004.
DIALLO M., SIDIBE H. et BARRY C., « Pulaaku et crise d'identité : le cas des Fulbe Wodeebe de la région lacustre de l'Issa-Ber au Mali », in *Peuls et Mandingues.*

Dialectique des constructions identitaires, sous dir. M. DE BRUIJN et H. VAN DIJK, Paris, Karthala, 1997.

DIALLO Oumar Abderrahmane, *Le destin de Leldo Tara. Prince peul du Fouta Danga*, Paris, l'Harmattan, 2007.

DIALLO Oumar Abdourahmane, *Barowal. Le cheval sacré*, Paris, l'Harmatan, 2011.

DIALLO Telli, « Le divorce chez les Peuls du Fuuta-Jalon », *Revue juridique et politique de l'Union française* 2, avr.-juin 1957.

DIALLO Thierno Amadou, *La prière et la purification*, Conakry, Imprimerie de Conakry, 2015.

DIALLO Thierno, *Alfa Yaya. Roi de Labé*, coll. Les grandes figures africaines, Paris/Dakar/Abidjan, ABC/NEA, 1976.

DIALLO Thierno, *Les institutions politiques du Fouta Djallon au XIe siècle*, Dakar, IFAN, 1972.

DIALLO Y., GUICHARD M. et SCHLEE G., « Quelques aspects comparatifs », in *L'ethnicité peule dans des contextes nouveaux*, sous dir. Y. DIALLO et G. SCHLEE, Paris, Kartala, 2000.

DIENG B, « L'identité éclatée du héros peul dans les épopées pastorales du Jolof (XVII-XIXe s.) », in *Paroles nomades. Écrits d'ethnolinguistique africaine*, sous dir. U. BAUMGARDT et J. DERIVE, Paris, Karthala, 2005.

DIOP Moustapha, *Réforme foncière et gestion des ressources naturelles en Guinée. Enjeux de patrimonialité et de propriété dans le Timbi au Fouta-Djallon*, Paris, Karthala, 2007.

DIOR Lucien (chargé de l'intérim du Ministère des colonies), « Rapport au Président de la République française », *Journal officiel de l'Afrique occidentale française*, 1922.

DJIMALNGAR Madjibaye, « Le rapport des Églises d'initiative africaine avec le mouvement néo-charismatique », in *Les Églises d'initiative africaine. Un laboratoire de contextualisation*, sous dir. Hannes WIHER, coll. REMIF, Carlisle, UK, Langham, 2019.

DOUGLAS Mary, *L'anthropologue et la Bible. Lecture du Lévitique*, Paris, Bayard, 2004

DUBOSE Francis, *God Who Sends. A Fresh Quest for Biblical Mission*, Nashville, Broadman Press, 1983.

DUCOUDRAY Émile, *EL Hadj Oumar. Le prophète armé*, Dakar, Nouvelles Éditions Africaines, 1984.

DUKER, « Annual Narrative Ministry Report », Colorado Springs, Archives CMA, 2004.

DUPIRE Marguerite, *Organisation sociale des Peuls. Étude ethnographique comparée*, Paris, Plon, 1970.

DUPIRE Marguerite, *Peuls nomades. Étude descriptive des Wadaabe du Sahel nigérien*, Paris, Karthala, 1996.

DUPIRE Marguerite, « Réflexion sur l'ethnicité peule », in *Itinérances en pays peul et ailleurs. Mélanges à la mémoire de Pierre-Francis Lacroix, vol. 2 : Littératures et cultures*, sous dir. Pierre-Francis LACROIX, Paris, Société des africanistes, 1981.

DUPIRE Marguerite, *Freedom in Fulani Social Life. An Introspective Ethnography*, Chicago, University of Chicago Press, 1977.

DURAND Oswald, « Les industries locales au Fouta-Djallon », *Bulletin du comité d'études historiques et scientifique en A.O.F.*, XV, 1932.

Église Protestante Évangélique de Labé, Rapport d'activité, février 2014.

Église Protestante Évangélique, « Rapport de la session ordinaire du Conseil national de l'EPEG du dimanche 31 août 2008 à Kissidougou », Conakry, Archives de l'EPEG, 2008.

Église Protestante Évangélique, « Les 30 Années de la Mission Philafricaine en Guinée », *Jourdain*, Bulletin d'informations-EPE/Comité de jeunesse/JRD, n° 31, mars 2012.

Église Protestante Évangélique, « Premier congrès national sur l'évangélisation de la Guinée, tenu du 25 au 29 avril 1988 à l'Institut Biblique de Télékoro ».

Église Protestante Évangélique, Procès-verbal du Comité Exécutif National de l'EPEG (1990-1998). Archives de l'EPEG, 1999.

Église Protestante Évangélique, Procès-verbal et rapport du Comité Exécutif National de l'EPEG, (1986-1990). Archive de l'EPEG, 1990.

Église Protestante Évangélique, Rapport annuel du Comité Exécutif National de l'EPEG, Conakry, Archives de l'EPEG, 1990.

Église Protestante Évangélique, Rapport annuel du Département Mission EPEG, Kankan, le 1 mai 2013.

Église Protestante Évangélique, Statuts et règlement intérieur du Département Mission EPEG adoptés à Kankan le 13 mai 2006 et révisés à Kouroussa le 13 mai 2011, Conakry, Archives de l'Église Protestante Évangélique de Guinée, 2011.

ÉLA Jean-Marc, *Ma foi d'Africain*, Paris, Karthala, 2009.

EL-BOUZIDI Saïd, « L'affranchissement des dépendants en islam. L'institutionnalisation du Fahrir kakaba », in *La fin du statut servile ? Affranchissement, libération, abolition*, vol. 1, Paris, Presses Universitaires de Franche-Comté, 2008.

ELLENBERGER Paul, « Radio Committee Report 1973 », Colorado Springs, Archives CMA, 1973.

ELLENBERGER Paul, « Telekoro Bible School Report 1968 », Colorado Springs, Archives CMA, 1969.

ELLENBERGER Paul, « Notes de cours d'histoire de l'Église », Télékoro, Archives de l'Institut biblique, 1988.

ELLENBERGER Paul, Letter to Daniel Ibsen, February 3, 2014.

ELLENBERGER Paul, Lettre adressée à Daniel Ibsen, chef d'équipe des missionnaires CMA de Mamou, 3 avril 2015.

ENGEL James F., « Le processus de décision spirituelle », in *Communiquer l'Évangile efficacement*, Abidjan, Centre de publications évangéliques, 1995.

FAGNOLA Ferdinando, *Voyage à Bandiagara : sur les traces de la Mission Desplagnes 1904-1905. La première exploration du pays dogon*, Milan, Officina Libraria, 2009.

FÉBRISSY Cosette, « Présentation du livre Psychologie et foi, parcours de vie en six étapes de Jacques Poujol », *Les Cahiers de l'école pastorale* n° 74, 2009.

FER Yannick, *L'offensive évangélique. Voyage au cœur des réseaux militants de Jeunesse en Mission*, Genève, Labor et Fides, 2005.

FERGUSON Sinclair, *L'Esprit Saint*, trad. de l'anglais par Christophe PAYA, Cléon d'Andran, Excelsis, 1999.

FETHERLAND Bob, « Guinea Africa Narrative Report for 1971 », Colorado Springs, Archives CMA, 1972.

FETHERLAND Bob, « Guinea Chairman's Report 1964 », Colorado Springs, Archives CMA, 1964.

FETHERLAND Bob, « Report of the Regional Director for Africa, 11/10/92 : Three Steps Forward and Two Steps Back. State of the Africa Region », Colorado Springs, Archives CMA, USA, 1992.

FOEHRLÉ Roger, *L'islam pour les profs. Recherches pédagogiques*, Paris, Karthala, 1992.

FONVIEILLE-VOJTOVIC Aline, *Paul Ramadier (1888-1961). Élu local et homme d'état*, Paris, Publications de la Sorbonne, 1993.

FOUSTOCK Walid, *Jésus dans le Coran*, Aix-en-Provence, Persée, 2015.

FRAME John M., *The Doctrine of the Word of God*, Philipsburg, New Jersey, 2010.

GADEN Henri, *Le Poular : dialecte peul du Fouta Sénégalais, vol. 2 : Lexique Poular-Français*, Paris, Leroux, 1914.

GALADINA Bulus Y., TURAKI Yusufu, « Christianity in Nigeria », *Africa Jourrnal of Evangelical Theology*, 2001.

GALETTI Florence, *Les transformations du droit public africain francophone. Entre étatisme et libéralisation*, Paris, Émile Bruylant, 2004.

GALIÉNI Joseph Simon, *Voyage au Soudan français. Haut-Niger et pays de Ségou 1879-1881*, Paris, Hachette, 1885.

GARDET Louis, *Dieu et la destinée de l'homme*, Études musulmanes, n° IX, Paris, Vrin, 1967.

GARDET Louis, *L'islam. Religion et communauté*, Paris, Desclée de Brouwer, 1967.

GARRISON David, *A Wind in the House of Islam. How God Is Drawing Muslims from Around the World to Faith in Jesus Christ*, Monument, CO, WIGTAKE Resources, 2014.

GATERA Simon Pierre, *Discipulat axé sur la mission. Un moyen de mobilisation efficace de l'Église pour la mission en Afrique francophone*, Nuremberg, VTR, 2001.

GAUDEFROY-DEMOMBYNES Maurice, *Mahomet*, Paris, Albin Michel, 1969.

GEERTZ Clifford, *The Interpretation of Cultures*, New York, Basic Books, 1973.

GEFEN Gavriel, « Indigenous Expressions of Biblical Faith », *International Journal of Frontier Missiology* 24, 2, 2007.

GILLILAND Dean S., « Context is Critical. A Response to Phil Parshall's "Going Too Far" », in *Perspectives on the World Christian Movement*, sous dir. Ralph D. WINTER et Steven C. HAWTHORNE, 3ᵉ éd., Pasadena, William Carey, 1999.

GIMARET Daniel, *Les noms divins en islam*, Paris, Cerf, 1993.

GIRONDIN Jean-Claude, « Évangélisation (théologie et déontologie) », *Dictionnaire de théologie pratique*, sous dir. Christophe PAYA et Bernard HUCK, Charols, Excelsis, 2011, p. 341.

GISEL Pierre, TÉTUZ Jean-Marc, *Théorie de la religion*, Genève, Labor et Fides, 2002.

GLASSER Arthur F., *Announcing the Kingdom. The Story of God's Mission in the Bible*, Grand Rapids, Baker Academic, 2003.

GMÜNDER Reto, *Évangile et développement. Pour rebâtir l'Afrique*, Yaoundé, CLÉ, 2004.

GNILKA Joachim, *Qui sont les chrétiens du Coran ?*, Paris, Cerf, 2008.

Gouverneur général, « Circulaire confidentielle n° 37A.P./2de BREVIE du 6 février 1933 sur les missions chrétiennes et la société indigène », Dakar, Archives de l'AOF de l'AOF 7G 46(108), 1933.

GRANJON Marie-Christine, « La prudence d'Aristote : histoire et pérégrination d'un concept », *Revue française de science politique* vol. 49, n° 1, 1999.

GREEN Michael, *L'évangélisation dans l'Église primitive. Le développement de la mission chrétienne des origines au milieu du troisième siècle*, Lavigny/Saint Légier, Groupes Missionnaires/Emmaüs, 1981.

GREENWAY Roger S., *Introduction à la mission chrétienne*, Cléon d'Andran, Excelsis, 2000.

GRUDEM Wayne, *Théologie systématique*, Charols, Excelsis, 2013.

GUELLOUZ Azzedine, « L'islam », in *Les faits religieux*, Paris, Fayard, 1993.

GUESSOUS Soumaya Naamane, *Printemps et automne sexuels. Puberté, ménopause, andropose au Maroc*, Casablanca, EDDIF, 2000.

GUILHEM Dorothée, « L'anthropologie esthétique du corps féminin et l'identité chez les Peuls du Mali », thèse de doctorat à l'Université d'Aix-en Provence.

HAAFKENS J., *Chants musulmans en peul. Textes de l'héritage religieux de la Communauté musulmane de Maroua, Cameroun*, Leyde, Brill, 1983.

HAEN Jean François, *Figure de la parenté. Une histoire critique de la raison structurale*, Paris, PUF, 2009.

HAGGIN Kevin, « The Key to Insider Movements. The Devotees of Acts », *International Journal of Frontier Missions* 21, 4, 2004.

HALVERSON Dean C., *Guide des religions. Perspective chrétienne*, Romanel-sur-Lausanne, La Maison de la Bible, 2008.

HAMA Boubou, *Contribution à la connaissance de l'histoire des Peuls*, Paris, Présence africaine, 1968.

HAPGOOD David, *Africa from Independence to Tomorrow*, New York, Atheneum, 1965.

HENRY Matthew, *Commentary on the Whole Bible, Complete and Unabridged in One Volume. Genesis to Revelation*, Peabody, MA, Hendrickson, 1997.

HIEBERT Paul G., SHAW Daniel R., TIÉNOU Tite, « Split-Level Christianity », in *Understanding Folk Religion. A Christian Response to Popular Beliefs and Practices*, Grand Rapids, Baker, 1999.

HIEBERT Paul G., « The Flaw of the Excluded Middle », *Missiology. An International Review* 10, 1, 1982.

HIEBERT Paul G., « Critical Contextualization », *Missiology* 12, 1984.

HIEBERT Paul G., « Les trois autonomies », in *Mission et culture*, Saint-Légier, Emmaüs, 2002.

HIEBERT Paul G., *Transforming Worldviews. An Anthropological Understanding of How People Change*, Grand Rapids, Baker Academic, 2009.

HIEBERT Paul G., « Une contextualisation critique », in *Mission et culture*, St-Légier, Emmaüs, 2002.

HIGGINS Kevin, « The Jerusalem Council Applies. Acts 15 and Insider Movements among Muslims. Questions, Process and Conclusions », *International Journal of Frontier Missiology* 24, 1, 2007.

HIGGINS Kevin, « The Key to Insider Movements. The Devotees of Acts », *International Journal of Frontier Missions* 21, 4, 2004.

HINN Benny, *L'onction et la puissance du Saint-Esprit*, Lausanne, Carrefour, 1996.

HORN Carine, « What Is a Mamou M. K. ? », *Panorama* vol. 8, n°1, 1970.

ILBOUDO Jean-Pierre, « Les étapes d'implantation de la radio en Afrique noire », Conférence présentée à l'occasion de la journée mondiale de la radio à Dakar, 13 février 2014.

IMBERT Yannick, *Croire, expliquer, vivre : Introduction à l'apologétique*, Charols/Aix-en-Provence, Editions Excelsis/Kerygma, 2014.

JABRÉ Farid, *La notion de certitude selon Ghazali. Dans ses origines psychologiques et historiques*, Paris, Vrin, 1958.

JACK Homer A., « Delegates and Fraternal Delegates by Religions », in *Religion for Peace. Proceedings of the Kyoto Conference on Religion and Peace*, sous dir. Homer A. JACK, New Delhi/Bombay, Gandhi Peace Foundation/Bharatiya Vidya Bhavan, 1973.

JAEGER Lydia, « Entre modernité et postmodernité. Faut-il réinventer l'Église ? », *La Revue Reformée* LVIII, 243, 3, juillet 2007.

JAMESON Richard, SCALEVICH Nick, « First-Century Jews and Twentieth-Century Muslims », *International Journal of Frontier Missions* 17, 1, 2000.

JEREMIAS Joachim, *Théologie du Nouveau Testament : la prédication de Jésus. Initiation biblique*, Paris, Cerf, 1996.

JOHNSTONE Patrick, « Prayer Profiles on 127 of the Gateway People Clusters from AD2000's Joshua Project List ».

JOHNSTONE Patrick, *L'Église mondiale, quel avenir ? Histoire, tendances, possibilités*, Charols, Excelsis, 2019.

JOMIER Jacques, *Pour connaître l'islam*, Paris, Cerf, 2001.

JOSI Ben, *Tu seras une bénédiction. Transmettre la bénédiction de Dieu aux musulmans*, Besançon, Frontières, 2016.

JUTEAU Danielle, *L'ethnicité et ses frontières*, Montréal, Les presses de l'Université de Montréal, 1998.

KABA Lanciné, *Le « non » de la Guinée à De Gaulle*, Paris, Chaka, 1990, p.147-179.

KAKE Ibrahima Baba, TOUZARD Phillippe, *Journal de l'Afrique : Chronique de l'Afrique. De la préhistoire à 1884*, Paris, Ami, 1989.

KANÉ Oumar, *La première hégémonie peule. Le Fuuta Toro de Koli Tenella à Almaami Abdul*, Paris, Karthala, 2004.

KÄSER Lothar, *Animisme. Introduction à la conception du monde et de l'homme dans les sociétés axées sur la tradition (orale), à l'usage des agents de coopération et des envoyés d'Église outre-mer*, Charols, Excelsis, 2010.

KÄSER Lothar, *Voyage en culture étrangère. Guide d'ethnologie appliquée*, Charols, Excelsis, 2008.

KATEREEGA Badru, SHENK David W., *Dis-moi ce que tu crois. Un musulman et un chrétien en dialogue*, Charols, Exelsis, 2001.

KATEREEGA Badru, SHENK David W., *Islam et le christianisme. Dialogue entre un musulman et un chrétien*, Lomé, Haho, 1987.

KEITA Élie Siaka, « Enfants. Les écoles maternelles de l'EPEG », in *Le Scribe*, septembre -octobre 1997.

KERVELLA-MANSARÉ Yassine, *Pulaaku. Le code d'honneur des Peuls*, Paris, l'Harmattan, 2014.

KERVELLA-MANSARÉ Yassine, *Veuvage féminin et sacrifices d'animaux dans le Fouta-Djallon, Guinée*, Paris, l'Harmattan, 2012.

KHOURY Abdel Théodore, HAGEMANN Ludwig, HEINE Peter, *Dictionnaire de l'islam. Histoire, idées, grandes figures*, Fribourg, Brepols, 1995.

KING Louis L., *Letter to Guinea missionaries on Furlough*, Colorado Springs, Archives CMA, 1967.

KINKUPU Léonard Santedi, *Les défis de l'évangélisation dans l'Afrique contemporaine*, Paris, Karthala, 2005.

KISAU Paul Mumo, « Actes des apôtres », in *Commentaire biblique contemporain*, sous dir Tokunboh ADEYEMO, Marne-la-Vallée/Abidjan, Farel/Centre de publications évangéliques, 2008.

KONATE Famagan-Oulé, NGOTTA N'Guessan, NDEMBOU Samuel, *Population et mobilité géographiques en Afrique*, Paris, Karthala, 2010.

KONÉ Moussa, BLANC Jean-Louis, *Moi, fils d'imam, sur la bonne voie*, Thoune, Sénevé, 2004.

KONÉ Yaya, *L'anthropologie de l'athlétisme en Afrique de l'Ouest. Condition de l'athlète*, Paris, l'Harmattan, 2011.

KOUASSI Célestin Kouadio, *Dynamique d'une mission chrétienne et évolution du contexte sociopolitique. La C.M.A. (Christian and Missionary Alliance) en pays baoulé de 1919 à 1960*, Abidjan, Éditions théologiques d'Afrique francophone, 2006.

KOUROUMA Ahmadou, *Les soleils des indépendances*, Paris, Seuil, 1968.

KRAFT Charles, « Dynamic Equivalence Churches. An Ethnotheological Approach to Indigeneity », *Missiology* 1, n°1, 1973.

KRAFT Charles, « Dynamic Equivalence Churches in Muslim Society », in *The Gospel and Islam*, sous dir. Don M. MCCURRY, Monrovia, CA, MARC, 1978.

KROMMINGA John H., *Reflections on the Christian Reformed Church*, Grand Rapids, Baker, 1995.

KRUEGER Mark, « Annual Narrative Report 2009 », Colorado Springs, Archives CMA, 2009.

KUBERSKI Piotr, « La résurrection dans l'islam », *Revue des sciences religieuses. Le christianisme et l'islam* n°82, 2013.

KÜNG Hans, *L'islam*, Paris, Cerf, 2010.

KURLAK Michael « Pioneering for Christ in Guinea, West Africa », *Panorama*, 1969.

La Bible Segond Révisée, dite la Colombe, Paris, Société Biblique Française, 1978.

LABATUT Roger, « Contribution du comportement religieux des *Wodaabe Dageeja* du Nord-Cameroun », *Journal des africanistes*, t. 48, fasc. 2, 1978.

LABATUT Roger, « La parole à travers quelques proverbes peuls de Fouladou (Sénégal) », *Journal des africanistes*, 1988.

LABATUT Roger, *Chant de vie et de beauté peuls*, Paris, Publications orientalistes de France, 1974.

LABATUT Roger, *Sagesse des Peuls nomades*, Yaoundé, CLÉ, 1974.

LABURTHE Philippe, Jean TOLRA, Pierre WARNIER, *Ethnologie, anthropologie*, Paris, l'Harmattan, 1994.

LACROIX Pierre-Francis (sous dir.), *Itinérances en pays peul et ailleurs. Mélanges à la mémoire de Pierre-Francis Lacroix, vol. 2 : Littératures et cultures*, Paris, Société des africanistes, 1981.

Lacroix Pierre-Francis, *Poésie peule de l'Adamawa*, 2 vol., Michigan, L'université de Michigan, 1965.

Ladd George E., *Théologie du Nouveau Testament*, Charols, Excelsis, 1999.

Lalade André, *Vocabulaire technique et critique de la philosophie*, Paris, PUF, 1976.

Lam Aboubacry Moussa, *De l'origine égyptienne des peuls*, Paris, Présence Africaine, 1994.

Last M., « Reform in West Africa. The Jihad Movements of the Nineteenth Century », in *History of West Africa*, t. 2, sous dir. J. Ajayi et M. Growder, 2ᵉ éd., Londres, Longman, 1987.

Last M., *The Sokoto Caliphate*, Londres, Longman, 1967.

Latourette Kenneth Scott, *A History of Christianity*, revised edition, San Francisco, Harper Collins, 1975.

Le Boulluec A., « Joseph dans le Coran, lecture de la sourate 12 », *Foi et vie*, Supplément aux Cahiers et Évangile n°48, avril 1987.

Le Coran, traduit de l'arabe, accompagné de notes, et précédé d'un abrégé de la vie de Mahomet, tiré des écrivains orientaux les plus estimés, par M. Savary, 2 vol., Paris, G. Dufour, 1821.

Le Grand Dictionnaire de la Bible, Charols, Exelsis, 2017.

Lecerf Auguste, *Études calvinistes*, Aix-en-Provence, Kerygma, 1949.

Légasse Simon, *Paul apôtre*, Paris, Cerf, 2000.

Léon-Dufour Xavier (sous dir.), *Vocabulaire de théologie biblique*, Paris, Cerf, 1999.

Leroy Anne, Balde Alpha Oumar Kona, *Parlons poulard. Peul du Fouta-Djallon*, Paris, l'Harmattan, 2002.

Lewin André, *Ahmed Sékou Touré (1922-1984) : président de la Guinée*, Paris, l'Harmattan, 2010.

Lewis Rebecca, « Promoting Movements to Christ within Natural Communities », *International Journal of Frontier Missiology* 24, 2, 2007.

Lewis Rebecca, « Responding to a Common Word : WWJD ? », *International Journal of Frontier Missiology* 25, 1, 2008.

Lfeda Abou, *Vie de Mohammed*, Paris, L'Imprimerie royale, 1837.

Lingane Zacharia, « Les Silmmicose du Burkina Faso », *Anthropologia* vol. XLIII, n°2, 2001.

Lingenfelter Sherwood G., Mayers Marvin K., *Missionnaire en culture étrangère. Le défi de l'intégration*, Charols, Excelsis, 2009.

Lode Kare, *Appelés à la liberté. Histoire de l'Église évangélique luthérienne du Cameroun*, Amstelveen, Improcep, 1990.

Lose Don, « Introducing Mamou School for Missionary Kids », *Panorama* vol. 3, n° 1, 1963.

Lugan Bernard, *Pour finir avec la colonisation. L'Europe et l'Afrique au xve-xxe siècle*, Paris, Rocher, 2006.
Mahibou Sidi Muhammad, *Croyance du monde. Abdullahi Dan Fodio et la théorie du gouvernement islamique*, Paris, l'Harmattan, 2010.
Marcel Pierre, « Le baptême : sacrement de l'Alliance de Grâce », *La Revue réformée*, n° 2-3, 1950.
Marsh Charles, *Le musulman mon prochain*, Fontenay-sous-Bois, Telos, 1977.
Marty Paul, *L'islam en Guinée : Fouta-Djallon*, Paris, Ernest Leroux, 1921.
Massamba Fidèle Mabundu, *Lire la Bible en milieu populaire*, Paris, Karthala, 2003.
Matthey Jacques, « Les conférences universelles des missions de 1947 à 1996. II. Jalons de la pensée missionnaire protestante œcuménique des années 1970 aux années 1990 », *Perspectives missionnaires* 36, 2, 1998.
Matthey Jacques, « II. Jalons de la pensée missionnaire protestante œcuménique des années 1970 aux années 1990 », *Perspectives missionnaires* 36, 2, 1998.
McIlwain Trevor, *Bâtir sur des fondations solides*, 3 vol., Sanford / Abidjan, New Tribes Mission / Centre de publications évangéliques, 2006.
Meillassoux Claude, *L'esclavage en Afrique précoloniale*, Paris, Maspero, 1975.
Micah Network, « The Micah Declaration on Integral Mission », in *Justice, Mercy and Humility. Integral Mission and the Poor*, sous dir. Tim Chester, Carlisle, UK, Paternoster, 2002.
Micksch J. et Mildenberger M., sous dir., avec la collaboration de Johan Bouman, *Chrétiens et musulmans : un dialogue possible. Jalons pour une rencontre*, Paris, Fédération protestante de France, 1991.
Milo Jean-René, *L'islam et les musulmans*, Québec, Fides, 1993.
Miran Marie, *Islam, histoire et modernité en Côte d'Ivoire*, Paris, Karthala, 2006.
Mizeka Alfred Nbayi, *Le noir africain à la recherché de son identité*, Paris, Publibook, 2012.
Moity-Maïzi Pascal, « Méthode et mécanismes participatifs dans un programme d'écodéveloppement. L'altérité à l'épreuve des faits », in *Les enquêtes participatives en débat. Attention, Pratique et enjeux*, Paris, Karthala, ICRA, GRET, 2000.
Molien Gaspard Théodore, *L'Afrique occidentale en 1818, vue par un explorateur français*, Paris, Calmann-Lévy, 1907.
Mollard Jacques Richard, *Islam et colonisation au Fouta-Djallon*, Paris, Présence africaine, 1954.
Monénembo Thierno, *Peuls*, Paris, Seuil, 2004.
Monet Gabriel, « Une Église missionnelle », *Théologie pratique, pédagogie et spiritualité*, vol. 9, 2005.
Monteil Vincent, *L'islam noir*, Paris, Seuil, 1964.

Moreau A. Scott, « Une typologie des modèles évangéliques de contextualisation », in *L'Église mondiale et les théologies contextuelles. Une approche évangélique de la contextualisation*, sous dir. Matthew Cook et al., Commission théologique de l'Alliance Évangélique Mondiale, Nuremberg/Écublens/Charols, VTR/AME/Excelsis, 2015.

Moreau A. Scott, Corwin Gary, McGee Gary B., *Introducing World Missions. A Biblical, Historical, and Practical Survey*, Grand Rapids, MI, Baker Book House, 2004.

Moucarry Chawkat, *La foi à l'épreuve. Islam et le christianisme vu par un Arabe chrétien*, Québec, La Clairière, 2000.

Mouser Bruce L., « Who and Where Were the Baga ? European Perceptions from 1793 to 1821 », in *History in Africa* n°29, 2002.

Mouvement de Lausanne, *L'Engagement du Cap. Une confession de foi et un appel à l'action*, Marpent, BLF, 2011.

Mulder Marc T., *Shades of White Flight. Evangelical Congregations and Urban Departure*, Londres, Rutgers University Press, 1973.

Musk Bill, *The Unseen Face of Islam*, éd. rév., Mill Hill/Grand Rapids, Monarch, 2003 (1re éd. Eastbourne, MARC, 1988).

N'Gotta N'Guessan, « Migration et conflits fonciers dans le Sud-Ouest ivoirien », in *Population et mobilités géographiques en Afrique*, sous dir. Famagan-Oulé Konaté, N'Guessan N'Gotta, Samuel Ndembou, Paris, Karthala, 2010.

Naugle David K, *Worldview. The History of a Concept*, Grand Rapids, Eerdmans, 2001.

Nduodi Oumarou, *Moi, un Mbororo. Autobiographie de Oumarou Ndoudi, Peul nomade du Cameroun*, recueillie et trad. Henri Bocquené, Paris, Karthala, 1986.

Nehls Gerhard, Eric Walter, *Donner la parole. Guide pour l'évangélisation parmi les musulmans*, Abidjan, CPE, 1998.

Nehls Gerhard, Eric Walter, *Une approche pratique et stratégique de l'évangélisation des musulmans*, Nairobi/Abidjan, Life Challenge Africa/CPE, 2002.

Nehls Gerhard, *L'islam tel qu'il se voit lui-même, tel que d'autres le voient, tel qu'il est*, Nairobi, Life Challenge Africa, 1996.

Nehls Gerhard, *La polémique entre l'islam et le christianisme. Une apologie chrétienne face à la polémique actuelle de l'islam*, Nairobi, Kenya, Life Challenge Africa, 1997.

Neill Stephen, *Creative Tension*, Londres, Edinburgh House Press, 1959.

Nelson Ronald W., *Bonne Nouvelle pour les Foulbé*, M.Th. thesis, Fuller School of World Mission, Pasadena, 1981, trad. Slanwa Gaston, Hettinger, North Dakota, Ronald W. Nelson, 2000.

Newbigin Lesslie, *The Gospel in a Pluralist Society*, Grand Rapids, Eerdmans, 1989.

Ngo Yegba Solange, « Contexte du pluralisme médical au Cameroun », in *Le pluralisme médical en Afrique*, sous dir. Ludovic Lado, Paris, Karthala, 2011.

Nicole Émile, « Le Dieu d'Israël et les dieux des nations », in *Conviction et dialogue*, sous dir. Louis Schweitzer, coll. La foi en dialogue, Charols, Excelsis, 2000.

Noirot Ernest, *À travers le Fouta-Djallon et le Banbouc (Soudan Occidental). Souvenir de voyage*, Paris, 1885.

Olyott Stuart, « Les trois grandes bénédictions de la vie chrétienne », *La Revue réformée* n° 223, 2003.

Oppong Yaa P. A., *Moving through and Passing on. Fulani Mobility, Survival, and Identity in Ghana*, Londres, New Brunswick, 2002.

Oumarou Amadou, *Dynamique du pulaaku dans les sociétés peules du Dallol Bosso Niger*, Paris, l'Harmatan, 2012.

Parrinder Edward Geoffrey, *Jesus in the Qur'an*, New York, Oxford University Press, 1977.

Parshall Phil, « Going Too Far ? », in *Perspectives on the World Christian Movement*, sous dir. Ralph D. Winter et Steven C. Hawthorne, 3ᵉ éd., Pasadena, William Carey Library, 1999.

Peelman Achiel, *L'inculturation. L'Église et les cultures*, Paris, Desclée/Novalis, 1989.

Petersen Brian K, « Foreigners, Pharisees and Foreskins. The Controversy Over Changing Community Identity in the Book of Acts », in *The National Rethinking Forum*, Chandigarh, India, International Journal of Frontier Missions.

Piga Adriana, *Les voies du soufisme au Sud du Sahara. Parcours historiques et anthropologique*, Paris, Karthala, 2003.

Podvin Bernard, *L'accueil paroissial*, Paris, éditions de l'Atelier/éditions Ouvrière, 2004.

Pollard Nick, *L'évangélisation légèrement moins difficile. Présenter Christ aux terriens du XXIe siècle*, Marne-la-Vallée, Farel, 1998.

Poujol Jacques et Poujol Claire, *Manuel de relation d'aide. Accompagnement spirituel et psychologique*, La Bégude de Mazenc, Empreinte Temps présent, 1998.

Poujol Jacques, Fébrissy Cosette, *Psychologie et foi. Parcours de vie en six étapes*, La Bégude de Mazenc, Enpreinte temps présent, 2009.

Quénum Alphonse, *Église, famille de Dieu, chemin de fraternité en Afrique. Essai de réflexion théologique inculturée*, Abidjan, ICAO, 2006.

Rambo Lewis R., « Conversion. Toward a Holistic Model of Religious Change », *Pastoral Psychology*, 1982.

Ratzloff Arnold F., « Annual Report Guinea Field », 1964.

Reed L. N, « Notes on Some Fulani Tribes and Customs », *Africa* 5, 1932.

Ricot Jacques, *Leçon sur l'éthique à Nicomaque d'Aristote. Livre sur l'amitié*, Paris, PUF, 2001.

Riesman Paul, « On the Irrelevance of Child Rearing Practices for the Formation of Personality. An Analysis of Childhood, Personality and Values in Two African Communities », *Culture, Medicine and Psychiatry* n°7, 1974.

Riesman Paul, « The Formation of Personality in Fulani Ethnopsychology », in *Personhood, Personality and Agency. The Experience of Self and Other in African Cultures*, sous dir. M. Jackson et I. Karp, Studies in Cultural Anthropology, Washington/Uppsala, University Press, 1990.

Riesman Paul, *Société et liberté chez les Peuls djelgôbé de Haute-Volta. Essai d'anthropologie introspective*, Paris, Mouton, 1970.

Ringgenbach Stefan, « Action Vivre Télimélé », *Allons* 2, 2013.

Rivière Claude, « Dynamique de la stratification sociale chez les Peuls de Guinée », *Anthropos* n° 69, 1974.

Rivière Claude, *Mutations sociales en Guinée*, Paris, Rivière, 1971.

Robinson David, « Joshua Project 2000. Research, Profiles, Prayer and Church Planting for Unreached Peoples », *International Journal of Frontier Missions* 13, 2, April-June 1996.

Roseberry R. S, « Biography of Harry and Naomi Watkins. Roseberry Memoirs », Colorado Springs, Archives CMA, 1923.

Roseberry R. S., *The Niger Vision. A Modern Miracle of Missions, the Record of the Opening of the Western Sudan to the Gospel, Present Establishment of Gospel Lighthouses along the Niger with its Tributaries, Program for Immediate Evangelization of Vast Pagan Areas*, Harrisburg, PA, Christian Publications, 1934.

Rouget Fernand, *La Guinée. Notices publiées par le gouvernement général à l'occasion de l'exposition coloniale de Marseille*, Paris, CRETE, 1906.

Rupp Ken and Ruth, Letter to the Watkins, February 28, 1968, Colorado Springs, Archives CMA, 1968.

Rutter Ian, « L'orientation missionnaire contemporaine des protestants évangéliques, des protestants œcuméniques et des catholiques romains. Aspect comparatifs », in *Actualité des protestantismes évangéliques*, Strasbourg, Presses Universitaires de Strasbourg, 2002.

Rychen Matthias, « Action Vivre Gaoual », *Allons* 2, 2013.

Sa'a Yehia, *Tout ce qu'ont dit les prophètes*, Gatineau, Bonne Semence, 2000.

Salvaing Bernard, « À propos du passage de Al Hadjj Umar au Fouta-Djallon, et de l'introduction de la tidjaniyya (1) : deux hypothèses », in *L'invention religieuse en Afrique. Histoire et religion en Afrique noire*, sous dir. Jean-Pierre Chrétien, Claude-Hélène Perrot et al., Paris, Karthala, 1993.

Salvaing Bernard, « Hagiographie et saints au Fouta-Djallon. Communication faite au colloque Saints, biographies et histoire en Afrique, Mayence 23,24, 25 octobre 1997, in *Saints, Biography and History in Africa. Saints, biographies et histoire en Afrique. Heilige, Biographien und Geschichte in Afrika*, sous dir. Bertrand HIRSCH et Manfred KROPP, Berne/Francfort, Peter Lang, 2003.

Salvaing Bernard, « Lieux de mémoire religieuse au Fouta-Djalon », communication au colloque CNRS/GDR 118 de Paris, 1-2 février 1996, parue dans l'ouvrage *Histoire d'Afrique : les enjeux de mémoire*, sous dir. J.-P. Chrétien et J. L. Triaud, Paris, Karthala, 1999, p. 67-82.

SALVAING Bernard, DIALLO LELOUMA Alfa Mamadou, « Sources orales au Fouta-Djallon. Mémoire, écrits et discours », in *L'écriture de l'histoire en Afrique. L'oralité toujours en question*, sous dir. Nicomé Ladjou CAYIBOR, Dominique JUHE-BEAULATON, Moustapha GOMGNIMBOU, Paris, Karthala, 2013.

SALVAING Bernard, KORKA BAH Amadou, BAH Boubakar, *Contes et récits peuls du Fouta-Djallon*, Paris, Édicef, 1985.

SAMB Djibril, *Saint-Louis et l'esclavage*, Actes du Symposium international sur la traite négrière à Saint-Louis du Sénégal dans l'arrière-pays, Saint-Louis 18, 19 et 20 décembre 1998, Dakar, Université Cheikh Anta Diop, 2000.

SAMSON Babienne, *Les marabouts de l'islam politique. Le Dihiratoul Moustarchidina Wal Moustarchidaty. Un mouvement néo-confrérique sénégalais*, Paris, Karthala, 2005.

SANNEH Lamin, « Christianity, Islam and African Traditional Religions », *Journal of Religion in Africa*, vol. XI, n° 1, 1980.

SANNEH Lamin, *Beyond Jihad. The Pacifist Tradition in West African Islam*, Oxford, Oxford University Press, 2016.

SANNEH Lamin, *West African Christianity. The Religious Impact*, Maryknoll, Orbis, 1983.

SARRO MALUQUER Ramon, « Baga Identity. Religious Movements and Political Transformation in the Republic of Guinea », Ph.D. thesis, University of London, 1999.

SAVANÉ Adoul Sy, *La poésie pastorale peule au Fouta-Djallon*, Paris, l'Harmattan, 2005.

SCHAEFFER Francis A., *La Genèse. Berceau de l'histoire*, Genève, La Maison de la Bible, 1983.

SCHIRRMACHER Christine, *L'islam : histoire, doctrines, islam et christianisme*, Charols, Excelsis, 2016.

SEYDOU Christiane, « Épopée et identité : exemples africains », *Journal des africanistes* vol. 58, n° 58-1, 1988.

SEYDOU Christiane, *L'épopée peule de Boûbou Ardo-Galo. Héros et rebelles*, Paris, Karthala, 2000.

SEYDOU Christiane, « Majaado Alla gaynaali. Poème en langue peule du Foûta-Djalon », *Cahiers d'Études africaines*, vol. 6, n°24, 1996, p. 643-681.

SEYDOU Christiane, *Poésie mystique peule du Mali*, Paris, Karthala, 2008.

SEYDOU Christiane, *Profils de femmes dans les récits épiques peuls (Mali-Niger)*, Paris, Karthala, 2010.
SFAR Mondher, *Le Coran, la Bible et l'Orient ancien*, Paris, Sfar, 2010.
SHARASTANI Muhammad ibn Abd al-Karim, *Livre des religions et des sectes*, t. 1, Paris, Librairie Orientale, 1986.
SHELLRUDE Ralph, « A Challenge to Prayer », *Panorama* vol. 7, n°1, 1969.
SHENK Calvin, *Who Do You Say I Am ? Christians Encounter Other Religions*, Scottdale, Herald Press, 1997.
SHERMAN Robert, *Black Magic. The Challenge*, Chicago, World Wide Prayer and Missionary Union, 1935.
SHIRIN Edwin, *L'islam mis en relation. Le roman francophone de l'Afrique de l'Ouest*, Paris, Kimé, 2009.
SIMPSON Albert B., « The Missionary World. Among the Heathen Nations », in *The Word, the Work, the World*, January 1882.
SKLAR Jay, *Leviticus*, Tyndale Old Testament Commentaries (TOTC), vol. 3, Downers Grove, IVP, 2014.
SOCÉ Ousmane, *Contes et légendes d'Afrique noire*, Paris, Nouvelles éditions latines, 1962.
Société royale belge, *Bulletin de géographie* n° 1, 1877.
Sœur Marie Bernard FOURNIER, « Adieu de sœur Bénédicta », Archives des sœurs Ursulines de Sion, Valais, Suisse, septembre 2002.
SOUMAH Maligui, *Guinée de Sékou Touré à Lansana Conté*, Paris, L'Harmattan, 2004.
SOUMAH Maligui, *Guinée, la démocratie sans le peuple : dans le régime de Lansana Conté*, Paris, l'Harmattan, 2006.
Sow Alfâ Ibrâhîm, *La femme, la vache, la foi. Écrivains et poètes du Fouta-Djallon*, coll. Classiques africains, n°5, Paris, Julliard, 1966.
Sow Alpha-Muhammad Loppé, *Ethnie et société islamique en Afrique, un paradoxe ? Le cas du Fuuta Dyalöö guinéen du XVIe au XXe siècle*, Paris, l'Harmattan, 2007.
STARK Rodney, *L'essor du christianisme. Un sociologue revisite l'histoire du christianisme des premiers siècles*, trad. Philippe MALIDOR, Charols, Excelsis, 2013.
STAUTH Georg, BIERSCHENK Thomas, *Islam in Africa*, Londres, Münster, 2003.
STAYER J. S., « Numbers in Anabaptist Research », cité par Neal BLOUGH, « La persécution intra-chrétienne au seizième siècle », *Théologie évangélique* vol. 18, n°1, 2019.
STENNING Derrick J., *Savannah Nomads. A Study of the Wodaabe Pastoral Fulani of Western Bornu Province, Northern Region, Nigeria*, Londres, Oxford University Press, 1959.

Stott John, *Le chrétien à l'aube du xxie siècle. Vivre aujourd'hui la Parole éternelle de Dieu*, 2 vol., Québec, La Clairière, 1995.

Stott John, *Mission chrétienne dans le monde moderne*, Lavigny, Groupes Missionnaires, 1977.

Sugranyes de France Ramon, *Raymond Lulle, Docteur des missions*, Fribourg, St-Paul, 1954

Suret-Canale Jean, *Afrique noire. L'ère coloniale 1900-1945*, Paris, Éditions sociales, 1962.

Suret-Canale Jean, *Essay of African History. From the Slave Trade to Neocolonialism*, Londres, C. Hurst, 1988.

Suret-Canale Jean, *La République de Guinée*, Paris, Éditions sociales, 1971.

Sy Harouna, *L'esthétique sociale des pulaars. Socioanalyse d'un groupe ethnolinguistique*, Paris, l'Harmattan, 2016.

Taguem Fah G. L., « Pouvoir et savoir, renouveau islamique et luttes politiques au Cameroun », in *Islam politique au sud du Sahara, identité, discours et enjeux*, Paris, Karthala, 2005.

Talbi Mohamed, *L'islam n'est pas voilé. Il est culte, rénovation de la pensée musulmane*, Carthage, Cataginoiseries, 2009.

Tamsir Niane Djibril, « La guerre des Mulâtres (1860-1880). Un cas de résistance à la traite négrière au Rio Pongo », in *Esclavage et abolition. Mémoire et système des représentations*, Paris, Karthala, 2000.

Tamsir Niane Djibril, « Recherche sur l'Empire du Mali au Moyen Âge », *Recherches Africaines. Études guinéennes* n° 1, janvier-mars 1960.

Tauxier Louis, *Histoire des Peuls du Fouta-Djallon*, Paris, Payot, 1937.

Tchidimbo Raymond-Marie, *Noviciat d'un évêque*, Paris, Fayard, 1987.

Tennent Timothy C., « The Challenge of Churchless Christianity. An Evangelical Assessment », *International Bulletin of Missionary Research* 29, 4, 2005.

Tennent Timothy C., « Followers of Jesus (Isa) in Islamic Mosques. A Closer Examination of C-5 "High Spectrum Contextualization" », *International Journal of Frontier Mission* 24, 1, 2007.

Thiam Mouhamadou Makhtar, *L'islam et les pratiques culturelles*, Dakar, Je publie, 2002.

Thomas Louis-Vincent, *Les chaires de la mort. Les Empêcheurs de penser en rond*, Paris, 2000.

Thompson A. E., *A. B. Simpson. His Life and Work*, Chicago, Wing Spread Publisher, 2009.

Thompson LaNette W., *Annoncer la Bonne Nouvelle à travers la Présentation orale de la Bible. Une méthode d'enseignement biblique pour tous*, Ouagadougou, Mission Baptiste, 1997.

Timmons Tim, « Christianity Isn't the Way Jesus Is », *International Journal of Frontier Missiology* 25, 3, 2008, p. 159.

TOLNO Fara Daniel, « Leçons à tirer des Églises d'initiative africaines », in *Les Églises d'initiative africaine. Un laboratoire de contextualisation*, sous dir. Hannes WIHER, coll. REMIF, Carlisle, UK, Langham, 2019.

TOLNO Fara Daniel, « Arrière-plan historique de l'évangélisation de l'Afrique », in *L'Afrique d'aujourd'hui et les Églises. Quels défis ?* sous dir. Hannes WIHER, coll. REMIF, Carlisle, UK, Langham, 2017.

TOLNO Fara Daniel, « L'Église missionnaire », in *L'Afrique d'aujourd'hui et les Églises. Quels défis ?* sous dir. Hannes WIHER, coll. REMIF, Carlisle, UK, Langham, 2017.

TOLNO Fara Daniel, « L'Évangile et les Peuls », in *Lumières reçues au fils du temps*, Anduze Mission Timothée, 2016.

TOLNO Fara Daniel, « La souveraineté de Dieu chez Al-Ghazali », mémoire de Master présenté à la Faculté Jean Calvin d'Aix-en-Provence, 2013.

TOLNO Fara Daniel, « Les déviations doctrinales vues à la lumière de religions traditionnelles africaines », in *Les Églises d'initiative africaine. Un laboratoire de contextualisation*, coll. REMIF, sous dir. Hannes WIHER, coll. REMIF, Carlisle, UK, Langham, 2019.

TOLNO Fara Daniel, « Un Peul rencontre Jésus : le témoignage de Yaya Barry », *Lumières reçues au fil du temps*, Anduze, Mission Timothée, 2016.

TOURÉ Ahmed Sékou, « L'impérialisme et sa cinquième colonne en République de Guinée », *RDA* n° 52, 1971.

TOURÉ Ahmed Sékou, « Le livre blanc de l'agression portugaise contre la République de Guinée », *RDA* n° 47, 1971.

TRAVIS John, « Must All Muslims Leave Islam ? », in *Perspectives on the World Christian Movement*, sous dir. Ralph D. WINTER et Steven C. HAWTHORNE, 3e éd., Pasadena, William Carey Library, 1999.

TRAVIS John, « The C1 to C6 Spectrum », in *Perspectives on the World Christian Movement*, sous dir. Ralph D. WINTER et Steven C. HAWTHORNE, 3e éd., Pasadena, William Carey Library, 1999.

TRAVIS John, « Les degrés de contextualisation dans l'islam », *Promesse* n° 203, janvier-mars 2018.

TROUSDALE Jerry, *Miraculous Movements. How Hundreds of Thousands of Muslims Are Falling in Love with Jesus*, Nashville, Nelson, 2012.

TUDESQ André-Jean, *L'Afrique parle, l'Afrique écoute : les médias en Afrique subsahariennes*, Paris, Karthala, 2002.

TURAKI Yusufu, *An Introduction to the History of SIM/ECWA in Nigeria 1893-1993*, Jos, Challenge, 1993.

TURNIL Joshua, « Mouvements autochtones parmi les Juifs messianiques », *Missiologie évangélique* vol. 6, n°1, 2018.

URVOY Dominique et Marie-Thérèse, *La mésentente. Dictionnaire des difficultés doctrinales du dialogue islamo-chrétien*, Paris, Cerf, 2014.

Van de Poll Evert, « Mission intégrale : idée et mise en œuvre », *Cahiers de l'école pastorale* n° 100, 2016.

Van de Poll Evert, « Quelle mission dans le monde ? Problématique et trois approches », in *Mission intégrale. Vivre, annoncer er manifester l'Évangile, pour que le monde croie*, Charols, Excelsis, 2017.

Van Dyk Wilbert M., *Belonging. An Introduction to the Faith and Life of the Christian Reformed Church*, Grand Rapids, Board of Publications of the Christian Reformed Church, 1982.

Van Santen José, « Garder du bétail c'est aussi un travail », in *L'ethnicité peule dans le contexte nouveau. Dynamique des frontières*, sous dir. Youssouf Diallo et Günther Schlee, Paris, Karthala, 2000.

Vanderaa Larry, « Presentation at the WEC International Fulbe Conference », Gambie, 22-27 septembre, 1997.

VerEecke Catherine, « Pulaaku. Adamawa Fulbe Identity and its Transformations », Ph.D. thesis, University of Pennsylvania, 1988.

Vieillard Gilbert Pierre, *Notes sur les coutumes des Peuls au Fouta-Djallon*, Paris, Larose, 1939.

Vieira Gérard, *L'Église catholique en Guinée à l'épreuve de Sékou Touré (1958-1984)*, Paris, Karthala, 2005.

Voeltzel René, *Selon les Écritures : didactique biblique*, Yaoundé, CLÉ, 1972.

Vögeli Tobias, « Action Vivre Gaoual », *Allons 2*, 2013.

Wagner C. Peter, *The Third Wave of the Holy Spirit. Encountering the Power of Signs and Wonders Today*, Ann Arbor, MI, Vine Books, 1988.

Wall McTair, « La théologie de la mission dans le livre des Actes », in *Bible et mission, vol. 1. Vers une théologie évangélique de la mission*, sous dir. Hannes Wiher, Charols, Excelsis, 2012.

Watkins Harry O., « Fula Briefs », *West African Witness*, Quarterly Missionary Magazine of the French West Africa Field of the Christian and Missionary Alliance, 1955.

Watkins Harry O., « Report of Labe District for 1959 » Colorado Springs, Archives CMA, 1960.

Watkins Harry O., « Sketch of My Life », Colorado Springs, Archives CMA, 1961.

Watkins Harry O., Letter to L. L. King, Labé, Colorado Springs, Archives CMA, October 15, 1961.

Watkins Harry O., « God Speaks to the Fulas », *Panorama*, n° 1, 1965.

Watkins Harry O., « Radio », Colorado Springs, Archives CMA, 1973.

Watkins Harry O., Open Letter, Colorado Springs, Archives CMA, 1976.

Weber Edgard, *Maghreb arabe et Occident français. Jalons pour une (re) connaissance interculturelle*, Toulon, Presses universitaires du Mirail, 1999.

Wells Paul, *De la croix à l'Évangile de la croix. La dynamique biblique de la réconciliation*, Charols, Excelsis, 2007.

Wensinck A. J., *La pensée de Ghazali*, Paris, Librairie d'Amérique et d'Orient, 1940.

Werner Jean-François, *Médias visuels et femme en Afrique de l'Ouest*, Paris, l'Harmattan, 2006.

Wiher Hannes, « L'identité humaine et les religions », in *L'identité humaine*, sous dir Micaël Razzano, Charols, Excelsis, 2019.

Wiher Hannes, « Les grandes lignes missionnaires dans la Bible », in *Bible et mission, vol. 1. Vers une pratique évangélique de mission*, Charols, Excelsis, 2011.

Wiher Hannes, « Communication transculturelle de l'Évangile », in *Bible et mission, vol. 2. Vers une pratique évangélique de mission*, Charols, Excelsis, 2012.

Wiher Hannes, « Démonologie. Une dimension oubliée », in *L'évangélisation en Europe francophone*, Charols, Excelsis, 2016.

Wiher Hannes, « Exemple de contextualisation critique à partir de la culture : la polygamie », in *L'Église mondiale et les théologiques contextuelles*, sous dir. Matthew Cook et al., Charols, Excelsis, 2015.

Wiher Hannes, « Glossaire », in *Bible et mission, vol. 2. Vers une pratique évangélique de mission*, Charols, Excelsis, 2012.

Wiher Hannes, « La nature et les structures de l'Église et de la mission », in *L'Église locale en mission interculturelle. Communiquer l'Évangile auprès et au loin*, sous dir. Evert Van de Poll, Charols, Excelsis, 2014.

Wiher Hannes, « Le rapport entre les religions traditionnelles africaines, l'islam, le christianisme et le sécularisme », in *Les Églises d'initiative africaine. Un laboratoire de contextualisation*, sous dir. Hannes Wiher avec la collaboration de Djimalngar Madjibaye, Carlisle, UK, Langham Partnership, 2019.

Wiher Hannes, « Motivation pour la mission : un regard théologique », in *Bible et Mission, vol. 2. Vers une pratique évangélique de mission*, Charols, Excelsis, 2012.

Wiher Hannes, « Qu'est-ce que la contextualisation ? », et « Une contextualisation critique : méthodologie et exemples pratiques », in *L'Église mondiale et les théologies contextuelles. Une approche évangélique de la contextualisation*, sous dir. Matthew Cook et al., Charols, Excelsis, 2015.

Wiher Hannes, « Toucher les êtres humains en profondeur (deuxième partie) », *Théologie évangélique* vol. 12, n° 2, 2013.

Wiher Hannes, « Toucher les êtres humains en profondeur (première partie) », *Théologie évangélique* vol. 12, n° 1, 2013.

Wiher Hannes, « Une évangélisation transculturelle en profondeur », in *L'évangélisation en Europe francophone*, Charols, Excelsis, 2016.

Wiher Hannes, « Vision du monde et oralité », *Théologie évangélique* 15, 1, 2016.

Wiher Hannes, *L'Évangile et la culture de la honte en Afrique occidentale*, Bonn, Culture and Science Publications, 2003.

Wiher Hannes, *Shame and Guilt. A Key to Cross-Cultural Ministry*, Bonn, Culture and Science Publications, 2003.

Winter Elke, *Weber Max et les relations éthiques. Du refus du biologisme racial à l'État multinational*, Québec, Presses Universitaires de Laval, 2004.

Winter Ralph D. et Hawthorne Steven C. (sous dir.), *Perspectives on the World Christian Movement*, 3ᵉ éd., Pasadena, William Carey Library, 1999.

Wright Christopher J. H., *La mission de Dieu. Fil conducteur du récit biblique*, trad. Alexandre Sarran, Charols, Excelsis, 2012.

Zorn Jean-François, « Mission et dialogue », in *Conviction et dialogue. Le dialogue interreligieux*, sous dir. Louis Schweitzer, Charols, Excelsis, 2000.

Index des noms de personnes

A
Alexandre, Antoine 186
Al-Ghazali 26, 30, 47, 226–227, 230–231, 234, 238, 240–241, 251–254, 263, 370
Anawati, G. C. 85
Arcin, André 106
Aristote 25, 40
Auzias, Dominique 36
Ayada, Souâd 245

B
Bâ, Amadou Hampâté 58, 66, 84, 99–100, 212, 333
Bah, Ibrahima Kaba 266
Bah, Thierno Mamadou 87
Baldé, Al-Hadji Thierno Mouhammadou 97, 107, 227
Baldé, Al-Hadj Mouhamadou 83
Barry, Alpha Ousmane 109
Barry, Ismaël 51
Bâ, Sada-Mamadou 83–84
Baudais, Colette 162
Baumgardt, Ursula 257
Beyerhaus, Peter 268, 345–346, 348–349
Blackwell, Denis 162
Bocquené, Henri 32, 96, 102
Boesen, Elisabeth 95
Bonfiglioli, Angelo Maliki 35
Bosch, David 286
Botte, Roger 36, 111

Brière, M. D. 125
Brown, David 314
Buchhold, Jacques 363
Burnham, Philip 90–91, 94

C
Caldwell, Stuart 309–310, 376
Calvin, Jean 245, 330, 333–334
Carson, Donald 314
Chapman, Colin 360
Corcuera, Mario I. 108
Corwin, Gary 311
Couchard, Françoise 68
Courthial, Pierre 216

D
De Sanderval, Olivier 11
Diallo, Oumar Abdourahmane 98
Diallo, Telli 58
Dubose, Francis 221
Dupire, Marguerite 2, 32–34, 36
Durand, Oswald 18

E
Ellenberger, Paul 115, 122, 135, 146
Engel, James 289

F
Foustock, Walid 213

G
Gaden, Henri 96

Gardet, Louis 81
Geertz, Clifford 21, 289
Glasser, Arthur F. 310
Gmünder, Reto 269
Green, Michael 306
Greenway, Roger 269

H
Haafkens, J. 41
Hiebert, Paul 6, 21, 276, 283, 289
Higgins, Kevin 305, 312

I
Imbert, Yannick xii

J
Jameson, Richard 306
Jeremias, Joachim 282
Johnstone, Patrick 1

K
Kaba, Lanciné 137
Käser, Lothar 29, 79, 104
Kervella-Mansaré, Yassine 35, 38, 99
Koné, Moussa 273
Koné, Yaya 91-92
Kourouma, Ahmadou 114
Kraft, Charles 21, 304
Krueger, Mark 162-163
Kuberski, Piotr 244

L
Labatut, Roger 32, 34-35, 41, 95
Laburthe, Philippe 52
Lacroix, Pierre Francis 91
Ladd, George 339
Lalade, André 100, 237
Last, M. 90
Latourette, Kenneth Scott 306
Leroy, Anne 36, 41
Lewin, André 151
Lewis, Rebecca 304, 309
Lfeda, Abou 54
Lingenfelter, Sherwood 23
Lode, Kare 119

M
Marty, Paul 47, 61, 66, 79, 106
McIlwain, Trevor 291
Milo, Jean-René 61
Mollard, Jacques Richard 111
Monénembo, Thierno 95-96
Moreau, A. Scott 311, 313
Musk, Bill 78

N
Naugle, David. K. 5, 21
Neill, Stephen 297
Nelson, Ronald 224
Newbigin, Lesslie 374
Noirot, Ernest 11, 88

P
Parshall, Phil 304, 315, 376
Petersen, Brian 311
Piga, Andriana 38, 41, 226
Pollard, Nick 21
Poujol, Jacques 288

R
Rambo, Lewis R. 309
Reed, L. N. 32-33
Riesman, Paul 32, 34-35
Ringgenbach, Stefan 172
Rivière, Claude 50
Roseberry, R. S. 122

S
Sa'a, Yahia 291
Salvaing, Bernard 81, 106
Sanneh, Lamin 15, 77
Simpson, Albert Benjamin 120-121
Soumah, Maligui 156
Sow, Alfâ Ibrâhîm 83, 105
Sow, Alpha Muhammad Loppé 3, 12
Stark, Rodney 306
Stenning, Derrick 32, 35
Stott, John 192, 299, 344

T
Tamsir Niane, Djibril 93

Tauxier, Louis 81
Tchidimbo, Raymond-Marie 136, 147–148
Tennent, Timothy C. 314, 376
Thomas, Louis-Vincent 84, 333
Timmons, Tim 311
Travis, John 301, 303–304, 314
Turnil, Joshua 307–308

V
Vanderaa, Larry 93, 114, 120, 163
VerEecke, Catherine 94
Vieillard, Gilbert Pierre 32, 53
Vieira, Gérard 136

W
Wagner, C. Peter 186
Watkins, Harry O. 118, 120, 123–127, 129–134, 151, 160, 220
Wiher, Hannes 5–6, 20–22, 24–25, 28, 54–55, 77, 104, 158, 168–169, 197, 279, 313–314, 340–341, 345

Index des Églises et Missions

A
Alliance chrétienne et missionnaire 117-118, 120, 160
Alliance évangélique missionnaire 119, 174
Audio Vie 159-160

B
Baptistes œuvre et mission internationale 159

C
Calvary Ministries 158, 186, 188
Campus pour Christ 159-160, 189-190, 221, 272
Centre international d'évangélisation 159, 188
Christ de maison à maison 159
Communauté missionnaire chrétienne internationale 160

E
Église chrétienne des rachetés de Dieu 159
Église de Dieu en Christ : Ministère de la vie nouvelle 160
Église évangélique Amour de Dieu 159
Église évangélique Shékina 159, 186
Église Pentecôte Nouvelle Jérusalem 160

Église Protestante Évangélique de Guinée 132, 139, 146, 153-154, 180

G
Groupes bibliques des élèves et étudiants de Guinée 159

J
Jeunesse en mission 159-160, 190, 222

M
Mission Alpha 158, 160, 186
Mission Baptiste du Sud 158
Mission baptiste nationale 158
Mission des nouvelles tribus 158
Mission évangélique réformée néerlandaise 158
Mission Kalimatou'llah 158, 186
Mission pentecôtiste du Canada 158
Mission Philafricaine 158, 165, 170, 172, 340
Mission protestante réformée 114, 118, 156, 163

S
Société internationale missionnaire 117, 158

T
Traducteurs pionniers de la Bible 158

Index thématique

A

accouchement 63, 67, 225, 337
Allah 10, 26–27, 30–31, 44–47,
  57, 61–62, 74, 78–82, 85,
  87, 91–92, 95, 99, 102, 107,
  109–110, 168, 188, 191,
  199–206, 208–211, 213,
  215, 225–247, 249–251, 253,
  255–256, 259–263, 266–267,
  270, 273–276, 280–281,
  294, 317, 319, 321–322, 326,
  329, 332, 352–353, 356, 363,
  368–369, 371
animisme 20, 24–26, 29, 77, 87,
  341–342, 345, 357
approche holistique 166, 174, 188,
  297–300, 344–345
approche relationnelle 340, 342
artisan 3, 17, 19, 50–51, 90, 157, 239

B

baptême 18, 38, 48, 63–64, 66, 103,
  153, 205, 269, 284, 367
bénédiction 47, 58, 60, 71, 82,
  99, 102, 200, 203, 295, 319,
  328–331, 349, 355, 376

C

circoncision 66–67, 69, 194, 306,
  311, 315, 363, 378
climat 11, 53, 357, 362, 382

communauté musulmane 27, 30,
  82, 89, 102, 157, 161, 163,
  203, 224, 226, 257–258, 264,
  303–304, 316–317, 351
confréries soufies 1, 76
conscience relationnelle 24, 29, 54,
  60, 109, 111–112, 163, 197,
  254, 319, 329, 335, 378
contextualisation critique 6–7, 55,
  193–194, 199, 276, 281–282,
  285, 372, 375, 379
contextualisation non critique
  272–273, 275–277, 280
croyance aux livres révélés 199, 202
croyance aux prophètes 203
croyance en la volonté absolue
  d'Allah 226, 229, 237
croyance en l'unité absolue d'Allah
  226
culte des ancêtres 319, 331–332,
  335, 376
culte hors contexte 265

D

destin 28, 30–31, 47, 57–58, 95,
  100, 104, 110, 136, 230, 233,
  237–239, 241, 254, 281
discipulat 221, 270–271, 282,
  285–287, 290, 296, 318, 338,
  347, 356, 371, 374–375
divinité de Jésus-Christ 213,
  259–260, 264, 364

divisions parmi les Églises 264
doctrine de la Trinité 259, 262–263, 280
doctrine de l'homme 245, 247
doctrine des anges 226, 242
doctrine du péché 248, 254
doctrine du salut 4, 255

E
école classique 62
école coranique 60, 62, 167, 174
Églises et Missions d'initiative africaine 185–186, 188, 222
enfants 18, 23, 38, 47, 49, 53–63, 65, 67, 69–72, 80–81, 103, 109, 116, 134–135, 150, 162, 170–171, 173, 182, 184, 189, 223, 258, 320, 328–329, 331, 336
épouses 53–58, 60, 65
esclaves 17–19, 44, 49–52, 92, 97, 177, 239
estime de soi peul 95
éthique 21, 27, 33, 38–44, 75, 184, 223, 262, 312, 324, 361
études bibliques sur Jésus-Christ 368
évangélisation 1–4, 113–118, 121, 128, 139, 142, 146, 152–154, 156, 160–161, 163–165, 169–170, 178–182, 185–186, 188–192, 194, 199–201, 212, 218–221, 224, 228–229, 248, 264, 267, 270–271, 273, 277, 279, 281–284, 286, 289, 291, 297, 299–300, 302, 309, 318, 334, 339, 344, 347, 363–365, 375–377, 380–381, 385
  agressive 272
  chronologique 285, 375
  par la littérature 125
  par la radio 127–128, 130, 162
  par les écoles 182
excision 63, 67–69, 177, 194, 378

F
famille peule 31, 37, 52, 56, 58–60, 222, 225, 273, 281, 319, 335, 355, 376
fatalisme 27, 30–31, 237–239, 275, 280
formation des nouveaux convertis 264, 270
funérailles 63, 74, 326, 333

H
hommes libres 17, 19, 50, 90
honte 22–23, 30–31, 33, 35–36, 42, 54, 92, 94, 102–103, 197–198, 336, 378

I
identité 1, 4–5, 9, 14, 20, 22–23, 25–26, 28–29, 32, 34–37, 39, 49, 52, 91, 94–95, 108, 110–113, 130, 137, 154, 166, 193, 223, 277, 282, 285, 289, 302, 304–307, 314, 317–319, 352, 365, 378–380
implantation d'Églises 7, 113, 118, 141, 146, 153–154, 156, 185, 191–192, 194–195, 197, 199, 218, 222, 224–225, 237, 245, 255, 259, 264, 267, 269, 271, 273, 279, 281–282, 285, 298, 310, 313–316, 338, 374–375, 377, 379, 381
interdits 76–77, 99–100, 102, 324

M
mal 26, 30–31, 43, 45–46, 77, 79, 82, 95, 99–100, 103–104, 197, 237, 240, 247–248, 250, 280, 292, 294, 299, 324, 344, 348, 366, 376
mari 36, 53, 55–58, 60, 70, 72–74, 177, 257, 337
mariage 38, 54, 63, 69–72, 194, 223, 335, 378
ménage polygame 52, 59

ministère d'accueil 177, 265, 338, 347, 349, 354–355
mission 114, 116, 118, 121, 123, 129, 134, 137–139, 141–142, 150–152, 160, 166, 170, 172, 178, 182, 188, 192, 203, 218–219, 264, 267, 269, 271, 280, 300, 314, 338–339, 342, 344, 347–348, 363–364, 376, 379
mission intégrale 297–298, 375
mouvement autochtone 301, 305, 307–309, 311–314, 317–318, 372, 374, 376, 381

O

organisation sociale 29, 49, 51, 60, 63

P

pastorale 269
pastorale axée sur la mission 269, 280
Peuls musulmans 9, 15–18, 20, 29, 31, 33, 39, 44–45, 53, 83, 97, 100, 110, 115, 117–119, 125–127, 129, 131–132, 158, 161–162, 164, 172, 175–176, 180, 187–188, 190–191, 197, 199–200, 202–205, 208–209, 212, 215–216, 222–223, 225–227, 229–230, 232, 234–235, 237–238, 240–241, 243–244, 246–247, 250–251, 255–256, 258, 260–263, 266, 268, 271, 276, 280, 294, 320–322, 325, 328, 330, 340, 344, 346, 364, 366–368, 371, 375, 378
prudence 39–43
pulaaku 20, 31–34, 36–39, 41–43, 45, 49, 76, 87–88, 90–91, 93–95, 97–98, 102, 110–111, 176, 193, 197, 223–225, 242, 262, 289, 319, 321, 371, 377, 379

pureté 44, 67, 95, 204, 247, 310, 321–324, 370

R

relief 12
religion fonctionnelle 278
religions traditionnelles africaines 10, 15, 45, 75–76, 78–80, 111, 156, 160, 245, 276, 289, 331
rites de passage 38, 49, 63, 69, 194, 224, 378
rôle des écrivains 104–105

S

sacrifice 64, 74, 78, 83, 102, 104, 205, 262, 295, 319, 325, 327, 332, 356, 376
sacrifice d'animaux 76, 83
spiritualité axée sur la mission 267

T

temps 22, 48
tradition orale 75, 104, 108–109, 128

V

vision du monde 5–7, 9, 20–24, 26, 33, 39–40, 45, 48, 75, 78, 113, 132, 193–194, 197, 225, 276–277, 282, 284–285, 287, 289–290, 292, 296, 300, 309, 318, 365–366, 372

Table des matières

Avant-propos xi
Abréviations xiii
    Livres de la Bible xiii
    Abréviations générales xiii
    Abréviations des Églises et Missions xiv
Introduction 1
    I. Intérêt du sujet 1
    II. Problématique du sujet 4
    III. Délimitation du sujet 5
    IV. Définitions 5
        A. Vision du monde 5
        B. Identité 5
    V. Plan de l'ouvrage 6

Chapitre 1 9
    Présentation du peuple peul du Fouta-Djallon
    I. Contexte géographique des Peuls 9
        A. République de Guinée 9
        B. Fouta-Djallon 11
    II. Contexte historique 13
        A. Premiers occupants du Fouta-Djallon 13
        B. Arrivée des Peuls 14
    III. Vision du monde et identité 20
        A. La notion de vision du monde 20
        B. Opérationnalisation des notions de vision du monde et d'identité 22
        C. Application des modèles à l'animisme et à l'islam ... 25
        D. La conscience relationnelle peule 29
        E. Le *pulaaku*, une vision et une identité peules 32
        F. Les concepts sotériologiques dans l'islam peul 45
        G. La notion peule du temps 48
    IV. Contexte socioculturel 48
        A. Organisation sociale 49
        B. Éducation des enfants 60
        C. Rites de passage 62
    V. Contexte religieux : l'islam peul 74
        A. Religions traditionnelles au Fouta-Djallon 75

    B. Islam peul 75
    C. Tradition orale et écrite 104
    D. Les Peuls du Fouta-Djallon, gardiens de l'islam
       en Guinée 110
  VI. Synthèse du chapitre 1 110

Chapitre 2 113
Histoire de l'évangélisation des Peuls
  I. Introduction 113
  II. Premier effort missionnaire (1797-1887) 115
  III. Deuxième effort missionnaire (1923-1967) 117
    A. Efforts missionnaires en dehors de la Guinée 118
    B. Efforts missionnaires de l'Alliance chrétienne et
       missionnaire (CMA) en Guinée 120
    C. Activités de la CMA à Mamou 134
  IV. Intervalle sans évangélisation des Peuls du Fouta-Djallon
     (1968-1984) 135
    A. Contexte politique de l'indépendance de la Guinée 135
    B. Autonomie de l'Église Protestante Évangélique de
       Guinée (EPEG) 138
    C. Expulsion des missionnaires occidentaux 142
    D. Arrêt de l'évangélisation des Peuls du Fouta-Djallon 146
    E. Croissance de l'EPEG après l'expulsion (1967-1984) 152
  V. Troisième effort missionnaire (1984 à 2020) 154
    A. Changement du régime politique en 1984 154
    B. Contexte politico-religieux du Fouta-Djallon 156
    C. Retour des sociétés missionnaires occidentales
       au Fouta-Djallon et diversification des méthodes
       d'évangélisation 157
    D. Méthodes des Missions et Églises évangéliques 160
  VI. Synthèse du chapitre 2 191

Chapitre 3 193
Éléments favorables et défavorables à l'implantation d'Églises au Fouta-Djallon
  I. Introduction 193
  II. Éléments favorables à l'implantation d'Églises 195
    A. Éléments politiques et culturels favorables à
       l'implantation d'Églises 195
    B. Éléments islamiques favorables à l'implantation d'Églises ...199
    C. Éléments stratégiques favorables à l'implantation
       d'Églises 217

        III. Éléments défavorables à l'implantation d'Églises 222
            A. Éléments culturels défavorables à l'implantation
               d'Églises..222
            B. Éléments islamiques défavorables à l'implantation
               d'Églises..225
            C. Éléments chrétiens doctrinaux défavorables à
               l'implantation d'Églises..258
            D. Éléments défavorables liés à la spiritualité chrétienne..........263
            E. Éléments méthodologiques défavorables à
               l'implantation d'Églises 271
        IV. Synthèse du chapitre 3...279

Chapitre 4 281
Stratégies pour l'implantation d'Églises parmi les Peuls du Fouta-Djallon
        I. Concepts bibliques clés pour la contextualisation critique de
           l'Évangile 282
            A. Évangélisation, discipulat et implantation d'Églises 282
            B. Évangélisation chronologique 285
            C. Mission intégrale 297
            D. Mouvement autochtone 301
        II. Concepts-clé de la culture peule à la lumière de la Bible 319
            A. *Pulaaku* 319
            B. Pureté 321
            C. Sacrifice 325
            D. Bénédiction...328
            E. Culte des ancêtres..331
            F. La famille peule...335
        III. Stratégies d'implantation d'Églises parmi les
             Peuls musulmans...338
            A. L'amour comme fondement de l'approche missionnaire 338
            B. Une approche relationnelle 340
            C. Une approche holistique 342
            D. Un ministère d'accueil 347
            E. Une présence dialogique 356
            F. Des études bibliques chronologiques 364
            G. Des études bibliques sur Jésus-Christ 368
            H. Encourager des mouvements autochtones.............................372
        IV. Synthèse du chapitre 4...375

Conclusion 377
        I. Synthèse de la pensée..377
        II. Apport de cette étude 379
        III. Recherche ultérieure 381

Annexe 1 383
    Carte de la République de Guinée

Annexe 2 385
    Questionnaire

Annexe 3 387
    Liste des interviews

Bibliographie 389

Index des noms de personnes 417

Index des Églises et Missions 421

Index thématique 423

Liste des tableaux

Tableau 1 : Typologie de la personnalité selon l'orientation de la conscience.....23

Tableau 2 : Typologie des visions du monde selon le modèle stratigraphique 24

Tableau 3 : Les cinq piliers dans l'islam officiel et l'islam populaire 28

Tableau 4 : Nombre de baptisés et croissance annuelle de l'EPEG 1918-1977 153

Tableau 5 : Éléments de discontinuité entre Allah du Coran et le Dieu de la Bible..274

Tableau 6 : L'échelle d'Engel 291

Langham Literature, et sa branche éditoriale, est un ministère de Langham Partnership.

Langham Partnership est un organisme chrétien international et interdénominationnel qui poursuit la vision reçue de Dieu par son fondateur, John Stott :

> *promouvoir la croissance de l'église vers la maturité en Christ en relevant la qualité de la prédication et de l'enseignement de la Parole de Dieu.*

Notre vision est de voir des églises équipées pour la mission, croissant en maturité en Christ, par le ministère de pasteurs et de responsables qui croient, qui enseignent et qui vivent la Parole de Dieu.

Notre mission est de renforcer le ministère de la Parole de Dieu de trois manières:
- par la mise en place de mouvements nationaux de formation à la prédication biblique
- par la rédaction et la distribution de livres évangéliques
- par la formation d'enseignants théologiques évangéliques qualifiés qui formeront ensuite des pasteurs et responsables d'églises dans leurs pays respectifs

Notre ministère

Langham Preaching collabore avec des responsables nationaux en vue de la création de mouvements de prédication biblique dirigés par les nationaux eux-mêmes. Ces mouvements, qui naissent progressivement un peu partout dans le monde, rassemblent non seulement des pasteurs mais aussi des laïcs. Nos équipes de formateurs venus de beaucoup de pays différents proposent une formation pratique qui comporte plusieurs niveaux, suivie d'une formation de facilitateurs locaux. La continuité est assurée par des groupes de prédicateurs locaux et par des réseaux régionaux et nationaux. Ainsi nous espérons bâtir des mouvements solides et dynamiques, constitués de prédicateurs entièrement consacrés à la prédication biblique.

Langham Literature fournit des livres évangéliques et des ressources électroniques par la publication et la distribution, par des subventions et des réductions à des leaders et futurs leaders, à des étudiants et bibliothèques de séminaires dans le monde majoritaire. Nous encourageons aussi la rédaction de livres évangéliques originaux dans de nombreuses langues nationales par le biais de bourses pour des écrivains, en soutenant des maisons d'éditions évangéliques locales, et en investissant dans quelques projets majeurs comme *le Commentaire Biblique Contemporain* qui est un commentaire de la Bible en un seul volume rédigé par des auteurs africains pour l'Afrique.

Langham Scholars soutient financièrement des doctorants évangéliques du monde majoritaire dans le but de les voir retourner dans leurs pays d'origine pour former des pasteurs et d'autres chrétiens nationaux en leur proposant un enseignement biblique et théologique solide. Cette branche de Langham cherche donc à équiper ceux qui en équiperont d'autres. Langham Scholars travaille aussi en partenariat avec des séminaires dans le monde majoritaire afin de renforcer l'éducation théologique évangélique sur place. De ce fait, un nombre croissant de « Langham Scholars » (le nom « Scholars » signifie « boursiers ») peut aujourd'hui suivre des programmes doctoraux de haut niveau au cœur même du monde majoritaire. Une fois leurs études terminées, ces « Langham Scholars » vont non seulement former à leur tour une nouvelle génération de pasteurs mais exercer une grande influence par leurs écrits et par leur leadership.

Pour plus d'informations, consultez notre site: langham.org

www.ingramcontent.com/pod-product-compliance
Lightning Source LLC
Chambersburg PA
CBHW071355300426
44114CB00016B/2074